KB201285

틀린 말

개정판

바른 말

틀린 말 ✕

개정판

바른 말 ○

원영섭 엮음

보고사
BOGOSA

머리말

이 책은 우리 생활에서 흔히 잘못 쓰고 있는 1만여 낱말을 가나다순으로 정리한 『틀린 말 바른 말』(2000.11.1.)을 전면적으로 수정·보완하여 22,000여 낱말로 다시 엮은 개정판(改訂版)입니다.

직장 생활을 하면서 업무상 이유로 '띄어쓰기·맞춤법'과 관련하여 『초·중·고 국어 교과서에 나타난 띄어쓰기·맞춤법 용례』(1993.1.30.)·『예문으로 배우는 한글 맞춤법』(1995.5.15.)·『사진으로 배우는 한글 맞춤법』(1997.10.5.)·『초·중·고 교과서 159권에 따른 바른 띄어쓰기·맞춤법』(2000.6.1.)을 엮어 펴낸 바 있습니다. 또한 거리의 각종 간판, 신문·잡지의 큰 글자, 영화·연극 제목, 책 이름, 과자류 등의 제품 이름 등에서 잘못 쓴 것을 사진으로 직접 찍어(약 24,000여 장, 중복 포함) 『사진으로 배우는 한글 맞춤법』 증보판(增補版)을 펴내기 위하여 준비하고 있습니다.

국가 기관인 국립국어원을 비롯하여 언론·방송·출판계, 한글 교육 관련 단체 등에 계신 많은 전문가분들이 국어의 발전과 국민의 언어생활을 향상하기 위하여 꾸준히 열성적으로 노력하고 있음에도 그 효과는 아주 작다고 할 수 있겠습니다. 또한 시중에는 '우리말 바로 쓰기'에 대한 책이 꽤 많이 발간되어 있지만 우리 언어생활이 나아지는커녕 점점 더 황폐해지고 있습니다. 이를테면 '~ 같아요'는 나라 안은 말할 것도 없고 세계 곳곳에 흩어져 살고 있는 동포들이나 그 곳에서 한글을 배우고 있는 외국인들까지도 말끝마다 자연스럽게 쓰고 있으며, '달(達)하다'·'및'·'본(本)' 등 헤아릴 수 없는 많은 낱말이 다듬어지지 않은 채 사용되고 있습니다.
예나 지금이나 외래어나 어려운 한자어를 많이 섞어 써야 잘난 듯이 보이는 것이 현실이고, 잘나신 분들이 그러한 모범을 보이고 있습니다. 띄어쓰기는 국정 교과서를 제외하고는 이미 우리 문자 생활에서 사라져 버려 아무런 기준 없이 제멋대로 붙여 쓰고 있으므로 이 책에서는 다루지

않았습니다.

　국립국어원에서는 '불순한 요소를 없애고 깨끗하고 바르게 다듬은 말. 지나치게 어려운 말이나 비규범적인 말, 외래어 따위를 알기 쉽고 규범적인 상태로 또는 고유어로 순화한 말'을 '순화어(醇化語)'로 정하였으며('순화어'라는 말 자체도 한자어여서 순화어 대신 '다듬은 말'이라고 합니다.), '현재 표준어와 같은 뜻으로 추가로 표준어로 인정한 것'을 '복수 표준어', '현재 표준어와 의미가 다른 별도의 표준어로 추가로 인정한 것'을 '별도 표준어'로 정하였습니다.

- 이 책에는 '순화어' 18,175건(2024.10.1.현재) 중 비교적 많이 쓰는 낱말 약 6,100여 개, '복수 표준어' 약 530여 개, '별도 표준어' 약 50여 개를 실었으며, 각 낱말 끝에 약물(約物) '순'·'복'·'별'로 표시하였습니다.
- ' → '의 앞에 있는 낱말이 잘못 쓰거나 다듬어지지 않은 낱말, 뒷낱말이 다듬어진 낱말입니다.
- 본문에서 한자나 외래어가 중복되면 거푸 쓰지 않고 ' − '로 표시하였습니다.
- 이 책의 '주(註)'에서 설명한 내용은 국립국어원 『표준국어대사전』에서 그대로 인용하였습니다.
- 외래어의 표기와 띄어쓰기는 '외래어 표기법'을 그대로 따랐습니다.

　앞서 엮은 '띄어쓰기·맞춤법' 관련 책들과 마찬가지로, 이 개정판이 글 쓰시는 분, 번역하시는 분, 방송 관련 작가님, 책 만드시는 분, 더 나아가 우리 학생들이 우리말을 바르고 정확한 우리글로 표기하여 효과적인 언어생활을 하는 데 조금이라도 도움이 된다면 엮은이로서는 더 바랄 것이 없겠습니다.

2024년 10월 1일

엮은이 **원 영 섭**

차례

ㄱ

가가붓자식(-子息) → 각아비자식(各-)

가가호호(家家戶戶) → 집집마다[순]

가감 여부(加減與否) → 가감

가개 → 가게

가건물(假建物) → 임시 건물(臨時-)[순]

가건축(假建築) → 임시 건축(臨時-)[순]

가게방(-房) → 가겟방

가게부 → 가계부(家計簿)

가게세(-貰) → 가겟세

가게집 → 가겟집

가겟문(-門) → 가게문

가겟일 → 가게일

가격하다(加擊-) → 때리다, 치다[순]

가계약(假契約) → 임시 계약(臨時-)[순]

가계정(假計定) → 임시 계정(臨時-)[순]

가공적(架空的) → 꾸며 낸[순]

가공지선(架空地線) → 피뢰선(避雷線)[순]

가공할(可恐-) → 놀랄, 두려워할[순]

가관(可觀) → 볼 만함[순]

가교(架橋) → 다리놓기, 다리 놓음[순]

가구쟁이(家具-) → 가구장이

가금류(家禽類) → 사육 조류(飼育鳥類)[순]

가급적(可及的) → 되도록, 되도록이면, 될 수 있는 대로

가길 → 갓길

가까와지다 → 가까워지다

가까히 → 가까이

가께우동(かけうどん) → 가락국수, 국수장국(-醬-)

가꾸목(こくぼく) → 각목(角木)

가냘퍼 → 가냘파

가녁[邊] → 가녘

가녋다 → 가냘프다

가녕스럽다 → 가년스럽다

가녘 ― 가장자리[복]

가느란 → 가느다란

가느랗다 → 가느다랗다

가는비 → 가랑비

가는허리[細腰] ― 잔허리[복]

가늘다란 → 가느다란

가늘다랗다 → 가느다랗다

가늘으니 → 가느니

가늘은 → 가는

가늘음 → 가늚

가늠끈 → 가름끈

가능한 ∼(부사)(可能-) → 가능한 한(-限)

가다귀 → 가닥

가다랑이 → 가다랑어

가다랭이 → 가다랑어

가다마이(かたまえ) → 상의(上衣), 양복(洋服) 윗도리, 웃옷, 윗도리, 재킷(jacket)
가당지 않다(可當 –) → 가당치 않다
가당찮다(可當 –) → 가당찮다
가대기 → ① 까대기 ② 쟁기
* 가대기: ①(주로 '치다'와 함께 쓰여) 창고나 부두 따위에서, 인부들이 쌀가마니 따위의 무거운 짐을 갈고리로 찍어 당겨서 어깨에 메고 나르는 일. 또는 그 짐. ② 밭을 가는 기구의 하나. 보습 날 위에 볏은 없으나 보습 뒤에 분살이 달려 있다.
* 까대기: 벽이나 담 따위에 임시로 덧붙여 만든 허술한 건조물.
* 쟁기: 논밭을 가는 농기구. 술, 성에, 한마루를 삼각으로 맞춘 것으로, 술 끝에 보습을 끼우고, 그 위에 한마루 몸에 의지하여 볏을 덧대고, 성에 앞 끝에 줄을 매어 소에 멍에를 건다. 겨리와 호리 두 가지가 있다. ≒뇌사, 뇌삽.
가도(かど) → 모서리[순]
가도(假道) → 임시 도로(臨時道路)[순]
가도집(かど–) → 모퉁이 집[순]
가동그리다 → 가동거리다
가동율(稼動率) → 가동률
가드(guard) → 수비수(守備手)[순]
가드레일(guardrail) → 보호 난간(保護欄干/欄杆)[순]
가득이 → 가득히
가든(garden) → 뜰, 정원(庭園)[순]
가든파티(garden party) → 뜰 잔치, 마당 잔치[순]
가등거리다 → 가둥거리다
가디간(カーディガン) → 카디건(cardigan)
가디건 → 카디건(cardigan)
가뜩히 → 가뜩이
가뜬이 → 가뜬히
가라(から) → 가짜(假–), 거짓, 헛
가라(カラー) → ① 깃, 옷깃, 칼라(collar)[순] ② 무늬, 빛깔, 색(色), 색상(色相), 색채(色彩), 컬러(color)
가라사되 → 가라사대
가라스(ガラス) → 유리(琉璃)[순]
가라않다 → 가라앉다
가라오께(からオケ) → 가라오케
가라오케(からオケ) → 녹음 반주(錄音伴奏), 녹음 반주 노래방(–房)[순], 노래방
가라테(からて) → 당수(唐手)[순]
가락머리 → 가랑머리
가락무 → 가랑무
가락엿—가래엿[복]
가락조개 → 가막조개
가랑나무 → 떡갈나무
가랑머리—갈래머리—양태머리(兩–)[복]
가랑무우 → 가랑무
가랑이[蝨] → 가랑니
가래[蟲] → 가뢰
가래줄 → 가랫줄
가래질꾼 → 가래꾼
가램질 → 가댁질
가랫군 → 가래꾼
가랭이 → 가랑이
가랭질 → 가댁질
가려와하다 → 가려워하다
가려움쯩 → 가려움증(–症)
가려웁다 → 가렵다

가렴(苛斂) → 가혹하게 거둠(苛酷 -),
　　무겁게 거둠순

가령(假令) → 이를테면

가로너비 → 가로나비

가로넓이 → 가로나비

가로대[曰] → 가로되

가로무니 → 가로무늬

가로젖다 → 가로젓다

가로질르다 → 가로지르다

가롱(ガロン) → 갤런(gallon)

가료하다(加療 -) → 고치다, 병 고치다
　　(病 -), 치료하다(治療 -)순

가루[橫] → 가로

가루마 → 가르마

가루직이타령 → 가루지기타령

가루차 → 말차(末 -)복

가르마길 → 가르맛길

가르매 → 가르마

가르키다 → ① 가르치다 ② 가리키다

*　가르치다: ① 지식이나 기능, 이치 따위를
　깨닫게 하거나 익히게 하다. ②(주로 '버
　릇', '버르장머리'와 함께 쓰여) 그릇된 버
　릇 따위를 고치어 바로잡다. ③교육 기관
　에 보내 교육을 받게 하다. ④상대편이 아
　직 모르는 일을 알도록 일러 주다. ⑤사람
　의 도리나 바른길을 일깨우다.

*　가리키다: ① 손가락 따위로 어떤 방향이
　나 대상을 집어서 보이거나 말하거나 알
　리다. ②(주로 '가리켜' 꼴로 쓰여) 어떤 대
　상을 특별히 집어서 두드러지게 나타내다.

가륵하다 → 갸륵하다

가름길 → 갈림길

가름끈 - 갈피끈복

가름마 → 가르마

가리[肋] → 갈비

가리게 → 가리개

가리구이 → 갈비구이

가리마 → 가르마

가리마조개 → 가리맛조개

가리매 → 가르마

가리방(- 房) → 갈이방

가리 비누(加里 -) → 칼리 비누(kali -)

가리우다 → 가리다

가리운 → 가린

가리워지다 → 가리어지다, 가려지다

가리찜 → 갈비찜

가리치다 → ① 가르치다 ② 가리키다

　　['가르키다' 주 참조]

가리탕(- 湯) → 갈비탕

가린맛 → 가리맛

가릿국 → 갈빗국

가마 - 가마니(かます)복

가마[釜] - 가마솥복

가마귀 → 까마귀

가마니떼기 → 가마니때기

가마떼기 → 가마때기

가마솟 → 가마솥

가막살이 → 감옥살이(監獄 -)

가막소 → 감옥소(監獄所)

가막조개 - 가무라기 - 가무락 - 가무
　락조개 - 강각 - 깜바구 - 모시조개
　- 황합(黃蛤) - 흑첩(黑蛤) - 흑합(黑
　蛤)복

가만이 → 가만히

~가말이 → ~가마리

가맛터 → 가마터
가매[釜] → 가마
가매장하다(假埋葬−) → 임시로 매장하다(臨時−), 임시로 묻다[순]
가물 — 가뭄[복]
가물으니 → 가무니
가물으면 → 가물면
가물음 → 가물, 가뭄
가물치과(−科) → 가물칫과
가뭄 → 가뭄
* 가뭄: '가물다'의 명사형.
* 가뭄: 오랫동안 계속하여 비가 내리지 않아 메마른 날씨. ≒가물, 염발, 천한, 한기.
가미까제(かみかぜ, 神風) → 가미카제
가배일(嘉俳日) — 가배절(嘉俳節) — 가우일(嘉優日) — 가우절(嘉優節) — 가위 — 가윗날 — 추석(秋夕) — 추석날 — 팔월대보름(八月大−) — 한가위 — 한가윗날[복]
가베(かべ) → 벽(壁)
가벼웁다 → 가볍다
가벼히 → 가벼이
가봉(假縫) → 시침바느질, 시침질
가부끼(かぶき, 歌舞伎) → 가부키
가부라(かぶら) → 끝접기, 밭접단, 접단[순]
가부시끼(かぶしき) → 갹출(醵出), 나누어 냄, 추렴
가불(假拂) → 임시 지급(臨時支給)[순], 선지급(先支給)
가볍다 → 가볍다
가붓히 → 가붓이
가빠[カッパ, capa(에, 포), kappa(영)] → ① 가빠, 가슴 근육(−筋肉) ② 비옷 ③ 방수포(防水布), 방수 천막(−天幕)
가뿐이 → 가뿐히
가사(假死) → 기절(氣絶)[순]
가사(家事) → 집안일
가사(歌詞) — 노랫말[복]
가사용(假使用) → 임시 사용(臨時−)[순]
가산(加算) → 더함, 덧셈, 보탬[순]
가산(家産) → 집 재산(−財産)[순]
가살군 → 가살꾼
가상사리 → 가장자리
가상이 → 가장자리
가상자리 → 가장자리
가새[剪刀] → 가위
가새표(−標) — 가위표(×)[복]
가석방(假釋放) → 임시 석방(臨時−)[순]
가설라믄 → 가설랑은
가설 무대(假設舞臺) → 임시 무대(臨時−)[순]
가설하다(架設−) → 놓다, 설치하다(設置−)[순]
가성소다(苛性ソーダ) → 수산화나트륨(水酸化Natrium), 양잿물(洋−)[순]
가세(加勢) → 거들기, 거듦, 힘을 보탬[순]
가세(家勢) → 집안 형편(−形便)[순]
가세가 피다(家勢−) → 가세가 펴다
가세통 → 개수통(−桶)
가셋물 → 개숫물
가소로와(可笑−) → 가소로워
가솔(家率) → 집안 식구(−食口)[순]
가솔린(gasoline) → 휘발유(揮發油)[순]

가수금(假受金) → 임시 받은 돈(臨時
  −)㊞
가쉽 → 가십(gossip)
가스라기 → 가시랭이
가스라이팅(gaslighting) → 심리적 지배
  (心理的支配), 심리 지배㊞
가스랑이 → 가시랭이
가스렌지 → 가스레인지(gas range)
가스마스크(gas mask) → 방독면(防毒
  面)㊞
가스켓 → 개스킷(gasket)
가스켙 → 개스킷(gasket)
가슴넓이 → 가슴너비
가슴배기 → 가슴패기
가슴빡 → 가슴팍
가슴빼기 → 가슴패기
가슴아리 → 가슴앓이
가슴팍 — 가슴패기㊞
가슴팍이 → 가슴패기
가시내 → 계집아이
가시덤풀 → 가시덤불
가시 덩쿨 → 가시 넝쿨, 가시 덩굴
가시 돋힌 → 가시 돋친
가시라기 → 가시랭이
가시랑비 → 가랑비
가시오가피(−五加皮) → 가시오갈피
가시요 → 가시오
가시적(可視的) → 보이는, 볼 수 있는
가십(gossip) → 뒷공론(−公論), 소문(所
  聞), 촌평(寸評)㊞
가십거리(gossip−) → 입방아거리㊞
가십란(gossip欄) → 가십난

가싯물 → 개숫물
가아드 → 가드(guard)
가아제 → 가제(Gaze)(독), 거즈(gauze)(영)
가압류(假押留) → 임시 압류(臨時−)㊞
가얌나무 → 개암나무
가여운 — 가엾은㊞
가여워 — 가엾어㊞
가연성(可燃性) → 타는 성질(−性質)㊞
가열차다(苛烈−) → 가열하다
가열찬(苛烈−) → 가열한
가엽다 — 가엾다㊞
가오(かお) → 면목(面目), 무게, 얼굴,
  체면(體面), 폼(form), 허세(虛勢)
가오다시(かおだし) → 우두머리㊞
가오리과(−科) → 가오릿과
가오리국 → 가오릿국
가오리연(−鳶) — 꼬리연㊟ — 꼬빡연㊞
 * 가오리연(−鳶): 가오리 모양으로 만들어
   꼬리를 길게 단 연. 띄우면 오르면서 머리
   가 아래위로 흔들린다. 늑꼬빡연.
 * 꼬리연(−鳶): 긴 꼬리를 단 연.
가오리탕(−湯) — 가오릿국㊞
가와사끼 → 가와사키(かわさき, 川崎)
가외값(加外−) → 가욋값
가외길(加外−) → 가욋길
가외돈(加外−) → 가욋돈
가외벌이(加外−) → 가욋벌이
가외불(加外−) → 가욋불
가외사람(加外−) → 가욋사람
가외일(加外−) → 가욋일
가용성(可溶性) → 녹는 성질(−性質)㊞
가용한(可用−) → 쓸 수 있는㊞

가운데니[齒] → 가운뎃니
가운데다리 → 가운뎃다리
가운데마디 → 가운뎃마디
가운데발가락 → 가운뎃발가락
가운데소리[中音] → 가운뎃소리
가운데손가락 → 가운뎃손가락
가운데점(-點) → 가운뎃점
가운데줄 → 가운뎃줄
가운데집 → 가운뎃집
가운뎃길 → 가운데 길
가운뎃날 → 가운데 날
가운뎃선(-線) → 가운데 선
가위(可謂) → 그야말로 ~라고 할 만하다, ~라고 할 만하다[순]
가위날[秋夕] → 가윗날
가위밥 → 가윗밥
가을내 → 가으내
가을 녁 → 가을 녘
가을카리 → 가을갈이
가이(可-) → 가히
가이단(かいだん) → 계단(階段), 층계(層階), 층층대(層層臺)[순]
가이던스(guidance) → 안내(案內), 지도(指導)[순]
가이드(guide) → ① 길잡이, 안내원(案內員), 안내자(案內者) ② 안내서(案內書), 지침서(指針書)[순]
가이드라인(guideline) → 방침(方針), 지침(指針)[순]
가이드북(guidebook) → 길잡이, 안내서(案內書), 지침서(指針書)[순]
가이드팁(guide tip) → 안내원 봉사료(案內員奉仕料), 여행 안내원 봉사료(旅行-)[순]
가이바시라(かいばしら) → 조개관자(-貫子)
가이없다 → 가없다
가입율(加入率) → 가입률
가자미과(-科) → 가자밋과
가자미식혜(-食醯) → 가자미식해(-食醢)
가장(家長) → ① 집안 어른 ② 남편(男便)[순]
가장 ~한 ~ 중 한 ~(-中-) → 매우(아주) ~한 ~ 중 한 ~
가재(家財) → 집 재물(-財物), 집 재산(-財產)[순]
가재과(-科) → 가잿과
가재미 → 가자미
가전하다 → 가든하다
가정난(家庭欄) → 가정란
가제(ガーゼ) → ① 거즈(gauze)(영) ② 나(羅), 사(紗)[순], 가제(Gaze)(독)
가즈런하다 → 가지런하다
가증하다(可憎-) → 밉살스럽다[순]
가지과(-科) → 가짓과
가지급금(假支給金) → 임시 지급금(臨時-)[순]
가지런이 → 가지런히
가지빛 → 가짓빛
가지수(-數) → 가짓수
가진 고생(-苦生) → 갖은 고생
가차 없다(假借-) → 사정없다(事情-)[순]
가차웁다 → 가깝다
가차이 → 가까이

가찹다 → 가깝다

가처분 소득(可處分所得) → 처분 가능
소득(-可能-)[순]

가처분하다(假處分-) → 임시 처분하다
(臨時-)[순]

가케우동(かけうどん) → 가락국수, 국수
장국(-醬-)

가케표(かけ標) → 가위표(×)[순]

가쿠(がく) → 액자(額子), 틀[순]

가쿠목(こくぼく) → 각목(角木)

가타(かた) → ① 어깨 ② 불량배(不良輩)
③ 어깨(반지의 한 부분) ④ 어깨심(-
心)[순]

가통(家統) → 집안 계통(-系統), 집안
내림[순]

가트(GATT, General Agreement on Tariffs
and Trade) → 관세 및 무역에 관한 일
반 협정(關稅-貿易-關--一般協定)[순]

가파라 → 가팔라

가파라서 → 가팔라서

가파라지다 → 가팔라지다

가파랐다 → 가팔랐다

가파롭다 → 가파르다

가팔르다 → 가파르다

가팔른 → 가파른

가팔으니 → 가파르니

가팔은 → 가파른

가평[노름] → 개평

가표(可票) → 찬성표(贊成票)[순]

가필하다(加筆-) → 고쳐 쓰다[순]

가하다(加-) → 더하다, 보태다[순]

가하다(可-) → 옳다, 좋다[순]

가해(加害) → 해를 끼침(害-)[순]

각가지 → 갖가지

각갑하다 → 갑갑하다

각개(各個) → 따로따로, 하나하나[순]

각개 점호(各個點呼) → 인원 점검(人員點
檢)[순]

각광(脚光) → 주목(注目)[순]

각다구 → 각다귀

각다귀과(-科) → 각다귓과

각대(脚帶) → 다리띠[순]

각박하다(刻薄-) → 메마르다[순]

각반(脚絆) → 행전(行纏)[순]

각 ~별(各-別) → 각 ~, ~별
* 각 국가별 → 국가별, 각 나라별 → 나라별,
각 연도별 → 연도별, 각 학교별 → 학교별
등.

각별이(恪別-) → 각별히

각사탕(角砂糖) → 각설탕(角雪糖)[순]

각사탕(角砂糖) - 각설탕(角雪糖)- 모
당(-糖) - 모사탕 - 모설탕[복]

각서리패(-牌) → 각설이패(却說-)

각자(各自) → 저마다, 제각각(-各各),
제각기(-各其)[순]

각자하다(刻字-) → 글자를 새기다[순]

각작거리다 → 갉작거리다

각주(脚註/脚注) - 아랫주(-註) - 주각
(註脚)[복]

각축(角逐) → 겨룸[순]

각출(各出) → 갹출(醵出)
* 각출(各出): ① 각각 나옴. ② 각각 내놓음.
* 갹출(醵出): 같은 목적을 위하여 여러 사람
이 돈을 나누어 냄. 늑거출.

각 티슈(角tissue) → 갑 티슈(匣-)

각하(却下) → 물리침[순]

각혈(咯血) — 객혈(喀血/衉血)[복]

각호(各戶) → 집집마다[순]

간간(間間) — 간간이[복]

간간이 → 간간히

* 간간이(間間-): ① 시간적인 사이를 두고서 가끔씩. ≒간간. ② 공간적인 거리를 두고 듬성듬성. ≒간간.
* 간간히: ① 간질간질하고 재미있는 마음으로. ② 아슬아슬하고 위태롭게. ③ 입맛 당기게 약간 짠 듯이.
* 간간히(侃侃-): 꼿꼿하고 굳센 성품이나 마음으로.
* 간간히(衎衎-): ① 기쁘고 즐거운 마음으로. ② 강하고 재빠르게.
* 간간히(懇懇-): 매우 간절하게.

간간히(間間-) → 간간이['간간이' 주 참조]

간계(奸計) → 간사한 꾀(奸詐-)[순]

간곡이(懇曲-) → 간곡히

간교(奸巧) → 간사(奸詐), 잔꾀[순]

간구하다(干求-) → 바라다, 요구하다(要求-)[순]

간극(間隙) → 틈[순]

간난아이 → 갓난아이

간단없이(間斷-) → 끊임없이[순]

간단이(簡單-) → 간단히

간단지 않다(簡單-) → 간단치 않다

간단챦다(簡單-) → 간단찮다

간대없다 → 간데없다

간데라(カンデラ) → 촉(燭), 촉광(燭光)[순]

간들어지다 → 간드러지다

간들어진 → 간드러진

간땡이(肝-) → 간덩이

간략이(簡略-) → 간략히

간막이(間-) → 칸막이

간만(干滿) → 썰물 밀물[순]

간만에 → 오래간만에

간명이(簡明-) → 간명히

간벌(間伐) → 솎아베기[순]

간사지 → 간석지(干潟地)

간살(間-) → 칸살[순]

간살장이 → 간살쟁이

간선(幹線) → 본선(本線)[순]

간선 도로(幹線道路) → 주요 도로(主要-)[순]

간소금 → 가는소금

간소이(簡素-) → 간소히

간수(看守) → 교도관(矯導官)[순]

간수성(甘肅省) → 간쑤성

간식(間食) → 군음식(-飮食), 새참, 샛밥[순]

간신이(艱辛-) → 간신히

간언(間言) → 이간질(離間-)[순]

간이[齒] → 간니

간인(間印) → 걸침도장(-圖章), 사잇도장, 이음도장[순]

간재미 → 간자미

간절기(間節期) → 환절기(換節期)

간절이(懇切-) → 간절히

간접 노무비(間接勞務費) → 간접 인건비(-人件費)[순]

간조(干潮) → 썰물[순]

간주하다(看做-) → 보다, 여기다, 치다[순]

간즈름 → 간지럼

간즈메(かんづめ) → ①깡통 따개(-筒-), 따개, 통조림 따개(桶-)[순] ② 통조림
간지(かんじ) → 느낌[순], 멋, 멋짐, 제맛
간지나다(かんじ-) → 멋지다
간지대 → 간짓대
간지러와 → 간지러워
간지럽히다 — 간질이다[복]
간지로와 → 간지러워
간지로운 → 간지러운
간지로워 → 간지러워
간지로웠다 → 간지러웠다
간지롭다 → 간지럽다
간지르고 → 간질이고
간지르는 → 간질이는
간지르니 → 간질으니
간지르다 → 간질이다
간지름 → 간지럼
간지리고 → 간질이고
간지리는 → 간질이는
간지리니 → 간질으니
간지리다 → 간질이다
간지숟가락 → 간자숟가락
간질러 → 간질여
간질렀다 → 간질였다
간질르다 → 간질이다
간질업다 → 간지럽다
간질음 → 간지럼
간질키다 → 간질이다
간천엽(肝-) → 간처녑
간촐하다 → 단출하다
간테라(カンデラ) → 칸델라(candela)
간트 차트 → 갠트 차트(Gantt chart)

간판쟁이(看板-) → 간판장이
간편게(簡便-) → 간편케
간편이(簡便-) → 간편히
간헐적(間歇的) → 이따금[순]
갇혀져 있다 → 갇혀 있다
갇혀졌다 → 갇혔다
갇혀지는 → 갇히는
갇혀지다 → 갇히다
갇혀진 → 갇힌
갈가마귀 → 갈까마귀
갈갈이 → 갈가리

* 갈갈이: '가을갈이'의 준말. 가을갈이: 다음 해의 농사에 대비하여, 가을에 논밭을 미리 갈아 두는 일. ≒추경.
* 갈가리: '가리가리'의 준말. 가리가리: 여러 가닥으로 갈라지거나 찢어진 모양.

갈개머리 → 갈깃머리
갈구랑쇠 → 갈고랑쇠
갈구랑이 → 갈고랑이
갈구리 → 갈고리
갈근(葛根) → 칡뿌리[순]
갈꽃 — 갈대꽃 — 노서(蘆絮) — 노화(蘆花)[복]
갈다귀 → 각다귀
갈대잎 → 갈댓잎
갈댓잎 — 갈잎[복]
갈따귀 → ① 각다귀 ② 깔따구
갈 때까지 가 보다 → 갈 데까지 가 보다
갈라부치다 → 갈라붙이다
갈라쇼(gala show) → 뒤풀이 공연(-公演)[순]
갈락토스 → 갈락토오스(galactose)
갈래길 → 갈림길

갈래야 → 가려야

갈랫길 → 갈림길

갈런지 → 갈는지

갈레 → 갈래

갈려고 → 가려고

갈려야 → 가려야

갈려져 있다 → 갈려 있다

갈려졌다 → 갈렸다

갈려지는 → 갈리는

갈려지다 → 갈리다

갈려진 → 갈린

갈론 → 갤런(gallon)

갈르고 → 가르고

갈르다 → 가르다

갈릉 → 간릉(幹能)

갈리우다 → 갈리다

갈리운 → 갈린

갈맛바람[西南風] → 갈마바람

갈매기과(-科) → 갈매깃과

갈매깃살 → 갈매기살

갈매빛 → 갈맷빛

갈메기살 → 갈매기살

갈모 → 갓모

* 갈모(-帽): 예전에, 비가 올 때 갓 위에 덮어 쓰던 고깔과 비슷하게 생긴 물건. 비에 젖지 않도록 기름종이로 만들었다. 늑입모.
* 갓모: 사기그릇을 만드는 돌림판의 밑구멍에 끼우는, 사기로 된 고리.

갈무 → 갈모(-帽) ['갈모' 주 참조]

갈밭 — 갈대밭[복]

갈범(葛-) → 칡범

갈브레이스, 존 케네스 → 갤브레이스, 존 케네스(Galbraith, John Kenneth)

갈비국 → 갈빗국

갈비대 → 갈빗대

갈비살 → 갈빗살

갈비집 → 갈빗집

갈빗뼈 → 갈비뼈

갈빗찜 → 갈비찜

갈빗탕(-湯) → 갈비탕

갈수기(渴水期) → 가뭄 때[순]

갈아부치다 → 갈아붙이다

갈아앉다 → 가라앉다

갈아앉히다 → 가라앉히다

갈으니[磨] → 가니

갈은[磨] → 간

갈음[磨] → 갊

갈짓자(-之字) → 갈지자

갈짓자걸음(-之字-) → 갈지자걸음

갈짝갈짝하다 → ① 갉작갉작하다 ② 깔짝깔짝하다

갈짝거리다 → ① 갉작거리다 ② 깔짝거리다

갈취(喝取) → 빼앗음[순]

갈치과(-科) → 갈칫과

갈코리 → 갈고리

갈쿠리 → 갈고리

감(感) → 느낌[순]

감감무소식(-無消息) — 감감소식[복]

감겨져 있다 → 감겨 있다

감겨졌다 → 감겼다

감겨지는 → 감기는

감겨지다 → 감기다

감겨진 → 감긴

감관(感管) → 감각 기관(感覺器官)[순]

감나무과(－科) → 감나뭇과
감남색(橄欖色) → 감람색
감내(堪耐) → 견딤[순]
감대사납다 → 감때사납다
감람녹색(橄欖綠色)－감람색－올리브색(olive－)[복]
감모(減耗) → 닳음, 줄어듦[순]
감미(甘味) → 단맛[순]
감미로와(甘味－) → 감미로워
감발이 → 감바리
감빵 → 건빵(乾－)
감산하다(減産－) → 생산을 줄이다(生産－), 생산이 줄다[순]
감살(減殺) → 감쇄
감소률(減少率) → 감소율
감손되다(減損－) → 줄어들다[순]
감손률(減損率) → 감손율
감쇠(減衰) → 약해짐(弱－), 적어짐, 줄어짐[순]
감수(減水) → 물이 줆[순]
감안(勘案) → 고려(考慮), 생각, 참작(參酌)[순]
감압(減壓) → 압력을 줄임(壓力－)[순]
감왕다 → 가맣다
감언이설(甘言利說) → 꾐말, 달콤한 말[순]
감이(敢－) → 감히
감자 가루 → 감자녹말(－綠末)
감자국 → 감잣국
감자 껍데기 → 감자 껍질
감자졸임 → 감자조림 ['조리다' 주 참조]
감잣가루→ 감자 가루
감장색(－色) → 감은색, 감장
감저(甘藷) → 고구마[순]
감주(甘酒) → 단술[순]
감질맛 → 감칠맛
감투걸이 → 감투거리
감투장이 → 감투쟁이
* 감투장이: 감투를 만들어 파는 사람.
* 감투쟁이: 감투 쓴 사람을 낮잡아 이르는 말.
감하다(減－) → 빼다, 줄이다[순]
감호(監護) → 감독(監督), 보호(保護), 보호 감독[순]
갑갑이 → 갑갑히
갑갑잖다 → 갑갑잖다
갑갑치 않다 → 갑갑지 않다
갑곶 → 갑곶(甲串)
갑논을박(甲論乙駁) → 갑론을박
갑바[カッパ, capa(에, 포), kappa(영)] → ① 가빠, 가슴 근육(－筋肉) ② 비옷 ③ 방수포(防水布), 방수 천막(－天幕)
갑빠[カッパ, capa(에, 포), kappa(영)] → ① 가빠, 가슴 근육(－筋肉) ② 비옷 ③ 방수포(防水布), 방수 천막(－天幕)
갑상선(甲狀腺) → 갑상샘
갑서치 → 값어치
갑어치 → 값어치
갑오(かぶ, 아홉 끗) → 가보
갑오갱장(甲午更張) → 갑오경장
갑작스런 → 갑작스러운
갑작시레 → 갑작스레
갑작시리 → 갑작스레
갑작이 → 갑자기
갑짜기 → 갑자기

갑짝스럽다 → 갑작스럽다

갑짝이 → 갑자기

갓가지 → 갖가지

갓두루마기 → 갖두루마기

갓무우 → 갓무

갓법 → 가법(加法)

갓신 → 갖신

갓옷 → 갖옷

갓쟁이 → 갓장이

*　갓쟁이: 갓을 쓴 사람을 낮잡아 이르는 말.
*　갓장이: 갓을 만들거나 고치는 일을 하는
　사람.

갓저고리 → 갖저고리

갔읍니다 → 갔습니다

강강수월래(強羌水越來) → 강강술래

강괴(鋼塊) → 강철 덩어리(鋼鐵 -)[순]

강구비(江 -) → 강굽이

강권하다(强勸 -) → 강제로 권하다(强
　制 - 勸 -), 억지로 권하다[순]

강남 고속버스 터미널(江南高速bus
　terminal) → 서울 고속버스 터미널
　(경부 영동선), 센트럴시티 터미널
　(Central City -)(호남선)

강남콩(江南 -) → 강낭콩

강낭가루 → 옥수숫가루

강낭떡 → 강냉이떡

강낭묵 → 강냉이묵

강낭밥 → 강냉이밥

강낭이 → 강냉이

강낭죽(-粥) → 강냉이죽

강낭튀김 → 강냉이튀김

강냉이 - 옥수수[복]

강냉이떡 - 옥수수떡[복]

강냉이묵 - 옥수수묵[복]

강냉이밥 - 옥수수밥[복]

강냉이튀김 - 옥수수튀김[복]

강능(① 江陵 ② 康陵 ③ 岡陵) → 강릉

강뚝(江 -) → 강둑

강랑(蜣螂) - 길강(蛣蜣) - 말똥구리-
　소똥구리 - 쇠똥구리 - 쇠똥벌레-
　퇴환(推丸)[복]

강력분(强力粉) → 차진밀가루[순]

강력이(强力 -) → 강력히

강매(强賣) → 강제로 팖(强制 -)[순]

강박(强迫) → 윽박지름[순]

강받다 → 강밭다

강보(襁褓) → 포대기[순]

강새암 → 강샘

강생이 → 강아지

강서리 → 된서리

강설양(降雪量) → 강설량

강울음 - 건울음(乾 -)[복]

강점하다(强占 -) → 강제로 차지하다
　(强制 -)[순]

강팍하다 → 강퍅하다(剛愎 -)

강하식(降下式) → 내림식, 내림의식(-
　儀式)[순]

강하하다(降下 -) → 내리다[순]

강화시키다(强化 -) → 강화하다

갖다 받치다 → 갖다 바치다

갖모 → 갓모 ['갈모' 주 참조]

갖아라 → 가져라

갖었다 → 가졌다

갖으면 → 가지면

갖으실 → 가지실

갖으오 → 가지오

갖을 → 가질

갖음 → 가짐

갖김치 → 갓김치

같애 → 같아

같애요 → 같아요

같쟎아 → 같잖아

같찮다 → 같잖다

같찮다 → 같잖다

개값 → 갯값

개개다 — 개기다[별]

 * 개개다: ① 자꾸 맞닿아 마찰이 일어나면서 표면이 닳거나 해어지거나 벗어지거나 하다. ② 성가시게 달라붙어 손해를 끼치다.
 * 개기다: (속되게) 명령이나 지시를 따르지 않고 버티거나 반항하다.

개개이(個個-) → 낱낱이

개개히(個個-) → 개개이

개거품 → 게거품

개걸스럽다 → 게걸스럽다

개고락지 → 개구리

개고리 → 개구리

개과(-科)[犬] → 갯과

개과하다(改過-) → 뉘우치다, 회개하다(悔改-)[순]

개구락지 → 개구리

개구리과(-科) → 개구릿과

개구장이 → 개구쟁이

개구지다 → 짓궂다

개굴이 → 개구리

개굴창 → 개울

개나리봇짐(-褓-) → 괴나리봇짐

개나리빛 → 개나릿빛

개다리밥상(-床) → 개다리소반(-小盤)

개똥지바퀴 → 개똥지빠귀

개런티(guarantee) → 출연료(出演料)[순]

개면쩍다 → 계면쩍다

개미둑 → 개밋둑

개미핥기 → 개미핥기

개발괴발 → 괴발개발

개발새발 — 괴발개발[별]

 * 개발새발: 개의 발과 새의 발이라는 뜻으로, 글씨를 되는대로 아무렇게나 써 놓은 모양을 이르는 말.
 * 괴발개발: 고양이의 발과 개의 발이라는 뜻으로, 글씨를 되는대로 아무렇게나 써 놓은 모양을 이르는 말.

개발쇠발 → 개발새발

개밥바래기 → 개밥바라기

개밥의 도토리 → 개밥에 도토리

개백장 — 개백정(-白丁)[복]

개벌[干潟] → 갯벌

개·보수(改補修) → 개보수

개비담배 → 가치담배

개비하다(改備-) → 갈다, 바꾸다[순]

개뻘 → 개펄, 갯벌

개뼈다구 → 개뼈다귀

개뼉다구 → 개뼈다귀

개뼉다귀 → 개뼈다귀

개뼉따구 → 개뼈다귀

개뿟하다 → 가뿟하다

개산급(槪算給) → 대략 계산 지급(大略計算支給), 어림 지급

개산하다(槪算-) → 대략 계산하다(大略

計算-), 어림잡아 계산하다[순]

개서하다(改書-) → 고쳐 쓰다, 고쳐 적
다, 고치다[순]

개선시키다(改善-) → 개선하다

개설(槪說) → 대충 설명(-說明)[순]

개소(個所) → 곳, 군데[순]

개소하다(開所-) → 열다[순]

개솔린 → 가솔린(gasoline)

개수-개숫물-설거지물[복]

개수(改修) → 고치기, 수리(修理)[순]

개수물 → 개숫물

개수통(-桶)-설거지통[복]

개숫대(-臺) → 개수대

개숫통(-桶) → 개수통

개스 → 가스(gas)

개심하다(改心-) → 뉘우치다, 회개하
다(悔改-)[순]

개얌 → 개암

개여[晴] → 개어

개였다[晴] → 개었다

개울녁 → 개울녘

개울창 → 개울

개울탕 → 개울

개이다[晴] → 개다

개이치 않다 → 개의치 않다(介意-)

개인(改印) → 인감 바꿈(印鑑-), 인감을
바꿈[순]

개인 하늘 → 갠 하늘

개일[晴] → 갤

개임[晴] → 갬

개입니다[晴] → 갭니다

개재(介在) → 끼어듦, 끼여 있음[순]

개전의 정(改悛-情) → 뉘우치는 빛[순]

개축하다(改築-) → 고쳐 쌓다, 고쳐 짓
다[순]

개칭하다(改稱-) → 이름을 바꾸다[순]

개탄(慨嘆) → 탄식(歎息.)[순]

개토(開土) → 땅파기, 흙갈이[순]

개펄-갯벌[복]

개평군 → 개평꾼

개피(담배) → 개비

객군(客-) → 객꾼

객담(喀痰) → 가래[순]

객살스럽다 → 객설스럽다(客說-)

객없다(客-) → 객쩍다

객장(客場) → 영업장(營業場)[순]

객적다(客-) → 객쩍다

객적은(客-) → 객쩍은

객주집(客主-) → 객줏집

객토(客土) → 새 흙, 새 흙넣기, 흙넣기[순]

객혈(喀血/略血) → 피 토하기(-吐-)[순]

갠지즈강(-江) → 갠지스강(Ganges-)

갤러리(gallery) → ① 그림방(-房), 화
랑(畫廊) ② 관중(觀衆)[순]

갤론 → 갤런(gallon)

갭(gap) → 간격(間隔), 차이(差異), 틈[순]

갭 차이(gap差異) → 갭, 차이

갭 투자(gap投資) → 시세 차익 투자(時
勢差益-)

갯비릿내 → 갯비린내

갯뻘 → 갯벌

갯수 → 개수(個數)

갯펄 → 개펄, 갯벌

갱생원(更生院) → 자립원(自立院)[순]

갱신률(更新率) → 갱신율

갱엿 — 검은엿[복]

갱의실(更衣室) → 경의실

갱충쩍다 → 갱충맞다

걒 → 갭(gap)

갸기 — 교기(驕氣)[복]

갸냘프다 → 가냘프다

갸륵이 → 갸륵히

갸웃뚱거리다 → 갸우뚱거리다

갹출(醵出) — 거출(醵出)[복] ['각출' 주 참조]

갹출하다(醵出 -) → 나누어 내다, 추렴 하다[순]

거간(居間) → 중간 상인(中間商人), 중 매인(仲買人)[순]

거간군(居間 -) → 거간꾼

거개(擧皆) → 거의, 대개(大槪)[순]

거거년(去去年) — 그러께 — 재작년(再昨 年) — 전전년(前前年) — 전전해 — 지 지난해[복]

거닐으며 → 거닐며

~거던 → ~거든

거둥거리다 → 거든그리다

거둬드리다 → 거둬들이다

거둬치우다 → 걷어치우다

거드름 피다 → 거드름 피우다

거뜬이 → 거뜬히

거래값(去來 -) → 거랫값

거래선(去來先) → 거래처(去來處)[순]

거러지 → 거지

거루배 → 거룻배

거류(居留) → 머물러 삶[순]

~거리다 — ~대다[복]

거마비(車馬費) → 교통비(交通費), 차비 (車費)[순]

거만이(倨慢 -) → 거만히

거매지다 → 거메지다

거무티티하다 → 거무튀튀하다

거무틱틱하다 → 거무튀튀하다

거물못 → 거멀못

거뭇거뭇 → 거뭇거뭇

거방지다 — 걸판지다[별]

* 거방지다: ① 몸집이 크다. ② 하는 짓이 점잖고 무게가 있다. ③ 매우 푸지다. =걸 판지다.

* 걸판지다: ① 매우 푸지다. ≒거방지다. ② 동작이나 모양이 크고 어수선하다.

거버넌스(governance) → 관리(管理) 민관 협력(民官協力), 정책(政策), 행정 (行政), 협치(協治)[순]

거북상스럽다 → 거북살스럽다

거북스러와 → 거북스러워

거북챦다 → 거북잖다

거북치 않다 → 거북지 않다

거뿐이 → 거뿐히

거사(巨事) → 큰일[순]

거쉰, 조지 → 거슈윈, 조지(Gershwin, George)

거스라기 → 거스러미

거스래기 → 거스러미

거스러기 → 거스러미

거스럭이 → 거스러미

거스럭지 → 거스러미

거스레기 → 거스러미

거슬러 올르다 → 거슬러 오르다

거슬르다 → ① 거스르다 ② 거슬리다

거슬르면 → 거스르면

거슬름돈 → 거스름돈

거슬음돈 → 거스름돈

거슴츠래 → 거슴츠레

거슴츠레하다 — 게슴츠레하다[복]

거슴치래 → 거슴츠레

거슴치레 → 거슴츠레

거슴푸레 → 거슴츠레

거시렝이 → 거스러미

거시키 → 거시기

거양하다(擧揚-) → 높이다, 드높이다, 들다, 올리다

~거에요 → ~거예요

거위배 — 충복통(蟲腹痛) — 회복통(蛔腹痛) — 회통(蛔痛) — 횟배(蛔-) — 횟배앓이[복]

거이 → 거의

거적대기 → 거적때기

거적데기 → 거적때기

거적떼기 → 거적때기

거점(據點) → 근거(根據), 근거지(根據地)[순]

거짓말장이 → 거짓말쟁이

거처가다 → 거쳐 가다

거추장시레 → 거추장스레

거추장시리 → 거추장스레

거치(据置) → 맡김, 예치(豫置)[순]

거치 기간(据置期間) → 예치 기간(預置-)[순]

거치른 → 거친

거치장스럽다 → 거추장스럽다

거치적거리다 — 걸리적거리다[별]

* 거치적거리다: ① 거추장스럽게 자꾸 여기저기 거치거나 닿다. 늑거치적대다. ② 거추장스러워서 자꾸 거슬리거나 방해가 되다. 늑거치적대다.

* 걸리적거리다: ① 거추장스럽게 자꾸 여기저기 걸리거나 닿다. 늑걸리적대다. ② 거추장스럽거나 성가시어 자꾸 거슬리거나 방해가 되다. 늑걸리적대다.

거친무니 → 거친무늬

거칠은 → 거친

거풀 → 꺼풀

거하게 → 건하게

걱실걱실이 → 걱실걱실히

걱정꺼리 → 걱정거리

걱정꾸래기 → 걱정꾸러기

걱정꾸레기 → 걱정꾸러기

걱정스런 → 걱정스러운

건갈이(乾-) → 마른갈이

건강이(健康-) → 건강히

건너마을 → 건넛마을

건너방(-房) → ① 건넌방 ② 건넛방

* 건넌방(-房): 안방에서 대청을 건너 맞은편에 있는 방. 늑방실, 월방.

* 건넛방(-房): 건너편에 있는 방.

건너산(-山) → 건넛산

건너질르다 → 건너지르다

건너집 → ① 건넌집 ② 건넛집

* 건넌집: 이웃하여 있는 집들 가운데 한 집 또는 몇 집 건너서 있는 집.

* 건넛집: 건너편에 있는 집.

건너집다 → 건너짚다

건넌마을 → 건넛마을

건넌편(-便) → 건너편

건넛편(-便) → 건너편

건느다 → 건너다

건늘목 → 건널목

건능(① 乾陵 ② 健陵) → 건릉

건덕지 → 건더기

건덜거리다 → 건들거리다

건덜건덜 → 건들건들

~건데 → ~건대

건데기 → 건더기

건둥거리다 → 건둥그리다

건들이다 → 건드리다

건듯하면 → 걸핏하면

건뜻하면 → 걸핏하면

건미역(乾-) → 마른미역[순]

건빨래(乾-) → 마른빨래

건울음(乾-) — 겉울음[별]

　* 건울음(乾-): 눈물 없이 우는 울음, 또는
　　억지로 우는 울음. =강울음.

　* 겉울음: ① 드러내 놓고 우는 울음. ② 마
　　음에 없이 겉으로만 우는 울음.

건원능(健元陵) → 건원릉

건조(乾燥) → 마름, 말림[순]

건초(乾草) → 마른 풀[순]

건폐율(建蔽率) → 대지 건물 비율(垈地
　建物比率)[순]

건포도(乾葡萄) → 마른 포도, 말린 포
　도[순]

걷어들이다 → 거두어들이다

걷어부치다 → 걷어붙이다

걷어 재끼다 → 걷어 젖히다

걷어 재치다 → 걷어 젖히다

걷어 젓히다 → 걷어 젖히다

걷어 제끼다 → 걷어 젖히다

걷어 제치다 → 걷어 젖히다

걷어채여 → 걷어차여, 걷어채어

걷어채였다 → 걷어차였다, 걷어채었다

걷어채이다 → 걷어차이다, 걷어채다

걷어채인 → 걷어차인, 걷어챈

걷어채임 → 걷어차임, 걷어챔

걷어치다 → 걷어치우다

걷우다 → 거두다

걷잡아 → 겉잡아

걷잡아도 → 겉잡아도

걷절이 → 겉절이

걸거치다 → 거치적거리다

걸게그림 → 걸개그림

걸래질 → 걸레질

걸르다 → 거르다

걸르면 → 거르면

걸름망(-網) → 거름망

걸름종이 → 거름종이

걸맞는 → 걸맞은

걸뱅이 → 거지

걸빵 → 멜빵, 질빵

걸스카웃 → 걸스카우트(Girl Scouts)

걸어부치다 → 걷어붙이다

걸어 잠궈 → 걸어 잠가

걸음바 → 걸음마

걸죽하다 → 걸쭉하다

걸즈 → 걸스(girls)

걸쭉이 → 걸쭉히

걸찍하다 → 걸쭉하다

걸치적거리다 → 걸리적거리다

걸터않다 → 걸터앉다

걸핏하면 → 걸핏하면

걸핏하면 ─ 제꺽하면[복]

검 → 껌(gum)

검댕이 → 검댕

검뎅이 → 검댕

검동이 → 검둥이

검안(檢案) → 시체 관찰(屍體觀察)[순]

검양옻나무 → 거먕옻나무

검엏다 → 거멓다

검인(檢印) → 확인 도장(確認圖章)[순]

검정색(-色) → 검은색, 검정

검지(-指) ─ 두지(頭指) ─ 집게손가락
　　─ 식지(食指) ─ 염지(鹽指) ─ 인지(人
　　指)[복]

검체(檢體) → 검사 대상물(檢查對象物)

검칙하다 → 검측하다

검침원(檢針員) → 계량기 조사원(計量器
　　調査員), 조사원[순]

겁나하다 → 겁내다

겁내했다 → 겁냈다

겁장이 → 겁쟁이

것 ─ 해[복]
　* 것/해: (사람을 나타내는 명사나 대명사
　　뒤에 쓰여) 그 사람의 소유물임을 나타내
　　는 말.

~것마는 → ~건마는

~것만 → ~건만

것잡다 → 걷잡다

겉고샅 → 겉고삿

겉다리 끼다 → 곁다리 끼다

겉똑똑이 → 헛똑똑이

겉잡을 수 없이 → 걷잡을 수 없이

겉저리 → 겉절이

겉창(-窓) ─ 덧창[복]

겉치래 → 겉치레

겉치례 → 겉치레

게국[蟹湯] → 겟국

게 껍질 → 게 껍데기

~게끄름 → ~게끔

게나리봇짐(-褓-) → 괴나리봇짐

게놈(Genom) → 유전체(遺傳體)[순]

~게다 → ~거다

게다(げた) ─ 왜나막신(倭-)[복]

게리라 → 게릴라(guerilla)

게리맨더링(gerrymandering) → 자의적
　　선거구(恣意的選擧區), 자의적 선거구
　　획정(-劃定)[순]

~게 마련이다 ─ ~기 마련이다[복]

게면쩍다 → 겸연쩍다(慊然-), 계면쩍다

게 섯거라 → 게 섰거라

게세마네 → 겟세마네(Gethsemane)

게수나무 → 계수나무(桂樹-)

게스트(guest) → 손님, 특별 출연자(特
　　別出演者)[순]

게슴치래 → 게슴츠레

게슴치레 → 게슴츠레

게슴푸레 → 게슴츠레

게시다 → 계시다

~게시리 → ~게끔

게시타포 → 게슈타포(Gestapo)

게심치래 → 게슴츠레

게심치레 → 게슴츠레

~게야 → ~거야

게양(揭揚) → 닮, 올림[순]

게양하다(揭揚-) → 기를 달다(旗-),

기를 올리다, 달다, 올리다[순]
게어 내다 → 게워 내다
게으름장이 → 게으름쟁이
게으름 피다 → 게으름 피우다
게을러빠지다 — 게을러터지다[복]
게을르고 → 게으르고
게을르다 → 게으르다
게을르면 → 게으르면
게을음 → 게으름
게이지(gauge) → ① 계기(計器), 재개 ② 기준 코단수(基準－段數)[순]
게이트(gate) → 기문(旗門), 문(門)[순]
～게이트(gate) → 의혹 사건(疑惑事件)[순]
게이트웨이(gateway) → 관문(關門)[순]
게이트키퍼(gate keeper) → 생명 지킴이(生命－)[순]
게임 세트(game set) → 경기 끝(競技－)[순]
게자 → 겨자
게젓 → 게젓
게지(gauge) → 게이지
게집 → 계집
게첨하다(揭添－) → 게시하다(揭示－), 내걸다, 내붙이다
게첩하다(揭帖－) → 게시하다(揭示－), 내걸다, 내붙이다
게탕[蟹湯] → 겟국
게티스버그 → 게티즈버그(Gettysburg)
게퓰테 → 게필테(Gef llte)
～겐가 → ～건가
겐또(けんとう) → 가늠, 어림짐작(－斟酌), 예상(豫想), 예측(豫測)
겐세이(けんせい) → 가로막다, 견제하다(牽制－), 방해하다(妨害－), 훼방 놓다(毁謗－)
겐토(けんとう) → 가늠, 어림짐작(－斟酌)[순], 예상(豫想), 예측(豫測)
겔(Gel) — 젤(gel)[복]
겔러리 → 갤러리(gallery)
겔러리아 → 갤러리아(galleria)
겟투(get two) → 둘잡이[순]
～겠금 → ～게끔
～겠끔 → ～게끔
～겠오 → ～겠소
겨가루 → 겻가루
겨드랭이 → 겨드랑이
겨땀 → 곁땀
겨란 → 계란(鷄卵)
겨레부치 → 겨레붙이
겨례 → 겨레
겨불 → 겻불
겨섬 → 겻섬
겨우 내내 → 겨울 내내
겨울내 → 겨우내
겨울내기 → 겨울나기
겨울살이 → 겨우살이
겨울살이무늬 — 인동무늬(忍冬－) — 인동문(忍冬文) — 인동초무늬(忍冬草－)[복]
겨울철 — 동시(冬時) — 동절(冬節)[복]
～겨웁다 → ～겹다
겨자 가루 → 겨잣가루
겨자빛 → 겨잣빛
겨자잎 → 겨잣잎
겨잣기름 → 겨자기름
겨잣즙(－汁) → 겨자즙

격간 운행(隔間運行) → 감축 운행(減縮－)[순]
격렬이(激烈－) → 격렬히
격벽(隔壁) → 칸막이벽[순]
격어 보다 → 겪어 보다
격이 없다 → 격의 없다(隔意－)
격자문(格子紋) → 격자무늬[순]
격자문(格子門) → 문살문(門－門), 살문[순]
격자창(格子窓) → 살창[순]
격지(隔地) → 멀리 떨어진 곳[순]
격차(隔差) → 차이(差異)[순]
견(繭) → 고치[순]
견갑골(肩胛骨) → 어깨뼈[순]
견사(繭絲) → 고치실[순]
견습(見習) → 수습(修習)[순]
견습 기자(見習記者) → 수습 기자(修習－)[순]
견양(見樣) → 보기, 본(本), 본보기, 서식(書式)[순], 견본(見本)
견인하다(牽引－) → 끌다[순]
견적서(見積書) → 추산서(推算書)[순]
견적하다(見積－) → 어림셈하다, 어림하다[순]
견지살 → 견짓살
견책(譴責) → 주의(主意)[순]
견출지(見出紙) → 분류 딱지(分類－), 찾기 딱지[순], 찾음표(－票)
견치돌(犬齒－) → 견칫돌
결과값(結果－) → 결괏값
결귀(結句) → 결구
결근계(缺勤屆) → 결근 신고(－申告), 결근 신고서(－書)[순]
결단나다 → 결딴나다
결딴코 → 결단코(決斷－)
결로(結露) → 이슬 맺힘[순]
결론지워(結論－) → 결론지어
결문(結文) → 맺는 글[순]
결번(缺番) → 빠진 번호(－番號), 없는 번호[순]
결석계(缺席屆) → 결석 신고(－申告), 결석 신고서(－書)[순]
결손 가족(缺損家族) → 조손 가족(祖孫－), 한부모 가족(－父母－)[순]
결실을 맺다(結實－) → 결실을 보다
결어(結語) → 맺는 말, 맺음말[순]
결연이(① 決然－ ② 缺然－) → 결연히
결유(結紐) → 결뉴
결절(結節) → 매듭[순]
결탁하다(結託－) → 서로 짜다, 짜다[순]
결핍율(缺乏率) → 결핍률
결하다(缺－) → 빠지다, 없다[순]
결합율(結合律) → 결합률
겸두겸두 → 겸사겸사(兼事兼事)
겸손이(謙遜－) → 겸손히
겸연적다(慊然－) → 겸연쩍다
겸연쩍다(慊然－) — 계면쩍다[복]
겸지겸지 → 겸사겸사(兼事兼事)
겹겹히 → 겹겹이
겹낱표(－標) → 겹낫표(『 』)
겹바침 → 겹받침
겹사둔 → 겹사돈(－査頓)
겹지르다 → 겹질리다
겹질르다 → 겹질리다

겻눈 → 곁눈

겻땀 → 곁땀

겻순(-筍) → 곁순

겻털 → 겨드랑털

경(莖) → 줄기순

~경(頃) → 께, 무렵, 쯤순

경건이(敬虔-) → 경건히

경계값(境界-) → 경곗값

경구 투약(經口投藥) → 복용약 주기(服用藥-)순

경구 투여(經口投與) → 복약(服藥), 복용(服用), 복용약 주기(服用藥-), 약 먹음순, 먹는 약

경귀(警句) → 경구

경기(更起) → 갱기

경노당(敬老堂) → 경로당

경노석(敬老席) → 경로석

경노잔치(敬老-) → 경로잔치

경능(① 景陵 ② 敬陵 ③ 慶陵) → 경릉

경도(硬度) → 굳기, 굳음새순

경락(輕諾) → 경낙

경매값(競買-) → 경맷값

경사(傾斜) → 기울기, 물매순

경사날(慶事-) → 경삿날

경솔이(輕率-) → 경솔히

경신하다(更新-) → 고치다, 바꾸다순

경악질색 → 경악실색(驚愕失色)

경없다(景-) → 경황없다(景況-)

경원하다(敬遠-) → 멀리하다순

경위(涇渭) → 사리(事理)순

경유값(輕油-) → 경윳값

경의실(更衣室) → 옷 갈아입는 곳, 탈의실(脫衣室)순

경인귀(警人句) → 경인구

경작지(耕作地) → 농사땅(農事-)순

경쟁리에(競爭裡-) → 경쟁 끝에

경쟁율(競爭率) → 경쟁률

경적(警笛) → 경계 고동(警戒-), 비상 고동(非常-), 호루라기순

경정(更正) → 고쳐 잡음, 다시 고침순

경정(更定) → 고쳐 정함, 바로 고침, 변경(變更)순

경제난(經濟欄) → 경제란

경주하다(傾注-) → 기울이다, 다하다, 쏟다순

경중(輕重) → 가볍고 무거움순

경증(輕症) → 가벼운 증세(-症勢)순

경지률(耕地率) → 경지율

경질하다(更迭/更佚-) → 갈다, 바꾸다순

경첩(절기) → 경칩(驚蟄)

경추(頸椎) → 목뼈

경품(景品) → 덤상품(-商品)순

경하(敬賀) → 축하(祝賀)순

경하다(輕-) → 가볍다순

경화(硬化) → 굳어짐, 굳음, 굳히기순

곁군 → 곁꾼

곁달이 → 곁다리

곁드리다 → 곁들이다

곁땀내 → 암내

곁에사람 → 곁엣사람

곁지르다 → 겯지르다

곁털 → 겨드랑털

계고하다(戒告-) → 알리다순

계기(契機) → 기회(機會)순

계날(契－) → 곗날
계도(啓導) → 알림, 일깨움, 홍보(弘報)[순]
계돈(契－) → 곗돈
계란(鷄卵) → 달걀[순]
계란덥밥(鷄卵－) → 계란덮밥, 달걀덮밥
계란말이(鷄卵－) → 달걀말이
계량하다(計量－) → 양을 재다(量－)[순]
계류(繫留) → 묶임
계류되다(繫留－) → 묶여 있다, 묶이다
계류 중(繫留中) → 검토 중(檢討中)
계류하다(繫留－) → 매어 두다, 붙들어 매다[순]
계리(計理) → 회계 처리(會計處理)[순]
계말(桂末) ― 계피말(桂皮末)― 계핏가루[복]
계면적다 → 계면쩍다
계몽(啓蒙) → 깨우침[순]
계분(鷄糞) → 닭똥[순]
계사(鷄舍) → 닭장(－欌)[순]
계상하다(計上－) → 계산하여 반영하다(計算－反映－), 셈에 넣다[순], 계산하다
계속(繼續) → 잇따라[순]
계송 → 게송(偈頌)
계수나무과(桂樹－科) → 계수나뭇과
계술(契－) → 곗술
계시판 → 게시판(揭示板)
계십시요 → 계십시오
계약고(契約高) → 계약액(契約額)
계약율(契約率) → 계약률
계양대 → 게양대(揭揚臺)
계육(鷄肉) → 닭고기
계자 → 겨자
계재 → 게재(揭載)
계주(繼走) → 이어달리기[순]
계집애 → 계집애
계출(届出) → 신고(申告)
계피 가루(桂皮－) → 계핏가루
계피떡 → 개피떡
고간(庫間) → 곳간
고갈(枯渴) → 마름[순]
고개길 → 고갯길
고개마루 → 고갯마루
고개장단 → 고갯장단
고개짓 → 고갯짓
고견(高見) → 좋은 생각[순]
고골리, 니콜라이 바실리예비치 → 고골, 니콜라이 바실리예비치(Gogol', Nikolai Vasilievich)
고관절(股關節/胯關節) → 엉덩 관절
고글(goggles) → 보안경(保眼鏡)[순]
고급스런(高級－) → 고급스러운
고급지다(高級－) → 고급스럽다
고기 가루 → 고깃가루
고기간(－間) → 고깃간
고기값 → 고깃값
고기결 → 고깃결
고기국 → 고깃국
고기국물 → 고깃국물
고기기름 → 고깃기름
고기길[魚道] → 고깃길
고기덥밥 → 고기덮밥
고기덩어리 → 고깃덩어리
고기덩이 → 고깃덩이
고기마리 → 고깃마리

고기배[漁船] → 고깃배

고기복음 → 고기볶음

고기잣잇배 → 고기잡이배

고기점(-點) → 고깃점

고기집 → 고깃집

  * 고기 집: 물고기가 몸을 숨기거나 알을 낳
    을 수 있도록 만든 집이나 장치.

  * 고깃집: 고기를 주로 파는 음식점을 일상
    적으로 이르는 말.

고깃간(-間) ─ 푸줏간[복]

고깃관(-館) → 고깃간(-間)

고깃전(-廛) → 고기전

고까 ─ 꼬까 ─ 때때[복]

고까신 ─ 꼬까신 ─ 때때신[복]

고까옷 ─ 꼬까옷 ─ 때때옷[복]

고까와 → 고까워

고까지 → 고까짓

고까지 것 → 고까짓 것

고까지 놈 → 고까짓 놈

고깐 → 곳간(庫間)

고난이도(高難易度) → 고난도

고냉증(高冷症) → 고랭증

고냉지(高冷地) → 고랭지

고누다 → 가누다

고니[魚卵] → 곤이(鯤鮞)

고다지 ─ 고리도[복]

고달퍼 → 고달파

고달푸다 → 고달프다

고도리뼈 → ① 고두리뼈 ② 복사뼈

고돌빼기 → 고들빼기

고돌빽이 → 고들빼기

고돌뼈 → 복사뼈

고동[貝] → 고동[순]

고두릿살 → 고두리살

고두밥 → 지에밥

  * 고두밥: 아주 되게 지어져 고들고들한 밥.

  * 지에밥: 찹쌀이나 멥쌀을 물에 불려서 시
    루에 찐 밥. 약밥이나 인절미를 만들거나
    술밑으로 쓴다. 늑지에.

고들배기 → 고들빼기

고들빽이 → 고들빼기

고등어과(-科) → 고등엇과

고랑 ─ 쇠고랑[복]

고랑쇠 → 쇠고랑

고래 뵈도 → 고래 봬도

고래재 → 고랫재

고량소주(高粱燒酒) ─ 고량주 ─ 배갈
    [baigar, 白干儿] ─ 수수소주[복]

고로(故-) → 그러므로, 그런 까닭으로[순]

고로께(コロッケ) → 크로켓(croquette)

고로케(コロッケ) → 크로켓(croquette)[순]

고루다 → 고르다

고리(高利) → 비싼 길미, 비싼 변(-邊),
    비싼 변리(-邊利)[순]

고리뗑(コールテン)(~ 바지, ~ 치마)
    → 코르덴(corded velveteen)

고리라 → 고릴라(gorilla)

고리버들 ─ 기류(杞柳) ─ 키버들[복]

고리쟁이 → 고리장이

고리적 → 고릿적

고리짝 얘기 → 고릿적 얘기

고린내 ─ 코린내[복]

고릿짝 → 고리짝

고마만하다 → 고마마하다

고마와 → 고마워

고막(鼓膜) ― 귀청[복]

고막[貝] → 꼬막

~고만 → ~구먼

고만때 → 고맘때

고만치 ― 고만큼[복]

~고말고 ― ~다마다[복]

~고면 → ~구먼

고목(枯木) → 죽은 나무[순]

고무레 → 고무래

고무하다(鼓舞-) → 북돋우다[순]

고물카, 브와디스와프 → 고무우카, 브
　와디스와프(Gomułka, Władysław)

고민꺼리(苦悶-) → 고민거리

고바위(こうばい) → 경사(傾斜), 기울기,
　물매, 비탈, 오르막

고바이(こうばい) → 경사(傾斜), 기울
　기, 물매, 비탈, 오르막

고박(こばく) → 화물 고정(貨物固定),
　화물묶기

고본(古本) → 옛 책(-冊), 헌 책[순]

고부탱이 → 고부탕이

고분군(古墳群) → 무덤떼[순]

고비고비 → 굽이굽이

고비과(-科) → 고빗과

고비국 → 고빗국

고비길 → 고빗길

고비사위 → 고빗사위

고뿌(コップ) → 잔(盞), 컵(cup)[순]

고사(古寺) → 오래 된 절[순]

고사리과(-科) → 고사릿과

고사리국 → 고사릿국

고사목(枯死木) → 죽은 나무[순]

고산(高山) → 높은 산[순]

고삿길 → 고샅길

고삿상 → 고사상(告祀床)

고생줄(苦生-) → 고생길

고서(古書) → 옛 책(-冊), 헌 책[순]

~고서는 ― ~고설랑[복]

고성토(高成土) → ① 높이 쌓은 흙
　② 흙 높이 쌓기[순]

고세를 못 참다 → 고새를 못 참다

고수래 → 고수레

고수머리 ― 곱슬머리[복]

고수부지(高水敷地) → 둔치[순]

고수하다(固守-) → 굳게 지키다[순]

고스란이 → 고스란히

고스펠 → 가스펠(gospel)

고습도치과(-科) → 고슴도칫과

고시(告示) → 알림

고시래 → 고수레

고시레 → 고수레

고시례 → 고수레

고시하다(告示-) → 알리다[순]

고식적(姑息的) → 임시 변통의(臨時變
　通-)[순]

고십 → 가십(gossip)

고십란(gossip欄) → 가십난

~고 싶다 ― ~고프다[복]

고아원(孤兒院) → 보육원(保育院)[순]

고양이과(-科) → 고양잇과

고양하다(高揚-) → 높이다[순]

고엽(枯葉) → 마른 잎[순]

고오베 → 고베(こうべ, 神戸)

고요이 → 고요히

고용율(雇傭率) → 고용률

고용주(雇用主) → 사업주(事業主)㊞

고우 → 고(go)

고우네 → 곱네

고우네요 → 곱네요

고우스트 → 고스트(ghost)

고운대 ― 토란대(土卵 ―)㊾

고울 → 골(goal)

고유값(固有 ―) → 고윳값

고이다 ― 괴다(원칙 ― 허용)㊾

고이춤 → 고의춤(袴衣 ―)

고자장이(告者 ―) → 고자쟁이

고장율(故障率) → 고장률

고장이 → 고쟁이

~고저 → ~고자

고정(苦情) → 불만(不滿), 불평(不平)㊞

고정난(固定欄) → 고정란

~고져 → ~고자

고조시키다(高潮 ―) → 고조하다

고종사춘(姑從 ―) → 고종사촌(―四寸)

고주 ― 고주망태㊾

고주망태기 → 고주망태

고주알미주알 ― 미주알고주알㊾

고즈너기 → 고즈넉이

고즈넉히 → 고즈넉이

고지곧대로 → 곧이곧대로

고지곳대로 → 곧이곧대로

고지 의무(告知義務) → 알릴 의무㊞

고직이(庫 ―) → 고지기

고직체(―體) → 고딕체(Gothic ―)

고집(庫 ―) → 곳집

고집덩이(固執 ―) → 고집쟁이

고집장이(固執 ―) → 고집쟁이

고집 피다(固執 ―) → 고집 피우다

고찰하다(考察 ―) → 살펴보다㊞

고참(古參) → 선임(先任), 선임자(先任者), 선참(先站), 선참자(先站者)㊞

고초(苦楚) → 어려움㊞

고추가루 → 고춧가루

고추대 → 고춧대

고추물 → 고춧물

고추잎 → 고춧잎

고추장복음(―醬 ―) → 고추장볶음

고충(苦衷) → 어려움㊞

고취(鼓吹) → 북돋움㊞

고치값 → 고칫값

고통스런(苦痛 ―) → 고통스러운

고푸다 → 고프다

고하다(告 ―) → 알리다㊞

고함질르다(高喊 ―) → 고함지르다

고호, 빈센트 빌럼 반 → 고흐, 빈센트 빌럼 반(Gogh, Vincent Willem van)

고히 → 고이

곡간 → 곳간(庫間)

곡감 → 곶감

곡갱이 → 곡괭이

곡굉이 → 곡괭이

곡율(曲率) → 곡률

곤난(困難) → 곤란

곤냐쿠(こんにゃく) → ① 구약감자(蒟蒻 ―), 구약나물 ② 우무㊞

곤대짓 → 곤댓짓

곤도라 → 곤돌라(gondola)

곤돌라(gondola) → 방승기(房乘機)[순]

곤드래만드래 → 곤드레만드레

곤들메기 → 곤들매기

곤로(コンロ) → 풍로(風爐), 화로(火爐)[순]

곤색(こん色) → 감색(紺色), 감청색(紺靑色)[순], 검남색(-藍色), 진남색(津藍色)

곤약(崑蒻) → ① 구약감자(蒟蒻-), 구약나물 ② 우무[순]

곤욕스럽다 → 곤혹스럽다(困惑-)

곤이(困-) → 곤히

곤잘레스 → 곤살레스(González)

곤조(こんじょう) → 고집(固執), 근성(根性), 성깔(性-), 억지

곤치다 → 고치다

곤포(梱包) → 뭉치, 압축 포장(壓縮包裝)[순]

골간(骨幹) → 뼈대[순]

골게터(goal getter) → 주 득점 선수(主得點選手)[순]

골격(骨格) → 뼈대[순]

골골샷샷 → 골골샅샅

골골샅샅히 → 골골샅샅이

골네트(goal net) → 그물, 문그물(門-)[순]

골다공증(骨多孔症) → 뼈엉성증[순]

골덴 → ① 골든(golden) ② 코르덴(corded velveteen)

골돌히 → 골똘히

골드러쉬 → 골드러시(gold rush)

골든 골(golden goal) → 끝내기 골[순]

골든 글러브상(Golden Globe賞) → 골든 글러브상(Golden Glove-)

골든 글로브 → 골든 글러브(Golden Glove)

골똘이 → 골똘히

골라인 아웃(goal line out) → 문 줄 넘음(門-), 문 줄을 넘다[순]

골려 주다 → 곯려 주다

골르다 → 고르다

골목자기 → 골목쟁이

골목장이 → 골목쟁이

골무감 → 골뭇감

골바지 → 줄무늬 바지[순]

골벵이 → 골뱅이

골분(骨粉) → 뼛가루[순]

골빤지 → 골판지(-板紙)

골 세리머니(goal ceremony) → 득점 뒤풀이(得點-)[순]

골아떨어지다 → 곯아떨어지다

골에어리어(goal area) → 문 앞 구역(門-區域), 문지기 지역(門-地域)[순]

골인(goal in) → 득점(得點)[순]

골자(骨子) → 골갱이, 요점(要點), 핵심(核心)[순]

골잽이(goal-) → 골잡이

골조(骨組) → 뼈대[순]

골집 → 순대

골짜 → 골자(骨子)

골짝이 → 골짜기

골치거리 → 골칫거리

골치꺼리 → 골칫거리

골치덩어리 → 골칫덩어리

골치덩이 → 골칫덩이

골칫꺼리 → 골칫거리

골키파 → 골키퍼(goalkeeper)

골키퍼(goalkeeper) → 문지기(門－)[순]
골킥(goal kick) → 문 앞 차기(門－)[순]
골프 웨어(golf wear) → 골프복(－服)[순]
곯막하다 → 골막하다
곯음[膿] → 고름
곯탕 → 골탕
곰곰－곰곰이[복]
곰곰히 → 곰곰이
곰보닥지 → 곰보딱지
곰삭이다 → 곰삭히다
곰삭인 → 곰삭힌
곰살곱다 → 곰살갑다
곰장어(－長魚) → 먹장어[순]
곰팽이 → 곰팡이
곱따랗다 → 곱다랗다
곱배기 → 곱빼기
곱살하다－곱상하다(－相－)[복]
곱셈추위 → 꽃샘추위
곱추 → 꼽추
곳감 → 곶감
곳곳히 → 곳곳이
곳잘 → 곧잘
곳장 → 곧장
곳추 → 곧추
곳추다 → 곧추다
곳추세우다 → 곧추세우다
곳추앉다 → 곧추앉다
공감을 느끼다(共感－) → 공감하다
공경이(恭敬－) → 공경히
공고이(鞏固－) → 공고히
공고히 하다(鞏固－) → 굳건히 하다, 굳게 하다, 튼튼히 하다[순]

공골차다 → 옹골차다
공공연이(公公然－) → 공공연히
공공연하게(公公然－) → 버젓이[순]
공교로와(工巧－) → 공교로워
공교로히(工巧－) → 공교로이
공구(工區) → 공사 구역(工事區域)[순]
공구르다 → 공그르다
공구리(コンクリ) → 양회 반죽(洋灰－), 콘크리트(concrete)[순]
공극(孔隙) → 틈, 틈새[순]
공극율(孔隙率) → 공극률
공굴러 → 공글러
공급선(供給先) → 공급자(供給者), 공급처(供給處)[순]
공급양(供給量) → 공급량
공기(工期) → 공사 기간(工事期間)[순]
공기(空器) → 빈 그릇[순]
공기돌 → 공깃돌
공기밥(空器－) → 공깃밥
공껏(空－) → 공것
공난(空欄) → 공란
공냉(空冷) → 공랭
공념불(空念佛) → 공염불
공능(恭陵) → 공릉
공대말(恭待－)－높임말－존경어(尊敬語)－존대어(尊待語)－존댓말－존칭어(尊稱語)[복]
공댓말 → 공대말(恭待－)
공동 경작(共同耕作) → 어울려 짓기[순]
공드리다(功－) → 공들이다
공들은(功－) → 공든
공란(空欄) → 빈칸[순]

공람(供覽) → 돌려봄

공리(公利) → 공공 복리(公共福利), 공공의 이익(-利益)[순]

공명(空鳴) → 헛울림[순]

공명정대하게(公明正大-) → 떳떳하게[순]

공모(公募) → 공개 모집(公開募集)[순]

공병(空瓶) → 빈 병[순]

공복(公僕) → 봉사자(奉仕者), 심부름꾼[순]

공복(空腹) → 빈속[순]

공부께나 한다고(工夫-) → 공부께나 한다고

공분(公憤) → 대중의 분노(大衆-憤怒/忿怒)[순]

공붓방 → 공부방(工夫房)

공사다망 중(公私多忙中) → 바쁘신 가운데[순]

공상(公傷) → 공무 중 부상(公務中負傷)[순]

공석(空席) → 빈자리[순]

공손이(恭遜-) → 공손히

공수(空手) → 빈손[순]

공수표(空手票) → ① 부도 수표(不渡-) ② 가짜 약속(假-約束)[순]

공시(公示) → 알림

공시 송달(公示送達) → 널리 알림, 알려 보냄[순]

공실(空室) → 빈방(-房)[순]

공실율(空室率) → 공실률

공안(公安) → 공공 안녕(公共安寧)[순]

공여하다(供與-) → 바치다, 제공하다(提供-), 주다[순]

공연스리(空然-) → 공연스레

공연시레(空然-) → 공연스레

공연시리(空然-) → 공연스레

공연이(空然-) → 공연히

공용(恐龍) → 공룡

공용(公用) → 공무로 씀(公務-)[순]

공유 지분(公有持分) → 차지 몫, 함께 차지 몫[순]

공임(工賃) → 품삯[순]

공장도 가격(工場渡價格) → 공장 값, 공장에서 내는 값[순]

공쟁이(エ-) → 공장이

공전하다(空轉-) → 겉돌다, 헛돌다[순]

공정(工程) → 공사 과정(工事過程), 공사 진도(-進度), 작업 과정(作業-)[순]

공정율(工程率) → 공정률

공정이(公正-) → 공정히

공제(控除) → 뗌, 뺌[순]

공조(共助) → 서로 도움, 협조(協助)[순]

공존(共存) → 함께 살아감[순]

공지(空地) → 빈 땅, 빈터[순]

공지 사실(公知事實) → 다 아는 사실, 다 아는 일[순]

공지 사항(公知事項) → 알리는 말씀[순]

공짜바기(空-) → 공짜배기

공짜박이(空-) → 공짜배기

공짜백이(空-) → 공짜배기

공차(公差) → 허용 오차(許容誤差)[순]

공칭 전압(公稱電壓) → 표준 전압(標準-)[순]

공탁하다(供託-) → 맡기다[순]

공평이(公平-) → 공평히

공표(空標) ─ 동그라미표─ 영표(零標)(○)[복]

공한지(空閑地) → 노는 땅, 빈 땅, 빈터[순]
공항 장애 → 공황 장애(恐慌障礙)
공히(共－) → 같이, 모두, 함께[순]
과감이(果敢－) → 과감히
과경하다(過輕－) → 너무 가볍다
과녁 맞추기 → 과녁 맞히기
과녁배기 → 과녁빼기
과녘 → 과녁
과다(過多) → 너무 많음[순]
과당 경쟁(過當競爭) → 지나친 경쟁[순]
과대이(過大－) → 과대히
과대하다(過大－) → 지나치게 크다[순]
과린산(過燐酸) → 과인산
과문하다(寡聞－) → 견문이 적다(見聞－)[순]
과반수 넘다(過半數－) → 과반수, 절반 넘게(折半－)
과반수 이상(過半數以上) → 과반수, 절반 이상(折半－)
과부집(寡婦－) → 과붓집
과부화 → 과부하(過負荷)
과붓댁 → 과부댁(寡婦宅)
과숫댁 → 과수댁(寡守宅)
과실(果實) → 열매[순]
과실이다(過失－) → 잘못이다[순]
과언(過言) → 지나친 말[순]
과업(課業) → 할 일[순]
과오(過誤) → 잘못, 허물[순]
～과의 → ～과
과이(過－) → 과히
과일주 → 과실주(果實酒)
과자값(菓子－) → 과잣값
과중하다(過重－) → 벅차다, 힘겹다[순]
과즙(果汁) → 과일즙[순]
과집(果汁) → 과즙
과징금(過徵金) → 징수한 돈(徵收－)[순]
과하다(過－) → 넘치다, 지나치다[순]
곽 → 갑(匣)
곽난(癨亂) → 곽란
곽이(藿耳) ― 미역귀[복]
곽 티슈(－tissue) → 갑 티슈(匣－)
관개(灌漑) → 물대기[순]
관건(關鍵) → 열쇠[순]
관계없다(關係－) ― 상관없다(相關－)[복]
관계 요로에(關係要路－) → 관계 기관에(－機關－)[순]
관계지워(關係－) → 관계지어
관계찮다(關係－) → 관계찮다
관급(官給) → 관공서에서 지급(官公署－支給), 관공서 지급[순]
관람(觀覽) → 구경, 살펴봄[순]
관련지워(關聯－) → 관련지어
관리(官吏) → 공무원(公務員)[순]
관망하다(觀望－) → 지켜보다[순]
관물대(管物臺) → 개인 물건 보관함(個人物件保管函), 개인 보관함, 사물함(私物函)[순]
관상장이(觀相－) → 관상쟁이
관심꺼리(關心－) → 관심거리
관심 여하(關心如何) → 관심 두기에 따라[순]
관여하다(關與－) → 관계하다(關係－), 상관하다(相關－)[순]
관용귀(慣用句) → 관용구

관용차(官用車) → 공무차(公務車)㈜

관유물(官有物) → 공공 기관 물건(公共
機關物件)㈜

관인(官印) → 기관 도장(機關圖章)㈜

관자노리(貫子-) → 관자놀이

관장하다(管掌-) → 담당하다(擔當-),
맡다, 맡아 보다, 처리하다(處理-)㈜

관저(官邸) → 관사(官舍)㈜

관철하다(貫徹-) → 뜻을 이루다, 이루
다㈜

관할(管轄) → 담당(擔當)㈜

관활 → 관할(管轄)

괄목하다(刮目-) → 놀랄 만하다㈜

괄세 → 괄시(恝視)

광견(狂犬) → 미친개㈜

광고난(廣告欄) → 광고란

광고쟁이(廣告-) → 광고장이

광능(光陵) → 광릉

광댓뼈 → 광대뼈

광뚱성(廣東省) → 광둥성

광량자(光量子) → 광양자

광분하다(狂奔-) → 미쳐 날뛰다㈜

광우리 → 광주리

광한누(廣寒樓) → 광한루

괘능(掛陵) → 괘릉

괘다리쩍다 → 괘다리적다

괘달머리쩍다 → 괘달머리적다

괘짝 → 궤짝(櫃-)

괜스리 → 괜스레

괜시리 → 괜스레

괜이 → 괜히

괜차나 → 괜찮아

괜찬아 → 괜찮아

괜찮다 → 괜찮다

괭찬아 → 괜찮아

괭찮아 → 괜찮아

괭이날 → 괭잇날

괭이밥 — 산거초(酸車草) — 작장초(酢漿
草) — 초장초(酢漿草)㈐

괴괴망칙 → 괴괴망측(怪怪罔測)

괴기[肉, 魚] → 고기

괴로와하다 → 괴로워하다

괴로히 → 괴로이

괴뢰(傀儡) → 꼭두각시㈜

괴륙(魁陸) — 괴합(魁蛤) — 꼬마피안다
미조개 — 꼬막 — 복로(伏老) — 안다미
조개 — 와롱자(瓦礱子) — 와룽자(瓦龍
子)㈐

괴발새발 → 괴발개발

괴변을 늘어놓다 → 궤변을 늘어놓다(詭
辯-)

괴상망칙 → 괴상망측(怪常罔測)

괴성 소리(怪聲-) → 괴성

괴소리개소리 → 개소리괴소리

괴씸하다 → 괘씸하다

괴악망칙 → 괴악망측(怪惡罔測)

괴이다 → 고이다, 괴다

괴이적다(怪異-) → 괴이쩍다

괴임 → 굄

괴임돌 → 굄돌

괴임목(-木) → 굄목

괴임새 → 굄새

괴임질 → 굄질

괴종시계 → 괘종시계(掛鐘時計)

괴팩하다 → 괴팍하다(乖愎-)

괴퍅하다 → 괴팍하다(乖愎-)

괸스레 → 괜스레

괸스리 → 괜스레

괸시리 → 괜스레

괸차나 → 괜찮아

괸찬아 → 괜찮아

괸찮다 → 괜찮다

괻찬아 → 괜찮아

괻찮아 → 괜찮아

굉장이(宏壯-) → 굉장히

교교이(皎皎-) → 교교히

교교하다(皎皎-) → 밝다[순]

교또 → 교토(きょうと, 京都)

교란(攪亂) → 어지럽힘, 혼란스럽게 만듦(混亂-)[순]

교란시키다(攪亂-) → 교란하다

교묘이(巧妙-) → 교묘히

교반(攪拌) → 저어 섞기, 휘저어 섞기[순]

교반기(攪拌機) → 섞음 기계(-機械)[순]

교부하다(交付-) → 내주다[순]

교사(校舍) → 학교 건물(學校建物)[순]

교사하다(敎唆-) → 부추기다[순]

교시하다(敎示-) → 가르쳐 주다, 가르치다, 알려 주다[순]

교육 훈련(敎育訓練) → 인재 개발(人材開發)[순]

교잣상 → 교자상(交子床)

교정보다(校正-)-준보다(準-)[복]

교직이(校-) → 교지기

교찻점 → 교차점(交叉點)

교통양(交通量) → 교통량

교행(交行) → 마주 달림[순]

교환률(交換率) → 교환율

~구 → ~고

구가다(きゅうがた) → 구형(舊型), 낡은 모양(-模樣)

구가타(きゅうがた) → 구형(舊型), 낡은 모양(-模樣)[순]

구강(口腔) → 입속, 입안[순]

구경(口徑) → 지름[순]

구경군 → 구경꾼

구경꺼리 → 구경거리

구구로 → 국으로

구구이(區區-) → 구구히

구구하다(區區-) → ① 각각 다르다(各各-), 다르다 ② 쓸모없다[순]

구구히(句句-) → 구구이

구근(球根) → 알뿌리[순]

구글(句-) → 귀글

구금하다(拘禁-) → 가두다, 잡아 가두다[순]

구김살을 피다 → 구김살을 펴다

구김쌀 → 구김살

구녁 → 구멍

구녕 → 구멍

구데기 → 구더기

구데타 → 쿠데타(coup d'État)

구뎅이 → 구덩이

구독(購讀) → 사서 읽음, 사 읽음[순]

구독점(句讀點) → 구두점

구두닥이 → 구두닦이

구두로(口頭-) → 말로[순]

구두발 → 구둣발

구두방(-房) → 구둣방
구두솔 → 구둣솔
구두쟁이 → 구두장이
구두주걱 → 구둣주걱
구두칼 → 구둣주걱
구두 헤라(-へら) → 구둣주걱, 주걱
구둘 → 구들
구둣점 → 구두점(句讀點)
구들고래 → 방고래(房-)
구들재 → 구재[북]
구라(くら) → 가짜(假-), 거짓, 거짓말
구라치(クラッチ) → 클러치(clutch)[순]
구라파(歐羅巴) → 유럽(Europe)[순]
구락부(俱樂部) → 단체(團體), 클럽
　(club)[순], 동호회(同好會)
구랍(舊臘) → 지난해 섣달[순]
구레나루 → 구레나룻
구레파스(クレパス) → 크레파스(crayon
　pastel)[순]
구렛나루 → 구레나룻
구렛나룻 → 구레나룻
구렝이 → 구렁이
구로(くろ) → 검은색(-色), 검정[순]
구로빈 → 글로빈(globin)
~구료 → ~구려
구루마(くるま) → 손수레
구름량(-量) → 구름양
구릉지(丘陵地) → 언덕땅[순]
구리빛 → 구릿빛
구리세린 → 글리세린(glycerine)
구리셀린 → 글리세린(glycerine)
구리스(グリース) → 그리스(grease),

윤활유(潤滑油)[순]
구린내 → 쿠린내[복]
구릿줄 → 구리줄
~구만 → ~구먼
~구말구 → ~고말고
구매선(購買先) → 구매처(購買處)
~구면 → ~구먼
구면괘사(口面喎斜) — 구안괘벽(口眼喎
　僻) — 구안괘사 — 구안와사(-喎斜)—
　구안편사(-偏斜)[복]
구명동의(救命胴衣) → 구명조끼[순]
구문(構文) → 글 짜임[순]
구배(勾配) → ① 기울기, 물매 ② 비탈,
　오르막[순]
구법(舊法) → 옛 법[순]
구변(口辯) → 말솜씨[순]
구보(驅步) → 달리기[순]
구불통구불통 → 구불텅구불텅
구불퉁구불퉁 → 구불텅구불텅
구브러지다 → 구부러지다
구비감다 → 굽이감다
구비구비 → 굽이굽이
구비길 → 굽잇길
구비돌다 → 굽이돌다
구비치다 → 굽이치다
구상하다(求償-) → 배상을 요구하다
　(賠償-要求-), 보상을 요구하다(報
　償-)[순]
구색 완비(具色完備) → 고루 갖춤[순]
구석데기 → 구석빼기
구석때기 → 구석빼기
구석떼기 → 구석빼기

구석배기 → 구석빼기

구석백이 → 구석빼기

구석빽이 → 구석빼기

구석장이 → 구석

구석쟁이 → 구석

구석탱이 → 구석

구설수에 오르다(口舌數-) → 구설에 오르다

구순렬(口脣裂) → 구순열

구순열(口脣裂) - 입술갈림증(-症)[복]

구술하다(口述-) → 말로 하다[순]

구스르고 → 구슬리고

구스르다 → 구슬리다

구스르면 → 구슬리면

구스른다 → 구슬린다

구슬러 → 구슬려

구슬러서 → 구슬려서

구슬르고 → 구슬리고

구슬르다 → 구슬리다

구슬르면 → 구슬리면

구슬른다 → 구슬린다

구슬사탕(-砂糖) → 알사탕

구습(舊習) → 묵은 습관(-習慣)[순]

구실러서 → 구슬러서

구십월(九十月) → 구시월

구쓰헤라(くつへら) → 구둣주걱[순]

구연도(舊年度) → 구년도

구옥(舊屋) → 옛 집, 헌 집[순]

~구요 → ~고요

구워박다 → 구어박다

구인난(求人欄) → 구인란

구인하다(拘引-) → 끌어가다[순]

구입선(購入先) → 구입처(購入處)[순]

구잡스럽다 → 구접스럽다

구저분이 → 구저분히

구전(口傳) → 말로 전함(-傳-)[순]

구정(舊正) → 설

구정맞이(舊正-) → 설맞이

구제하다(驅除-) → 없애다[순]

구좌(口座) → 계좌(計座)[순]

구주(歐州) → 구주(歐洲)

구주(歐洲) → 유럽(Europe)[순]

구지비끼(くじびき) → 제비뽑기, 추첨(抽籤)

구지비키(くじびき) → 제비뽑기, 추첨(抽籤)[순]

구지뽕나무 → 꾸지뽕나무

구찌베니(くちべに) → 루주(rouge), 립스틱(lipstick), 연지(臙脂), 입술 연지

구차이(苟且-) → 구차히

구찮다 → 귀찮다

구축하다(驅逐-) → 몰아 내다, 쫓아 내다[순]

구충(驅蟲) → 벌레 없애기[순]

구치베니(くちべに) → 루주(rouge), 립스틱(lipstick), 연지(臙脂), 입술 연지[순]

구타하다(毆打-) → 때리다[순]

구태(舊態) → 옛 모습[순]

구태어 → 구태여

구태의연하다(舊態依然-) → 여전하다(如前-)[순]

구탱이 → 귀퉁이

구테타 → 쿠데타(coup d'État)

구프리다 → 구푸리다

구획하다(區劃－) → 구분하다(區分－), 분리하다(分離－)[순]
구휼(救恤) → 구제(救濟), 구호(救護)[순]
국걸이 → 국거리
국기(國基) → 국가의 근본(國家－根本), 국가의 기초(－基礎), 나라 터전[순]
국꺼리 → 국거리
국내값(國內－) → 국냇값
국내·외(國內外) → 국내외
국노루 → 궁노루
국란 극복(國難克服) → 국난 극복
국마리 → 국말이
국무성(國務省) → 국무부(國務部)
국방성(國防省) → 국방부(國防部)
국부적(局部的) → 부분적(部分的)[순]
국수당 → 국사당(國師堂)
국수발 → 국숫발
국수빨 → 국숫발
국수집 → 국숫집
국숫물 → 국수물
국숫빨 → 국숫발
국연(國聯) → 국련
국유림(國有林) → 나라 산(－山)[순]
국장(國章) → 나라 휘장(－徽章)[순]
국지(局地) → 일부 지역(一部地域)[순]
국화(國花) → 나라꽃[순]
군것질꺼리 → 군것질거리
군달 → 윤달(閏－)
군대군대 → 군데군데
군더덕이 → 군더더기
군더덕지 → 군더더기
군동내 → 군내
군둥내 → 군내
군률(軍律) → 군율
군용 어음(軍用－) → 군표(軍票)
군용표(軍用票) → 군표(軍票)
군자난(君子蘭) → 군자란
군집(群集) → 무리[순]
군축(軍縮) → 군비 축소(軍備縮小)[순]
군화발(軍靴－) → 군홧발
굳 → 굿(good)
굳건이 → 굳건히
굳나잇 → 굿나이트(good night)
굳모닝 → 굿모닝(good morning)
굳바이 → 굿바이(good-bye)
굳쎄다 → 굳세다
굳웰 → 굿웰(goodwell)
굳이어 → 굿이어(goodyear)
굳히 → 굳이
굴 껍질 → 굴 껍데기
굴다란 → 굵다란
굴다랗게 → 굵다랗게
굴다랗다 → 굵다랗다
굴둑 → 굴뚝
굴따란 → 굵다란
굴따랗게 → 굵다랗게
굴따랗다 → 굵다랗다
굴레수염 → 구레나룻
굴르다 → 구르다
굴삭기(掘削機) → 굴착기(掘鑿機)[순]
굴젓 → 굴젓
굴조개 → 구조개
굴토(掘土) → 땅파기[순]
굴하다(屈－) → 굽히다, 꺾이다

굵따란 → 굵다란

굵따랗게 → 굵다랗게

굵따랗다 → 굵다랗다

굵은소금 ─ 왕소금(王─)뵉

굵직굵직히 → 굵직굵직이

굵찍하다 → 굵직하다

굶줄임 → 굶주림

굼뱅이 → 굼벵이

굽돌이 → 굽도리

굽두리 → 굽도리

굽신 ─ 굽실뵉

굽신굽신 ─ 굽실굽실뵉

굽이길 → 굽잇길

굿걸이 → 굿거리

굿꺼리 → 굿거리

굿나잇 → 굿나이트(good night)

굿노리 → 굿놀이

굿바이 히트(goodbye hit) → 끝내기, 끝
  내기 안타(─安打)숚

굿쟁이 → 무당(巫堂)

굿즈(goods) → 팬 상품(fan商品)숚

궁구르다 → 구르다

궁굴대 → 궁글대

궁굴르다 → 구르다

궁굼증(─症) → 궁금증

궁굼하다 → 궁금하다

궁금이 → 궁금히

궁금쯩 → 궁금증(─症)

궁끼 → 궁기(窮氣)

궁댕이 → 궁둥이

궁뎅이 → 궁둥이

궁둥방아 ─ 엉덩방아뵉

궁둥이바람 → 궁둥잇바람

궁둥이짓 → 궁둥잇짓

궁둥이춤 → 궁둥춤

궁둥잇바람 ─ 엉덩잇바람뵉

궁둥잇짓 ─ 엉덩잇짓뵉

궁둥춤 ─ 엉덩이춤 ─ 엉덩춤뵉

궁떨다(窮─) → 궁상떨다(窮狀─)

궁박한(窮迫─) → 매우 어려운, 몹시 곤
  궁한(─困窮─)숚

궁술(弓術) → 활 솜씨, 활쏘기숚

궁시렁거리다 → 구시렁거리다

궁시렁궁시렁 → 구시렁구시렁

궁쟁이(弓─) → 궁장이

궂이 → 굳이

궂은날 → 궂은날

궂은 날씨 → 궂은 날씨

궂은비 → 궂은비

궂은살 → ① 굳은살 ② 궂은살

  * 굳은살: ① 잦은 마찰로 손바닥이나 발바
    닥에 생긴 두껍고 단단한 살. ② 곪으려고
    딴딴하게 된 살. ③ 부러진 뼛조각의 주위
    에 저절로 생기는 물질. = 애벌뼈.

  * 궂은살: 헌데에 두드러지게 내민 군더더
    기 살. 늑군살, 노육, 식육, 췌육.

궂은소리 → 궂은소리

궂은쌀 → 궂은쌀

궂은일 → 궂은일

권(卷) → 두루마리숚

권두언(券頭言) → 머리말숚

권련(卷煙) → 궐련

권률(權慄) → 권율

권연(卷煙) → 궐련

권커니 자커니(勸─) → 권커니 잡거니,

권커니 잣거니

권커니 작커니(勸-) → 권커니 잡거니,
　권커니 잣거니

권커니 잡거니(勸-) → 권커니 잡거니,
　권커니 잣거니

권커니 잣거니(勸-) → 권커니 잡거니,
　권커니 잣거니

궐석(闕席) → 결석(缺席)⑥

궐석 재판(闕席裁判) → 결석 재판(缺席
　-)⑥

궐위(闕位) → 빈자리⑥

궐위하다(闕位-) → 비다, 자리가 비다⑥

귀가[耳邊] → 귓가

귀가길(歸家-) → 귀갓길

귀가 잡수셨다 → 귀가 먹으셨다,
　귀가 어두우시다

귀가하다(歸家-) → 집에 돌아가다⑥

귀갑문(龜甲紋) → 거북등무늬⑥

귀개 → 귀이개

귀걸이 → 귀고리

　* 귀걸이: ① 귀가 시리지 않도록 귀를 덮는
　　물건. 보통 털가죽 따위로 만든다. ≒귀마
　　개. ②안경다리 대신 실로 꿰어서 귀에
　　걸게 되어 있는 안경. =귀걸이안경. ③귓
　　불에 다는 장식품. =귀고리.

　* 귀고리: 귓불에 다는 장식품. ≒귀걸이,
　　이식, 이환.

귀결에 듣다 → 귓결에 듣다

귀고리안경(-眼鏡) → 귀걸이안경

귀구멍 → 귓구멍

귀대기 → 귀때기

귀동이(貴-) → 귀둥이

귀등 → 귓등

귀뚜라미과(-科) → 귀뚜라밋과

귀뚤아미 → 귀뚜라미

귀띔 → 귀띔

귀뜸 → 귀띔

귀띰 → 귀띔

귀맛 → 귓맛

귀먹어리 → 귀머거리

귀바퀴 → 귓바퀴

귀밝기술 → 귀밝이술

귀밥[耳垂] → 귓밥

귀방울[耳垂] → 귓밥, 귓불

귀법(句法) → 구법

귀병(-病) → 귓병

귀볼[耳垂] → 귓불

귀불[耳垂] → 귓불

귀살적다 → 귀살쩍다

귀속[耳內] → 귓속

귀속말 → 귓속말

귀속뼈 → 귓속뼈

귀속질 → 귓속질

귀쇠 → 귓쇠

귀쑤시개 → 귀이개

귀알 → 귀얄

귀에지[耳垢] → 귀지

귀엣고리 → 귀고리

귀엣말 — 귓속말⑨

귀여와 → 귀여워

귀염동이 → 귀염둥이

귀우개 → 귀이개

귀우비개 → 귀이개

귀이(貴-) → 귀히

귀이게 → 귀이개

귀저기 → 기저귀
귀전에 맴돌다 → 귓전에 맴돌다
귀절(句節) → 구절
귀점(句點) → 구점
귀젓 → 귀젖
귀중이(貴重－) → 귀중히
귀지개 → 귀이개
귀착하다(歸着－) → 돌아가다[순]
귀찮잖다 → 귀찮잖다
귀찮찮다 → 귀찮잖다
귀찮챦다 → 귀찮잖다
귀찮치 않다 → 귀찮지 않다
귀챦다 → 귀찮다
귀치 않다 → 귀찮다
귀통머리 → 귀퉁머리
귀퉁머리 — 귀퉁배기[복]
귀퉁바기 → 귀퉁배기
귀퉁백이 → 귀퉁배기
귀퉁빼기 → 귀퉁배기
귀틤 → 귀띔
귀향살이 → 귀양살이
귀화(歸化) → 국적 옮김(國籍－)[순]
귀환(歸還) → 돌아옴[순]
귀후비개 → 귀이개
귓대기 → 귀때기
귓때기 → 귀때기
귓띔 → 귀띔
귓뜸 → 귀띔
귓띰 → 귀띔
귓머리 → 귀밑머리
귓밥[耳垢] → 귀지
귓밥[耳垂] — 귓불[복]
귓방울[耳垂] → 귓밥, 귓불
귓볼[耳垂] → 귓불
귓부리[耳垂] → 귓불
귓청 → 귀청
규률(規律) → 규율
규제 샌드박스(規制sandbox) → 규제 유예 제도(－猶豫制度)
규제 프리존(規制free zone) → 규제 자유 구역(－自由區域), 규제 완화 지역(－緩和地域), 무규제 지역(無規制－)
규지하다(窺知－) → 알아차리다
규측(規則) → 규칙
균등이(均等－) → 균등히
균렬(龜裂) → 균열
균분(均分) → 똑같이 나눔[순]
균열하다(龜裂－) → 갈라지다, 금가다[순]
균일하다(均一－) → 고르다, 똑같다[순]
귤 껍데기(橘－) → 귤 껍질
그거에요 → 그거예요
그그저깨 → 그끄저께
그그저께 → 그끄저께
그그제 → 그끄제
그까지 것 → 그까짓 것
그까지 놈 → 그까짓 놈
그깐 일 → 그깟일
그 나물의 그 밥 → 그 나물에 그 밥
그네줄 → 그넷줄
그닥 → 그다지
그득이 → 그득히
그라데이션 → 그러데이션(gradation)
그라디올러스 → 글라디올러스(gladiolus)
그라스 → 글라스(glass)

그라운드(ground) → 경기장(競技場), 구장(球場), 야구장(野球場), 운동장(運動場)㈜

그라운드홈런(ground homerun) → 장내 홈런(場內 -)㈜

그라이더 → 글라이더(glider)

그라인더(grinder) → ① 연삭기(硏削機) ② 갈개㈜

그라탕 → 그라탱(gratin)

그라프 → 그래프(graph)

그라픽 → 그래픽(graphic)

그람 → 그램(gram, g)

그랑자트섬 → 그랑드자트섬(Île de la Grande-Jatte)

그랑프리(grand prix) → 대상(大賞), 최우수상(最優秀賞)㈜

그래머(glamour) → 글래머

그래 뵈도 → 그래 봬도

그래프(graph) → 도표(圖表)㈜

그래픽(graphic) → 그림㈜

그랜드슬램(grand slam) → ① 4대 대회 석권(四大大會席卷/席捲), 세계 4대 대회 석권(世界 -) ② 만루 홈런(滿壘 homerun)㈜

그랜드캐년 → 그랜드캐니언(Grand Canyon)

그랜져 → 그랜저(grandeur)

그랫든 → 그랬든

그러깨 → 그러께

그러나 말거나 → 그러거나 말거나

그러냐 - 그렇냐㈜

그러네 - 그렇네㈜

그러니 - 그렇니㈜

그러데이션(gradation) → 농담법(濃淡法), 바림㈜

그러브 → 글러브(glove)

그러잖아도 → 그러잖아도

그러찮아도 → 그러잖아도

그러하지 아니한다 → 그러하지 아니하다

그런 게야 → 그런 거야

그런 게지 → 그런 거지

그런데로 → 그런대로

그럴 게다 → 그럴 거다

그럴께요 → 그럴게요

그럴려고 → 그러려고

그럴려니 → 그러려니

그럴려면 → 그러려면

그럴사하다 → 그럴싸하다

그럴찐대 → 그럴진대

그럽 → 글러브(glove)

그럽니다 → 그렇습니다

그렇니저렇니 → 그러니저러니

그렇잖다 → 그렇잖다

그렇지만은 → 그렇지마는

그렇찮다 → 그렇잖다

그렇찮아도 → 그렇잖아도

그렇치 → 그렇지

그레꼬로망 → 그레코로만(Greco-Roman)

그레샴 법칙(-法則) → 그레셤 법칙(Gresham-)

그레엄 → 그레이엄(Graham)

그로기(groggy) → 비틀거림, 휘청거림㈜

그로브 → 글러브(glove)

그로키 → 그로기(groggy)

그로테스크하다(grotesque-) → 기괴하
　다(奇怪-)㊣

그루가리 → 그루갈이

그루배기 → 그루빼기

그루턱이 → 그루터기

그루테기 → 그루터기

그루프 → 그룹(group)

그룹(group) → 집단(集團)㊣

그룹웨어(groupware) → 공동 작업 전
　산망(共同作業電算網)㊣

그룹 투어(group tour) → 단체 관광(團
　體觀光)㊣

그릇채 → 그릇째

그릇치다 → 그르치다

그리고 나서 → 그러고 나서

그리고는 → 그러고는

그리고도 → 그러고도

그리드(grid) → 격자(格子), 석쇠 무늬㊣

그리세롤 → 글리세롤(glycerol)

그리세린 → 글리세린(glycerine)

그리스(grease) → 윤활유(潤滑油)㊣

그리스펜(grease pen) → 색연필(色鉛
　筆)㊣

그리웁다 → 그립다

그리이스(grease) → 그리스

그리이스(Greece) → 그리스

그리인 → 그린(green)

그리프 → 그립(grip)

그린랜드 → 그린란드(Greenland)

그린벨트(greenbelt) → 개발 제한 구역
　(開發制限區域)㊣

그린 시티(green city) → 녹색 도시(綠色
　都市)㊣

그린 카(green car) → 친환경 차(親環境
　車)㊣

그린 투어리즘(green tourism) → 녹색
　관광(綠色觀光)

그릴(grill) → 양식집(洋食-)㊣

그림란(-欄) → 그림난

그림에 떡 → 그림의 떡

그림장이 → 그림쟁이

그립(grip) → 손잡이, 손잡이 쥐기, 손
　잡이 쥐기법(-法)㊣

그립핑 → 그리핑(gripping)

그마만큼 → 그만큼

그마만하다 → 그마마하다

그마만한 → 그마마한

그마큼 → 그만큼

그만때 → 그맘때

그만썩 → 그만큼

그만치 - 그만큼㊍

그뭄 → 그믐

그믐 녁 → 그믐 녘

그세 → 그새

그스르다 → 그을리다

그스름 → 그을음

그스리다 → 그슬리다

그여이 → 기어이(期於-)

그여코 → 기어코(期於-)

그 외에(-外-) → 그 밖에㊣

그으름 → 그을음

그윽히 → 그윽이

그을러 → 그을어

그을렀다 → 그을었다

그을으니 → 그으니

그을은 → 그은

그저껫밤 → 그저께 밤

그저먹기 → 거저먹기

그제사 → 그제야

그제서야 → 그제야

그죠 → 그렇죠, 그렇지요

그짝 → 그쪽

그쵸 → 그렇죠, 그렇지요

그치 → 그렇지

그치만 → 그렇지만

극낙(極樂) → 극락

극대값(極大-) → 극댓값

극력(極力) → 힘껏[순]

극빈자(極貧者) → 몹시 가난한 사람[순]

극성떨다(極盛-) ─ 극성부리다[복]

극성 피다(極盛-) → 극성 피우다

극소값(極小-) → 극솟값

극염(極炎/劇炎) ─ 맹서(猛暑) ─ 엄서(嚴
暑) ─ 열서(烈暑) ─ 융서(隆暑) ─ 혹서
(酷暑) ─ 혹열(酷熱) ─ 혹염(酷炎)[복]

극이(極-) → 극히

극진이(極盡-) → 극진히

극히(極-) → 매우, 몹시[순]

근간(根幹) → 바탕[순]

근간(近間) → 요사이, 요즈음[순]

근거리(近距離) → 가까운 거리[순]

근근히(僅僅-) → 근근이

근대국 → 근댓국

근린(近隣) → 이웃[순]

근면이(勤勉-) → 근면히

근사값(近似-) → 근삿값

근사하다(近似) → ① 비슷하다 ② 그럴
듯하다[순]

근속하다(勤續) → 계속 근무하다(繼續
勤務-)[순]

근원동이(根源-) → 근원둥이

근자(近者) → 요사이, 요새, 요즘[순]

근지로와 → 근지러워

근지로운 → 근지러운

근지로워 → 근지러워

근지로웠다 → 근지러웠다

근지롭다 → 근지럽다

근화(槿花) → 무궁화(無窮花)[순]

근황(近況) → 요즈음 형편(-形便)[순]

글구(-句) → 글귀

글라디올라스 → 글라디올러스(gladiolus)

글라스(glass) → 유리(琉璃), 유리잔(琉
璃盞)[순]

글라이더(glider) → 활공기(滑空機)[순]

글래머(grammar) → 그래머

글래스 → ① 그래스(grass) ② 글라스
(glass)

글럽 → 글러브(glove)

글로발 → 글로벌(global)

글로벌(global) → 국제(國際), 국제적(國
際的), 세계(世界), 세계적(世界的), 지
구촌(地球村)[순]

글로벌 스탠더드(global standard) → 국
제 기준(國際基準)[순]

글로브 → ① 글러브(glove) ② 글로브
(globe)

* 글러브(glove): 권투, 야구, 하키, 펜싱 따
위를 할 때 손에 끼는 장갑.

* 글로브(globe): ① 광원을 완전히 감싸는 조명 기구. 유리로 만들어진 것이 많으며, 보통 조명용으로는 젖빛 유리를 사용하고, 신호, 표지 등에는 색유리를 사용한다. ≒외구. ② 공, 구(球), 구체(球體), 세계, 지구본(地球本).

글로우브 → 글로브(globe)

글롭 → 글러브(glove)

글르다[誤] → 그르다

글빨 → 글발

글성거리다 → 글썽거리다

글성글성 → 글썽글썽

글세 → 글쎄

글장이 → 글쟁이

글짜 → 글자(-字)

글쩍글쩍 → 긁적긁적

글페 → 글피

긁게 → 긁개

긁쩍긁쩍 → 긁적긁적

긁혀져 있다 → 긁혀 있다

긁혀졌다 → 긁혔다

긁혀지는 → 긁히는

긁혀지다 → 긁히다

긁혀진 → 긁힌

금곡능(金谷陵) → 금곡릉

금광장이(金鑛-) → 금광쟁이

금능(金陵) → 금릉

금니바기(金-) → 금니박이

금니배기(金-) → 금니박이

금니백이(金-) → 금니박이

금란초(金蘭草) → 금난초

금력(金力) → 돈의 힘[순]

금명간(今明間) → 오늘내일 사이(-來

日-)[순], 곧, 오늘내일

금모랫빛(金-) → 금모래 빛

금목거리(金-) → 금목걸이

금반(今般) → 이번(-番)[순]

금방맹이(金-) → 금방망이

금번(今番) → 이번(-番)[순]

금부치(金-) → 금붙이

금비(金肥) → 화학 비료(化學肥料)[순]

금새 → 금세

* 금새: 물건의 값. 또는 물건값의 비싸고 싼 정도.
* 금세: 지금 바로. '금시(今時)에'가 줄어든 말로 구어체에서 많이 사용된다.

금수 조처(禁輸措處) → 수출입 금지 조치(輸出入禁止措置)[순]

금슬지락(琴瑟之樂) → 금실지락

* 금슬(琴瑟): ① 거문고와 비파를 아울러 이르는 말. ② '금실'의 원말.
* 금실지락(琴瑟之樂): 부부 간의 사랑. =금실.

금시(今時) → 금방(今方), 바로, 이제, 지금(只今)[순]

금시초문(今始初聞) → 처음 들음[순]

금싸락이(金-) → 금싸라기

금액난(金額欄) → 금액란

금연 경고(禁煙警告) → 흡연 경고(吸煙-)

금용(金龍) → 금룡

금이(金-)[齒] → 금니

금이박이(金-) → 금니박이

금일(今日) → 오늘

금자동이(金子童-) → 금자둥이

금자둥이(金子-) ─ 금자동(金子童)[복]

금잔듸(金-) → 금잔디

금쟁이(金-) → 금장이

금회(今回) → 이번(-番)[순]

금후(今後) → 앞으로[순]

급거(急遽) → 급히, 서둘러[순]

급격이(急激-) → 급격히

급구(急求) → 급히 구함[순]

급급이(① 岌岌- ② 汲汲- ③ 急急-)
　→ 급급히

급기야(及其也) → 마지막에 가서는, 마
　침내

급낙(急落) → 급락

급냉(急冷) → 급랭

급등하다(急騰-) → 갑자기 오르다[순]

급박하다(急迫-) → 매우 급하다[순]

급사(給仕) → 사동(使童), 사환(使喚)[순]

급선무(急先務) → 먼저 일, 먼저 할 일[순]

급속이(急速-) → 급속히

급쌀 맞다 → 급살 맞다(急煞-)

급여(給與) → 봉급(俸給), 임금(賃金)[순]

급유(給油) → 기름 공급(-供給)[순]

급이(急-) → 급히

긍락(肯諾) → 긍낙

긍휼이(矜恤-) → 긍휼히

기(其) → 그[순]

기(旗) → 깃발[순]

기(既) → 이미[순]

~기가 일수이다 → ~기가 일쑤이다

기간 동안(期間-) → 동안

기갈이 들다(饑渴-) → 굶주리다, 주리
　다[순]

기거(寄居) → 부쳐 삶, 삶[순]

기고(寄稿) → 원고를 보냄(原稿-)[순]

기고난(寄稿欄) → 기고란

기공(氣孔) → 숨구멍[순]

기공율(氣孔率) → 기공률

기관(氣管) → 숨통(-筒)[순]

기괴망칙 → 기괴망측(奇怪罔測)

기구 체계도(機構體系圖) → 조직 체계도
　(組織-)[순]

기근(饑饉) → 굶주림[순]

기급하다(氣急-) → 기겁하다(氣怯-)

기꺼히 → 기꺼이

기네스에 등재(-登載) → 기네스북에 등
　재(Guinness Book-)

기니아 → 기니(Guinea)

기다라네 ― 기다랗네[복]

기달려 → 기다려

기달리다 → 기다리다

기대(旗-) → 깃대

기대값(期待-) → 기댓값

기도(きど) → 뒤를 봐 줌, 문지기(門-)

기도(氣道) → 숨결, 숨길, 숨통(-筒)[순]

기도들이다(祈禱-) → 기도드리다

기도하다(企圖-) → 꾀하다[순]

기돗발 → 기도발(祈禱-)

기둥밑둥 → 기둥밑동

기따란 → 기다란

기따랗게 → 기다랗게

기라성(綺羅星) → 빛나는 별[순], 거물
　(巨物), 거성(巨星), 샛별같이 빛나는,
　은하수처럼 빛나는(銀河水-)

기럭이 → 기러기

기럭지 → 길이

기레빠시(きれっぱし) → 끄트러기, 자투

리, 조각, 지스러기, 토막
기레이(きれい) → 좋아[순]
기렛파시(きれっぱし) → 끄트러기, 자투리[순], 조각, 지스러기, 토막
기로(岐路) → 갈림길
기로틴 → 기요틴(guillotine)
기록 갱신(記錄更新) → 기록 경신
기롱지거리(欺弄-) → 농지거리(弄-)
* 기롱지거리(欺弄-): 남을 속이거나 비웃으며 놀리는 짓을 낮잡아 이르는 말.
* 농지거리(弄-): 점잖지 아니하게 함부로 하는 장난이나 농담을 낮잡아 이르는 말.
기롱지걸이(欺弄-) → 농지거리(弄-)
기롱지꺼리(欺弄-) → 농지거리(弄-)
기롱짓거리(欺弄-) → 농지거리(弄-)
기롱짓꺼리(欺弄-) → 농지거리(弄-)
기롱찌거리(欺弄-) → 농지거리(弄-)
기롱찌꺼리(欺弄-) → 농지거리(弄-)
기름량(-量) → 기름양
기리까에(きりかえ) → 갱신(更新), 교체(交替/交遞), 대체(代替), 바꾸기, 전환(轉換)
기리까이(きりかえ) → 갱신(更新), 교체(交替/交遞), 대체(代替), 바꾸기, 전환(轉換)
기리바리(きりばり) → 버팀대(-臺)
기립(起立) → 일어서[순]
기마이(きまえ) → 선심(善心), 한턱 냄, 호기(豪氣)
기막히는 → 기막힌
기만하다(欺瞞-) → 속이다[순]
기망하다(欺罔-) → 속이다[순]
기명 날인(記名捺印) → 이름 쓰고 도장 찍음(-圖章-)[순]
기미(幾微/機微) — 낌새[복]
기밋군 → 기미꾼(幾微/機微-)
기반한(基盤-) → 기반으로 한, 기반을 둔
기발(旗-) → 깃발
기본률(基本律) → 기본율
기봉(旗-) → 깃봉
기부스(ギプス) → 깁스(Gips), 석고 붕대(石膏繃帶)
기부 채납(寄附採納) → 기부받기, 기부받음[순]
기부 체납 → 기부 채납(寄附採納)
기브스(ギプス) → 깁스(Gips), 석고 붕대(石膏繃帶)
기브앤드테이크(give-and-take) → 주고받기[순]
기사거리(記事-) → 기삿거리
기산하다(起算-) → 계산을 시작하다(計算-始作-)[순]
기생(寄生) → 더부살이[순]
기성고(旣成高) → 진척도(進陟度)[순]
기성의(旣成-) → 이미 만들어진[순]
기세부리다(氣勢-) — 기세피우다[복]
기세피다(氣勢-) → 기세피우다
기소(きそ) → 기초(基礎), 밑바탕[순]
기수(汽水) → 갯물[순]
기수(奇數) → 홀수[순]
기스(きず) → 흠(欠), 흠집[순], 결점(缺點), 상처(傷處), 티
기승떨다(氣勝-) — 기승부리다[복]
기실(其實) → 사실은(事實-), 실제 사

정(實際事情)⟨순⟩

기쓰(きず) → 결점(缺點), 상처(傷處), 티, 흠(欠), 흠집

기아 → 기어(gear)

기아(ギア) → 변속 장치(變速裝置), 톱 니바퀴⟨순⟩

기아(饑餓) → 굶주림⟨순⟩

기아(棄兒) → 버려진 아이⟨순⟩

기약(期約) → 약속(約束)⟨순⟩

기어(gear) → ① 톱니바퀴 ② 변속 장치 (變速裝置)

기어올르다 → 기어오르다

기어이(期於-) — 기어코⟨복⟩

기어히(期於-) → 기어이

기억자 → 기역자(ㄱ字)

~기에——~길래⟨별⟩

* ~기에: ('이다'의 어간, 용언의 어간 또 는 어미 '-으시-', '-었-', '-겠-' 뒤 에 붙어) 원인이나 근거를 나타내는 연결 어미.

* ~길래: ('이다'의 어간, 용언의 어간 또는 어미 '-으시-', '-었-' 뒤에 붙어) '- 기에'를 구어적으로 이르는 말.

기여률(寄與率) → 기여율

기여이 → 기어이(期於-)

기여코 → 기어코(期於-)

기여하다(寄與-) → 이바지하다

기연미연하다(其然未然-)— 긴가민가 하다⟨복⟩

기염기염 → 기엄기엄

기예(技藝) → 기술과 예술(技術-藝術), 솜씨, 재주⟨순⟩

기와가마 → 기왓가마

기와고랑 → 기왓고랑

기와골 → 기왓골

기와등 → 기왓등

기와장(-張) → 기왓장

기와쟁이 → 기와장이

기왓집 → 기와집

기우다 → 깁다

기우리다 → 기울이다

기울리다 → 기울이다

기울으면 → 기울면

기울음 → 기욺

기욺[傾] → 기욺

기웃뚱하다 → 기우뚱하다

기웃히 → 기웃이

기율(紀律) → 규율(規律)⟨순⟩

기일(期日) → 날짜⟨순⟩

기입난(記入欄) → 기입란

기입하다(記入-) → 써 넣다⟨순⟩

기자능(箕子陵) → 기자릉

기장하다(記帳-) → 장부에 써 넣다(帳 簿-), 장부에 적다⟨순⟩

기재하다(記載-) → 써 넣다, 쓰다, 적 어 넣다⟨순⟩

기저기 → 기저귀

기저질환(基底疾患) → 만성병(慢性病), 지병(持病)

기점(基點) → 기준점(基準點)⟨순⟩

기점(起點) → 시작점(始作點), 출발점 (出發點)⟨순⟩

기존에 있던(旣存-) → 기존의

기존에 존재하는(旣存-存在-) → 기존의

기준년도(基準年度) → 기준 연도

기준양(基準量) → 기준량

기준연(基準年) → 기준년

기중(其中) → 그 가운데㊀

기중(忌中) → 상중(喪中)㊀

기중기(起重機) → 들기계(-機械), 들틀㊀

기즈(きず) → 결점(缺點), 상처(傷處), 티, 흠(欠), 흠집

기지(きじ) → ① 생천(生-) ② 옷감㊀

기지개를 펴다 → 기지개를 켜다

기지게 → 기지개

기집애 → 계집애

기차값(汽車-) → 기찻값

기차길(汽車-) → 기찻길

기차삯(汽車-) → 기찻삯

기착하다(寄着-) → 다하다, 닿음, 들르다, 들름㊀

기치(旗幟) → 깃발㊀

기타(其他) → 그 밖의

기타규슈 → 기타큐슈(きたきゅうしゅう, 北九州)

기타아 → 기타(guitar)

기탁하다(寄託-) → 맡기다㊀

기탄 없이(忌憚-) → 거리낌 없이㊀

기포(氣疱) → 거품㊀

기프트 카드(gift card) → 상품권 카드(商品券-)㊀

기피하다(忌避-) → 꺼리다, 피하다㊀

기하여(期-) → 계기로(契機-), 맞이하여, 즈음하여㊀

기합(氣合) → 기넣기(氣-), 꾸중하다, 벌주다(罰-), 얼차려, 정신 차리게 하다(精神-)㊀, 벌

기히(旣-) → 앞서, 이미㊀

긴급이(緊急-) → 긴급히

긴밀이(緊密-) → 긴밀히

긴스버그, 루스 베이더 → 긴즈버그, 루스 베이더(Ginsburg, Ruth Bader)

긴이(緊-) → 긴히

길가집 → 길갓집

길길히 → 길길이

길녁 → 길녘

길다란 → 기다란

길다랗게 → 기다랗게

길다랗다 → 기다랗다

길드리다 → 길들이다

길들은 → 길든

길따란 → 기다란

길따랗게 → 기다랗게

길따랗다 → 기다랗다

길라잽이 → 길라잡이

길로틴 → 기요틴(guillotine)

길르다 → 기르다

길릅니다 → 기릅니다

길마가지 → 길맛가지

길모통이 → 길모퉁이

길브레드, 프랭크 벙커 → 길브레스, 프랭크 벙커(Gilbreth, Frank Bunker)

길브레이스, 프랭크 벙커 → 길브레스, 프랭크 벙커(Gilbreth, Frank Bunker)

길섭 → 길섶

길앞잽이 → 길잡이

길은 정(-情) → 기른 정

길잽이 → 길잡이

길죽하다 → 길쭉하다

길쭉히 → 길쭉이

길쭘하다 → 길쭉하다

길히 → 길이

김치거리 → 김칫거리

김치국 → 김칫국

김치독 → 김칫독

김치돌 → 김칫돌

김치보 → 김칫보

김치소 → 김칫소

김치속 → 김칫소

김치찌게 → 김치찌개

김칫속 → 김칫소

깁스(Gips) → 석고 붕대(石膏繃帶)[순]

깁었다 → 기웠다

깃들이다(감정, 생각, 노력) → 깃들다

 * 깃들이다: ① 주로 조류가 보금자리를 만
 들어 그 속에 들어 살다. ② 사람이나 건물
 따위가 어디에 살거나 그곳에 자리 잡다.
 * 깃들다: ① 아늑하게 서려 들다. ② 감정,
 생각, 노력 따위가 어리거나 스미다.

깃면 → 기면(旗面)

깃저고리 — 배내옷 — 배냇저고리[복]

깃점 → 기점(① 起點 ② 基點)

깊따랗다 → 깊다랗다

깊숙히 → 깊숙이

깊히 → 깊이

까끄래기 → 까끄라기

까끄러기 → 까끄라기

까나리과(-科) → 까나릿과

까나페 → 카나페(canapé)

까다로와 → 까다로워

까다롭다 — 까탈스럽다[별]

 * 까다롭다: ① 조건 따위가 복잡하거나 엄
 격하여 다루기에 순탄하지 않다. ② 성미
 나 취향 따위가 원만하지 않고 별스럽게
 까탈이 많다.
 * 까탈스럽다: ① 조건, 규정 따위가 복잡하
 고 엄격하여 적용하거나 적용하기에 어려
 운 데가 있다. '가탈스럽다'보다 센 느낌을
 준다. ② 성미나 취향 따위가 원만하지 않
 고 별스러워 맞추어 주기에 어려운 데가
 있다. '가탈스럽다'보다 센 느낌을 준다.

까닥 → 까닭

까닭스럽다 → 까탈스럽다

까득 → 가득

까땍하면 → 까딱하면

까라마조브 → 카라마조프(Karamazov)

까라마조프 → 카라마조프(Karamazov)

까르댕 → 카르댕(Cardin)

까르멜 → 카르멜(Carmel)

까르보네 → 카르보네(Carbone)

까리하다 → 멋지다

까마구 → 까마귀

까마귀과(-科) → 까마귓과

까마까치 → 까막까치

까마득이 → 까마득히

까마서 → 까매서

까마아득이 → 까마아득히

까맙니다 → 까맣습니다

까망 → 깜장

까망색(-色) → 까만색

까메오 → 카메오(cameo)

까메지다 → 까매지다

까무느다 → 까뭉개다

까무라지다 → 까무러지다

까무라치다 → 까무러치다

까물어지다 → 까무러지다

까물어치다 → 까무러치다

까뭉기다 → 까뭉개다

까뮈, 알베르 → 카뮈, 알베르(Camus, Albert)

까므라지다 → 까무러지다

까므라치다 → 까무러치다

까므러지다 → 까무러지다

까므러치다 → 까무러치다

까믈어지다 → 까무러지다

까믈어치다 → 까무러치다

까발기다 → 까발리다

까발이다 → 까발리다

까부러지다 → 까부라지다

까부치다 → 까붙이다

까브러지다 → 까부라지다

까사미아 → 카사미아(casamia)

까스 → 가스(gas)

까스라기 → 거스러미

까스러미 → 거스러미

까스텔 → 카스텔(castel)

까스텔바쟉 → 카스텔바작(Castelbajac)

까실까실 → 까슬까슬

까십 → 가십(gossip)

까운 → 가운(gown)

까재 → 가재

까지껏 → 까짓것

까짓거 → 까짓것

까짓꺼 → 까짓것

까짓껏 → 까짓것

까치노을 → 까치놀

까치다리 → 까치발

까치담배 → 가치담배

까치설 — 까치설날閉

까칠하다(성미, 취향) → 까다롭다, 까탈스럽다

 * 까칠하다: 야위거나 메말라 살갗이나 털이 윤기가 없고 조금 거칠다. '가칠하다'보다 센 느낌을 준다.

 * 까다롭다, 까탈스럽다: ['까다롭다' 주 참조]

까탈레나 → 카탈레나(Catallena)

까팩스 → 카팩스(CAFAX)

까페 → 카페(cafe)

까페라떼 → 카페라테(caffe latte)

까페리얼 → 카페리얼(cafereal)

까페오레 → 카페오레(café au lait)

까풀 — 꺼풀閉

깍다 → 깎다

깍다귀 → 각다귀

깍대기 → 깍지

깍둑이 → 깍두기

깍드시 → 깍듯이

깍듯히 → 깍듯이

깍뚜기 → 깍두기

깍아내리다 → 깎아내리다

깍아지르다 → 깎아지르다

깍이다 → 깎이다

깍장이 → 깍쟁이

깍정이 → 깍쟁이

 * 깍정이: ① 밤나무, 떡갈나무 따위의 열매를 싸고 있는 술잔 모양의 받침. 늑각두. ② 포도청에서, 심부름을 하며 도둑을 잡는 것을 거들던 어린아이.

 * 깍쟁이: ① 이기적이고 인색한 사람. ② 아

주 약빠른 사람.

깍지손 → 깍짓손

깎두기 → 깍두기

깎둑이 → 깍두기

깎드시 → 깍듯이

깎듯이 → 깍듯이

깎듯하다 → 깍듯하다

깎듯히 → 깍듯이

깎뚜기 → 깍두기

깎아질르다 → 깎아지르다

깎을래야 → 깎으려야

깎을려고 → 깎으려고

깎을려야 → 깎으려야

깎지 → 깍지

깐느 → 칸(Cannes)

깐보다 → 깔보다

 * 깐보다: 어떤 형편이나 기회에 대하여 마음속으로 가늠하다. 또는 속을 떠보다.
 * 깔보다: 얕잡아 보다.

깐부(gganbu) → 단짝, 짝꿍

깐소네 → 칸초네(canzone)

깐쏘네 → 칸초네(canzone)

깐쑤성(甘肅省) → 간쑤성

깐초네 → 칸초네(canzone)

깔개짚 → 깔갯짚

깔게 → 깔개

깔대기 → 깔때기

깔데기 → 깔때기

깔따기 → 깔때기

깔떼기 → 깔때기

깔려져 있다 → 깔려 있다

깔려졌다 → 깔렸다

깔려지는 → 깔리는

깔려지다 → 깔리다

깔려진 → 깔린

깔 마춤 → 깔 맞춤

깔맛쟎다 → 깔밋잖다

깔맛하다 → 깔밋하다

깔아뭉게다 → 깔아뭉개다

깔아뭉기다 → 깔아뭉개다

깔쭈기 → 깔쭉이

깔치 → 갈치

 * 깔치: 범죄자들의 은어로, 여자·처녀·여자 애인을 이르는 말.
 * 갈치: 갈칫과의 바닷물고기. 몸의 길이는 1.5미터 정도이며, 띠처럼 길고 얄팍하다. 비늘이 전혀 없고 은빛을 띤 흰색의 가루 같은 것이 덮여 있으며, 지느러미는 등지느러미와 뒷지느러미뿐이다. 식용하며 한국, 일본, 대서양 등지에 분포한다.

~깜(자격을 갖춘 사람) → ~감

깜박이 → 깜빡이

깜보(gganbu) → 단짝, 짝꿍

깜부(gganbu) → 단짝, 짝꿍

깜부기병(-病) → 깜부깃병

깜북이 → 깜부기

깜장색(-色) → 까만색, 깜장

깜직히 → 깜찍이

깜짜기다 → 깜짝이다

깜쪽같다 → 감쪽같다

깝데기 → 깝대기

깝치다 → ① 까불다 ② 깝죽거리다
  ③ 으스대다

깡똥치마 → 깡동치마

깡말르다 → 깡마르다

깡보리밥 → 꽁보리밥

깡소주(-燒酒) → 강소주

깡술 → 강술

깡알깡알 → 짱알짱알

깡총깡총 → 깡충깡충

깨 가루 → 깻가루

깨금나무 → 개암나무

깨끔발 → 깨금발

깨끗잖다 → 깨끗잖다

깨끗지 않다 → 깨끗지 않다

깨끗찮다 → 깨끗잖다

깨끗챦다 → 깨끗잖다

깨끗치 않다 → 깨끗지 않다

깨끗히 → 깨끗이

깨닫으면 → 깨달으면

깨닲음 → 깨달음

깨묵 → 깻묵

깨방정 → 개방정

깨부시다 → 깨부수다

깨송이 → 깨보숭이

깨스 → 가스(gas)

깨잎 → 깻잎

깨적거리다 → ① 깨작거리다 ② 께적거리다

깨적깨적 → 깨작깨작

깨평 → 개평

깻값 → 깨 값

깽 → 갱(gang)

꺄웃뚱거리다 → 꺄우뚱거리다

~꺼 → ~거

꺼꾸러지다 → 거꾸러지다

꺼꾸로 → 거꾸로

꺼끄럽다 → 껄끄럽다

꺼둘르다 → 꺼두르다

꺼려하는 → 꺼리는

꺼려하다 → 꺼리다

꺼름직하다 → 꺼림칙하다

꺼름칙하다 → 꺼림칙하다

꺼름하다 → 꺼림하다

~꺼리(대상, 소재, 재료) → ~거리

꺼리끼다 → 거리끼다

꺼리낌 없다 → 거리낌 없다

꺼림직하다 — 꺼림칙하다[복]

꺼림하다 — 께름하다[복]

꺼매지다 → 꺼메지다

꺼스라기 → 거스러미

꺼스래기 → 거스러미

꺼스러기 → 거스러미

꺼스럭이 → 거스러미

꺼스럭지 → 거스러미

꺼스레기 → 거스러미

꺼실꺼실 → 꺼슬꺼슬

~꺼야 → ~거야

~꺼예요 → ~거예요

꺼즈 → 거즈(gauze)

꺽꽂이 → 꺾꽂이

꺽다 → 꺾다

꺽쇠[楔子] → 꺾쇠

* 꺾쇠: ① 북청 사자놀음에 나오는 양반의 하인. 또는 그 하인이 쓰는 분홍 바탕에 수염이 달린 탈. 늑꼭, 꼭쇠. ② 남사당패 탈놀이 첫째와 둘째 마당에 등장하는 인물의 하나. 또는 그 인물이 쓰는 엷은 자주 바탕에 검은 눈썹, 수염, 주름살과 붉은 입술을 가진 탈.

* 꺾쇠: 양쪽 끝을 꺾어 꼬부려서 주로 'ㄷ' 자 모양으로 만든 쇠토막. 두 개의 물체를 겹쳐 대어 서로 벌어지지 않게 하는 데 쓰인다. 늑설자.

꺽은선그라프 → 꺾은선그래프(-線 graph)

꺽은선그래프 → 꺾은선그래프(-線 graph)

격저구 → 볼락

꺾꽂이 → 꺾꽂이

꺾다리 → 꺽다리

꺾여져 있다 → 꺾여 있다

꺾여졌다 → 꺾였다

꺾여지는 → 꺾이는

꺾여지다 → 꺾이다

꺾여진 → 꺾인

꺾저기 → 꺽저기

꺾지[魚] → 꺽지

건떡하면 → 걸핏하면

껀수 → 건수(件數)

껄적지근하다 → 께적지근하다

껄쩍지근하다 → 꺼림칙하다

껌댕이 → 검댕

껌뎅이 → 검댕

껌은색(-色) → 꺼먼색, 껌정

껌정색(-色) → 꺼먼색, 껌정

껍닥 → 껍데기, 껍질

껍대기 → 껍데기

껍딱 → 껍데기, 껍질

껍때기 → 껍데기

껍떼기 → 껍데기

껍질채 → 껍질째

~께나 → ~깨나

께름직하다 — 께름칙하다[복]

께림하다 → 께름하다

께병이 → 꺼병이

~께오서 → ~께옵서

~께요 → ~게요

께임 → 게임(game)

께작거리다 → ① 께적거리다 ② 깨작거리다

께작께작 → ① 께적께적 ② 깨작깨작

껴마추다 → 꿰맞추다

껴맞추다 → 꿰맞추다

껴묻꺼리 → 껴묻거리

껴병이 → 꺼병이

껐다(방귀) → 뀌었다

꼬갱이 → 고갱이

꼬기꼬기 → 꼬깃꼬깃

꼬깔 → 고깔

꼬깔모자(-帽子) → 고깔모자

꼬나박다 → 꼬라박다

꼬냑 → 코냑(cognac)

꼬다리 → ① 꼬투리 ② 꼭지 ③ 꽁다리

꼬두밥 → ① 고두밥 ② 술밥

꼬드키다 → 꼬드기다

꼬득여 → 꼬드겨

꼬득이다 → 꼬드기다

꼬딕 → 고딕(Gothic)

꼬라비 → 꼴찌

꼬라지 → 꼬락서니

꼬라지사납다 → 꼴사납다

꼬랑내 → 고린내

꼬랑대기 → ① 꼬랑이 ② 꼬리

꼬랑지 → 꼬랑이

꼬랑창 → 고랑창

꼬래비 → 꼴찌

꼬랭이 → 꼬랑이

꼬리별 — 꽁지별 — 살별 — 장성(長星)
　— 추성(箒星) — 혜패(彗孛)복

꼬린내 → 고린내

꼬릿말 → 꼬리말

꼬릿하다 → 고릿하다

꼬매다 → 꿰매다

꼬멩이 → 꼬맹이

꼬붕(こぶん) → 부하(部下)

꼬부치다 → 꼬불치다

꼬불치다 — 꿍치다복

꼬붕(こぶん) → 부하(部下)순

꼬시다 — 꾀다별

　* 꼬시다: '꾀다④'를 속되게 이르는 말.
　* 꾀다: ① 벌레 따위가 한곳에 많이 모여들
　　어 뒤끓다. 늑꼬이다. ② 사람이 한곳에 많
　　이 모이다. 늑꼬이다. ③ '꼬이다'의 준말.
　　④ 그럴듯한 말이나 행동으로 남을 속이
　　거나 부추겨서 자기 생각대로 끌다. 늑꼬
　　이다.

꼬아바치다 → 까바치다

꼬이다 — 꾀다(원칙 – 허용)복

　* 꼬이다: ① 벌레 따위가 한곳에 많이 모여
　　들어 뒤끓다. =꾀다. ② 사람이 한곳에 많
　　이 모이다. =꾀다. ③ 하는 일 따위가 순순
　　히 되지 않고 얽히거나 뒤틀리다. ④ 비위
　　에 거슬려 마음이 뒤틀리다. ⑤ 가는 줄 따
　　위의 여러 가닥이 비벼지면서 엇감겨 한
　　줄이 되다. '꼬다'의 피동사. ⑥ 몸의 일부
　　분이 이리저리 뒤틀리다. '꼬다'의 피동사.
　　⑦ 그럴듯한 말이나 행동으로 남을 속이거

나 부추겨서 자기 생각대로 끌다. =꾀다.
　* 꾀다: ['꼬시다' 주 참조]

꼬잡다 → 꼬집다

꼬잡히다 → 꼬집히다

꼬쟁이 → 꼬챙이

꼬지(닭, 떡, 어묵) → 꼬치

꼬지구이 → 꼬치구이

꼬지르다 → 고자질하다(告者 –)

꼬지전(– 煎) → 꼬치전

꼬질르다 → 고자질하다(告者 –)

꼬창이 → 꼬챙이

꼬추 → 고추

꼬타리 → 꼬투리

꼬토리 → 꼬투리

꼬트리 → 꼬투리

꼬평 → 개평

꼬프리다 → 꼬푸리다

꼭같다 → 똑같다

꼭데기 → 꼭대기

꼭두 → ① 곡두 ② 허깨비 ③ 꼭뒤

꼭둑각시 → 꼭두각시

꼭또, 장 → 콕토, 장(Cocteau, Jean)

꼭뚝각시 → 꼭두각시

꼭지점(–點) → 꼭짓점

꼰대짓 → 꼰대질

꼰지르다 → 고자질하다(告者 –)

꼰질르다 → 고자질하다(告者 –)

꼴갑하다 → 꼴값하다

꼴갑찮다 → 꼴값잖다

꼴깝하다 → 꼴값하다

꼴답쟎다 → 꼴답잖다

꼴라주 → 콜라주(collage)

꼴라쥬 → 콜라주(collage)

꼴아박다 → 꼬라박다

꼴악서니 → 꼬락서니

꼴초(-草) → 골초

꼼꼼이 → 꼼꼼히

꼼꼼장이 → 꼼꼼쟁이

꼼장어(-長魚) → 곰장어

꼼지럭 → 꼼지락

꼽배기 → 곱빼기

꼽빼기 → 곱빼기

꼽사등이 → 곱사등이

꼽사리군 → 꼽사리꾼

꼽슬머리 → 곱슬머리

꼽싸리꾼 → 꼽사리꾼

꼿곳하다 → 꼿꼿하다

꼿꼿히 → 꼿꼿이

꽁댕이 → 꼬랑이

꽁뜨 → 콩트(conte)

꽁뜨, 오귀스트 → 콩트, 오귀스트
   (Comte, Auguste)

꽁수 → 꼼수
  * 꽁수: 연의 방구멍 밑의 부분.
  * 꼼수: 쩨쩨한 수단이나 방법.

꽁수줄 → 꽁숫줄

꽁지뼈 → 꼬리뼈

꽁짜 → 공짜(空-)

꽁짜바기 → 공짜배기(空-)

꽁짜박이 → 공짜배기(空-)

꽁짜백이 → 공짜배기(空-)

꽁추 → 꽁초

꽁치과(-科) → 꽁칫과

꽁트 → 콩트(conte)

꽁트, 오귀스트 → 콩트, 오귀스트
   (Comte, Auguste)

꽂감 → 곶감

꽃가루바지 → 꽃가루받이

꽃가루병(-病) → 꽃가룻병

꽃꽂이 → 꽃꽂이

꽃다 → 꽂다

꽃닫이 → 꽃다지

꽃도미 ― 붉돔 [복]

꽃망울 ― 몽우리 [복]

꽃멍울 → 꽃망울

꽃몽오리 → 꽃망울

꽃몽우리 → 꽃망울

꽃무니 → 꽃무늬

꽃바침 → 꽃받침

꽃방울 → 꽃망울

꽃봉우리 → 꽃봉오리

꽃뿌리 → 꽃부리

꽃셈추위 → 꽃샘추위

꽃아 보다 → 꽂아 보다

꽈리빛 → 꽈릿빛

꽝탱이 → 고갱이

꽤제제하다 → 꾀죄죄하다

꽤죄죄하다 → 꾀죄죄하다

꽤하다 → 꾀하다

꽥꽤기 → 꽥꽥이

꽹가리 → 꽹과리

꾀꼬리과(-科) → 꾀꼬릿과

꾀꼴이 → 꾀꼬리

꾀발르다 → 꾀바르다

꾀여 → 꾀어

꾀였다 → 꾀었다

꾀이기 → 꾀기

꾀이는 → 꾀는

꾀이다 → 꾀다

꾀일 → 꾈

꾀장이 → 꾀쟁이

꾀제제하다 → 꾀죄죄하다

꾀질꾀질 → 꼬질꼬질

꾀차다 → 꿰차다

꾓배 → 꾀배

꾓병(-病) → 꾀병

꾕가리 → 꽹과리

꾸기꾸기 → 꾸깃꾸깃

꾸데따 → 쿠데타(coup d'État)

꾸래기 → 꾸러기

꾸레기 → 꾸러기

꾸레미 → 꾸러미

꾸물꾸물(날씨, 불빛) → 끄물끄물

* 꾸물꾸물: ① 매우 자꾸 느리게 움직이는
  모양. ② 굼뜨고 게으르게 행동하는 모
  양. ③ 신체 일부를 자꾸 느리게 움직이
  는 모양.
* 끄물끄물: ① 날씨가 활짝 개지 않고 몹시
  흐려지는 모양. '그물그물'보다 센 느낌을
  준다. ② 불빛 따위가 밝게 비치지 않고 몹
  시 침침해지는 모양. '그물그물'보다 센 느
  낌을 준다.

꾸버기다 → 꾸벅이다

꾸불퉁꾸불퉁 → 꾸불텅꾸불텅

꾸불퉁꾸불퉁 → 꾸불텅꾸불텅

꾸브러지다 → 꾸부러지다

꾸뻬 → 쿠페(Coupée)

꾸시렁거리다 → 구시렁거리다

꾸어 주다(돈을) → 뀌어 주다

꾸정물 → 구정물

꾸준이 → 꾸준히

꾸지럼 → 꾸지람

꾸짓다 → 꾸짖다

꾹저구 → 꺽저기

꾹저귀 → 꺽저기

꿀꾸리 → 꿀꿀이

꿀딴지 → 꿀단지

꿇려져 → 꿇려

꿇려졌다 → 꿇렸다

꿇려지는 → 꿇리는

꿇려진 → 꿇린

꿇릴 게 없다 → 꿀릴 게 없다

꿈지락 → 꿈지럭

꼿꼿히 → 꼿꼿이

꿍꿍이 ― 꿍꿍이셈 ― 꿍꿍이수[복]

꿍꿍잇속 → 꿍꿍이속

꿍수 → 꿍꿍이셈

꿰뚤어보다 → 꿰뚫어보다

꿰하다 → 꾀하다

끄나불 → 끄나풀

끄더기다 → 끄덕이다

끄덕없다 → 끄떡없다

끄뜨머리 → 끄트머리

끄름 → 그을음

끄림직하다 → 꺼림칙하다

끄믈끄믈 → 끄물끄물

끄스르다 → ① 그슬리다 ② 그을리다

끄스름 → 그을음

끄슬리다 → ① 그슬리다 ② 그을리다

끄시럼 → 그을음

끄으름 → 그을음

끄을은 → 그은

끄적거리다 — 끼적거리다별

* 끄적거리다: 글씨나 그림 따위를 아무렇게나 자꾸 막 쓰거나 그리다. 늑끄적대다.
* 끼적거리다: ① 글씨나 그림 따위를 아무렇게나 자꾸 쓰거나 그리다. 늑끼적대다. ② 매우 달갑지 않은 음식을 자꾸 마지못해 굼뜨게 먹다. 늑끼적대다.

끄적이다 — 끼적이다별

* 끄적이다: 글씨나 그림 따위를 대충 쓰거나 그리다.
* 끼적이다: ① 글씨나 그림 따위를 아무렇게나 쓰거나 그리다. ② 매우 달갑지 아니한 음식을 마지못하여 굼뜨게 먹다.

끄질르다 → 끄지르다

끄트래기 → 끄트러기

끄트레기 → 끄트러기

끈덕없다 → 끄떡없다

끊겨져 있다 → 끊겨 있다

끊겨졌다 → 끊겼다

끊겨지는 → 끊기는

끊겨지다 → 끊기다

끊겨진 → 끊긴

끊을래야 → 끊으려야

끊을려고 → 끊으려고

끊을려야 → 끊으려야

끌레르(Claire) → ① 클레르(프) ② 클레어(영)

끌르다 → 끄르다

끌어드리다 → 끌어들이다

끌어앉다 → 끌어안다

끌음[링] → 끎

끓어올르다 → 끓어오르다

끓탕 → 끌탕

끔찍히 → 끔찍이

끕끕하다 → 꿉꿉하다

끝귀(-句) → 끝구

끝발 → 끗발

끝빨 → 끗발

끝수(-數) → 끗수

* 끝수(-數): 끝자리에 있는 수.
* 끗수(-數): 끗의 수. 늑격수, 점수.

끝으러기 → 끄트러기

끝으머리 → 끄트머리

끝짱 → 끝장

끝트머리 → 끄트머리

끼니거리 → 끼닛거리

끼때 → 끼니때

끼랴 → 이러

끼랴끼랴 → 이러이러

끼르륵 → 끼루룩

끼여들기 → 끼어들기

끼여들다 → 끼어들다

끼우게 → 끼우개

끼웃뚱거리다 → 끼우뚱거리다

끼웃히 → 끼웃이

끼워마추다 → 꿰맞추다

끼워맞추다 → 꿰맞추다

끽연(喫煙) → 흡연(吸煙)순

낌 → 낌새

낑깡(きんかん) → 금귤(金橘), 동귤(童橘)순, 금감(金柑)

ㄴ

~ㄴ다구 → ~ㄴ다고

나가레(ながれ) → ① 유찰(流札) ② 깨
  짐순, 무효(無效), 허사(虛事), 헛일

나가리(ながれ) → 깨짐, 무산(霧散), 무
  효(無效), 유찰(流札), 허사(虛事), 헛일

나가사끼 → 나가사키(ながさき, 長崎)

나귀 — 당나귀(唐-)복

나그네길 → 나그넷길

나긋나긋히 → 나긋나긋이

나까마(なかま) → 거간꾼(居間-), 중간
  상인(中間商人), 중개상(仲介商)

나까소네 → 나카소네(なかそね, 中曾根)

나꿔채다 → 낚아채다

나날히 → 나날이

나누셈 → 나눗셈

나누워지다 → 나누어지다

나뉘어져 → 나누어져

나뉘어졌다 → 나누어졌다

나뉘어지다 → 나누어지다

나뉘어진 → 나누어진

나다니엘 → 너새니얼(Nathaniel)

나대지(裸垈地) → 빈 집터순, 빈터

나드리 → 나들이

나들이벌 → 나들잇벌

나라돈 → 나랏돈

나라무당(-巫堂) → 나랏무당

나라밥 → 나랏밥

나라비(ならび) → 줄, 줄서기순, 행렬
  (行列)

나라빚 → 나랏빚

나라시(ならし) → ① 고루놓기, 고루펴
  기순 ② 총알택시(銃-taxi)

나라일 → 나랏일

나락 → 벼

나란이 → 나란히

나랏님 → 나라님

나랏말 → 나라말

나래 — 날개별

  * 나래: 흔히 문학 작품 따위에서, '날개'를
    이르는 말. '날개'보다 부드러운 어감을
    준다.
  * 날개: 새나 곤충의 몸 양쪽에 붙어서 날아
    다니는 데 쓰는 기관.

나래비(ならび) → 줄, 줄서기, 행렬(行列)

나래이션 → 내레이션(narration)

나레이션 → 내레이션(narration)

나레이터 → 내레이터(narrator)

나루가 → 나룻가

나루길 → 나룻길

나루목 → 나룻목

나루배 → 나룻배

나룻터 → 나루터
나룻턱 → 나루턱
나르다[飛] → 날다
나르시스트 → 나르시시스트(narcissist)
나르시즘 → 나르시시즘(narcissism)
나른이 → 나른히
나를 듯이[飛] → 날듯이
나리과(-科) → 나릿과
나리다 → 내리다
나리따 공항(-空港) → 나리타 공항(な
  りた-, 成田-)
나무 가지 → 나뭇가지
나무간(-間) → 나뭇간
나무갓 → 나뭇갓
나무개비 → 나뭇개비
나무결 → 나뭇결
나무고갱이 → 나뭇고갱이
~나무과(-科) → ~나뭇과
나무광 → 나뭇광
나무 구멍 → 나뭇구멍
나무군 → 나무꾼
나무길 → 나뭇길
나무단 → 나뭇단
나무대기 → 나무때기
나무더미 → 나뭇더미
나무 등걸 → 나뭇등걸
나무떼기 → 나무때기
나무래다 → 나무라다
나무램 → 나무람
나무바리 → 나뭇바리
나무잎 → 나뭇잎
나무재[木灰] → 나뭇재

나무 조각[木片] → 나뭇조각
나무진(-津) → 나뭇진
나무짐 → 나뭇짐
나무판자(-板子) — 널빤지 — 널판자 —
  판자[복]
나뭇가루 → 나무 가루
나뭇공이 → 나무 공이
나뭇군 → 나무꾼
나뭇껍질 → 나무껍질
나뭇꾼 → 나무꾼
나뭇대기 → 나무때기
나뭇데기 → 나무때기
나뭇때기 → 나무때기
나뭇떼기 → 나무때기
나뭇배[木船] → 나무배
나뭇잔(-盞) → 나무 잔
나뭇접시 → 나무 접시
나뭇지게 → 나무 지게
나발꽃 → 나팔꽃(喇叭-)
나변(那邊) → 어디[순]
나부라기 → 나부랭이
나부랑이 → 나부랭이
나부래기 → 나부랭이
나부랭이 — 너부렁이[복]
나부러기 → 나부랭이
나부렝이 → 나부랭이
나부죽히 → 나부죽이
나붓겨 → 나부껴
나붓기니 → 나부끼니
나붓기다 → 나부끼다
나붓히 → 나붓이
나뻐 → 나빠

나사이[齒] → 나삿니(螺絲－)

나색(－色) → 내색

나성(羅城) → 로스앤젤레스(Los Angeles)

나쇼날 → 내셔널(national)

나시(なし) → 민소매[순]

나실나실 → 나슬나슬

나염 → 날염(捺染)[순]

나와바리(なわばり) → 관할 구역(管轄區域), 관할 영역(－領域), 구역, 세력권(勢力圈)

나용선(裸傭船) → 선체 임차(船體賃借)[순]

나으네 → 낫네

나으네요 → 낫네요

나의 살던 고향은(－故鄕－) → 내가 살던 고향은

나이값 → 나잇값

나이론(ナイロン) → 나일론(nylon)

나이롱(ナイロン) → 나일론(nylon)

나이바기 → 나이배기

나이박이 → 나이배기

나이백이 → 나이배기

나이빼기 → 나이배기

나이살 → 나잇살

나이스(nice) → 좋은, 훌륭한[순]

나이애가라 → 나이아가라(Niagara)

나이야가라 → 나이아가라(Niagara)

나이트(night) → 밤, 야간(夜間)[순]

나이트게임(night game) → 야간 경기(夜間競技)[순]

나이트크럽 → 나이트클럽(nightclub)

나일롱(ナイロン) → 나일론(nylon)[순]

나절가웃 → 반나절(半－)

* 나절가웃: 하룻낮의 4분의 3쯤 되는 동안.
* 반나절(半－): ① 한나절의 반. 늑반상, 반향, 한겻. ② 하룻낮의 반(半). ＝한나절.

나즈막이 → 나지막이

나즈막하다 → 나지막하다

나즈막한 → 나지막한

나즈막히 → 나지막이

나즉이 → 나직이

나지막히 → 나지막이

나직히 → 나직이

나찌 → 나치(Nazi)

나찌스 → 나치스(Nazis)

나찌즘 → 나치즘(Nazism)

나쵸 → 나초(nacho)

나추다 → 낮추다

나침판 → 나침반(羅針盤)

나케 → 이따가

나트륨량(Natrium量) → 나트륨양

나포리 → 나폴리(Napoli)

나포하다(拿捕－) → 붙잡다[순]

나폴레온 → 나폴레옹(Napoléon)

나푸탈렌 → 나프탈렌(naphthalene)

나프킨 → 냅킨(napkin)

나프타린 → 나프탈렌(naphthalene)

나후타린 → 나프탈렌(naphthalene)

나흘날 → 나흗날

나흘채 → 나흘째

낙관하다(樂觀－) → 밝게 보다[순]

낙낙이 → 낙낙히

낙낙장송(落落長松) → 낙락장송

낙도(落島) → 외딴 섬[순]

낙뢰(落雷) → 벼락[순]

낙상(落傷) → 떨어져 다침(순)

낙수(落穗) → ① 이삭 ② 뒷이야기(순)

낙수고랑(落水-) → 낙숫고랑

낙수물(落水-) → 낙숫물

낙시 → 낚시

낙아채다 → 낚아채다

낙양(落陽) → 석양(夕陽)(순)

낙엽이 떨어진다(落葉-) → 낙엽이 진다

낙인(烙印) → 불도장(-圖章)(순)

낙지과(-科) → 낙짓과

낙지복음 → 낙지볶음

낙치다(烙-) → 낙인찍다(烙印-)

낙타(駱駝/駱馳) - 약대(복)

낙하다(烙-) → 낙인찍다(烙印-)

낙화(落花) → 진 꽃(순)

낙화생(落花生) → 땅콩(순)

낙화생유(落花生油) → 땅콩기름

낚배 - 낚싯배 - 어선(魚船) - 조선(釣船) - 조정(釣艇) - 조주(釣舟)(복)

낚시군 → 낚시꾼

낚시대 → 낚싯대

낚시바늘 → 낚싯바늘

낚시밥 → 낚싯밥

낚시배 → 낚싯배

낚시봉 → 낚싯봉

낚시줄 → 낚싯줄

낚싯군 → 낚시꾼

낚싯꾼 → 낚시꾼

낚싯찌 → 낚시찌

낚싯터 → 낚시터

낚지 → 낙지

난(卵) → 달걀, 알(순)

난귀(難句) → 난구

난닝구(ランニング) → 러닝셔츠(running shirts)(순)

난대없다 → 난데없다

난로가(煖爐-) → 난롯가

난로불(煖爐-) → 난롯불

난리법썩(亂離-) → 난리법석

난만이(爛漫-) → 난만히

난망(難忘) → 못 잊음, 잊지 못함(순)

난봉군 → 난봉꾼

난봉장이 → 난봉쟁이

난봉 피다 → 난봉 피우다

난삽하다(難澁-) → 어렵다(순)

난색을 표명하다(難色-表明-) → 어려운 빛을 나타내다, 어려운 빛을 보이다(순)

난시청(難視聽) → 시청이 어려움(순)

난연성(難燃性) → 불안탈성, 불에 안 타는(순)

난이도(難易度)(~가 높다, 낮다) → 난도(難度)

난장거리다 → 난작거리다

난장군 → 난장꾼

난장이 → 난쟁이

난점(難點) → 곤란한 점(困難-點), 어려운 점(순)

난제(難題) → 어려운 문제(-問題)(순)

난조(亂調) → 엉망, 흐트러짐(순)

난질군 → 난질꾼

난찡[南京] → 난징

난출이[鴉鶻] → 난추니

난타하다(亂打-) → 마구 때리다, 마구 치다(순)

난해(難解) → 알기 어려움, 풀기 어려움(순)

난호어(蘭胡魚) — 망동어(望瞳魚) — 망둑어 — 망둥이 — 망어(鮏魚) — 탄도어(彈塗魚)(복)

날가리대 → 날가릿대

날개 돋힌 → 날개 돋친

날개를 피다 → 날개를 펴다

날개소리 → 날갯소리

날개죽지 → 날갯죽지

날개짓 → 날갯짓

날개쭉지 → 날갯죽지

날개쭉찌 → 날갯죽지

날걸(윷판) — 세뿔(복)

날나리 → 날라리

날날이 → 나날이

날더러 → 나더러

날라오다[飛] → 날아오다

날라오르다 → 날아오르다

날래 → 빨리

날래날래 → 빨리빨리

날려쓰다 → 갈겨쓰다

날르다 → ① 나르다[移] ② 날다[飛]

날바람 → 날파람

날삯군 → 날삯꾼

날 샐 녁 → 날 샐 녘

날쎄다 → 날쌔다

날씨란(-欄) → 날씨난

날으네 → 나네

날으는 → 나는

날으던 → 날던

날으렴 → 날렴

날으면 → 날면

날음[飛] → 낢

날인하다(捺印-) → 도장 찍다(圖章-)(순)

날자[日] → 날짜

날조하다(捏造-) → 사실처럼 꾸미다(事實-), 생으로 꾸미다(生-)(순)

날짝거리다 → 날짱거리다

날치과(-科) → 날칫과

날카로와 → 날카로워

날카로히 → 날카로이

날파람동이 → 날파람둥이

날품팔잇군 → 날품팔이꾼

남·녀(男女) → 남녀

남, 녀(男女) → 남녀

남/녀(男女) → 남녀

남녁(南-) → 남녘

남달르다 → 남다르다

남몰르게 → 남모르게

남바(ナンバー) → 넘버(number), 번호(番號), 호(號), 호수(號數)(순)

남발(濫發) → 마구 냄(순)

남벌(濫伐) → 마구 베기(순)

남부녀대(男負女戴) → 남부여대

남부럽쟎다 → 남부럽잖다

남비 → 냄비

남사스럽다 — 남세스럽다 — 남우세스럽다 — 우세스럽다(복)

남사시럽다 → 남사스럽다

남산 타워(南山tower) → 엔 서울 타워(N-)

남세시럽다 → 남세스럽다

남어지 → 나머지

남여(男女) → 남녀

남·여(男女) → 남녀

남, 여(男女) → 남녀

남/여(男女) → 남녀

남여노소(男女老少) → 남녀노소

남용하다(濫用-) → 마구 쓰다, 함부로
　쓰다㊞

남은 여생(-餘生) → 남은 인생(-人生),
　여생

남이사 → 남이야

남정내(男丁-) → 남정네

남존녀비(男尊女卑) → 남존여비

남짓히 → 남짓이

남짓 → 남짓

남측(南側) → 남쪽

남편(南便) → 남쪽

남포 구멍 → 남폿구멍

남포군 → 남포꾼

남포돌 → 남폿돌

남포불 → 남폿불

남폿꾼 → 남포꾼

남획하다(濫獲-) → 마구 잡다㊞

납골당(納骨堂) → 봉안당(奉安堂)㊞

납기(納期) → 내는 기간(-期間), 내는 날

납기 내(納期內) → 납기일 안(納期日-),
　내는 날 안㊞

납기 도래(納期到來) → 납기일이 다가
　옴(納期日-)㊞

납기일(納期日) → 내는 날㊞

납닥코 → 납작코

납득하다(納得-) → 이해하다(理解-)㊞

납부하다(納付/納附-) → 내다

납양(納涼) → 납량

납작히 → 납작이

납죽히 → 납죽이

납짝 → 납작

납짝발 → 납작발

납짝보리 → 납작보리

납짝코 → 납작코

납짝하다 → 납작하다

납쭉하다 → 납죽하다

낫가리 → 낟가리

낫가죽 → 낯가죽

낫또(ナット) → 너트(nut), 암나사(-螺絲)

낫세(-歲) → ① 나쎄 ② 나잇살

* 나쎄: 그만한 나이를 속되게 이르는 말.

* 나잇살: (흔히 '먹다'와 함께 쓰여) 지긋한
　나이를 낮잡아 이르는 말.

낫셀, 가말 압델 → 나세르, 가말 압델
　(Nasser, Gamal Abdel)

낫우다 → 고치다

낫으세요 → 나으세요

낫잡다 → 낮잡다

낫토(ナット) → 너트(nut), 암나사(-螺
　絲)㊞

낭(囊) → 자루

낭낭하다(① 浪浪-② 朗朗-③ 琅琅-)
　→ 낭랑하다

낭떨어지 → 낭떠러지

낭뜨 → 낭트(Nantes)

낭보(朗報) → 기쁜 소식(-消息), 반가
　운 소식㊞

낭설(浪說) → 뜬소문(-所聞), 헛소문㊞

낭재(郎材) - 신랑감(新郎-)㊕

낭하(廊下) → 복도(複道)⑥

낯가죽 → 낯가죽

낯바닥 → 낯바닥

낯바대기 → 낯바대기

낯설다 → 낯설다

낮으막이 → 나지막이

낮으막하다 → 나지막하다

낮으막히 → 나지막이

낮작 → 낮짝

낮짝 → 낮짝

낯닦음 — 면치레(面-) — 외면치레(外面-) — 이면치레(裏面-) — 체면치레(體面-)⑭

낯몰르다 → 낯모르다

낯색(-色) → 낯빛

낯설은 → 낯선

낯설음 → 낯섦

낯섬 → 낯섦

낯작 → 낯짝

낟가리 → 낟가리

낱낱히 → 낱낱이

낱말 맞히기 → 낱말 맞추기

낱알 → 낟알

  * 낱알: 하나하나 따로따로인 알.

  * 낟알: ① 껍질을 벗기지 아니한 곡식의 알. 늑곡립, 곡식알, 입미. ② 쌀의 하나하나의 알. =쌀알.

낱짜 → 낱자(-字)

낳거덜랑 → 낳거들랑

내가[川邊] → 냇가

내걸으니 → 내거니

내걸은 → 내건

내 것—내 해⑭

내경(內徑) → 안지름⑥

내구 연한(耐久年限) → 견딜 햇수(-數), 사용 가능 햇수(使用可能-)⑥, 사용 가능 기간(-期間), 사용 연한

내기거리 → 내깃거리

내기꺼리 → 내깃거리

내깃꺼리 → 내깃거리

내꺼 → 내 거, 내 것

내노라하다 → 내로라하다

내놓치 → 내놓지

내도하다(來到-) → 도착하다(到着-), 오다⑥

내동당이치다 → 내동댕이치다

내동댕이 → 내동댕이치다

내둘르다 → 내두르다

내딛어 → 내디뎌

내딛어라 → 내디뎌라

내딛었다 → 내디뎠다

내딛여 → 내디뎌

내딛으니 → 내디디니

내딛으려 → 내디디려

내딛으면 → 내디디면

내딛은 → 내디딘

내딛을 → 내디딜

내딛음 → 내디딤

내딛읍시다 → 내디딥시다

내딛이다 → 내디디다

내레이션(narration) → 서사 작용(敍事作用), 해설(解說)⑥

내레이터(narrator) → 해설자(解說者), 화자(話者)⑥

내려깔다 → 내리깔다

내려받기 — 다운로드(download)〔복〕

내려부치다 → 내려붙이다

내려비치다 → 내리비치다

내려않다 → 내려앉다

내려쬐다 → 내리쬐다

내리굴르다 → 내리구르다

내리글씨 — 세로글씨〔복〕

내리꽂다 → 내리꽂다

내리눌르다 → 내리누르다

내리다지 → 내리닫이

내리떠보다 → 내립떠보다

내리붇다 → 내리붓다

내리질르다 → 내리지르다

내립뜨다 → 내리뜨다

내릿사랑 → 내리사랑

내무반(內務班) → 생활관(生活館)

내물[河水] → 냇물

내밀으니 → 내미니

내바닥 → 냇바닥

내방하다(來訪-) → 찾아오다〔순〕

내배았다 → 내뱉다

내뱉다 → 내뱉다

내복약(內服藥) → 먹는 약〔순〕

내부치다 → 내붙이다

내분비선(內分泌腺) → 내분비샘

내비게이션(navigation) → 길 도우미, 길 안내기(-案內機)〔순〕

내비 두다 → 내버려 두다

내사춘 → 내사촌(內四寸)

내사하다(內査-) → 은밀히 조사하다 (隱密-調査-)〔순〕

내셔날 → 내셔널(national)

내셔널트러스트(national trust) → 국민 신탁(國民信託)〔순〕

내솓다 → 내솟다

내쇼날 → 내셔널(national)

내쇼날리즘 → 내셔널리즘(nationalism)

내숭 피다 → 내숭 피우다

내쉬빌 → 내슈빌(Nashville)

내시빌 → 내슈빌(Nashville)

내신(內申) → 내부 보고(內部報告), 보 고〔순〕

내역(內譯) → 명세(明細)〔순〕

내역서(內譯書) → 명세서(明細書)〔순〕

내왕군(來往-) → 내왕꾼

내·외간(內外間) → 내외간

내·외국(內外國) → 내외국

내·외부(內外部) → 내외부

내외빈(內外賓) → 내외빈(來外賓)

내·외빈(來外賓) → 내외빈

내외빈(來外賓) → 내빈(來賓)

내용 연수(耐用年數) → 사용 가능 연수 (使用可能-), 사용 연한(-年限)〔순〕, 견딜 햇수(-數), 사용 가능 기간(-期 間), 사용 가능 햇수

내원(來院) → 오셔서, 우리 원에 오셔 서(-院-)〔순〕

내음 — 냄새〔별〕

  * 내음: (흔히 다른 명사 뒤에 쓰여) 코로 맡을 수 있는 나쁘지 않거나 향기로운 기 운. 주로 문학적 표현에 쓰인다.

  * 냄새: 코로 맡을 수 있는 온갖 기운. 늑내.

내 자신(-自身) → 나 자신

내장하다(耐張 -) → 장력을 견디다(張力 -)[순]

내점(來店) → 방문(訪問)

내점객(來店客) → 방문객(訪問客)

내젓다 → 내젓다

내조(內助) → 도움, 배우자의 도움(配偶者 -)[순]

내주(來週) → 다음 주[순]

내지(ねじ) → 나사(螺絲), 나사못[순], 나삿니, 태엽(胎葉)

내질르다 → 내지르다

내 집 드나들듯 → 제 집 드나들듯

내쫓다 → 내쫓다

내쳐(~하다) → 내처

내추럴리즘(naturalism) → 자연주의(自然主義)[순]

내추럴 톤(natural tone) → 자연색(自然色), 자연색조(-色調)[순]

내추럴하다(natural -) → 자연스럽다(自然 -)[순]

내츄럴 → 내추럴(natural)

내측(內側) → 안쪽

내팽기치다 → 내팽개치다

내프킨 → 냅킨(napkin)

내피(內皮) → 속껍질[순]

내 혼자 → 나 혼자

내홍(內訌) → 집안 다툼, 집안 싸움[순]

내흉(內凶) → 내숭

내흉 떨다(內凶 -) → 내숭 떨다

내흉스럽다(內凶 -) → 내숭스럽다

내흉 피우다(內凶 -) → 내숭 피우다

낸들 → 난들

낼름 → 날름

냄비바침 → 냄비받침

냄새피다 → 냄새피우다

냅두다 → 내버려 두다

냅둬 → 내버려 둬

냅따 → 냅다

냉꾼 → 내왕꾼(來往 -)

냉·난방(冷煖房) → 냉난방

냉냉하다(冷冷 -) → 냉랭하다

냉동 돈육(冷凍豚肉) → 얼린 돼지고기[순]

냉랭이(冷冷 -) → 냉랭히

냉연이(冷然 -) → 냉연히

냉·온수(冷溫水) → 냉온수

냉이국 → 냉잇국

냉쥬스(冷 -) → 냉주스(-juice)

냉풍(冷風) → 찬바람[순]

냠냠히 → 냠냠이

냥중(兩重) → 냥쭝

너가 → 네가

너그러와 → 너그러워

너그러히 → 너그러이

너까지 것 → 네까짓 것

너까지 놈 → 네까짓 놈

너끈이 → 너끈히

너 냥(-兩) → 넉 냥

너댓 → 너더댓, 너덧, 네다섯, 네댓

너더댓 - 너덧 - 네다섯 - 네댓[복]

너 되(부피 단위) → 넉 되

너륵바위 → 너럭바위

너머지다 → 넘어지다

너벅지 → 자배기

너부라기 → 너부렁이

너부랑이 → 너부렁이

너부래기 → 너부렁이

너부랭이 → 너부렁이

너부러기 → 너부렁이

너부렝이 → 너부렁이

너부죽히 → 너부죽이

너부즉하다 → 너부죽하다

너붓히 → 너붓이

너브러져 → 너부러져

너브러졌다 → 너부러졌다

너브러지다 → 너부러지다

너브죽하다 → 너부죽하다

너브즉하다 → 너부죽하다

너 섬(부피 단위) → 넉 섬

너스래 → 너스레

너스래기 → 너스래미

너 자(길이 단위) → 넉 자

너저부레하다 → 너저분하다

너트(nut) → 암나사(-螺絲)㊞

넉근하다 → 너끈하다

넉넉이 → 넉넉히

넉넉찮다 → 넉넉잖다

넉넉찮다 → 넉넉잖다

넉넉챦다 → 넉넉잖다

넉넉치 않다 → 넉넉지 않다

넉다운 → 녹다운(knockdown)

넉동무늬(윷판) → 넉동무니

넉동무니 ─ 넉동사니㊞

넉두리 → 넋두리

넉살 피다 → 넉살 피우다

넉쌀 → 넉살

넉클 → 너클(knuckle)

넋바지 → 넋받이

넌덜이 → 넌더리

넌버벌 → 논버벌(nonverbal)

넌센스 → 난센스(nonsense)

넌즈시 → 넌지시

넌질거리다 → 는질거리다

넌픽션 → 논픽션(nonfiction)

널널하다 → 넉넉하다

널다란 → 널따란

널다랗게 → 널따랗게

널다랗다 → 널따랗다

널르다 → 너르다

널벽(-壁) ─ 판벽(板壁) ─ 판자벽(板子壁) ─ 판장벽(板牆壁)㊞

널부러져 → 널브러져

널부러졌다 → 널브러졌다

널부러지다 → 널브러지다

널빤대기 → 널판때기(-板-)

널빤데기 → 널판때기(-板-)

널빤때기 → 널판때기(-板-)

널빤떼기 → 널판때기(-板-)

널적하다 → 넓적하다

널직하다 → 널찍하다

널쩍하다 → ① 널찍하다 ② 넓적하다

  * 널찍하다: (실제적인 공간을 나타내는 명사와 함께 쓰여) 꽤 너르다.

  * 넓적하다: 펀펀하고 얇으면서 꽤 넓다.

널찍히 → 널찍이

널판대기(-板-) → 널판때기

널판데기(-板-) → 널판때기

널판떼기(-板-) → 널판때기

널판지(-板-) → 널빤지

넓가래 → 넉가래

넓다란 → 널따란

넓다랗게 → 널따랗게

넓다랗다 → 널따랗다

넓다리 → 넙다리

넓대대하다 → 넙데데하다

넓데데하다 → 넙데데하다

넓따란 → 널따란

넓따랗다 → 널따랗다

넓으네 → 넓네

넓으네요 → 넓네요

넓을려고 → 넓으려고

넓이뛰기 → 멀리뛰기

넓적 → 넙적

* 넓적: '넓적하다'의 어근.
  넓적하다: ['널찍하다' 주 참조]
* 넙적: ① 말대답을 하거나 무엇을 받아먹
  을 때 입을 닁큼 벌렸다가 닫는 모양. 늑
  넙적이. ②몸을 바닥에 바짝 대고 닁큼 엎
  드리는 모양. 늑넙적이. ③망설이거나 서
  슴지 않고 선뜻 행동하는 모양. 늑넙적이.

넓적다릿뼈 → 넓적다리뼈

넓적바위 → 너럭바위

넓적히 → 넓적이

넓죽 → 넙죽

* 넓죽: '넓죽하다'의 어근. 넓죽하다: 길쭉
  하고 넓다.
* 넙죽: ① 말대답을 하거나 무엇을 받아먹
  을 때 입을 너부죽하게 닁큼 벌렸다가 닫
  는 모양. 늑넙죽이. ②몸을 바닥에 너부
  죽하게 대고 닁큼 엎드리는 모양. 늑넙죽
  이. ③망설이거나 주저하지 않고 선뜻 행
  동하는 모양. 늑넙죽이.

넓죽히 → 넙죽이

넓직하다 → 널찍하다

넓쩍하다 → 넓적하다

넓찍하다 → 널찍하다

넓치 → 넙치

넘겨집다 → 넘겨짚다

넘나듬 → 넘나듦

넘버(number) → ① 번호(番號), 호(號),
    호수(號數) ② 수(數), 숫자(數字)순

넘버링(numbering) → 번호기(番號器)순

넘버원(number one) → 으뜸순

넘사시럽다 → 남사스럽다

넙대대하다 → 넙데데하다

넙둥글다 → 넓둥글다

넙적 — 넙적이복

넙적다리 → 넓적다리

넙적바위 → 너럭바위

넙적코 → 넓적코

넙죽 — 넙죽이복

넙쩍 → 넙적

넙쩍하다 → 넓적하다

넙쭉 → 넙죽

넙쭉하다 → 넓죽하다

넙치국 → 넙칫국

넛트 → 너트(nut)

넝쿨 — 덩굴복

넝쿨무늬 — 덩굴무늬 — 당초(唐草) —
    당초무늬 — 당초문(唐草紋) — 초룡문
    (草龍紋)복

넝쿨장미(-薔薇) → 덩굴장미

넝쿨채 → 넝쿨째

네 — 예복

네가티브 → 네거티브(negative)

네거티브하다(negative-) → 부정적이
　다(否定的-)슌

네 것-네 해뵉

네고(nego) → 가격 협상(價格協商), 협
　상슌

네고하다(nego-) → 협상하다(協商-)슌

네까지 → 네까짓

네까지 것 → 네까짓 것

네까지 놈 → 네까짓 놈

네꺼 → 네 것

네 냥(-兩) → 넉 냥

네눈바기 → 네눈박이

네눈배기 → 네눈박이

네눈백이 → 네눈박이

네다바이(ねたばい) → 사기(詐欺), 야
　바위

네 달 → 넉 달

네대 살 → 네댓 살

네델란드 → 네덜란드(Netherlands)

네 돈(무게 단위) → 너 돈

네 되(부피 단위) → 넉 되

네떼루(レッテル) → 라벨/레이블(label),
　레터르(letter), 상표(商標)

네 말(부피 단위) → 너 말

네 발(길이 단위) → 너 발

네브라스카 → 네브래스카(Nebraska)

네비게이션 → 내비게이션(navigation)

네 섬(부피 단위) → 넉 섬

네셔널 → 내셔널(national)

네오모더니즘(neo modernism) → 신모
　더니즘(新-)슌

네오클래시시즘(neo-classicim) → 신고

전주의(新古典主義)슌

네온사인(neon sign) → 네온 광고(-廣
　告), 네온등(-燈), 조명판(照明板)슌

네온싸인 → 네온사인(neon sign)

네 이년 → 너 이년

네 이놈 → 너 이놈

네이비블루(navy blue) → 검남색(-藍
　色)슌

네이쳐 → 네이처(nature)

네이춰 → 네이처(nature)

네일 숍(nail shop) → 손톱 미용실(-美
　容室)슌

네일 아트(nail art) → 손톱 관리(-管
　理)슌

네임 밸류(name value) → 지명도(知名
　度)슌

네 자(길이 단위) → 넉 자

네 자신(-自身) → 너 자신

네지(ねじ) → 나사(螺絲), 나사못슌, 나
　삿니, 태엽(胎葉)

네지마와시(ねじまわし) → 나사돌리개
　(螺絲-), 나사틀개, 드라이버(driver)슌

네째 → 넷째

네째 날 → 넷째 날

네쨋날 → 넷째 날

네추럴 → 내추럴(natural)

네츄럴 → 내추럴(natural)

네크 → 넥(neck)

네클리스(necklace) → 목걸이슌

네타바이(ねたばい) → 사기(詐欺), 야바
　위슌

네트(net) → 그물, 망(網)슌

네트워킹(networking) → 관계망(關係網), 연결망(連結網), 연계망(連繫網)[순]
네트웍 → 네트워크(network)
네트웍킹 → 네트워킹(networking)
네트웤 → 네트워트(network)
네트터치(net touch) → 그물 닿기[순]
네티즌(netizen) → 누리꾼[순]
네티켓(netiquette) → 누리꾼 예절(-禮節)[순]
네 푼(길이·돈·무게·비율·엽전 단위) → 너 푼
네프킨 → 냅킨(napkin)
넥클리스 → 네클리스(necklace)
넥타(nectar) → 과일즙(-汁), 으깬 과일즙[순]
넵튜운 → 넵튠(Neptune)
넷트 → 네트(net)
넷티즌 → 네티즌(netizen)
녀자(女子) → 여자
녁 → 녘
년간(① 年間 ② 年刊) → 연간
년년생(年年生) → 연년생
년년세세(年年世世) → 연년세세
년놈 → 연놈
년도별(年度別) → 연도별
년령(年齡) → 연령
년말년시(年末年始) → 연말연시
년봉(年俸) → 연봉
년상(年上) → 연상
년세(年歲) → 연세
년소득(年所得) → 연소득
년수(年數) → 연수
년수익(年收益) → 연수익
년월일(年月日) → 연월일
년이율(年利率) → 연이율
년중(年中) → 연중
년초(年初) → 연초
노가다(どかた) → 건설 노동자(建設勞動者), 막노동, 막일, 막일꾼, 일용직(日傭職), 현장 근로자(現場勤勞者)
노게임(no game) → 무효 경기(無效競技)[순]
노견(路肩) → 갓길[순]
노계(老鷄) → 늙은 닭[순]
노고지리 → 종다리
노골(no goal) → 실패(失敗)[순]
노굿전(-廛) → 노구 전
노긋히 → 노긋이
노기 띄다(怒氣-) → 노기 띠다
노기스(ノギス) → 정밀 계기(精密計器), 지름 측정기(-測程器)[순], 버니어캘리퍼스(vernier callipers)
노깡(どかん) → 토관(土管)[순]
노누다 → 노느다
노다지[恒常] → 언제나
노닥다리(老-) → 늙다리
노동 민요(勞動民謠) — 일노래[복]
노두돌(路頭-) → 노둣돌
노라냐 — 노랗냐[복]
노라네 — 노랗네[복]
노라니 — 노랗니[복]
노란자위 → 노른자위
노랍니다 → 노랗습니다
노랑내 → 노린내

노랑색(-色) → 노란색, 노랑

노랑태(-太) → 황태(黃太)

노래가락 → 노랫가락

노래말 → 노랫말

노래소리 → 노랫소리

노랭이 → 노랑이

노레지다 → 노래지다

노르뎅뎅하다 → 노르댕댕하다

노르딕(nordic) → 북유럽형 경기(北 Europe型競技)[순]

노르란드 → 노를란드(Norrland)

노르란트 → 노를란드(Norrland)

노르랜드 → 노를란드(Norrland)

노르랜트 → 노를란드(Norrland)

노르만디 → 노르망디(Normandie)

노른자 − 노른자위[복]

노른자빛 → 노른잣빛

노를란트 → 노를란드(Norrland)

노를랜드 → 노를란드(Norrland)

노를랜트 → 노를란드(Norrland)

노름군 → 노름꾼

노리개감 → 노리갯감

노리게 → 노리개

노 마진(no margin) → 원가 판매(原價販賣)[순]

노 마크(no mark) → 무방비(無防備)[순]

노 마크 슛(no mark shoot) → 무방비 쏘기(無防備−)[순]

노 마크 찬스(no mark chance) → 단독 기회(單獨機會), 단독 찬스[순]

노말 → 노멀(normal)

노무비(勞務費) → 인건비(人件費)[순]

노미네이트(nominate) → 후보 지명(候補指名)[순]

노바다야끼 → 로바타야키(ろばたやき)

노바시(のばし) → 늘이기[순]

노변(路邊) → 길가[순]

노보모스코프스크 → 노보모스콥스크(Novomoskovsk)

노블레스 오블리주(noblesse oblige) → 지도층 의무(指導層義務)[순]

노서아(露西亞) → 러시아(Russia)

노쇄 → 노쇠(老衰)

노쇼(no show) → 예약 부도(豫約不渡)[순], 예약 어김

노숙(露宿) → 한뎃잠, 한둔[순]

노스캐럴라이나 → 노스캐롤라이나(North Carolina)

노스탤자 → 노스탤지어(nostalgia)

노스탤쟈 → 노스탤지어(nostalgia)

노스탤지아 → 노스탤지어(nostalgia)

노스탤지어(nostalgia) → 향수(鄕愁), 향수병(鄕愁病)[순]

노스텔지아 → 노스탤지어(nostalgia)

노스텔지어 → 노스탤지어(nostalgia)

노약자석(老弱者席) → 배려석(配慮席)[순]

노여와하다 → 노여워하다

노여웁다 → 노엽다

노역(勞役) → 노동(勞動), 품일[순]

노오멀 → 노멀(normal)

노우 → 노(no)

노우스 → 노스(north)

노우트 → 노트(note)

노우하우 → 노하우(knowhow)

노유자(老幼者) → 노약자(老弱者)[순]
노을 — 놀[복]
노이로제(neurose) → 신경 쇠약(神經衰弱)[순]
노이즈(noise) → 소음(騷音), 잡음(雜音)[순]
노이즈 마케팅(noise marketing) → 구설 홍보(口舌弘報), 구설수 홍보(口舌數－)[순]
노임(勞賃) → 품삯[순], 임금(賃金)
노작(勞作) → 역작(力作), 힘써 일함[순]
노점상(露店商) → 거리 가게[순]
노정(路程) → 길순, 여행 경로(旅行經路)[순]
노정하다(露呈－) → 나타나다, 나타내다, 드러나다, 드러내다[순]
노젓다(櫓－) → 노젓다
노지(露地) → 한데[순]
노출(露出) → 드러남, 드러냄[순]
노친내(老親－) → 노친네
노 카운트(no count) → 무효(無效)[순]
노코멘트(no comment) → 논평 보류(論評保留)[순]
노킹(knocking) → 이상 폭발(異常爆發)[순]
노타치 → 노터치(no touch)
노털 → 노틀[laotour, 老頭兒]
노트(note) → 공책(空冊)[순]
노틀담 → 노트르담(Notre-dame)
노파심(老婆心) → 걱정, 쓸데없는 걱정, 염려(念慮)[순]
노폭(路幅) → 길 너비, 길 폭[순]
노하우(knowhow) → 기술(技術), 방법(方法), 비결(祕訣), 비법(祕法)[순]
노학(老瘧) — 당고금(唐－) — 당학(唐瘧) — 삼일열(三日熱) — 양일학(兩日瘧) — 이일학(二日瘧) — 이틀거리 — 해학(痎瘧)[복]
노후 시설(老朽施設) → 낡은 시설[순]
노후한(老朽－) → 낡아서 못쓰게 된, 낡은[순]
노히트 노런(no-hit no-run) → 무안타 무득점(無安打無得點)[순]
노힛트 → 노히트(no-hit)
녹각(鹿角) → 사슴뿔[순]
녹녹잖다(碌碌/錄錄－) → 녹록잖다
녹녹쟎다(碌碌/錄錄－) → 녹록잖다
녹녹지 않다(碌碌/錄錄－) → 녹록지 않다
녹녹찮다(碌碌/錄錄－) → 녹록잖다
녹녹챦다(碌碌/錄錄－) → 녹록잖다
녹녹치 않다(碌碌/錄錄－) → 녹록지 않다
녹녹하다(碌碌/錄錄－) → 녹록하다
* 녹녹하다: ① 촉촉한 기운이 약간 있다. ② 물기나 기름기가 있어 딱딱하지 않고 좀 무르며 보드랍다.
* 녹록하다(碌碌/錄錄－): ① 평범하고 보잘것없다. ② (흔히 뒤에 부정어와 함께 쓰여) 만만하고 상대하기 쉽다.
녹다운(knockdown) → 낙하(落下), 떨어짐[순]
녹다운 방식 수출(knockdown方式輸出) → 현지 조립식 수출(現地組立式－)[순]
녹록찮다(碌碌/錄錄－) → 녹록잖다
녹록챦다(碌碌/錄錄－) → 녹록잖다
녹록치 않다(碌碌/錄錄－) → 녹록지

않다

녹새바람 → 높새바람

녹색어머니회(綠色 - 會) → 녹색학부모
회(-學父母會)[순]

녹슬은 → 녹슨

녹슬음 → 녹슮

녹슴 → 녹슮

녹쓸다 → 녹슬다

녹아 슬어지다 → 녹아 스러지다

녹아웃(knockout) → 투수 강판(投手降
版)[순]

녹아웃시키다(knockout-) → 맥 못 쓰
게 하다(脈-)[순]

녹짝지근하다 → 녹작지근하다

녹짝찌근하다 → 녹작지근하다

녹짝찌끈하다 → 녹작지근하다

녹취하다(錄取-) → 녹음하다(錄音-)[순]

녹크 → 노크(knock)

녹킹 → 노킹(knocking)

녹히다 → 녹이다

녹힌 → 녹인

논난(論難) → 논란

논다랭이 → ① 논다랑이 ② 논두렁

논돼기 → 논뙈기

논떼기 → 논뙈기

논뚝 → 논둑

논란꺼리(論難-) → 논란거리

논병아리과(-科) → 논병아릿과

논빼미 → 논배미

논설난(論說欄) → 논설란

논스톱(nonstop) → 안 멈춤[순]

논스톱으로(nonstop-) → 곧바로, 멈추

지 않고[순]

논아 먹다 → 노나 먹다

논타이틀 매치(non-title match) → 비
선수권전(非選手權戰)[순]

논픽션(nonfiction) → 실화(實話)[순]

놀라와하다 → 놀라워하다

놀라키다 → 놀래다

놀래라 → 놀라라

놀래미 → 노래미

놀래지 → 놀라지

놀래키다 → 놀라게 하다, 놀래다,
놀래 주다

놀랜 가슴 → 놀란 가슴

놀랬다 → 놀랐다

놀롤하다 → 놀놀하다

놀림꺼리 → 놀림거리

놀으니 → 노니

놀은[遊, 弄] → 논

놀음군 → 놀음꾼

놀이감 → 놀잇감

놀이개 → 노리개

놀이거리 → 놀잇거리

놀이군 → 놀이꾼

놀이배 → 놀잇배

놀잇감 — 장난감[별]

* 놀잇감: 놀이 또는 아동 교육 현장 따위에
서 활용되는 물건이나 재료.

* 장난감: 아이들이 가지고 노는 여러 가지
물건. ≒완구.

놀잇방(-房) → 놀이방

놀잇터 → 놀이터

놈팽이 → 놈팡이

놉새바람 → 높새바람
놋갓쟁이 → 놋갓장이
놋트 → 노트(knot)
농(膿) → 고름㊍
농가르다 → ① 나누다 ② 노느다
농가집(農家－) → 농갓집
농갓집 → 농가(農家)
농뗑이 → 농땡이
농무(濃霧) → 짙은 안개㊍
농병아리 → 논병아리
농사군(農事－) → 농사꾼
농삿군 → 농사꾼(農事－)
농삿일 → 농사일(農事－)
농아(聾啞) → 청각·언어 장애(聽覺言語
　障礙), 청각·언어 장애인(－人)㊍
농아자(聾啞者) → 청각·언어 장애인(聽
　覺言語障礙人)㊍
농어과(－科) → 농엇과
농연(濃煙) → 짙은 연기(－煙氣)
농지값(農地－) → 농짓값
농지걸이(弄－) → 농지거리
　* 농지거리(弄－): ['기롱지거리(欺弄－)' 주 참조]
농지꺼리(弄－) → 농지거리
농짓거리(弄－) → 농지거리
농짓꺼리(弄－) → 농지거리
농찌거리(弄－) → 농지거리
농찌꺼리(弄－) → 농지거리
농평아리 → 논병아리
놋그릇 → 놋그릇
높따란 → 높다란
높따랗게 → 높다랗게
높따랗다 → 높다랗다

높은밥 → 고봉밥(高捧－)
높을락낮을락 → 높으락낮으락
높즈막하다 → 높지막하다
높직히 → 높직이
높찍하다 → 높직하다
높하니바람[北西風] → 높하늬바람
높혀 → 높여
높히 → 높이
높히다 → 높이다
높힘말 → 높임말
놓여져 있다 → 놓여 있다
놓여졌다 → 놓였다
놓여지는 → 놓이는
놓여지다 → 놓이다
놓여진 → 놓인
뇌깔이다 → 뇌까리다
뇌두(－頭) → 노두(蘆頭)
뇌살(惱殺) → 뇌쇄
뇌여 → 뇌어
뇌였다 → 뇌었다
뇌용(雷龍) → 뇌룡
뇌이는 → 뇌는
뇌이다 → 뇌다
뇌임 → 뇜
뇌졸증 → 뇌졸중(腦卒中)
뇨소(尿素) → 요소
누그러들다 — 누그러지다㊐
누굿히 → 누굿이
누누히(① 屢屢/累累－ ② 纍纍－) → 누
　누이
누덕이 → 누더기
누데기 → 누더기

누락(漏落) → 빠뜨림㉪

누래지다 → 누레지다

누랭이 → 누렁이

누렁내 → 누린내

누렁색(-色) → 누런색, 누렁

누렇네 → 누러네

누렝이 → 누렁이

누루이(① 屢屢/累累 - ② 纍纍-) → 누
   누이

누룽밥 → 누룽지

누르댕댕하다 → 누르뎅뎅하다

누르락붉그락 → 누르락붉으락

누른밥 → 눌은밥

누룽지 → 누룽지

누수(漏水) → 물이 샘, 새는 물㉪

누수답(漏水畓) — 시루논㉫

누에꼬치 → 누에고치

누에병(-病) → 누엣병

누에자리 → 누엣자리

누엣가루 → 누에 가루

누와르 → 누아르(noir)

누증(累增) → 점점 늘어남(漸漸-), 점
   점 쌓임㉪

누지르다 → 누르다

누진률(累進率) → 누진율

누질러 → 눌러

누질르다 → 누르다

눅눅이 → 눅눅히

눅진이 → 눅진히

눈가 — 눈가장 — 눈언저리 — 안변(眼邊)
   — 안연(眼緣)㉫

눈가풀 → 눈까풀

눈갈 → 눈깔

눈거풀 → 눈꺼풀

눈골 → 눈꼴

눈골태기 → 애꾸눈이

눈곱재기 → 눈곱자기

눈까풀 — 눈꺼풀 — 안검(眼瞼)㉫

눈깜짜기 → 눈깜짝이

눈꼬리 — 눈초리㉰

  * 눈꼬리: 귀 쪽으로 가늘게 좁혀진 눈의 가
    장자리. 늑눈초리.

  * 눈초리: ① 어떤 대상을 바라볼 때 눈에
    나타나는 표정. ② 귀 쪽으로 가늘게 좁혀
    진 눈의 가장자리. =눈꼬리.

눈꼴시다 — 눈꼴틀리다㉫

눈꼴시럽다 → 눈꼴사납다

눈꼴시렵다 → 눈꼴사납다

눈꼽 → 눈곱

눈꼽자기 → 눈곱자기

눈꼽재기 → 눈곱자기

눈눈히 → 눈눈이

눈다라끼 → 다래끼

눈대중 — 눈어림 — 눈짐작(-斟酌)㉫

눈 덮힌 → 눈 덮인

눈두덩 — 눈두덩이㉫

눈 마춤 → 눈 맞춤

눈멀은 → 눈먼

눈물겨웁다 → 눈물겹다

눈섞임물 → 눈석임물

눈설미 → 눈썰미

눈섭 → 눈썹

눈쌀 → 눈살

눈씨울 → 눈시울

눈에가시 → 눈엣가시

눈요기감(-療飢-) → 눈요깃감
눈요기거리(-療飢-) → 눈요깃거리
눈요기꺼리(-療飢-) → 눈요깃거리
눈요깃감(-療飢-)-눈요깃거리[복]
눈요깃꺼리(-療飢-) → 눈요깃거리
눈의가시 → 눈엣가시
눈치것 → 눈치껏
눈치밥 → 눈칫밥
눈칫것 → 눈치껏
눈탱이 → 눈퉁이
눈텡이 → 눈퉁이
눌러붙다 → 눌어붙다
눌려져 있다 → 눌려 있다
눌려졌다 → 눌렸다
눌려지는 → 눌리는
눌려지다 → 눌리다
눌려진 → 눌린
눌르다 → 누르다
눌름단추 → 누름단추
눌림쇠 → 누름쇠
눙눅하다 → 눅눅하다
뉘 것-뉘 해[복]
뉘앙스(nuance) → 느낌, 말맛, 어감(語感)[순]
뉘엇뉘엇 → 뉘엿뉘엿
뉘여 → 뉘어
뉘연히 → 버젓이
뉘우스 → 뉴스(news)
닁닁하다 → 밍밍하다
닁큼 → 닝큼
뉴기니아 → 뉴기니(New Guinea)
뉴 노멀(new normal) → 새 기준(-基準), 새 일상(-日常)[순]
뉴똥 → 명주(明紬)[순]
뉴스레터(newsletter) → 소식지(消息紙)[순]
뉴 스페이스(new space) → 민간 우주 개발(民間宇宙開發)[순]
뉴앙스 → 뉘앙스(nuance)
뉴올리언즈 → 뉴올리언스(New Orleans)
뉴요크 → 뉴욕(New York)
뉴욕 타임즈 → 뉴욕 타임스(New York Times)
뉴우 → 뉴(new)
뉴우기니 → 뉴기니(New Guinea)
뉴우델리 → 뉴델리(New Delhi)
뉴우런 → 뉴런(neuron)
뉴우스 → 뉴스(news)
뉴우요오크 → 뉴욕(New York)
뉴우저지 → 뉴저지(New Jersey)
뉴우튼, 아이작 → 뉴턴, 아이작(Newton, Isaac)
뉴져지주(-州) → 뉴저지주(New Jersey-)
뉴질란드 → 뉴질랜드(New Zealand)
뉴 코아 → 뉴 코어(New Core)
뉴톤, 아이작 → 뉴턴, 아이작(Newton, Isaac)
뉴트랄 → 뉴트럴(neutral)
뉴트로(newtro) → 신복고(新復古)[순]
뉴튼, 아이작 → 뉴턴, 아이작(Newton, Isaac)
뉴프론티어 → 뉴프런티어(New Frontier)
느긋히 → 느긋이
느러나다 → 늘어나다

느러지다 → 늘어지다

느릅나무 → 느릅나무

느리광이 — 느림보 — 늘보[복]

느물다 → 뽐내다

느슨이 → 느슨히

느아르 → 누아르(noir)

느와르 → 누아르(noir)

느즈막이 → 느지막이

느즈막하다 → 느지막하다

느즈막한 → 느지막한

느즈막히 → 느지막이

느즉이 → 느직이

느지가니 → 느지거니

느지감치 — 느지거니[복]

느지러져 → 느즈러져

느지러지다 → 느즈러지다

느지막히 → 느지막이

느직하니 → 느지거니

느직히 → 느직이

느추다 → 늦추다

늑골(肋骨) → 갈비뼈[순]

늑다리 → 늙다리

늑막(肋膜) → 가슴막[순]

늑장 — 늦장[복]

늑정이 → 늙정이

는개비 → 는개

는정거리다 → 는적거리다

늘러붙다 → 눌어붙다

늘상(-常) → 늘

늘신하다 → 늘씬하다

늘쌍 → 늘상(-常)

늘어붙다 → 눌어붙다

늘은[增] → 는

늘임보 → 느림보

늘쩍거리다 → 늘쩡거리다

늙달이 → 늙다리

늙수구래하다 → 늙수그레하다

늙수구레하다 → 늙수그레하다

늙수그레하다 — 늙수레하다[복]

늙수래하다 → 늙수레하다

늙스구래하다 → 늙수그레하다

늙스구레하다 → 늙수그레하다

늙스래하다 → 늙수레하다

늙스레하다 → 늙수레하다

늙으막 → 늘그막

늙으수래하다 → 늙수레하다

늙으수레하다 → 늙수레하다

늙으신 노모(-老母) → 늙은 어머니

늠늠하다(凜凜-) → 늠름하다

능개 → 는개

능개비 → 가랑비

능력껏(能力-) → 능력껏

능선(稜線) → 산등성(山-), 산등성이[순]

능숙능란하다 → 능수능란하다(能手能
爛-)

능숙이(能熟-) → 능숙히

능율(能率) → 능률

능이(能-) → 능히

능직이(陵-) → 능지기

능청꾸래기 → 능청꾸러기

능청꾸레기 → 능청꾸러기

능청스런 → 능청스러운

능청 피다 → 능청 피우다

늦가을 — 만추(晚秋) — 서릿가을 — 심

추(深秋)㋫

늦깍이 → 늦깎이

늦깎기 → 늦깎이

늦동이 → 늦둥이

늦모 — 마냥모 — 만앙(晚秧) — 만이앙
모(晚移秧 −)㋫

늦모내기 — 마냥 — 만이(晚移) — 만이
앙(晚移秧)㋫

늦으막이 → 느지막이

늦으막하다 → 느지막하다

늦으막히 → 느지막이

늦은 녁 → 늦은 녘

늦이 → 늦깎이

늦잠꾸래기 → 늦잠꾸러기

늦잠꾸레기 → 늦잠꾸러기

늦지감치 → 느지감치

늭엇늭엇 → 뉘엿뉘엿

늭엿늭엿 → 뉘엿뉘엿

늘름 → 늘름

니가 → 네가

니기럴 → 제기랄

니까지 → 네까짓

니까지 것 → 네까짓 것

니까지 놈 → 네까짓 놈

니꺼 → 네 것

니꾸사꾸(リックサック) → 배낭(背囊)㋖,
류색(rucksack)

니네 → 너희

니네꺼 → 너희 것

니미럴 → 제기랄

니부가리(にぶかり) → 두푼머리, 이푼
깎기(二−)㋖

니빠(ニッパー) → 니퍼(nipper), 족집
게㋖

니스(nisu) — 바니시(varnish)㋫

니쓰꾸리(にづくり) → 짐 꾸리기, 포장
(包裝)

니아까(リアカー) → 리어카(rearcar),
손수레

니야까(リヤカー) → 리어카(rearcar),
손수레

니즈(needs) → 바람, 수요(需要)㋖, 필
요(必要)

니즈쿠리(にづくり) → 짐꾸리기㋖

니커보커스(knickerbockers) → 무릎바
지, 무릎 조인 바지㋖

니커보커즈 → 니커보커스(knicker
bockers)

니코친 → 니코틴(nicotine)

니콜슨 → 니컬슨(Nicholson)

니쿠사쿠(リックサック) → 류색(rucksack),
배낭(背囊)

니트 웨어(kint wear) → 니트옷㋖

닉네임(nickname) → 별명(別名)㋖

닉명(匿名) → 익명

닉켈 → 니켈(nickel)

닌진(にんじん) → 당근㋖

늴니리 → 늴리리

늴니리야 → 늴리리야

늴리리 → 늴리리

늴리리야 → 늴리리야

닐바나 → 니르바나(nirvāṇa)

님(~과 함께, ~그림자, ~이 오는 소리)
→ 임

님비(NIMBY, not in my backyard) → 지
   역 이기주의(地域利己主義)㉜

님프(nymph) → 요정(妖精)㉜

닛빠 → 니퍼(nipper)

닛트 → 니트(knit)

닛퍼 → 니퍼(nipper)

닝닝하다 → ① 느끼하다 ② 밍밍하다

닝큼 → 닁큼

ㄷ

다각도로(多角度 -) → 여러모로閨

다과(多寡) → 많고 적음閨

~다구 → ~다고

~다구요 → ~다고요

다구지다 → 다부지다

다구치다 → 다그치다

다급이(多急 -) → 다급히

다기(茶器) → 찻그릇閨

다기있다(多氣 -) ― 다기지다 ― 다기차
　다閨

다꽝(たくあん) → 단무지

다꾸앙(たくあん) → 단무지

다나까 → 다나카(たなか, 田中)

다년간(多年間) → 여러 해 동안閨

다년생(多年生) → 여러해살이閨

다눈치오, 가브리엘레 → 단눈치오,
　가브리엘레(D'Annunzio, Gabriele)

다다밋방(たたみ房) → 다다미방

다닫다 → 다다르다

다달르다 → 다다르다

다달아 → 다다라

다달아서 → 다다라서

다달았다 → 다다랐다

다달이 ― 매달(每 -)閨

다달히 → 다달이

다대기(たたき) → 다진 양념, 다짐閨

다대한(多大 -) → 많은, 큰閨

다데기(たたき) → 다진 양념

다둑거리다 → 다독거리다

다둑다둑 → 다독다독

다듬이감 → 다듬잇감

다듬이돌 → 다듬잇돌

다듬이방망이 → 다듬잇방망이

다듬이방석(- 方席) → 다듬잇방석

다듬이살 → 다듬잇살

다라끼 → 다래끼

다라이(たらい) → 대야, 함지, 함지박

다람쥐과(- 科) → 다람쥣과

다랭논 → 다랑논

다랭이 → 다랑이

다리돌 → 다릿돌

다리를 피다 → 다리를 펴다

다리마디 → 다릿마디

다리목 → 다릿목

다리심 → 다릿심

다리짓 → 다릿짓

다리힘 → 다릿힘

다리뼈 → 다릿뼈

다마(たま) → ① 구슬, 알 ② 전구(電球)
　③ 당구(撞球)閨, 공, 당구공

다마네기(たまねぎ) → 양파(洋-)

다마스커스 → 다마스쿠스(Damascus)

다마치기(たま-) → 구슬치기[순]

다망하다(多忙-) → 매우 바쁘다, 바쁘다[순]

다모작(多毛作) → 그루갈이[순]

다물으니 → 다무니

다박나루 → 다박나룻

다박나룻 — 다박수염(-鬚髥)[복]

다반사(茶飯事) → 예삿일(例事-), 흔한 일[순]

다발하는(多發-) → 잦은[순]

다방(茶房) → 찻집[순]

다방면으로(多方面-) → 여러모로[순]

다부치다 → 다그치다

다분이(多分-) → 다분히

다붓히 → 다붓이

다사하다(多事-) → 다사스럽다

다소(多少) → 조금[순]

다소곳히 → 다소곳이

다수굿하다 → 다소곳하다

다수인(多數人) → 많은 사람, 여러 사람[순]

다스(ダース) → 12개(-個/箇/介), 타(打)[순]

다슬기과(-科) → 다슬깃과

다시(茶匙) — 차사시(-沙匙) — 찻숟가락 — 티스푼(teaspoon)[복]

다시(だし) → 맛국물

다시(ダッシュ) → 대시(dash), 줄표(-標)(一)[순]

다시마과(-科) → 다시맛과

다시마국 → 다시맛국

다시마자반 → 부각

다시 회복하다(-回復/恢復-) → 회복하다

~다싶이 → ~다시피

다아윈, 찰스 로버트 → 다윈, 찰스 로버트(Darwin, Charles Robert)

다알리아 → 달리아(dahlia)

다양(多樣) → 여러 모양(-模樣)[순]

다엽(茶葉) — 찻잎[복]

다오루(タオル) → 수건(手巾), 타월(towel)[순]

~다와 → ~다워

~다와지다 → ~다워지다

다운되다(down) → 멈추다, 정지하다(停止-)[순], 저조하다(低調-)

다운사이징(downsizing) → 감축(減縮), 줄이기, 축소(縮小)[순]

다운시키다(down-) → ① 낮추다, 내리다 ② 쓰러뜨리다[순]

다운 코트(down coat) → 오리털 코트[순]

다운 파카(down parka) → 오리털 파카[순]

다이(だい) → 대(臺), 받침, 받침대

다이나마이트 → 다이너마이트(dynamite)

다이나믹 → 다이내믹(dynamic)

다이내믹하다(dynamic-) → 생동적이다(生動的-), 역동적이다(力動的-)[순]

다이믈러, 고틀리프 → 다임러, 고틀리프(Daimler, Gottlieb)

다이버(diver) → 잠수부(潛水夫)[순]

다이아그램 → 다이어그램(diagram)

다이아나(Diana) → ① 다이애나(영)

② 디아나(루마, 이탈)
다이아리 → 다이어리(diary)
다이아먼드 → 다이아몬드(diamond)
다이아몬드(diamond) → 금강석(金剛石)[순]
다이알(ダイヤル) → 글자판(-字板), 다이얼(dial), 번호판(番號板), 시간표(時間表)[순]
다이알로그 → 다이얼로그(dialogue)
다이애너 → 다이애나(Diana)
다이야(タイア) → 바퀴, 타이어(tire)[순]
다이야(ダイヤ) → 금강석(金剛石), 다이아몬드(diamond)[순]
다이야몬드 → 다이아몬드(diamond)
다이어그램(diagram) → ① 도표(圖表) ② 시간표(時間表), 열차 시간표(列車-), 열차 운행표(-運行表), 운행표[순]
다이어리(diary) → ① 일기장(日記帳) ② 비망록(備忘錄)[순]
다이어먼드 → 다이아몬드(diamond)
다이어트(diet) → 덜 먹기, 식이 요법(食餌療法)[순]
다정이(多情-) → 다정히
다종(茶鍾) — 찻종(-鍾) — 찻종지[복]
다중(多衆) → 뭇사람[순]
다질르다 → 다지르다
다짜곳짜 → 다짜고짜
다채로와(多彩-) → 다채로워
다카마츠 → 다카마쓰(たかまつ, 高松)
다쿠안(たくあん) → 단무지[순]
다큐먼트 → 도큐멘트(document)
다큐멘타리 → 다큐멘터리(documentary)
다큐멘터리(documentary) → 기록 영화(記錄映畫)[순]
다큐멘터리 드라마(documentary drama) → 기록극(記錄劇)[순]
다큐멘테이션 → 도큐멘테이션(documenntation)
다크서클(dark circle) → 눈그늘[순]
다크 투어리즘(dark tourism) → 역사 교훈 여행(歷史敎訓旅行)[순]
다크호스(dark horse) → 복병(伏兵)[순]
다포집(多包-) → 다폿집
다행스런(多幸-) → 다행스러운
다행이(多幸-) → 다행히
다후다 → 태피터(taffeta)
다훗다 → 태피터(taffeta)
닥다 → 닦다
닥달질 → 닦달질
닥달하다 → 닦달하다
닥상이다(たくさん-) → 넉넉하다, 제격이다(-格-), 충분하다(充分-)[순]
닥아가다 → 다가가다
닥아놓다 → 다가놓다
닥아들다 → 다가들다
닥아붙다 → 다가붙다
닥아서다 → 다가서다
닥아앉다 → 다가앉다
닥아오다 → 다가오다
닥터(doctor) → ① 의사(醫師) ② 박사(博士)[순]
닥터 피쉬 → 닥터 피시(doctor fish)
닥트 → 덕트(duct)
닥트린 → 독트린(doctrine)

단(但) → 그러나, 다만囹

단가(たんか) → 담가(擔架), 들것

단간마루(單間-) → 단칸마루

단간방(單間房) → 단칸방

단간살림(單間-) → 단칸살림

단간살이(單間-) → 단칸살이

단간집(單間-) → 단칸집

단간짜리(單間-) → 단칸짜리

단견(短見) → 좁은 소견(-所見), 좁은
  의견(-意見)囹

단계적으로(段階的-) → 차례차례(次例
  次例)囹

단곽식(單槨式) → 외널식囹

단군능(檀君陵) → 단군릉

단귀(短句) → 단구

단금질 → ① 단근질 ② 담금질
  * 단근질: 불에 달군 쇠로 몸을 지지는 일.
    늑낙형.
  * 담금질: ① 고온으로 열처리한 금속 재료
    를 물이나 기름 속에 담가 식히는 일.
    ② 부단하게 훈련을 시킴을 비유적으로 이
    르는 말. ③ 낚시를 물에 담갔다가 건졌다
    가 하는 일.

단기(短期) → 짧은 기간(-期間)囹

단까(たんか) → 담가(擔架), 들것

단꺼번에 → 한꺼번에

단단이 → 단단히

단도리(だんどり) → 단속(團束), 채비囹,
  마무리, 뒷단속, 순서(順序), 절차(節
  次), 준비(準備)

단독으로(單獨-) → 혼자서, 홀로囹

단동나기(單-) → 단동내기

단동내기(單-) — 단동치기囻

단동무늬(單-)(윷판) → 단동무니

단메 → 단메(短袂)

단명귀(短命句) → 단명구

단무우 → 단무

단밖에 → 단박에

단발(短髮) → 짧은 머리囹

단발마 → 단말마(斷末摩)

단색(單色) → 한 가지 색, 한 색囹

단선률(單旋律) → 단선율

단속것 → 단속곳

단순이(單純-) → 단순히

단스(たんす) → 옷장(-欌), 장롱(欌籠)

단시일(短時日) → 짧은 날짜囹

단신(短身) → 작은 키囹

단신(單身) → 혼자, 홀몸囹

단언컨데(斷言-) → 단언컨대

단언코 → 단연코(斷然-)

단연컨대 → 단언컨대(斷言-)

단연컨데 → 단언컨대(斷言-)

단열 재료(斷熱材料) → 열막이거리(熱
  -)囹

단오날(端午-) → 단옷날

단장(短杖) → 지팡이, 짧은 지팡이囹

단적으로(端的-) → 한마디로囹

단절하다(斷絕-) → 관계를 끊다(關係
  -), 끊다囹

단점(短點) → 나쁜 점, 부족한 점(不足
  -)囹

단정이(端正-) → 단정히

단조로와(單調-) → 단조로워

단조로히(單調-) → 단조로이

단지(但只) → 겨우, 오직囹

단지(團地) → 구역(區域), 지구(地區), 지역(地域)㈜

단찌히 → 단치히(Danzig)

단차(段差) → 고저 차(高低差), 높낮이, 높낮이 차이(-差異), 높이 차이㈜

단촐하다 → 단출하다

단추구멍 → 단춧구멍

단축시키다(短縮-) → 단축하다

단팟죽(-粥) → 단팥죽

단풍나무과(丹楓-科) → 단풍나뭇과

단풍이 물들었다(丹楓-) → 단풍이 들었다

단합(團合) → 뭉침㈜

단호이(斷乎-) → 단호히

단화(短靴) → 구두㈜

닫혀져 있다 → 닫혀 있다

닫혀졌다 → 닫혔다

닫혀지는 → 닫히는

닫혀지다 → 닫히다

닫혀진 → 닫힌

달가락 → 달그락

달가락달가락 → 달그락달그락

달걀 껍질 → 달걀 껍데기

달걀붙임 → 달걀부침

달걸이 → 달거리

달구대 → 달굿대

달그다 → 달구다

달달이 → 다달이

달달하다 → 달콤하다

달디단 → 다디단

달디달게 → 다디달게

달디달다 → 다디달다

달디달은 → 다디단

달라 → 달러(dollar)

달라스 → 댈러스(Dallas)

달려져 있다 → 달려 있다

달려졌다 → 달렸다

달려지는 → 달리는

달려지다 → 달리다

달려진 → 달린

달르다[異] → 다르다

달른 → 다른

달리야 → 달리아(dahlia)

달마시안 → 달마티안(Dalmatian)

달마중 — 달맞이㈜

달마지 → 달맞이

달성율(達成率) → 달성률

달성하다(達成-) → 이루다, 이룩하다㈜

달세(-貰) → 월세(月貰)

달아올르다 → 달아오르다

달음[懸] → 닮

달작지근하다 → 달짝지근하다

달콤새콤하다 → 달콤새큼하다

달튼, 존 → 돌턴, 존(Dalton, John)

달팽이과(-科) → 달팽잇과

달하다(達-) → 이르다㈜

닭계장(-醬) → 닭개장

닭고기값 → 닭고깃값

닭고기국 → 닭고깃국

닭도리탕(-とり湯) → 닭볶음탕㈜

닭 벼슬 → 닭 볏

닭복음 → 닭볶음

닭알 → 달걀

닭의장(-欌) — 닭장㈜

닭이[蝨] → 닭니

닦음꼴 → 닦은꼴

담겨져 있다 → 담겨 있다

담겨졌다 → 담겼다

담겨지는 → 담기는

담겨지다 → 담기다

담겨지지 → 담기지

담겨진 → 담긴

담구다 → 담그다

담구어 → 담가

담군(擔-) → 담꾼

담궈 놓다 → 담가 놓다

담궈서 → 담가서

담궈야 → 담가야

담궜다 → 담갔다

담금질[烙刑] → 단근질 ['단금질' 주 참조]

담낭(膽囊) → 쓸개㈜

담뇨(毯-) → 담요

담담이(淡淡-) → 담담히

담람색(淡藍色) → 담남색

담록색(淡綠色) → 담녹색

담박에 → 단박에

담배갑(-匣) → 담뱃갑

담배값 → 담뱃값

담배 개피 → 담배 개비

담배곽 → 담뱃갑(-匣)

담배꼬투리 → 담배꽁초

담배꽁추 → 담배꽁초

담배꽁치 → 담배꽁초

담배대 → 담뱃대

담배불 → 담뱃불

담배세(-稅) → 담뱃세

담배순(-筍) → 담뱃순

담배잎 → 담뱃잎

담배재 → 담뱃재

담배재떨이 → 담뱃재떨이

담배진(-津) → 담뱃진

담배집 → 담뱃집

담배 피다 → 담배 피우다

담백질 → 단백질(蛋白質)

담뱃가루 → 담배 가루

담뱃곽 → 담뱃갑(-匣)

담뱃꽁초 → 담배꽁초

담뱃내 → 담배 내

담뱃재떨이 — 재떨이㈐

담뱃질 → 담배질

담뱃치기 → 담배치기

담뱃칼 → 담배칼

담뱃통(-桶) → 담배통

담벽(-壁) → 담벼락

담보(擔保) → 잡음㈜

담보루(だんボール) → 골판지(-板紙)

담북 → 담뿍

담뿍히 → 담뿍이

담수(淡水) → 민물㈜

담수어(淡水魚) → 민물고기㈜

담싹 → 답삭

담아 붇다 → 담아 붓다

담장이 → 담쟁이

담쟁이덩쿨 → 담쟁이넝쿨, 담쟁이덩굴

담즙(膽汁) → 쓸개즙㈜

담타기 — 덤터기㈐

담합하다(談合-) → 짬짜미하다㈜

담화(談話) → 이야기㈜

담흙빛 → 담흑빛(淡黑 −)

답(畓) → 논㊀

답난(答欄) → 답란

답답이 → 답답히

답답잖다 → 답답잖다

답답찮다 → 답답잖다

답답챦다 → 답답잖다

답답치 않다 → 답답지 않다

답변(答辯) → 대답(對答)㊀

답보(踏步) → 제자리, 제자리걸음㊀

답사(踏査) → 실제 조사(實際調査), 현지
    조사(現地 −)㊀

답사길(踏査 −) → 답삿길

답신(答申) → 대답(對答)㊀

답지하다(遝至 −) → 잇달아 들어오다㊀

닷새날 → 닷샛날

닷새채 → 닷새째

닷자곳자 → 다짜고짜

닷줄 → 닻줄

당(當) → 우리㊀

당가(たんか) → 담가(擔架), 들것

당가미줄 → 당감잇줄

당간지주(幢竿支柱) → 당간버팀돌㊀

당금질 → ① 단근질 ② 담금질 ['단금질'
    주 참조]

당까(たんか) → 담가(擔架), 들것

당꼬바지(だんこう −) → 홀쭉이바지㊀

당년(當年) → 그해, 올해㊀

당당이(堂堂 −) → 당당히

당부하다(當付 −) → 부탁하다(付託 −)㊀

당분간(當分間) → 얼마 동안㊀

당연이(當然 −) → 당연히

당연히(當然 −) → 마땅히㊀

당요병(糖尿病) → 당뇨병

당월(當月) → 그달, 이달㊀

당일(當日) → 그날㊀

당장(當場) → 곧, 바로, 지금(只今)㊀

당장이라도(當場 −) → 당장에라도

당직이(堂 −) → 당지기

당차련(唐 −) → 당채련

당착(撞着) → 앞뒤 안 맞음㊀

당채 → 당최

당챦다(當 −) → 당찮다

당체 → 당최

당초(當初) → 맨 처음, 애초㊀

당초문(唐草紋) → 당초무늬, 덩굴무
    늬㊀

당쵀 → 당최

당췌 → 당최

당해(當該) → 그㊀, 해당(該當)

당해년도(當該年度) → 당해 연도

당혹(當惑) → 당황(唐慌/唐惶)㊀

닿으락말락 → 닿을락말락

대가지 → 댓가지

대가집(大家 −) → 대갓집

대각선(對角線) → 맞모금㊀

대갈배기 → 대갈빼기

대갈패기 → 대갈빼기

대갚다(對 −) → 대갚음하다

대개(大槪) → 거의㊀

대개비 → 댓개비

대거(大擧) → 많이, 한꺼번에㊀

대걸레 − 밀걸레 − 자루걸레㊀

대검(大劍) → 큰 칼㊀

대게 → 대개(大槪)

* 대게: 물맞이겟과의 하나. 등딱지의 길이는 22cm 정도이며, 갑각의 가장자리에 작은 가시가 있고 등면에는 돌기가 있다. 우리나라에서 나는 게 가운데 가장 크며 맛이 좋다. 한국 동해안과 일본, 알래스카 등지에 분포한다. 늑바다참게. (국립국어원 답변) '대게' 표준 발음은 [대게]로, 여기서 '대'는 짧은 소리가 맞습니다. '대게'의 발음에 대해 여러 번 문제가 제기되어 그에 대해 재검토한 결과, '대게'의 '대'가 '큰 대'의 긴 소리가 아니라 '대나무 대'의 짧은 소리임을 확인하고, 재심의를 거쳐 '대게'의 표준 발음을 [대:게]에서 [대게]로 수정하였습니다.

* 대개(大槪): ① 절반이 훨씬 넘어 전체량에 거의 가까운 정도의 수효나 분량. =대부분. ② 자세하지 않은, 기본적인 부분만을 따 낸 줄거리. =대강. ③ 일반적인 경우에. 늑대부분.

대결(對決) → 겨루기, 맞서기㊞

대경질색 → 대경실색(大驚失色)

대고리 → 댓고리

대과(大過) → 큰 잘못, 큰 허물㊞

대관(對官) → 관공서 상대(官公署相對)㊞

대구국(大口-) → 대굿국

대구멍 → 댓구멍

대구지리(大口チリ) → 대구맑은탕(-湯), 대구싱건탕

대국민(對國民) → 국민에 대한㊞

대귀(對句) → 대구

대그루루 → 대구루루

대그르르 → 대구루루

대금(代金) → 값, 돈㊞

대금업(貸金業) → 돈놀이㊞

대기실(待機室) → 기다림방(-房)㊞

대기하다(待機-) → 기다리다㊞

대길이다(大吉-) → 매우 좋다, 아주 좋다㊞

대꺼리(① 對- ② 代-) → 대거리

대꾸 — 말대꾸㊙

대내·외(對內外) → 대내외

대노(大怒) → 대로

대단원의 막이 올랐다(大團圓-幕-) → 대단원의 막이 내렸다

대단이 → 대단히

대단챦다 → 대단찮다

대단히 → 매우, 아주㊞

대닭 → 댓닭

대도(大盜) → 큰 도둑㊞

대독(代讀) → 대신 읽음(代身-)㊞

대돌(臺-) → 댓돌

대동소이하다(大同小異-) → 거의 같다㊞

대동하고(帶同-) → ~와 더불어, ~을 데리고, 함께㊞

대두(大豆) → 콩㊞

대두박(大豆粕) → 콩깻묵

대두유(大豆油) → 콩기름㊞

대두하다(擡頭-) → 고개 들다, 나타나다㊞

대들으니 → 대드니

대등(對等) → 비슷한㊞

대따 → 들입다, 딥다

대량(大量) → 많은 양㊞

대로(大路) → 큰길㊞

대리다 → ① 다리다 ② 달이다

 * 다리다: 옷이나 천 따위의 주름이나 구김을 펴고 줄을 세우기 위하여 다리미나 인두로 문지르다.
 * 달이다: ① 액체 따위를 끓여서 진하게 만들다. ② 약재 따위에 물을 부어 우러나도록 끓이다.

대리미 → 다리미

대림질 → 다림질

대마(大麻) → 삼[순]

대마초(大麻草) → 삼[순]

대면대면하다 → 데면데면하다

대명율(大明律) → 대명률

대미(大尾) → 맨 끝[순]

대미지(damage) → 손상(損傷), 손해(損害), 충격(衝擊)[순]

대바람에 → 댓바람에

대번 — 대번에[복]

대별하다(大別-) → 크게 나누다[순]

대부하다(貸付-) → 빌려 주다[순]

대비(對比) → 견줌[순]

대비(對備) → 준비(準備)[순]

대빨 → 댓 발

대빵(てっぱん) → ① 대장(大將), 우두머리, 최고(最高) ② 매우, 무척

대사(大事) → 중요한 일(重要-), 큰일[순]

대서하다(代書-) → 대리 작성하다(代理作成-), 대신 작성하다(代身-)[순]

대석(臺石) → 돌모루, 모룻돌, 받침돌[순]

대선(貸船) → 선박 임대(船舶賃貸)[순]

대설대 → 담배설대

대성(大聲) → 큰 소리[순]

대속[竹中] → 댓속

대수로히 → 대수로이

대수풀 → 대숲

대순(-筍) → 댓순

대쉬 → 대시(dash)

대시(dash) → ① 돌진(突進) ② 줄표(-標)(—)[순]

대싸리 → 댑싸리

대안(對岸) → 건너편(-便), 건너편 언덕[순]

대여하다(貸與-) → 빌려 주다[순]

대엿새날 → 대엿샛날

대왕능(大王陵) → 대왕릉

대외 문서(對外文書) → 외부용 문서(外部用-)[순]

대의어(對義語) — 반대말(反對-) — 반대어(反對語) — 반의어(反義語) — 상대어(相對語)[복]

대인배(大人輩) → 대인(大人)

대입예(代入例) → 대입례

대잎 → 댓잎

대자(大-) → 대짜

대자바기(大-) → 대짜배기

대자박이(大-) → 대짜배기

대자배기(大-) → 대짜배기

대자백이(大-) → 대짜배기

대자색(帶紫色) → 구리색

대장(臺帳) → 장부(帳簿)[순]

대장쟁이 → 대장장이

대저(大抵) → 무릇[순]

대절(貸切) → 전세(傳貰)[순]

대조각[竹] → 댓조각

대좌하다(對坐-) → 마주 앉다[순]

대줄기[竹] → 댓줄기
대중들(大衆-) → 대중
대중요법 → 대증요법(對症療法)
대지값(垈地-) → 대짓값
대지팽이 → 대지팡이
대진(-津) → 댓진
대질(對質) → 무릎맞춤㊀
대질르다 → 대지르다
대집 → 댓집
대짜바기(大-) → 대짜배기
대짜박이(大-) → 대짜배기
대청(大廳) → 큰마루㊀
대체(代替) → 바꿈㊀
대추나무골 → 대추나뭇골
대추빛 → 대춧빛
대출(貸出) → 빌림㊀
대출하다(貸出-) → 빌려 주다㊀
대치하다(對峙-) → 마주 버티다, 맞버
  티다㊀
대칭율(對稱率) → 대칭률
대퇴(大腿) → 넓적다리㊀
대패날 → 대팻날
대패밥 → 대팻밥
대패손 → 대팻손
대패집 → 대팻집
대포술 → 대폿술
대포잔(-盞) → 대폿잔
대포집 → 대폿집
대포차(大砲車) → 명의 도용 차량(名義
  盜用車輛)㊀
대포통장(大砲通帳) → 명의 도용 통장
  (名義盜用-)㊀

대포폰(大砲phone) → 명의 도용 휴대
  전화(名義盜用携帶電話)㊀
대폭(大幅) → 넓게, 많이, 크게㊀
대표값(代表-) → 대푯값
대하(大蝦) → 왕새우(王-), 큰새우㊀
대하젓(大蝦-) → 대하젓
대한 교연(大韓敎聯) → 대한 교련
대합실(待合室) → 기다리는 곳, 맞이방
  (-房)㊀
대행(代行) → 대신 행함(代身行-)㊀
대호(大壺) → 큰항아리(-缸-)㊀
댁대글 → 댁대굴
댁댁거리다 → 땍땍거리다
댁때굴 → 댁대굴
댁때글 → 댁대굴
댄디이즘 → 댄디즘(dandyism)
댄서(dancer) → 무용가(舞踊家), 무용수
  (舞踊手)㊀
댄스(dance) → 춤㊀
댄스 드레스(dance dress) → 무도복(舞
  蹈服)㊀
댄스홀(dance hall) → 무도장(舞蹈場)㊀
댄조(てんじよう) → 천장(天障)
댑따 → 딥다
댓가 → 대가(① 代價 ② 對價)
댓가비 → 댓개비
댓가치 → 댓개비
댓거리 → 대거리(① 對- ② 代-)
댓구 → 대구(對句)
댓귀 → 대구(對句)
댓길 → 대길(大吉)
댓님 → 대님

댓돌(臺-) — 툇돌[복]

댓병(-瓶) → 됫병

댓수 → 대수(臺數)

댓자리 → 대자리

댓쪽 → 대쪽

땡큐 → 생큐(thank you)

~더고만 → ~더구먼

~더고면 → ~더구먼

~더구만 → ~더구먼

~더구면 → ~더구먼

더그아웃(dugout) → 선수 대기석(選手 待期席)[순]

더글라스 → 더글러스(Douglas)

더깨 → 더께

더러와 → 더러워

더멀 → 서멀(thermal)

더모그래피 → 서모그래피(thermography)

더미스터 → 서미스터(thermistor)

더벅이 → 더버기

더벅지 → 더버기

더부룩히 → 더부룩이

더불유 → 더블유(W, w)

더블(double) → 갑절, 겹, 곱[순]

더블류 → 더블유(W, w)

더블리그 → 서블리그(therblig)

더블 캐스팅(double casting) → 이중 배역(二重配役)[순]

더블폴트(double fault) → 동시 반칙(同時反則), 두 번 실패(-番失敗)[순]

더블플레이(double play) → 병살(併殺)[순]

더블 히트(double hit) → 겹치기, 두 번 치기(-番-), 중복치기(重複-)[순]

더빙(dubbing) → 재녹음(再錄音), 재녹화(再錄畫)[순]

더뿌룩하다 → 더부룩하다

더우기 → 더욱이

더욱히 → 더욱이

더웁다 → 덥다

더 이상(-以上) → 더는, 이제는

더치페이(Dutch pay) → 각자 내기(各自-)[순]

더케 → 더께

더퍼리 → 더펄이

덕아웃 → 더그아웃(dogout)

덕은 콩 → 닦은 콩

덛거름 → 덧거름

덛널무덤 → 덧널무덤

덛무늬 → 덧무늬

덛문(-門) → 덧문

덛붙다 → 덧붙다

덛살 → 덧살

덛세우다 → 덧세우다

덛신 → 덧신

덛저고리 → 덧저고리

덛치다 → 더치다

덛히다 → 더치다

덜렁군 → 덜렁꾼

덤덤이 → 덤덤히

덤브링 → 텀블링(tumbling)

덤블링 → 텀블링(tumbling)

덤썩 → 덥석

덤연덤연하다 → 데면데면하다

덤태기 → 덤터기

덤탱이 → 덤터기

덤테기 → 덤터기

덤풀 → 덤불

덥개 → 덮개

덥밥 → 덮밥

덥썩 → 덥석

덥치다 → 덮치다

덥히다 → 데우다

* 덥히다: ① 몸에서 땀이 날 만큼 체온을
  높이다. '덥다'의 사동사. ② 사물의 온도
  를 높이다. '덥다'의 사동사. ③ 마음이나
  감정 따위를 푸근하고 흐뭇하게 하다.
* 데우다: 식었거나 찬 것을 덥게 하다.

덧개비 → 덧게비

덧글 → 댓글(對-)

덧니바기 → 덧니박이

덧니배기 → 덧니박이

덧니백이 → 덧니박이

덧부치다 → 덧붙이다

덧이[齒] → 덧니

덧이박이 → 덧니박이

덩굴채 → 덩굴째

덩그라니 → 덩그러니

덩그랗다 → 덩그렇다

덩그런히 → 덩그러니

덩그마니 → 덩그러니

덩그마하다 → 덩그맣다

덩그마한 → 덩그만

덩다라 → 덩달아

덩더쿵 → 덩더꿍

덩덕꿍 → 덩더꿍

덩덕쿵 → 덩더꿍

덩두렷히 → 덩두렷이

덩지 → 덩치

덩치값 → 덩칫값

덩쿨 → 넝쿨, 덩굴

덫걸이 → 덧걸이

덮게 → 덮개

덮여져 있다 → 덮여 있다

덮여졌다 → 덮였다

덮여지는 → 덮이는

덮여지다 → 덮이다

덮여진→ 덮인

덮혀져 있다 → 덮여 있다

덮혀졌다 → 덮였다

덮혀지는 → 덮이는

덮혀지다 → 덮이다

덮혀진→ 덮인

덮히다 → 덮이다

덮힌→ 덮인

데구르르 → 데구루루

데그르르 → 데구루루

데글데글 → 데굴데굴

데까당스 → 데카당스(décadence)

데까르프, 르네 → 데카르트, 르네
   (Descartes, René)

데까르트, 르네 → 데카르트, 르네
   (Descartes, René)

데깔꼬마니 → 데칼코마니(décalcomanie)

데꼬보꼬(でこぼこ) → 올록볼록, 요철
   (凹凸), 울퉁불퉁

데낄라 → 테킬라(tequila)

데드라인(deadline) → 기한(期限), 마감,
   최종 한계(最終限界), 한계선(限界線)㉤

데드마스크 → 데스마스크(death mask)

데땅뜨 → 데탕트(détente)

데리라 → 델릴라(Delilah)

데리버리 → 딜리버리(delivery)

데릴라 → 델릴라(Delilah)

데릴사위감 → 데릴사윗감

데모(demo) → 시위(示威), 시위 운동(-運動)㊦

데모데이(demoday) → 사전 행사일(事前行事日), 시범 행사일(示範-), 시연일(試演日), 시연회(試演會)

데모도(てもと) → 곁꾼, 보조공(補助工), 조공(助工), 조력공(助力工), 조수(助手), 허드레 일꾼

데모토(てもと) → 곁꾼, 보조공(補助工), 조공(助工), 조력공(助力工), 조수(助手)㊦, 허드레 일꾼

데몬스트레이션 → 데먼스트레이션(demonstration)

데미지 → 대미지(damage)

데뷔(début) → 등단(登壇), 등장(登場), 첫 등단, 첫 등장, 첫 무대(-舞臺)㊦

데뷰 → 데뷔(début)

데빵(てっぱん) → ① 대장(大將), 우두머리, 최고(最高) ② 매우, 무척

데뽀 → 데포(depot)

데생(dessin) → 소묘(素描)㊦

데스크(desk) → ① 부서장(部署長) ② 취재 책임자(取材責任者) ③ 책상(冊床)㊦

데스크탑 → 데스크톱(desktop)

데쌍 → 데생(dessin)

데쓰 → 데스(death)

데여 → 데어

데였다 → 데었다

데이다 → 데다

데이즈 → 데이스(days)

데이타 → 데이터(data)

데이타베이스 → 데이터베이스(database)

데이터(data) → 자료(資料), 정보 자료(情報-)㊦

데이터량(data量) → 데이터양

데이트(date) → 교제(交際), 만나다, 만남㊦

데인 → 덴

데인다 → 덴다

데임 → 뎀

데자부 → 데자뷔(déjà vu)

데자뷰 → 데자뷔(déjà vu)

데칼코마니(décalcomanie) → 전사법(轉寫法)㊦

데커레이션(decoration) → 장식(裝飾), 장식품(裝飾品)㊦

데코레이션 → 데커레이션(decoration)

데코레이숀 → 데커레이션(decoration)

데코보코(でこぼこ) → 올록볼록, 요철(凹凸), 울퉁불퉁㊦

데크 → 덱(deck)

데킬라 → 테킬라(tequila)

데탕트(détente) → 긴장 완화(緊張緩和)㊦

데포, 다니엘 → 디포, 대니얼(Defoe, Daniel)

덱(deck) → 평상(平床)㊦

덱데글 → 덱데굴

덱덱거리다 → 떽떽거리다

덱떼굴 → 덱데굴

덱떼글 → 덱데굴

덴마아크 → 덴마크(Denmark)

덴뿌라(てんぷら) → 튀김

덴조(てんじょう) → 천장(天障)

덴찌(でんち) → 손전등(－電燈)

덴치(でんち) → 손전등(－電燈)[순]

덴푸라(てんぷら) → 튀김

델라메어 → 데라메어(De la Mare)

델리키트 → 델리킷(delicate)

델리킷하다(delicate－) → 미묘하다(微妙－), 섬세하다(纖細－)[순]

델타(delta) → 삼각주(三角洲)[순]

뎀뿌라(てんぷら) → 튀김

뎁히다 → 데우다 ['덥히다' 주 참조]

뎃상 → 데생(dessin)

뎃생 → 데생(dessin)

뎃쌍 → 데생(dessin)

도가술(都家－) → 도갓술

도가집(都家－) → 도갓집

도갓집 → 도가(都家)

도강(渡江) → 강 건넘[순]

도검(刀劍) → 칼[순]

도괴하다(倒壞－) → 넘어지다[순]

도구(道具) → 연모, 연장[순]

도굴군(盜掘－) → 도굴꾼

도굴하다(盜掘－) → 몰래 파내다[순]

도금(鍍金) → 금 입히기, 입히기[순]

도급(都給) → 도맡음[순]

도기(陶器) → 질그릇[순]

도깨비시장(－市場) — 도떼기시장[복]

도꾸리(とくり) → 조막병(－瓶), 호리병

도꾸리(とっくり) → 자라목니트(－knit),

자라목셔츠(－shirt), 터틀넥(turtle neck)

도끼자루 → 도낏자루

도낀개낀 → 도긴개긴

도나개나 → 도나캐나

도나스 → 도넛(doughnut)

도나쓰 → 도넛(doughnut)

도나츠 → 도넛(doughnut)

도날드 → 도널드(Donald)

도너스 → 도넛(doughnut)

도너츠 → 도넛(doughnut)

도넛츠 → 도넛(doughnut)

도달율(到達率) → 도달률

도덕율(道德律) → 도덕률

도데체 → 도대체

도도록히 → 도도록이

도도이(① 陶陶－ ② 滔滔－) → 도도히

도두다 → 돋우다

도두라지다 → 도드라지다

도때기시장(－市場) → 도떼기시장

도라가다 → 돌아가다

도라무(ドラム) → 드럼(drum), 드럼통(－桶)[순]

도라무깡(ドラムかん) → 드럼통(drum桶)

도라이바(ドライバー) → 나사돌리개(螺絲－), 드라이버(driver)[순]

도라젓 — 또라젓[복]

도라젓 → 도라젓

도란스(トランス) → 변압기(變壓器), 트랜스(transformer)[순]

도랏쿠(トラック) → 짐차(－車), 트럭(truck), 화물 자동차(貨物自動車), 화

물차🔵

도래도래 → 오래오래

도래하다(到來-) → 닥치다, 오다, 이르다🔵

도로(徒勞) → 헛수고🔵

도로가(道路-) → 도롯가

도로래 → 도르래

도로목 → 도루묵

도로시 → 도러시(Dorothy)

도롱룡 → 도룡뇽

도롱용 → 도룡뇽

도료(塗料) → 칠(漆), 칠감🔵

도룡뇽 → 도룡뇽

도루(다시) → 도로

도르레 → 도르래

도리깨열 → 도리깻열

도리깨장부 → 도리깻장부

도리여 → 도리어

도리우치(とりうち) → 납작모자(-帽子), 캡(cap)🔵

도마도(トマト) → 토마토(tomato)

도마밥 → 도맛밥

도망군(逃亡-) → 도망꾼

도매값(都賣-) → 도맷값

도맷금 → 도매금(都賣金)

도메스틱 → 더메스틱(domestic)

도모하다(圖謀-) → 꾀하다🔵

도무지 — 도시(都是) — 도통(都統)🔲

도미과(-科) → 도밋과

도미국 → 도밋국

도미노(domino) → 연쇄 파급(連鎖波及), 파급🔵

도박(賭博) → 노름🔵

도박군(賭博-) → 도박꾼

도배쟁이(塗褙-) → 도배장이

도벌군(盜伐-) → 도벌꾼

도벨만 → 도베르만(Dobermann)

도벽(盜癖) → 훔치는 버릇🔵

도보로(徒步-) → 걸어서

도부군(到付-) → 도부꾼

도부길(到付-) → 도붓길

도부장사(到付-) → 도붓장사

도부장수(到付-) → 도붓장수

도비(とび) → 비계공(飛階工)

도비라(とびら) → 속표지(-表紙)🔵

도산직이(都山-) → 도산지기

도색(塗色) → 색칠(色漆)🔵

도선(渡船) → 나룻배🔵

도선장(渡船場) → 나루터🔵

도수(徒手) → 맨손🔵

도수 체조(徒手體操) → 맨손 체조

도스또예프스끼, 표도르 미하일로비치 → 도스토옙스키, 표도르 미하일로비치(Dostoevskii, Fyodor Mikhailovich)

도스또예프스키, 표도르 미하일로비치 → 도스토옙스키, 표도르 미하일로비치(Dostoevskii, Fyodor Mikhailovich)

도스토에프스키, 표도르 미하일로비치 → 도스토옙스키, 표도르 미하일로비치(Dostoevskii, Fyodor Mikhailovich)

도스토예프스키, 표도르 미하일로비치 → 도스토옙스키, 표도르 미하일로비치(Dostoevskii, Fyodor Mikhailovich)

도시(圖示) → 그려 보임, 그림으로 보

임⑥

도시화률(都市化率) → 도시화율

도아 → 도어(door)

도야지 → 돼지

도야하다(陶冶 -) → 갈다, 닦다⑥

도약(跳躍) → 뛰어오름⑥

도어(door) → 문(門)⑥

도어(刀魚) → 갈치

도어맨(doorman) → 안내인(案內人), 현
관 안내인(玄關 -)⑥

도어스테핑(doorstepping) → 약식 문답
(略式問答), 출근길 문답(出勤 -)⑥

도열하다(堵列 -) → 늘어서다⑥

도오쿄 → 도쿄(とうきょう, 東京)

도용하다(盜用 -) → 몰래 쓰다, 훔쳐 쓰
다⑥

도우넛 → 도넛(doughnut)

도움(dome) → 돔

도웁니다 → 돕습니다

도이쳐 → 도이처(Deutscher)

도이치란드 → 도이칠란트(Deutschland)

도이치란트 → 도이칠란트(Deutschland)

도이치랜드 → 도이칠란트(Deutschland)

도이치랜트 → 도이칠란트(Deutschland)

도이칠란드 → 도이칠란트(Deutschland)

도이칠랜드 → 도이칠란트(Deutschland)

도이칠랜트 → 도이칠란트(Deutschland)

도일, 아서 코난 → 도일, 아서 코넌
(Doyle, Arthur Conan)

도입하다(導入 -) → 들여오다⑥

도작(稻作) → 벼농사(-農事)⑥

도장(道場) → 도량

* 도장(道場): 무예를 닦는 곳.

* 도량(道場): 부처나 보살이 도를 얻는 곳.
또는, 도를 얻으려고 수행하는 곳. 여러
가지로 뜻이 바뀌어, 불도를 수행하는 절
이나 승려들이 모인 곳을 이르기도 한다.
늑법굴.

도장 공사(塗裝工事) → 도색 공사(塗色
-), 칠 공사(漆 -)⑥

도장하다(塗裝 -) → 칠하다(漆 -)⑥

도저이(到底 -) → 도저히

도정(道程) → 가는 길⑥

도정(搗精) → 방아찧기⑥

도정 공장(搗精工場) → 방앗간(-間)⑥

도주하다(逃走 -) → 달아나다⑥

도지게 → 도지개

도지돈(賭地 -) → 도짓돈

도지소(賭地 -) → 도짓소

도찐개찐 → 도긴개긴

도처에(到處 -) → 곳곳에, 이르는 곳마다

도출하다(導出 -) → 이끌어 내다, 찾아
내다⑥

도쿠리(とくり) → ① 긴 목 셔츠(-shirt)
② 조막병(-瓶)⑥, 호리병

도큐멘터리 → 다큐멘터리(documentary)

도크 → 독(dock)

도킹하다(docking -) → 만나다⑥

도탄(塗炭) → 몹시 어려움⑥

도트(dot) → 물방울무늬⑥

도포제(塗布劑) → 바르는 약(-藥)⑥

도포하다(塗布 -) → 바르다⑥

도표(圖表) → 그림표⑥

도하하다(渡河 -) → 물 건너다, 물을 건
너다⑥

도합(都合) → 모두, 합계(合計)순

도화빛(桃花-) → 도홧빛

독(dock) → 뱃도랑순

독(dog) → 도그

독개스(毒-) → 독가스(-gas)

독거(獨居) → 홀로 삶순

독거노인(獨居老人) → 홀로 노인, 홀로 사는 노인, 홀몸 노인순

독거 수용(獨居收容) → 독방 수용(獨房 -)순

독고노인 → 독거노인(獨居老人)

독고다이(とっこうたい) → ① 특공대(特攻隊)순 ② 나홀로족(-族), 단독 범행(單獨犯行), 단독 행동(-行動), 독불장군(獨不將軍), 떠돌이

독꾸리(とくり) → 조막병(-瓶), 호리병

독꾸리(とっくり) → 자라목니트(-knit), 자라목셔츠(-shirt), 터틀넥(turtleneck)

독농가(篤農家) → 모범 농가(模範-), 모범 농부(-農夫)순

독대[罩網] → 반두

독려하다(督勵-) → 장려하다(奬勵-)순

독력으로(獨力-) → 혼자 힘으로순

독방(獨房) → 혼잣방순

독보(櫝褓) ― 신주보(神主褓)복

독수리과(禿-科) → 독수릿과

독용(毒龍) → 독룡

독이[毒牙] → 독니

독자난(讀者欄) → 독자란

독장치다(獨場-) ― 독판치다복

독점(獨占) → 독차지순

독직(瀆職) → 직무상 부정행위(職務上不

正行爲)순

독크 → 독(dock)

독킹 → 도킹(docking)

돈가스(豚カツ) → 포크커틀릿(pork cutlet)

돈까스(豚カツ) → 포크커틀릿(pork cutlet)

돈까쓰(豚カツ) → 포크커틀릿(pork cutlet)

돈께나 있다고 → 돈깨나 있다고

돈꾸러미 → 돈꿰미

돈나물 → 돌나물

돈 놀 분 → 돈 놓을 분

돈놀이군 → 돈놀이꾼

돈놀잇군 → 돈놀이꾼

돈독이(敦篤-) → 돈독히

돈령(敦寧) → 돈녕

돈사(豚舍) → 돼지우리순

돈육(豚肉) → 돼지고기순

돈을 송금하다(-送金-) → 돈을 보내다, 송금하다

돈죠반니 → 돈조반니(Don Giovanni)

돈 주안(Don Juan) → ① 돈 후안(에) ② 동 쥐앙(프)

돈 주앙(Don Juan) → ① 돈 후안(에) ② 동 쥐앙(프)

돈중(무게 단위) → 돈쭝

돈 쥬앙(Don Juan) → ① 돈 후안(에) ② 동 쥐앙)(프)

돈쭐 → 돈줄

돈카츠(豚カツ) → 포크커틀릿(pork cutlet)

돈 후앙(Don Juan) → ① 돈 후안(에)
　② 동 쥐앙(프)
돋나물 → 돌나물
돋바늘 → 돗바늘
돋아올르다 → 돋아오르다
돋우뛰다 → 도두뛰다
돋우보다 → 도두보다
돋자리 → 돗자리
돋히다(가시, 날개, 뿔, 소름) → 돋치다
돌고래과(-科) → 돌고랫과
돌라앉다 — 둘러앉다별
　* 돌라앉다: 여럿이 동그랗게 앉다.
　* 둘러앉다: 여럿이 둥그렇게 앉다.
돌려맞추다 → 돌라맞추다
돌르다 → 도르다
돌림빵 → 돌림방
돌맹이 → 돌멩이
돌미력 → 돌미륵(-彌勒)
돌발(突發) → 갑자기 일어남순
돌배개 → 돌베개
돌배게 → 돌베개
돌베게 → 돌베개
돌뿌리 → 돌부리
돌아갈래야 → 돌아가려야
돌아갈려고 → 돌아가려고
돌아갈려야 → 돌아가려야
돌아누어 → 돌아누워
돌아올래야 → 돌아오려야
돌아올려고 → 돌아오려고
돌아올려야 → 돌아오려야
돌연이(突然-) → 돌연히
돌자갈 → 자갈

돌자갈밭 → 자갈밭
돌장이웃 → 돌쟁이웃
돌쟁이 → 돌장이
　* 돌쟁이: 첫돌이 된 아이. 또는 그만한 시
　기의 아이. 늑돌잡이, 돌짜리.
　* 돌장이: 돌을 다루어 물건을 만드는 사람.
　=석수.
돌저귀 → 돌쩌귀
돌짜귀 → 돌쩌귀
돌튼, 존 → 돌턴, 존(Dalton, John)
돌파리 → 돌팔이
돌파하다(突破-) → 깨뜨리다, 넘어서
　다, 뚫고 나가다순
돌하루방 → 돌하르방
돐 → 돌
돐맞이 → 돌맞이
돐 사진(-寫眞) → 돌 사진
돐옷 → 돌옷
돐잔치 → 돌잔치
돕바(トッパー) → 반코트(半coat), 외투
　(外套), 토퍼(topper)
돕빠(トッパー) → 반코트(半coat), 외투
　(外套), 토퍼(topper)
돕슨단위(-單位) → 도브슨단위(Dobson
　-)
돗 → ① 돗자리 ② 돛
돗구다 → 돋구다
돗나물 → 돌나물
돗단배 → 돛단배
돗대 → 돛대
돗대기시장(-市場) → 도떼기시장
돗데기시장(-市場) → 도떼기시장

돗때기시장(-市場) → 도떼기시장

돗떼기시장(-市場) → 도떼기시장

돗보기 → 돋보기

돗보다 → 돋보다

돗보이다 → 돋보이다

돗수 → 도수(度數)

돗트 → 도트(dot)

돗파(トッパー) → 반코트(半coat), 토퍼 (topper)[순], 외투(外套)

동(同) → 같은[순]

동거동락 → 동고동락(同苦同樂)

동거하다(同居-) → 같이 살다[순]

동계(同系) → 같은 계열(-系列)[순]

동계(冬季) → 겨울철[순], 겨울

동공(瞳孔) → 눈동자(-瞳子)[순]

동구(東歐) → 동유럽(東Europe)

동구(東歐) ― 동구라파(東歐羅巴)[복]

동구능(東九陵) → 동구릉

동구라미 → 동그라미

동그라네 ― 동그랗네[복]

동그랍니다 → 동그랗습니다

동글라미 → 동그라미

동기(同期) → 같은 기, 같은 기간(-期 間)[순]

동까스(豚カツ) → 포크커틀릿(pork cutlet)

동난(動亂) → 동란

동냥군 → 동냥꾼

동냥젓 → 동냥젖

동네집(洞-) → 동넷집

동녁(東-) → 동녘

동년(同年) → 같은 해[순]

동당이치다 → 동댕이치다

동동걸음 ― 종종걸음[복]

동령(東寧) → 동녕

동면(冬眠) → 겨울잠[순]

동명왕능(東明王陵) → 동명왕릉

동반하다(同伴-) → 함께 가다, 함께 오 다[순]

동백림(東伯林) → 동베를린(東Berlin)

동법(同法) → ① 같은 방법(-方法) ② 같은 법 ③ 같은 수법(-手法)[순]

동병상린 → 동병상련(同病相憐)

동복(冬服) → 겨울옷[순]

동상(同上) → 위와 같음[순]

동선(銅線) → 구리선[순]

동승하다(同乘-) → 같이 타다, 함께 타 다[순]

동시에(同時-) → 같은 때에, 같은 시간 에(-時間-), 아울러[순]

동·식물(動植物) → 동식물

동앗줄 → 동아줄

동양난(東洋蘭) → 동양란

동여메다 → 동여매다

동연배(同年輩) → 동년배

동요(動搖) → 흔들림[순]

동원하여(動員-) → 들여서[순]

동월(同月) → 같은 달

동율(同率) → 동률

동일(同日) → 같은 날, 그날[순]

동일시하게 여기다(同一視-) → 동일시 하다, 동일하게 여기다

동일한(同一-) → 같은[순]

동자개과(-科) → 동자갯과

동자기둥(童子-) — 쪼구미[복]

동저고릿바람 → 동저고리 바람

동절기(冬節期) → 겨울철[순]

동정(動靜) → ① 움직임 ② 형편(形便)[순]

동조(同條) → 같은 조

동조하다(同調-) → 따르다, 편들다(便-)[순]

동지날(冬至-) → 동짓날

동지달(冬至-) → 동짓달

동지섯달(冬至-) → 동지섣달

동짓점 → 동지점(冬至點)

동짓죽 → 동지죽(冬至粥)

동참하다(同參-) → 함께 참여하다(-參與-)[순]

동체(胴體) → 몸통[순]

동측(東側) → 동쪽

동치미국 → 동치밋국

동침이 → 동치미

동키호테 → 돈키호테(Don Quixote)

동태국 → 동탯국(凍太-)

동토(凍土) → 언 땅[순]

동틀 녁 → 동틀 녘

동파[冬葱] → 움파

동파되다(凍破-) → 얼어 터지다[순]

동편(東便) → 동쪽

동항(同項) → 같은 항

동향(動向) → 움직임새[순]

돛을 올리다[出港](희망의~) → 닻을 올리다

돼겠다 → 되겠다

돼고 → 되고

돼지감자 — 뚱딴지[복]

돼지고기값 → 돼지고깃값

돼지고기집 → 돼지고깃집

돼지국 → 돼짓국

돼지 껍데기 → 돼지 껍질

돼지도 않는 → 되지도 않는

돼지비게 → 돼지비계

됀 → 된

됀다 → 된다

됄 수 있다 → 될 수 있다

됍니다 → 됩니다

되갚다 → 대갚음하다(對-)

 * 되갚다: 남에게 품게 된 원한 따위를 그 사람에게 그만큼으로 되돌려주다.

 * 대갚음하다(對-): 남에게 입은 은혜나 남에게 당한 원한을 잊지 않고 그대로 갚다.

되갚음 → 대갚음(對-)

되게 — 되우 — 된통[복]

되나캐나 → 도나캐나

되뇌여 → 되뇌어

되뇌였다 → 되뇌었다

되뇌이는 → 되뇌는

되뇌이다 → 되뇌다

되뇌임 → 되뇜

되도 → 돼도

되돌이표(-標) → 도돌이표(♭, ♯, D.C., D.S.)

되되히 → 되되이

되라 → 돼라, 되어라

되려 → 되레

되먹지 못하다 → 돼먹지 못하다

되먹지 않다 → 돼먹지 않다

되므로써 → 됨으로써

되바가지 → 됫박
되박질 → 됫박질
되박집 → 됫박집
되밥 → 됫밥
되 버리다 → 돼 버리다, 되어 버리다
되병(-瓶) → 됫병
되색임 → 되새김
되색임질 → 되새김질
되서야 → 돼서야, 되어서야
되술 → 됫술
되야 → 돼야, 되어야
되어져야 → 되어야
되여야 → 되어야
되쟎아 → 되잖아
되지퍼가다 → 되짚어가다
되직히 → 되직이
되집다 → 되짚다
되집어가다 → 되짚어가다
된장찌게(-醬-) → 된장찌개
될랴야 → 되려야
될런지 → 될는지
될려고 → 되려고
될려야 → 되려야
될수록 → 되도록
됫바가지 → 됫박
됬다 → 됐다, 되었다
됬어 → 됐어, 되었어
됬으면 → 됐으면, 되었으면
두 갑절 → 갑절
두개골(頭蓋骨) → 머리뼈㊙
두견이과(杜鵑-科) → 두견잇과
두구두구 → 두고두고

두꺼운(목, 팔뚝) → 굵은
두꺼웁다 → 두껍다
두껍[頭匣/頭甲] → 두겁
두껍다지 → 두껍닫이
두껍창(-窓) → 두껍닫이
두더쥐 → 두더지
두더지과(-科) → 두더짓과
두동무늬(윷판) → 두동무니
두동무니 - 두동사니㊙
두두룩히 → 두두룩이
두둑히 → 두둑이
두드레기 → 두드러기
두드룩이 → 두두룩이
두드룩하다 → 두두룩하다
두드룩히 → 두두룩이
두들어진 → 두드러진
두래박 → 두레박
두렁허리 → 드렁허리
두레날 → 두렛날
두레논 → 두렛논
두레일 → 두렛일
두렛군 → 두레꾼
두려와 → 두려워
두렵쟎다 → 두렵잖다
두렵챦다 → 두렵잖다
두렵챦다 → 두렵잖다
두루막 → 두루마기
두루막이 → 두루마기
두루말이 → 두루마리
두루매기 → 두루마기
두루몽술하다 → 두루뭉술하다
두루몽실하다 → 두루뭉술하다

두루뭉술하다 — 두리뭉실하다囲

* 두루뭉술하다: ① 모나거나 튀지 않고 둥
그스름하다. ② 말이나 행동 따위가 철저
하거나 분명하지 아니하다.
* 두리뭉실하다: ① 특별히 모나거나 튀지
않고 둥그스름하다. ② 말이나 태도 따위
가 확실하거나 분명하지 아니하다.

두루뭉슬하다 → 두루뭉술하다

두루뭉실하다 → 두루뭉술하다

두루미과(-科) → 두루밋과

두릅나무 → 두릅나무

두리몽슬하다 → 두리뭉실하다

두리몽실하다 → 두리뭉실하다

두리뭉수리 → 두루뭉수리

두리뭉술하다 → 두루뭉술하다

두리뭉슬하다 → 두리뭉실하다

두릿두릿하다 → 두리두리하다

두메구석 → 두멧구석

두메길 → 두멧길

두메놈 → 두멧놈

두메사람 → 두멧사람

두메집 → 두멧집

두발(頭髮) → 머리, 머리카락, 머리털囲

두부(頭部) → 머리囲

두부국(豆腐-) → 두붓국

두부물(豆腐-) → 두붓물

두부자루(豆腐-) → 두붓자루

두부졸임(豆腐-) → 두부조림
　['조리다' 주 참조]

두부집(豆腐-) → 두붓집

두부찌게(豆腐-) → 두부찌개

두붓모 → 두부모(豆腐-)

두붓보 → 두부보(豆腐褓)

두붓살 → 두부살(豆腐-)

두붓점 → 두부점(豆腐點)

두브체크, 알렉산드르 → 둡체크, 알렉
산드르(Dubček, Alexander)

두서(頭緖) → 갈피, 차례(次例)囲

두서넛째 → 두서너째

두세네 → 두서너

두셋째 → 두세째

두엄칸 → 두엄간(-間)

두엣 → 듀엣(duet)

두유(豆油) → 콩기름囲

두절되다(杜絶-) → 끊기다, 끊어지
다囲

두주[∅] → 뒤주

두째 → 둘째

두쨋날 → 둘째 날

두쨋번(-番) → 둘째 번

두터히 → 두터이

두통꺼리(頭痛-) → 두통거리

둔덩 → 두덩

둔부(臀部) → 궁둥이, 엉덩이囲

둔화되다(鈍化-) → 둔해지다, 무디어
지다囲

둘래둘래 → 둘레둘레

둘러리 → 들러리

둘러붙이다 → 둘러치다

둘러쌓여 → 둘러싸여

둘러쌓이다 → 둘러싸이다

둘러쌓인 → 둘러싸인

둘러처지다 → 둘러쳐지다

둘려져 있다 → 둘려 있다

둘려졌다 → 둘렸다

둘려지는 → 둘리는
둘려지다 → 둘리다
둘려진 → 둘린
둘르고 → 두르고
둘르다 → 두르다
둘르며 → 두르며
둘른다 → 두른다
둘셋 → 두셋
둘째순(-筍) → 둘쨋순
둘쨋날 → 둘째 날
둘쨋번(-番) → 둘째 번
둘쨋집 → 둘째 집
둘처메다 → 둘러메다
둘처업다 → 둘러업다
둘쳐메다 → 둘러메다
둘쳐업다 → 둘러업다
둠벙 → 웅덩이
둥굴둥굴하다 → 둥글둥글하다
둥굴래 → 둥굴레
둥굴래차 → 둥굴레차
둥굿히 → 둥굿이
둥그렇네 → 둥그러네
둥그레지다 → 둥그래지다
둥그스럼하다 → 둥그스름하다
둥근파 → 양파(洋-)
둥글넙적하다 → 둥글넓적하다
둥글대 → 둥굴대
둥글레 → 둥굴레
둥글레차 → 둥굴레차
둥글으니 → 둥그니
둥글은 → 둥근
둥글음 → 둥긂

둥긋히 → 둥긋이
뒝박 → 뒤웅박
뒤가락 → 뒷가락
뒤가르마 → 뒷가르마
뒤가리개 → 뒷가리개
뒤가슴 → 뒷가슴
뒤가지 → 뒷가지
뒤간(-間) → 뒷간
뒤갈망 → 뒷갈망
뒤갈무리 → 뒷갈무리
뒤갈이 → 뒷갈이
뒤감당(-堪當) → 뒷감당
뒤개(윷판) → 뒷개
뒤개다 → 포개다
뒤개울 → 뒷개울
뒤거래(-去來) → 뒷거래
뒤거름 → 뒷거름
뒤거리 → 뒷거리
뒤거울 → 뒷거울
뒤걱정 → 뒷걱정
뒤걸(윷판) → 뒷걸
뒤걸음 → 뒷걸음
뒤걸음질 → 뒷걸음질
뒤곁 → 뒤꼍
뒤계단(-階段) → 뒷계단
뒤고개 → 뒷고개
뒤고기 → 뒷고기
뒤골 → 뒷골
뒤골목 → 뒷골목
뒤골방(-房) → 뒷골방
뒤공 → 뒷공
뒤공론(-空論) → 뒷공론

뒤구멍 → 뒷구멍

뒤구절(-句節) → 뒷구절

뒤굽 → 뒷굽

뒤귀 → 뒷귀

뒤그루 → 뒷그루

뒤그림자 → 뒷그림자

뒤글 → 뒷글

뒤기둥 → 뒷기둥

뒤길 → 뒷길

뒤깐 → 뒷간(-間)

뒤꼭지치다 → 뒤통수치다

뒤나무 → 뒷나무

뒤날 → 뒷날

뒤날개 → 뒷날개

뒤남산(-南山) → 뒷남산

뒤논 → 뒷논

뒤눈질 → 뒷눈질

뒤다리 → 뒷다리

뒤단속(-團束) → 뒷단속

뒤단장(-丹粧) → 뒷단장

뒤담 → 뒷담

뒤담당(-擔當) → 뒷담당

뒤담화(-談話) → 뒷담화

뒤대문(-大門) → 뒷대문

뒤대야 → 뒷물대야

뒤덜미 → 뒷덜미

뒤덮어졌다 → 뒤덮였다

뒤덮어지다 → 뒤덮이다

뒤덮여져 → 뒤덮여

뒤덮여졌다 → 뒤덮였다

뒤덮여지다 → 뒤덮이다

뒤덮혀 → 뒤덮여

뒤덮혀졌다 → 뒤덮였다

뒤덮혀지다 → 뒤덮이다

뒤덮히다 → 뒤덮이다

뒤덮힌 → 뒤덮인

뒤도(-윷판) → 뒷도

뒤도랑 → 뒷도랑

뒤도장(-圖章) → 뒷도장

뒤돈 → 뒷돈

뒤동네(-洞-) → 뒷동네

뒤동산 → 뒷동산

뒤들 → 뒷들

뒤등 → 뒷등(① 뒷등 ② -燈)

뒤뜨락 → 뒤뜰

뒤로 재끼다 → 뒤로 젖히다

뒤로 재치다 → 뒤로 젖히다

뒤로 젓히다 → 뒤로 젖히다

뒤로 제끼다 → 뒤로 젖히다

뒤로 제치다 → 뒤로 젖히다

뒤마감 → 뒷마감

뒤마당 → 뒷마당

뒤마디 → 뒷마디

뒤마루 → 뒷마루

뒤마무리 → 뒷마무리

뒤마을 → 뒷마을

뒤막(-幕) → 뒷막

뒤막이 → 뒷막이

뒤말 → 뒷말

뒤맛 → 뒷맛

뒤맵시 → 뒷맵시

뒤머리 → 뒷머리

뒤면(-面) → 뒷면

뒤면도(-面刀) → 뒷면도

뒤모습 → 뒷모습

뒤모양(-貌樣) → 뒷모양

뒤목 → 뒷목(① 뒷목 ② -木)

뒤몸 → 뒷몸

뒤무릎 → 뒷무릎

뒤문(-門) → 뒷문

뒤물 → 뒷물

뒤물대야 → 뒷물대야

뒤물르다 → 뒤무르다

뒤밀이 → 뒷밀이

뒤바닥 → 뒷바닥

뒤바라지 → 뒷바라지

뒤바퀴 → 뒷바퀴

뒤받침 → 뒷받침

뒤발 → 뒷발

뒤발굽 → 뒷발굽

뒤발길 → 뒷발길

뒤발목 → 뒷발목

뒤발질 → 뒷발질

뒤발치 → 뒷발치

뒤방(-房) → 뒷방

뒤밭 → 뒷밭

뒤배 → 뒷배

뒤벽(-壁) → 뒷벽

뒤보증(-保證) → 뒷보증

뒤볼 → 뒷볼

뒤부분(-部分) → 뒷부분

뒤북 → 뒷북

뒤불 → 뒷불

뒤사람 → 뒷사람

뒤산(-山) → 뒷산

뒤생각 → 뒷생각

뒤석이다 → 뒤섞이다

뒤설거지 → 뒷설거지

뒤세상(-世上) → 뒷세상

뒤셈 → 뒷셈

뒤소리 → 뒷소리

뒤소문(-所聞) → 뒷소문

뒤손 → 뒷손

뒤손가락질 → 뒷손가락질

뒤손질 → 뒷손질

뒤손잡이 → 뒷손잡이

뒤쇠 → 뒷쇠

뒤수발 → 뒷수발

뒤수습(-收拾) → 뒷수습

뒤시중 → 뒷시중

뒤심 → 뒷심(① 뒷심 ② -心)

뒤안 → 뒤꼍

뒤어 내다 → 뒤져 내다

뒤업다 → 뒤엎다

뒤에것 → 뒤엣것

뒤에자리 → 뒤엣자리

뒤욕(-辱) → 뒷욕

뒤윷(윷판) → 뒷윷

뒤이야기 → 뒷이야기

뒤일 → 뒷일

뒤입맛 → 뒷입맛

뒤자금(-資金) → 뒷자금

뒤자락 → 뒷자락

뒤자리 → 뒷자리

뒤자손(-子孫) → 뒷자손

뒤자취 → 뒷자취

뒤잔등 → 뒷잔등

뒤장 → 뒷장(① 뒷장 ② -張 ③ -場)

뒤저기다 → 뒤적이다

뒤전 → 뒷전(① 뒷전 ② -殿)

뒤절(-節) → 뒷절

뒤정리(-整理) → 뒷정리

뒤조사(-調査) → 뒷조사

뒤좌석(-座席) → 뒷좌석

뒤주머니 → 뒷주머니

뒤줄 → 뒷줄

뒤지[匦] → 뒤주

뒤지느러미 → 뒷지느러미

뒤지다[死] → 뒈지다

뒤질 → 뒷질

뒤짐 → 뒷짐

뒤짐질 → 뒷짐질

뒤집 → 뒷집

뒤집게 → 뒤집개

뒤집어쒸우다 → 뒤집어씌우다

뒤집혀져 → 뒤집혀

뒤집혀지다 → 뒤집어지다, 뒤집히다

뒤집혀진 → 뒤집어진

뒤짚다 → 뒤집다

뒤짚히다 → 뒤집히다

뒤쫓아가다 → 뒤쫓아가다

뒤채다 → 뒤치다

뒤처기다 → 뒤척이다

뒤쳐진 걸음 → 뒤처진 걸음

뒤치다거리 → 뒤치다꺼리

뒤치닥거리 → 뒤치다꺼리

뒤치닥꺼리 → 뒤치다꺼리

뒤치락업치락 → 뒤치락엎치락

뒤치락엎치락 — 엎치락뒤치락[복]

뒤켠 → 뒤쪽, 뒤편(-便)

뒤트러지다 → 뒤틀어지다

뒤폰 → 듀폰(Du Pont)

뒤푸리 → 뒤풀이

뒤항(-項) → 뒷항

뒤혀바닥 → 뒤혓바닥

뒤힘 → 뒷심(① 뒷심 ② -心)

뒷갈망 — 뒷감당(-堪當)[복]

뒷갈무리 → 뒷갈망

뒷곁 → 뒤꼍

뒷군 → 뒤꾼

뒷굼치 → 뒤꿈치

뒷깐 → 뒷간(-間)

뒷꼍 → 뒤꼍

뒷꼬리 → 뒤꼬리

뒷꼭지 → 뒤꼭지

뒷꽁무니 → 뒤꽁무니

뒷꽂이 → 뒤꽂이

뒷꾸밈음(-音) → 뒤꾸밈음

뒷꾼 → 뒤꾼

뒷꿈치 → 뒤꿈치

뒷끝 → 뒤끝

뒷날 — 일후(日後) — 후일(後日) — 훗날
　(後-)[복]

뒷다마 → 뒷담화(-談話)

뒷대다 → 뒤대다

뒷대야 → 뒷물대야

뒷딱지 → 뒤딱지

뒷땅(윷놀이) → 뒤땅

뒷뚱거리다 → 뒤뚱거리다

뒷뜨락 → 뒤뜰

뒷뜰 → 뒤뜰

뒷말 — 뒷소리[복]

뒷문단(-文段) → 뒤 문단

뒷문장(-文章) → 뒤 문장

뒷바침 → 뒷받침

뒷발톱 → 며느리발톱

뒷부위(-部位) → 뒤 부위

뒷뿔 → 뒤뿔

뒷쓰레질 → 뒤쓰레질

뒷잔등 → 등

뒷짱구 → 뒤짱구

뒷쪽 → 뒤쪽

뒷차(-車) → 뒤차

뒷창 → 뒤창(① 뒤창 ② -窓)

뒷창자 → 뒤창자

뒷채 → 뒤채

뒷처리(-處理) → 뒤처리

뒷축 → 뒤축

뒷춤 → 뒤춤

뒷치다거리 → 뒤치다꺼리

뒷치다꺼리 → 뒤치다꺼리

뒷치닥거리 → 뒤치다꺼리

뒷치닥꺼리 → 뒤치다꺼리

뒷치락업치락 → 뒤치락엎치락

뒷치락엎치락 → 뒤치락엎치락

뒷칸 → 뒤칸

뒷켠 → 뒤쪽, 뒤편(-便)

뒷탈(-頉) → 뒤탈

뒷태(-態) → 뒤태

뒷턱 → 뒤턱

뒷통수 → 뒤통수

뒷트임 → 뒤트임

뒷판(-板) → 뒤판

뒷편(-便) → 뒤편

뒷편짝(-便-) → 뒤편짝

뒷폭(-幅) → 뒤폭

뒷표지(-表紙) → 뒤표지

뒷풀이 → 뒤풀이

뒷품 → 뒤품

뒷항(-項) → 뒤항

뒷힘 → 뒷심(① 뒷심 ② -心)

듀랄루민 → 두랄루민(duralumin)

듀리안 → 두리안(durian)

듀스(deuce) → 동점 승부(同點勝負), 막
　동점[순]

듀얼(dual) → 이중(二重)[순]

듀엣(duet) → 이중주(二重奏), 이중창
　(二重唱)[순]

듀퐁 → 듀폰(Du Pont)

드글드글 → 득시글득시글

드난군 → 드난꾼

드높히 → 드높이

드디여 → 드디어

드라곤 → 드래건(dragon)

드라마(drama) → 극(劇), 연극(演劇)[순]

드라마틱(dramatic) → 극적(劇的)[순]

드라머 → 드라마(drama)

드라이바 → 드라이버(driver)

드라이브스루(drive-through) → 승차
　구매(乘車購買), 승차 구매점(-店)[순]

드라이브 정책(drive政策) → 주도 정책
　(主導-)[순]

드라이브 코스(drive course) → 차 산책
　길(車散策-)[순]

드라이아웃하다(dry-out-) → 건조하
　다(乾燥-)[순]

드라이어(drier) → 건조기(乾燥機), 말
　리개, 머리 건조기, 머리 말리개㊟

드라이크리닝 → 드라이클리닝(dry
　cleaning)

드라이클리닝(dry cleaning) → 건식 세
　탁(乾式洗濯), 마른 세탁㊟

드라이플라워(dry flower) → 말린 꽃㊟

드라큐라 → 드라큘라(Dracula)

드라크루아, 페르디낭 빅토르 외젠
　→ 들라크루아, 페르디낭 빅토르 외젠
　(Delacroix, Ferdinand Victor Eugéne)

드래곤 → 드래건(dragon)

드래그(drag) → 끌기㊟

드러가다 → 들어가다

드러매틱 → 드라마틱(dramatic)

드러워 → 더러워

드럼(drum) → 북㊟

드럽다 → 더럽다

드레곤 → 드래건(dragon)

드레스(dress) → 옷, 의복(衣服)㊟

드레스 룸(dress room) → 옷방(-房)㊟

드레스메이커(dressmaker) → 양장점
　(洋裝店), 양재사(洋裁師)㊟

드레스 살롱(dress salon) → 양장점(洋
　裝店)㊟

드레스셔츠(dress shirts) → 와이셔츠
　(white shirt)㊟

드레시하다(dressy-) → 근사하다(近似
　-), 멋있다, 우아하다(優雅-)㊟

드레싱(dressing) → 상처 치료(傷處治
　療), 상처 치료약(-藥)㊟

드레피스, 알프레드 → 드레퓌스, 알프

레드(Dreyfus, Alfred)

드로우잉 → 드로잉(drawing)

드로인 → 스로인(throw in)

드로잉(drawing) → ① 그리기, 그림
　② 소묘(素描)㊟

드로잉(throwing) → 스로잉

드로틀 → 스로틀(throttle)

드론(drone) → 무인기(無人機)㊟

드롭탑 → 드롭톱(droptop)

드루 → 스루(through)

드리받다 → 들이받다

드리블(dribble) → 공 몰기, 두 번 치기
　(-番-), 몰기㊟

드릴(drill) → 기계 송곳(機械-), 송곳,
　틀송곳㊟

드릴(thrill) → 스릴

드릴러 → 스릴러(thriller)

드림니다 → 드립니다

드림팀(dream team) → 환상 팀(幻想-)㊟

드립다 → 들입다

드립핑 → 드리핑(dripping)

드링크(drink) → 마실 것, 음료(飮料)㊟

드무므로 → 드물므로

드물은 → 드문

드물음 → 드묾

드뭅니다 → 드뭅니다

드뭄 → 드묾

드므므로 → 드물므로

드보르작, 안토닌 레오폴트 → 드보르자
　크, 안토닌 레오폴트(Dvořák, Antonín
　Leopold)

드셔 보세요 → 들어 보세요

득실(得失) → 얻음과 잃음㊂

득표(得票) → 표를 얻음㊂

득표률(得票率) → 득표율

득하다(得 -) → 받다, 얻다㊂

~든걸 → ~던걸

~든고 → ~던고

~든데 → ~던데

든든이 → 든든히

든직이 → 든직히

듣기다 → 들리다

들고양이 — 살쾡이 — 삵 — 야묘(野貓)㊍

들깨 가루 → 들깻가루

들깨묵 → 들깻묵

들깨잎 → 들깻잎

들끓어올르다 → 들끓어오르다

들녁 → 들녘

들다보다 → 들여다보다

들락거리다 — 들랑거리다㊍

들락날락 — 들랑날랑㊍

들러메다 → 둘러메다

들러업다 → 둘러업다

들머기다 → 들먹이다

들복다 → 들볶다

들석 → 들썩

들석들석 → 들썩들썩

들석이다 → 들썩이다

들쑥날쑥 — 들쭉날쭉㊍

들어나다 → 드러나다

들어냄표(-標) → 드러냄표(˙)

들어닥치다 → 들이닥치다

들어마시다 → 들이마시다

들여마시다 → 들이마시다

들이마추다 → 들이맞추다

들이붇다 → 들이붓다

들이켜다(안쪽으로) → 들이키다

* 들이켜다: ① 물이나 술 따위의 액체를 단숨에 마구 마시다. ② 공기나 숨 따위를 몹시 세차게 들이마시다.
* 들이키다: 안쪽으로 가까이 옮기다.

들이키다(공기, 물, 술, 숨) → 들이켜다

들채 → 들것

들쳐메다 → 둘러메다

들쳐업다 → 둘러업다

들쳐내다 → 들추어 내다

들쳐메다 → 둘러메다

들쳐업다 → 둘러업다

들큰하다 → 들큼하다

듬북 → 듬뿍

듬뿌룩하다 → 더부룩하다

듬뿍히 → 듬뿍이

듬직히 → 듬직이

등(等) → 들, 따위, ~와 같은㊂

등경걸이(燈檠 -) → 등잔걸이(燈盞 -)

등교길(登校 -) → 등굣길

등귀하다(騰貴 -) → 비싸지다, 오르다㊂, 뛰어오르다

등단(登壇) → 연단 오름(演壇 -)㊂

등단년도(登壇年度) → 등단 연도

등대기[背部] → 등때기

등대불(燈臺 -) → 등댓불

등대직이(燈臺 -) → 등대지기

등덥개 → 등덮개

등등(等等) → 등

등떠리[背部] → 등때기

등락율(騰落率) → 등락률

등록율(登錄率) → 등록률

등룡문(登龍門) → 등용문

등멱 → 등목, 등물, 목물

등목─등물─목물(복)

등받침 → 등받이

등사(謄寫) → 복사(複寫)(순)

등산로(登山路) → 등산길(순)

등살 → 등쌀

  * 등살: 등에 있는 근육.

  * 등쌀: 몹시 귀찮게 구는 짓.

등아(燈蛾) ─ 부나방 ─ 부나비 ─ 불나
방 ─ 불나비 ─ 화아(火蛾)(복)

등안시하다 → 등한시하다(等閑視─)

등에과(─科) → 등엣과

등외(等外) → 급수 밖(級數─), 등급 밖
(等級─)(순)

등용(登用) → 뽑음(순)

등재(登載) → 목록에 있는(目錄─), 목
록에 있음(순)

등재하다(登載─) → 기록하여 올리다
(記錄─)(순)

등처 먹다 → 등쳐 먹다

등치 → 덩치

등·하교(登下校) → 등하교

등하교길(登下校─) → 등하굣길

등한시하다(等閑視─) → 소홀히 하다(疏
忽─)(순)

등화관제(燈火管制) → 불빛 가리기(순)

등화불명(燈火不明) → 등하불명(燈下
不明)

등화앉다(燈花─)─등화지다─불똥앉
다(복)

디젤 → 디젤(diesel)

디귿 → 디귿(ㄷ)

디도스(DDoS, distributed denial of service)
→ 분산 서비스 거부 공격(分散─拒否
攻擊)(순)

디렉터리북(directory book) → 안내서
(案內書), 안내책(案內册)(순)

디렉토리 → 디렉터리(directory)

디렉트마케팅(direct marketing) → 현
장 판촉(現場販促)(순)

디룩디룩 → 뒤룩뒤룩

디립다 → 들입다

디멘숀 → 디멘션(dimension)

디버깅(debugging) → 벌레 잡기(순)

디브이디(DVD, digital video disk) → 디
지털비디오(digital video)(순)

디비(DB, database) → 데이터베이스

디비젼 → 디비전(division)

디스카운트 세일(discount sale) → 할인
판매(割引販賣)(순)

디스카운트 스토어(discount store)
→ 할인 판매점(割引販賣店)(순)

디스카운트하다(discount─) → 깎다, 에
누리하다, 할인하다(割引─)(순)

디스켙 → 디스켓(diskette)

디스크(disk) → 음반(音盤)(순)

디스크자키(disk jockey) → 음반사(音盤
士), 음반지기(순)

디스크쟈키 → 디스크자키(disk jockey)

디스플레이어(displayer) → 전시 연출
가(展示演出家)(순)

디스플레이하다(display-) → ① 전시하다(展示-) ② 진열하다(陳烈-)㊞

디시(DC, direct current) → 직류(直流)㊞

디시(DC, discount) → 에누리, 할인(割引)㊞

디시젼 → 디시전(decision)

디씨 백화점(-百貨店) → 디시 백화점(DC-)

디아이와이(DIY, do it yourself) → 손수 제작(-制作)㊞

디엠(DM, direct mail) → 우편 광고(郵便廣告), 우편 광고물(-物)㊞

디엠(DM, direct message) → 쪽지(-紙)㊞

디엠제트(DMZ) ― 디엠지㊞

디오라마(diorama) → 실사 모형(實寫模型)㊞

디올(Dior) → 디오르

디이젤 → 디젤(diesel)

디자이너(designer) → 도안자(圖案者), 설계사(設計士), 의장자(意匠者)㊞

디자인(design) → 도안(圖案), 설계(設計), 의장(意匠)㊞

디저트(dessert) → 후식(後食)㊞

디즈닐랜드 → 디즈니랜드(Disneyland)

디지다[死] → 뒈지다

디지탈 → 디지털(digital)

디지털 디톡스(digital detox) → 디지털 거리 두기(-距離-)㊞

디지털 셀프 출판(digital self出版) → 전자책 자가 출판(電子冊自家-)㊞

디지털 에이징(digital aging / digital ageing) → 고령층 정보화(高齡層情報化)㊞

디지털 트윈(digital twin) → 가상 모형(假想模型)

디지털 포렌식(digital forensic) → 전자 법의학(電子法醫學), 전자 법의학 수사(-搜査)㊞

디지트 → 디짓(digit)

디지틀 → 디지털(digital)

디카프리오, 레오나르도 → 디캐프리오, 리어나도(DiCaprio, Leonardo)

디테일(detail) → ① 부분(部分) ② 세분(細分) ③ 세부(細部)㊞

디테일하다(detai-) → ① 미세하다(微細-) ② 섬세하다(纖細-) ③ 세밀하다(細密-)㊞

디파트먼트 스토어(department store) → 백화점(百貨店)㊞

디펜딩 챔피언(defending champion) → 전 대회 우승팀(前大會優勝team), 직전 우승팀(直前-)㊞

디펜스(defense) → 방어(防禦), 수비(守備)㊞

디폴트(default) → ① 기권(棄權), 기권승(棄權勝) ② 지급 불능 선언(支給不能宣言), 채권 불이행(債權不履行), 채무 불이행(債務-)㊞

디플레이션(deflation) → 물가 하락세(物價下落勢)

디플레이숀 → 디플레이션(deflation)

딕쇼너리 → 딕셔너리(dictionary)

딕시랜드 → 딕실랜드(Dixieland)

딛어 → 디뎌

딛으면 → 디디면

딛은 → 디딘

딛음 → 디딤

딜라 → 딜러(dealer)

딜러(dealer) → 분배상(分配商), 판매원(販賣員)[순]

딜럭스 → 디럭스(de luxe)

딜런, 보브 → 딜런, 밥(Dylan, Bob)

딜레머 → 딜레마(dilemma)

딜레이(delay) → 지연(遲延)[순]

딜렘마 → 딜레마(dilemma)

딥 → 디프(deep)

딥따 → 딥다

딥퍼 → 디퍼(dipper)

딩굴다 → 뒹굴다

딩굴딩굴 → 뒹굴뒹굴

딮 → 디프(deep)

따가와하다 → 따가워하다

따가웁다 → 따갑다

따거웁다 → 따갑다

따게(병) → 따개

따구 → 따귀

따까리 → 뚜껑

* 따까리: ① 자질구레한 심부름을 맡아 하는 사람을 속되게 이르는 말. ② '딱지' · '땅꽈리' · '뚜껑' · '바구니'의 방언.

따끈이 → 따끈히

따끔히 → 따끔이

따 논 당상(－堂上) → 따 놓은 당상

따는 → 딴은

따듯히 → 따듯이

따뜻히 → 따뜻이

따라마시다 → 앞지르다

따라먹다 → 앞지르다

따라붙이다 → 따라붙다

따로이 → 따로

따로히 → 따로

따박따박 → 또박또박

따불(ダブル) → 갑절, 겹, 곱[순], 더블(double)

따블 → 더블(double)

따사로와 → 따사로워

따사로히 → 따사로이

따수니 → 따스우니

따수면 → 따스우면

따수우니 → 따스우니

따수우면 → 따스우면

따수운 → 따스운

따수워 → 따스워

따순 → 따스운

따숨소(－所) → 따습소

따숩다 → 따습다

따오기과(－科) → 따오깃과

딱곡질 → 딸꾹질

딱국질 → 딸꾹질

딱다 → 닦다

딱다구리 → 딱따구리

딱닥 → 딱딱

딱따개비 → 딱따깨비

딱딱이 → ① 딱따기 ② 딱딱히

* 딱따기: ① 밤에 야경(夜警)을 돌 때 서로 마주쳐서 '딱딱' 소리를 내게 만든 두 짝의 나무토막. ≒격탁, 경탁, 야탁. ② 딱따기를 치며 야경 도는 사람을 낮잡아 이르는

말. =딱따기꾼. ③ 예전에, 극장에서 막을
올릴 때 신호로 치던 나무토막. ④ 메뚜깃
과의 곤충. 몸의 길이는 4~5.7cm이다. 방
아깨비와 비슷하나 몸이 가늘고 길며, 황
록색이다. 머리는 길고 양쪽에 검은 갈색
의 세로줄이 있다. 가을에 풀밭에 많이 나
타나는데, 날 때에는 '딱딱딱' 소리가 난
다. 한국, 일본, 중국, 말레이시아 등지에
분포한다. ≒딱따깨비.
* 딱딱히: ① 몹시 굳고 단단한 상태로.
② 태도, 말씨, 분위기 따위가 부드러운
맛이 없이 엄격하게.

딱딱이군 → 딱따기꾼

딱딱이꾼 → 딱따기꾼

딱뿌리 → 딱부리

딱새과(-科) → 딱샛과

딱이 → 딱히

딱장벌레 → 딱정벌레

딱쟁이 → 딱지

딱정이 → ① 딱지 ② 딱정벌레

딱찌 → 딱지

딲다 → 닦다

딴기쩍다 → 딴기적다

딴전 피다 → 딴전 피우다

딴전 — 딴청圈

딴죽 — 딴지圈

* 딴죽: ① 씨름이나 택견에서, 발로 상대편
의 다리를 옆으로 치거나 끌어당겨 넘어
뜨리는 기술. ≒윤기. ② 이미 동의하거나
약속한 일에 대하여 딴전을 부림을 비유
적으로 이르는 말.

* 딴지: (주로 '걸다, 놓다'와 함께 쓰여) 일
이 순순히 진행되지 못하도록 훼방을 놓
거나 어기대는 것.

딴죽걸기 — 딴죽걸이圈

딴지걸기 → 딴죽걸기

딴청 피다 → 딴청 피우다

딸가락 → 딸그락

딸가락딸가락 → 딸그락딸그락

딸각발이 → 딸깍발이

딸국질 → 딸꾹질

딸기값 → 딸깃값

딸기물 → 딸깃물

딸기빛 → 딸깃빛

딸깍바리 → 딸깍발이

딸꼭단추 → 똑딱단추

딸꼭질 → 딸꾹질

딸님 → 따님

딸라 → 달러(dollar)

딸래미 → 딸내미

딸러 → 달러(dollar)

딸레미 → 딸내미

딸리다(기술, 실력, 양, 재물, 힘) → 달리다

딸부자집(-富者-) → 딸부잣집

땀땀히 → 땀땀이

땀때기 → 땀띠

땀바지 → 땀받이

땃따붓따 → 따따부따

땅군 → 땅꾼

땅달보 → 땅딸보

땅돼기 → 땅뙈기

땅떼기 → 땅뙈기

땅콩 — 호콩(胡-)圈

때갈 → 때깔

때거리 → 땟거리

때국 → 땟국

때그루루 → 때구루루

때그르르 → 때구루루

때꼽자기 → 때꼽재기

때끈하다 → 때끈하다

때려마추다 → 두드려 맞추다

때려맞추다 → 두드려 맞추다

때려맞히다 → 두드려 맞추다

때려쳐 → 때려치워

때려치고 → 때려치우고

때려치니 → 때려치우니

때려치다 → 때려치우다

때려치어라 → 때려치워라

때려치었다 → 때려치웠다

때물 → 땟물
* 때물: 툭 트이거나 미끈하게 잘생기지 못한 때깔.
* 땟물: ① 때가 섞여 있는 더러운 물. 또는 때로 범벅이 된 땀이나 물기. ≒땟국.
② 겉으로 드러나는 자태나 맵시.

때솔 → 땟솔

때어먹다 → 떼어먹다

땍대굴 → 땍때굴

땍대글 → 땍때굴

땍때글 → 땍때굴

땐스 → 댄스(dance)

땐쓰 → 댄스(dance)

땔감 — 땔거리夏

땔꺼리 → 땔거리

땜 → 댐(dam)

땜쟁이 → 땜장이

땟갈 → 때깔

땟깔 → 때깔

땟목(-木) → 뗏목

땡기다 → 당기다

땡깡(てんかん) → 생떼

땡땡이무늬(てんてん-) → 물방울무늬夏

땡벌 → 땅벌

땡삐 → 땅벌

땡초[僧] → 땡추

땡추 — 땡추중夏

땡큐 → 생큐(thank you)

떠날래야 → 떠나려야

떠날려고 → 떠나려고

떠날려야 → 떠나려야

떠들석하다 → 떠들썩하다

떠들은 → 떠든

떠들음 → 떠듦

떠듬[騷] → 떠듦

떠러지다 → 떨어지다

떠리 → 떨이

떠리 상품(-商品) → 떨이 상품

떠벌이 → 떠버리

떠블 → 더블(double)

떠올르다 → 떠오르다

떡깔나무 → 떡갈나무

떡만두국(-饅頭-) → 떡만둣국

떡복기 → 떡볶이

떡볶기 → 떡볶이

떡뽁기 → 떡볶이

떡쌀 → 떡살
* 떡쌀: 떡을 만들기 위하여 마련한 쌀.
* 떡살: 떡을 눌러 갖가지 무늬를 찍어 내는 판. 또는 그것으로 찍어 나타나는 무늬. 흔히 나무로 만드나 간혹 사기로 만든 것도 있다.

떡충이 → 떡보

떨구다 — 떨어뜨리다〔별〕

* 떨구다: ① 시선을 아래로 향하다. ≒떨어뜨리다, 떨어트리다. ② 위에 있던 것을 아래로 내려가게 하다. =떨어뜨리다. ③ 가지고 있던 물건을 빠뜨려 흘리다. =떨어뜨리다. ④ 뒤에 처지게 하거나 남게 하다. =떨어뜨리다. ⑤ 고개를 아래로 숙이다. ≒떨어뜨리다, 떨어트리다. ⑥ 값이나 금액을 낮추다. =떨어뜨리다. ⑦ 쓰던 물건을 다 써 다음에 쓸 것이 없게 하다. =떨어뜨리다. ⑧ 가치, 명성, 지위, 품질 따위를 낮게 하거나 잃게 하다. =떨어뜨리다. ⑨ 세게 흔들어서 떨어지게 하다. =떨치다. ⑩ 불길한 생각이나 명예, 욕심 따위를 완강하게 버리다. =떨치다. ⑪ 입찰이나 시험 따위에 붙지 않게 하다. =떨어뜨리다.

* 떨어뜨리다: ① 위에 있던 것을 아래로 내려가게 하다. ≒떨구다, 떨어트리다. ② 가지고 있던 물건을 빠뜨려 흘리다. ≒떨구다, 떨어트리다. ③ 뒤에 처지게 하거나 남게 하다. ≒떨구다, 떨어트리다. ④ 시선을 아래로 향하다. =떨구다. ⑤ 값이나 금액을 낮추다. ≒떨구다, 떨어트리다. ⑥ 옷이나 신 따위를 해어지게 하여 못 쓰게 만들다. ≒떨어트리다. ⑦ 쓰던 물건을 다 써 다음에 쓸 것이 없게 하다. ≒떨구다, 떨어트리다. ⑧ 가치, 명성, 지위, 품질 따위를 낮게 하거나 잃게 하다. ≒떨구다, 떨어트리다. ⑨ 고개를 아래로 숙이다. =떨구다. ⑩ 입찰이나 시험 따위에 붙지 않게 하다. ≒떨구다, 떨어트리다. ⑪ 무엇과 거리가 벌어지게 하다. ≒떨어트리다. ⑫ 어떤 사람들을 사이가 멀어지게 하다. ≒떨어트리다.

떨떠름이 → 떨떠름히

떨어먹다 → 털어먹다

떨어지는 낙엽(-落葉) → 지는 낙엽

떨채 → 먼지떨이

떫떠름하다 → 떨떠름하다

떱떠름하다 → 떨떠름하다

떳다 → 떴다

떳다방(-房) → 떴다방

떳떳찮다 → 떳떳잖다

떳떳챦다 → 떳떳잖다

떳떳치 않다 → 떳떳지 않다

떳떳히 → 떳떳이

떼가리 → 턱주가리

떼거지로 몰려다니다 → 떼거리로 몰려다니다

떼걸이 → 떼거리

떼그루루 → 떼구루루

떼그르르 → 떼구루루

떼글떼글 → 떼굴떼굴

떼길 → 뗏길

떼끈하다 → 떼꾼하다

떼 논 당상(-堂上) → 떼어 놓은 당상

~ 떼들 → ~ 떼

떼말 → 뗏말

떼목(-木) → 뗏목

떼몰이군 → 떼몰이꾼

떼몰잇군 → 떼몰이꾼

떼몰잇꾼 → 떼몰이꾼

떼밥 → 뗏밥

떼솔 → 뗏솔

떼어 논 당상(-堂上) → 떼어 놓은 당상

떼우다(구멍, 끼니, 시간) → 때우다

떼장 → 뗏장

떼장이 → 떼쟁이

떼제베 → 테제베(TGV, Train à Grande Vitesse)

떽때꿀 → 떽떼굴

떽때글 → 떽떼굴

떽떼글 → 떽떼굴

뗄래야 → 떼려야

뗄려고 → 떼려고

뗄려야 → 떼려야

뗌빵 → 땜빵

뗌통 → 땜통

뗏군 → 떼꾼

뗏꾼 → 떼꾼

뗏대굴뗏대굴 → 땍때굴땍때굴

뗏때굴뗏때굴 → 땍때굴땍때굴

뗑깡(てんかん) → 생떼(生-)㊛

뗑뗑이(てんてん-) → 물방울무늬

또띠야 → 토르티야(tortilla)

또라젓 → 또라젓

또랑 → 도랑

또렷히 → 또렷이

또르띠야 → 토르티야(tortilla)

또아리 → 똬리

똑닥똑닥 → 똑딱똑딱

똑똑이 → 똑똑히

똔똔(とんとん) → ① 본전치기(本錢
  -)㊛ ② 같음, 동등함(同等-), 동
  일함(同一-)

똘만이 → 똘마니

똘방똘방하다 → 또랑또랑하다

똘스또이, 레프 니콜라예비치
  → 톨스토이, 레프 니콜라예비치
  (Tolstoi, Lev Nikolayevich)

똥똥이 → 똥똥히

똥배살 → 똥뱃살

똥쭐 → 똥줄

뚜레쥬르 → 투레주르(tous les jours)

뚜렷히 → 뚜렷이

뚜장이 → 뚜쟁이

뚝[堤] → 둑

뚝길 → 둑길

뚝방(-防) → 둑방

뚝방 길(-防-) → 둑방 길

뚝방촌(-防村) → 둑방촌

뚝베기 → 뚝배기

뚝빼기 → 뚝배기

뚝힘 → 뚝심

뚤레뚤레 → 둘레둘레

뚱단지 → 뚱딴지

뚱뗑이 → 뚱땡이

뚱뚱 — 뚱뚱보 — 뚱뚱이㊱

뛰어올르다 → 뛰어오르다

뜌엣 → 듀엣(duet)

뜨개거리 → 뜨갯거리

뜨개꺼리 → 뜨갯거리

뜨개질거리 → 뜨갯거리

뜨개질꺼리 → 뜨갯거리

뜨갯꺼리 → 뜨갯거리

뜨거 → 뜨거워

뜨거와 → 뜨거워

뜨거웁다 → 뜨겁다

뜨게방(-房) → 뜨개방

뜨게질 → 뜨개질

뜨네기 → 뜨내기

뜨드리 → 떠버리

뜨프미지근하다 → 뜨뜻미지근하다

뜨뜻히 → 뜨뜻이

뜨락 — 뜰〖별〗

* 뜨락: ① 집 안의 앞뒤나 좌우로 가까이 딸려 있는 빈터. 화초나 나무를 가꾸기도 하고, 푸성귀 따위를 심기도 한다. =뜰. ② (주로 '−의 뜨락' 구성으로 쓰여) 앞말이 가리키는 것이 존재하거나 깃들어 있는 추상적 공간을 비유적으로 이르는 말.
* 뜰: 집 안의 앞뒤나 좌우로 가까이 딸려 있는 빈터. 화초나 나무를 가꾸기도 하고, 푸성귀 따위를 심기도 한다. 늑뜨락.

～뜨리다 — ～트리다〖복〗

뜨믄뜨믄 → 뜨문뜨문

뜬것 — 뜬귀신(−鬼神)〖복〗

뜬룡(−龍) → 뜬용

뜯개질 → 뜯게질

뜰아래방(−房) → 뜰아랫방

뜸단지 → 부항단지(附缸−)

뜸부기과(−科) → 뜸부깃과

뜸뿌기 → 뜸부기

뜻뜨미지근하다 → 뜨뜻미지근하다

뜻박에 → 뜻밖에

띠다(노기, 미소, 빛깔, 열기, 임무, 색채, 활기) → 띠다

띠어 보내다 → 띄워 보내다

띠여 → 띄어

띠여쓰기 → 띄어쓰기

띠였다 → 띄었다

띠워쓰기 → 띄어쓰기

띠이는 → 띄는

띠이다 → 띄다

띠다(눈에) → 띄다

띠무니 → 띠무늬

띠어쓰기 → 띄어쓰기

띠엄띠엄 → 띄엄띄엄

띠여쓰기 → 띄어쓰기

띠염띠염 → 띄엄띄엄

띠지(−紙) → 띠종이〖순〗

띨띨하다 → 떨떨하다

ㄹ

~ㄹ가 → ~ㄹ까

~ㄹ갑쇼? → ~ㄹ깝쇼?

~ㄹ고? → ~ㄹ꼬?

~ㄹ꺼나 → ~ㄹ거나

~ㄹ 꺼야 → ~ㄹ 거야

~ㄹ껄 → ~ㄹ걸

~ㄹ께 → ~ㄹ게

~ㄹ께요 → ~ㄹ게요

~ㄹ라고 → ~려고

~ㄹ래야 → ~려야

~ㄹ랴고 → ~ㄹ려고

~ㄹ런지 → ~ㄹ는지

~ㄹ려거든 → ~려거든

~ㄹ려고 → ~려고

~ㄹ려기에 → ~려기에

~ㄹ려나 → ~려나

~ㄹ려네 → ~려네

~ㄹ려느냐 → ~려느냐

~ㄹ려는 → ~려는

~ㄹ려는가 → ~려는가

~ㄹ려는고 → ~려는고

~ㄹ려는데 → ~려는데

~ㄹ려는지 → ~려는지

~ㄹ려니 → ~려니

~ㄹ려니와 → ~려니와

~ㄹ려다 → ~려다

~ㄹ려다가 → ~려다가

~ㄹ려더니 → ~려더니

~ㄹ려던 → ~려던

~ㄹ려도 → ~려도

~ㄹ려마 → ~려마

~ㄹ려면 → ~려면

~ㄹ려면야 → ~려면야

~ㄹ려무나 → ~려무나

~ㄹ려서는 → ~려서는

~ㄹ려서야 → ~려서야

~ㄹ려야 → ~려야

~ㄹ려오 → ~려오

~ㄹ련만 → ~련만

~ㄹ렵니까 → ~렵니까

~ㄹ렷다 → ~렷다

~ㄹ른지 → ~ㄹ는지

~ㄹ사하다 → ~ㄹ싸하다

~ㄹ소냐 → ~ㄹ쏘냐

~ㄹ손가 → ~ㄹ쏜가

~ㄹ째 → ~ㄹ새

~ㄹ쎄 → ~ㄹ세

~ㄹ쎄라 → ~ㄹ세라

~ㄹ쑤록 → ~ㄹ수록

~ㄹ씨 → ~ㄹ시

~ㄹ씨고 → ~ㄹ시고

~ㄹ찌 → ~ㄹ지

~ㄹ찌니라 → ~ㄹ지니라

~ㄹ찌라도 → ~ㄹ지라도

~ㄹ찌어다 → ~ㄹ지어다

~ㄹ찌언정 → ~ㄹ지언정

~ㄹ찐대 → ~ㄹ진대

~ㄹ찐저 → ~ㄹ진저

~라구 → ~라고

~라구요 → ~라고요

~라네 ─ ~랗네[복]

~라던지 → ~라든지

라디에타 → 라디에이터(radiator)

라디에터 → 라디에이터(radiator)

라떼떼 → 라테테(Lattette)

라미네이팅 → 래미네이팅(laminating)

라바 → 러버(rubber)

라벤다 → 라벤더(lavender)

라벤더(lavender) → 연보라(軟-)[순], 라벤더[草名]

라볶기 → 라볶이

라브와지에, 앙투안 로랑 → 라부아지에, 앙투안 로랑(Lavoisier, Antoine Laurent)

라빠르망 → 라파르망(l'appartement)

라뽁기 → 라볶이

라스베가스 → 라스베이거스(Las Vegas)

라스트(last) → 마지막, 최종(最終)[순]

라스트 나잇 → 라스트 나이트(last night)

라스트신(last scene) → 마지막 장면(-場面)[순]

라왕(羅王) → 나왕

라운드(round) → 회전(回戰)[순]

라운드 칼라(round collar) → 둥근 칼라[순]

라운드 테이블(round table) → 원탁회의(圓卓會議)[순]

라운드형(round形) → 둥근 형[순]

라운지(lounge) → 휴게실(休憩室)[순]

라이락 → 라일락(lilac)

라이방(ライバン) → ① 보안경(保眼鏡), 색안경(色眼鏡)[순] ② 선글라스(sunglasses)

라이벌(rival) → 경쟁자(競爭者), 맞수(-手)[순]

라이브러리(library) → ① 도서관(圖書館) ② 자료관(資料館)[순]

라이선스(license) → ① 면허(免許), 면허장(免許狀) ② 사용권(使用權) ③ 수출입 인허가(輸出入認許可), 인허가 ④ 허가(許可), 허가장(許可狀)[순]

라이센스 → 라이선스(license)

라이스 박스(rice box) → 쌀통(-桶)[순]

라이언즈 → 라이언스(lions)

라이온 → 라이언(lion)

라이온스 → 라이언스(lions)

라이온즈 → 라이언스(lions)

라이타 → 라이터(lighter)

라이트(light) → 조명(照明), 조명등(照明燈)[순]

라이트윙(right wing) → 오른쪽 공격수(-攻擊手), 오른쪽 날개[순]

라이트 풀백(right full back) → 오른쪽 수비수(-守備手)[순]

라이트 필더(light fielder) → 우익수(右

翼手)[순]

라이프니쯔, 고트프리트 빌헬름 폰
　→ 라이프니츠, 고트프리트 빌헬름 폰
　(Leibniz, Gottfried Wilhelm von)

라이프 자켓 → 라이프 재킷(life jacket)

라이프찌히 → 라이프치히(Leipzig)

라이플(rifle) → 소총(小銃)[순]

라인(line) → ① 선(線) ② 줄 ③ 금[순]

라인드라이브(line drive) → 직선타(直
　線打)[순]

라인란드 → 라인란트(Rheinland)

라인랜드 → 라인란트(Rheinland)

라인랜트 → 라인란트(Rheinland)

라인업(line up) → ① 선수 명단(選手名
　單), 진용(陳容) ② 순번(順番) ③ 출연
　진(出演陣) ④ 제품군(製品群)[순]

라지에타 → 라디에이터(radiator)

라지에터 → 라디에이터(radiator)

라카 룸 → 라커 룸(locker room) ['라커
　룸' 주 참조]

라커 → ① 로커(locker) ② 로커(rocker)
　③ 래커(lacquer)

라커 룸(locker room) → ① 물품 보관실
　(物品保管室), 보관실 ② 탈의실(脫衣
　室) ③ 대기실(待機室), 선수 대기실(選
　手－)[순]

　* 라커 룸(locker room): (국립국어원 답변)
　'locker'는 '로커'로 적습니다만, 'locker
　room'은 이미 굳어진 외래어는 관용을 존
　중한다는 '외래어 표기법' 제1장 제5항에
　따라 '라커 룸'으로 적습니다.

라케트 → 라켓(racket)

라켈 → 라켓(racket)

라프란드 → 라플란드(Lappland)

라프란트 → 라플란드(Lappland)

라프랜트 → 라플란드(Lappland)

라플란트 → 라플란드(Lappland)

라플랜트 → 라플란드(Lappland)

락(lock) → 로크

락(rock) → 록

락그룹 → 록그룹(rock group)

락 밴드 → 록 밴드(rock band)

락 스타 → 록 스타(rock star)

락카 → ① 로커(locker) ② 로커(rocker)
　③ 래커(lacquer)

락카 룸 → 라커 룸(locker room) ['라커
　룸' 주 참조]

락카페 → 록카페(rock café)

락커 → ① 로커(locker) ② 로커(rocker)
　③ 래커(lacquer)

락커 룸 → 라커 룸(locker room) ['라커
　룸' 주 참조]

락타제 → 락타아제(lactase)

란나(ランナー) → 러너(runner), 주자(走
　者)[순]

란닝구(ランニング) → 러닝셔츠(running
　shirts)

란도셀(ランドセル) → 멜빵 가방[순]

란제리(lingerie) → 속옷, 여성용 속옷
　(女性用－)[순]

랍비 → 라비(rabbi)

랍소디 → 랩소디(rhapsody)

랍스타 → 랍스터(lobster), 로브스터

랍스터(lobster) ─ 로브스터 ─ 바닷가
　재[복]

랑구운 → 랑군(Rangoon)

랑데부하다(rendez-vous-) → 만나다[순]

랑데부 홈런(rendez-vous homerun)
→ 연속 타자 홈런(連續打者-), 연속
홈런[순]

랑데뷰 → 랑데부(rendez-vous)

랑카스터 → 랭커스터(Lancaster)

래듐 → 라듐(radium)

래디알 → 레이디얼(radial)

래프팅(rafting) → 급류타기(急流-), 물
살타기[순]

랙카차(-車) → 레커차(wrecker-)

랜덤(random) → 막~, 무작위(無作爲)[순]

랜덤 샘플링(random sampling) → 임의
표본(任意標本)[순]

랜덤하게(random-) → 무작위로(無作
爲-), 임의로(任意-)[순]

랜드 로바 → 랜드 로버(Land Rover)

랜드마크(landmark) → 대표 건물(代表
建物), 마루지(-識), 상징 건물(象徵-),
상징물(象徵物)[순]

랜섬웨어(ransomware) → 금품 요구 악
성 프로그램(金品要求惡性program)[순]

램프(lamp) → 등(燈), 표시등(表示燈)[순]

램프(ramp) → 연결로(連結路)[순]

랩퍼 → 래퍼(rapper)

랭군 → 랑군(Rangoon)

랭면(冷麵) → 냉면

랭카스터 → 랭커스터(Lancaster)

랭크(rank) → 순위(順位)[순]

랭크되다(rank-) → 오르다[순]

랭킹(ranking) → 등수(等數), 순위(順
位)[순]

랴오뚱반도(-半島) → 랴오둥반도(遼
東-, Liáodōng-)

량(輛) → 칸[순]

러닝(running) → 달리기[순]

러닝 개런티(running guarantee) → 흥
행 보수(興行報酬)[순]

러닝머신(running machine) → 달리기
틀[순]

러닝메이트(running mate) → 동반자(同
伴者)[순]

러닝숏(running shoot) → 달려 쏘기[순]

러닝 타임(running time) → 상영 시간
(上映時間)[순]

러브 레타 → 러브 레터(love letter)

러브리 → 러블리(lovely)

러브스토리(love story) → 사랑 이야기[순]

러브호텔(love hotel) → 연애 호텔(戀愛
-), 향락 호텔(享樂-)[순]

러쉬 → 러시(rush)

러쉬아워 → 러시아워(rush hour)

러시(rush) → ① 봇물(洑-), 홍수(洪水)
② 붐빔 ③ 질주(疾走)[순]

러시아워(rush hour) → 몰릴 때, 붐빌
때, 혼잡 시간(混雜時間)[순], 혼잡 시
간대(-時間帶)

러키(lucky) → 행운(幸運)[순]

러프하다(rough-) → 거칠다[순]

럭셔리 브랜드(luxury brand) → 고가품
(高價品)[순]

럭셔리하다(luxury-) → ① 고급스럽다
(高級-) ② 호사스럽다(豪奢-)[순]

럭스(lux) → 촉광(燭光)[순]

럭커플랜 → 러커플랜(Rucker plan)

럭키 → 러키(lucky)

런닝 → 러닝(running)

런닝구(ランニング) → 러닝셔츠(running shirts)

런닝머신 → 러닝머신(running machine)

런닝메이트 → 러닝메이트(running mate)

런닝셔츠 → 러닝셔츠(running shirts)

런 다운(run down) → 협살(挾殺)[순]

런던 타임즈 → 런던 타임스(London Times)

런아웃(run-out) → ① 이탈(離脫) ② 중심축 이탈(中心軸-)[순]

～런지 → ～는지

런칭 → 론칭(launching)

럿셀, 버트런드 아서 윌리엄 → 러셀, 버트런드 아서 윌리엄(Russell, Bertrand Arthur William)

레귤라 → 레귤러(regular)

레귤러(regular) → 보통(普通)[순]

레귤러 멤버(regular member) → 정식 회원(正式會員)[순]

레드 오션(red ocean) → 포화 시장(飽和市場)[순]

레드윙즈 → 레드윙스(Red Wings)

레드카드(red card) → 빨간 딱지, 적색 카드(赤色-)[순]

레드포드, 로버트 → 레드퍼드, 로버트(Redford, Robert)

레디메이드(ready-made) → 기성복(旣成服)[순]

레디얼 → 레이디얼(radial)

레떼루(レッテル) → 라벨/레이블(label), 레터르(letter), 상표(商標)

레루(レール) → 레일(rail)[순]

레몬쥬스 → 레몬주스(lemon juice)

레미 마르뗑 → 레미 마르탱(remy martin)

레미콘(レミコン) → ① 반죽 콘크리트(-concrete), 양회 반죽(洋灰-), 회반죽(灰-) ② 반죽 콘크리트차(-車), 양회 반죽 차, 회반죽 차[순]

레미탈 → 레미타르(remitar, ready mixed mortar)

레바 → 레버(lever)

레벨(level) → 단계(段階), 수준(水準)[순]

레서피 → 레시피(recipe)

레스비안 → 레즈비언(lesbian)

레스비언 → 레즈비언(lesbian)

레스토랑(restaurant) → 식당(食堂), 양식당(洋-)[순]

레슨(lesson) → 개인 지도(個人指導)[순]

레시피(recipe) → 조리법(調理法)[순]

레쓰비 → 레츠비(let's be)

레어템(rare-tem) → 희귀품(稀貴品)[순]

레이다 — 레이더(radar)[복]

레이더(radar) → 전파 탐지기(電波探知機)[순]

레이몬드 → 레이먼드(Raymond)

레이서(racer) → 사이클 경기자(cycle競技者)[순]

레이싱 카(racing car) → 경주용 자동차(競走用自動車), 경주차[순]

레이아웃 → 레이아웃(layout)

레이아웃(layout) → 배열(配列), 배치(配置), 판 매김(版-)㊀

레이업 숏(lay-up shoot) → 올려 넣기㊀

레이온(rayon) → 명주실(明紬-), 비단(緋緞), 인조견(人造絹), 인조 견사(人造絹絲), 인조 고치실㊀

레이욘 → 레이온(rayon)

레이져 → 레이저(① laser ② raser ③ razor)

레인(lane) → 마루㊀

레인보우 → 레인보(rainbow)

레인져 → 레인저(ranger)

레인코우트 → 레인코트(raincoat)

레인코트(raincoat) → 비옷㊀

레일(rail) → 궤도(軌道), 철길(鐵-)㊀

레일 바이크(rail bike) → 레일 자전거(-自轉車)㊀

레임덕(lameduck) → 권력 누수(權力漏水), 권력 누수 현상(-現象)㊀

레자(レザー) → ① 인조 가죽(人造-) ② 레이저(razor) ③ 면도칼(面刀-)

레쟈(レジャ) → 인조 가죽(人造-)㊀, 레자(rejâ)

레저(leisure) → 여가(餘暇), 여가 활동(-活動)㊀

레저용품(leisure用品) → 놀이용품㊀

레저 타운(leisure town) → 휴양지(休養地)㊀

레져 → 레저(leisure)

레종 도뇌르 → 레지옹 도뇌르(Légion d'honneur)

레지(レジ) → 다방 종업원(茶房從業員), 종업원㊀

레지던스(residence) → 창작 공간(創作空間), 창작촌(創作村)㊀

레지던시(residency) → 거주(居住), 거주지(居住地)㊀

레지스땅스 → 레지스탕스(résistance)

레지스탕스(résistance) → 저항(抵抗)㊀

레지스터(resistor) → ① 저항기(抵抗器) ② 기록기(記錄機)㊀

레짐(regime) → 체제(體制)㊀

레카차(-車) → 레커차(wrecker-)

레코더 → 리코더(recorder)

레코드(record) → ① 음반(音盤) ② 기록(記錄), 기록면(-面), 기록표(-表)㊀

레코딩 → 리코딩(recording)

레코오드 → 레코드(record)

레크레이션 → 레크리에이션(recreation)

레크리에이션(recreation) → 놀이, 오락(娛樂)㊀

레터르(letter) → 상표(商標), 표(標)㊀, 라벨/레이블(label)

레테르(レッテル) → 레터르(letter)

레토르트 식품(retort食品) → 고압 가열살균 식품(高壓加熱殺菌-)㊀

레트로(retro) → 복고풍(復古風)㊀

레파토리 → 레퍼토리(repertory)

레퍼런스(reference) → ① 참조(參照) ② 고품질(高品質)㊀

레퍼리(referee) → 심판장(審判長)㊀

레퍼터리 → 레퍼토리(repertory)

레퍼토리(repertory) → 곡목(曲目), 노

래 곡목, 상연 목록(上演目錄), 연주 곡목(演奏 –)[순]

레포트 → 리포트(report)

레프리 → 레퍼리(referee)

레프트윙(left wing) → 왼쪽 공격수(-攻擊手), 왼쪽 날개[순]

레프트풀백(left fullback) → 왼쪽 수비수(-守備手)[순]

렉쳐 → 렉처(lecture)

렉카차(-車) → 레커차(wrecker-)

렌지 → 레인지(range)

렌탈 → 렌털(rental)

렌터카(rent-a-car) → 빌림차(-車), 임대차(賃貸車)[순]

렌턴 → 랜턴(lantern)

렌털(rental) → 대여(貸與)[순]

렌트겐 → 뢴트겐(Roentgen)

렌트카 → 렌터카(rent-a-car)

렛데루(レッテル) → 레터르(letter)

렛떼루(レッテル) → 레터르(letter)

렛뗄(レッテル) → 레터르(letter)

렛슨 → 레슨(lesson)

렛테루(レッテル) → 레터르(letter)

～려구 → ～려고

～려므나 → ～려무나

～련가 → ～런가

～렸다(다짐, 명령, 추측) → ～렷다

로고 송(logo song) → 홍보 노래(弘報 –)[순]

로그아웃(logout) → 회원 나가기(會員 –)[순]

로그인(login) → 회원 들어가기(會員 –)[순]

로드매니저(road manager) → 수행 매니저(隨行-)[순]

로드 맵(road map) → 단계별 이행안(段階別履行案), 이행안[순]

로드 무비(road movie) → 여정 영화(旅程映畵)[순]

로드쇼(road show) → 거리 공연(-公演), 길거리 쇼, 순회 상영(巡廻上映), 특별 공연(特別-), 특별 상영[순]

로드킬(road kill) → 동물 교통사고(動物交通事故), 동물 찻길 사고(-車-)[순]

로딩(loading) → 띄우기, 올리기, 옮기기[순]

로라(ローラー) → 굴밀이, 땅다지개, 롤러(roller)[순]

로렉스 → 롤렉스(Rolex)

로렌스(Lorentz) → ① 로런츠(네) ② 로렌츠(영)

로렌스 곡선(-曲線) → 로렌츠 곡선(Lorentz-)

로리타 → 롤리타(Lolita)

로리타컴플렉스 → 롤리타콤플렉스(Lolita complex)

로리타콤플렉스 → 롤리타콤플렉스(Lolita complex)

로링 → 롤링(rolling)

로만짜 → 로만자(Romanza)

로맨스물(romance物) → ① 연애물(戀愛物) ② 애정물(愛情物)[순]

로맨티스트 → 로맨티시스트(romanticist)

로맨티시즘(romanticism) → 낭만주의(浪漫主義)[순]

로맨틱(romantic) → 낭만적(浪漫的), 낭만풍(浪漫風)⑥

로맨틱 코미디(romantic comedy) → 낭만 희극(浪漫喜劇)⑥

로밍폰(roaming phone) → 국외용 휴대 전화(國外用携帶電話)⑥

로바다야끼(ろばたやき) → 철판구이(鐵板-), 화로구이(火爐-)

로바다야키(ろばたやき) → 화로구이(火爐-)⑥, 철판구이(鐵板-)

로바타야키(ろばたやき) → 철판구이(鐵板-), 화로구이(火爐-)

로보트 → 로봇(robot)

로비스트(lobbyist) → 막후 교섭자(幕後交涉者), 섭외 대리인(涉外代理人), 섭외인⑥

로빈훗 → 로빈 후드(Robin Hood)

로빙 볼(lobbing ball) → 띄운 공⑥

로숀 → 로션(lotion)

로스(loss) → 손실(損失)⑥

로스구이(ロース-) → 등심구이⑥

로스앤젤러스 → 로스앤젤레스(Los Angeles)

로스앤젤레스 타임즈 → 로스앤젤레스 타임스(Los Angeles Times)

로스앤젤리스 → 로스앤젤레스(Los Angeles)

로스앤젤스 → 로스앤젤레스(Los Angeles)

로스엔젤레스 → 로스앤젤레스(Los Angeles)

로스타임(loss time) → 허비 시간(虛費時間)⑥

로얄 → 로열(royal)

로얄제리 → 로열젤리(royal jelly)

로얄티 → 로열티(royalty)

로열박스(royal box) → 귀빈석(貴賓席)⑥

로열티(royalty) → 사용료(使用料), 저작권료(著作權料)⑥

로오숀 → 로션(lotion)

~로와 → ~로워

로우(① law ② low) → 로

로우즈 → 로즈(rose)

로우프 → 로프(rope)

로울러 → 롤러(roller)

로자리오 → 로사리오(rosario)

로잔느 → 로잔(Lausanne)

로쟌 → 로잔(Lausanne)

~로 족한(-足-) → ~만 하면 되는, 만족한(滿足-), 충분한(充分-)⑥

로즈마리 → 로즈메리(rosemary)

로지칼 → 로지컬(logical)

로직(logic) → 논리(論理)⑥

로칼 → 로컬(local)

로커(locker) → ① 사물함(私物函) ② 개인 보관함(個人保管函), 보관함⑥

로커 룸 → 라커 룸(locker room) ['라커 룸' 주 참조]

로컬 소싱(local sourcing) → 현지 조달(現地調達)⑥

로컬 시네마(local cinema) → 지역 영화(地域映畫)⑥

로컬 푸드(local food) → 지역 먹을거리(地域-), 향토 먹을거리(鄕土-)⑥

로케이션(location) → 현지 촬영(現地撮
影)[순]

로케트 → 로켓(rocket)

로켓트 → 로켓(rocket)

로크 → 록(rock)

로킷 → 로켓(rocket)

로타리(ロータリ) → 둥근 거리, 로터리
(rotary)[순]

로터리식(rotary式) → 회전식(回轉式),
회전형(回轉型)[순]

로테이션(rotation) → 번돌기(番-), 선
회(旋回), 순환(循環), 회전(回轉)[순]

로펌(law firm) → 법률 사무소(法律事務
所), 법률 회사(-會社)[순]

로 푸드(low food) → 저자극식(低刺戟
式)[순]

로프(rope) → 밧줄, 줄[순]

로하스(LOHAS, lifestyles of health and
sustainability) → 친환경살이(親環境
-)[순]

록뽄기 → 롯폰기(ろっぽんぎ, 六本木)

록색(綠色) → 녹색

록웰 경도계(-硬度計) → 로크웰 경도
계(Rockwell-)

록차(綠-) → 녹차

록크, 존 → 로크, 존(Locke, John)

록큰롤 → 로큰롤(rock'n'roll)

록키 → 로키(Rocky)

론칭(launching) → 사업 개시(事業開始),
신규 사업 개시(新規-)[순]

롤라 → 롤러(roller)

롤러(roller) → 굴밀이, 땅다지개[순]

롤리타컴플렉스 → 롤리타콤플렉스
(Lolita complex)

롤 모델(role model) → 본보기(本-), 본
보기상(-像)[순], 모범(模範)

롬멜, 요하네스 에르빈 오이겐
→ 로멜, 요하네스 에르빈 오이겐
(Rommel, Johannes Erwin Eugen)

롭스터 → 로브스터(lobster)

롯데(ロッテ) → 로테(Lotte)

롯드 → 로트(lot)

롯본기 → 롯폰기(ろっぽんぎ, 六本木)

롯시니 → 로시니, 조아키노 안토니오
(Rossini, Gioacchino Antonio)

롱런하다(long run-) → 장기 상영하다
(長期上映-), 장기 흥행하다(-興行
-)[순]

롱부츠(long boots) → 긴 부츠, 목긴부
츠[순]

롱쇼트 → 롱숏(long shot)

롱숏(long shoot) → 장거리 쏘기(長距
離-)[순]

롱스커트(long skirt) → 긴 치마[순]

롱 코트(long coat) → 긴 외투(-外套),
긴 코트[순]

롱 킥(long kick) → 멀리 차기[순]

롱패스(long pass) → 긴 연결(-連結),
긴 패스, 길게 주기[순]

롱펠로우, 헨리 워즈워스 → 롱펠로,
헨리 워즈워스(Longfellow, Henry
Wadsworth)

롱폼(long-form) → 긴 영상(-映像), 긴
형식(-形式)[순]

롱 헤어(long hair) → 긴 머리[순]

롱 히트(long hit) → 장타(長打)[순]

롹 → 록(rock)

롹커 → 로커(rocker)

루드비히(Ludwig) → ① 루드비(덴) ② 루드비크(폴) ③ 루트비히(독)

루머(rule) → 뜬소문(-所聞), 소문, 풍문(風聞)[순]

루미나리아(luminaria) → 불빛 잔치, 불빛 조명 시설(-照明施設), 불빛 축제(-祝祭)[순]

루베(りゅうべい) → 세제곱미터(-meter, m³)[순]

루베(ルーペ) → 루페(lupe)

루상(壘上) → 누상

루스볼(loose ball) → 흐르는 공[순]

루스츠 → 루스쓰(るすつ, 留壽都)

루스타임 → 로스타임(loss time)

루쏘, 장자크 → 루소, 장자크(Rousseau, Jean-Jacques)

루우트 → 루트(route)

루우프 → 루프(loop)

루이 까뜨즈 → 루이 카토르즈(Louis Quatorze)

루이비통 → 루이뷔통(Louisvuitton)

루이지아나 → 루이지애나(Louisiana)

루주(rouge) → 입술연지(-臙脂)[순]

루즈 → 루주(rouge)

루즈벨트, 프랭클린 델러노 → 루스벨트, 프랭클린 델러노(Roosevelt, Franklin Delano)

루즈볼 → 루스볼(loose ball)

루즈타임 → 로스타임(loss time)

루키(rookie) → 신인(新人), 신인 선수(-選手)[순]

루터, 마틴 → 루터, 마르틴(Luther, Martin)

루트(route) → 경로(經路), 통로(通路)[순]

루팡, 아르센→ 뤼팽, 아르센(Lupin, Arsène)

루프톱(roof top) → 옥상(屋上)[순]

룩셈브르크 → 룩셈부르크(Luxemburg)

룩스 → 럭스(lux)

룰(rule) → 규칙(規則)[순]

룸메이드(roommaid) → 객실원(客室員), 객실 청소원(-淸掃員)[순]

룸메이트(roommate) → 방짝(房-), 방친구(房親舊)[순]

룸 시어터(room theater) → 안방 극장(-房劇場)[순]

룸싸롱 → 룸살롱(room salon)

룸펜(Lumpen) → 고등 실업자(高等失業者), 무직자(無職者), 실업자[순]

뤼브리케이션 → 루브리케이션(lubrication)

류마치스 → 류머티즘(rheumatism)

류마티스 → 류머티즘(rheumatism)

류마티즘 → 류머티즘(rheumatism)

류머티스 → 류머티즘(rheumatism)

륙색(rucksack) → 배낭(背囊)[순]

르네쌍스 → 르네상스(Renaissance)

르노아르, 피에르오귀스트 → 르누아르, 피에르오귀스트(Renoir, Pierre-Auguste)

르느와르, 피에르오귀스트 → 르누아르, 피에르오귀스트(Renoir, Pierre-Auguste)

르뽀 → 르포(reportage)

르와르 → 루아르(Loire)

르포(reportage) → 보고 기사(報告記事), 현장 보고(現場 -), 현장 보고서(-報告書), 현지 보고(現地 -)㊞

리골렛토 → 리골레토(Rigoletto)

리그(league) → 연맹(聯盟)㊞

리넨(linen) → 마(麻), 마직물(麻織物)㊞

리노베이션(renovation) → 개보수(改補修)㊞

리뉴얼(renewal) → 새 단장(-丹粧), 재구성(再構成)㊞

리더(leader) → 지도자(指導者)㊞

리더쉽 → 리더십(leadership)

리더십(leadership) → 지도력(指導力)㊞

리드미칼 → 리드미컬(rhythmical)

리드미컬하다(rhythmical -) → 운율적이다(韻律的 -), 율동적이다(律動的 -)㊞

리드 타임(lead time) → 납품 소요 시간(納品所要時間)㊞

리드하고 있다(lead -) → 앞서고 있다㊞

리드하다(lead -) → ① 이끌다 ② 주도하다(主導 -)㊞

리듬(rhythm) → 박자(拍子)㊞

리메이크(remake) → 원작 재구성(原作再構成), 재구성㊞

리모델링(remodeling) → 구조 변경(構造變更), 새 단장(-丹粧)㊞

리모컨(remocon) → 원격 조정기(遠隔調整器)㊞

리모콘(リモコン) → 리모컨(remocon)

리미트 → 리밋(limit)

리미티드 에디션(limited edition) → 한정판(限定版), 한정품(限定品)㊞

리믹스하다(remix -) → 재합성하다(再合成 -), 재혼합하다(再混合 -)㊞

리바운드볼(rebound ball) → 튀어나온 공, 튄 공㊞

리바이벌(revival) → 재연(再演)㊞

리베로(libero) → 수비 전담 선수(守備專擔選手), 자유 위치 선수(自由位置 -)㊞

리베이트(rebate) → 사례비(謝禮費), 음성 사례비(陰性 -)㊞

리벤져스 → 리벤저스(revengers)

리보스 → 리보오스(ribose)

리봉(リボン) → 리본(ribbon)

리부트(reboot) → 되띄우기㊞

리뷰(review) → 개관(槪觀), 논평(論評), 비평(批評), 평론(評論)㊞

리빙룸(living room) → 거실(居室)㊞

리빙스톤, 데이비드 → 리빙스턴, 데이비드(Livingstone, David)

리사이클링(recycling) → 재활용(再活用)㊞

리사이틀(recital) → 발표회(發表會), 연주회(演奏會)㊞

리셋(reset) → 재시동(再始動)㊞

리스(lease) → 빌림㊞

리스 산업(lease產業) → 임대업(賃貸業)㊞

리스크(risk) → 손실 우려(損失憂慮), 손

실 위험(-危險)[순], 위험, 손해 우려(損害-)
리시버(receiver) → 수비수(守備手)[순]
리시브(receive) → 메김 받기, 받기[순]
리싸이클링 → 리사이클링(recycling)
리싸이틀 → 리사이틀(recital)
리아까(リアカー) → 리어카(rearcar), 손수레
리야까(リヤカー) → 리어카(rearcar), 손수레
리야카(リヤカー) → 손수레[순]
리어카(rear car) → 손수레[순]
리얼리즘(realism) → 사실주의(寫實主義)[순]
리얼리티(reality) → 사실성(事實性)[순]
리얼 버라이어티(real variety) → 생생 예능(生生藝能)[순]
리얼타임(realtime) → 실시간(實時間)[순]
리얼하다(real-) → 사실적이다(事實的-), 생생하다, 현실감 있다(現實感-)[순]
~리에(裡-) → ~ 속에
리오그란데 → 리우그란데(Rio Grande)
리오데자네이로 → 리우데자네이루(Rio de Janeiro)
리이그 → 리그(league)
리이더 → 리더(leader)
리자(-字) → 릿자
리조트(resort) → 휴양지(休養地)[순]
리죠트 → 리조트(resort)
리차드 → 리처드(Richard)
리챠드 → 리처드(Richard)
리치(reach) → 팔 길이[순]
리치몬드 → 리치먼드(Richmond)
리치하다(rich-) → 넉넉하다, 풍부하다(豐富-)[순]
리카아도, 데이비드 → 리카도, 데이비드(Ricardo, David)
리커버(recover) → 새 표지(-標紙)[순]
리코딩(recording) → 기록(記錄), 녹음(錄音)[순]
리코오더 → 리코더(recorder)
리콜(recall) → 결함 보상(缺陷補償), 결함 보상제(-補償制)[순]
리퀘스트(request) → 신청(申請), 요청(要請)[순]
리퀴엠 → 레퀴엠(requiem)
리클라이너(recliner) → 각도 조절 의자(角度調節椅子)[순]
리턴(return) → 되넘기기, 되돌아오기[순]
리턴매치(return match) → 복수전(復讐戰), 재대결(再對決)[순]
리턴패스(return pass) → 다시 주기, 되주기[순]
리페어(repair) → 수리(修理)[순]
리포터(reporter) → 보고자(報告者), 보도자(報道者)[순]
리포트(report) → 보도(報道)[순]
리폼(reform) → 개량(改良), 수선(修繕)[순]
리프레쉬 → 리프레시(refresh)
리프레시(refresh) → 재충전(再充塡)[순]
리플(reply) → 댓글[순]
리플렛 → 리플릿(leaflet)
리플릿(leaflet) → 광고지(廣告紙), 광고

쪽지, 안내문(案內文), 홍보물(弘報物), 홍보 전단(-傳單), 홍보지(弘報紙), 홍보 책자(-冊子)⦿

리플족(reply族) → 답글족⦿

리필(refill) → 되채우기⦿

리허설(rehearsal) → 무대 연습(舞臺演習), 연습, 예행연습(豫行-), 총연습(總演習)⦿

린넨 → 리넨(linen)

린치(lynch) → 폭력(暴力)⦿

릴레이(relay) → 계전기(繼電器), 이어가기, 이어달리기, 중계(中繼)⦿

릴리프(relief) → 부각(浮刻), 부조(浮彫)⦿

림프선(lymph腺) → 림프샘

립 서비스(lip service) → 빈말, 입발림⦿

립씽크 → 립싱크(lip sync)

링(ring) → 고리, 빠짐 방지 고리(-防止-)⦿

링(ring)(농구 골대 테두리) → 림(rim)

링게르 → 링거(Ringer)

링겔 → 링거(Ringer)

링크(rink) → 경기장(競技場), 스케이트장(skate場)⦿

립스틱 → 립스틱(lipstick)

ㅁ

~ 마— ~ 말아[복]

마가레트 → 마거릿(Margaret)

마가렛 → 마거릿(Margaret)

마가렛트 → 마거릿(Margaret)

마게 → 마개

마계말(馬契-) → 마곗말

마고자 — 마괘자(馬褂子)[복]

마구다지 → 마구잡이

마구로(まぐろ) → 다랑어[순]

마구잡이 — 생잡이(生-)[복]

마구쟁이 → 마구잡이

마굿간 → 마구간(馬廏間)

마그네트 → 마그넷(magnet)

마그네틱(magnetic) → 자기(磁氣)[순]

마그넷트 → 마그넷(magnet)

마기 → 막상

마끼(まき) → ① 두루마리, 말이, 필(疋)
    ② 김말이

마끼아또(マキアート) → 마키아토
    (macchiato)

~마냥 → ~처럼

~마네 — ~맣네[복]

마네킨 → 마네킹(mannequin)

마니토바주(-州) → 매니토바주
    (Manitoba-)

마다가스칼 → 마다가스카르
    (Madagascar)

마다 안 해 → 마다하지 않아

마다 않다 → 마다하지 않다

마담(madame) → 부인(夫人), 안주인
    (-主人)[순]

마대(麻袋) → 자루, 포대(布袋)[순]

마더보드(motherboard) → 어미 기판
    -基板), 어미판[순]

마도로스(matross) → 선원(船員)[순]

마도메(まとめ) → 끝손질, 마무리

마드모아젤 → 마드무아젤(mademoiselle)

마들린느(Madeleine) → ① 마들렌(프)
    ② 매들린(영)

마디줄 → 마딧줄

마땅이 → 마땅히

마땅잖다 → 마땅찮다

마땅챦다 → 마땅찮다

마땅챦다 → 마땅찮다

마뜩잖다 → 마뜩잖다

마뜩찮다 → 마뜩잖다

마뜩챦다 → 마뜩잖다

마뜩치 않다 → 마뜩지 않다

~ 마라— ~ 말아라[복]

마려웁다 → 마렵다

마루간(-間) → 마룻간

마루구멍 → 마룻구멍

마루대 → 마룻대

마루도리 → 마룻도리

마루바닥 → 마룻바닥

마루보 → 마룻보

마루줄 → 마룻줄

마룻광 → 마루광

마룻문(-門) → 마루문

마룻방(-房) → 마루방

마룻줄 ─ 용총줄[복]

마룻청(-廳) → 마루청

마룻터기 → 마루터기

마룻턱 → 마루턱

마르모트(marmotte) ─ 마멋(marmot)[복]

마르못트 → 마르모트(marmotte)

마르세이유 → 마르세유(Marseille)

마르쉐 → 마르셰(marché)

마리 끌레르 → 마리 클레르(Marie Clair)

마리수(-數) → 마릿수

마리안느(Marianne) → ① 마리안(프)
　② 메리앤(영)

마린 → 머린(marine)

마린랜드 → 머린랜드(Marineland)

마마보이(mamma's boy) → 응석받이,
　치마폭 아이(-幅-)[순]

마마자국(媽媽-) → 마맛자국

마말라드 → 마멀레이드(marmalade)

마말레이드 → 마멀레이드(marmalade)

마메인(まめじるし) → 잔도장(-圖章)[순]

마멸하다(磨滅-) → 닳다[순]

마모트 → 마멋(marmot)

마못 → 마멋(marmot)

마못트 → 마멋(marmot)

마물르다 → 마무르다

마바릿군(馬-) → 마바리꾼

마바릿집(馬-) → 마방집(馬房-)

마블링(marbling) → 결지방(-脂肪)[순]

마빼기 → 마빡

마사지(massage) → 안마(按摩)[순]

마사토(まさど) → 굵은 모래[순]

마샬 → 마셜(Marshall)

마샬플랜 → 마셜플랜(Marshall Plan)

마셔 재끼다 → 마셔 젖히다

마셔 재치다 → 마셔 젖히다

마셔 젓히다 → 마셔 젖히다

마셔 제끼다 → 마셔 젖히다

마셔 제치다 → 마셔 젖히다

마쇄(磨碎) → 갈아부수기[순]

마수거리 → 마수걸이

마술장이(魔術-) → 마술쟁이

마쉬멜로우 → 마시멜로(marshmallow)

마스게임 → 매스게임(mass game)

마스카라(mascara) → 속눈썹 그리개[순]

마스콧 → 마스코트(mascot)

마스크(mask) → ① 가면(假面) ② 얼굴,
　얼굴선(-線) ③ 얼굴막이[순]

마스타 → 마스터(master)

마스터즈(masters) → ① 마스터스 ② 매
　스터스

마스터키(master key) → 만능열쇠(萬能-)

마스터플랜(master plan) → 기본 계획
　(基本計劃), 기본 설계(-設計), 종합
　계획(綜合-)[순]

마스터피스(masterpiece) → 걸작(傑作)[순]

마스터하다(master) → 통달하다(通達
　－)[순]

마스트(mast) → 돛대[순]

마시맬로 → 마시멜로(marshmallow)

마시멜로우 → 마시멜로(marshmallow)

마실 ― 마을[복]

마싸지 → 마사지(massage)

마쓰시다 → 마쓰시타(まつした, 松下)

마아가린 → 마가린(margarine)

마아진 → 마진(margin)

마아치 → 마치(① March ② march)

마아케팅 → 마케팅(marketing)

마야코프스키, 블라디미르 블라디미로
　비치 → 마야콥스키, 블라디미르 블
　라디미로비치(Mayakovskii, Vladimir
　Vladimirovich)

마연 토기(磨硏土器) → 간그릇[순]

마오저둥 → 마오쩌둥(毛澤東)

마오쩌뚱 → 마오쩌둥(毛澤東)

～ 마요 ― ～ 말아요[복]

마요네에즈 → 마요네즈(mayonnaise)

마요네이즈 → 마요네즈(mayonnaise)

마우스 패드(mouse pad) → 마우스 받
　침, 마우스 판(－板)[순]

마우스피스(mouthpiece) → 이 틀[순]

마음것 → 마음껏

마이(まい) → 재킷(jacket)[순], 상의(上衣),
　양복(洋服) 윗도리, 웃옷, 윗도리

마이너(minor) → 비주류(非主流)[순]

마이너리티(minority) → 소수 집단(小數
　集團)[순]

마이너스(minus) → 빼기, 빼기 부호(－
　符號), 손해(損害), 음극(陰極), 음성(陰
　性), 적자(赤字)[순]

마이너스 킥(minus kick) → 거꾸로 차
　기[순]

마이다스 → 미다스(Midas)

마이더스 → 미다스(Midas)

마이싱(マイシン) → 마이신(mycin)

마이카(my car) → 내 차(－車), 자가용
　(自家用), 자가용 차, 자기 차(自己車)[순]

마이크로버스(microbus) → 소형 버스
　(小型－)[순]

마이크로웨이브(microwave) → 초단파
　(超短波)[순]

마이크론 → 미크론(micron, μ)

마이클론 → 미크론(micron, μ)

마인드(mind) → ① 개념(槪念) ② 인식
　(認識) ③ 사고 체계(思考體系)[순]

마인드맵(mind map) → 생각그물[순]

마인드 컨트롤(mind control) → 심리
　제어(心理制御), 심리 조절(－調節),
　심리 통제(－統制)[순]

마일리지(mileage) → 이용 실적 점수
　(利用實績點數)[순]

마작군(麻雀－) → 마작꾼

마져 → 마저

마조리카 → 마졸리카(majolica)

마조이즘 → 마조히즘(masochism)

마조키즘 → 마조히즘(masochism)

마직이(馬－) → 마지기

마진(margin) → 이윤(利潤), 중간 이윤
　(中間－)[순]

마진률(margin率) → 마진율

마쯔시다 → 마쓰시타(まつした, 松下)

마쯔야마 → 마쓰야마(まつやま, 松山)

마쵸 → 마초(macho)

마추다 → 맞추다

마추피추 → 마추픽추(Machu Picchu)

마춤 → 맞춤

마춤맞다 → 마침맞다

마춤법(-法) → 맞춤법

마춤복(-服) → 맞춤복

마춤옷 → 맞춤옷

마춤하다 → 맞춤하다

마춰 가다 → 맞춰 가다

마츄피츄 → 마추픽추(Machu Picchu)

마츠야마 → 마쓰야마(まつやま, 松山)

마치맞다 → 마침맞다

마케터(marketer) → 판매 전문가(販賣
專門家), 판촉 전문가(販促-)순

마케팅리서치(marketing research) →
상품 조사(商品調査), 소비자 조사(消
費者-), 시장 조사(市場-)순

마켓(market) → 시장(市場)순

마켓 셰어(market share) → 시장 점유
율(市場占有率)순

마켓 쉐어 → 마켓 셰어(market share)

마켓팅 → 마케팅(marketing)

마켈 → 마켓(market)

마크(mark) → ① 기호(記號), 상표(商標)
② 막기 ③ 표(標), 표지(標紙)순

마크맨(mark man) → 전담 요원(專擔要
員)순

마크하다(mark-) → 막다순

마키(まき) → ① 두루마리, 말이, 필(疋)
② 김말이순

마키팅 → 마케팅(marketing)

마타도어(matador) → 모략선전(謀略宣
傳), 흑색선전(黑色-)순

마타리과(-科) → 마타릿과

마토메(まとめ) → 끝손질, 마무리순

마파람 ― 앞바람복

* 마파람: 뱃사람들의 은어로, '남풍'을 이
르는 말.

* 앞바람: ① 뱃사람들의 은어로, '남풍'을
이르는 말. ② 배가 가는 반대쪽으로 부는
바람. =역풍.

마포(麻布) → ① 삼베 ② 자루걸레순

마포걸레(モップ-) → 대걸레

마호멧 → 마호메트(Mahomet)

마호병(まほうびん) → 보온병(保溫瓶)
순, 보랭병(保冷瓶)

마후라(マフラー) → ① 머플러(muffler),
목도리순, 스카프(scarf) ② 소음기
(消音器)순

막강(莫强) → 아주 셈순

막걸리집 → 막걸릿집

막나니 → 망나니

막난이 → 망나니

막내누이 → 막냇누이

막내동생 → 막냇동생

막내동이 → 막내둥이

막내사위 → 막냇사위

막내삼촌(-三寸) → 막냇삼촌

막내손자(-孫子) → 막냇손자

막내자식(-子息) → 막냇자식

막냇둥이 → 막내둥이

막냇딸 → 막내딸

막닥뜨리다 → 맞닥뜨리다

막대가지 → 막댓가지

막대이(莫大-) → 막대히

막동이 → 막둥이

막됀놈 → 막된놈

막되먹은 → 막돼먹은

막때기 → 막대기

막료(幕僚) → 참모(參謀)[순]

막막이(① 寞寞- ② 漠漠-) → 막막히

막바로 → 곧바로

막벌잇군 → 막벌이꾼

막부득이(莫不得已)—만부득이(萬不得已)[복]

막사(幕舍) → 병영 생활관(兵營生活館)[순]

막역한 사이(莫逆-) → 아주 친한 사이(-親-), 친한 사이[순]

막연이(漠然-) → 막연히

막연한 사이(漠然-) → 막역한 사이(莫逆-)

막일군 → 막일꾼

막일꾼 → 건설 노동자(建設勞動者)

막잡이 → 마구잡이

막장군 → 막장꾼

막중이(莫重-) → 막중히

막중한(莫重-) → 아주 중요한(-重要-)[순]

막짜사발(-沙鉢) → 막자사발

막혀져 있다 → 막혀 있다

막혀졌다 → 막혔다

막혀지는 → 막히는

막혀지다 → 막히다

막혀진 → 막힌

만개하다(滿開-) → 활짝 피다[순]

만나 뵈 → 만나 뵈어, 만나 봬

만날(萬-)—맨날[복]

만날런지 → 만날는지

만도린 → 만돌린(mandolin)

만두국(饅頭-) → 만둣국

만두속(饅頭-) → 만두소

만둣소 → 만두소(饅頭-)

만둣속 → 만두소(饅頭-)

만들은 → 만든

만들음 → 만듦

만듬 → 만듦

만듬새 → 만듦새

만땅(まんタン) → 가득, 가득 참, 가득 채움[순]

만료되다(滿了-) → 끝나다[순]

만료일(滿了日) → 끝나는 날[순]

만만불칙 → 만만불측(萬萬不測)

만만이 → 만만히

만만잖다 → 만만찮다

만만쟎다 → 만만찮다

만만지 않다 → 만만치 않다

만만챦다 → 만만찮다

만면(滿面) → 온 얼굴[순]

만부득히 → 만부득이(萬不得已)

만석군(萬石-) → 만석꾼

만연(蔓延) → 널리 퍼짐, 번짐[순]

만의 하나(萬-) → 만에 하나

만장(滿場) → 자리를 채움[순]

만장중(滿場中)—만장판[복]

만전을 기하다(萬全-期-) → 빈틈없이

하다, 최선을 다하다(最善-), 틀림없
이 하다㉛

만조(滿潮) → 밀물㉛

만족스런(滿足-) → 만족스러운

만지럭거리다 → 만지작거리다

만지적거리다 → 만지작거리다

만찬(晚餐) → 저녁 모임, 저녁 식사 모
임(-食事-)㉛

만쵸니, 알레산드로 → 만초니, 알레산
드로(Manzoni, Alessandro)

만치 — 만큼㉥

만화가게(漫畫-) → 만홧가게

많쟎아 → 많잖아

많찮다 → 많잖다

많챦다 → 많잖다

많히 → 많이

맏딸 — 장녀(長女) — 큰딸㉥

맏상주(-喪主) → 맏상제(-喪制)

맏아들 — 상자(尙子) — 장남(長男) —
장자(長子) — 큰아들 — 큰자식(-子
息)㉥

말게지다 → 말개지다

말겻 → 말곁

말곳말곳하다 → 말긋말긋하다

말괄랭이 → 말괄량이

말국 → 국물

말깃 → 말곁

말꼼이 → 말꼼히

말꼼히 → 말끄러미

말꿉 → 말굽

말끔이 → 말끔히

말단(末端) → 끝㉛

말단 부서(末端部署) → 일선 부서(一線
-)㉛

말담 → 입담

말댓구 → 말대꾸

말동무 — 말벗㉥

말되 → 마되

말뚝모 → 꼬창모

말똥말똥 → 말똥말똥

말라리아(malaria) → 학질(瘧疾)㉛

말랑이 → 말랭이

말레시아 → 말레이시아(Malaysia)

말레이지아 → 말레이시아(Malaysia)

말레지아 → 말레이시아(Malaysia)

말려져 있다 → 말려 있다

말려졌다 → 말렸다

말려지는 → 말려진

말려지다 → 말리다

말려진 → 말린

말르다 → 마르다

말른 → 마른

말모트 → 마르모트(marmotte)

말몰이군 → 말몰이꾼

말몰잇군 → 말몰이꾼

말몰잇꾼 → 말몰이꾼

말미(末尾) → 끝, 뒤㉛

말빨 → 말발

말뽄새 → 말본새(-本-)

말살하다(抹殺-) → 없애다㉛

말소(抹消) → 지움, 지워 없앰㉛

말소[牛馬] → 마소

말숙하다 → 말쑥하다

말썽군 → 말썽꾼

말썽꾸래기 → 말썽꾸러기
말썽꾸레기 → 말썽꾸러기
말썽 피다 → 말썽 피우다
말쑥히 → 말쑥이
말씀이 계시겠습니다 → 말씀하시겠습
　니다
말야(그런데 ~) → 말이야
말약(末藥) → 가루약
말을까 → 말까
말일(末日) → 끝날, 마지막 날[순]
말장하다 → 말짱하다
말치래 → 말치레
말치례 → 말치레
말컴 엑스 → 맬컴 엑스(Malcolm X)
말콤 볼드리지상(-賞) → 맬컴 볼드리
　지(Malcolm Boldridge-)
말타제 → 말타아제(Maltase)
말할꺼리 → 말할거리
말허물 → 말실수(-失手)
맑갛다 → 말갛다
맑스주의(-主義) → 마르크스주의
　(Marx-)
맑스, 칼 → 마르크스, 카를(Marx, Karl)
맑시스트 → 마르크시스트(Marxist)
맑시즘 → 마르크시즘(Marxism)
맑은쇠 → 가늠쇠
맘껏 → 맘껏
맘모스(マンモス) → 매머드(mammoth)
맘 카페(mom café) → 육아 카페(育兒-)
맛갈 → 맛깔
맛갈나다 → 맛깔스럽다
맛갈스럽다 → 맛깔스럽다

맛갈지다 → 맛깔스럽다
맛갓나다 → 맛나다
맛갓다 → 맞갖다
맛깔지다 → 맛깔스럽다
맛먹다 → 맞먹다
맛바꾸다 → 맞바꾸다
맛받다 → 맞받다
맛배기 → 맛보기
맛배지붕 → 맞배지붕
맛벌이 → 맞벌이
맛뵈기 → 맛보기
맛빼기 → 맛보기
맛사지 → 마사지(massage)
맛절 → 맞절
맛탱이 → 맛대가리
망(網) → 그물[순]
망각하다(忘却-) → 잊다, 잊어버리다[순]
망그뜨리다 → 망가뜨리다
망난이 → 망나니
망년회(忘年會) → 송년 모임(送年-),
　송년회(送年會)[순]
망녕 나다 → 망령 나다(妄靈-)
망둑어과(-科) → 망둥엇과
망둥어 → 망둑어, 망둥이
망또(マント) → 망토(manteau)[순]
망라하다(網羅-) → 통틀다[순]
망모(亡母) → 돌아가신 어머니[순]
망무가내 → 막무가내(莫無可奈)
망상 무늬(網狀-) → 그물눈 무늬, 그물
　무늬[순]
망서리다 → 망설이다
망연이(茫然-) → 망연히

망칙하다 → 망측하다(罔測 −)

망탱이 → 망태기

맞냐 → 맞느냐

맞다면 → 맞는다면

맞닥드리다 → 맞닥뜨리다

맞대여 → 맞대어

맞대였다 → 맞대었다

맞대이다 → 맞대다

맞대인 → 맞댄

맞대임 → 맞댐

맞딱뜨리다 → 맞닥뜨리다

맞물려져 있다 → 맞물려 있다

맞물려졌다 → 맞물렸다

맞물려지는 → 맞물리는

맞물려지다 → 맞물리다

맞물려진 → 맞물린

맞벌이꾼 → 막벌이꾼

맞부치다 → 맞붙이다

맞상(−床) → 겸상(兼床)

맞아드리다 → 맞아들이다

맞어 → 맞아

맞은짝 → 맞은편(−便)

맞은켠 → 맞은편(−便)

맞장 → 맞짱

맞장 뜨다 → 맞짱 뜨다

맞잽이 → 맞잡이

맞춤법(−法) → 맞춤법

맡은 바 임무(−任務) → 맡은 일

매(枚) → 장(張)[순]

매가진 → 매거진(magazine)

매각하다(賣却 −) → 팔다, 팔아 버리다[순]

매갈이 — 매조미(−糙米)[복]

매감[鞭] → 맷감

매값 → 맷값

매과[鷹](−科) → 맷과

매끼다 → 맡기다

매너(manner) → 몸가짐, 버릇, 태도(態度)[순]

매너리즘(mannerism) → 타성(惰性)[순]

매년(每年) → 해마다

매년마다(每年 −) → 매년, 해마다

매뉴얼(manual) → 설명서(說明書)[복], 안내서(案內書), 지침(指針), 지침서[순]

매뉴팩쳐 → 매뉴팩처(manufacture)

매뉴팩쳐링 → 매뉴팩처링(manufacturing)

매니쉬 → 매니시(mannish)

매니아 → 마니아(mania)

매니저(manager) → 감독(監督), 관리인(管理人), 지배인(支配人)[순]

매니져 → 매니저(manager)

매니큐어(manicure) → 손 손질, 손톱 손질, 손톱칠(−漆)[순]

매달은 → 매단

매달음[懸] → 매닮

매도인(賣渡人) → 파는 사람[순]

매도하다(罵倒 −) → 꾸짖다, 욕하다(辱 −)[순]

매도하다(賣渡 −) → 팔다[순]

매독[抽打毒] → 맷독

매돌[碾] → 맷돌

매돌질 → 맷돌질

매립지(埋立地) → 메운 땅[순]

매립하다(埋立 −) → 메우다[순]

매마른 → 메마른

매매(賣買) → 팔고 사기순

매매값(賣買-) → 매맷값

매머드(mammoth) → 대규모의(大規模-),
　대형(大型), 큰순

매몰되다(埋沒-) → 묻히다, 파묻히다순

매무새 ─ 옷매무새복

매무작거리다 → 만지작거리다

매물(賣物) → 팔 것, 팔 물건(-物件)순

매미과(-科) → 매밋과

매미작거리다 → 만지작거리다

매방석(-方席) → 맷방석

매번(每番) → 번번이(番番-)순

매사추세스 → 매사추세츠(Massachusetts)

매상(賣上) → 판매(販賣), 팔기순

매상고(賣上高) → 매출액(賣出額), 판매
　액(販賣額)순

매상금(賣上金) → 판매액(販賣額)순

매설하다(埋設-) → 파묻다순

매수(枚數) → 장수(張數)순

매수인(買受人) → 사는 사람순

매수하다(買收-) → 사들이다순

매 순간마다(每瞬間-) → 매 순간, 순간
　마다

매쉬멜로우 → 마시멜로(marshmallow)

매슈즈 → 매슈스(Matthews)

매스게임(mass game) → 집단 체조(集團
　體操)순

매스컴(mass communication) → 대중
　전달(大衆傳達), 언론(言論), 언론 기
　관(-機關)순

매스콤 → 매스컴(mass communication)

매스터 → 마스터(master)

매스 프로덕션(mass production) → 대
　량 생산(大量生産)순

매시멜로우 → 마시멜로(marshmallow)

매움다 → 맵다

매월(每月) → 다달이순

매일(每日) → 날마다순

매일매일(每日每日) → 날마다, 하루하루

매입율(買入率) → 매입률

매입하다(買入-) → 사들이다순

매장(賣場) → 판매장(販賣場)순

매장하다(埋葬-) → 묻다순

매저키즘 → 마조히즘(masochism)

매절(賣切) → 다 팔림, 절품(切品)순

매점(賣店) → 가게순

매점(買占) → 사재기순

매점매석(買占賣惜) → 사재기순

매조키즘 → 마조히즘(masochism)

매주(每週) → 주마다(週-)순

매직넘버(magic number) → 확정 승수
　(確定勝數)순

매진되다(賣盡-) → 다 팔리다순

매진하다(邁進-) → 힘차게 나아가다순

매집 → 맷집

매출(賣出) → 판매(販賣), 팔기순

매치업(match-up) → ① 대진(對陣), 맞
　대결(-對決) ② 일대일(一對一)순

매치포인트(match point) → 끝내기 점
　수(-點數)순

매칭(matching) → 대응(對應), 연결(連
　結), 연계(連繫)

매칭 비율(matching比率) → 분담 비율
　(分擔-)순

매칭 시스템(matching system) → 협력
체계(協力體系)[순]

매칭 펀드(matching fund) → 대응 기금
(對應基金), 대응 자금(-資金)[순]

매커니즘 → 메커니즘(mechanism)

매커니칼 → 메커니컬(mechanical)

매커닉 → 메커닉(mechanic)

매케하다 → 메케하다

매크로(macro) → 거시적(巨視的)[순]

매통—목매(木-)[복]

매튜스 → 매슈스(Matthews)

매트(mat) → 깔개, 침대요(寢臺-), 침
대용 요[순]

매트레스 → 매트리스(mattress)

매트리스(mattress) → 침대 요(寢臺-),
침대용 요(寢臺用-)[순]

매트릭스(matrix) → 행렬(行列)[순]

매표구(賣票口) → 표 사는 곳

매표소(賣票所) → 표 사는 곳,
표 파는 곳[순]

매화간(-間) → 매홧간

맥고모(麥藁帽)—맥고모자(-帽子)
—맥고자[복]

맥고모자(麥藁帽子) → 밀짚모자[순]

맥도날드 → 맥도널드(MacDonald)

맥 라이언 → 멕 라이언(Meg Ryan)

맥락(脈絡) → 계통(系統), 줄기[순]

맥루언, 허버트 마셜 → 매클루언, 허버
트 마셜(McLuhan, Herbert Marshall)

맥루한, 허버트 마셜 → 매클루언, 허버
트 마셜(McLuhan, Herbert Marshall)

맥베드 → 맥베스(Macbeth)

맥시맘 → 맥시멈(maximum)

맥시멀리즘(maximalism) → 최대주의
(最大主義)[순]

맥시칸 → 멕시컨(Mexican)

맥아리(脈-) → 매가리

맥적다 → 맥쩍다

맥주값(麥酒-) → 맥줏값

맥주집(麥酒-) → 맥줏집

맥줏병 → 맥주병(麥酒瓶)

맥줏잔 → 맥주잔(麥酒盞)

맥카시 → 매카시(McCarthy)

맥켄리 → 매킨리(McKinley)

맥켄지 → 매켄지(Mackenzie)

맥쿼리 → 매쿼리(Macquarie)

맥킨리 → 매킨리(McKinley)

맥킨지 보고서(-報告書) → 매킨지 보
고서(McKinsey-)

맨보리밥 → 꽁보리밥

맨션(mansion) → 아파트(apartment)[순]

맨송맨송—맨숭맨숭—맹숭맹숭[별]

  * 맨송맨송: ① 몸에 털이 있어야 할 곳에
털이 없어 반반한 모양. ≒맨송맨송히.
② 산 따위에 나무나 풀이 우거지지 아니
하여 반반한 모양. ≒맨송맨송히. ③ 술을
마시고도 취하지 아니하여 정신이 말짱
한 모양. ≒맨송맨송히. ④ 일거리가 없거
나 아무것도 생기는 것이 없어 심심하고
멋쩍은 모양. ≒맨송맨송히.

  * 맨숭맨숭: ① 몸에 털이 있어야 할 곳에
털이 없어 반반한 모양. '맨송맨송'보다
큰 느낌을 준다. ② 산 따위에 나무나 풀
이 우거지지 아니하여 반반한 모양. '맨송
맨송'보다 큰 느낌을 준다. ③ 술을 마시
고도 취하지 아니하여 정신이 말짱한 모

양. '맹송맹송'보다 큰 느낌을 준다. ④ 일거리가 없거나 아무것도 생기는 것이 없어 심심하고 멋쩍은 모양. '맹송맹송'보다 큰 느낌을 준다.

* 맹숭맹숭: ① 몸에 털이 있어야 할 곳이 벗어져 반반한 모양. ② 산 따위에 수풀이 우거지지 아니하여 반반한 모양. ③ 술 따위에 취한 기분이 전혀 없이 정신이 멀쩡한 모양. ④ 하는 일이나 태도가 겸연쩍고 싱거운 모양.

맨숀 → 맨션(mansion)

맨질맨질하다 → 만질만질하다

맨탕(-湯) → ① 맨 ② 맹탕

* 맨: 더할 수 없을 정도나 경지에 있음을 나타내는 말.
* 맹탕(-湯): ① 맹물처럼 아주 싱거운 국. ② 옹골차지 못하고 싱거운 일이나 사람을 비유적으로 이르는 말. ③ 무턱대고 그냥.

맨투맨(man-to-man) → 일대일(一對一)㈜

맨하탄 → 맨해튼(Manhattan)

맨홀(manhole) → 하수관(下水管)㈜

맬더스, 토머스 로버트 → 맬서스, 토머스 로버트(Malthus, Thomas Robert)

맴머드 → 매머드(mammoth)

맵(map) → 도표(圖表)㈜

맵사하다 → 맵싸하다

맵씨 → 맵시

맵자다 → 맵자하다

맵짜하다 → 맵자하다

맵핑 → 매핑(mapping)

맷수 → 매수(枚數)

맷치 → 매치(match)

맷트 → 매트(mat)

맹꽁이과(-科) → 맹꽁잇과

맹눈(盲-) → 까막눈

맹동(孟冬) → 초겨울(初-)㈜

맹렬이(猛烈-) → 맹렬히

맹물국 → 맹탕(-湯)

맹방(盟邦) → 동맹국(同盟國)㈜

맹서(盟誓) — 맹세 — 서맹(誓盟)㈛

맹아(盲兒) → 눈먼 아이㈜

맹인(盲人) → 보지 못하는 사람, 시각 장애인(視覺障礙人)㈜

맹지(盲地) → 도로 없는 땅(道路-)㈜, 길 없는 땅

맹태 → 맹탕(-湯)

먀스코프스키, 니콜라이 야코블레비치 → 먀스콥스키, 니콜라이 야코블레비치(Myaskovskii, Nikolai Yakovlevich)

머귀나무 → 오동나무(梧桐-)

* 머귀나무: 운향과의 낙엽 활엽 소교목. 줄기는 높이가 15미터 정도이고 가시가 많으며, 잎은 우상 복엽으로 긴 타원형이고 잔톱니가 있다. 5월에 누런 흰 꽃이 취산(聚繖) 화서로 피고 열매는 삭과(蒴果)로 11월에 익는다. 나무는 나막신 재료로 쓰고 열매는 약용한다. 따뜻한 해안 부근에 나는데 한국, 일본, 중국, 대만 등지에 분포한다. ≒식수유.
* 오동나무(梧桐-): 현삼과의 낙엽 활엽 교목. 높이는 15미터 정도이며, 잎은 마주나고 넓은 심장 모양이다. 5~6월에 보라색 꽃이 원추(圓錐) 화서로 가지 끝에 피고 열매는 달걀 모양의 삭과(蒴果)로 10월에 익는다. 재목은 가볍고 고우며 휘거나 트지 않아 거문고, 장롱, 나막신을 만들고 정원수로 재배한다. 우리나라 특산종으로 남부 지방의 인가 근처에 분포한다. ≒오동.

머그샷 제도(mugshot制度) → 피의자 사
　진 공개 제도(被疑者寫眞公開-)⒲

머금치 않고 → 머금지 않고

머니게임(money game) → 돈놀이⒲

머드팩(mudpack) → 진흙 팩⒲

머리가락 → 머리카락

머리결 → 머릿결

머리골 → 가르마

머리기름 → 머릿기름

머리까락 → 머리카락

머리깔 → 머리칼

머리끄대기 → 머리끄덩이

머리끄댕이 → 머리끄덩이

머리끄뎅이 → 머리끄덩이

머리내 → 머릿내

머리돌 → 머릿돌

머리밑 → 머릿밑

머리발 → 머릿발

머리방(-房) → 머릿방
　* 머리방(-房): 파마, 커트, 화장, 그 밖의
　미용술을 실시하여 용모, 두발, 외모 따위
　를 단정하고 아름답게 해 주는 것을 전문
　으로 하는 곳. =미용실.
　* 머릿방(-房): 안방 뒤에 딸린 작은 방.

머리배기 → 머리빼기

머리비누 → 머릿비누

머리빨 → 머리발

머리뼈속 → 머리뼛속

머리삔(-ピン) → 머리핀(-pin)

머리살 → 머릿살

머리 속 → 머릿속
　* 머리 속: 머리의 안쪽 부분.
　* 머릿속: 상상이나 생각이 이루어지거나

지식 따위가 저장된다고 믿는 머리 안의
추상적인 공간.

머리수(-數) → 머릿수

머리수건(-手巾) → 머릿수건

머리숫 → 머리숱

머리숯 → 머리숱

머리이[蝨] → 머릿니

머리팍 → 머리빡

머린 룩(marine look) → 선원풍(船員風)⒲

머릿가죽 → 머리 가죽

머릿고기 → 머리 고기

머릿그물 → 머리그물

머릿글 → 머리글

머릿글자(-字) → 머리글자

머릿기사(-記事) → 머리기사

머릿끈 → 머리끈

머릿등(-燈) → 머리등

머릿띠 → 머리띠

머릿말 → 머리말

머릿맡 → 머리맡

머릿빨 → 머리발

머릿뼈 → 머리뼈

머릿소리[頭音] → 머리소리

머릿숱 → 머리숱

머릿싸움 → 머리싸움

머릿이[蝨] → 머릿니

머릿채 → 머리채

머릿카락 → 머리카락

머릿칼 → 머리칼

머물르다 → 머무르다

머물르지 → 머무르지, 머물지

머물어 → 머물러

머물어서 → 머물러서

머물었다 → 머물렀다

머물으니 → 머무르니

머물으면 → 머무르면

머물은 → 머문

머물음 → 머무름

머물읍니다 → 머무릅니다

머뭄 → 머묾

머쉰 → 머신(machine)

머슥하다 → 머쓱하다

머슥해지다 → 머쓱해지다

머신(machine) → 기계(機械), 틀[순]

머신 랭귀지(machine language) → 기계어(機械語)[순]

머쓱이 → 머쓱히

머위잎 → 머윗잎

머쩍다 → 멋쩍다

머천다이징(merchandising) → 상품화(商品化)[순]

머천다이징 → 머천다이징(merchandising)

먹거리 ─ 먹을거리[별]

* 먹거리: 사람이 살아가기 위하여 먹는 온갖 것.

* 먹을거리: 먹을 수 있거나 먹을 만한 음식 또는 식품. ≒식물.

먹걸이 → 먹거리

먹꺼리 → 먹거리

먹눈 → 소경

먹새 ─ 먹음새[복]

* 먹새: ① 음식을 먹는 태도. =먹음새.
② 음식을 먹는 분량. =먹성.

* 먹음새: ① 음식을 먹는 태도. ≒먹새.
② 음식을 만드는 범절. ≒식품.

먹을걸이 → 먹을거리

먹을꺼리 → 먹을거리

먹을려고 → 먹으려고

먹을려야 → 먹으려야

먹이감 → 먹잇감

먼로, 마를린 → 먼로, 매릴린(Monroe, Marilyn)

먼로, 마릴린 → 먼로, 매릴린(Monroe, Marilyn)

먼발 → 먼발치

먼발치기 → 먼발치

먼장 → 먼발치

먼저번(-番) → 먼젓번

먼지길 → 먼짓길

먼지덩어리 → 먼짓덩어리

먼지떠리개 → 먼지떨이

먼지떨이개 → 먼지떨이

먼지터리개 → 먼지떨이

먼지털이 → 먼지떨이

먼지 피다 → 먼지 피우다

멀개지다 → 멀게지다

멀건히 → 멀거니

멀국 → 국물

멀끄러미 → 물끄러미

멀끄르미 → 물끄러미

멀끔이 → 멀끔히

멀다라니 → 머다라니

멀다랗게 → 머다랗게

멀다랗다 → 머다랗다

멀다랗소 → 머다랗소

멀다래 → 머다래

멀똥멀똥 → 멀뚱멀뚱

멀뚱이 → 멀뚱히

멀슥하다 → 멀쑥하다

멀쑥히 → 멀쑥이

멀은[失明, 遠] → 먼

멀음[失明, 遠] → 멂

멀지 않아 → 머지않아

* 멀지 않다: (주로 공간적으로) 거리가 많
  이 떨어져 있지 않다.
* 머지않다: (주로 '머지않아' 꼴로 쓰여) 시
  간적으로 멀지 않다.

멀쩡이 → 멀쩡히

멀찌가니 — 멀찌감치 — 멀찍이[복]

멀찌거니 → 멀찌가니

멀찌기 → 멀찍이

멀찌막히 → 멀찌막이

멀찍하니 → 멀찌가니

멀찍히 → 멀찍이

멀티미디어(multimedia) → ① 다중 매
체(多重媒體) ② 복합 매체(複合 -)[순]

멀티비젼 → 멀티비전(multivision)

멀티탭(multi-tap) → 모둠전원꽂이
(-電源-)[순]

멀티플레이어(multi-player) → 만능선
수(萬能選手)[순]

멀티플렉스(multiplex) → 다중(多重)[순]

멀티플렉스 극장(multiplex劇場) → 복합
상영(複合上映), 복합 상영관(-館)[순]

멈[失明, 遠] → 멂

멋드러지다 → 멋들어지다

멋드러진 → 멋들어진

멋몰르고 → 멋모르고

멋몰르다 → 멋모르다

멋장이 → 멋쟁이

멋적다 → 멋쩍다

멍개 → 멍게

멍게 — 우렁쉥이[복]

멍들은 → 멍든

멍석마리 → 멍석말이

멍이 → 멍히

멍충이 → 멍청이

메가로폴리스 → 메갈로폴리스
(megalopolis)

메가시티(mega city) → 특화 도시(特化
都市)[순]

메가톤급(megaton級) → 핵폭탄급(核爆
彈 -)[순]

메가트렌드(megatrend) → ① 대세(大
勢) ② 거대 물결(巨大 -)[순]

메가폰(megaphone) → 손확성기(-擴聲
器)[순]

메가폴리스(megapolis) → 거대 도시(巨
大都市)[순]

메가헤르쓰 → 메가헤르츠(megahertz,
MHz)

메가헤르쯔 → 메가헤르츠(megahertz,
MHz)

메가헬쓰 → 메가헤르츠(megahertz, MHz)

메가헬츠 → 메가헤르츠(megahertz, MHz)

메기과(-科) → 메깃과

메꾸다 — 메우다[별]

* 메꾸다: ① 시간을 적당히 또는 그럭저럭
  보내다. 늑메우다. ② 부족하거나 모자라
  는 것을 채우다. 늑메우다. ③ 뚫려 있거
  나 비어 있는 곳을 막거나 채우다. '메다'
  의 사동사. =메우다.
* 메우다: ① 뚫려 있거나 비어 있는 곳을

막거나 채우다. '메다'의 사동사. 늑메꾸
다. ② 어떤 장소를 가득 채우다. '메다'의
사동사. ③ 부족하거나 모자라는 것을 채
우다. =메꾸다. ④ 시간을 적당히 또는 그
럭저럭 보내다. =메꾸다.

메끼(めっき) → 도금(鍍金)

메나물 → 멧나물

메뉴(menu) → 식단(食單), 차림, 차림
표(-表)순

메뉴 바(menu bar) → 메뉴 표시줄(-表
示-)순

메뉴얼 → 매뉴얼(manual)

메니큐어 → 매니큐어(manicure)

메다(メーター) → 미터(meter, m)순

메다기(メーター器) → 미터기(meter-)

메달리스트(medalist) → 메달 받을 이,
메달 수령자(-受領者)순

메달리온 → 메달리언(medallion)

메돼지 → 멧돼지

메드리 → 메들리(medley)

메들리(medley) → 접속곡(接續曲)순

메디슨 카운티 → 매디슨 카운티(Madison
County)

메디아 → 미디어(media)

메디칼 → 메디컬(medical)

메디컬 비자(medical VISA) → 의료 비
자(醫療-), 의료 사증(-査證)순

메디컬 콜 센터(medical call center)
→ 의료 전화 상담실(醫療電話相談室)순

메디컬 푸어(medical poor) → 의료 빈
곤층(醫療貧困層)순

메디 푸어(medi poor) → 의료 빈곤층(醫
療貧困層)순

메뚜기과(-科) → 메뚜깃과

메라닌 → 멜라닌(melanin)

메레시코프스키, 드미트리 세르게예비
치 → 메레시콥스키, 드미트리 세르
게예비치(Merezhkovskii, Dmitrii
Sergeevich)

메론 → 멜론(melon)

메리아스(メリヤス) → 메리야스(medias)

메리아쓰(メリヤス) → 메리야스(medias)

메리야스(メリヤス) → 니트(knit), 편성
물(編成物)순

메리야쓰(メリヤス) → 메리야스(medias)

메리어트 → 매리엇(Marriott)

메리치 → 멸치

메리트시스템(merit system) → 성과급
제도(成果給制度)순

메린스(merinos) → 모슬린(mousseline)

메릴란드주(-州) → 메릴랜드주
(Maryland-)

메릿 → 메리트(merit)

메말르다 → 메마르다

메말은 → 메마른

메머드 → 매머드(mammoth)

메모(memo) → 기록(記錄), 비망록(備忘
錄)순

메모란(memo欄) → 메모난

메모리(memory) → 기억 장치(記憶裝
置)순

메부리[峯頂] → 멧부리

메부리코 → 매부리코

메비둘기 → 멧비둘기

메뿌리[峯頂] → 멧부리

메새 → 멧새
메세나(mécénat) → 문예 후원(文藝後援), 예술 후원(藝術－)[순]
메세지 → 메시지(message)
메소드 → 메서드(method)
메수수 → 멧수수
메스(mes) → ① 손질, 수정(修正) ② 칼[순]
메스꺼와 → 메스꺼워
메스꺼웁다 → 메스껍다
메스티조 → 메스티소(mestizo)
메시(mesh) → ① 그물망(－網) ② 망사(網紗)[순]
메시껍다 → 메스껍다
메시야 → 메시아(Messiah)
메시지(message) → 교서(敎書), 성명서(聲明書), 알림, 알림말, 전갈(傳喝)[순]
메식거리다 → 메슥거리다
메신저(messenger) → 쪽지창(－紙窓)[순]
메신져 → 메신저(messenger)
메쌀 → 멥쌀
메여붙이다 → 메어붙이다
메이데이(May Day) → 노동절(勞動節)[순]
메이저(major) → 대형(大型), 주류(主流)[순]
메이져 → 메이저(major)
메이카 → 메이커(maker)
메이커(maker) → ① 제작자(製作者), 제조업체(製造業體) ② 창조 혁신(創造革新), 창조 혁신 인재(－人才)[순]
메이컵 → 메이크업(makeup)
메이크업(makeup) → 화장(化粧)[순]
메이크엎 → 메이크업(makeup)
메인(main) → 주(主), 주요(主要)[순]
메인 보드(main board) → 본기판(本基板), 주기판(主－)[순]
메인이벤트(main event) → 주경기(主競技)[순]
메인타이틀(main title) → 제명(題名), 주제명(主題名)[순]
메일링 서비스(mailing service) → 전자우편 서비스(電子郵便－)[순]
메일 박스(mail box) → ① 편지함(便紙函) ② 편지 상자(－箱子)[순]
메주 가루 → 메줏가루
메주덩어리 → 메줏덩어리
메주덩이 → 메줏덩이
메지다 → 미어지다
메칠 → 메틸(methyl)
메칠렌 → 메틸렌(methylene)
메카(mecca) → 중심(中心), 중심지(中心地)[순]
메카니즘 → 메커니즘(mechanism)
메카니칼 → 메커니컬(mechanical)
메카닉 → 메커닉(mechanic)
메카톤 → 메가톤(megaton)
메카트로닉스 → 메커트로닉스(mechatronics)
메캐하다 → 매캐하다
메커니즘(mechanism) → ① 구조(構造), 체계(體系), 체제(體制) ② 기제(機制), 작용 원리(作用原理)[순]
메타 → 미터(meter, m)
메타기(メーター器) → 계기(計器), 계량기(計量器), 미터기(meter－)[순]

메타버스(metaverse) → 가상 융합 세계(假像融合世界), 확장 가상 세계(擴張-)㊐

메타세콰이아 → 메타세쿼이아(metasequoia)

메타세콰이어 → 메타세쿼이아(metasequoia)

메타세쿼이어 → 메타세쿼이아(metasequoia)

메타쉐콰이어 → 메타세쿼이아(metasequoia)

메타포(metaphor) → 은유(隱喩)㊐

메타포어 → 메타포(metaphor)

메탈릭(metallic) → 금속성(金屬性)㊐

메트리스 → 매트리스(mattress)

메트릭스 → 매트릭스(matrix)

메틸알콜 → 메틸알코올(methyl alcohol)

멕기(めいき) → 도금(鍍金)

멕베드 → 맥베스(Macbeth)

멕베스 → 맥베스(Macbeth)

멕시칸 → 멕시컨(Mexican)

* 멕시칸: ~샐러드(Mexican salad)
* 멕시컨: ~울(Mexican wool), ~웨딩 셔츠(Mexican wedding shirt), ~자수(Mexican 刺繡), ~플리츠(Mexican pleats), ~피에스타 셔츠(Mexican fiesta shirt)

멘세비키 → 멘셰비키(Mensheviki)

멘스(menses) → 경도(經度), 월경(月經)㊐

멘탈 → 멘털(mental)

멘터 → 멘토(mentor)

멘터링 → 멘토링(mentoring)

멘털 테스트(mental test) → 지능 검사(知能檢查)㊐

멘토(mentor) → 담당 지도자(擔當指導者), 지도자㊐

멘토링(mentoring) → 상담(相談), 지도(指導), 후원(後援)㊐

멘트(ment) → ① 대사(臺詞) ② 말, 발언(發言)㊐

멘틀 → 멘털(mental)

멘 파워 → 맨 파워(manpower)

멜랑콜리하다(mélancolie-) → 우울하다(憂鬱-)㊐

멜로(melo) → ① 통속극(通俗劇) ② 애정극(愛情劇)㊐

멜로드라마(melodrama) → 통속극(通俗劇)㊐

멜로듸 → 멜로디(melody)

멜로디(melody) → 가락㊐

멜로물(melo物) → 통속극(通俗劇)㊐

멜번 → 멜버른(Melbourne)

멤바 → 멤버(member)

멤버(member) → ① 구성원(構成員), 회원(會員) ② 선수(選手) ③ 원소(元素)㊐

멤버쉽 → 멤버십(membership)

멤버십(membership) → 회원(會員), 회원제(會員制)㊐

멤버십 카드(membership card) → 회원증(會員證)㊐

멤버 체인지(memver change) → 선수 교체(選手交替), 선수 바꿈㊐

멧누에 → 산누에(山-)

멧돌[碾] → 맷돌

멧돼지과(-科) → 멧돼짓과

멧발 → 산줄기(山-)

멧밥 → 메밥

멧벼 → 메벼

멧봉우리[峯頂] → 멧부리

멧비둘기 — 산비둘기(山 —)複

멧뿌리[峯頂] → 멧부리

멧세지 → 메시지(message)

멧쌀 → 멥쌀

멧줄기 → 산줄기(山 —)

멧키(めっき) → 금 입히기(金 —),
    도금(鍍金), 입히기純

며누리 → 며느리

며느리감 → 며느릿감

며늘애기 → 며늘아기

며루치 → 멸치

며칠채 → 며칠째

며칫날 → 며칟날

멱쌀 → 멱살

멱통 — 산멱 — 산멱통複

면돗날 → 면도날(面刀 —)

면면이(綿綿 —) → 면면히

면면히(面面 —) → 면면이

면밀이(綿密 —) → 면밀히

면빨(麵 —) → 면발

면식(面識) → 안면(顔面)純

면실유(綿實油) → 목화씨 기름(木花 —)純

면양(緬羊/綿羊) → 털염소純

면적율(面積率) → 면적률

면죄부(免罪符) → 면벌부(免罰符)

면책되다(免責 —) → 책임 벗다(責任 —)純

면치래(面 —) → 면치레

면치례(面 —) → 면치레

면탈하다(免脫 —) → 고의적으로 회피하

다(故意的 — 回避 —), 벗어나다, 회피하
다純

면포(綿布) → 무명, 무명베純

면화씨(綿花 —) — 목화씨(木花 —)複

멸실하다(滅失 —) → 없어지다純

멸치가루 → 멸칫가루

멸치과(— 科) → 멸칫과

멸치젓깔 → 멸치젓갈

멸치젓 → 멸치젓

멸치젓갈 → 멸치젓갈

명기(明記) → 분명히 기록함(分明 — 記
    錄 —)純

명난젓(明卵 —) → 명란젓

명난젖(明卵 —) → 명란젓

명년(明年) → 내년(來年), 다음 해純

명도하다(明渡 —) → 내주다, 넘겨 주다純

명란(明卵) → 명태알(明太 —)純

명란젖(明卵 —) → 명란젓

명료히(明瞭 —) → 똑똑히, 분명히(分明
    —)純

명멸하다(明滅 —) → 깜박거리다純

명명하다(命名 —) → 이름 붙이다, 이름
    지어 붙이다純

명목의 여하를 불문하고(名目 — 如何 —
    不問 —) → 어떤 까닭으로도, 어떤 이
    유로도(— 理由 —)純

명문화(明文化) → 문서로 밝힘(文書 —)純

명백이(明白 —) → 명백히

명부(名簿) → 이름책(— 册)純

명소(名所) → 이름난 곳純

명실공이(名實共 —) → 명실공히

명실공히(名實共 —) → 이름 그대로純

명의 개서(名義改書) → 이름 변경 기재
(－變更記載)｛순｝

명일(明日) → 내일(來日)｛순｝

명주부치(明紬－) → 명주붙이

명중율(命中率) → 명중률

명찰(名札) → 이름표(－標)(－｛순｝)

명찰 패용(名札佩用) → 이름표 달기
(－標－)｛순｝

명태국(明太－) → 명탯국

명패(名牌) → 이름표(－標)｛순｝

명하다(命－) → 명령하다(命令－), 시키
다｛순｝

명확이(明確－) → 명확히

몇 갑절 → 몇 곱절

몇 월 몇 일 → 몇 월 며칠

몇일 → 며칠

몇일날 → 며칟날

모(某) → 누구, 아무개｛순｝

모[餌] → 모이

모가지 → 목｛순｝

모개돈 → 모갯돈

모근(毛根) → 털뿌리｛순｝

모기과(－科) → 모깃과

모기불 → 모깃불

모기소리 → 모깃소리

모기지론(モーゲージローン) → 미국형
주택 담보 대출(美國型住宅擔保貸出)｛순｝

모꺼지 → 모꼬지

모나까(もなか) → 팥소 과자(－菓子)

모나카(もなか) → 팥소 과자(－菓子)｛순｝

모내기 — 모심기｛복｝

모내다 — 모심다｛복｝

모노톤(monotone) → 단색조(單色調),
무채색(無彩色)｛순｝

모놀로그(monologue) → 독백(獨白), 독
화(獨話)｛순｝

모뉴멘탈 → 모뉴멘털(monumental)

모뉴멘트 → 모뉴먼트(monument)

모니터(monitor) → ① 논평자(論評者),
정보 제공자(情報提供者), 협찬 위원
(協贊委員) ② 감시자(監視者) ③ 검색
자(檢索者)｛순｝

모니터링(monitoring) → 감시(監視), 검
색(檢索), 점검(點檢), 정보 수집(情報
蒐集)｛순｝

모니터하다 → 모니터링하다(monito
ring－)

모닝콜(morning call) → 기상 전화(起床
電話), 깨우기 전화｛순｝

모던하다(mordern) → 현대적이다(現代
的－)｛순｝

모델케이스(model case) → 본보기(本
－)｛순｝

모델하우스(model house) → ① 본보기
주택(本－住宅) ② 본보기집｛순｝

모도시(もどし) → ① 되돌림｛순｝ ② 핸들
복원(handle復元/復原), 핸들 제자리

모되 — 목판되(木版－)｛복｝

모두에(冒頭－) → 머리에, 첫머리에｛순｝

모듈러 주택(modular住宅) → 조립식 주
택(組立式－)｛순｝

모드(mode) → 방식(方式), 양식(樣式)｛순｝

모듬 구이 → 모둠 구이

모듬꽃밭 → 모둠꽃밭

모듬냄비 → 모둠냄비

모듬발 → 모둠발

모듬밥 → 모둠밥

모듬 쌈밥 → 모둠 쌈밥

모듬 안주(-按酒) → 모둠 안주

모듬 요리(-料理) → 모둠 요리

모듬 전(-煎) → 모둠 전

모듬 채소(-菜蔬) → 모둠 채소

모듬 초밥(-醋-) → 모둠 초밥

모듬 회(-膾) → 모둠 회

모라토리엄(moratorium) → 지급 유예
(支給猶豫)[순]

모랄 → 모럴(moral)

모랄리스트 → 모럴리스트(moralist)

모래구멍 → 모랫구멍

모래길 → 모랫길

모래논 → 모랫논

모래돌 → 모랫돌

모래둑 → 모랫둑

모래뜸질 → 모래찜질

모래바닥 → 모랫바닥

모래벌 → 모래벌판

모래사장(-沙場) — 모래톱 — 사장(沙場
/ 砂場)[복]

모랫가루 → 모래 가루

모랫더미 → 모래 더미

모랫바람 → 모래바람

모랫벌 → 모래벌판

모럴(moral) → 도덕(道德)[순]

모럴 해저드(moral hazard) → 도덕적
해이(道德的解弛)[순]

모로아, 앙드레 → 모루아, 앙드레

(Maurois, André)

모르모트(marmotte) → 기니피그(Guinea
pig)

모르스 부호(-符號) → 모스 부호
(Morse-)

모르스, 새뮤얼 핀리 브리즈 → 모스,
새뮤얼 핀리 브리즈(Morse, Samuel
Finley Breese)

모르아, 앙드레 → 모루아, 앙드레
(Maurois, André)

모르와, 앙드레 → 모루아, 앙드레
(Maurois, André)

모르타르(mortar) → 회반죽(灰-)[순]

모를래야 → 모르려야

모를려야 → 모르려야

모름직이 → 모름지기

모먼트 → 모멘트(moment)

모멘텀(momentum) → 전환 국면(轉換局
面)[순], 계기(契機), 국면, 동인(動因),
전환 계기

모멘트(moment) → 계기(契機), 동기(動
機)[순]

모면하다(謨免-) → 면하다(免-), 벗어
나다[순]

모모(某某) → 아무아무[순]

모밀 → 메밀

모밀국수 → 메밀국수

모밀묵 → 메밀묵

모밀소바(-そば) → 메밀국수

모바일(mobile) → ① 이동(移動) ② 이
동 통신(-通信)[순]

모바일 앱(mobile app) → 이동 통신 앱

(移動通信 -), 이동 통신 응용 프로그
램(-應用program)[순]

모발(毛髮) → 머리털[순]

모빌유(mobile油) → 윤활유(潤滑油)[순]

모선(母船) → 어미 배, 큰 배[순]

모션(motion) → 동작(動作), 몸짓, 움직
임[순]

모시빛 → 모싯빛

모시잎 → 모싯잎

모싯떡 → 모시떡

모싯풀 → 모시풀

모여져 있다 → 모여 있다

모여졌다 → 모였다

모여지는 → 모이는

모여지다 → 모이다

모여진 → 모인

모옴, 윌리엄 서머싯 → 몸, 윌리엄 서
머싯(Maugham, William Somerset)

모우션 → 모션(motion)

모울드 → 몰드(mold/mould)

모이스쳐 → 모이스처(moisture)

모이스춰 → 모이스처(moisture)

모잇그릇 → 모이 그릇

모자르다 → 모자라다

모자른 → 모자란

모자리 → 못자리

모자이크하다(mosaic) → 짜맞추기, 짜
맞추다[순]

모잘라 → 모자라

모잘르다 → 모자라다

모잽이 → 모잡이

모종(某種) → 어떤[순]

모주군(母酒 -) → 모주꾼

모주꾼(母酒 -) ― 모주망태[복]

모줄 → 못줄

모지 → 무지(拇指)

모지다 → 모질다

모지러지다 → 모지라지다

모지리 → 머저리

모지방(もじばん) → 머리, 문자반(文字
盤), 문자판(文字板), 얼굴, 자판(字板)

모질러 → 모질어

모질르다 → 모자라다

모질으니 → 모지니

모질은 → 모진

모집 요강(募集要綱) → 모집 안내(-案
內)[순]

모짜렐라 → 모차렐라(mozzarella)

모짜르트, 볼프강 아마데우스 → 모차
르트, 볼프강 아마데우스(Mozart,
Wolfgang Amadeus)

모쪼록 ― 아무쪼록[복]

모찌(もち) → 떡[순], 찹쌀떡

모찌떡(もち -) → 찹쌀떡[순]

모체(母體) → 본체(本體)[순]

모타(モーター) → 모터(motor), 발동기
(發動機), 전동기(電動機)[순]

모탱이 → 모퉁이

모터(motor) → 전동기(電動機)[순]

모토(motto) → 목표(目標), 신조(信條),
제목(題目), 좌우명(座右銘), 표어(標
語)[순]

모토로라 → 모토롤라(Motorola)

모퉁이 → 모퉁이

모퉁이돌 → 모퉁잇돌

모티브(motive) → 동기(動機)㊀

모티켓(motiquette) → 통신 예절(通信禮節)㊀

모티프(motif) → 동기(動機)㊀

모포(毛布) → 담요(毯-)㊀

모피(毛皮) → 털가죽㊀

모필(毛筆) → 붓㊀

모형(模型) → 거푸집, 본(本), 틀㊀

모호하다(模糊-) → 흐릿하다㊀

목거리 → 목걸이

* 목거리: 목이 붓고 아픈 병.
* 목걸이: ① 목에 거는 물건을 통틀어 이르는 말. 늑수파. ② 귀금속이나 보석 따위로 된 목에 거는 장신구. 늑수파.

목거지 → 모꼬지

목고리 → 목걸이

목과(木瓜) → 모과

* 목과(木瓜); '모과'를 한방에서 이르는 말. 맛은 시고 성질이 따뜻하며 각기, 갈증, 곽란, 부종 따위에 쓰인다.
* 모과(木瓜): 모과나무의 열매. 모양은 길둥글고 큰 배와 비슷하나 거죽이 좀 울퉁불퉁하다. 처음에는 푸르스름하다가 익으면서 누렇게 되며 맛은 몹시 시고 향기가 있다. 말린 것은 한방에서 '목과(木瓜)'라 하여 약재로 쓴다. 늑명사, 명차. '모과(木瓜)'에서 '木'은 본음이 '목'이지만 '목과'로 적지 않고 '모과'로 적는다. 이는 한자어에서 본음으로도 나고 속음으로도 나는 것은 각각 그 소리에 따라 적는다는 규정(한글 맞춤법 제52항)에 따른 것이다.

목노집(木壚-) → 목롯집

목단(牧丹) → 모란㊀

목도군 → 목도꾼

목도줄 → 목돗줄

목도하다(目睹-) → 보다㊀

목로술집(木壚-) ― 목로주점(-酒店) ― 목롯집㊁

목로집(木壚-) → 목롯집

목마 태우다 → 목말 태우다

목말르다 → 목마르다

목매다 ― 목매달다㊁

목맷혀 → 목메어

목맷혔다 → 목메었다

목맷히게 → 목메게

목맷히는 → 목멘

목맷히다 → 목메다

목맷힌 → 목멘

목맷힘 → 목멤

목메여 → 목메어

목메였다 → 목메었다

목메이게 → 목메게

목메이는 → 목메는

목메이다 → 목메다

목메인 → 목멘

목메임 → 목멤

목목히 → 목목이

목발(木-) → 지겟다리

목배개(木-) → 목베개

목배게(木-) → 목베개

목베게(木-) → 목베개

목불인견(目不忍見) → 눈뜨고 못 봄, 차마 볼 수 없음㊀

목아지 → 모가지

목아치 → 모가치

목욕재개 → 목욕재계(沐浴齋戒)

목욕제계 → 목욕재계(沐浴齋戒)

목쟁이 → 목정강이

목전의(目前-) → 눈앞의㈜

목젓 → 목젖

목차(目次) → 차례

목책(木柵) → 나무울, 나무울타리㈜

목청것 → 목청껏

목초(木草) → 나무와 풀㈜

목측(目測) → 눈대중, 눈어림, 눈짐작
(-斟酌)㈜

목탄(木炭) → 숯㈜

목표값(目標-) → 목푯값

목하(目下) → 지금(只今), 현재(現在)㈜

몫돈 → 목돈

몫몫히 → 몫몫이

몬데이 → 먼데이(Monday)

몬로, 마를린 → 먼로, 매릴린(Monroe,
Marilyn)

몬로, 마릴린 → 먼로, 매릴린(Monroe,
Marilyn)

몬스터즈 → 몬스터스(monsters)

몬타나 → 몬태나(Montana)

몬테까를로 → 몬테카를로(Monte Carlo)

몰러 → 몰라

몰려져 있다 → 몰려 있다

몰려졌다 → 몰렸다

몰려지는 → 몰리는

몰려지다 → 몰리다

몰려진 → 몰린

몰르다 → 모르다

몰르면 → 모르면

몰모트 → ① 마르모트 ② 모르모트
(marmotte)

몰몬교(-敎) → 모르몬교(Mormon-)

몰상식한(沒常識-) → 못된㈜

몰수하다(沒收-) → 빼앗아들이다㈜

몰아부치다 → 몰아붙이다

몰이군 → 몰이꾼

몰잇군 → 몰이꾼

몰잇꾼 → 몰이꾼

몰지각한(沒知覺-) → 지각 없는㈜

몰탈 → 모르타르(mortar)

몰핀 → 모르핀(morphine)

몸땡이 → 몸뚱이

몸뚱아리 → 몸뚱이

몸뚱아리 → 몸뚱이

몸뚱어리 → 몸뚱이

몸매 — 몸태(-態)㈁

몸맵씨 → 몸맵시

몸받치다 → 몸바치다

몸뻬(もんぺ) → 왜바지(倭-), 일 바지㈜

몸성이 → 몸성히

몸에것 → 몸엣것

몸을 피다 → 몸을 펴다

몸채 → 몸째

몸티 → 몸매

몹씨 → 몹시

못됀 송아지 → 못된 송아지

못되 먹다 → 못돼 먹다

못마땅이 → 못마땅히

못미쳐 → 못미처

못밖다 → 못박다

못쓸 사람 → 몹쓸 사람

못쓸 짓 → 몹쓸 짓
못치않다 → 못지않다
못할 게다 → 못할 거다
못할 게야 → 못할 거야
못할 게지 → 못할 거지
몽고(蒙古) → 몽골(Mongolia)
몽그적 → 몽그작
몽근체[細網] → 가는체
몽기돌 → 몽깃돌
몽기작 → 몽그작
몽기적 → 몽그작
몽니장이 → 몽니쟁이
몽댕이 → ① 몽당이 ② 몽둥이
몽뎅이 → 몽둥이
몽둥이바람 → 몽둥잇바람
몽딱 → 몽땅
몽땅, 이브 → 몽탕, 이브(Montand, Yves)
몽마르뜨 → 몽마르트르(Montmartre)
몽마르뜨르 → 몽마르트르(Montmartre)
몽매하다(蒙寐－) → 어리석다[순]
몽브랑 → 몽블랑(Mont Blanc)
몽셸미셸 → 몽생미셸(Mont-Sain-Michel)
몽쉘 → 몽 셰르(Mon cher)
몽오리 → 몽우리
몽창 → 몽땅
몽키 → 멍키(monkey)
몽키스파나 → 멍키스패너(monkey spanner)
몽키스패너 → 멍키스패너(monkey spanner)
몽키즈 → 멍키스(monkeys)
몽타주(montage) → 인물 추정화(人物推定畫)[순]
몽타쥬 → 몽타주(montage)
몽타지 → 몽타주(montage)
몽테크리스토 → 몬테크리스토(Monte Cristo)
뫼등 → 묏등
뫼자리 → 묏자리
뫼터 → 묏자리
묏골 → 산골(山－)
묏부리[峯頂] → 멧부리
묏비둘기 → 멧비둘기
묏뿌리[峯頂] → 멧부리
묏자리 — 묫자리(墓－)[복]
묘목(苗木) → 나무모, 모[순]
묘목(眇目) — 애꾸눈이 — 외눈박이[복]
묘안(妙案) → 좋은 생각[순]
묘연하다(杳然－) → 감감하다[순]
묘자리(墓－) → 묫자리
묘직이(墓－) → 묘지기
묘판(苗板) → 못자리[순]
묘포(苗圃) → 묘목밭(苗木－)[순]
무개차(無蓋車) → 덮개 없는 차[순]
무거와 → 무거워
무거웁다 → 무겁다
무경우하다 → 무경위하다(無涇渭－)
무고(誣告) → 거짓 고발(－告發)[순]
무과실(無過失) → 잘못 없는[순]
무관하다(無關－) → 관계없다(關係－)[순]
무국 → 뭇국
무난이(無難－) → 무난히
무난하다(無難－) → 괜찮다[순]

무녕왕(武寧王) → 무령왕

무니 → 무늬

무단 사용(無斷使用) → 마음대로 씀㊞

무단이(無斷/無端-) → 무단히

무단 이석(無斷離席) → 마음대로 자리
　뜸, 멋대로 자리 뜸㊞

무단히(無斷/無端-) → 함부로, 허락 없
　이(許諾-)㊞

무당선두리 — 물맴이 — 물무당㊗

무대뽀(むてっぽう) → 막무가내(莫無可
　奈), 무모(無謀), 무작정(無酌定)

무대포(むてっぽう) → 막무가내(莫無可
　奈), 무모(無謀), 무작정(無酌定)

무던이 → 무던히

무데기 → 무더기

무데뽀(むてっぽう) → 막무가내(莫無可
　奈), 무모(無謀), 무작정(無酌定)

무뎃뽀(むてっぽう) → 막무가내(莫無可
　奈), 무모(無謀), 무작정(無酌定)

무두쟁이 → 무두장이

무둥 타다 → 무동 타다(舞童-)

무드(mood) → 분위기(雰圍氣), 정서(情
　緒)㊞

무등 → 목말

무등 태우다 → ① 목말 태우다 ② 무동
　태우다(舞童-)

무랑루즈 → 물랭루주(Moulin Rouge)

무례한(無禮-) → 버릇없는㊞

무릅 → 무릎

무릎깎지 → 무릎깍지

무릎 덥개 → 무릎 덮개

무릎마춤 → 무릎맞춤

무릎배개 → 무릎베개

무릎배게 → 무릎베개

무릎베게 → 무릎베개

무릎쓰다 → 무릅쓰다

무릎팍 → 무르팍

무말랑이 → 무말랭이

무방(無妨) → 괜찮음㊞

무빙워크(moving sidewalk) → 자동길
　(自動-)㊞

무사마귀 — 물사마귀㊗

무사이(無事-) → 무사히

무산되다(霧散-) → 못하다, 안 되다,
　흩어지다㊞

무삼 → 수삼(水蔘)

무서와 → 무서워

무서웁다 → 무섭다

무섬쯩 → 무섬증(-症)

무소[犀] — 코뿔소㊗

무쇠솟 → 무쇠솥

무수이(無數-) → 무수히

무시날(無市-) → 무싯날

무식군(無識-) → 무식꾼

무식장이(無識-) → 무식쟁이

무신난(武臣亂) → 무신란

무심결(無心-) — 무심중(無心中)㊗

무심이(無心-) → 무심히

무심잖다(無心-) → 무심찮다

무심챦다 → 무심찮다

무심지 않다(無心-) → 무심치 않다

무심챦다(無心-) → 무심찮다

무쏘[犀] → 무소

무연고(無緣故) → 연고 없는㊞

무우 → 무

무우강즙(-薑汁) → 무강즙

무우김치 → 무김치

무우나물 → 무나물

무우드 → 무드(mood)

무우말랭이 → 무말랭이

무우밭 → 무밭

무우배추 → 무배추

무우생채(-生菜) → 무생채

무위도식하다(無爲徒食-) → 놀고 먹
　다[순]

무인(拇印) → 손도장(-圖章)[순]

무임(無賃) → 운임을 받지 않음(運
　賃-)[순]

무자격(無資格) → 자격 없음[순]

무자맥질 — 자맥질[복]

무적자(無籍者) → 국적이 없는 자(國籍
　-者), 호적이 없는 자(戶籍-)[순]

무주의(無主-) → 주인 없는(主人-)[순]

무주택자(無住宅者) → 집 없는 사람[순]

무지(無知) → 모름[순]

무지(拇指) → 엄지, 엄지손가락[순]

무지개빛 → 무지갯빛

무지개살 → 무지갯살

무지개숭어 → 무지개송어(-松魚)

무진장(無盡藏) → 수없음(數-), 수없
　이[순]

무찔르고 → 무찌르고

무찔르다 → 무찌르다

무찔르면 → 무찌르면

무참이(無慘-) → 무참히

무크(mook) → 부정기 간행물(不定期刊
　行物)[순]

무키(むき) → ~용(用)[순]

무하마드 → 무함마드(Muhammad)(이집)

무한이(無限-) → 무한히

무해한(無害-) → 해가 없는[순]

묵과하다(默過-) → 넘겨 버리다[순]

묵묵무답 → 묵묵부답(默默不答)

묵묵이(默默-) → 묵묵히

묵살(默殺) → 뭉개 버림, 뭉갬[순]

묵쌀 → 묵살(默殺)

묵음[結] → 묶음

묵음표(-標) → 묶음표(( ), { }, [ ])

묵이다 → 묵히다

묵인하다(默認-) → 넘겨 버리다, 알고
　도 넘겨 버리다[순]

묵지근하다 → 무지근하다

묵직히 → 묵직이

묵찍하다 → 묵직하다

묶여져 → 묶여

묶은닭 → 묵은닭

묶은세배(-歲拜) → 묵은세배

묶은쌀 → 묵은쌀

묶은해 → 묵은해

문(紋) → 무늬

문귀(文句) → 문구

문깐방 → 문간방(門間房)

문꼬다리(門-) → 문고리

문배내 → 문뱃내

문양(文樣) → 무늬

문열이(門-) → 무녀리

문예난(文藝欄) → 문예란

문의하다(問議-) → 묻다[순]

문제거리(問題 -) → 문젯거리

문직이(門 -) → 문지기

문질다 → 문지르다

문질르다 → 문지르다

문질어 → 문질러

문질었다 → 문질렀다

문질은 → 문지른

문책하다(問責 -) → 책임을 묻다(責
任 -)[순]

문체(文體) → 글투(- 套)[순]

문화난(文化欄) → 문화란

묻치다 → 무치다

묻혀져 있다 → 묻혀 있다

묻혀졌다 → 묻혔다

묻혀지는 → 묻히는

묻혀지다 → 묻히다

묻혀진 → 묻힌

물가 - 물기슭 - 물녘[복]

물개과(- 科) → 물갯과

물구비 → 물굽이

물녁 → 물녘

물논 → 무논

물동양(物動量) → 물동량

물들은 → 물든

물땅땅이 → 물땡땡이

물럿거라 → 물렀거라

물레돌 → 물렛돌

물레방아간(- 間) → 물레방앗간

물레줄 → 물렛줄

물론(勿論) → 말할 것 없이, 으레[순]

물르다 → 무르다

물른 → 무른

물매미 → 물맴이

물매암이 → 물맴이

물맴돌이 → 물맴이

물방아간(- 間) → 물방앗간

물배개 → 물베개

물배게 → 물베개

물베게 → 물베개

물봉선화(- 鳳仙花) - 물봉숭아[복]

물부리 - 빨부리 - 연취(煙嘴)[복]

물비릿내 → 물비린내

물뿌리 → 물부리

물색하다(物色 -) → 찾아 내다[순]

물수랄 → 물수란(- 水卵)

물수리 → 무수리

물시중 - 물심부름[복]

물신 → 물씬

물실크(- silk) → 유사 견(類似絹)[순]

물쑥하다 → 묽숙하다

물올르다 → 물오르다

물의(物議) → 말썽[순]

물이끼[垢] → 물때

물자맥질 → 무자맥질

물자위 → 무자위

물지겟군 → 물지게꾼

물추리나무 - 물추리막대[복]

물타작(- 打作) - 진타작[복]

물탄꾀 → 얕은꾀

물탱크(- tank) → 물통(- 桶)[순]

물품 수불 대장(物品受拂臺帳) → 물품
출납 대장(- 出納 -), 물품 출납 장부
(- 帳簿)

뭄뚱거리다 → 뭉뚱그리다

무솔리니, 베니토 → 무솔리니, 베니토
(Mussolini, Benito)

뭉개구름 → 뭉게구름

뭉개뭉개 → 뭉게뭉게

뭉그작 → 뭉그적

뭉기작 → 뭉그적

뭉기적 → 뭉그적

뭉뚱거려 → 뭉뚱그려

뭉뚱거리다 → 뭉뚱그리다

뭉치돈 → 뭉칫돈

뭉턱뭉턱 → 뭉텅뭉텅

뭉텡이 → 뭉치

뭐라구 → 뭐라고

뭐래나 → 뭐라나

뭐에요 → 뭐예요

뭔대 → 뭔데

뭣모르고 → 멋모르고

뮤지칼 → 뮤지컬(musical)

뮤지컬쇼(musical show) → 경음악극(輕
音樂劇), 음악극쥰

뮨헨 → 뮌헨(München)

뮬라토 → 물라토(mulato)

~므로써 → ~ㅁ으로써

미간(眉間) → 눈썹 사이쥰

미결(未決) → 처리되지 않음(處理-)쥰

미곡(米穀) → 쌀쥰

미곡상(米穀商) → ① 쌀장사, 쌀장수
② 싸전(-廛), 쌀가게쥰

미구에(未久-) → 머지않아쥰

미급하다(未及-) → 미치지 못하다

미깡(みかん) → 감귤(柑橘), 귤(橘), 밀
감(蜜柑)쥰

미꾸라지국 → 미꾸라짓국

미끈덕하다 → 미끈둥하다

미끌거리다 → 미끈거리다

미끌어져 → 미끄러져

미끌어지다 → 미끄러지다

미나리과(-科) → 미나릿과

미납(未納) → 내지 않음쥰

미네랄워터(mineral water) → 광천수
(鑛泉水), 먹는 샘물, 생수(生水), 탄
산수(炭酸水)쥰

미뉴엣 → 미뉴에트(minuet)

미니멀리즘(minimalism) → 최소주의
(最小主義)쥰

미니멀아트(minimal art) → 단순 미술
(單純美術), 최소 미술(最小-)쥰

미니아튀르(miniature) → 세밀화(細密
畫)쥰

미니어처(miniature) → ① 세밀화(細密
畫) ② 소품(小品)쥰

미니어쳐 → 미니어처(miniature)

미니어춰 → 미니어처(miniature)

미니추어 → 미니어처(miniature)

미다시(みだし) → 제목(題目), 찾음표
(-標), 표(標), 표제(標題/表題)쥰

미다지 → 미닫이

미달된(未達-) → 못 미친쥰

미담(美談) → 좋은 일쥰

미더와하다 → 미더워하다

미더웁다 → 미덥다

미덥워하다 → 미더워하다

미드나잇 → 미드나이트(midnight)

미드필드(midfield) → 중간 지역(中間地

域)㊤

미등(尾燈) → 꼬리등, 뒷등㊤

미뜨리다 → 밀뜨리다

미라쥬 → 미라주(mirage)

미라클 → 미러클(miracle)

미력(微力) → 작은 힘㊤

미력보살 → 미륵보살(彌勒菩薩)

미력불 → 미륵불(彌勒佛)

미련탱이 → 미련퉁이

미류나무(美柳-) → 미루나무

미리 → 밀리(milli)

미리내 → 은하수(銀河水)

미리미터 → 밀리미터(millimeter, mm)

미리 예약하다(-豫約-) → 예약하다

미망인(未亡人) → 유가족(遺家族)

미명(未明) → 날이 밝기 전(-前)㊤

미몽(迷夢) → 꿈, 헛된 꿈㊤

미묘이(微妙-) → 미묘히

미봉책(彌縫策) → 눈가림㊤

미불(未拂) → 미지급(未支給)㊤

미사일(missile) → 유도탄(誘導彈)㊤

미상(未詳) → 알 수 없음㊤

미상불(未嘗不) → 아닌 게 아니라㊤

미세스 → 미시즈(Mrs.)

미셸 → 미셸(Michel)

미션(mission) → 임무(任務), 중요 임무
(重要-)㊤

미소(微笑) → 웃음㊤

미소시루(みそしる) → 된장국(-醬-)㊤

미숀 → 미션(mission)

미숀(ミッション) → 변속기(變速器), 트
랜스미션(transmission)㊤

미수가루 → 미숫가루

미쉐린 → 미슐랭(Michelin)

미쉘 → 미셸(Michel)

미스나오시(みずなおし) → 물청소(-淸掃)

미스매치(mismatch) → 부조화(不調和)㊤

미스테리 → 미스터리(mystery)

미스테이크(mistake) → 실수(失手), 잘
못, 틀림㊤

미스프린트(misprint) → 오식(誤植), 오
자(誤字)㊤

미시가루 → 미숫가루

미시건 → 미시간(Michigan)

미시즈(Mrs.) → 부인(婦人)㊤

미식거리다 → 메슥거리다

미심적다(未審-) → 미심쩍다

미싯가루 → 미숫가루

미싱(ミシン) — 바느질틀 — 재봉기(裁縫
機) — 재봉틀㊏

미쓰 → ① 미스(miss) ② 미스(Miss)

미쓰꾸리(にづくり) → 짐 꾸리기, 포장
(包裝)

미씨 → 미시(missy)

미씨즈 → 미시즈(Mrs.)

미아(迷兒) → 길 잃은 아이㊤

미안적다(未安-) → 미안쩍다

미야자끼 → 미야자키(みやざき, 宮崎)

미약(微弱) → 약함㊤

미역꼬다리 → 미역귀

미연에 방지하다(未然-防止-) → 미리
막다㊤

미온적(微溫的) → 미지근한㊤

미웁다 → 밉다

미워할래야 → 미워하려야

미워할려고 → 미워하려고

미워할려야 → 미워하려야

미이라 → 미라(mirra)

미입자(微粒子) → 미립자

미장(美匠) → 벽 바르기(壁-), 흙 바르기(순)

미쟁이 → 미장이

미제(未濟) → 처리 안 된(處理-)(순)

미져리 → 미저리(misery)

미조리주(-州) → 미주리주(Missouri-)

미주(美洲) → 아메리카(America)(순)

미즈나오시(みずなおし) → 물청소(-淸掃)(순)

미증유의(未曾有-) → 전에 없던(前-)(순)

미지불(未支拂) → 미지급(未支給)(순)

미지수(未知數) → 알 수 없음(순)

미진(未盡) → 다하지 못함(순)

미쯔 → 미즈(Mz)

미처 버리다 → 미쳐 버리다

미취업(未就業) → 취직하지 않음(순)

미취학 아동(未就學兒童) → 학교에 입학하지 않은 어린이(學校-入學-)(순)

미츠비시 → 미쓰비시(みつびし, 三菱)

미클론 → 미크론(micron, μ)

미터 M → m

미터기(meter器) → 계측기(計測器)(순)

미팅(meeting) → ① 모꼬지, 모임 ② 살짝 치기(순)

미필(未畢) → 못 마침(순)

믹사 → 믹서(mixer)

믹샤 → 믹서(mixer)

믹서기(-機) → 믹서(mixer)

믹셔 → 믹서(mixer)

믹스하다(mix-) → 섞다(순)

민도(民度) → 문화 수준(文化水準)(순)

민도리 → 납도리

민둥산(-山) ― 벌거숭이산(복)

민무니 → 민무늬

민밋하다 → 밋밋하다

민어국(民魚-) → 민엇국

민주스럽다 → 민망스럽다(憫惘-)

민첩(敏捷) → 재빠름(순)

민폐를 끼쳤다(民弊-) → 폐가 많았다, 폐를 끼쳤다

믿겨져 → 믿겨

믿겨졌다 → 믿겼다

믿겨지는 → 믿기는

믿겨지다 → 믿기다

믿겨진 → 믿긴

믿쁘다 → 미쁘다

믿어지다 → 믿기다

믿어지지 → 믿기지

믿없다 → 미덥다

밀고하다(密告-) → 고자질하다(告者-), 몰래 고자질하다(순)

밀대걸레 → 밀걸레

밀랍(蜜蠟) → 밀(蜜)(순)

밀레니얼 세대(millennial世代) → 새천년 세대(-千年-)(순)

밀레니엄(millennium) → ① 새천년(-千年), 천년 ② 천년맞이(순)

밀레니엄 베이비(millennium baby) → 천년둥이(千年-)(순)

밀렵(密獵) → 몰래 사냥함㊐

밀리미터 MM → mm

밀리터리 룩(military look) → 군복 차
　림(軍服 -), 군복풍(軍服風)㊐

밀매하다(密賣 -) → 몰래 팔다㊐

밀반입(密搬入) → 몰래 들여옴㊐

밀반출(密搬出) → 몰래 내감㊐

밀약(密約) → 짬짜미㊐

밀어부치다 → 밀어붙이다

밀어재끼다 → 밀어젖히다

밀어재치다 → 밀어젖히다

밀어젓히다 → 밀어젖히다

밀어제끼다 → 밀어젖히다

밀어제치다 → 밀어젖히다

밀접이(密接 -) → 밀접히

밀주집(密酒 -) → 밀줏집

밀집모자(- 帽子) → 밀짚모자

밀크(milk) → 우유(牛乳)㊐

밀크세이크 → 밀크셰이크(milk shake)

밀크쉐이크 → 밀크셰이크(milk shake)

밀키트(meal kit) → 바로 요리 세트
　(- 料理set)㊐

밀폐하다(密閉 -) → 꼭 닫다㊐

밉쌀스럽다 → 밉살스럽다

밉쌍 → 밉상(- 相)

밋션 → 미션(mission)

밋숀 → 미션(mission)

밋숑 → 미션(mission)

밍기작 → 뭉그적

밍기적 → 뭉그적

밑닦개 → 밑씻개

밑두리코두리 → 밑두리콧두리

밑둥 → 밑동

밑둥썩음병(- 病) → 밑동썩음병

밑뚜리코뚜리 → 밑두리콧두리

밑바침 → 밑받침

밑인방(- 引枋) — 아랫중방(- 中枋) —
　지방(地枋) — 하방(下枋) — 하인방(下
　引枋)㊧

밑층(- 層) — 아래층㊧

ㅂ

~ㅂ니가? → ~ㅂ니까?

바간코프스코예 → 바간콥스코예
   (Vagankovskoye)

바게뜨 → 바게트(baguette)

바깐 → 바깥

바깥벽(-壁) ─ 밭벽匿

바께뜨 → 바게트(baguette)

바께쓰(バケツ) → 들통(-桶), 양동이
   (洋-)순

바껴 → 바뀌어

바껴서 → 바뀌어서

바껴야 → 바뀌어야

바꼈구나 → 바뀌었구나

바꼈다 → 바뀌었다

바꼈어요 → 바뀌었어요

바뀌어져 → 바뀌어

바뀌어져 있다 → 바뀌어 있다

바뀌어졌다 → 바뀌었다

바뀌어지는 → 바뀌는

바뀌어지다 → 바꾸어지다, 바뀌다

바뀌어진 → 바뀐

바나 → 버너(burner)

바나나킥(banana kick) → 휘게 차기순

바늘질 → 바느질

바니라 → 바닐라(vanilla)

바니쉬 → 바니시(varnish)

바다가 → 바닷가

바다가재 → 바닷가재

바다개 → 바닷개

바다게 → 바닷게

바다고기 → 바닷고기

바다길 → 바닷길

바다말[海藻] → 바닷말

바다모래 → 바닷모래

바다목 → 바닷목

바다물 → 바닷물

바다물고기 → 바닷물고기

바다바람 → 바닷바람

바다빛 → 바닷빛

바다사람 → 바닷사람

바다새 → 바닷새

바다소금 → 바닷소금

바다소리 → 바닷소리

바다속 → 바닷속

바다일 → 바닷일

바다자갈 → 바닷자갈

바다자락 → 바닷자락

바다장어(-長魚) → 바닷장어

바다조개 → 바닷조개

바닷갈대 → 바다갈대

바이오테크(biotech) → 생명 공학(生命工學)㊞

바인더(binder) → 보관철(保管綴)㊞

바인딩(binding) → ① 부착기(附着器) ② 조임쇠㊞

바자마 → 파자마(pajamas)

바자회(bazar會) → 자선장(慈善場), 자선 장터, 자선 특매장(-特賣場), 특매장㊞

바줄 → 밧줄

바지(barge) → 끌림배, 딸림배㊞

바지(barge) ― 바지선(-船)㊞

바지가랑이 → 바짓가랑이

바지가랭이 → 바짓가랑이

바지단 → 바짓단

바지라기 ― 바지락㊞

바지부리 → 바짓부리

바지말 → 바짓말

바지런이 → 바지런히

바짓걸이 → 바지걸이

바짓띠 → 바지띠

바짓자락 → 바지 자락

바짓주머니 → 바지 주머니

바카스 → 바커스(Bacchus)

바캉스(vacance) → 여름 휴가(-休暇), 휴가㊞

바코드(bar code) → 정보 줄무늬(情報-)㊞

바퀴과(-科) → 바큇과

바크샤 → 버크셔(Berkshire)

바클 → 버클(buckle)

바킹(パッキング) → 패킹(packing)

바탕한 → 바탕으로 한, 바탕을 둔

바톤 → 배턴(baton)

바통 → 배턴(baton)

바특히 → 바특이

바하, 요한 제바스티안 → 바흐, 요한 제바스티안(Bach, Johann Sebastian)

박두하다(迫頭-) → 닥쳐 오다㊞

박멸(撲滅) → 모조리 없앰, 없앰㊞

박스(box) → 갑(匣), 곽, 상자(箱子)㊞

박아지 → 바가지

박쥐과(-科) → 박쥣과

박카스 → 바커스(Bacchus)

박토(薄土) → 메마른 땅㊞

박편(薄片) → 얇은 조각, 얇은 판(-板)㊞

박하지 → 민꽃게

박핫가루(薄荷-) → 박하 가루

박혀져 있다 → 박혀 있다

박혀졌다 → 박혔다

박혀지는 → 박히는

박혀지다 → 박히다

박혀진 → 박힌

밖사돈(-査頓) → 밭사돈

밖음질 → 박음질

밖짱다리 → 밭장다리

반가와 → 반가워

반가웁다 → 반갑다

반가집(班家-) → 반갓집

반가히 → 반가이

반갓집 → 반가(班家)

반겨하는 → 반기는

반겨하다 → 반기다

반겨한다 → 반긴다

반겨해 주다 → 반겨 주다

반경(半徑) → 반지름

반까이(ばんかい) → 만회(挽回), 벌충,
　회복(回復/恢復)

반다지 → 반닫이

반댓말 → 반대말(反對 −)

반도(バンド) → 고리, 띠, 허리띠㊞

반두 ― 조망(罩網) ― 족산대㊞

반드시[端正] → 반듯이

　* 반드시: 틀림없이 꼭. 늑기필코, 필위.
　* 반듯이: ① 작은 물체, 또는 생각이나 행동
　　따위가 비뚤어지거나 기울거나 굽지 아
　　니하고 바르게. ② 생김새가 아담하고 말
　　끔하게.

반듯이[必] → 반드시 ['반드시' 주 참조]

반듯히 → 반듯이

반디 ― 반딧벌레 ― 반딧불 ― 반딧불이㊞

반디불 → 반딧불

반디빛 → 반딧빛

반말지걸이(半 −) → 반말지거리

반말지꺼리(半 −) → 반말지거리

반말짓거리(半 −) → 반말지거리

반말짓꺼리(半 −) → 반말지거리

반말찌거리(半 −) → 반말지거리

반말찌꺼리(半 −) → 반말지거리

반목(反目) → 미워함, 서로 미워함㊞

반비간(飯備間) → 반빗간, 찬간(饌間)㊞

반비노릇(飯 −) → 반빗노릇

반비아치(飯 −) → 반빗아치

반송(返送) → 되돌려 보냄㊞

반송율(返送率) → 반송률

반승락(半承諾) → 반승낙

반영율(反映率) → 반영률

반용(① 蟠龍 ② 攀龍) → 반룡

반이소리[半齒音] → 반잇소리

반점병(斑點病) → 점무늬병㊞

반제하다(返濟 −) → 갚다, 돈을 갚다㊞

반주검(半 −) → 반죽음

반즈봉(半ズボン) → 반바지㊞

반지르하다 → 반지르르하다

반짓고리 → 반짇고리

반찬꺼리(飯饌 −) → 반찬거리

반찰떡(半 −) → 메찰떡

반추(反芻) → 되새김, 되새김질, 새김,
　새김질㊞

반출하다(搬出 −) → 실어 내다㊞

반카이(ばんかい) → 만회(挽回)㊞, 벌
　충, 회복(回復/恢復)

반탐급(−級) → 밴텀급(bantam −)

반포하다(頒布 −) → 널리 펴다㊞

반합(飯盒) → 도시락

반혀소리[半舌音] → 반혓소리

반환해 주다(返還 −) → 반환하다

반흔(瘢痕) → 흉터㊞

받다리후리기 → 밭다리후리기

받아드리다 → 받아들이다

받을려고 → 받으려고

발가송이 → 발가숭이

발강색(−色) → 발간색, 발강

발게지다 → 발개지다

발광 신호(發光信號) → 불빛 신호㊞

발군의(拔群 −) → 뛰어난, 빼어난㊞

발굼치 → 발꿈치

발그래하다 → 발그레하다

발그므레하다 → 발그무레하다

발그스래하다 → 발그스레하다

발꼽 → 발곱

발돋음 → 발돋움

발뒷굼치 → 발뒤꿈치

발뒷꿈치 → 발뒤꿈치

발란스 → 밸런스(balance)

발런티어 → 볼런티어(volunteer)

발레 슈즈(ballet shoes) → 발레신[순]

발레파킹(valet parking) → 대리 주차 (代理駐車)[순]

발렌타인 데이 → 밸런타인데이 (Valentine Day)

발렌티어 → 볼런티어(volunteer)

발렛파킹 → 발레파킹(valet parking)

발로(發露) → 드러남[순]

발룬 → 벌룬(balloon)

발룬티어 → 볼런티어(volunteer)

발르다 → 바르다

발매하다(發賣-) → 팔다[순]

발모가지 — 발목쟁이[복]

발목대기 → 발목때기

발목때기 → 발모가지

발목아지 → 발모가지

발목장이 → 발목쟁이

발발이 → 발바리

발발하다(勃發-) → 발생하다(發生-), 일어나다[순]

발병율(發病率) → 발병률

발병하다(發病-) → 병나다[순]

발본(拔本) → 뽑아 없앰[순]

발부(發付) → 발급(發給)[순]

발부치다 → 발붙이다

발브 → 밸브(valve)

발뿌리 → 발부리

발생율(發生率) → 발생률

발싸게 → 발싸개

발아률(發芽率) → 발아율

발열(發熱) → 열 남, 열 냄[순]

발우(鉢盂) → 바리때[순]

발자국 소리 → 발걸음 소리, 발 소리, 발짝 소리

발자봉틀 → 발재봉틀(-裁縫-)

발자욱 → 발자국

발작, 오노레 드 → 발자크, 오노레 드 (Balzac, Honoré de)

발작크, 오노레 드 → 발자크, 오노레 드 (Balzac, Honoré de)

발전양(發電量) → 발전량

발주하다(發注-) → 주문하다(注文-)[순]

발착(發着) → 발송 도착(發送到着)[순]

발췌 검사(拔萃檢査) → 표본 검사(標本 -)[순]

발치(拔齒) → 이 뽑기[순]

발칸포(-砲) → 벌컨포(Vulcan-)

발코니(balcony) → 난간(欄干/欄杆)[순]

발톱깍개 → 발톱깎이

발톱깍기 → 발톱깎이

발톱깍이 → 발톱깎이

발톱깎개 → 발톱깎이

발톱깎기(도구) → 발톱깎이

발틱해(Baltic海) → 발트해(Baltic Sea)

발현(發現) → 드러내 보임, 드러냄[순]

밝을 녁 → 밝을 녘

밝이 → 밝히

밟혀져 있다 → 밟혀 있다

밟혀졌다 → 밟혔다

밟혀지는 → 밟히는

밟혀지다 → 밟히다

밟혀진 → 밟힌

밤바(バンパー) → 범퍼(bumper), 완충
　　기(緩衝器)㊟

밤새것 → 밤새껏

밤새지 → 밤새우지

밤샌 → 밤새운

밤샜어 → 밤새웠어

밤세 → 밤새

밥배기 → 밥빼기

밥솟 → 밥솥

밥조개[貝] → 가리비

밥티 → 밥알

밥티스트 → 뱁티스트(Baptist)

밥풀떼기 → 밥풀때기

밥힘 → 밥심

밧다리 → 밭다리

밧다리후리기 → 밭다리후리기

밧데리(バッテリー) → 배터리(battery),
　　축전지(蓄電池)㊟, 건전지(乾電池),
　　전지

밧사돈(-査頓) → 밭사돈

밧테리(バッテリー) → 배터리(battery)

방가로(バンガロー) → 방갈로(bungalow)㊟

방구 → 방귀

방기(放棄) → 포기(抛棄)

방기하다(放棄-) → 내버리다㊟

방까이(ばんかい) → 만회(挽回), 벌충,

회복(回復/恢復)

방뇨(放尿) → 오줌누기㊟

방도(方道/方途) → 길㊟

방돌(房-) → 구들장(-張)

방맹이 → 방망이

방문률(訪問率) → 방문율

방방곳곳 → 방방곡곡(坊坊曲曲)

방사선 피폭(放射線被曝) → 방사선 노
　　출(-露出)㊟

방석이(方席-)[齒] → 방석니

방수둑(防水-) → 방숫둑

방아간(-間) → 방앗간

방아개비 → 방아깨비

방아공이 → 방앗공이

방아군 → 방아꾼

방아다리 → 방앗다리

방아대 → 방앗공이

방아돌 → 방앗돌

방아샀 → 방앗샀

방아소리 → 방앗소리

방안지(方眼紙) → 모눈종이

방앗꾼 → 방아꾼

방앗대 → 방앗공이

방점(傍點) → 곁점㊟

방정(方正) → 바르고 점잖음㊟

방정군 → 방정꾼

방조하다(幇助-) → 거들다, 돕다㊟

방직이(房-) → 방지기

방청(防錆) → 녹막이(綠-)

방치하다(放置-) → 내버려 두다, 버려
　　두다㊟

방침을 득하여(方針-得-) → 방침을 받

아, 방침을 얻어[순]

방풍(防風) → 바람막이[순]

방풍림(防風林) → 바람막이숲[순]

방한(防寒) → 추위막이[순]

방한하다(訪韓-) → 우리나라를 방문
하다(-訪問-), 한국을 방문하다(韓
國-)[순]

방향(芳香) → 향기(香氣)[순]

방화(邦畫) → 국산 영화(國產映畫)[순]

방화선(防火線) → 산불 저지선(山-沮止
線)[순]

밭돼기 → 밭뙈기

밭두덩 → 밭두둑

밭두렁 → 밭둑

밭떼기 → ① 밭뙈기 ② 밭뙈기

  * 밭떼기: 밭에서 나는 작물을 밭에 나 있는
    채로 몽땅 사는 일.
  * 밭뙈기: 얼마 안 되는 자그마한 밭.

밭모퉁이 → 밭모퉁이

밭사둔 → 밭사돈(-査頓)

밭짱다리 → 밭장다리

배가(倍加) → 갑절 늘림[순]

배가죽 → 뱃가죽

배간(-間) → 뱃간

배값[船價, 梨價] → 뱃값

배개 → 베개

배게 → 베개

배고동 → 뱃고동

배곱 → 배꼽

배구레 → 뱃구레

배길 → 뱃길

배내냄새 → 배냇냄새

배내닭 → 배냇닭

배내돼지 → 배냇돼지

배내머리 → 배냇머리

배내버릇 → 배냇버릇

배내병신(-病身) → 배냇병신

배내소 → 배냇소

배내이[齒] → 배냇니

배내저고리 → 배냇저고리

배내적 → 배냇적

배내짓 → 배냇짓

배냇니 — 유치(乳齒) — 젖니 — 츤치(齔
齒)[복]

배냇똥 → 배내똥

배냇이[齒] → 배냇니

배너 광고(banner廣告) → 띠 광고, 막
대 광고, 현수막(懸垂幕), 현수막 광
고[순]

배노래 → 뱃노래

배놀이 → 뱃놀이

배놈 → 뱃놈

배다리집 → 배다릿집

배달나무 → 박달나무

배달르다 → 배다르다

배달른 → 배다른

배당율(配當率) → 배당률

배대기 → 배때기

배대뒤치기 → 배대되치기

배도랑 → 뱃도랑

배드민튼 → 배드민턴(badminton)

배때끈 → 뱃때끈

배말[椿] → 뱃말

배머리 → 뱃머리

배멀미 → 뱃멀미

배메기논 → 배메깃논

배면(背面) → 등면, 등 쪽[순]

배물다 → 베물다

배바닥 → 뱃바닥

배바람 → 뱃바람

배뱅잇굿 → 배뱅이굿

배버리지, 윌리엄 헨리 → 베버리지, 윌
리엄 헨리(Beveridge, William Henry)

배변 봉투(排便封套) → 배변 봉지(-封紙)
* 봉투(封套): 편지나 서류 따위를 넣기 위
하여 종이로 만든 주머니. 늑봉통, 서통.
* 봉지(封紙): 종이나 비닐 따위로 물건을
넣을 수 있게 만든 주머니. 늑지대.

배병(-病) → 뱃병

배불뚜기 → 배불뚝이

배불르다 → 배부르다

배사공(-沙工) → 뱃사공

배사람 → 뱃사람

배삯[船價, 梨價] → 뱃값

배살 → 뱃살

배상(拜上) → 올림[순]

배서(背書) → 뒷보증(-保證)[순]

배석하다(陪席-) → 자리를 같이하다[순]

배소리 → 뱃소리

배 속 → 뱃속
* 배 속: 배의 안쪽 부분.
* 뱃속: '마음'을 속되게 이르는 말.

배수구(排水溝) → 물 빼기 도랑[순]

배수로(排水路) → 물 빼는 길[순]

배숨 → 뱃숨

배스킷 → 바스켓(basket)

배식구(配食口) → 밥 타는 곳[순],

밥 받는 곳

배식대(配食臺) → 밥 타는 곳[순]

배심 좋다 → 뱃심 좋다

배씸 좋다 → 뱃심 좋다

배안엣짓 → 배냇짓

배알하다(拜謁-) → 뵙다, 찾아뵙다[순]

배암 → 뱀

배암장어(-長魚) → 뱀장어

배앝다 → 뱉다

배여(기름, 냄새, 땀, 몸, 버릇) → 배어

배였다(기름, 냄새, 땀, 몸, 버릇) → 배었다

배우자감(配偶者-) → 배우잣감

배울려고 → 배우려고

배이다(기름, 냄새, 땀, 몸, 버릇) → 배다

배인(기름, 냄새, 땀, 몸, 버릇) → 밴

배일 → 뱃일

배일(기름, 냄새, 땀, 몸, 버릇) → 밸

배자반(-佐飯) → 뱃자반

배장사 → 뱃장사
* 배 장사: 배를 팔거나 사거나 하는 일.
* 뱃장사: 물건을 배에 싣고 다니면서 파
는 일.

배장수 → 뱃장수
* 배 장수: 배를 팔거나 사거나 하는 사람.
배 장사를 하는 사람.
* 뱃장수: 물건을 배에 싣고 다니면서 파는
사람.

배전(倍前) → 더한층(-層)[순]

배전[舷] → 뱃전

배젓(胚-) → 배젖

배죽히 → 배죽이

배줄 → 뱃줄

배지(badge) → 표장(標章), 휘장(徽章)[순]

배짐 → 뱃짐

배짱이 → 베짱이

배추값 → 배춧값

배추국 → 배춧국

배추잎 → 배춧잎

배치되다(背馳-) → 어긋나다[순]

배치코트 → 페티코트(petticoat)

배치파일(batch file) → 묶음 기록철
(-記錄綴), 묶음철[순]

배코자리 → 배콧자리

배탱이 → 배퉁이

배터리(battery) → ① 축전지(蓄電池)
② 투·포수(投捕手)[순]

배터 박스(batter's box) → 타자석(打者
席)[순]

배트(bat) → 방망이[순]

배틀쉽 → 배틀십(battleship)

배팅 폼(batting form) → 타격 자세(打
擊姿勢)[순]

배합 사료(配合飼料) → 섞은 먹이[순]

배합율(配合率) → 배합률

배힘 → 뱃심

~백(白) → 사룀, 아룀, 알림[순], 말씀
드림

백그라운드(background) → ① 연줄(緣
-) ② 배경(背景) ③ 바탕[순]

백네트(back net) → 뒷그물[순]

백넷 → 백네트(back net)

백녹색(白綠色) → 백록색

백 데이터(back data) → ① 근거 자료
(根據資料) ② 참고 자료(參考-) ③ 보
관 자료(保管-)[순]

백도(白桃) → 흰 복숭아[순]

백림(伯林) → 베를린(Berlin)

백릿길(百里-) → 백 리 길

백말(白-) → 백마(白馬), 흰말

백묵(白墨) → 분필(粉筆)[순]

백미(白米) → 흰쌀[순]

백미라(バックミラー) → 백미러(back
mirror)

백미러(back mirror) → 뒷거울[순], 후사
경(後寫鏡)

   * 백미러(back mirror): 뒤쪽을 보기 위하여
     자동차나 자전거 따위에 붙인 거울. 늑후
     사경.

   * 뒷거울: 뒤쪽을 볼 수 있게 만든 거울.

   * 후사경(後寫鏡): ① 운전자가 자동차의 뒤
     쪽을 볼 수 있도록 차량 뒤쪽의 유리 바깥
     에 붙인 거울. ② 뒤쪽을 보기 위하여 자동
     차나 자전거 따위에 붙인 거울. =백미러.

백밀러 → 백미러(back mirror)

백반병(白斑病) → 흰무늬병[순]

백보드(backboard) → ① 뒤판(-板)
② 농구판(籠球板)[순]

백봉령 → 백복령(白茯苓)

백부(伯父) → 큰아버지[순]

백분(白粉) → 흰 가루[순]

백분률(百分率) → 백분율

백브리핑(back briefing) → 덧보고(-報
告)[순]

백상어(白-) → 백상아리

백 슛(back shoot) → 돌아 쏘기[순]

백스텝(back step) → 후진 발동작(後進
-動作)[순]

백 스트로크(back stroke) → 뒷면 치기

(－面－)[순]
백스핀(back spin) → 역회전(逆回轉)[순]
백업(back-up) → ① 뒷받침, 받쳐 주기[순]
② 후방 대비(後方對備)[순]
백업파일(back-up file) → 복사 파일(複寫－)[순]
백용(白龍) → 백룡
백율사(栢栗寺) → 백률사
백이다 → 박이다
백이옷 → 박이옷
백전불퇴 → 백전불태(百戰不殆)
백주(白晝) → 대낮[순]
백죽(白粥) → 흰죽
백짓장 → 백지장(白紙張)
백킹 → 배킹(backing)
백 태클(back tackle) → 뒤덤비기[순]
백터 → 벡터(vector)
백 패스(back pass) → 뒤로 주기[순]
백하젓(白蝦－) → 새우젓
백화나무(白樺－) → 자작나무[순]
백히다 → 박히다
밴댕이젖 → 밴댕이젓
밴드(band) → ① 고리, 띠, 허리띠
② 악단(樂團), 악대(樂隊)[순]
밴딩(banding) → 띠말이[순]
밴다 → 뱉다
밸런스(balance) → 균형(均衡)[순]
밸렌타인 데이 → 밸런타인데이
(Valentine Day)
밸리(valley) → ～골, ～지(地), 지구(地區)[순]
밸리댄스 → 벨리댄스(belly dance)
밸트 → 벨트(belt)
뱃대기 → 배때기
뱃대끈 → 뱃때끈
뱃삯[船價, 梨價] → 뱃값
뱃장 → 배짱
뱃지 → 배지(badge)
뱃힘 → 뱃심
뱅어국 → 뱅엇국
뱅커(banker) → ① 은행원(銀行員)
② 은행가(銀行家)[순]
뱅쿠버 → 밴쿠버(Vancouver)
뱅크(bank) → 은행(銀行)[순]
뱉아 → 뱉어
뱉아야 → 뱉어야
뱉았다 → 뱉었다
버들강아지 — 버들개지[복]
버들나무 → 버드나무
버등버등 → 버둥버둥
버라이어티쇼(variety show) → 종합 예능 쇼(綜合藝能－)[순]
버러지 — 벌레[복]
버러지다 → 벌어지다
버르쟁이 → 버르장이
버무르다 → 버무리다
버물려져 있다 → 버물려 있다
버물려졌다 → 버물렸다
버물려지는 → 버물리는
버물려지다 → 버물리다
버물려진 → 버물린
버버리 → 바바리(Burberry)
버블(bubble) → 거품, 거품 현상(－現狀)[순]
버블 경제(bubble經濟) → 거품 경제[순]

버스킹(busking) → 거리 공연(-公演)㊂

버스트(bust) → 가슴, 가슴둘레㊂

버스트 라인(bust line) → 가슴선(-線)㊂

버어마 → 버마(Burma)

버어밍엄(Birmingham) → ① 버밍엄
  ② 버밍햄

 * 버밍엄: 영국 잉글랜드 중부 웨스트미들
   랜즈주의 도시.

 * 버밍햄: 미국 남동부 앨라배마주의 도시.

버어지니아 → 버지니아(Virginia)

버언스, 로버트 → 번스, 로버트(Burns,
  Robert)

버저 비터(buzzer beater) → 종료 골(終
  了goal), 종료 득점(-得點)㊂

버젓히 → 버젓이

버젼 → 버전(version)

버즘[癬] → 버짐

버짐나무 → 버즘나무

버츄얼 → 버추얼(virtual)

버클(buckle) → 조임쇠, 죔쇠㊂

버킷(bucket) → 양동이(洋-)㊂

버킷 리스트(bucket list) → 소망 목록
  (所望目錄)㊂

버킹검 → 버킹엄(Buckingham)

버턴 → 버튼(button)

버튼(button) → 단추㊂

버티칼 → 버티컬(vertical)

버팅(butting) → 머리 받기㊂

버팔로 → 버펄로(Buffalo)

벅벅히 → 벅벅이

벅차올르다 → 벅차오르다

번개불 → 번갯불

번거로와 → 번거로워

번거로히 → 번거로이

번드기다 → 번득이다

번듯히 → 번듯이

번번히(番番-) → 번번이

번식율(繁殖率) → 번식률

번연이(幡然/飜然-) → 번연히

번즈, 로버트 → 번스, 로버트(Burns,
  Robert)

번지르하다 → 번지르르하다

번짓수 → 번지수(番地數)

번쩌기다 → 번쩍이다

번트(bunt) → 살짝 대기㊂

벋장다리 → 벋정다리

벌개지다 → 벌게지다

벌거송이 → 벌거숭이

벌거죽죽하다 → 벌그죽죽하다

벌거지 → 버러지

벌겅색(-色) → 벌겅

벌겆네 → 벌거네

벌러지 → 버러지

벌려 놓은 일 → 벌여 놓은 일

벌루트 → 벌류트(volute)

벌룬(balloon) → 기구(氣球)㊂

벌목(伐木) → 나무 베기㊂

벌목군(伐木-) → 벌목꾼

벌스다(罰-) → ① 벌서다 ② 벌쓰다

 * 벌서다: 잘못을 하여 일정한 곳에서 벌을
   받다.

 * 벌쓰다: 잘못이 있어 벌을 받다.

벌스데이 → 버스데이(birthday)

벌어드리다 → 벌어들이다

벌이자리 → 벌잇자리

벌채하다(伐採-) → 나무를 베다, 나무 베다순

벌크(bulk) → 무더기 짐순

벌크선(bulk船) → 산적 화물선(散積貨物船)순

벌크 업(bulk up) → 근육 키우기(筋肉-)순

범바위길 → 범바윗길

범버 → 범퍼(bumper)

범부(凡夫) → 보통 사람(普通-)순

범선(帆船) → 돛단배순

범접(犯接) → 가까이 다가섬순

범하다(犯-) → 저지르다순

법받다 → 본받다(本-)

법썩 → 법석

법썩거리다 → 법석거리다

법율(法律) → 법률

벗기우다 → 벗기다

벗꽃 → 벚꽃

벗나무 → 벚나무

벗어붙이다 → 벗어부치다

벗어재끼다 → 벗어젖히다

벗어재치다 → 벗어젖히다

벗어젓히다 → 벗어젖히다

벗어제끼다 → 벗어젖히다

벗어제치다 → 벗어젖히다

벙그러지다 → 벌어지다

벙어리장갑(-掌匣) → 손모아장갑

벙커(bunker) → 진지(陣地)순

벙커 샷(bunker shot) → 벙커 쳐내기순

벙커씨유(bunker-油) → 벙커시유(-C-)

베개깃 → 베갯잇

베개동서(-同壻) → 베갯동서

베개맡 → 머리맡

베개머리 → 베갯머리

베개머리송사(-訟事) → 베갯머리송사

베개모 → 베갯모

베개밑 → 베갯밑

베개밑공사(-公事) → 베갯밑공사

베개속 → 베갯속

베개솜 → 베갯솜

베개송사(-訟事) — 베갯머리송사 — 베갯밑공사(-公事) — 베갯밑송사복

베개잇 → 베갯잇

베갯맡 → 베개맡

베갯송사(-訟事) → 베개송사

베갯싸움 → 베개 싸움

베게 → 베개

베네룩 → 베네룩스(Benelux)

베네주엘라 → 베네수엘라(Venezuela)

베니야(ベニヤ) → 베니어(veneer), 합판(合板)순, 베니어판

베니어(veneer) → 합판(合板)순

베드씬 → 베드신(bed scene)

베드타운(bed town) → 통근자 거주 지역(通勤者居住地域)순

베란다(veranda) → 쪽마루순

베레조프스키, 보리스 → 베레좁스키, 보리스(Berezovsky, Boris)

베루벳또(ベルベット) → 벨벳(velvet)순

베르린 → 베를린(Berlin)

베르사이유 → 베르사유(Versailles)

베를레에느, 폴 → 베를렌, 폴(Verlaine, Paul)

베리 굳 → 베리 굿(very good)
베린져 → 베린저(Berenger)
베버리힐즈 → 베벌리힐스(Beverly Hills)
베비지, 찰스 → 배비지, 찰스(Babbage, Charles)
베사메 무쵸 → 베사메 무초(Besame Mucho)
베스트(best) → ① 최선(最善) ② 최고(最高) ③ 정예 선수(精銳選手)[순]
베스트멤버(best member) → 주전 선수(主戰先手)[순]
베스트셀러(best seller) → 불티 상품(－商品), 인기 상품(人氣－)[순]
베스트 텐(best ten) → 10걸(十傑), 10대(十大)[순]
베아뜨리체(Beatrice) → ① 베아트리체(이탈) ② 비어트리스(영) ③ 베아트리스(스웨)
베아링(ベアリング) → 베어링(bearing)
베어링(bearing) → 굴대받이, 축받이(軸－)[순]
베이비시터(babysitter) → 아이 돌보미[순]
베이비 시트(baby seat) → 유아용 의자(幼兒用椅子)[순]
베이비 카 시트(baby car seat) → 안전 의자(安全椅子)[순]
베이스(base) → ① 누(壘), 활주면(滑走面) ② 기준(基準)[순]
베이스라인(baseline) → ① 기준선(基準線) ② 끝줄[순]
베이스 러닝(base running) → 주루(走壘)[순]
베이스캠프(base camp) → 근거지(根據地), 주 훈련장(主訓鍊場)[순]
베이스 코치(base coach) → 누 코치(壘－), 주루 코치(走壘－), 주자 코치(走者－)[순]
베이직 → 베이식(BASIC)
베이콘 → 베이컨(bacon)
베이콘, 프랜시스 → 베이컨, 프랜시스(Bacon, Francis)
베일(veil) → 장막(帳幕)[순]
베지색(－色) → 베이지(beige)
베케트, 사무엘 → 베케트, 사뮈엘(Beckett, Samuel)
베테랑(vétéran) → 노련자(老鍊者), 숙련자(熟鍊者/熟練者), 익수(－手), 전문가(專門家), 전문인(專門人)[순]
베풀러 → 베풀어
베풀으니 → 베푸니
베풀은 → 베푼
베풀음 → 베풂
베품 → 베풂
벡타 → 벡터(vector)
벡터량(vector量) → 벡터양
벤더(vendor) → 중간 유통 업자(中間流通業者)[순]
벤또(べんとう) → 도시락[순]
벤자민(Benjamin) → ① 벤저민[木] ② 벤저민(영) ③ 뱅자맹(프) ④ 베냐민(독)
벤쯔 → 벤츠(Benz)
벤처 기업(venture企業) → 개척 기업(開拓－), 모험 기업(冒險－)[순]

벤처캐피털(venture capital) → 벤처 기업 자본(-企業資本)[순]
벤쳐 → 벤처(venture)
벤추리관(-管) → 벤투리관(Venturi-)
벤취 → 벤치(bench)
벤츄라 → 벤처러(venturer)
벤치(bench) → ① 걸상(-床), 긴 걸상 ② 감독석(監督席), 선수석(選手席)[순]
벤쿠버 → 밴쿠버(Vancouver)
벤트(vent) → 배출(排出)[순]
벧엘 → 베델(Bethel)
벨가못 → 베르가모트(bergamotte)
벨로우, 솔 → 벨로, 솔(Bellow, Saul)
벨류 → 밸류(value)
벨리 → 밸리(valley)
벨몽드, 장폴 → 벨몽도, 장폴(Belmondo, Jean-Paul)
벨보이(bellboy) → 객실 안내(客室案內), 객실 안내원(-員)[순]
벨브 → 밸브(valve)
벨트(belt) → 구역(區域), 지대(地帶), 지역(地域)[순]
벨트라인(belt line) → 띠 선(-線), 허리 띠 선[순]
벼가리 → 볏가리
벼개 → 베개
벼게 → 베개
벼과(-科) → 볏과
벼단 → 볏단
벼라별 → 별의별(別-別)
벼란간 → 별안간(瞥眼間)
벼레별 → 별의별(別-別)
벼루길 → 벼룻길
벼루논 → 벼룻논
벼루돌 → 벼룻돌
벼루물 → 벼룻물
벼루장 → 벼룻집
벼루집 → 벼룻집
벼룻장 → 벼룻집
벼리줄 → 벼릿줄
벼모 → 볏모
벼섬 → 볏섬
벼술 → 볏술
벼쌀 → 볍쌀
벼씨 → 볍씨
벼잎 → 볏잎
벼짚 → 볏짚
벽(甓) → 벽돌
벽두(劈頭) → 첫머리[순]
벽지(僻地) → 외딴 곳[순]
벽지다(僻-) → 외지다
변(弁) → 막판, 밸브(valve)[순]
변덕맞다(變德-) — 변덕스럽다[복]
변덕장이(變德-) → 변덕쟁이
변변이 → 변변히
변변챦다 → 변변찮다
변별하다(辨別-) → 가리다, 분별하다(分別-), 옳고 그름 등을 분별하다(-等-)[순]
변사(變死) → 횡사(橫死)[순]
변소(便所) — 측간(廁間)[복]
변소간(便所間) → 변소
변소깐(便所-) → 변소
변수값(變數-) → 변숫값

변제하다(辨濟-) → 갚다[순]

변죽을 올리다(邊-) → 변죽을 울리다

변형율(變形率) → 변형률

변화난칙 → 변화난측(變化難測)

변화률(變化率) → 변화율

변화불칙 → 변화불측(變化不測)

별건(別件) → 다른 건, 딴 건

별건 아니지만(別-) → 별것 아니지만

별단의(別段-) → 다른, 특별한(特別-)[순]

별달르다(別-) → 별다르다

별르다 → 벼르다

별미적다(別味-) → 별미쩍다

별에별(別-別) → 별의별

별이별(別-別) → 별의별

별장직이(別莊-) → 별장지기

별첨(別添) → 따로 붙임[순]

별항(別項) → 딴 항목(-項目)[순]

볏가리대 → 볏가릿대

볏집 → 볏짚

병과하다(併科-) → 동시에 부과하다
　　(同時-賦課-), 함께 부과하다[순]

병기하다(併記-) → 함께 쓰다, 함께 적
　　다[순]

병들은(病-) → 병든

병암죽(-粥) → 떡암죽

병어과(-科) → 병엇과

병치래(病-) → 병치레

병치례(病-) → 병치레

보고픈 → 보고 싶은

보급율(① 普及率 ② 補給率) → 보급률

보나스(ボーナス) → 보너스(bonus), 상
　　여금(賞與金)[순]

보냉(保冷) → 보랭

보너스(bonus) → 상여금(賞與金)[순]

보단(ボタン) → 누름쇠, 단추, 버튼
　　(button)[순]

보도(ボルト) → 볼트(bolt), 수나사(-
　　螺絲)

보둑(洑-) → 봇둑

보드(board) → ① 마루쪽 ② 기판(基板),
　　판[순]

보드럽다 → 보드랍다

보드마커(board marker) → 칠판펜(漆板
　　pen)[순]

보들레에르, 샤를 피에르 → 보들레르, 샤
　　를 피에르(Baudelaire, Charles Pierre)

보디(body) → ① 몸, 체형(體型) ② 인
　　대[순]

보디가드(body guard) → 경호원(警護
　　員)[순]

보디라인(body-line) → 몸매, 체형(體
　　形)[순]

보디블로(body blow) → 몸통 치기[순]

보라빛 → 보랏빛

보레로(ボレロ) → 볼레로(belero)[순]

보로(ぼろ) → 걸레, 걸레 헝겊, 누더기,
　　헝겊[순]

보루네오섬 → 보르네오섬(Borneo-)

보루바꼬(ボールばこ) → 골판지 상자
　　(-板紙箱子), 종이 상자

보루바코(ボールばこ) → 골판지 상자
　　(-板紙箱子), 종이 상자[순]

보루박스(ボールbox) → 골판지 상자
　　(-板紙箱子), 종이 상자[순], 보드 상

자(board−)

보루퉁하다 → 보로퉁하다

보름채 → 보름쩨

보리가루 → 보릿가루

보리가을 → 보릿가을

보리거름 → 보릿거름

보리겨 → 보릿겨

보리고개 → 보릿고개

보리단 → 보릿단

보리대 → 보릿대

보리자루 → 보릿자루

보리짚 → 보릿짚

보릿대모자(−帽子) → 밀짚모자

보릿짚모자(−帽子) → 밀짚모자

보링(bowling) → 볼링

보물(洑−) → 봇물

보브아르, 시몬 드 → 보부아르, 시몬 드
　　(Beauvoir, Simone de)

보브와르, 시몬 드 → 보부아르, 시몬 드
　　(Beauvoir, Simone de)

보상(報償) → 갚음㊲

보상(補償) → 채워 줌㊲

보선(補選) → 보궐 선거(補闕選擧)㊲

보섭 → 보습

보세집(保稅−) → 보셋집

보수(保手) → 자기앞 수표(自己−手票)㊲

보수 교육(補修敎育) → 복무 지도 교육
　　(服務指導−)㊲

보숭이 → ① 북숭이 ② 고물

보쉬 → 보슈(Bosch)

보스(boss) → 대표(代表), 우두머리㊲

보스라기 → 바스라기

보스래기 → 바스라기

보스러기 → 바스라기

보스럭이 → 바스라기

보스럭지 → 바스라기

보스레기 → 바스라기

보스톤 → 보스턴(Boston)

보시돈(布施−) → 보싯돈

보실보실 → 보슬보슬

보십 → 보습

보여져 → 보여

보여졌다 → 보였다

보여지는 → 보이는

보여지다 → 보이다

보여진다 → 보인다

보오드 → 보드(board)

보오크사이트 → 보크사이트(bauxite)

보오트 → 보트(boat)

보올링 → 볼링(bowling)

보우트 → 보트(boat)

보올 → 볼(ball)

보울링 → 볼링(bowling)

보유고(保有高) → 보유액(保有額)

보이(boy) → 접객원(接客員)㊲

보이라(ボイラー) → 보일러(boiler), 증
　기통(蒸氣桶)㊲

보이스(voice) → 음성(音聲)㊲

보이스카웃 → 보이스카우트(Boy Scouts)

보이스 피싱(voice phishing) → 사기 전
　화(詐欺電話)㊲

보이즈 → 보이스(boys)

보이코트 → 보이콧(boycott)

보이콧(boycott) → 거부(拒否), 거절(拒

絶), 배척(排斥)[순]

보이프렌드(boy friend) → 남자 친구(男子親舊)[순]

보일라 → 보일러(boiler)

보재기(褓−) → 보자기

보정(補正) → 바로잡음[순]

보제(菩提) → 보리

  * 보리(菩提): ① 불교 최고의 이상인 불타 정각의 지혜. ≒보제, 삼보리. ② 불타 정각의 지혜를 얻기 위하여 닦는 도. 불과(佛果)에 이르는 길을 이른다. ≒보제, 삼보리.

보조개 ― 볼우물[복]

보직(補職) → 담당 업무(擔當業務), 맡은 일[순]

보짐(褓−) → 봇짐

보철구(補綴具) → 보조 기구(補助器具)[순]

보철하다(補綴−) → 수선하다(修繕−)[순]

보카시(ぼかし) → ① 바림 ② 초점 흐리기(焦點−)[순]

보칼 → 보컬(vocal)

보컬 그룹(vocal group) → 중창단(重唱團)[순]

보타닉 → 보태닉(botanic)

보타이(bow tie) → 나비넥타이(−necktie)[순]

보태닉 공원(botanic公園) → 생태 공원(生態−), 식물원(植物園)[순]

보턴 → 버튼(button)

보텀업(bottom-up) → 상향식(上向式)[순]

보통내기(普通−) ― 여간내기(如干−) ― 예사내기(例事−)[복]

보퉁이 → 보통이

보튼 → 버튼(button)

보틀네크 → 보틀넥(bottleneck)

보틀넥(bottleneck) → 병목 현상(瓶−現象)[순]

보하다(補−) → 임명하다(任命−)[순]

보합세(保合勢) → 멈춤세, 주춤세[순]

보행삯(步行−) → 길품삯

보험료율(保險料率) → 보험 요율

보히미아 → 보헤미아(Bohemia)

복개(覆蓋) → 덮개, 뚜껑[순]

복걸복 → 복불복(福不福)

복계(伏鷄) → 부계

복골복 → 복불복(福不福)

복궐복 → 복불복(福不福)

복다겨 → 복대겨

복다기다 → 복대기다

복다림(伏−) → 복달임

복닥여 → 복대겨

복닥이다 → 복대기다

복댁여 → 복대겨

복댁이다 → 복대기다

복두장이(幞頭−) → 복두쟁이

복명(復命) → 결과 보고(結果報告)[순]

복바치다 → 복받치다

복박아지(福−) → 복바가지

복받쳐올르다 → 복받쳐오르다

복받히다 → 복받치다

복사뼈 ― 복숭아뼈[복]

복숭아빛 → 복숭앗빛

복숭이 → 북숭이

복스런(福−) → 복스러운

복실강아지 → 복슬강아지

복실복실 → 복슬복슬

복싱데이(boxing day) → 자선의 날(慈善-)[순]

복음밥 → 볶음밥

복장(服裝) → 옷차림[순]

복장이[魚] → 복쟁이

복지리(鰒チリ) → 복국, 복싱건탕(-湯)[순], 복맑은탕

복차다리 → 복찻다리

복창 터지다 → 복장 터지다

복카치오, 조반니 → 보카치오, 조반니(Boccaccio, Giovanni)

복토(覆土) → 흙덮기, 흙을 덮음[순]

볶닥거리다 → 복닥거리다

볶닥볶닥 → 복닥복닥

볶대기다 → 복대기다

볶은밥 → 볶음밥

본(本) → ① 이 ② 우리 ③ 본래(本來) ④ 그루[순]

본건(本件) → 이 사건(-事件), 이 일[순]

본교(本校) → 우리 학교(-學校)[순]

본네트 → 보닛(bonnet)

본넷 → 보닛(bonnet)

본넷또(ボンネット) → 보닛(bonnet)

본넷트 → 보닛(bonnet)

본대없다 → 본데없다

본드(bond) → 접착제(接着劑)[순]

본디말(本-) → 본딧말

본따(本-) → 본떠

본따다(本-) → 본뜨다

본따서(本-) → 본떠서

본딴(本-) → 본뜬

본땄다(本-) → 본떴다

본때없는 놈 → 본데없는 놈

본떼를 보이다(本-) → 본때를 보이다

본떼없는 놈 → 본데없는 놈

본이 아니게 → 본의 아니게(本意-)

본인은(本人-) → 나는, 자신은(自身-), 저는[순]

본지(本旨) → 본뜻[순]

본치만치 → 본체만체

본토바기(本土-) → 본토박이

본토배기(本土-) → 본토박이

본토백이(本土-) → 본토박이

볼(ball) → 공[순]

볼그래하다 → 볼그레하다

볼꺼리 → 볼거리

볼대기 → 볼때기

볼드리지, 말콤 → 볼드리지, 맬컴(Boldridge, Malcolm)

볼드리지, 맬콤 → 볼드리지, 맬컴(Boldridge, Malcolm)

볼따구 → 볼때기

볼따구니 — 볼때기 — 볼퉁이[복]

볼따귀 → 볼때기

볼딱지 → 볼때기

볼떼기 → 볼때기

볼래야 → 보려야

볼런티어(volunteer) → 자원 봉사자(自願奉仕者)[순]

볼려고 → 보려고

볼려야 → 보려야

볼룬티어 → 볼런티어(volunteer)

볼류우트 → 벌류트(volute)

볼류트 → 벌류트(volute)

볼륨(volume) → 양감(量感)[순]

볼륨 댄스 → 볼룸 댄스(ballroom dance)

볼링(boring) → 보링

볼링머신 → 보링머신(boring machine)

볼맨소리 → 볼멘소리

볼상사납다 → 볼썽사납다

볼성사납다 → 볼썽사납다

볼세비키 → 볼셰비키(Bolsheviki)

볼쌍사납다 → 볼썽사납다

볼짱 다 보다 → 볼 장 다 보다(-場-)

볼쯔만, 루트비히 에두아르트 → 볼츠
　　만, 루트비히 에두아르트(Boltzmann,
　　Ludwig Eduard)

볼쯔만 상수(-常數) → 볼츠만 상수
　　(Boltzmann-)

볼카운트(ball count) → 볼 셈, 타자 볼
　　수(打者-數)[순]

볼태기 → 볼때기

볼탱이 → 볼퉁이

볼테기 → 볼때기

볼트(bolt) → 수나사(-螺絲)[순]

봇뚝길(洑-) → 봇둑길

봉 걸레(棒-) → 대걸레

봉곳히 → 봉곳이

봉급장이(俸給-) → 봉급쟁이

봉긋히 → 봉긋이

봉노방(-房) → 봉놋방

봉다리 → 봉지(封紙)

봉답(奉畓) ― 봉천답(奉天畓) ― 불안전
　　답(不安全畓) ― 수리 불안전답(水利-)
　　― 천둥지기 ― 천봉답(天奉畓) ― 천

수답(天水畓) ― 하늘바라기[복]

봉독(蜂毒) → 벌독[순]

봉선화(鳳仙花) ― 봉숭아[복]

봉숭화 → 봉선화(鳳仙花), 봉숭아

봉인(封印) → 도장 찍어 봉함(圖章-
　　封-), 봉함 도장(封緘-)[순]

봉족꾼(奉-) → 봉죽꾼

봉족들다(奉-) → 봉죽들다

봉죽군(奉-) → 봉죽꾼

봉줄 → 봉주르(Bonjour)

봉쥬르 → 봉주르(Bonjour)

봉지채(封紙-) → 봉지째

봉착하다(逢着-) → 부닥치다

봉침(蜂針) → 벌침[순]

봉투값(封套-) → 봉툿값

봉합선(縫合線) → 솔기[순]

봉화대(烽火-) → 봉홧대

봉화둑(烽火-) → 봉홧둑

봉화불(烽火-) → 봉홧불

봐이킹 → 바이킹(Viking)

뵈여 → 뵈어, 봬

뵈요 → 뵈어요, 봬요

뵀으며 → 뵈었으며, 봬었으며

부가하여(附加-) → 덧붙여[순]

부각 ― 해대자반(海帶-)[복]

부각(浮刻) → 드러남[순]

부각시키다(浮刻-) → 부각하다

부고난(訃告欄) → 부고란

부교(浮橋) → 배다리[순]

부기하다(附記-) → 덧붙여 기재하다
　　(-記載-)[순]

부끄런 → 부끄러운

부끄럼장이 → 부끄럼쟁이
부끄리다 → 부끄러워하다
~부 능선(ぶ稜線) → ~분 능선(分－), ~푼 능선
부단이(不斷－) → 부단히
부단히(不斷－) → 끊임없이
부대(附帶) → 덧붙임, 딸림[순]
부대 수입(附帶收入) → 딸린 수입[순]
부대 시설(附帶施設) → 딸린 시설[순]
부도(附圖) → 그림, 딸린 그림[순]
부도(浮屠) → 사리탑(舍利塔)[순]
부도률(不渡率) → 부도율
부동산 중계(不動產－) → 부동산 중개(－仲介)
부두가(埠頭－) → 부둣가
부둣꾼 → 부두꾼(埠頭－)
부둥켜앉다 → 부둥켜안다
부둥켜않다 → 부둥켜안다
부드러히 → 부드러이
부득히 → 부득이(不得已)
부등켜안다 → 부둥켜안다
부딪쳐 → 부딪혀
부딪치다 → 부딪치다
부띠끄 → 부티크(boutique)
부띠크 → 부티크(boutique)
부라(ブラ) → 브래지어(brassiere)
부라더 → 브러더(brother)
부라보 → 브라보(bravo)
부라시(ブラシ) → 브러시(brush), 솔[순]
부라우스 → 블라우스(blouse)
부라자(ブラジャー) → 가슴띠, 브래지어(brassiere)[순]
부라치(ブラチ) → 부가 접속(附加接續)[순]
부락(部落) → 마을
부란자(フランジ) → 테두리, 플랜지(flange)[순]
부랄 → 불알
부랑인(浮浪人) → 떠돌이[순]
부러뜨리다－분지르다[복]
부러와하다 → 부러워하다
부럭(ブロック) → 블록(block)[순]
부럼[痕] → 부스럼
부레이크 → 브레이크(brake)
부레키(ブレーキ) → 브레이크(brake), 제동기(制動機)[순]
부로찌(ブローチ) → 브로치(brooch)
부로치(ブローチ) → 브로치(brooch)
부로카(ブローカー) → 거간꾼(居間－), 브로커(broker), 중개인(仲介人)
부로커 → 브로커(broker)
부룻쿠(ブロック) → 벽돌(甓－), 블록(block)[순]
부루말 → 흰말
부루스 → 블루스(blues)
부루통하다 → 부루퉁하다
부르도그(ブルドッグ) → 불도그(bulldog)
부르도자(ブルドーザー) → 불도저(bulldozer)
부르뜨다 → 부릅뜨다
부르스 → 블루스(blues)
부르조아 → 부르주아(bourgeois)

* 부르주아(bourgeois): ①중세 유럽의 도시에서, 성직자와 귀족에 대하여 제삼 계급을 형성한 중산 계급의 시민. ②근대 사

회에서, 자본가 계급에 속하는 사람. ③ '부
자'(富者)를 속되게 이르는 말.

부르조아지 → 부르주아지(bourgeoisie)

  * 부르주아지(bourgeoisie): 생산 수단을 소
  유하고 노동자를 고용하여 이윤을 얻는
  계급. =자본가 계급.

부르주아(bourgeois) → 유산 계급(有産
  階級), 유산자(有産者)[순]

부르주와 → 부르주아(bourgeois)

부르주와지 → 부르주아지(bourgeoisie)

부르짓다 → 부르짖다

부목(附木) → 덧댐 나무[순]

부보하다(附保-) → 보험에 들다(保
  險-)[순]

부비다 → 비비다

부비대다 → 비비대다

부비적거리다 → 비비적거리다

부산 피다 → 부산 피우다

부삽ー화삽(火-)[복]

부상하다(浮上-) → 떠오르다[순]

부석(浮石) → 뜬돌[순]

부셸 → 부셸(bushel)

부셔 먹다 → 부숴 먹다

부셔 버리다 → 부숴 버리다

부셔져 → 부서져

부셔졌다 → 부서졌다

부수어지다 → 부서지다

부수하는(附隨-) → 따르는[순]

부숭이 → 북숭이

부숴뜨리다 → 부서뜨리다

부숴져 → 부서져

부숴졌다 → 부서졌다

부숴지다 → 부서지다

부스(booth) → 공간(空間), ~관(館)[순]

부스라기 → 부스러기

부스래기 → 부스러기

부스럭이 → 부스러기

부스럭지 → 부스러기

부스레기 → 부스러기

부스터 샷/부스터 숏(booster shot)
  → 추가 접종(追加接種)[순]

부시깃 → 부싯깃

부시다 → 부수다

부시돌 → 부싯돌

부시럭 → 부스럭

부시럭부시럭 → 부스럭부스럭

부시럼 → 부스럼

부시부시 → 부석부석

부시시 → 부스스

부식토(腐植土) → 거름흙[순]

부실부실 → 부슬부슬

부심하다(腐心-) → 애쓰다, 힘쓰다[순]

부싯통(-桶) → 부시통

부쓰 → 부츠(boots)

부아김 → 부앗김

부압(負壓) → 음압(陰壓)[순]

부앗통 → 부아통

부애(~가 끓다, ~가 나다, ~가 치밀다,
  ~를 돋구다) → 부아

부애지다 → 부예지다

부어올르다 → 부어오르다

부억 → 부엌

부억일 → 부엌일

부언하다(附言-) → 덧붙여 말하다[순]

부엌대기 → 부엌데기

부엌때기 → 부엌데기

부엌떼기 → 부엌데기

부여해 주다(附與-) → 부여하다

부역군(賦役-) → 부역꾼

부용(芙蓉) → 연(蓮), 연꽃[순]

부유스름이 → 부유스름히

부유하다(浮遊-) → 떠다니다, 떠돌다[순]

부의하다(附議-) → 토의에 부치다(討議-)[순]

부이(buoy) → 띄움찌, 부표(浮標)[순]

~부 이자(ぶ利子) → ~분 이자(分-), ~푼 이자

부자(buzzer) → 버저

부자집(富者-) → 부잣집

부재자(不在者) → 없는 사람, 집 떠난 사람, 집에 없는 사람[순]

부재중에(不在中-) → 없을 때[순]

부저(buzzer) → 버저

부저가락(-箸-) → 부젓가락

부전지(附箋紙) → 붙임쪽지, 쪽지[순]

부조(浮彫) → 돋을새김[순]

부조돈(扶助-) → 부좃돈

부조술(扶助-) → 부좃술

부주 → 부조(扶助)

부주금 → 부조금(扶助金)

부주돈 → 부좃돈(扶助-)

부주술 → 부좃술(扶助-)

부주일 → 부좃일(扶助-)

부줏술 → 부좃술(扶助-)

 * 부줏술: 집안 대대로 내려오면서 잘 먹는 술.
 * 부좃술(扶助-): 부조로 보내는 술.

부지(敷地) → ① 대지(垈地) ② 터[순]

부지군(負持-) → 짐꾼

부지껭이 → 부지깽이

부지러지다 → 부러지다

부지런이 → 부지런히

부지런장이 → 부지런쟁이

부지런 피다 → 부지런 피우다

부지르다 → 부러뜨리다, 분지르다

부지불식간(不知不識間) → 모르는 사이[순]

부지팽이 → 부지깽이

부집개 → 부집게

부집갱이 → 부지깽이

부집게-불집게[복]

부착하다(附着/付着-) → 달다, 붙이다

부채를 피다 → 부채를 펴다

부채살 → 부챗살

부추돌 → 부춘돌

부추키다 → 부추기다

부축이다 → 부추기다

부츠(boots) → 목구두, 목긴구두[순]

부치개 → 부침개

부치개질 → 부침개질, 부침질

부침개질-부침질-지짐질[복]

부침이 → 부침개

부케(bouquet) → 꽃다발[순]

부킹(booking) → 예약(豫約)[순]

부킹률(booking率) → 예약률(豫約率)[순]

부킹율(booking率) → 부킹률

부탄까스 → 부탄가스(butane gas)

부틱 → 부티크(boutique)

부틱크 → 부티크(boutique)

부패(腐敗) → 썩음㈜

부페 → 뷔페(buffet)

부표(附表) → 붙임표㈜

부풀르다 → 부풀다

부풀어올르다 → 부풀어 오르다

부풀은 → 부푼

부풀음 → 부풂

부하(負荷) → 힘 걸림㈜

부합하다(符合-) → 들어맞다, 맞다㈜

부항항아리(附缸-) → 부항단지

부화(~가 끓다, ~가 나다, ~가 치밀다,
  ~를 돋구다) → 부아

부화률(孵化率) → 부화율

부화하다(附和-) → 곁붙다㈜

부활(復活) → 효력 회복(效力回復)㈜

북구(北歐) → 북유럽(北Europe)

북구(北歐) ─ 북구라파(北歐羅巴)㈎

북녁(北-) → 북녘

북더기 → 북데기

북 디자인(book design) → 책 도안(册圖
  案), 책 디자인㈜

북바치다 → 북받치다

북받히다 → 북받치다

북수대(北水-) → 북숫대

북 아트(book art) → 책 꾸밈(册-)㈜

북어국(北魚-) → 북엇국

북어찌게(北魚-) → 북어찌개

북어탕(北魚湯) ─ 북엇국㈎

북잡이 → 북재비

북측(北側) → 북쪽

북카페(book café) → 책카페(册-)㈜

북 클럽(book club) → 독서 모임(讀書

-)㈜

북편(北便) → 북쪽

분곽 → 분갑(粉匣)

분기하다(分岐-) → 갈라지다, 나누어
  지다㈜

분깃점 → 분기점(分岐點)

분납하다(分納-) → 나누어 납부하다
  (-納付/納附-), 나누어 내다, 분할 납
  부하다(分割-)㈜

분담율(分擔率) → 분담률

분렬(分裂) → 분열

분리 수거(分離收去) → 분류 배출(-排出)

분말(粉末) → 가루㈜

분말 소화기(粉末消火器) → 가루 소화
  기㈜

분말 염료(粉末染料) → 가루물감㈜

분망하다(奔忙-) → 바쁘다㈜

분메 → 분몌(分袂)

분명이(分明-) → 분명히

분묘(墳墓) → 무덤㈜

분봉(分蜂) → 벌통 가르기(-桶-)㈜

분분이(紛紛-) → 분분히

분분하다(紛紛-) → 다양하다(多樣-),
  어지럽다㈜

분빠이(ぶんぱい) → 나누기, 노느매기,
  노늠, 분배(分配)㈜, 각자 계산(各自
  計算), 각자 내기, 갹출(醵出), 추렴

분쇄하다(粉碎-) → 부스러뜨리다, 쳐
  부수다㈜

분수껏(分數-) → 분수껏

분양율(分讓率) → 분양률

분에 못 이겨(憤/忿-) → 분을 못 이겨

분연이(① 紛衍－ ② 紛然－ ③ 憤然－ ④ 奮然－) → 분연히
분유값(粉乳－) → 분윳값
분장(扮裝) → 꾸밈[순]
분장하다(分掌－) → 나누어 맡다, 나누어 맡아 처리하다(－處理－)[순]
분전(分錢) → 푼돈
분주이(奔走－) → 분주히
분지(分枝) → 곁가지[순]
분진(粉塵) → 먼지[순]
분질르다 → 분지르다
분철하다(分綴－) → 나누어 철하다[순]
분활 → 분할(分割)
붇기 → 부기(浮氣)
* 붇다: ① 물에 젖어서 부피가 커지다. ② 분량이나 수효가 많아지다. ③ (주로 '몸'을 주어로 하여) 살이 찌다.
* 부기(浮氣): 부종(浮腫)으로 인하여 부은 상태.
불(弗) → 달러(dollar)
불[睾丸]－불알[복]
불가살이 → 불가사리
불가항력(不可抗力) → 어쩔 수 없음[순]
불구(不具) → 신체 장애(身體障礙), 장애[순]
불긋불긋 → 불긋불긋
불균일(不均一) → 고르지 않음[순]
불그댕댕하다 → 불그뎅뎅하다
불그락푸르락 → 붉으락푸르락
불그래하다 → 불그레하다
불는다 → 붇는다
불도두개 → 심도두개
불도자 → 불도저(bulldozer)
불독 → 불도그(bulldog)
불란서(佛蘭西) → 프랑스(France)
불란서어(佛蘭西語) → 프랑스어(France－)
불량율(不良率) → 불량률
불러드리다 → 불러들이다
불러 재끼다 → 불러 젖히다
불러 재치다 → 불러 젖히다
불러 젓히다 → 불러 젖히다
불러 제끼다 → 불러 젖히다
불러 제치다 → 불러 젖히다
불려져 → 불려
불려졌다 → 불렸다
불려지는 → 불리는
불려지다 → 불리다
불려진 → 불린
불렸다(바른 대로) → 불렷다
불루스 → 블루스(blues)
불루진 → 블루진(blue jeans)
불루칩 → 블루칩(blue chip)
불룩히 → 불룩이
불르다 → 부르다
불리어진 → 불린
불리었다 → 불렸다
불리우다 → 불리다
불리운 → 불린
불리운다 → 불린다
불리워져 → 불려
불리워졌다 → 불렸다
불리워지는 → 불리는
불리워지다 → 불리다
불리워진 → 불린
불리웠다 → 불렸다

불명한(不明-) → 명확하지 않은(明確-), 알 수 없는[순]

불목한이 → 불목하니

불문률(不文律) → 불문율

불미스러운(不美-) → 좋지 못한[순]

불변 가격(不變價格) → 기준 가격(基準-), 기준년 가격(基準年-)[순]

불부치다 → 불붙이다

불비하다(不備-) → 갖추어지지 않다, 갖추지 못하다[순]

불사르다― 사르다[복]

불사하다(不辭-) → 각오하다(覺悟-), 마다하지 않다[순]

불살르다 → 불사르다

불삽[火鍤] → 부삽

불상의(不詳-) → 알 수 없는, 자세하지 않은(仔細/子細-)

불상인(不詳-) → 알 수 없는, 자세하지 않은(仔細/子細-)

불소(弗素) → 플루오린(fluorine)[순]

불손[火匙] → 부손

불시에(不時-) → 갑자기, 예고 없이(豫告-)

불식하다(拂拭-) → 씻어 버리다[순]

불쌍이 → 불쌍히

불쏘시게 → 불쏘시개

불야불야 → 부랴부랴

불어(佛語) → 프랑스어(France-)

불연듯이 → 불현듯이

불요불급하다(不要不急-) → 필요하지도 급하지도 않다(必要-急-)[순]

불요품(不要品) → 필요 없는 물품(必要-物品)[순]

불요하다(不要-) → 쓸데없다, 필요 없다(必要-)[순]

불용(不用) → 못 씀[순]

불용성(不溶性) → 안 녹는[순], 녹지 않는 성질(性質)

불용품(不用品) → 못 쓰는 물건(-物件), 안 쓰는 물건[순], 쓰지 않는 물건

불우 이웃(不遇-) → 어려운 이웃[순]

불원(不遠) → 머지않아[순]

불으니 → 부니

불은 → 분

불이낳게 → 부리나케

불입하다(拂入-) → 납입하다(納入-), 내다[순], 납부하다(納付/納附-)

불젓가락 → 부젓가락

불집개 → 불집게

불철주야(不撤晝夜) → 밤낮없이[순]

불출하다(拂出-) → 공급하다(供給-), 내어 주다, 내주다, 지급(支給)하다

불침번(不寢番) → 야간 경계병(夜間警戒兵)

불카하다 → 불콰하다

불타올르다 → 불타오르다

불펜(bull pen) → 투수 연습장(投手練習帳)[순]

불편부당(不偏不黨) → 공정함(公正-), 편들지 않음(便-)[순]

불 피다 → 불 피우다

불하(拂下) → 매각(賣却), 팔아 버림[순]

불행이(不幸-) → 불행히

불허(不許) → 허락하지 않음(許諾-)[순]

불현듯— 불현듯이圈

붉그락누르락 → 누르락붉으락

붉그락푸르락 → 붉으락푸르락

붉그래하다 → 불그레하다

붉그레하다 → 불그레하다

붉으락누르락 → 누르락붉으락

붐(boom) → 대성황(大盛況), 대유행(大流行), 성황순

붐빠이(ぶんぱい) → 각자 계산(各自計算), 각자 내기, 갹출(醵出), 추렴

붓기가 빠지다 → 부기가 빠지다(浮氣-)

붓두겁 → 붓두껍

붓뚜껍 → 붓두껍

붓뚜껑 → 붓두껍

붕괴하다(崩壞-) → 무너지다

붙들어메다 → 붙들어 매다

붙바기 → 붙박이

붙박혀 → 붙박여

붙박히다 → 붙박이다

붙배기 → 붙박이

붙백이 → 붙박이

뷔너스 → 비너스(Venus)

뷔엔나 → 비엔나(Vienna)

뷰(view) → ① 보임 ② 전망(展望)순

뷰티살롱(beauty salon) → 미용실(美容室)순

뷰파인더(viewfinder) → 보기창(-窓)순

브띠끄 → 부티크(boutique)

브라(ブラ) → 브래지어(brassiere)

브라더스 → 브러더스(brothers)

브라더즈 → 브러더스(brothers)

브라디보스톡 → 블라디보스토크

(Vladivostok)

브라보(bravo) → 신난다, 잘한다, 좋다순

브라암스, 요하네스 → 브람스, 요하네스(Brahms, Johannes)

브라우스 → 블라우스(blouse)

브라운(brown) → 갈색(褐色)순

브라운 백 미팅(brown bag meeting) → 도시락 회의(-會議)

브라운 백 세미나(brown bag seminar) → 도시락 강연회(-講演會), 도시락 토론회(-討論會)

브라이트 → 브라이턴(Brighton)

브라인드 → 블라인드(blind)

브라자(ブラジャー) → 브래지어(brassiere)

브라켓 → 브래킷(bracket)

브랜드(brand) → 상표(商標)순

브랜드 가치(brand價値) → 상표 가치(商標-)순

브랜드 파워(brand power) → 상표 경쟁력(商標競爭力)순

브러쉬 → 브러시(brush)

브러싱(brushing) → 빗질, 솔질순

브레이크(brake) → 멈춤 장치(-裝置), 제동(制動), 제동 장치순

브레이크(break) → 휴식(休息), 휴식기(休息期)순

브레이크 타임(break time) → 차단 시간(遮斷時間)순

브레인스토밍(brainstorming) → ① 난상 토론(爛商討論) ② 발상 모으기(發想-)순

브레지네프, 레오니트 일리치 → 브레주네프, 레오니트 일리치(Brezhnev, Leonid Ilyich)
브렌드 → 브랜드(brand)
브렌딩 → 블렌딩(blending)
브로드밴드(broadband) → 광대역(廣帶域), 광대역 통신망(-通信網)[순]
브로슈어(brochure) → 소책자(小冊子), 안내서(案內書)[순]
브로우치 → 브로치(brooch)
브로치(brooch) → 장식 핀(裝飾pin)[순]
브로카 → 브로커(broker)
브로큰애로우 → 브로큰애로(Broken Arrow)
브론즈(bronze) → 청동(青銅)[순]
브롯지 → 브로치(brooch)
브롯치 → 브로치(brooch)
브루스 → 블루스(blues)
브루진 → 블루진(blue jeans)
브룩크린 → 브루클린(Brooklyn)
브룩클린 → 브루클린(Brooklyn)
브리스톨 → 브리스틀(Bristol)
브리프(brief) → ① 짧은 팬티(-panty) ② 요약 보고(要約報告), 요약서(要約書)[순]
브린너, 율 → 브리너, 율(Brynner, Yul)
브릿지 → 브리지(bridge)
브이로그(vlog) → 영상 일기(映像日記)[순]
브이시아르(VCR, video cassette recorder) → 카세트 녹화기(-錄畫機)[순]
브이아르(VR, virtual reality) → 가상 현실(假想現實)[순]
브이아이피(VIP, very important person) → 귀빈(貴賓), 요인(要人)[순]
브이에이티(VAT, value added tax) → 부가 가치세(附加價值稅)[순]
브이티아르(VTR, video tape recorder) → 테이프 녹화기(-錄畫機)[순]
블라디보스톡 → 블라디보스토크(Vladivostok)
블라썸 → 블로섬(blossom)
블라인드(blind) → ① 가리개 ② 정보 가림(情報-)[순]
블라인드 테스트(blind test) → 정보 가림 평가(情報-評價)[순]
블랑켓 → 블랭킷(blanket)
블랙리스트(blacklist) → ① 감시 대상(監視對象) ② 요주의자 명단(要注意者名單)[순]
블랙박스(black box) → 운항 기록 장치(運航記錄裝置), 운행 기록 장치(運行-)[순]
블랙 수트 → 블랙 슈트(black suit)
블랙 슈트(black suit) → 검은색 정장(-色正裝)[순]
블랙아웃(blackout) → 대정전(大停電)[순]
블랙 아이스(black ice) → 노면 살얼음(路面-), 도로 살얼음(道路-), 살얼음[순]
블랙 컨슈머(black consumer) → 악덕 소비자(惡德消費者)[순]
블럭 → 블록(block)
블럭버스터 → 블록버스터(blockbuster)
블레이드(blade) → 날개[순]

블레이져 → 블레이저(blazer)

블렌디드 러닝(blended learning) → 온 오프라인 연계 교육(on off line連繫教育), 온오프 연계 교육(순)

블로찌 → 브로치(brooch)

블로킹(blocking) → 가로막기, 구역 짓기(區域-), 막기, 막아서기(순)

블로킹 파울(blocking foul) → 막기 반칙(-反則)(순)

블록(block) → 구역(區域)(순)

블록버스터(blockbuster) → 초대작(超大作), 초대형 영화(超大型映畫)(순)

블록, 산드라 → 불럭, 샌드라(Bullock, Sandra)

블록킹 → 블로킹(blocking)

블루(blue) → 파란색(-色), 파랑(순)

블루 오션(blue ocean) → 대안 시장(代案市場)(순)

블루우 → 블루(blue)

블루윙즈 → 블루윙스(bluewings)

블루진(blue jeans) → 청바지(靑-)(순)

블루칩(blue chip) → 대량 우량주(大量優良株), 우량주(순)

블루컬러 → 블루칼라(blue-collar)

블리쟈드 → 블리자드(blizzard)

비개 → 베개

비게 → 비계

비견하다(比肩-) → 겨루다, 견주다, 나란히 하다(순)

비계(飛階) → 건설용 가설물(建設用假設物)(순)

비계덩어리 → 비곗덩어리

비계덩이 → 비곗덩이

비계살 → 비곗살

비고난(備考欄) → 비고란

비교난(比較欄) → 비교란

비근한(卑近-) → 가까운(순)

비급(B級) → 중급(中級)(순)

비까번쩍하다(ぴか-) → 번쩍번쩍하다(순)

비까비까하다(ぴかぴか-) → 번쩍번쩍하다(순)

비노쉬, 줄리엣 → 비노슈, 쥘리에트(Binoche, Juliette)

비누갑(-匣) → 비눗갑

비누기(-氣) → 비눗기

비누물 → 비눗물

비누방울 → 비눗방울

비누질 — 비누칠(-漆)(복)

비눗곽 → 비눗갑(-匣)

비눗칠(-漆) → 비누칠

비눗통(-桶) → 비누통

비니론 → 비닐론(vinylon)

비니루(ビニール) → 비닐(vinyl)(순)

비닐 봉투(vinyl封套) → 비닐봉지(-封紙) ['배변 봉투' 주 참조]

비닐하우스(vinyl house) → 비닐 온실(-溫室)(순)

비단(非但) → 다만(순)

비둘기과(-科) → 비둘깃과

비들기 → 비둘기

비듬나물 → 비름나물

비등하다(沸騰-) → 끓어오르다, 물 끓듯 하다(순)

비디오 아티스트(video artist) → 비디

오 예술가(-藝術家)㊞

비디오쟈키 → 비디오자키(video jockey)

비디오테프 → 비디오테이프(video tape)

비디오 폰(video phone) → 영상 전화(映像電話)㊞

비뚜러지다 → 비뚤어지다

비뚜루 → 비뚜로

비러먹을 → 빌어먹을

비로도(ビロード) → 벨벳(velvet), 비로드(veludo), 우단(羽緞)㊞

비로서 → 비로소

비료값(肥料-) → 비룟값

비루(ビール) → 맥주(麥酒)㊞

비률(比率) → 비율

비리(非理) → 이치 벗어남(理致-)㊞

비리하다 → 비릿하다

비릿내 → 비린내

비말(飛沫) → 침방울㊞

비물[雨水] → 빗물

비밀이(祕密-) → 비밀히

비바크(Biwak) → 산중 노숙(山中露宿)㊞

비박 → 비바크(Biwak)

비발 — 비용(費用)㊞

비발[雨脚] → 빗발

비방울 → 빗방울

비버리힐스 → 베벌리힐스(Beverly Hills)

비번(非番) → 근무 아님(勤務-), 당번 아님(當番-)㊞

비벌리힐스 → 베벌리힐스(Beverly Hills)

비벼대다 → 비비대다

비빈밥 → 비빔밥

비빔면(-麵) → 비빔국수㊞

비산 먼지(飛散-) → 날림먼지㊞

비산하다(飛散-) → 흩날리다㊞

비살[櫛齒] → 빗살

비상(飛翔) → 날기㊞

비상식(非常識) → 몰상식(沒常識)㊞

비상 콜(非常call) → 비상 호출(-呼出)㊞

비상하다(飛上-) → 날아오르다

비석치기(碑石-) → 비사치기

비소리 → 빗소리

비속(卑屬) → 손아래, 손아래 항렬(-行列)㊞

비속[雨中] → 빗속

비스(bis) → 나사못(螺絲-)㊞

비스듬이 → 비스듬히

비스케트 → 비스킷(biscuit)

비스켓 → 비스킷(biscuit)

비스켙 → 비스킷(biscuit)

비스코스레이온(viscose rayon) → 인견(人絹)㊞

비슷히 → 비슷이

비씨지 → 비시지(BCG)

비씨카드 → 비시카드(BC card)

비아이(BI, brand identity) → 대표 이미지(代表image), 브랜드 정체성(-正體性)

비양거리다 → 비아냥거리다

비어(beer) → 맥주(麥酒)㊞

비에날레 → 비엔날레(biennale)

비엔날레(biennale) → 격년 미술 잔치(隔年美術-), 격년 잔치㊞

비엘(B/L, bill of landing) → 선하 증권(船荷證券)㊞

비용(飛龍) → 비룡

비위장(脾胃-) → 비윗장

비율빈(比律賓) → 필리핀(Philippines)

비음[空] → 빔

비이커 → 비커(beaker)

비자루 → 빗자루

비장(脾臟) → 지라㉔

비젼 → 비전(vision)

비조(鼻祖) → 시조(始祖)㉔

비주거용(非住居用) → 주거용이 아닌㉔

비주얼 마케팅(visual marketing) → 진
   열 판매(陳列販賣)㉔

비주얼화(visual化) → 시각화(視覺化)㉔

비죽히 → 비죽이

비줄기 → 빗줄기

비쥬얼 → 비주얼(visual)

비즈니스(business) → 사업(事業), 업무
   (業務)㉔

비즈니스맨(business man) → 기업인(企
   業人), 사업가(事業家), 실업가(實業家),
   직장인(職場人)㉔

비즈니스 센터(business center) → 사업
   소(事業所), 사업처(事業處)㉔

비지국 → 비짓국

비지니스 → 비즈니스(business)

비지니스맨 → 비즈니스맨(business man)

비질[梳櫛] → 빗질
   * 비질: 비로 바닥 따위를 쓰는 일.
   * 빗질: 머리카락이나 털 따위를 빗으로 빗
   음. 또는 그런 일.

비참이(悲慘-) → 비참히

비축하다(備蓄-) → 모아 두다, 저축하
   다(貯蓄-)㉔

비취빛(翡翠-) → 비췻빛

비치가운(beach gown) → 해변 가운(海
   邊-)㉔

비치개 → 빗치개

비치 드레스(beach dress) → 해변옷(海
   邊-)㉔

비치 샌들(beach sandal) → 해변 샌들
   (海邊-)㉔

비치 웨어(beach wear) → 해변복(海邊
   服)㉔

비켜 가다(태풍이 ~) → 비껴가다
   * 비키다: ① 무엇을 피하여 있던 곳에서 한
   쪽으로 자리를 조금 옮기다. ② 방해가 되
   는 것을 한쪽으로 조금 옮겨 놓다. ③ 무엇
   을 피하여 방향을 조금 바꾸다. ④ ('길'이
   나 '자리' 따위와 함께 쓰여) 다른 사람을
   위하여 있던 자리를 피하여 다른 곳으로
   옮기다.
   * 비껴가다: ① 비스듬히 스쳐 지나다. ② 어
   떤 감정, 표정, 모습 따위가 얼굴에 잠깐
   스쳐 지나가다.

비클 → 비이클(vehicle)

비토(veto) → 거부(拒否), 거부권(拒否
   權)㉔

비투비(B2B, business-to-business)
   → 기업 간 거래(企業間去來)㉔

비투시(B2C, business-to-customer)
   → 기업·소비자 거래(企業消費者去
   來)㉔

비트제네레이션 → 비트제너레이션(beat
   generation)

비틀즈 → 비틀스(Beatles)

비표(祕標) → 비밀 표시(祕密標示)㉔

비품(備品) → 비소모품(非消耗品)㈜

비프가스(ビプガス) → 비프커틀릿(beef cutlet)

비프까스(ビプガス) → 비프커틀릿(beef cutlet)

비프스텍 → 비프스테이크(beef-steak)

비행기값(飛行機-) → 비행깃값

비후가스(ビプガス) → 비프커틀릿(beef cutlet)

비후까스(ビプガス) → 비프커틀릿(beef cutlet)

비후스텍 → 비프스테이크(beef-steak)

비히클 → 비이클(vehicle)

빅딜(big deal) → 대기업 간 교환(大企業間交換), 사업 맞교환(事業-)㈜

빅 리그(big league) → 최상위 연맹(最上位聯盟)㈜

빅매치(big match) → 대전(對戰)㈜

빅뱅(big bang) → ① 대폭발(大爆發) ② 대변혁(大變革)㈜

빅스텝(big step) → 대폭 조정(大幅調整)

빅 카드(big card) → 관심거리(關心-), 주 관심거리(主-)㈜

빅텐트(big tent) → 초당파 연합(超黨派聯合), 포괄 정당(包括政黨)㈜

빅토리(victory) → 이겨라, 승리(勝利)㈜

빅 픽쳐 → 빅 픽처(big picture)

빈 간(-間) → 빈 칸

빈곤률(貧困率) → 빈곤율

빈돗수 → 빈도수(頻度數)

빈발하다(頻發-) → 자주 생기다, 자주 일어나다㈜

빈번이(頻繁-) → 빈번히

빈볼(bean ball) → 위협구(威脅球)㈜

빈사 상태(瀕死狀態) → 다 죽은 상태㈜

빈자떡(貧者-) → 빈대떡

빈집터리 → 빈집 털이

빈털털이 → 빈털터리

빈티지 룩(vintage look) → 중고풍(中古風), 허름풍, 헌 옷풍㈜

빌(bill) → 계산서(計算書)㈜

빌딩(building) → 건물(建物), 고층 건물(高層-)㈜

빌로드 → 비로드(veludo)

빌트인(built-in) → 붙박이, 설치형(設置型)㈜

빔 프로젝터(beam projector) → 빔 투사기(-投射機)㈜

빗살무니 → 빗살무늬

빙긋히 → 빙긋이

빙벽(氷壁) — 얼음벽[복]

빙신 → 병신(病身)

빙자하다(憑藉-) → 핑계삼다㈜

빙점(氷點) → 어는점㈜

빙충맞이 → 빙충이

빛나가다 → 빗나가다

빛장이 → 빗쟁이

빛갈 → 빛깔

빠 → 바(bar)

빠가사리 → 동자개

빠게다 → 빠개다

빠고다 → 파고다(pagoda)

빠그러지다 → 빠그라지다

빠꼼 → 빠끔

빠꾸(バック) → ① 백(back) ② 퇴짜[退字] ③ 후진(後進)

빠꾸오라이(バックオーライ) → 뒤로, 후진(後進)㊞

빠끔이 → ① 빠꼼이 ② 빠끔히

 * 빠꼼이: 어떤 일이나 사정에 막힘없이 훤하거나 눈치 빠르고 약은 사람을 속되게 이르는 말.
 * 빠끔히: ① 작은 구멍이나 틈 따위가 깊고 또렷하게 나 있는 모양. =빠끔. ② 살며시 문 따위를 조금 여는 모양. =빠끔. ③ 작은 구멍이나 틈 사이로 조금만 보이는 모양. =빠끔.

빠나나 → 바나나(banana)

빠다(バター) → 버터(butter)㊞

빠데(パテ) → 땜풀, 메움밥, 퍼티(putty)㊞

빠듯히 → 빠듯이

빠따(バッター) → ① 몽둥이, 방망이, 배트(bat) ② 타자(打者)

빠떼리(バッテリー) → 배터리(battery)

빠띠쉐 → 파티시에(pâtissier)

빠띠시에 → 파티시에(pâtissier)

빠레트 → 팔레트(palette)

빠렛트 → 팔레트(palette)

빠루(パール) → 노루발못뽑이, 배척㊞, 쇠지레

빠를려고 → 빠르려고

빠릇빠릇하다 → 빠릿빠릿하다

빠리 → 파리(Paris)

빠리빠리하다(ぱりぱり−) → 날쌔다, 민첩하다(敏捷−), 빠릿빠릿하다, 빳빳하다, 잽싸다, 팔팔하다

빠삐용 → 파피용(Papillon)

빠아 → 바(bar)

빠우(バフ) → 광내기(光−), 윤내기(潤−)㊞, 광연마(光研磨)

빠이롯드(パイロット) → 파일럿(pilot)

빠일롯트(パイロット) → 파일럿(pilot)

빠져들음 → 빠져듦

빠져듬 → 빠져듦

빠찌(バッジ) → 배지(badge), 표장(標章), 휘장(徽章)㊞

빠찡꼬(ぱちんこ) → 파친코(pachinko)

빠찡코(ぱちんこ) → 파친코(pachinko)

빠치다 → 빠뜨리다

빠칭코(ぱちんこ) → 파친코(pachinko)

빠클 → 버클(buckle)

빠킹(パッキング) → 패킹(packing)

빠타야 → 파타야(Pattaya)

빠텐더 → 바텐더(bartender)

빡빡히 → 빡빡이

빡치다 → 화나다

빤스(パンツ) → 팬츠(pants), 팬티(panty)

빤쓰(パンツ) → 팬츠(pants), 팬티(panty)

빤이 → 빤히

빤죽빤죽 → 빤죽빤죽

빤쯔(パンツ) → 팬츠(pants), 팬티(panty)

빨가냐 — 빨갛냐㊀

빨가네 — 빨갛네㊀

빨가니 — 빨갛니㊀

빨가송이 → 빨가숭이

빨갑니다 → 빨갛습니다

빨강색(−色) → 빨간색, 빨강

빨강이 → 빨갱이

빨게지다 → 빨개지다

빨그래하다 → 빨그레하다

빨랑 → 빨리圈

빨래가지 → 빨랫감

빨래간(-間) → 빨랫간

빨래감 → 빨랫감

빨래거리 → 빨랫거리

빨래대야 → 빨랫대야

빨래돌 → 빨랫돌

빨래물 → 빨랫물

빨래방망이 → 빨랫방망이

빨래보(-褓) → 빨랫보

빨래비누 → 빨랫비누

빨래샆 → 빨랫샆

빨래솔 → 빨랫솔

빨래줄 → 빨랫줄

빨랫걸이 → 빨래걸이

빨랫꾼 → 빨래꾼

빨랫대 → 바지랑대

빨랫비누 ― 세탁비누(洗濯-)圈

빨랫터 → 빨래터

빨랫판 → 빨래판(-板)

빨르다 → 빠르다

빨뿌리 → 빨부리

빨치산 ― 파르티잔(partisan)圈

빰때기 → 뺨따귀

빳따(バッター) → ① 몽둥이, 방망이, 배트(bat) ② 타자(打者)

빵꾸(パンク) → 구멍, 구멍 나기, 구멍 내기, 펑크(puncture), 흠구멍圈

빵빠레 → 팡파르(fanfare)

빵빠르 → 팡파르(fanfare)

빵세 → 팡세(Pensées)

빵카(バンカー) → 벙커(bunker), 진지 (陣地)圈

빼갈 → 배갈[baigar, 白干兀]

빼꼼이 → 빼꼼히

빼다박다 → 빼쏘다

빼뚜름이 → 빼뚜름히

빼박다 → 빼쏘다

빼앗어 → 빼앗아

빼았다 → 빼앗다

빼짓히 → 빼짓이

빼쭉히 → 빼쭉이

빽 → 백(① back ② bag)

* 백(back): ① 차량 따위를 뒤로 물러가게 함. ② 축구·아이스하키 따위에서, 후위 를 이르는 말. =백 가드. ③ 뒤에서 받쳐 주는 세력이나 사람을 속되게 이르는 말.
* 백(bag): 손에 들고 다닐 수 있는 가방이 나 주머니.

빽미러 → 백미러(back mirror)

빽바지 → 꼭낀바지, 낀바지圈

빽바지 → 흰 바지

빽빽히 → 빽빽이

뺀죽거리다 → 뺜죽거리다

뺀죽뺀죽 → 뺜죽뺜죽

뺀찌(ペンチ) → 펜치(pinchers)

뺨따귀 → 뺨따귀

뺏아 → 뺏어

뺏았다 → 뺏었다

뺏을려고 → 뺏으려고

뺏지 → 배지(badge)

뺐기다 → 뺏기다

뺑끼(ペンキ) → 페인트(paint)

뺨따구 → 뺨따귀

뺨따구니 → 뺨따귀

뺨때귀 → 뺨따귀

뺨때기 → 뺨따귀

뺨싸대기 → 뺨따귀

뻐개다[誇] → 뻐기다

* 뻐개다: ① 크고 딴딴한 물건을 두 쪽으로 가르다. ② 거의 다 된 일을 완전히 어긋나게 하다. ③ (속되게) 사람을 매우 치다. ④ (속되게) 매우 기뻐서 입을 벌리다.
* 뻐기다: 얄미울 정도로 매우 우쭐거리며 자랑하다.

뻐기다[斫] → 뻐개다 ['뻐개다' 주 참조]

뻐꾸기 — 뻐꾹새[복]

뻐꾹이 → 뻐꾸기

뻐덩니[齒] → 뻐드렁니

뻐드렁이[齒] → 뻐드렁니

뻐떡하면 → 걸핏하면

뻐스 → 버스(bus)

뻐지근하다 → 뻑적지근하다

뻐찌씨 → 버찌씨

뻐치다 → 뻗치다

뻑뻑히 → 뻑뻑이

뻑쩍지근하다 → 뻑적지근하다

뻔데기 → 번데기

뻔이 → 뻔히

뻔지르 → 뻔지르르

뻔뻔하다 → 뻣뻣하다

뻔장다리 → 뻗정다리

뻔짱다리 → 뻗정다리

뻘 → 개흙

뻘개지다 → 뻘게지다

뻘거송이 → 뻘거숭이

뻘겅색(-色) → 뻘겅

뻘겋네 → 뻘거네

뻣대다 → 뻗대다

뻬빠(ペーパー, pêpâ) → 사포(沙布/砂布)

뻬치카(ペチカ) → 페치카(pechka)

뻰찌(ペンチ) → 자름집게, 집게, 펜치 (pinchers)[순]

뻰끼(ペンキ) → 페인트(paint)[순]

뻰끼칠(ペンキ柒) → 칠(漆), 페인트칠 (paint-)[순]

뼈가루 → 뼛가루

뼈골(-骨) → 뼛골

뼈국 → 뼛국

뼈다구 → 뼈다귀

뼈다귀국 → 뼈다귓국

뼈속 → 뼛속

뼈절이게 → 뼈저리게

뼈절임 → 뼈저림

뼈조각 → 뼛조각

뼈채 → 뼈째

뼉다구 → 뼈다귀

뼉다귀 → 뼈다귀

뼉따구 → 뼈다귀

뽀개다 → 빠개다

뽀두라기 → 뾰두라지

뽀두락지 → 뾰두라지

뽀두래기 → 뾰두라지

뽀로지 → 뾰루지

뽀로퉁하다 → 뾰로통하다

뽀록나다(ぼろ-) → 드러나다, 들통나다

뽀롱지 → 뾰루지

뽀롱나다(ぼろ-) → 드러나다, 들통나다

뽀루지 → 뾰루지
뽀뿌라(ポプラ) → 포플러(poplar)[순]
뽀뿌린(ポプリン) → 포플린(poplin)[순]
뽀사지다 → 부서지다
뽀스라기 → 부스러기
뽀스래기 → 부스러기
뽀스럭이 → 부스러기
뽀스럭지 → 부스러기
뽀시라기 → 부스러기
뽀시락 → 뽀스락
뽀시래기 → 부스러기
뽀애지다 → 뽀얘지다
뽀얗네 → 뽀야네
뽀예지다 → 뽀얘지다
뽄때 → 본때(本-)
뽄떼 → 본때(本-)
뽄새 → 본새(本-)
뽈락 → 볼락
뽐뿌(ポンプ) → 펌프(pump)[순]
뽑내다 → 뽐내다
뽑혀져 → 뽑혀
뽑혀졌다 → 뽑혔다
뽑혀지는 → 뽑히는
뽑혀지다 → 뽑히다
뽑혀진 → 뽑힌
뽑혀진다 → 뽑힌다
뾰두라기 → 뾰두라지
뾰두라지 — 뾰루지[복]
뾰두락지 → 뾰두라지
뾰두래기 → 뾰두라지
뾰로지 → 뾰루지
뾰로퉁하다 → 뾰로통하다
뾰루퉁하다 → 뾰로통하다
뾰루퉁하다 → 쀼루퉁하다
뾰족히 → 뾰족이
뾰죽뾰죽 → 뾰족뾰족
뾰죽이 → 뾰족이
뾰쭉뾰쭉 → 뾰쪽뾰쪽
뿌듯히 → 뿌듯이
뿌라그(プラグ) → 꽂개, 플러그(plug)[순]
뿌라야(プライヤー) → 틀집게, 플라이어(pliers)[순]
뿌락치 → 프락치(fraktsiya)
뿌러지다 → 부러지다
뿌로카 → 브로커(broker)
뿌리밖다 → 뿌리박다
뿌리채 → 뿌리째
뿌수다 → 부수다
뿌쉬낀, 알렉산드르 세르게예비치 → 푸시킨, 알렉산드르 세르게예비치(Pushkin, Alexander Sergeyevich)
뿌시다 → 부수다
뿌애지다 → 뿌예지다
뿌얘지다 → 뿌예지다
뿌에지다 → 뿌예지다
뿌옇네 → 뿌여네
~뿐만 아니라 → ~뿐 아니라
뿐질르다 → 분지르다
뿔다구 → 뿔따구
뿔다귀 — 뿔따구[복]
뿔따귀 → 뿔다귀
뿔뿔히 → 뿔뿔이
뿜빠이(ぶんぱい) → 각자 계산(各自計算), 각자 내기, 갹출(醵出), 추렴

쁘락치 → 프락치(fraktsiya)

쁘렝땅 → 프렝탕(printemps)

삐그덕 → 삐거덕

삐그덕삐그덕 → 삐거덕삐거덕

삐까번쩍하다(ぴか-) → 번쩍번쩍하다

삐까뻔쩍하다(ぴか-) → 뻔쩍뻔쩍하다

삐까삐까하다(ぴかぴか-) → 뻔쩍뻔쩍
하다

삐끼(ひき) → 여리꾼, 호객꾼(呼客-)

* 여리꾼: 상점 앞에 서서 손님을 끌어들
여 물건을 사게 하고 주인에게 삯을 받
는 사람.
* 호객꾼(呼客-): 물건 따위를 팔기 위하여
손님을 불러서 끌어들이는 사람.

삐뚜루 → 삐뚜로

삐라(ビラ) → 전단(傳單)㈜

삐빠 → 사포(沙布/砂布)

삐에로 → 피에로(pierrot)

삐에르 → 피에르(Pierre)

삐주기 → 삐죽이

삐죽히 → 삐죽이

삐지다 — 삐치다(별)

* 삐지다: ① 칼 따위로 물건을 얇고 비스듬
하게 잘라 내다. ② 성나거나 못마땅해서
마음이 토라지다. =삐치다.
* 삐치다: 성나거나 못마땅해서 마음이 토
라지다. ≒삐지다.

삐툴빼툴 → 삐뚤빼뚤

삐틀이 → 삐뚤이

삑사리(ピッサリ) → 실수(失手), 음 이
탈(音離脫), 헛발질, 헛치기(당구)

삔(ピン) → 핀(pin)

삔또(ピント) → 요점(要點), 초점(焦點),
핀트

삘딩 → 빌딩(building)

삘딩 → 빌딩(building)

삥뽕(ピンポン) → 탁구(卓球), 핑퐁
(ping-pong)㈜

ㅅ

사가집(私家－) → 사갓집
사각추(四角錐) → 사각뿔
사갓집 → 사가(私家)
사겨 → 사귀어
사겨서 → 사귀어서
사겼구나 → 사귀었구나
사겼다 → 사귀었다
사겼어요 → 사귀었어요
사계(斯界) → 그 방면(－方面), 그 분야(－分野), 이 방면, 이 분야[순]
사고덩어리(事故－) → 사곳덩어리
사고률(事故率) → 사고율
사골을 고와(四骨－) → 사골을 고아
사과 껍데기 → 사과 껍질
사구(砂丘) → 모래 언덕[순]
사궈 → 사귀어
사그라들다－사그라지다[별]
* 사그라들다: 삭아서 없어져 가다.
* 사그라지다: 기운이나 현상 따위가 가라앉거나 없어지다.
사그러들다 → 사그라들다
사그러지다 → 사그라지다
사글세(－貰)－월세(月貰)[복]
사글세방(－貰房) → 사글셋방
사글셋방(－貰房)－월세방(月貰房)[복]
사글셋집(－貰－) → 사글세 집
사기군(詐欺－) → 사기꾼
사기물(沙器－) → 사깃물
사기충전 → 사기충천(士氣衝天)
사께 → 사케(さけ)
사꾸라(さくら) → ① 벚꽃, 벚나무 ② 사기꾼(詐欺－), 야바위꾼
사나와지다 → 사나워지다
사나웁다 → 사납다
사내값 → 사냇값
사내·외(社內外) → 사내외
사냥군 → 사냥꾼
사다시피 → 살다시피
사단이 나다(事端－) → 사달이 나다
사둔 → 사돈(查頓)
사라(さら) → 접시
사라다(サラダ) → 샐러드(salad)[순]
사랑놀음(舍廊－) → 사랑놀이
사랑스런 → 사랑스러운
사랑이[齒] → 사랑니
사래걸리다 → 사레들리다
사래답(－畓) → 사래논
사래들다 → 사레들다
사래전(－田) → 사래밭
사레걸리다 → 사레들리다

사레들다 → 사레들리다⑭

사령(辭令) → 발령(發令)㊥

사로채우다 → 사로잠그다

사료값(飼料-) → 사룻값

사료하다(思料-) → 생각하다, 판단하다(判斷-)㊥

사루마타(さるまた) → 속잠방이, 팬티(panty)㊥

사루비아(サルビア) → 샐비어(salvia)㊥

사륙신(死六臣) → 사육신

사르르르 → 사르르

사르비아(サルビア) → 샐비어(salvia)

사리짝 → 사립짝

사리짝문(-門) → 사립문

사립작 → 사립짝

사마귀과(-科) → 사마귓과

사망(死亡) → 죽음㊥

사망율(死亡率) → 사망률

사면(斜面) → 비탈, 비탈면㊥

사면초과 → 사면초가(四面楚歌)

사멸 온도(死滅溫度) → 죽는 온도㊥

사명(社名) → 회사 이름(會社-)

사모치다 → 사무치다

사못 → 사뭇

사무라이(さむらい) → 일본 무사(日本武士), 일본 봉건 시대 무사(-封建時代-)㊥

사무 분장(事務分掌) → 업무 분담(業務分擔)㊥

사무엘슨, 폴 앤서니 → 새뮤얼슨, 폴 앤서니(Samuelson, Paul Anthony)

사뭇치다 → 사무치다

사바사바 → 뒷거래(-去來), 짬짜미

* 사바사바: 뒷거래를 통하여 떳떳하지 못하게 은밀히 일을 조작하는 짓을 속되게 이르는 말.

* 뒷거래(-去來): 남의 눈을 피하여 뒤에서 하는 정당하지 않은 거래. 늑뒷문거래.

* 짬짜미: 남모르게 자기들끼리만 짜고 하는 약속이나 수작.

사반세기(四半世紀) → 사분세기(四分世紀)㊥

사보뎅(サボテン) → 선인장(仙人掌)

사보타주(sabotage) → 태업(怠業), 파업(罷業)㊥

사보타쥬 → 사보타주(sabotage)

사보타지 → 사보타주(sabotage)

사보텐(サボテン) → 선인장(仙人掌)㊥

사분률(四分律) → 사분율

사분오렬(四分五裂) → 사분오열

사붓히 → 사붓이

사브작거리다 → 사부작거리다

사브작사브작 → 사부작사부작

사비(私費) → 개인 돈(個人-), 개인 비용(-費用)㊥

사뿐이 → 사뿐히

사사건건히(事事件件-) → 사사건건이

사사로히(私私-) → 사사로이

사사받다(師事-) → 사사하다

사사사람(私私-) → 사삿사람

사사오입(四捨五入) → 반올림(半-)㊥

사사일(私私-) → 사삿일

사사집(私私-) → 사삿집

사산(死産) → 죽은 새끼 낳음, 죽은 아이 낳음㊥

사선(斜線) → 빗금, 빗줄

사시꼬미(さしこみ) → 콘센트(concentric plug)

사시미(さしみ) → 생선회(生鮮膾), 회(膾)

사시코미(さしこみ) → 꽂개집, 콘센트(concentric plug)[순]

사십구일재(四十九日齋) ― 사십구재 ― 칠재(七齋) ― 칠칠재(七七齋) ― 칠칠지재(七七之齋)[복]

사십구일제 → 사십구일재(四十九日齋)

사십구제 → 사십구재(四十九齋)

사양(仕樣) → 설명(說明), 설명서(說明書), 품목(品目)[순]

사양머리 → 새앙머리

사양서(仕樣書) → 설명서(說明書)

사업꺼리(事業-) → 사업거리

사업년도(事業年度) → 사업 연도

사역(使役)(군대) → 잡무(雜務)

사역시키다(使役-) → 일 시키다[순]

사열(査閱) → 검문(檢問), 조사(調査)[순]

사열받다(査閱-) → 사열하다

사오육(四五六) → 사오륙

사용(蛇龍) → 사룡

사용(使用) → 부림, 씀[순]

사용양(使用量) → 사용량

사용예(使用例) → 사용례

사우스캐럴라이나 → 사우스캐롤라이나(South Carolina)

사우스포(south paw) → 왼손 투수(-投手)[순], 왼손잡이 선수(-選手)

사위(詐僞) → 거짓[순]

사위감 → 사윗감

사유(私有) → 개인 소유(個人所有)[순]

사육판(四六版) → 사륙판

사의(謝意) → 고마운 뜻[순]

사의(辭意) → 사직할 뜻(辭職-), 사퇴할 뜻(辭退-)[순]

사이(さい) → 재(才)[순]

사이길 → 사잇길

사이드(side) → 곁, 옆[순]

사이드 라인(side line) → 옆줄[순]

사이드 메뉴(side menu) → 곁들이[순]

사이드카(sidecar) → 호위 차량(護衛車輛)[순]

사이드킥(side kick) → 옆차기[순]

사이런트 → 사일런트(silent)

사이렝 → 사이렌(siren)

사이로 → 사일로(silo)

사이문(-門) → 사잇문

사이버(cyber) → 가상(假想), 가상 공간(-空間)[순]

사이버 머니(cyber money) → 전자 화폐(電子貨幣)[순]

사이비(似而非) → 가짜(假-), 겉비슷[순]

사이서방(-書房) → 사잇서방

사이소리[間音] → 사잇소리

사이즈(size) → 크기, 치수(-數)[순]

사이크론 → 사이클론(cyclone)

사이클(cycle) → ① 자전거(自轉車) ② 주기(週期), 주파수(周波數)[순]

사이클론(cyclone) → 회오리바람[순]

사이클링 히트(cycling hit) → 고루치기[순]

사이키(psyche) → 깜빡이, 깜빡이 조명(-照明)[순]

사인(sign) → ① 서명(署名), 수결(手決) ② 신호(信號), 암호(暗號) ③ 기호(記號)㊞

사인(私人) → 사삿사람(私私-)㊞

사일렌스 → 사일런스(silence)

사일로(silo) → 사료·곡물 저장탑(飼料穀物貯藏塔), 저장 창고(-倉庫), 저장탑㊞

사입하다(仕入-) → 사들이다㊞

사잇강(-江) → 샛강

사잇문(-門) → 샛문

사잇밥 → 샛밥

사잇서방(-書房) → 샛서방

사자밥(使者-) → 사잣밥

사자짚신(使者-) → 사잣짚신

사잣탈 → 사자탈(獅子-)

사장(砂場) → 모래톱, 모래판㊞

사장하다(死藏-) → 묵혀 두다, 썩혀 두다㊞

사정(査定) → 심사 결정(審査決定), 조사 결정(調査-)㊞

사주장이(四柱-) → 사주쟁이

사주하다(使嗾-) → 부추기다㊞

사죽을 못 쓰다 → 사족을 못 쓰다(四足-)

사즉생(死卽生) → 사즉생(死則生)

사진빨(寫眞-) → 사진발

사찰(査察) → 살핌, 조사(調査)㊞

사처방(-房) → 사첫방

사철란(四-蘭) → 사철난

사체(死體) → 시체(屍體), 주검㊞

사춘 → 사촌(四寸)

사취(詐取) → 속여 빼앗음㊞

사칭하다(詐稱-) → 속여 말하다, 속이다㊞

사쿠라(さくら) → ① 벚꽃, 벚나무 ② 사기꾼(詐欺-), 야바위꾼㊞

사토(砂土/沙土) → 모래흙㊞

사팔때기 → 사팔뜨기

사팔떼기 → 사팔뜨기

사행심(射倖心) → 요행심(僥倖心)㊞

사행천(蛇行川) → 곡류(曲流)㊞

사회난(社會欄) → 사회란

사흔길 → 사흘길

사흔날 → 사흗날

사흘채 → 사흘째

삭갈리다 → 섞갈리다

삭도(索道) → ① 밧줄 ② 하늘찻길(-車-)㊞

삭독 → 삭둑

삭독삭독 → 삭둑삭둑

삭바느질 → 삯바느질

삭스(socks) → 양말(洋襪/洋韈)㊞

삭스핀 → 샥스핀(shark's fin)

삭월세(朔月貰) → 사글세

삭으랑주머니 → 사그랑주머니

삭은이[齒] → 삭은니

삭임질 → 새김질

삯군 → 삯꾼

삯마(-馬) → 삯말

삯월세(-貰) → 사글세

삯팔이군 → 삯팔이꾼

산가쿠(さんかく) → 세모㊞

산간 오지(山間奧地) → 두메산골㊞

산골짝에 다람쥐(山-) → 산골짝의 다람쥐

산골짝이(山-) → 산골짜기

산골창(山-) → 산골짝

산구비(山-) → 산굽이

산께이 → 산케이(さんけい, 産經)

산 너머 산(山-山)(갈수록 태산) → 산 넘어 산

산 넘어 남촌(山-南村) → 산 너머 남촌

산데리아(シャンデリア) → 샹들리에 (chandelier)

산도(サンド) → 샌드(sand), 샌드 과자 (-菓子), 샌드 비스킷(-biscuit)

산듯하다 → 산뜻하다

산뚱성(山東省) → 산둥성

산뜻히 → 산뜻이

산란(産卵) → 알 낳기ⓢ

산록(山麓) → 산기슭ⓢ

산모퉁이(山-) → 산모퉁이

산미(酸味) → 신맛ⓢ

산발(山-)-산줄기ⓑ

산복(山腹) → 산비탈, 산허리ⓢ

산봉오리(山-) → 산봉우리

산부(さんぶ) → 서 푼ⓢ

산산히(散散-) → 산산이

산삼꾼(山蔘-) → 심마니

산소 결핍(酸素缺乏) → 산소 부족(-不足)ⓢ

산수갑산 → 삼수갑산(三水甲山)

산수무니(山水-) → 산수무늬

산씨성(山西省) → 산시성

산양(山羊) → 염소ⓢ

산양유(山羊乳) → 염소젖ⓢ

산입하다(算入-) → ① 포함하다(包含

-) ② 셈에 넣다ⓢ

산전·후(産前後) → 산전후

산정(山頂) → 산꼭대기ⓢ

산정하다(算定-) → 계산하다(計算-), 셈하다ⓢ

산주(山主) → 산림 소유자(山林所有者), 산 임자ⓢ

산직이(山-) → 산지기

산채국(山菜-) → 산챗국

산쵸 → 산초(Sancho)

산타바바라 → 샌타바버러(Santa Barbara)

산타크로스 → 산타클로스(Santa Claus)

산토우 → 산터우[汕頭, Shantou]

산포(散布) → 흩어져 퍼짐ⓢ

산하(傘下) → 딸림ⓢ

산하 기관(傘下機關) → 딸림 기관ⓢ

산홋가루(珊瑚-) → 산호 가루

산회하다(散會-) → 파하다(罷-), 회의를 파하다(會議-), 흩어지다ⓢ

산후 �덧침(産後-) → 산후 더침

살가웁다 → 살갑다

살갓 → 살갗

살갗 → 살갗

살갖 → 살갗

살고기 → 살코기

살곰살곰 → 살금살금

살곳이 → 살곶이(-串-)

살괭이 → 살쾡이

살금히 → 살그미

살레살레 → 살래살래

살륙(殺戮) → 살육

살림군 → 살림꾼

살막이(煞-) → 살풀이

살멋이 → 살며시

~살바기 → ~살배기

~살박이 → ~살배기

~살백이 → ~살배기

살비아 → 샐비어(salvia)

살사리 → 살살이

살색(-色) → 살구색

살아지다 → 사라지다

살으니 → 사니

살은 → 산

살작 → 살짝

살짜기 → 살짝이

살짝히 → 살짝이

살찐 송아지 → 살진 송아지

 * 살찌다: ① 몸에 살이 필요 이상으로 많아
   지다. ② (비유적으로) 힘이 강하게 되거
   나 생활이 풍요로워지다.
 * 살지다: ① 살이 많고 튼실하다. ② 땅이
   기름지다. ③ 과실이나 식물의 뿌리 따위
   에 살이 많다.

살초제(殺草劑) → 제초제(除草劑)[순]

살쾡이피(-皮) — 삵피[복]

살판[薄氷板] → 살얼음판

살포(撒布) → 뿌리기[순]

살폿이 → 살포시

살푸리(煞-) → 살풀이

살풋 → 살포시

살풋이 → 살포시

삵괭이 → 살쾡이

삵쾡이 → 살쾡이

삼가하다 → 삼가다

삼가하세요 → 삼가세요

삼가합시다 → 삼갑시다

삼가해 주세요 → 삼가 주세요

삼각추(三角錐) → 삼각뿔

삼국지(三國誌) → 삼국지(三國志)

삼등 간(三等間) → 삼등 칸

삼바리(三-) → 삼발이

삼부(さんぶ) → 서 푼

삼뿌라(サンプラ) → 산플라, 산플라티
나(sanplatina)

삼십륙계(三十六計) → 삼십육계

삼오재 → 삼우제(三虞祭)

삼오제 → 삼우제(三虞祭)

삼우재 → 삼우제(三虞祭)

삼웃날 → 삼우 날(三虞-)

삼일재 → 삼일제(三日祭)

삼자승(三自乘) → 세제곱

삼지창(三枝槍) → 가지창[순]

삼질날(三-) → 삼짇날

삼짓날(三-) → 삼짇날

삼춘 → 삼촌(三寸)

삼페인 → 샴페인(champagne)

삽바 → 샅바

삽사리 — 삽살개[복]

삽살이 → 삽사리

삽작문(-門) → 사립문

삽짝문(-門) → 사립문

삿갓 → 삿갓

삿바 → 샅바

삿뽀로 → 삿포로(さっぽろ, 札幌)

상가꾸(さんかく) → 세모

상가집(喪家-) → 상갓집

상갓집 → 상가(喪家)

상견례하다(相見禮-) → 첫인사를 나누
다(-人事-)㉛

상계(相計) → 맞계산(-計算), 엇셈㉛

상고배(商賈輩) - 상로배(商路輩) - 장
사꾼 - 장사치 - 흥정바치㉱

상궤(常軌) → ① 바른 길 ② 틀㉛

상기(上記) → 위㉛

상기와 여히(上記-如-) → 위에 적은
대로㉛, 위와 같이

상기자(上記者) → 위 사람, 위에 적은
사람㉛

상기한 바와 같이(上記-) → 위와 같
이㉛

상단(上端) → 위 끝, 위쪽 끝㉛

상당액(相當額) → ① 많은 금액(-金額)
② 해당액(該當額)㉛

상당이(相當-) → 상당히

상대값(相對-) → 상댓값

상도꾼(喪徒-) → 상두꾼

상동(上同) → 위와 같음㉛

상두군(喪-) → 상두꾼

상두꾼(喪-) - 상여꾼(喪輿-) - 영구꾼
(靈柩-) - 영여꾼(靈輿-) - 운상꾼
(運喪-) - 이정(輀丁) - 향도(香徒)㉱

상둣군(喪-) → 상두꾼

상들리에 → 샹들리에(chandelier)

상량신(上樑神) - 성조(成造) - 성주 -
성주대신(-大臣)㉱

상무성(商務省) → 상무부(商務部)

상병(傷病) → 부상과 질병(負傷-疾病)㉛

상부(上部) → 윗부분(-部分)㉛

상사(上司) → 상급 기관(上級機關), 상급

자(上級者), 윗사람㉛

상사뒤야 - 상사뒤요 - 상사디야㉱

상석(上席) → 윗자리㉛

상세이(詳細-) → 상세히

상쇄하다(相殺-) → 맞비기다㉛

상수값(常數-) → 상숫값

상술한(上述-) → 앞에서 말한, 위에서
말한㉛

상스런(常-) → 상스러운

상습적 학대(常習的虐待) → 상습 학대㉛

상승율(上昇率) → 상승률

상신(上申) → 보고(報告), 올림㉛

상신하다(上申-) → 올리다㉛

상실한 자(喪失-者) → 잃은 사람㉛

~상싶다 → ~성싶다

상씨름(上-) - 소걸이㉱

상아대 → 상앗대

상아빛(象牙-) → 상앗빛

상아색(象牙色) → 연노랑(軟-)

상여군(喪輿-) → 상여꾼

상여소리(喪輿-) → 상엿소리

상여집(喪輿-) → 상엿집

상엿군 → 상여꾼(喪輿-)

상용(常用) → 늘 씀㉛

상용 노동자(常用勞動者) → 고정 노동자
(固定-)㉛

상위하다(相違-) → 다르다, 서로 다르
다㉛

상을 수상하다(賞-受賞-) → 상을 받
다, 수상하다

상응하다(相應-) → 걸맞다㉛

상이(傷痍) → 부상(負傷)㉛

상이하게 다르다(相異 -) → 상이하다,
　서로 다르다
상이하다(相異 -) → 서로 다르다㊙
상정하다(上程 -) → 회의에 부치다(會議
　-), 회의에 올리다㊙
상젤리제 → 샹젤리제(Champs-Élysées)
상존(尙存) → 남아 있음㊙
상존(常存) → 늘 있음㊙
상종가(上終價) → 상한가(上限價)㊙
상차하다(上車 -) → ① 차에 싣다
　② 차에 오르다㊙
상채기 → 생채기
상철(上綴) → 윗매기㊙
상춧잎 → 상추잎
상치[苣蒿] → 상추
상콤하다 → 상큼하다
상투꼬부랑이 → 상투쟁이
상투바람 → 상툿바람
상투장이 → 상투쟁이
상투잽이 → 상투잡이
상파뉴 → 샹파뉴(Champagne)
상파울 → 상파울루(Sao Paulo)
상파울로 → 상파울루(Sao Paulo)
상판데기(相 -) → 상판대기
상판때기(相 -) → 상판대기
상판떼기(相 -) → 상판대기
상·하복(上下服) → 상하복
상·하부(上下部) → 상하부
상·하수도(上下水道) → 상하수도
상·하차(上下車) → 상하차
상·하품(上下品) → 상하품
상·하행(上下行) → 상하행

상·하향(上下向) → 상하향
상해(霜害) → 서리 피해(-被害), 서리
　해㊙
상환하다(償還 -) → 갚다㊙
상회하다(上廻 -) → 웃돌다㊙
상흔(傷痕) → 흉터㊙
샅샅히 → 샅샅이
샅아구니 → 사타구니
새각시 → 새색시
새강(-江) → 샛강
새길[間道] → 샛길
새까메지다 → 새까매지다
새꺼멓다 → 새까맣다
새도우 → 섀도(shadow)
새디스트 → 사디스트(sadist)
새디즘 → 사디즘(sadism)
새로와 → 새로워
새로히 → 새로이
새말갛다 → 샛말갛다
새바람[東風] → 샛바람
새 발에 피 → 새 발의 피
새방(-房) → 샛방
새배 → 세배(歲拜)
새벽녁 → 새벽녘
새벽별 → 샛별
새빨게지다 → 새빨개지다
새뽀애지다 → 새뽀얘지다
새뽀예지다 → 새뽀얘지다
새서방(-書房) → 샛서방
　* 새서방(-書房): ‘신랑’을 속되게 이르는 말.
　* 샛서방(-書房): 남편이 있는 여자가 남편
　　몰래 관계하는 남자. 늑간부, 밀부, 사부.

새시(chassis) → 새시 ['샷슈' 주 참조]

새시(sash) → ① 문틀(門－), 알루미늄 문틀(aluminium－), 알루미늄 창틀(－窓－), 창틀[순] ['샷슈' 주 참조]

새악시 → 새색시

새알(팥죽) → 새알심(－心)

새암 → 샘

새암바르다 → 샘바르다

새암바리 → 샘바리

새앙 — 생 — 생강(生薑)[복]

새앙뿔 — 생뿔 — 생강뿔(生薑－)[복]

새앙쥐 → 생쥐

* 새앙쥐: 땃쥣과의 하나. 생쥐와 비슷하나 몸의 길이는 13cm, 꼬리는 7cm 정도이며, 잿빛을 띤 갈색이다. 털은 부드럽고 주둥이는 뾰족하다. 눈이 작고 옆구리에 사향 비슷한 악취를 내는 샘이 있어 고양이나 뱀이 싫어한다. 밤에 인가 주위의 곤충이나 지렁이, 개구리 따위를 잡아먹는데 4~10월에 한 배에 2~6마리의 새끼를 낳는다. 아프리카 북부, 아라비아, 일본, 대만 등지에 분포한다. =사향뒤쥐.

* 생쥐: ① 쥣과의 하나. 몸의 길이는 6~10cm, 꼬리의 길이는 5~10cm이다. 야생종은 몸 윗면이 잿빛을 띤 갈색이다. 인가에서 볼 수 있는 것은 검은 회색, 다색, 검은색 따위이고 몸 아랫면도 희지 않다. 귀가 크고 위턱의 앞니 뒷면에 점각이 있는데 위턱 제1어금니에 두 개의 돌기가 있다. 한 배에 3~8마리의 새끼를 한 해에 네 번 정도 낳는다. 유전학, 의학, 생리학 따위 여러 가지 실험용이나 애완용으로 기르며 야생종은 극지방을 제외한 전 세계에 분포한다. ≒정구, 혜서. ② 뒤로 살살 빠져 다니면서 쏙닥거리며 못된 짓을 하는 사람을 비유적으로 이르는 말.

새애기 → 새아기

새양쥐 → 새앙쥐

새우까스(－カツ) → 새우튀김, 슈림프 커틀릿(shrimp cutlet)

새우복음 → 새우볶음

새우젖 → 새우젓

새참 — 샛요기(－療飢) — 중참(中－)[복]

새초롬이 → 새초롬히

새초롬하다 — 새치름하다[별]

* 새초롬하다: ① 조금 쌀쌀맞게 시치미를 떼는 태도가 있다. ② 짐짓 조금 쌀쌀한 기색을 꾸미다.

* 새치름하다: ① 쌀쌀맞게 시치미를 떼는 태도가 있다. ② 짐짓 쌀쌀한 기색을 꾸미다.

새초름하다 → 새치름하다

새치롬하다 → 새치름하다

새치름이 → 새치름히

새침대기 → 새침데기

새침때기 → 새침데기

새침떼기 → 새침데기

새카멓다 → 새까맣다

새카메지다 → 새카매지다

새콤달큼 → 새큼달큼

새큼달콤 → 새콤달콤

새털같이 많은 → 쇠털같이 많은

새파레지다 → 새파래지다

새하애지다 → 새하얘지다

새하예지다 → 새하얘지다

색(sack) → 배낭(背囊)[순]

색갈(色－) → 색깔

색달르다(色－) → 색다르다

색달른(色-) → 색다른

색색히(色色-) → 색색이

색소혼 → 색스혼(saxhorn)

색스폰 → 색소폰(saxophone)

색시감 → 색싯감

색시집 → 색싯집

색싯감-신붓감(新婦-)[복]

색씨 → 색시

색인(索引) → 찾아보기[순]

색인 목록(索引目錄) → 찾아보기[순]

색주집(色酒-) → 색줏집

색출(索出) → 찾아 냄[순]

샌노랗다 → 샛노랗다

샌달 → 샌들(sandal)

샌드백(sandbag) → 모래 자루[순], 모래
　주머니

샌드페이퍼(sandpaper) → 사포(沙布/
　砂布), 속새[순]

샌디아고 → 샌디에이고(San Diego)

샌디에고 → 샌디에이고(San Diego)

샌 머리 → 센 머리

샐녘 → 샐녘

샐러리맨(salaried man) → 급여 생활자
　(給與生活者), 봉급 생활자(俸給-)[순],
　회사원(會社員)

샐비아 → 샐비어(salvia)

샘풀 → 샘플(sample)

샘플(sample) → 보기, 본보기(本-), 표
　본(標本)[순]

샘플링(sampling) → 표본(標本), 표본
　추출(-抽出), 표본화(標本化)[순]

샛까맣다 → 새까맣다

샛노레지다 → 샛노래지다

샛말게지다 → 샛말개지다

샛밥 → 곁두리

샛빨갛다 → 새빨갛다

샛시 → ① 새시(sash) ② 섀시(chassis)
　['섓슈' 주 참조]

샛카맣다 → 새카맣다

샛파랗다 → 새파랗다

샛하얗다 → 새하얗다

생각건데 → 생각건대

생각난(-欄) → 생각란

생각되어지다 → 생각되다

생각치 않은 → 생각지 않은

생각컨대 → 생각건대

생각타 못해 → 생각다 못해

생각히다 → 생각나다

생강손이 → 새앙손이

생그시 → 생긋이

생긋히 → 생긋이

생때 부리다(生-) → 생떼 부리다

생때 쓰다(生-) → 생떼 쓰다

생떼같은(生-) → 생때같은

생떽쥐베리, 앙투안 드 → 생텍쥐페리,
　앙투안 드(Saint-Exupéry, Antoine de)

생력(省力) → 노력 절약(努力節約), 힘
　절약[순]

생력화(省力化) → 노동력 절감(勞動力節
　減), 노동력 줄이기[순]

생륙신(生六臣) → 생육신

생률밤(生栗-) → 생률

생맥주집(生麥酒-) → 생맥줏집

생사여탈권(生死與奪權) → 생살여탈권

(生殺－)
생산고(生産高) → 생산액(生産額)
생산률(生産率) → 생산율
생상, 카미유 → 생상스, 카미유(Saint-Saëns, Camille)
생생이(生生－) → 생생히
생선가쓰(生鮮カツ) → 생선튀김[순]
생선묵(生鮮－) → 어묵(魚－)[순]
생선졸임(生鮮－) → 생선조림
['조리다' 주 참조]
생선찌게(生鮮－) → 생선찌개
생안손 → 생인손
생에너지(省energy) → 에너지 절감(－節減)[순]
생연월일(生年月日) → 생년월일
생육(生肉) → 날고기[순]
생율(生栗) → 생률
생율밤(生栗－) → 생률
생일비음(生日－) → 생일빔
생젓(生－) → 생젖
생존률(生存率) → 생존율
생짜바기(生－) → 생짜배기
생짜박이(生－) → 생짜배기
생짜백이(生－) → 생짜배기
생철(－鐵) — 양철(洋鐵)[복]
생청부리다 → 생청붙이다
생체기 → 생채기
생케비치, 헨리크 아담 알렉산데르 피우스 → 시엔키에비치, 헨리크 아담 알렉산데르 피우스(Sienkiewicz, Henryk Adam Aleksander Pius)
생키에비치, 헨리크 아담 알렉산데르 피우스 → 시엔키에비치, 헨리크 아담 알렉산데르 피우스(Sienkiewicz, Henryk Adam Aleksander Pius)
생태찌게(生太－) → 생태찌개
샤도우 → 섀도(shadow)
샤롯트 → 샤를로테(Charles Lotte)
샤베트(シャーベット) → 셔벗(sherbet)
샤벳(シャーベット) → 셔벗(sherbet)
샤브샤브(しゃぶしゃぶ) → 샤부샤부
샤시 → ① 새시(sash) ② 섀시(chassis)
['샷슈' 주 참조]
샤쓰(シャツ) → 셔츠(shirt)
샤우어 → 샤워(shower)
샤일록 홈즈 → 셜록 홈스(Sherlock Holmes)
샤타 → 셔터(shutter)
샤프란 → 사프란(saffraan)
샤프펜슬(シャープペンシル) → 자동 연필(自動鉛筆)[순], 샤프펜슬(sharp pencil)

* 샤프펜슬(sharp pencil): 가는 심을 넣고 축의 끝부분을 돌리거나 눌러 심을 조금씩 밀어 내어 쓰게 만든 필기 도구. ≒샤프. 영어식 표현은 'mechanical pencil', 'propelling pencil', 'automatic pencil'.

샤핑 → 쇼핑(shopping)
샨데리아(シャンデリア) → 샹들리에(chandelier)
샴펜(Champagne) → ① 샴페인(영) ② 샹파뉴(프)
샴프 → 샴푸(shampoo)
샵 → 숍(shop)
샷 → 숏(shot)
샷다 → 셔터(shutter)

샷슈 → ① 새시(sash) ② 섀시(chassis)
 * 새시(sash): 철, 스테인리스강, 알루미늄 따위를 재료로 하여 만든 창의 틀.
 * 섀시(chassis): ① 자동차 따위의 차대(車臺). ② 라디오의 세트를 조립하는 데 쓰는 대(臺).
샷시 → ① 새시(sash) ② 섀시(chassis)
 ['샷슈' 주 참조]
샹그리라 → 샹그릴라(Shangri-La, 香格里拉)
샹드리에 → 샹들리에(chandelier)
샹송 → 샹송(chanson)
샹쏭 → 샹송(chanson)
샹제리제 → 샹젤리제(Champs-Élysées)
샾 → ① 숍(shop) ② 샤프(sharp)
섀도우 → 섀도(shadow)
섀도캐비닛(shadow cabinet) → 그림자 내각(-內閣)㉛
서거 ○○주년(逝去-周年/週年) → ○○주기(周忌/週忌)
서까래감 → 서까랫감
서넛째 → 서너째
서녘(西-) → 서녘
~서는-~설랑은㉄
서더리 → 서덜
서더리탕(-湯) → 서덜탕
서두(序頭) → 첫머리㉛
서둘르다 → 서두르다
서둘르지 → 서두르지
서둘어 → 서둘러
서둘어라 → 서둘러라
서둘어서 → 서둘러서
서둘었다 → 서둘렀다

서둘으니 → 서두르니
서둘으면 → 서두르면
서둘은 → 서두른
서둘음 → 서두름
서둘읍시다 → 서두릅시다
서드 베이스(third base) → 삼루(三壘)㉛
서든데스(sudden death) → ① 즉각 퇴출(卽刻退出) ② 단판 승부(單-勝負)㉛
서러와하다 → 서러워하다
서러움-설움㉄
서러웁다 → 서럽다
서럽다-섧다㉄
서령 → 설령(設令)
서리가을 → 서릿가을
서리김 → 서릿김
서리바람 → 서릿바람
서리발 → 서릿발
서리점(-點) → 서릿점
서릿군 → 서리꾼
서머나잇 → 서머나이트(summer night)
서머리(summary) → 간추림, 개요(槪要), 요약(要約)㉛
서머셋 → 서머싯(Somerset)
서머스빌 → 서머즈빌(Summersville)
서머스쿨(summer school) → 여름 학교(-學校)㉛
서머타임(summer time) → 여름 알뜰 시간(-時間)㉛
서모스태트 → 서모스탯(thermostat)
서모스탯(thermostat) → 온도 감지기(溫度感知器)㉛
서미트 → 서밋(summit)

서밋(summit) → 정상 회담(頂上會談), 회담㊞

서바이벌 게임(survival game) → 생존 게임(生存 -)㊞

서반아(西班牙) → 에스파냐(España)

서방가다(書房 -) → 장가가다

서방질(書房 -) — 화냥질㊞

서백림(西伯林) → 서베를린(西Berlin)

서브마린 → 서브머린(submarine)

서블릭 → 서블리그(therblig)

서비스에어리어(service area, SA) → 휴게소(休憩所)

서비스 차지(service charge) → 봉사료(奉仕料)㊞

서빙하다(serving -) → 내다, 봉사하다(奉仕 -), 접대하다(接待 -)㊞

서삼능(西三陵) → 서삼릉

서서이(徐徐 -) → 서서히

서스펜더(suspender) → 멜빵㊞

서스펜디드(suspended) → 일시 정지(一時停止), 정지㊞

서스펜스(suspense) → 긴장(緊張), 긴장감(緊張感)㊞

서슴찮다 → 서슴잖다

서슴챦다 → 서슴잖다

서슴치 않다 → 서슴지 않다

서양난(西洋蘭) → 서양란

서양철(西洋鐵) → 양철

서어브 → 서브(serve)

서어비스 → 서비스(service)

서어치라이트 → 서치라이트(search-light)

서어커스 → 서커스(circus)

서어클 → 서클(circle)

서오능(西五陵) → 서오릉

서울깍장이 → 서울깍쟁이

서울깍정이 → 서울깍쟁이

서울나기 → 서울내기

서측(西側) → 서쪽

서치(search) → 검색(檢索), 정보 검색(情報 -)㊞

서칠라이트 → 서치라이트(search-light)

서큘러(circular) → 원형(圓形)㊞

서크라인 → 서클라인(circline)

서클(circle) → 동아리㊞

서키트 → 서킷(circuit)

서킷(circuit) → 회로(回路)㊞

서킷 브레이커(circuit breaker) → 일시 매매 정지(一時賣買停止)㊞

서투르다 — 서툴다㊞

서툴르다 → 서투르다

서툴어 → 서툴러

서툴어서 → 서툴러서

서툴었다 → 서툴렀다

서툴으니 → 서투르니

서툴으면 → 서투르면

서툴은 → 서투른, 서툰

서툴음 → 서투름

서툴읍니다 → 서투릅니다, 서툽니다

서티피케이션(certification) → 검역 증명서(檢疫證明書)㊞

서편(西便) → 서쪽

서포터스(supporters) → 응원단(應援團), 후원자(後援者)㊞

서포터즈 → 서포터스(supporters)
서포트(support) → 지원(支援), 지원하다[순]
서화도(書畫圖) → 글씨와 그림[순]
석가래 → 서까래
석갈리다 → 섞갈리다
석곽묘(石槨墓) → 돌덧널무덤[순]
석관묘(石棺墓) → 돌무덤[순]
석교(石橋) → 돌다리[순]
석다 → 섞다
석 돈(무게 단위) → 서 돈
석동무늬(윷판) → 석동무니
석동무니 — 석동사니[복]
석 말(부피 단위) → 서 말
석박지 → 섞박지
석 발(길이 단위) → 서 발
석산(石山) → 돌산[순]
석상(席上) → 자리에[순]
석세베 → 석새베
석수(石手) → 석공(石工)[순]
석수쟁이(石手-) → 석수장이
석식(夕食) → 저녁, 저녁밥, 저녁 식사(-食事)[순]
석양 녁(夕陽-) → 석양 녘
석유값(石油-) → 석윳값
석이다 → 섞이다
석패하다(惜敗-) → 아깝게 지다[순]
석 푼(길이·돈·무게·비율·엽전 단위) → 서 푼
섞어찌게 → 섞어찌개
섞여져 → 섞여
섞여졌다 → 섞였다
섞여지는 → 섞이는
섞여진 → 섞인
섞여진다 → 섞인다
선거 캠프(選擧camp) → ① 선거 이동 본부(-移動本部) ② 선거 임시 진영(-臨時陣營)[순]
선결예(先決例) → 선결례
선그라스 → 선글라스(sunglass)
선글라스(sunglass) → 색안경(色眼鏡)[순]
선글래스 → 선글라스(sunglass)
선능(宣陵) → 선릉
선동(煽動) → 부추김[순]
선동열(宣東烈) → 선동렬
* 烈: 세찰 렬. 야구 선수 '宣東烈'은 본인이 어릴 때부터 '선동열'로 사용하였고, 한국야구위원회(KBO)에도 '선동열'로 등록되어 있다. 본인 의사를 존중하여 '선동열'로 표기하고 있다.
선동이(先-) → 선둥이
선두(先頭) → 앞장[순]
선렬(先烈) → 선열
선록색(鮮綠色) → 선녹색
선루프(sunroof) → 지붕창(-窓)[순]
선률(旋律) → 선율
선무 방송(宣撫放送) → 설득 방송(說得-)[순]
선물해 주다(膳物-) → 선물하다
선미(船尾) → 고물[순]
선베드(sunbed) → 일광욕 의자(日光浴倚子)[순]
선벨리 → 선밸리(Sun Valley)
선봉(先鋒) → 앞장[순]
선뵈 → 선뵈어, 선봬

선불(先拂) → 선지급(先支給)[순]

선사해 주다(膳賜-) → 선사하다

선선이 → 선선히

선소리군(先-) → 선소리꾼

선수(船首) → 뱃머리, 이물[순]

선수금(先受金) → 미리 받은 돈[순]

선연하다(鮮妍-) → 뚜렷하다[순]

선유장(船留場) → 소형선 정박장(小型船 碇泊場)[순]

선인망(船引網) → 배후리[순]

선임(選任) → 뽑음, 임명함(任命-)[순]

선정능(宣靖陵) → 선정릉

선주(船主) → 배 임자[순]

선지국 → 선짓국

선지덩이 → 선짓덩이

선지찌게 → 선지찌개

선착장(船着場) → 나루, 나루터[순]

선창(船艙) → 부두(埠頭)[순]

선처하다(善處-) → 잘 처리하다(-處 理-)[순]

선출(選出) → 뽑음[순]

선취하다(先取-) → 미리 받다[순]

선캡(suncap) → 볕가림 모자(-帽子)[순]

선택 사양(選擇仕樣) → 선택 품목(-品 目), 선택 항목(-項目)[순]

선탠(suntan) → 살갗 태우기[순]

선텐 → 선탠(suntan)

선팅(sunting) → 빛가림[순]

선하 증권(船荷證券) → 뱃짐 증권[순]

선하차 후승차(先下車後乘車) → 내린 다 음 타기[순]

선행 열차(先行列車) → 앞 열차[순]

선행하다(先行-) → 앞서다[순]

선형(扇形) → 부채꼴[순]

섣불르다 → 섣부르다

섣불은 → 섣부른

설거짓물 → 설거지물

설겆다 → 설거지하다

설겆이 → 설거지

설겆이물 → 설거지물

설겆이통(-桶) → 설거지통

설계값(設計-) → 설곗값

설기떡 → 백설기(白-)

설기설기 → 얼기설기

설농탕(-湯) → 설렁탕

섯달 → 섣달

~설라무네 → ~설랑은

~설라무니 → ~설랑은

~설라므네 → ~설랑은

~설라므니 → ~설랑은

~설라믄 → ~설랑은

설레여 → 설레어

설레였다 → 설레었다

설레이는 → 설레는

설레이다 → 설레다

설레인다 → 설렌다

설레임 → 설렘

설롱탕(-湯) → 설렁탕

설루션(solution) → 해결책(解決策), 해법(解法)[순]

설말르다 → 설마르다

설부르다 → 섣부르다

설비음 → 설빔

설 쇄다 → 설 쇠다

설 쉬다 → 설 쇠다

설합 → 서랍

설형(楔形) → 쐐기꼴㊅

설흔(30) → 서른

섧디섧은 → 섧디설운

섧우니 → 설우니

섧운 → 설운

섧워 → 설워

섬득 → 섬뜩

섬듯 → 섬뜩

섬뜩 ― 섬찟㊋

* 섬뜩: 갑자기 소름이 끼치도록 무섭고 끔찍한 느낌이 드는 모양.

* 섬찟: 갑자기 소름이 끼치도록 무시무시하고 끔찍한 느낌이 드는 모양.

섬뜻 → 섬뜩

섬머 → 서머(summer)

섬머타임 → 서머타임(summer time)

섬직 → 섬찟

섬짓 → 섬찟

섬찍 → 섬찟

섭섭이 → 섭섭히

섭섭찮다 → 섭섭잖다

섭섭챦다 → 섭섭잖다

섭섭치 않다 → 섭섭지 않다

섭하다 → 섭섭하다

섯거라 → 섰거라

섯다 → 섰다

섯다판 → 섰다판

섯달 → 섣달

섯달그믐 → 섣달그믐

섯부르다 → 섣부르다

섯불리 → 섣불리

섯불은 → 섣부른

성갈(性-) → 성깔

성공율(成功率) → 성공률

성귀(① 成句 ② 聖句) → 성구

성글다 ― 성기다㊹

성급이(性急-) → 성급히

성냥개피 → 성냥개비

성냥곽 → 성냥갑(-匣)

성냥일 → 대장일

성님 → 형님(兄-)

성대묘사 → 성대모사(聲帶模寫)

성대이(盛大-) → 성대히

성돈(成豚) → 다 큰 돼지, 어미돼지㊅

성략(省略) → 생략

성력(省力) → 생력

성력화(省力化) → 생력화

성료(盛了) → 성공적으로 끝남(成功的-), 성공적으로 마침, 성대하게 마침(盛大-)

성묘길(省墓-) → 성묫길

성문률(成文律) → 성문율

성벽(性癖) → 나쁜 버릇, 나쁜 습관(-習慣), 버릇, 습관㊅

성상(星霜) → 한 해, 해㊅

성숙기(成熟期) → 익음때㊅

성스런(聖-) → 성스러운

성실이(誠實-) → 성실히

성실챦다(誠實-) → 성실찮다

성심껏(誠心-) → 성심껏

성애가 끼다 → 성에가 끼다

성어(成魚) → 자란 고기㊅

성에너지(省energy) → 생에너지

성에장(-張) → 성엣장

성엣장(-張) — 유빙(流氷)[복]

성의껏(誠意-) → 성의껏

성인식(成人式) → 성년식(成年式)[순]

성장율(成長率) → 성장률

성적 학대(性的虐待) → 성 학대[순]

성조굿(成造-) — 성주받이 — 성주받이
　굿 — 성줏굿[복]

성주굿 → 성줏굿

성주대감(-大監) — 성주신(-神)[복]

성주상(-床) → 성줏상

성주탕(醒酒湯) — 해장국 — 해장탕
　(-湯)[복]

성주푸리 → 성주풀이

성지(城址) → 성터[순]

성찬(盛饌) → 잘 차린 음식(-飮食)[순]

성찰(省察) → 깊이 살핌, 돌이켜봄[순]

성충(成蟲) → 어른벌레, 엄지벌레[순]

성토(盛土) → 흙 돋움, 흙 쌓기[순]

성패 여부(成敗與否) → 성패

성혼률(成婚率) → 성혼율

성황당(城隍堂) → 서낭당

세(歲) → 살[순]

세간 — 세간살이[복]

세고시(セコシ) → 뼈째회(-膾)[순]

세공(細工) → 공예(工藝)[순]

세그먼테이션(segmentation) → ① 세분
　화(細分化) ② 조각내기[순]

세꼬시(セコシ) → 뼈째회(-膾)

세나카(せなか) → 등[背][순], 책등(冊-)

세난도어 → 셰넌도어(Shenandoah)

세 냥(-兩) → 석 냥

세네 → 서너

세네카(せなか) → 등[背], 책등(冊-)

세놉니다(貰-) → 세놓습니다

세느강(-江) → 센강(Seine-)

세니에, 앙드레 마리 드 → 셰니에, 앙드
　레 마리 드(Chénier, André Marie de)

세 달 → 석 달

세대주(世帶主) → 가구주(家口主)[순]

세도군(勢道-) → 세도꾼

세 돈(무게 단위) → 서 돈

세돈(貰-) → 셋돈

세 되(부피 단위) → 석 되

세라(セーラー) → 세일러(sailor)

세라복(セーラー服) → 세일러복(sailor
　-), 해군복(海軍服)[순]

세라자드 → 셰에라자드(Scheherazade)

세레나아데 → 세레나데(serenade)

세레머니 → 세리머니(ceremony)

세레모니 → 세리머니(ceremony)

세렉스 → 셀렉스(selex)

세로무니 → 세로무늬

세로판 → 셀로판(cellophane)

세루(セル) → 서지(serge)[순]

세루모다(セルモーター) → 셀모터(cell
　motor), 스타터 모터(starter-), 시동
　모터(始動-)

세루모타 → 셀모터(cellmotor)

세루모터 → 셀모터(cellmotor)

세르파 → 셰르파(Sherpa)

세리(稅吏) → 세무 공무원(稅務公務員)[순]

세리모니 → 세리머니(ceremony)

세 말(부피 단위) → 서 말

세멘 → 시멘트(cement)

세멘트 → 시멘트(cement)

세면(洗面) → 세수(洗手)[순]

세모(歲暮) → 세밑

세무(セーム) → 스웨이드(suede)[순]

세무 가죽(セーム-) → 섀미 가죽
　　(chamois-)[순]

세미나(seminar) → 발표회(發表會), 연
　　구회(研究會), 토론회(討論會)[순]

세미콜론(semicolon) → 쌍반점(雙半點,
　　;)[순]

세미 프로(semi pro) → 준프로(準-)[순]

세밀이(細密-) → 세밀히

세 발(길이 단위) → 서 발

세발다리 → 삼발이(三-)

세방(貰房) → 셋방

세방살이(貰房-) → 셋방살이

세배값(歲拜-) → 세뱃값

세배군(歲拜-) → 세배꾼

세배돈(歲拜-) → 세뱃돈

세뱃군 → 세배꾼(歲拜-)

세뱃꾼 → 세배꾼(歲拜-)

세뱃상 → 세배상(歲拜床)

세빌랴 → 세비야(Sevilla)

세빌리아 → 세비야(Sevilla)

세사(細沙/細砂) ― 시새[복]

세상몰르고(世上-) → 세상모르고

세 섬(부피 단위) → 석 섬

세세년년(世世年年) → 세세연년

세세연년(世世年年) ― 연년세세(年年世
　　世)[복]

세세이(細細-) → 세세히

세션(session) → 부(部), 분과(分科), 시
　　간(時間), 작업 시간(作業-)[순]

세수대야(洗手-) → 세숫대야

세수물(洗手-) → 세숫물

세수비누(洗手-) → 세숫비누

세숫간 → 세수간(洗手間)

세숫대(洗手-) → 세숫대야

세숫수건 → 세수수건(洗手手巾)

세숫비누(洗手-) ― 화장비누(化粧-)[복]

세심이(細心-) → 세심히

세아리다 → 헤아리다

세에라자드 → 셰에라자드(Scheherazade)

~세요- ― ~셔요[복]

세이브(save) → ① 보존(保存) ② 갈무
　　리, 저장(貯藏)[순]

세이셸 → 세이셸(Seychelles)

세이크핸드 → 셰이크핸드(shakehand)

세이퍼 → 셰이퍼(shaper)

세익스피어, 윌리엄 → 셰익스피어, 윌
　　리엄(Shakespeare, William)

세일(sale) → 싸게 팔기, 할인 판매(割
　　引販賣)[순]

세일러 룩(sailor look) → 해군복풍(海軍
　　服風)[순]

세일스 → 세일즈(sales)

세일스맨 → 세일즈맨(salesman)

세일즈(sales) → 판매(販賣)[순]

세일즈맨(salesman) → 영업 사원(營業社
　　員), 외판원(外販員), 판매원(販賣員)[순]

세익스피어, 윌리엄 → 셰익스피어, 윌
　　리엄(Shakespeare, William)

세 자(길이 단위) → 석 자

세자비(世子妃) → 세자빈(-嬪)

세자빈(世子嬪) ─ 왕세자빈(王-)[복]

세잔느, 폴 → 세잔, 폴(Cézanne, Paul)

세정(洗淨) → 씻음[순]

세정수(洗淨水) → 씻은 물[순]

세집(貰-) → 셋집

세째 → 셋째

세째 날 → 셋째 날

세쨋날 → 셋째 날

세쨋번(-番) → 셋째 번

세컨드 베이스(sceond base) → 이루(二壘)[순]

세컨하우스 → 세컨드 하우스(second house)

세코시(セコシ) → 뼈째회(-膾)

세타(セーター) → 스웨터(sweater)[순]

세탁하다(洗濯-) → 빨래하다[순]

세트(set) → ① 판 ② 설정(設定), 집합(集合) ③ 벌, 한 벌[순]

세트 메뉴(set menu) → 한 상 차림(-床-)[순]

세트포인트(set point) → 세트점(-點)[순]

세트플레이(set play) → 각본 전술(脚本戰術), 맞춤 전술[순]

세트 피스(set piece) → 각본 전술(脚本戰術), 맞춤 전술[순]

세팅(setting) → 설치(設置)[순]

세파드 → 셰퍼드(shepherd)

세파트 → 셰퍼드(shepherd)

세 푼(길이·돈·무게·비율·엽전 단위) → 서 푼

세필(細筆) → 가는 붓[순]

섹소폰 → 색소폰(saxophone)

섹스 스캔들(sex scandal) → 성 추문(性醜聞)[순]

섹스어필(sex appeal) → 성적 매력(性的魅力)[순]

섹스폰 → 색소폰(saxophone)

센동이 → 센둥이

센베이과자(せんべい菓子) → 일본식 전병 과자(日本式煎餅-), 일본식 생과자(-生-)

센서(sensor) → 감지기(感知器)[순]

센서스(census) → 조사(調査), 총조사(總調査)[순]

센서티브하다(sensitive-) → 예민하다(銳敏-)[순]

센세이셔널하다(sensational-) → 놀랍다, 충격적이다(衝擊的-)[순]

센세이션(sensation) → 선풍(旋風), 큰 화제(-話題)[순]

센스(sense) → 감각(感覺), 눈치, 분별(分別), 분별력(分別力)[순]

센추럴 → 센트럴(central)

센츄럴 → 센트럴(central)

센츄리 → 센추리(century)

센츄리온 → 센추리언(centurion)

센치 → 센티(centi, c)

센치멘탈 → 센티멘털(sentimental)

센치미터 → 센티미터(centimeter, cm)

센치하다(senti-) → 감상적이다(感傷的-)[순]

센타 → 센터(center)

센타링 → 센터링(centering)
센터(center) → 본부(本部), ～소(所), ～전(典), ～점(店), 중심(中心), 중심지(中心地), 중앙(中央), ～집[순]
센터라인(center line) → 중앙선(中央線)[순]
센터링(centering) → 문 앞 주기(門－)[순]
센터 백(center back) → 중앙 수비수(中央守備手)[순]
센터서클(center circle) → 중앙원(中央圓)[순]
센터 플레이어(center player) → 중앙 공격수(中央攻擊手)[순]
센터 필더(center fielder) → 중견수(中堅手)[순]
센터하프(center half) → 중앙 공방수(中央攻防手), 중앙 수비수(－守備手), 허리 연결수(－連結手)[순]
센터하프백(center half back) → 중앙 수비수(中央守備手)[순]
센투리 → 센추리(century)
센트랄 → 센트럴(central)
센트리 → 센추리(century)
센티멘탈 → 센티멘털(sentimental)
센티멘털리즘(sentimentalism) → 감상주의(感傷主義)[순]
센티미터 CM, Cm → cm
셀던, 시드니 → 셸던, 시드니(Sheldon, Sidney)
셀렉션 → 실렉션(selection)
셀룰로스 → 셀룰로오스(cellulose)
셀룰로오즈 → 셀룰로오스(cellulose)
셀룰로즈 → 셀룰로오스(cellulose)
셀리, 퍼시 비시 → 셸리, 퍼시 비시(Shelley, Percy Bysshe)
셀모터(cell motor) → 시동 모터(始動－), 시동 장치(－裝置), 시동 전동기(－電動機)[순]
셀파 → 셰르파(Sherpa)
셀프서비스(self-service) → 손수하기[순]
셀프카메라(self-camera) → 자가 촬영(自家撮影)[순]
셈베과자(せんべい菓子) → 일본식 전병과자(日本式煎餠－), 일본식 생과자(－生－)
셋셋세(せっせっせ) → 짝짝짝
셋톱박스(set top box) → 위성 방송 수신기(衛星放送受信機), 위성 수신기[순]
셋트 → 세트(set)
셍케비치, 헨리크 아담 알렉산데르 피우스 → 시엔키에비치, 헨리크 아담 알렉산데르 피우스(Sienkiewicz, Henryk Adam Aleksander Pius)
셍키에비치, 헨리크 아담 알렉산데르 피우스 → 시엔키에비치, 헨리크 아담 알렉산데르 피우스(Sienkiewicz, Henryk Adam Aleksander Pius)
셑트 → 세트(set)
셔어츠 → 셔츠(shirt)
셔틀버스(shuttle bus) → 순환 버스(循環－)[순]
셔틀 외교(shuttle外交) → 왕래 외교(往來－)[순]
셔틀콕(shuttle cock) → 깃털공[순]

선챦다 → 선찮다

셜록 홈즈 → 셜록 홈스(Sherlock Holmes)

셧다운(shutdown) → 중단(中斷)㊃

셧 아웃(shut out) → 영패 당함(零敗當
－), 영패시킴㊃

셧터 → 셔터(shutter)

셰난도어 → 셰넌도어(Shenandoah)

셰어(share) → 공유하다(共有－), 나눠
쓰다, 함께 쓰다㊃

셰어 하우스(share house) → 공유 주택
(共有住宅)㊃

셰익스피어, 윌리엄 → 셰익스피어, 윌
리엄(Shakespeare, William)

셰파트 → 셰파드(shepherd)

셰헤라자드 → 셰에라자드(Scheherazade)

셸부르 → 셰르부르(Cherbourg)

셸터(shelter) → 대피소(待避所), 쉼터,
피신처(避身處)㊃

솅케비치, 헨리크 아담 알렉산데르 피
우스 → 시엔키에비치, 헨리크 아담 알
렉산데르 피우스(Sienkiewicz, Henryk
Adam Aleksander Pius)

솅키에비치, 헨리크 아담 알렉산데르
피우스 → 시엔키에비치, 헨리크 아
담 알렉산데르 피우스(Sienkiewicz,
Henryk Adam Aleksander Pius)

소(訴) → 소송(訴訟)㊃

소[牛]～ ― 쇠～(원칙 － 허용)㊄

소갈딱지 ― 소갈머리㊄

소값[牛價] → 솟값

소강(小康) → 가라앉음, 주춤함㊃

소개(疏開) → 분산(分散)㊃

소개시키다(紹介－) → 소개하다

소갯말 → 소개말(紹介－)

소거(消去) → 없앰㊃

소경 → 눈먼 사람, 시각 장애인(視覺障
礙人)

소고기값 → 소고깃값

소고기집 → 소고깃집

소구(遡求) → 소급 청구(遡及請求)㊃

소근거리다 → 소곤거리다

소근소근 → 소곤소곤

소금장이 → 소금쟁이

소급하다(遡及－) → 거슬러 올라가다㊃

소꼽놀이 → 소꿉놀이

소꼽동무 → 소꿉동무

소꼽장난 → 소꿉장난

소꼽질 → 소꿉질

소꼽친구(－親舊) → 소꿉친구

소꿉동무 ― 소꿉친구(－親舊)㊄

소나무과(－科) → 소나뭇과

소넷 → 소네트(sonnet)

소데(そで) → 소매㊃

소데나시(そでなし) → 민소매

소독저(消毒箸) → 나무젓가락㊃

소독제(消毒劑) → 소독약(消毒藥)㊃

소두(小豆) → 팥㊃

소등하다(消燈－) → 불 끄다㊃

소라고동 → 소라고둥

소라 껍질 → 소라 껍데기

소라색(そら色) → 하늘 빛깔, 하늘색㊃

소란이(騷亂－) → 소란히

소란 피다(騷亂－) → 소란 피우다

소렌스탐, 애니카 → 소렌스탐, 안니카

(Sörenstam, Annika)

소로(小路) → 작은 길[순]

소로길(小路-) → 소로

소로우, 헨리 데이비드 → 소로, 헨리 데
  이비드(Thoreau, Henry David)

소르본느 → 소르본(Sorbonne)

소름 돋히다 → 소름 돋치다

소리값[音價] → 소릿값

소리개 → 솔개

소리것 → 소리껏

소리결 → 소릿결

소리구멍 → 소릿구멍

소리길 → 소릿길

소리바람 → 소릿바람

소리장이 → 소리쟁이

소리질르다 → 소리 지르다

소릿꾼 → 소리꾼

소매값(小賣-) → 소맷값

소매귀 → 소맷귀

소매길 → 소맷길

소매깃 → 소맷귀

소매동 → 소맷동

소매부리 → 소맷부리

소매자락 → 소맷자락

소맥(小麥) → 밀[순]

소맥분(小麥粉) → 밀가루[순]

소맥피(小麥皮) → 밀기울[순]

소맷깃 → 소맷귀

소머리살 → 소머릿살

소명(疎明) → 해명(解明)[순]

소모시키다(消耗-) → 소모하다

소목쟁이(小木-) → 소목장이

소몰이군 → 소몰이꾼

소몰잇군 → 소몰이꾼

소몰잇꾼 → 소몰이꾼

소묘(素描) → 밑그림[순]

소바(そば) → 메밀국수

소바기 → 소박이

소바기김치 → 소박이김치

소박당하다(疏薄當-) → 소박맞다

소박대기(疏薄-) → 소박데기

소박때기(疏薄-) → 소박데기

소박떼기(疏薄-) → 소박데기

소박이김치 — 오이소박이 — 오이소박이
  김치[복]

소배기 → 소박이

소배기김치 → 소박이김치

소백이 → 소박이

소백이김치 → 소박이김치

소보로빵(そぼるパン) → 곰보빵[순]

소보루빵(そぼるパン) → 곰보빵

소복히 → 소복이

소사(小使) → 사동(使童), 사환(使喚)[순]

소상이(昭詳-) → 소상히

소생(小生) → 저, 제[순]

소선(小船) → 작은 배[순]

소성(燒成) → 굽기[순]

소세지 → 소시지(sausage)

소손되다(燒損-) → 손상되다(損傷), 타
  서 손상되다[순]

소숫점 → 소수점(小數點)

소스(source) → 원전(原典), 자료(資料),
  출처(出處)[순]

소스러치다 → 소스라치다

소슬대문(-大門) → 솟을대문

소시얼 → 소셜(social)

소시적(少時-) → 소싯적

소식난(消息欄) → 소식란

소식란(消息欄) — 인사난(人事欄)履

소신껏(所信-) → 소신껏

소싯적(少時-) → 젊었을 때

소양증(搔癢症) → 가려움증

소오다 → 소다(soda)

소오스 → 소스(① sauce ② source)

소외하다(疏外-) → 멀리하다순

소요(所要) → 필요(必要)순

소요되다(所要-) → 걸리다, 들다순

소요 자금(所要資金) → 드는 자금, 필요
　자금(必要-)순

소울 → 솔(sole)

소울메이트 → 솔메이트(soulmate)

소울뮤직 → 솔뮤직(soul music)

소울푸드 → 솔푸드(soul food)

소위(所謂) → 이른바순

소유하다(所有-) → 가지다

소음(騷音) → 시끄러운 소리순

소인(消印) → 날짜 도장(-圖章)순

소일꺼리(消日-) → 소일거리

소임(所任) → 맡은 일순

소입자(素粒子) → 소립자

소자(小-) → 소짜

소정(所定) → 정한, 정해진

소정 기일 내(所定期日內) → 정한 날짜
　안순

소정 비율(所定比率) → 정한 비율순

소정 양식(所定樣式) → 규정 서식(規定書
式), 정한 서식, 정해진
양식, 정해진 형식(定-形式)순

소제(掃除) → 청소(清掃)순

소주값(燒酒-) → 소줏값

소주고리(燒酒-) → 소줏고리

소주불(燒酒-) → 소줏불

소주집(燒酒-) → 소줏집

소줏병 → 소주병(燒酒瓶)

소줏잔 → 소주잔(燒酒盞)

소중이(所重-) → 소중히

소지(そうじ) → 청소(清掃), 청소원(清掃
員)순

소지하다(所持-) → 가지고 있다순

소집(召集) → 모음순

소쯩 → 소증(素症)

소채(蔬菜) → 채소(菜蔬)순

소케트 → 소켓(socket)

소켓트 → 소켓(socket)

소코리 → 소쿠리

소탕(掃蕩) → 없앰순

소택지(沼澤地) → 늪, 늪지대(-地帶),
늪 지역(-地域), 습지(濕地), 습한 땅순

소트(sort) → 정렬(整列)순

소파(sofa) → 긴 안락의자(-安樂椅子),
긴 의자순

소프트하다(soft-) → 부드럽다순

소행(所行) → 짓순

소형 선박(小型船舶) → 작은 배, 작은
선박순

소호(SOHO, small office home office)
→ 무점포 사업(無店鋪事業), 재택 사
업자(在宅事業者)순

소홀이(疏忽 -) → 소홀히

소화률(消化率) → 소화율

소화하다(消化 -) → 불 끄다[순]

소환하고자(召喚 -) → 나오시도록 하고
자[순]

속것 → 속곳

속결하다(速決 -) → 빨리 정하다(-定
-)[순]

속고샅 → 속고삿

속눈섭 → 속눈썹

속병(-病) ─ 속앓이[별]
* 속병(-病): ① 몸속의 병을 통틀어 이르
  는 말. ≒속증. ② '위장병'을 일상적으로
  이르는 말. ≒속증. ③ 화가 나거나 속이
  상하여 생긴 마음의 심한 아픔.
* 속앓이: ① 속이 아픈 병. 또는 속에 병이
  생겨 아파하는 일. ② 겉으로 드러내지 못
  하고 속으로 걱정하거나 괴로워하는 일.

속사기다 → 속삭이다

속소리 → 속말

속속것 → 속속곳

속속이 → ① 속속들이 ② 속속히(速
速 -)
* 속속들이: 깊은 속까지 샅샅이.
* 속속히(速速 -): 매우 빨리. =속속.

속아지 → 소가지

속알딱지 → 소갈딱지

속알머리 → 소갈머리

속음질 → 숨음질

속이(速 -) → 속히

속일래야 → 속이려야

속일려고 → 속이려고

속일려야 → 속이려야

속출하다(續出 -) → 잇달다, 잇따르다[순]

속패(續敗) ─ 연패(連敗)[복]

속하다(屬 -) → 딸리다[순]

속행(續行) → 계속함(繼續 -)[순]

속효성(速效姓) → 빨리 듣는[순]

속히(速 -) → 빨리

손괴하다(損壞 -) → 망가뜨리다[순]

손구루마(-クルマ) → 손수레

손궤(損潰) → 망가뜨림, 무너짐[순]

손금(損金) → 손실금(損失金)[순]

손금쟁이 → 손금장이

손깎지 → 손깍지

손꼽 → 손곱

손님치래 → 손님치레

손님치례 → 손님치레

손모(損耗) → 닳아 없어짐[순]

손목대기 → 손목때기

손목때기 → 손모가지

손목아지 → 손모가지

손목쟁이 → 손모가지

손바닥을 피다 → 손바닥을 펴다

손벽 → 손뼉

손뿌리 → 손부리

손사래짓 → 손사랫짓

손사레 → 손사래

손상(損傷) → ① 다침 ② 상처(傷處)[순]

손상시키다(損傷 -) → 손상하다

손아구 → 손아귀

손아래벌 → 손아래뻘

손아래뻘 ─ 아래뻘[복]

손아래사람 → 손아랫사람

손아랫벌 → 손아래뻘

손아랫뻘 → 손아래뻘

손위사람 → 손윗사람

손자(孫子) ― 손주(孫 -)[별]

* 손자(孫子): 아들의 아들. 또는 딸의 아들.
　늑남손, 손아.
* 손주(孫 -): 손자와 손녀를 아울러 이르
　는 말.

손자딸(孫子 -) → 손녀(孫女), 손녀딸

손자봉틀 → 손재봉틀(-裁縫 -)

손잽이 → 손잡이

손주딸 → 손녀(孫女), 손녀딸

손지검 → 손찌검

손톱깍개 → 손톱깎이

손톱깍기 → 손톱깎이

손톱깍이 → 손톱깎이

손톱깎개 → 손톱깎이

손톱깎기(도구) → 손톱깎이

손구치다 → 솟구치다

솔개미 → 솔개

솔갱이 → 솔개

솔곳히 → 솔곳이

솔나무 → 소나무

솔랑솔랑 → 솔래솔래

솔로(solo) → 독무(獨舞), 독주(獨奏), 독
　창(獨唱)[순]

솔로먼 → 솔로몬(Solomon)

솔로 홈런(solo home run) → 한 점 홈런
　(-點 -)[순]

솔루션 → 설루션(solution)

솔져 → 솔저(soldier)

솔직이(率直 -) → 솔직히

솔찬히 → 상당히(相當 -)

솔푸드(soul food) → 위안 음식(慰安飮
　食)[순]

솟구쳐 올르다 → 솟구쳐 오르다

솟대장이 → 솟대쟁이

솟수 → 소수(① 小數 ② 少數)

솟아올르다 → 솟아오르다

솟을무니 → 솟을무늬

솟을문(紋) → 솟을무늬

송곳이[齒] → 송곳니

송구하다(悚懼 -) → 미안하다(未安 -),
　죄송하다(罪悚 -)[순]

송글송글 → 송골송골

송긋송긋 → 송골송골

송달(送達) → 띄움, 보냄[순]

송두리채 → 송두리째

송부(送付) → 물건 보냄(物件 -), 보냄[순]

송사리과(-科) → 송사릿과

송이(松耳 -) ― 송이버섯[복]

송이국(松栮 -) → 송잇국

송입(送入) → 국내 취업(國內就業)[순]

송장치래 → 송장치레

송장치례 → 송장치레

송출(送出) → 내보내기, 보내기[순]

송판대기(松板 -) → 송판때기

송판떼기(松板 -) → 송판때기

송하인(送荷人) → 짐 부친 이[순]

송화가루(松花 -) → 송홧가루

송화인(送貨人) → 짐 부친 이[순]

쇄골(鎖骨) → 빗장뼈[순]

쇄뇌 → 세뇌(洗腦)

쇄도하다(殺到 -) → 몰려들다[순]

쇄신하다(刷新 -) → 새롭게 하다[순]

쇠가루 → 쇳가루

쇠값 → 쇳값

쇠고기값 → 쇠고깃값

쇠고기국 → 쇠고깃국

쇠꼬창이 → 쇠꼬챙이

쇠내 → 쇳내

쇠달구지 → 소달구지

쇠덩어리 → 쇳덩어리

쇠덩이 → 쇳덩이

쇠도둑 → 소도둑

쇠도막 → 쇳도막

쇠독(-毒) → 쇳독

쇠돌 → 쇳돌

쇠락(衰落) → 쇠퇴(衰頹)[순]

쇠머리살 → 쇠머릿살

쇠몸 → 쇳몸

쇠몽댕이 → 쇠몽둥이

쇠몽뎅이 → 쇠몽둥이

쇠물 → 쇳물

쇠밥 → 쇳밥

쇠방맹이 → 쇠방망이

쇠부치 → 쇠붙이

쇠비린내 → 쇳내

쇠빛 → 쇳빛

쇠소리 → 쇳소리

쇠솟 → 쇠솥

쇠시랑 → 쇠스랑

쇠젓 → 쇠젖

쇠조각 → 쇳조각

쇳대 → 열쇠

쇳테 → 쇠테

쇳톱 → 쇠톱

쇳통(-桶) → 쇠통

쇳푼 → 쇠푼

쇼(show) → 구경거리[순]

쇼룸(showroom) → 체험 전시실(體驗展示室)[순]

쇼맨쉽 → 쇼맨십(showmanship)

쇼맨십(showmanship) → 제 자랑, 허세(虛勢)[순]

쇼바(アブショバ) → 완충기(緩衝器)[순]

쇼부(しょうぶ) → 결판(決判), 승부(勝負), 흥정[순]

쇼오 → 쇼(show)

쇼오, 조지 버나드 → 쇼, 조지 버나드(Shaw, George Bernard)

쇼올 → 숄(shawl)

쇼우 → 쇼(show)

쇼윈도(show window) → 전시장(展示場), 진열장(陳列場)[순]

쇼윈도우 → 쇼윈도(show window)

쇼크(shock) → 충격(衝擊)[순]

쇼킹하다(shocking-) → 충격적이다(衝擊的-)[순]

쇼트 → 숏(shot)

쇼트 스커트(short skirt) → 짧은 치마[순]

쇼트커트(short cut) → 짧게 치기[순]

쇼트패스(short pass) → 짧게 주기[순]

쇼트팬츠(short pants) → 짧은 바지, 반바지(半-)[순]

쇼트헤어(short hair) → 짧은 머리[순]

쇼파 → 소파(sofa)

쇼팡, 프레데리크 프랑수아 → 쇼팽, 프레데리크 프랑수아(Chopin, Frédéric

François)
쇼펜하우에르, 아르투어 → 쇼펜하우어, 아르투어(Schopenhauer, Arthur)
쇼펜하워, 아르투어 → 쇼펜하우어, 아르투어(Schopenhauer, Arthur)
쇼핑몰(shopping mall) → 상가(商街), 상점가(商店街)[순]
쇼핑백(shopping bag) → 장바구니(場-)[순]
쇼핑 카트(shopping cart) → 쇼핑 밀차(-車), 장보기 밀차(場-), 장보기 수레, 장수레[순]
쇼핑 타운(shopping town) → 상점가(商店街), 시장(市場), 종합 상가(綜合商街)[순]
쇼 호스트(show host) → 방송 판매자(放送販賣者), 상품 안내자(商品案內者), 소개인(紹介人)[순]
쑈 → 쇼크(shock)
쑈크 → 쇼크(shock)
쑈킹 → 쇼킹(shocking)
숄더백(shoulder bag) → 어깨가방[순]
숍 마스터(shop master) → 매장 담당(賣場擔當), 매장 담당자(-者)[순]
숏 → 쇼트(short)
숏볼 → 쇼트볼(short ball)
숏커트 → 쇼트커트(short cut)
숏코트 → 쇼트코트(short coat)
숏타임 → 쇼트타임(short time)
숏트 → 쇼트(short)
숏패스 → 쇼트패스(short pass)
숏팬츠 → 쇼트팬츠(short pants)
숏헤어 → 쇼트헤어(short hair)
숖 → 숍(shop)
수가(酬價) → 치료비(治療費)[순]
수간 주사(樹幹注射) → 나무 주사[순]
수감(收監) → 수용(收容)[순]
수개(數個) → 두서너 개, 여러 개[순]
수개[犬] → 수캐
수개월(數個月) → 몇 개월
수거하다(收去-) → 거두어가다, 거두어들이다[순]
수검(受檢) → 검사받기(檢査-)[순]
수검율(受檢率) → 수검률
수검자(受檢者) → 검사받는 사람(檢査-)
수것 → 수컷
수경 재배(水耕栽培) → 물가꾸기[순]
수괴(首魁) → 두목(頭目), 우두머리[순]
수그러들다 — 수그러지다[복]
수근거리다 → 수군거리다
수근수근 → 수군수군
수긍하다(首肯-) → 옳게 여기다[순]
수기(-氣) → 숫기
수기와[瓦] → 수키와
수납 창구(受納窓口) → 내는 곳, 돈 내는 곳, 돈 받는 곳, 받는 곳[순]
수냉식(水冷式) → 수랭식
수년(數年) → 몇 년
수뇌부(首腦部) → 지도부(指導部)[순]
수다쟁이 → 수다장이
수닭[鷄] → 수탉
수당(手當) → 덤삯, 일삯[순]
수당나귀(-唐-)[驢] → 수탕나귀
수도가(水道-) → 수돗가
수도고동(水道-) → 수도꼭지

수도권 지역(首都圈地域) → 수도권

수도물(水道-) → 수돗물

수도세(水道稅) → 수돗물 사용료(-使用
　料)㈜

수돌쩌귀 → 수톨쩌기

수돼지[豚] → 수퇘지

수두룩히 → 수두룩이

수둑하다 → 수두룩하다

수랏간 → 수라간(水剌間)

수렛바퀴 → 수레바퀴

수렴(收斂) → 모아들임㈜

수렵(狩獵) → 사냥㈜

수렵지(狩獵地) → 사냥터㈜

수령(樹齡) → 나무 나이㈜

수령 시(受領時) → 받을 때㈜

수령인(受領人) → 받을 사람㈜

수령하다(受領-) → 받다㈜

수로(水路) → 물길, 물도랑, 뱃길㈜

수뢰(受賂) → 뇌물 받기(賂物-)㈜

수루메(するめ) → 마른 오징어, 말린 오
　징어

수루미(するめ) → 마른 오징어, 말린 오
　징어

수륙제 → 수륙재(水陸齋)

수리과(-科) → 수릿과

수리나물 → 수뤼나물

수리날[端午] → 수릿날

수만(數萬) → 몇만

수매 가격(收買價格) → 사들이는 값㈜

수매하다(收買-) → 사들이다㈜

수명(數名) → 몇 명

수문직이(水門-) → 수문지기

수물(20) → 스물

수반(水盤) → 꽃 쟁반(-錚盤)㈜

수반(首班) → 우두머리㈜

수반하다(隋伴-) → 따르다㈜

수배(手配) → 사람 찾기, 찾기㈜

수백(數百) → 몇백

수백만(數百萬) → 몇백만

수백억(數百億) → 몇백억

수범(垂範) → 모범(模範)㈜

수범 사례(垂範事例) → 모범 사례(模範
　-), 잘된 사례㈜

수병아리 → 수평아리

수부(受付) → 접수(接受)

수부룩하다 → 수북하다

수북히 → 수북이

수분(水分) → 물기(-氣)㈜

수불(受拂) → 받음과 치름㈜

수사둔 → 수사돈(-査頓)

수상자(受賞者) → 상 받는 이㈜

수상자(授賞者) → 상 주는 이㈜

수상적다(殊常-) → 수상쩍다

수상하다(受賞-) → 상을 받다

수색하다(搜索-) → 찾다, 찾아내다㈜

수서 동물(水棲動物) → 물살이 동물㈜

수선 피다 → 수선 피우다

수세기(數世紀) → 몇 세기

수속(手續) → 순서(順序), 절차(節次)㈜

수수(授受) → 주고받음㈜

수수겨 → 수숫겨

수수깡 — 수숫대㈔

수수꺼끼 → 수수께끼

수수단 → 수숫단

수수대 → 수숫대
수수묵 → 수숫묵
수수방관하다(袖手傍觀 -) → 보고만
　있다㊛
수수잎 → 수숫잎
수순(手順) → 순서(順序), 절차(節次),
　차례(次例)㊛
수숫가루 → 수수 가루
수숫깡 → 수수깡
수숫떡 → 수수떡
수숫엿 → 수수엿
수시간(數時間) → 몇 시간
수신(受信) → 받음㊛
수심(水深) → 물 깊이, 물의 깊이㊛
수십(數十) → 몇십
수십만(數十萬) → 몇십만
수액(樹液) → 나무즙(-汁)㊛
수양(-羊) → 숫양
수억(數億) → 몇억
수연(壽宴) → 환갑 잔치(還甲 -)㊛
수염소 → 숫염소
수용(水龍) → 수룡
수용(收容) → 거두어들임㊛
수용성(水溶性) → 녹음성, 물에 녹음
　성㊛
수월이 → 수월히
수월챦다 → 수월찮다
수위(守衛) → 경비원(警備員), 방호원(防
　護員)㊛
수위(首位) → 으뜸, 첫째㊛
수위실(守衛室) → 경비실(警備室)㊛
수의시담(隨意示談) → 가격 협의(價格

協議)
수이 → 쉬이
수이보다 → 쉬이보다
수이여기다 → 쉬이여기다
수익(收益) → 이익 남(利益 -)㊛
수익율(收益率) → 수익률
수인(數人) → 여러 사람㊛, 몇 사람
수일(數日) → 여러 날㊛, 며칠
수입(手入) → 병기 손질(兵器 -), 손질㊛
수입고(輸入高) → 수입량(輸入量)㊛, 수
　입액(輸入額)
수입산(輸入産) → 외국산(外國産)
수입산 소고기(輸入産 -) → 수입 소고기
수입선(輸入先) → 수입국(輸入國), 수입
　처(輸入處)㊛
수자(數字) → 숫자
수자풀이(數字 -) → 숫자풀이
수작 부치다(酬酌 -) → 수작 붙이다
수저집 → 수젓집
수전(水栓) → 물마개㊛
수제(手製) → 손으로 제작(-製作)㊛
수조(數兆) → 몇조
수조(水槽) → 물통(-桶)㊛
수족구병(手足口病) → 손발입병㊛
수종(樹種) → 나무 종류(-種類)㊛
수주하다(受注 -) → 주문받다(注文 -)㊛
수중능(水中陵) → 수중릉
수쥐[鼠] → 숫쥐
수지 → 휴지(休紙)
수지(Suu Kyi) → 아웅 산 수 치(Aung
　San Suu Kyi)
수지(收支) → 수입과 지출(收入 -支出)㊛

수진자(受診者) → 진료받는 사람(診療-)   수퍼마켙 → 슈퍼마켓(supermarket)

수째 → 숫제   수퍼맨 → 슈퍼(superman)

수차례(數次例) → 몇 차례   수퍼바이져 → 슈퍼바이저(supervisor)

수채구멍 → 수챗구멍   수퍼볼 → 슈퍼볼(Super Bowl)

수처녀(-處女) → 숫처녀   수퍼비전 → 슈퍼비전(supervision)

수천(數千) → 몇천   수퍼스타 → 슈퍼스타(superstar)

수천만(數千萬) → 몇천만   수퍼 체인 → 슈퍼 체인(super chain)

수초(數秒) → 몇 초   수퍼파워 → 슈퍼파워(superpower)

수총각(-總角) → 숫총각   수펄[蜂] → 수벌

수출고(輸出高) → 수출량(輸出量)순, 수   수펌[虎] → 수범
출액(輸出額)

   수포(水疱) → 물집순

수출·입(輸出入) → 수출입   수피둘기[鳩] → 수비둘기

수취인(受取人) → 받는 사람, 받는 이순   수하(手下) → 손아래순

수취하다(受取-) → 받다순   수하물(手荷物) → 손짐순

수치(Suu Kyi) → 아웅 산 수 치(Aung   수혈식(竪穴式) → 구덩식, 구덩이식순
San Suu Kyi)

   수혜자(受惠者) → 혜택받는 사람(惠澤

수치(數値) → 값, 기준값(基準-)순   -)순

수칙(守則) → 지킬 일순   수화인(受貨人) → 짐 받는 이순

수캉아지 → 수강아지   수확고(收穫高) → 소출(所出), 수확량(收

수캐미[蟻] → 수개미   穫量)순

수커미[蛛] → 수거미   수회(數回) → 여러 차례(-次例)순

수케[蟹] → 수게   숙고하다(熟考-) → 잘 생각하다순

수코양이[猫/貓] → 수고양이   숙더기다 → 숙덕이다

수콤[熊] → 수곰   숙독(熟讀) → 자세히 읽음(仔細-)순

수쿠렁이[蛇] → 수구렁이   숙모(叔母) → 작은어머니

수큉[雉] → 수꿩   숙박계(宿泊屆) → 숙박부(宿泊簿), 숙박

수타국수(手打-) → 손국수순   신고(-申告), 숙박 신고서(-申告書),

수태(受胎) → 새끼 배기, 아이 배기순   숙박 장부(-帳簿)순

수트 → 슈트(suit)   숙부(叔父) → 작은아버지

수트 케이스 → 슈트 케이스(suitcase)   숙수그래하다 → 숙수그레하다

수퍼 → 슈퍼(super)   숙스구레하다 → 숙수그레하다

수퍼마켓 → 슈퍼마켓(supermarket)   숙스그레하다 → 숙수그레하다

숙스럽다 → 쑥스럽다

숙여지다 → 숙어지다

숙으리다 → 수그리다

숙지다 → 숙성하다(夙成-)

　* 숙지다: 어떤 현상이나 기세 따위가 점차
　　로 누그러지다.

　* 숙성하다(夙成-): 나이에 비하여 지각이
　　나 발육이 빠르다.

숙지 사항(熟知事項) → 알아 둘 일㊞

숙지하다(熟知-) → 익히 알다㊞

숙환(宿患) → 오랜 병(-病)㊞

순대국 → 순댓국

순댓국밥 → 순대국밥

순두부찌게(-豆腐-) → 순두부찌개

순렬(① 殉烈 ② 純烈 ③ 順列) → 순열

순례길(巡禮-) → 순롓길

순번대로(順番-) → 차례로(次例-), 차
　례차례㊞

순순이(① 順順- ② 諄諄-) → 순순히

순시하다(巡視-) → 돌아보다㊞

순연(順延) → 순차 연기(順次延期), 차
　례로 미룸(次例-)㊞

순위 부여(順位賦與) → 차례 매기기(次
　例-)㊞

순전이(純全-) → 순전히

순조로와(順調-) → 순조로워

순차로(順次-) → 차례로(次例-)㊞

순채국(蓴菜-) → 순챗국

순치(馴致) → 길들이기㊞

순회 감시(巡廻監視) → 돌아보며 감시
　함㊞

순흙빛 → 순흑빛(純黑-)

술가락 → 숟가락

술군 → 술꾼

술꾸래기 → 술고래

술꾸러기 → 술고래

술꾸레기 → 술고래

술보 → 술고래

술부대(-負袋) → 술고래

술빨 → 술발

술안주(-按酒) ─ 안주㊗

술주정군(-酒酊-) → 술주정꾼

술푸대 → 술고래

숨박꼭질 → 숨바꼭질

숨 쉬 → 숨 쉬어

숫가락 → 숟가락

숫가루 → 숯가루

숫강아지 → 수캉아지

숫개[犬] → 수캐

숫개미[蟻] → 수개미

숫거미[蛛] → 수거미

숫것 → 수컷

숫게[蟹] → 수게

숫고양이[猫/貓] → 수고양이

숫곰[熊] → 수곰

숫구렁이[蛇] → 수구렁이

숫기와[瓦] → 수키와

숫꿩[雉] → 수꿩

숫나귀[驢] → 수나귀

숫나무[木] → 수나무

숫나비[蝶] → 수나비

숫나사(-螺絲) → 수나사

숫노루[獐] → 수노루

숫놈 → 수놈

숫단추 → 수단추

숫닭[鷄] → 수탉
숫돌쩌귀 → 수톨쩌귀
숫돼지[豚] → 수돼지
숫룡(-龍) → 수용
숫률(-率) → 숫율
숫말[馬] → 수말
숫무지개 → 수무지개
숫배기 → 숫보기
숫벌[蜂] → 수벌
숫범[虎] → 수범
숫병아리 → 수평아리
숫비둘기[鳩] → 수비둘기
숫사돈(-査頓) → 수사돈
숫사슴[鹿] → 수사슴
숫사자(-獅子) → 수사자
숫삼(-蔘) → 수삼
숫새[鳥] → 수새
숫소[牛] → 수소
숫오리[鴨/鳧] → 수오리
숫용(-龍) → 수용
숫은행나무(-銀杏-) → 수은행나무
숫적 → 수적(數的)
숫째 → 숫제
숫쩨 → 숫제
숫체 → 숫제
숫치질(-痔疾) → 수치질
숫큉[雉] → 수꿩
숫토끼[兎] → 수토끼
숭글숭글하다 → 숭굴숭굴하다
숭물스럽다 → 흉물스럽다(凶物-)
숭어과(-科) → 숭엇과
숭업다 → 흉업다(凶-)

숭측스럽다 → 흉측스럽다(凶測-)
숭칙스럽다 → 흉측스럽다(凶測-)
숭하다 → 흉하다(凶-)
숯검댕 → 숯검정
숯돌 → 숫돌
숯쟁이 → 숯장이
쉐도우 → 섀도(shadow)
쉐라톤 → 셰러턴(Sheraton)
쉐르빌 → 셰르빌(chereville)
쉐리 → 셰리(sherry)
쉐어 → 셰어(share)
쉐어링 → 셰어링(sharing)
쉐이빙 → 셰이빙(shaving)
쉐이크 → 셰이크(shake)
쉐이크핸드 → 셰이크핸드(shakehand)
쉐타 → 스웨터(sweater)
쉐프 → 셰프(chef)
쉘 → 셸(shell)
쉘리, 퍼시 비시 → 셸리, 퍼시 비시
  (Shelley, Percy Bysshe)
쉘부르 → 셰르부르(Cherbourg)
쉘터 → 셸터(shelter)
쉬르레알리슴(sur-réalisme) → 초현실
  주의(超現實主義)ⓢ
쉬림프 → 슈림프(shrimp)
쉬바 → 시바(shiva)
쉬바이처, 루트비히 필리프 알베르트
  → 슈바이처, 루트비히 필리프 알베르트
  (Schweitzer, Ludwig Philipp Albert)
쉬바이처, 루트비히 필리프 알베르트
  → 슈바이처, 루트비히 필리프 알베르
  트(Schweitzer, Ludwig Philipp Albert)

쉬에드 → 스웨이드(suede)
쉬웁다 → 쉽다
쉬트 → 시트(sheet)
쉬프레마티슴(suprematisme) → 절대주의(絕對主義)[순]
쉬프트 → 시프트(shift)
쉬흔(50) → 쉰
쉬히 → 쉬이
쉰동이 → 쉰둥이
쉰들러, 오스카어 → 신들러, 오스카어(Schindler, Oskar)
쉰소리 → 흰소리
쉴드 → 실드(shield)
쉴러, 요한 크리스토프 프리드리히 폰 → 실러, 요한 크리스토프 프리드리히 폰(Schiller, Johann Christoph Friedrich)
쉴레지엔 → 슐레지엔(Schlesien)
쉴링 → 실링(schilling)
쉴즈, 브룩 → 실즈, 브룩(Shields, Brooke)
쉽 → 십(ship)
쉽상 → 십상(十常)
슈가 → 슈거(sugar)
슈거(sugar) → 설탕(雪糖)[순]
슈낙, 안톤 → 슈나크, 안톤(Schnack, Anton)
슈바이쳐, 루트비히 필리프 알베르트 → 슈바이처, 루트비히 필리프 알베르트(Schweitzer, Ludwig Philipp Albert)
슈바제네거, 아널드 → 슈워제네거, 아널드(Schwarzenegger, Arnold)
슈벨트 → 슈베르트, 프란츠 페터(Schubert, Franz Peter)
슈 샤인 보이(shoe shine boy) → 구두닦이, 구두 미화원(-美化員)[순]
슈왈제네거, 아널드 → 슈워제네거, 아널드(Schwarzenegger, Arnold)
슈왈츠네거, 아널드 → 슈워제네거, 아널드(Schwarzenegger, Arnold)
슈왈츠제네거, 아널드 → 슈워제네거, 아널드(Schwarzenegger, Arnold)
슈우트 케이스 → 슈트 케이스(suit case)
슈즈(shoes) → 구두, 신발[순]
슈터(shooter) → 공격수(攻擊手)[순]
슈트(suit) → 양복(洋服), 옷, 의복(衣服), 투피스(two-piece)[순]
슈트 케이스(suit case) → 여행 가방(旅行-), 여행용 가방(旅行用-)[순]
슈퍼마켓(supermarket) → 대형 잡화점(大型雜貨店)[순]
슈퍼마켙 → 슈퍼마켓(supermarket)
슈퍼마킷 → 슈퍼마켓(supermarket)
슈퍼바이저(supervisor) → 감독자(監督者), 감시자(監視者), 관리자(管理者)[순]
슈퍼바이져 → 슈퍼바이저(supervisor)
슈퍼보울 → 슈퍼볼(Super Bowl)
슈퍼볼(Super Ball) → 슈퍼볼(Super Bowl)
슈퍼비젼 → 슈퍼비전(supervision)
슈퍼 사이즈(super size) → 초대형 치수(超大型-數)[순]
슈퍼 세이브(super save) → 선방(善防)
슈퍼 체인(super chain) → 대형 연쇄점(大型連鎖店), 대형 잡화 연쇄점(-雜貨-)[순]

슈퍼컴퓨터(super computer) → 초고속
컴퓨터(超高速－)㉛

슈퍼파워(superpower) → ① 초강대국
(超强大國) ② 초강자(超强者)㉛

슈페리어 → 슈피리어(superior)

숫(shoot) → 쏘기㉛

숫율(shoot率) → 숫률

숫팅 → 슈팅(shooting)

스끼다시(つきだし) → 곁들이 안주(－按
酒), 곁들이찬(－饌)

스끼야끼(すきやき) → 왜전골(倭－), 일
본 전골(日本－), 일본 전골 찌개

스낵(snack) → 간편식(簡便食)㉛

스냅(snap) → 똑딱단추㉛

스냅 사진(snap寫眞) → 순간 사진(瞬
間－)㉛

스냎 → 스냅(snap)

스넥 → 스낵(snack)

스노우 → 스노(snow)

스노우보드 → 스노보드(snowboard)

스노우보트 → 스노보트(snow boat)

스노우타이어 → 스노타이어(snow tire)

스노클(snorkel) → 숨대롱㉛

스뎅(ステン) → 스테인리스(stainless)

스라브 → 슬래브(slab)

스라이드 → 슬라이드(slide)

～스런 → ～스러운

～스럽다――～쩍다㉵

스레이트 → 슬레이트(slate)

스레트 → 슬레이트(slate)

～스레하다――～스름하다㉵

스로인(throw in) → 던져 넣기㉛

스루패스(through pass) → 앞질러 주기㉛

스리 번트(three bunt) → 세 번째 대기
(－番－), 세 번째 번트(－bunt)㉛

스리쿠션(three cushion) → 세 변 돌리
기(－邊－)㉛

스리퍼 → 슬리퍼(sleeper)

스리핑 → 슬리핑(sleeping)

스릴(thrill) → 긴장감(緊張感), 전율(戰
慄)㉛

스릿파(スリッパ) → 슬리퍼(slipper)

스마일(smile) → 미소(微笑)㉛

스마트 워크(smart work) → 원격 근무
(遠隔勤務)㉛

스마트 팜(smart farm) → 지능형 농장
(知能型農場)㉛

스매시(smash) → 내려치기㉛

스매싱(smashing) → 강타(强打)㉛

스메끼리(つめきり) → 손톱깎이

스모킹 건(smoking gun) → 결정적 증
거(決定的證據)㉛

스몰 웨딩(small wedding) → 작은 결혼
식(－結婚式)㉛

스무나흘날 → 스무나흗날

스무드하다(smooth－) → 순조롭다(順
調－)㉛

스무사흘날 → 스무사흗날

스무스 → 스무드(smooth)

스무쓰하다 → 스무드하다(smooth－)

스물스물 → 스멀스멀

스물이틀 → 스무이틀

스물하루 → 스무하루

스믈(20) → 스물

스믈스믈 → 스멀스멀

스미끼리(つめきり) → 손톱깎이

스미드 → 스미스(Smith)

스미소니언 → 스미스소니언(Smith-sonian)

스미스, 아덤 → 스미스, 애덤(Smith, Adam)

스미싱(smishing) → 문자 결제 사기(文字決濟詐欺)[순]

스시(すし) → 초밥(醋-)[순]

스와질랜드 → 스와질란드(Swaziland)

스와프(swap) → 교환(交換)[순]

스와핑(swapping) → 맞교환(-交換), 주식 맞교환(株式-)[순]

스왑 → 스와프(swap)

스웨드 → 스웨이드(suede)

스웨타 → 스웨터(sweater)

스위치히터(switch-hitter) → 양손 타자(兩-打者)[순]

스위칭(switching) → 바꾸기, 전환(轉換)[순]

스위퍼(sweeper) → 휩쓸기공[순]

스윕퍼 → 스위퍼(sweeper)

스윗치 → 스위치(switch)

스윙(swing) → 몸 비틀기, 채 휘두르기, 팔젓기, 휘두르기[순]

스윙보터(swing voter) → 유동 투표층(流動投票層)[순]

스잔나(Susanna) → ① 수산나(이탈) ② 수재나(영)

스촨성(四川省) → 쓰촨성

스치로폴 → 스티로폼(styrofoam)

스치로폼 → 스티로폼(styrofoam)

스치로플 → 스티로폼(styrofoam)

스카라 → 스칼라(① Scala ② scalar)

 * 스칼라(Scala): 스칼라 극장(Scala劇場). 이탈리아 밀라노에 있는 국립 가극장. 1778년에 개장된 세계 최고급의 오페라 극장으로, 많은 명작이 초연되었으며, 오페라 박물관·발레 학교 따위가 부속되어 있다. 다른 이름은 스칼라 좌(Scala座).

 * 스칼라(scalar): 하나의 수치만으로 완전히 표시되는 양. 벡터, 텐서 따위의 유방향량(有方向量)에 대하여 방향의 구별이 없는 수량이다. 예를 들면, 질량·에너지·밀도·전하량 따위를 나타내는 수이다.

스카렛 → 스칼릿(Scarlet/Scarlett)

스카우트(scout) → 고르기, 골라 오기, 빼 옴, 뽑아 옴[순]

스카웃 → 스카우트(scout)

스카이라운지(sky lounge) → 전망 쉼터(展望-), 하늘 쉼터[순]

스카이라인(skyline) → 하늘선(-線), 하늘지붕선[순]

스카이벨리 → 스카이밸리(Sky Valley)

스카이워크(skywalk) → 하늘 산책로(-散策路)[순]

스카이 점프(sky jump) → 공중 낙하(空中落下)[순]

스카치테입 → 스카치테이프(Scotch tape)

스카치테잎 → 스카치테이프(Scotch tape)

스카치테프 → 스카치테이프(Scotch tape)

스카트 → 스커트(skirt)

스칼라량(scalar量) → 스칼라양

스칼라쉽 → 스칼라십(scholarship)

스칼렛 → 스칼릿(Scarlet/Scarlett)

스칼렛 조핸슨 → 스칼릿 조핸슨(Scarlett Johansson)

스캇치테이프 → 스카치테이프(Scotch tape)

스캇치테프 → 스카치테이프(Scotch tape)

스캐나 → 스캐너(scanner)

스캔너 → 스캐너(scanner)

스캔들(scandal) → 좋지 못한 소문(－所聞), 추문(醜聞)㊞

스커어트 → 스커트(skirt)

스커프 → 스카프(scarf)

스케너 → 스캐너(scanner)

스케일(scale) → ① 규모(規模), 축척(縮尺), 크기, 통 ② 크기 조정(－調整)㊞

스케줄(schedule) → 계획(計劃), 계획표(計劃表), 시간표(時間表), 일정(日程), 일정표(日程表)㊞

스케쥴 → 스케줄(schedule)

스케취 → 스케치(sketch)

스케치(sketch) → 사생(寫生)㊞

스케트 → 스케이트(skate)

스켈링 → 스케일링(scaling)

스켓치 → 스케치(sketch)

스코아 → 스코어(score)

스코어(score) → 점수(點數)㊞

스코어링포지션(scoring position) → 득점권 위치(得點圈位置)㊞

스코어보드(scoreboard) → 기록판(記錄板), 점수판(點數板)㊞

스코트 → 스콧(Scott)

스코틀란드 → 스코틀랜드(Scotland)

스콜피오 → 스코피오(scorpio)

스콜피온 → 스코피언(scorpion)

스쿠르지 → 스크루지(Scrooge)

스쿠바 → 스쿠버(scuba)

스쿠우터 → 스쿠터(scooter)

스쿨버스(school bus) → 통학 버스(通學－), 학교 버스(學校－)㊞

스쿨 존(school zone) → 어린이 보호 구역(－保護區域)㊞

스퀘어 라인(square line) → 사각선(四角線)㊞

스퀴이즈 → 스퀴즈(squeeze)

스퀴즈플레이(squeeze play) → 짜내기㊞

스크래퍼(scraper) → 긁개

스크랩(scrap) → ① 가공 잔여물(加工殘餘物) ② 오려 모으기, 자료 모음(資料－)㊞

스크랩북(scrapbook) → 자료 모음책(資料－冊)㊞

스크랲 → 스크랩(scrap)

스크루우지 → 스크루지(Scrooge)

스크류 → 스크루(screw)

스크리닝(screening) → 선별(選別), 수비 차단(守備遮斷), 점검(點檢), 훑어보기㊞

스크린(screen) → ① 영화(映畫) ② 화면(畫面)㊞

스크린 도어(screen door) → 안전문(安全門)㊞

스크린 스타(screen star) → 영화 배우(映畫排優)㊞

스크린쿼터(screen quota) → 상영 시간 할당제(上映時間割當制)㊞

스크린플레이(screen play) → ① 가리기 반칙(－反則), 가리기 작전(－作戰) ② 장막 전술(帳幕戰術)[순]

스크립터(scripter) → ① 촬영 기록자(撮影記錄者) ② 구성 작가(構成作家)[순]

스키드 마크(skid mark) → 타이어 밀린 자국(tire－)[순]

스키야키(すきやき) → 왜전골(倭－), 일본 전골(日本－), 일본 전골 찌개[순]

스키 웨어(ski wear) → 스키복(－服)[순]

스키이 → 스키(ski)

스킨(skin) → 살갗, 피부(皮膚), 피부색(皮膚色)[순]

스킨로션(skin lotion) → 피부 화장수(皮膚化粧水)[순]

스킨쉽 → 스킨십(skinship)

스킨케어(skin care) → 피부 관리(皮膚管理), 피부 치료(－治療)[순]

스킵(skip) → 넘김[순], 건너뜀

스타(star) → ① 인기 연예인(人氣演藝人), 인기인 ② 장성(將星)[순]

스타덤(stardom) → 인기 대열(人氣隊列)[순]

스타디엄 → 스타디움(stadium)

스타디움(stadium) → 경기장(競技場)[순]

스타쉽 → 스타십(starship)

스타일리쉬 → 스타일리시(stylish)

스타트(start) → 시작(始作), 출발(出發)[순]

스타트 라인(start line) → 출발선(出發線)[순]

스타트업(start up) → 새싹 기업(－企業), 창업 초기 기업(創業初期－)[순]

스타팅 멤버(starting member) → 선발 선수(先發先手), 주전 선수(主戰－)[순]

스타플레이어(star player) → 인기 선수(人氣選手)[순]

스탑 → 스톱(stop)

스태그플레이션(stagflation) → 고물가 경기 침체(高物價景氣沈滯)[순]

스태미나(stamina) → 원기(元氣), 정력(精力), 힘[순]

스태미너 → 스태미나(stamina)

스태프 → ① 스태프(staff) ② 스텝(step)

* 스태프(staff): 연기자를 제외한 연극, 영화, 방송의 제작에 관계하는 모든 사람. =제작진.

* 스텝(step): 볼링 따위의 운동 경기나 댄스에서, 동작의 단위가 되는 발과 몸의 움직임. [① 층계(層階) ② 걸음 ③ 단계(段階)[순]]

스태프(staff) → ① 참모(參謀) ② 제작진(製作陣), 진행 요원(進行要員)[순]

스태플러 → 스테이플러(stapler)

스탠다드 → 스탠더드(standard)

스탠다즈 → 스탠더스(standards)

스탠더드(standard) → 기준(基準), 표준(標準)[순]

스탠드(stand) → ① 책상 등(冊床燈) ② 관중석(觀衆席), 세움대(－臺)[순]

스탠드바(stand bar) → 선술집[순]

스탠스(stance) → ① 발 너비 ② 발 자세(－姿勢), 자세[순]

스탠포드 → 스탠퍼드(Stanford)

스탬프(stamp) → 잉크판(ink板)[순]

스탬프 투어(stamp tour) → 도장 찍기 여행(圖章－旅行)[순]

스탭 → ① 스태프(staff) ② 스텝(step)
['스태프' 주 참조]

스터디 그룹(study group) → 공부 모둠
(工夫-), 공부 모임㉜

스터링 → 스털링(sterling)

스테미나 → 스태미나(stamina)

스테미너 → 스태미나(stamina)

스테이지(stage) → 무대(舞臺)㉜

스테이플러(stapler) → 종이찍개, 찍개

스테익 → 스테이크(steak)

스테인레스 → 스테인리스(stainless)

스테잌 → 스테이크(steak)

스테플러 → 스테이플러(stapler)

스텐(ステン) → 스테인리스(stainless)

스텐드 → 스탠드(stand)

스텐드빠 → 스탠드바(stand bar)

스텐레스 → 스테인리스(stainless)

스텐리스 → 스테인리스(stainless)

스텐바이 → 스탠바이(stand-by)

스템플러 → 스테이플러(stapler)

스텝(step) → ① 층계(層階) ② 걸음
③ 단계(段階)㉜['스태프' 주 참조]

스텦 → ① 스태프(staff) ② 스텝(step)
['스태프' 주 참조]

스토리(story) → 이야기㉜

스토리 라인(story line) → 기본 줄거리
(基本-), 줄거리 선(-線)㉜

스토리보드(storyboard) → 이야기판
(-板), 줄거리판㉜

스토리지(storage) → 기억(記憶), 기억
장치(-裝置), 저장 장치(貯藏-), 정
보 저장(情報-)㉜

스토리텔링(storytelling) → 이야기하기㉜

스토브(stove) → 난로(煖爐)㉜

스토브리그(stove league) → 전력 보강
기(戰力補强期), 전열 정비기(戰列整備
期)㉜

스토아 → 스토어(store)
* 스토어(store): ① 전자계산기에서 정보를
사용하기 위해서 일시적으로 저장 공간에
넣는 일. ② 가게. 상점. 영국에서는 백화
점, 미국에서는 흔히 상점을 일컫는다.

스토어 → 스토아(Stoa)
* 스토아(Stoa): 고대 그리스의 아고라(agora)
안에 있던, 기둥이 늘어선 복도. 시민이
산책하거나 집회할 때에 이용하였다.

스토오리 → 스토리(story)

스토커(stalker) → 과잉 접근자(過剩接
近者)㉜

스토킹(stalking) → 과잉 접근 행위(過剩
接近行爲)㉜

스토킹(stocking) → 스타킹

스토퍼(stopper) → 끝막이, 끝막이 장
식(-裝飾)㉜

스톡(stock) → 잔량(殘量), 잔액(殘額)㉜

스톡옵션(stock option) → 주식 매수 선
택권(株式買受選擇權)㉜

스톡홀롬 → 스톡홀름(Stockholm)

스톱(stop) → 멈춤, 정지(停止), 정차(停
車)㉜

스톱모션(stop motion) → 정지 동작(停
止動作)㉜

스톱와치 → 스톱워치(stopwatch)

스톱워치(stopwatch) → 초시계(秒時
計)㉜

스투디오 → 스튜디오(studio)
스튜디스 → 스튜어디스(stewardess)
스튜디어스 → 스튜어디스(stewardess)
스튜디오(studio) → 녹음실(錄音室), 방송실(放送室), 연주실(演奏室), 제작실(製作室), 촬영실(撮影室)[순]
스튜어디스(stewardess) → 여승무원(女乘務員)[순]
스트라이커(striker) → 골잡이(goal－)[순]
스트라이크(strike) → ① 파업(罷業) ② 완전투(完全投)[순]
스트라이크아웃(strike out) → 완전투 끝내기(完全投－)[순]
스트라이프(stripe) → 줄, 줄무늬[순]
스트라익 → 스트라이크(strike)
스트레이트(straight) → 곧바로, 곧바른[순]
스트레이트 뉴스(straight news) → 단신 기사(短信記事), 발생 기사(發生－)[순]
스트레이트 볼(straight ball) → 곧은 공, 직구(直球)[순]
스트레인져 → 스트레인저(stranger)
스트레칭(stretching) → 몸풀기, 몸풀기 동작(－動作), 몸 펴기, 몸 펴기 동작[순]
스트로(straw) → 빨대[순]
스트로우 → 스트로(straw)
스트로크(stroke) → ① 공치기, 치기, 치는 법(－法) ② 직선 굴리기(直線－) ③ 겨눔 동작(－動作) ④ 자획(字劃) ⑤ 누르기, 치기[순]
스트리밍(streaming) → 바로 재생(－再生), 실시간 재생(實時間－)[순]
스트리트 패션(street fashion) → 거리 패션[순]
스트릿 → 스트리트(street)
스트릿 댄스 → 스트리트 댄스(street dance)
스트링(string) → ① 끈 ② 문자열(文字列)[순]
스티로폴 → 스티로폼(styrofoam)
스티븐즈 → 스티븐스(Stevens)
스티임 → 스팀(steam)
스티카 → 스티커(sticker)
스틱(stick) → 지팡이[순]
스틸(steal) → ① 가로채기(농구) ② 도루(盜壘)(야구)[순]
스틸(steel) → 강철(鋼鐵)[순]
스틸렌 → 스티렌(styrene)
스팀(steam) → 김, 증기(蒸氣), 수증기(水蒸氣)[순]
스파나 → 스패너(spanner)
스파링(sparing) → 연습 경기(練習/鍊習競技)[순]
스파이크(spike) → ① 큰 못 ② 강타(强打)[순]
스파쿨링 워터 → 스파클링 워터(sparkling water)
스파크(spark) → 불꽃[순]
스파트 → 스퍼트(spurt)
스파트 뉴스 → 스폿 뉴스(spot news)
스팔타카스 → 스파르타쿠스(Spartacus)
스팟 → 스폿(spot)
스팟 뉴스 → 스폿 뉴스(spot news)

스패너(spanner) → 나사틀이(螺絲 −)쥰

스팽글(spangle) → 반짝이쥰

스퍼트(spurt) → 끝판 힘내기 역주(− 力走), 막판 힘내기, 전력 질주(全力疾走)쥰

스펏 → 스퍼트(spurt)

스페니쉬 → 스패니시(Spanish)

스페니시 → 스패니시(Spanish)

스페샬 → 스페셜(special)

스페셜리스트(specialist) → 전문가(專門家)쥰

스페아 → 스페어(spare)

스페어(spare) → 여분(餘分), 예비(豫備)쥰

스페어 운전사(spare運轉士) → 예비 운전사(豫備 −)쥰

스페이스(space) → 공간(空間), 빈 곳, 빈 데, 사이, 여백(餘白)쥰

스페이스 바(space bar) → 사이띄개, 사이띄우개쥰

스페이스쉽 → 스페이스십(spaceship)

스펙(spec) → 명세(明細), 명세서(明細書), 설명서(說明書)쥰

스펙타클 → 스펙터클(spectacle)

스펙터클(spectacle) → 경관(景觀)쥰

스펙터클하다(spectacle −) → 거대하다(巨大 −), 거창하다(巨創 −), 웅대하다(雄大 −), 웅장하다(雄壯 −)쥰

스포이트(spuit) → 액즙 주입기(液汁注入器), 주입기쥰

스포츠가리(スポーツがり) → 스포츠형(sports型), 스포츠형 깎기쥰

스포츠란(sports欄) → 스포츠난

스포츠맨쉽 → 스포츠맨십(sportsman ship)

스포츠 슈즈(sports shoes) → 스포츠화(− 靴)쥰

스포츠 웨어(sports wear) → 운동복(運動服)쥰

스포트라이트(spotlight) → 각광(脚光), 주목(注目), 주시(注視), 집중 조명(集中照明), 집중 조명기(−照明器)쥰

스포티하다(sporty −) → 경쾌하다(輕快 −), 날렵하다, 활동적이다(活動的 −)쥰

스폰서(sponsor) → ① 광고 의뢰자(廣告依賴者), 광고주(廣告主) ② 후원자(後援者)쥰

스폰서쉽 → 스폰서십(sponsorship)

스폰지 → 스펀지(sponge)

스폿(spot) → 막간(幕間)쥰

스폿 광고(spot廣告) → 토막 광고쥰

스폿 기획(spot企劃) → 반짝 기획쥰

스폿 뉴스(spot news) → 반짝 뉴스, 초점 뉴스(焦點 −)쥰

스폿라이트 → 스포트라이트(spotlight)

스프 → 수프(soup)

스프레이(spray) → ① 분무(噴霧), 분무기(噴霧器) ② 안개색(−色)쥰

스프링벨리 → 스프링밸리(Spring Valley)

스프링코트(spring coat) → 봄 코트, 봄가을 코트쥰

스프링쿨러 → 스프링클러(sprinkler)

스프링클러(sprinkler) → 자동 물뿌리개(自動 −)쥰

스플래쉬 → 스플래시(splash)
스피드(speed) → 빠르기, 속도(速度), 속력(速力)[순]
스피드건(speed gun) → 속도 측정기(速度測程器)[순]
스피드 볼(speed ball) → 빠른 공, 속구(速球)[순]
스피드업(speedup) → ① 빠른 진행(-進行) ② 속도 높이기(速度-)[순]
스피리트 → 스피릿(spirit)
스피어 피싱(spear phishing) → 표적 온라인 사기(標的on-line詐欺)[순]
스피치(speech) → 화법(話法)[순]
스피카 → 스피커(speaker)
스피커(speaker) → 확성기(擴聲器)[순]
스핀(spin) → 공 회전(-回轉), 회전[순]
슬기로와 → 슬기로워
슬라브 → 슬래브(slab)
슬라이더(slider) → 흐르는 공[순]
슬라이드(slide) → ① 미끄러지기 ② 환등기(幻燈器) ③ 환등판(幻燈板)[순]
슬라이딩(sliding) → 미끄러지기[순]
슬라이딩 캐치(sliding catch) → 몸 던져 잡기[순]
슬라이딩태클(sliding tackle) → 미끄러져 덤비기[순]
슬라이스 서브(slice serve) → 깎아 메김[순]
슬래진져 → 슬래진저(Slazenger)
슬러거(slugger) → 강타자(强打者)[순]
슬럼프(slump) → 부진(不振), 침체(沈滯)[순]
슬레진져 → 슬래진저(Slazenger)
슬레트 → 슬레이트(slate)
슬로건(slogan) → 강령(綱領), 구호(口號), 표어(標語)[순]
슬로모션(slow motion) → 느린 동작(-動作)[순]
슬로 볼(slow ball) → 느린 공[순]
슬로시티(slow city) → 참살이 지역(-地域)
슬로우 → 슬로(slow)
슬로우모션 → 슬로모션(slow motion)
슬로우비디오 → 슬로비디오(slow video)
슬로우커브 → 슬로커브(slow curve)
슬로트머신 → 슬롯머신(slot machine)
슬로패션(slow fashion) → 친환경 패션(親環境-)
슬로푸드(slow food) → 느림 음식(-飮食), 여유식(餘裕食)[순]
슬로프(slope) → 스키 활주로(ski滑走路), 활주로[순]
슬리브(sleeve) → 소매[순]
슬림(slim) → 날씬하다[순]
슬림형(slim形) → 납작형, 좁은 형[순]
슬립(slip) → ① 미끄러지기, 미끄러짐 ② 속치마[순]
슬립다운(slip down) → 미끄러져 넘어짐[순]
슬립퍼 → 슬리퍼(slipper)
슬몃이 → 슬며시
슬적 → 슬쩍
~슴 → ~음
슴슴하다 → 심심하다

습냉(濕冷) → 습랭
습동(摺動) → 접촉 동작(接觸動作)[순]
습윤(濕潤) → 습기 참(濕氣 -)[순]
승락(承諾) → 승낙
승복할 것(承服 -) → 따라 주시기 바랍니다[순]
승부욕(勝負欲) → 승리욕(勝利欲)
승부하다(勝負 -) → 승부를 가르다, 승부를 걸다, 승부를 내다
승선권(乘船券) → 배표(-票)[순]
승선하다(乘船 -) → 배 타다[순]
승소(勝訴) → 소송 이김(訴訟 -)[순]
승용(乘用) → 탈것[순]
승율(勝率) → 승률
승전고를 올리다(勝戰鼓 -) → 승전고를 울리다
승전보를 울리다(勝戰譜 -) → 승전보를 남기다
승차장(乘車場) → 타는 곳, 차 타는 곳[순]
승차하다(乘車 -) → 차 타다[순]
승하차(乘下車) → 타고 내림[순]
승·하차(乘下車) → 승하차
~ 시(時) → ~ 때[순]
시가(市價) → 시세(時勢)[순]
시가렛 → 시가레트(cigarette)
시간께나 걸린다(時間 -) → 시간깨나 걸린다
시간 엄수(時間嚴守) → 시간 꼭 지키기[순]
시거 → 시가(cigar)
시건장치(施鍵裝置) → 자물쇠 장치, 잠금장치[순]
시계금 → 시곗금
시계돈 → 시곗돈
시계바리 → 시곗바리
시계박 → 시곗박
시계장수 → 시곗장수
시곗전(-廛) → 시계전
시계공(時計工) — 시계사(時計師) — 시계장이[복]
시계바늘(時計 -) → 시곗바늘
시계방(時計房) — 시계포(時計鋪)[복]
시계부랄(時計 -) → 시계불알
시계쟁이(時計 -) → 시계장이
시계줄(時計 -) → 시곗줄
시곗방 → 시계방(時計房)
시골나기 → 시골내기
시골때기 → 시골뜨기
시골떼기 → 시골뜨기
시·공간(時空間) → 시공간
시귀(詩句) → 시구
시그날 → 시그널(signal)
시그널(signal) → 신호(信號)[순]
시그니쳐 → 시그니처(signature)
시금치국 → 시금칫국
시급을 요하는(時急 - 要 -) → 급한(急 -)[순]
시급이(時急 -) → 시급히
시기상조(時機尙早) → 아직 이름[순]
시까맣다 → 시꺼멓다
시꺼매지다 → 시꺼메지다
시껍 → 식겁(食怯)
시끄러 → 시끄러워
시끌벅쩍 → 시끌벅적
시끌뻑쩍 → 시끌벅적

시나리오(scenario) → 각본(脚本), 대본(臺本)[순]
시내가 → 시냇가
시내물 → 시냇물
시내트라, 프랭크 → 시나트라, 프랭크(Sinatra, Frank)
시너지(synergy) → 동반 상승(同伴相乘), 상승[순]
시너지 효과(synergy效果) → 상승 효과(相乘－)[순]
시네마(cinema) → 영화(映畫), 영화관(映畫館)[순]
시놉시스(synopsis) → 개요(概要), 줄거리[순]
시늉말－흉내말[복]
시늠시늠 → 시름시름
시니어 클럽(senior club) → 어르신 동아리, 어르신 모임[순]
시니칼 → 시니컬(cynical)
시니컬하다(cynical－) → 냉소적이다(冷笑的－)[순]
시다(した) → 보조(補助), 보조원(補助員)
시다바리(したばり) → 곁꾼, 보조원(補助員)
시달하다(示達－) → 알리다[순]
시답잖다 → 시답잖다
시답찮다 → 시답잖다
시답쟎다 → 시답잖다
시답치 않다 → 시답지 않다
시덥잖다 → 시답잖다
시덥쟎다 → 시답잖다
시덥찮다 → 시답잖다
시덥챦다 → 시답잖다
시·도지사 → 시장·도지사(市長道知事)
시드(seed) → 우선권(優先權), 우선 배정(－配定)[순]
시드 머니(seed money) → 종잣돈(種子－)[순]
시드뱅크(seed bank) → 종자 은행(種子銀行)[순]
시들은 → 시든
시들음 → 시듦
시들음병(－病) → 시듦병
시듬 → 시듦
시디(CD, cash dispenser) → 현금 자동 지급기(現金自動支給機)
시디롬 → 시디롬(CD-ROM)
시라소니 → 스라소니
시라큐스 → 시러큐스(Syracuse)
시래기국 → 시래깃국
시레기 → 시래기
시려워 → 시려, 시리어
시렵다 → 시리다
시렵다 못해 → 시리다 못해
시렵던 → 시리던
시로(しろ) → 흰색(－色)[순]
시로도(しろうと) → 비전문가(非專門家), 서툰 사람, 서툰 이, 아마추어(amateur), 초심자(初心者), 초짜(初－), 풋내기
시료(試料) → 시험용 재료(試驗用材料)[순]
시루방석(－方席) → 시룻방석
시루번 → 시룻번
시루편 → 시루떡
시룻논 → 시루논

시룻떡 → 시루떡

시리얼(serial) → 직렬(直列)㊛

시리얼 넘버(serial number) → 일련 번호
(一連番號), 제조 일련 번호(製造-)㊛

시리이즈 → 시리즈(series)

시리카 → 실리카(silica)

시마리[力] → 힘

시마이(しまい) → 끝, 끝냄, 끝마침, 마
감, 마무리

시말서(始末書) → 경위서(經緯書)㊛

시무룩히 → 시무룩이

시뮬레이션(simulation) → 모의 실험(模
擬實驗), 현상 실험(現象-)㊛

시바이쩌, 루트비히 필리프 알베르트
→ 슈바이처, 루트비히 필리프 알베르트
(Schweitzer, Ludwig Philipp Albert)

시바이처, 루트비히 필리프 알베르트
→ 슈바이처, 루트비히 필리프 알베르트
(Schweitzer, Ludwig Philipp Albert)

시바이쳐, 루트비히 필리프 알베르트
→ 슈바이처, 루트비히 필리프 알베르트
(Schweitzer, Ludwig Philipp Albert)

시발점으로(始發點-) → 처음으로 하여,
출발점으로(出發點-)㊛

시방(時方) — 지금(只今)㊲

시방서(示方書) → 설명서(說明書), 세부
지침서(細部指針書), 지침서㊛

시보리(しぼり) → ① 물수건(-手巾)
② 조르개

시비(施肥) → 거름주기㊛

시비거리(是非-) → 시빗거리

시비꺼리(是非-) → 시빗거리

시비 언쟁(是非言爭) → 다투다, 말다툼
하다㊛

시빗꺼리(是非-) → 시빗거리

시빗꾼 → 시비꾼(是非-)

시빗조 → 시비조(是非調)

시빗질 → 시비질(是非-)

시뻘개지다 → 시뻘게지다

시뿌애지다 → 시뿌예지다

시뿌얘지다 → 시뿌예지다

시삼춘 → 시삼촌(媤三寸)

시삽 → 시솝(sysop)

시상하다(施賞-) → 상 주다㊛

시새말 → 시쳇말(時體-)

시샛말 → 시쳇말(時體-)

시샵 → 시솝(sysop)

시세값(時勢-) → 시셋값

시세군(時勢-) → 시세꾼

시세말(時世-) → 시쳇말(時體-)

시셋말(時世-) → 시쳇말(時體-)

시소(seesaw) → 널타기틀, 널타기하다,
널틀㊛

시소게임(seesaw game) → 엎치락뒤치
락 경기(-競技), 접전(接戰)㊛

시숍 → 시솝(sysop)

시스루(see-through) → 비침옷㊛

시스터즈 → 시스터스(sisters)

시스템(system) → ① 방식(方式), 조직
(組織), 체계(體系), 체제(體制) ② 선수
배치(先手配置)㊛

시스템키친(system kitchen) → 일체형
부엌 가구(一體形-家具), 일체형 주
방 가구(-廚房-)㊛

시스팀 → 시스템(system)
시시대기 → 시시덕이
시시데기 → 시시덕이
시시때기 → 시시덕이
시시떼기 → 시시덕이
시시콜콜이 → 시시콜콜히
시시티브이(CCTV, closed circuit TV) → 내부 영상망(內部映像網), 폐쇄 회로 텔레비전(閉鎖回路television)[순]
시식하다(試食－) → 시험 삼아 먹어 보다(試驗－)[순]
시아게(しあげ) → 끝손질, 뒷마감, 마무리
시아기(しあげ) → 끝손질, 뒷마감, 마무리
시아이(CI, corporate identity) → 기관 상징(機關象徵), 기관 이미지(－image), 기관 이미지 통합(－統合), 기관 통합 이미지, 기업 문화(企業文化), 기업 상징(－象徵), 기업 이미지, 기업 이미지 통합, 기업 통합 이미지[순]
～시앞 → ～시압
시야까시(ひやかし) → 놀림, 조롱(嘲弄), 희롱(戲弄)
시야시(ひやし) → 겁먹음(怯－), 시원하게 함, 식힌 것, 차게 함, 찬 것
시에미(媤－) → 시어미
시에스(CS, customer satisfaction) → 고객 만족(顧客滿足)[순]
시연(試演) → 시행(試行), 시험 공연(試驗公演)[순]
～시요 → ～시오
시운전(試運轉) → 시험 운전(試驗－)[순]
시원스러히 → 시원스러이
시원이 → 시원히
시원찮다 → 시원잖다
시음장(試飮場) → 맛보기 자리[순]
시음하다(試飮－) → 맛보다[순]
시읏(ㅅ) → 시옷
시의에 맞다(時宜－) → 때에 맞다[순]
시이소오 → 시소(seesaw)
시이오(CEO, chief executive officer) → 최고 경영자(最高經營者)[순]
시이퀀스 → 시퀀스(sequence)
시이트 → 시트(sheet)
시이튼 동물기(－動物記) → 시턴 동물기(Seton－)
시이튼, 어니스트 에번 톰프슨 → 시턴, 어니스트 에번 톰프슨(Seton, Ernest Evan Thompson)
시작품(試作品) → 시험 제품(試驗製品)[순]
시장갓 → 나뭇갓
시장율(市場率) → 시장률
시정 조치(是正措置) → 바르게 고침[순]
시정하다(是正－) → 바로잡다, 잘못을 바로잡다[순]
시제품(試製品) → 시험 제품(試驗製品)[순]
시종(始終) → 늘, 항상(恒常)[순]
시중군 → 시중꾼
시즌(season) → ① 경기 철(景氣－), 계절(季節), 철 ② ～번째 이야기(番－)[순]
시즌 오프(season off) → 계절 마감(季節－), 계절 할인(－割引)[순]
시지푸스 신화(－神話) → 시시포스 신

화(Sisyphus-)

시청율(視聽率) → 시청률

시체말(時體-) → 시쳇말

시츄에이션 → 시추에이션(situation)

시침이 → 시치미

시커매지다 → 시커메지다

시큐어리티 → 시큐리티(security)

시크(chic) → 근사함(近似-), 멋[순]

시크리트 → 시크릿(secret)

시투트가르트 → 슈투트가르트(Stuttgart)

시튜에이션 → 시추에이션(situation)

시트(seat) → 자리, 좌석(座席)[순]

시트(sheet) → 깔개, 덮개, 자리[순]

시트라우스, 요한 → 슈트라우스, 요한
(Strauss, Johann)

시튼 동물기(-動物記) → 시턴 동물기
(Seton-)

시튼, 어니스트 에번 톰프슨 → 시턴,
어니스트 에번 톰프슨(Seton, Ernest
Evan Thompson)

시티 투어(city tour) → 시내 관광(市內
觀光)[순]

시티 투어 버스(city tour bus) → 도시
관광버스(都市觀光-)

시판(市販) → 시중 판매(市中販賣)[순]

시퍼래지다 → 시퍼레지다

시편(試片) → 시험 재료 조각(試驗材料
-)[순]

시피(CP, command post) → 지휘소(指
揮所)[순]

시피엑스(CPX, command post exercise)
→ 도상 연습(圖上演習), 지휘소 연습

(指揮所-)[순]

시피유(CPU, central processing unit)
→ 중앙 처리 장치(中央處理裝置)[순]

시허애지다 → 시허예지다

시허애지다 → 시허예지다

시허에지다 → 시허예지다

시현하다(示顯-) → 나타내다, 나타내
보이다[순]

식대(食代) → 밥값[순]

식료(食料) → 음식물(飲食物)[순]

식비(食費) → 밥값[순]

식상하다(食傷-) → 싫증나다(-症-)[순]

식생하다(植生-) → 자라다[순]

식소라(食-) → 밥소라

식순(式順) → 식 차례(式次例), 차례[순]

식스맨(sixth man) → 여섯 번째 선수(-番
-選手), 우수 후보 선수(優秀候補-)[순]

식염(食鹽) → 소금[순]

식자우환(識者憂患) → 식자우환(識字憂患)

식자재값(食資材-) → 식자잿값

식재(植栽) → 가꾸기, 나무 가꾸기, 나
무 심기, 심기[순]

식재하다(植栽-) → 심어 가꾸다[순]

식힐려고 → 식히려고

신- 신발[복]

신(scene) → 장면(場面)[순]

신고 센터(申告center) → 신고소(申告
所)[순]

신고필증(申告畢證) → 신고 증명서(-證
明書)[순]

신기로히(① 新奇- ② 神奇-) → 신기
로이

신기스럽다(① 新奇- ② 神奇-) → 신기롭다

신기이(① 新奇- ② 神奇-) → 신기히

신나(シンナー) → 시너(thinner)

신나몬 → 시나몬(cinnamon)

신녀성(新女性) → 신여성

신능군(信陵君) → 신릉군

신델렐라 → 신데렐라(Cinderella)

신드롬(syndrome) → 증후군(症候群)[순]

신드밧드 → 신드바드(Sindbad)

신들메 → 들메끈

신랄이(辛辣-) → 신랄히

신명(身命) → 목숨[순]

신발주머니 ― 신주머니[복]

신밧드 → 신드바드(Sindbad)

신병(身柄) → 몸체(-體), 신분(身分)[순]

신병 인수(身柄引受) → 사람 넘겨받음[순]

신부감(新婦-) → 신붓감

신분증 패용(身分證佩用) → 신분증 달기[순]

신빙성(信憑性) → 믿음성[순]

신삥(しんぴん) → 새것, 신참(新參), 신품(新品)

신새벽 → 첫새벽

신속이(迅速-) → 신속히

신스틸러(scene stealer) → 명품 조연(名品助演)[순]

신승(辛勝) → 가까스로 이김, 겨우 이김[순]

신음 소리(呻吟-) → 신음

신임지(新任地) → 새 근무지(-勤務地)[순]

신입(申砬) → 신립

신장(腎臟) → 콩팥

신장(身長/身丈) → 키

신장시키다(伸張-) → 신장하다

신장율(伸張率) → 신장률

신장하다(伸張-) → 늘리다, 늘어나다[순]

신정 벽두(新正劈頭) → 새해 첫머리[순]

신주단지(神主-) → 신줏단지

신중이(愼重-) → 신중히

신쭈(しんちゅう) → 놋쇠

신착 도서(新着圖書) → 새로 온 책(-册)[순]

신참(新參) → 새내기

신추(しんちゅう) → 놋쇠[순]

신출나기(新出-) → 신출내기

신품(新品) → 새것[순]

신품종(新品種) → 새 품종[순]

신풍(新風) → 새바람[순]

실강이 → 실랑이

실갱이 → 실랑이

실권(失權) → 권리 상실(權利喪失)[순]

실기하다(失機-) → 때를 놓치다[순]

실낡같은 → 실낱같은

실날같은 → 실낱같은

실낫같은 → 실낱같은

실내·외(室內外) → 실내외

실라부스 → 실러버스(syllabus)

실락원(失樂園) → 실낙원

실랭이 → 실랑이

실러버스(syllabus) → 강의 계획(講義計劃), 강의 계획서(-計劃書)[순]

실레지엔 → 슐레지엔(Schlesien)

실려져 → 실려

실려졌다 → 실렸다

실려지는 → 실리는

실려진 → 실린

실려진다 → 실린다

실루에트 → 실루엣(silhouette)

실루엣(silhouette) → 윤곽선(輪郭線), 음영(陰影)㈜

실루엘 → 실루엣(silhouette)

실리커 → 실리카(silica)

실리콘벨리 → 실리콘밸리(Silicon Valley)

실린다 → 실린더(cylinder)

실몽당이 ─ 실뭉치㈜

　* 실몽당이: 실을 풀기 좋게 공 모양으로 감 은 뭉치.

　* 실뭉치: 실을 한데 뭉치거나 감은 덩이.

실버 시터(silver sitter) → 경로 도우미 (敬老-), 어르신 도우미㈜

실버 톤(silver tone) → 은색조(銀色調)㈜

실사(實査) → 실제 조사(實際調査)㈜

실수값(實數-) → 실숫값

실시예(實施例) → 실시례

실업율(失業率) → 실업률

실업의아들 → 시러베아들

실업쟁이(實-) → 실없쟁이

실없은(實-) → 실없는

실예(實例) → 실례

실용예(實用例) → 실용례

실장(實長) → 실제 길이(實際-), 전선 실 제 길이(電線-)㈜

실제(實弟) → 친동생(親-)㈜

실죽하다 → 실쭉하다

실증(-症) → 싫증

실쯩 → 싫증(-症)

실추시키다(失墜-) → 떨어뜨리다㈜

실컨 → 실컷

실크(silk) → 견(絹), 견직물(絹織物), 명 주(明紬), 명주실, 비단(緋緞)㈜

실크햇 → 실크해트(silk hat)

실패률(失敗率) → 실패율

실팍하다 → 실팍하다

실피줄 → 실핏줄

실화(失火) → 불냄㈜

실효(失效) → 효력 잃음(效力-)㈜

실효값(實效-) → 실홋값

실효적으로(實效的-) → 실효 있게㈜

싫것 → 실컷

싫여하다 → 싫어하다

싫으네 → 싫네

싫죽하다 → 실쭉하다

싫쯩 → 싫증(-症)

싫컷 → 실컷

심각이(深刻-) → 심각히

심계항진(心悸亢進) → 두근거림

심난하다(心亂-) → 심란하다

　* 심난하다(甚難-): 매우 어렵다.

　* 심란하다(心亂-): 마음이 어수선하다. ≒심산하다.

심대하다(甚大-) → 매우 크다㈜

심도(深度) → 깊이㈜

심도두개 → 심돋우개

심란하다(甚難-) → 심난하다

　　['심난하다' 주 참조]

심려(心慮) → 걱정, 근심㈜

심리(審理) → 살펴 따짐㈜

심방하다(尋訪-) → 찾아뵙다[순]

심벌(symbol) → 상징(象徵), 상징 기호
(-記號)[순]

심벌리즘(symbolism) → 상징주의(象徵
主義)[순]

심벌마크(symbol mark) → 상징표(象徵
標), 상징 표시(-標示), 상징 표지(-
標識)[순]

심벌스 → 심벌즈(cymbals)

심볼 → 심벌(symbol)

심볼즈 → 심벌즈(cymbals)

심부름군 → 심부름꾼

심부전(心不全) → 심장 기능 상실(心臟
機能喪失)[순]

심사숙고하다(深思熟考-) → 깊이 생각
하다[순]

심상잖다(尋常-) → 심상찮다

심상찮다(尋常-) → 심상찮다

심상지 않다(尋常-) → 심상치 않다

심상챦다(尋常-) → 심상찮다

심술궂다(心術-) → 심술궂다

심술께나 부리겠다(心術-) → 심술깨나
부리겠다

심술꾸래기(心術-) → 심술꾸러기

심술꾸러기(心術-) — 심술쟁이[복]

심술꾸레기(心術-) → 심술꾸러기

심술꾼(心術-) → 심술꾸러기

심술닥지(心術-) → 심술딱지

심술머리(心術-) → 심술딱지

심술장이(心術-) → 심술쟁이

심술탱이(心術-) → 심술퉁이

심심잖게 → 심심찮게

심심찮은 사과(甚深-赦過) → 심심한
사과

심심찮게 → 심심찮게

심심한(甚深-) → 깊은[순]

심심한 사의(甚深-謝意) → 깊은 고마
움[순]

심야(深夜) → 깊은 밤, 한밤중(-中)[순]

심이(甚-) → 심히

심인성(心因性) → 정신탓(精神-)

심장 질환(心臟疾患) → 심장병(心臟病)[순]

심정지(心停止) → 심장 정지(心臟-)[순]

심지뽑기 → 제비뽑기

심지여 → 심지어(甚至於)

심퍼니 → 심포니(symphony)

심포니(symphony) → 교향악(交響樂)[순]

심포니오케스트라(symphony orchestra)
→ 교향악단(交響樂團)[순]

심포지엄(symposium) → 집단 토론 회
의(集團討論會議), 학술 토론회(學術討
論會), 학술 토론 회의[순]

심포지움 → 심포지엄(symposium)

심플하다(simple-) → 단순하다(單純
-)[순]

심화(深化) → 깊어 감[순]

십륙 나한(十六羅漢) → 십육 나한

십릿길(十里-) → 십 리 길

십방정토(十方淨土) → 시방정토

십분(十分) → 충분히(充分-)[순]

~십시요 → ~십시오

십왕(十王) → 시왕

십왕세계(十方世界) → 시방세계

십월(十月) → 시월

십육(十六) → 십륙

십장(什長) → 반장(班長), 작업반장(作業
　　-)[순]

18번(十八番) → 단골 노래, 단골 장기(-
　　長技)[순], 애창곡(愛唱曲), 장기

싯가 → 시가(① 市價 ② 時價)

　* 시가(市價): 시장에서 상품이 매매되는 가
　　격. 늑시금, 시치.

　* 시가(時價): 일정한 시기의 물건값. 늑시
　　세, 시치.

싯구 → 시구(詩句)

싯귀 → 시구(詩句)

싯누래지다 → 싯누레지다

싯멀개지다 → 싯멀게지다

싯점 → 시점(① 時點 ② 視點 ③ 始點)

싱(しん) → 속, 심(心), 심지[순]

싱가폴 → 싱가포르(Singapore)

싱거 → 싱어(singer)

싱거웁다 → 싱겁다

싱그런 → 싱그러운

싱글(single) → 독신(獨身), 독신자(獨身
　　者)[순]

싱글이다(single-) → 독신이다(獨身-),
　　미혼이다(未婚-)[순]

싱글즈 → 싱글스(singles)

싱긋히 → 싱긋이

싱어송라이터(singer and song writer)
　　→ 자작 가수(自作歌手)[순]

싱칸센 → 신칸센(しんかんせん, 新幹線)

싱크대(sink臺) → 개수대, 설거지대[순]

싱크로율(synchro率) → 일치율(一致率)[순]

싱크탱크(think tank) → 두뇌 집단(頭腦
　　集團), 참모 집단(參謀-)[순], 참모진

(參謀陣)

싱크홀(sinkhole) → 땅꺼짐, 함몰 구멍
　　(陷沒-)[순]

싫으네 → 싫네

싫으네요 → 싫네요

~싫이 → ~시피

싸가지 → 싹수

싸강, 프랑수아즈 → 사강, 프랑수아즈
　　(Sagan, Françoise)

싸그리 → 깡그리

싸대기 → 귀싸대기

싸디스트 → 사디스트(sadist)

싸디즘 → 사디즘(sadism)

싸래기 → 싸라기

싸래기눈 → 싸라기눈

싸래기밥 → 싸라기밥

싸롱 → 살롱(salon)

싸르트르, 장폴 → 사르트르, 장폴
　　(Sartre, Jean-Paul)

싸리가지 → 싸릿가지

싸리개비 → 싸릿개비

싸리대 → 싸릿대

싸릿문(-門) → 싸리문

싸바싸바 → 뒷거래(-去來), 짬짜미
　　['사바사바' 주 참조]

싸우나 → 사우나(sauna)

싸우스 → 사우스(south)

싸우스포 → 사우스포(south paw)

싸운드 → 사운드(sound)

싸움군 → 싸움꾼

싸이공 → 사이공(Saigon)

싸이드 → 사이드(side)

싸이드카 → 사이드카(sidecar)

싸이렌 → 사이렌(siren)

싸이로 → 사일로(silo)

싸이버 → 사이버(cyber)

싸이버네틱스 → 사이버네틱스
  (cybernetics)

싸이보그 → 사이보그(cyborg)

싸이언스 → 사이언스(science)

싸이즈 → 사이즈(size)

싸이코 → 사이코(psycho)

싸이크론 → 사이클론(cyclone)

싸이클 → 사이클(cycle)

싸이클론 → 사이클론(cyclone)

싸이키 → 사이키(psyche)

싸이판 → 사이판(Saipan)

싸이펀 → 사이펀(siphon/syphon)

싸이프러스 → ① 사이프러스(cypress)
  ② 키프로스(Cyprus)

싸인 → ① 사인(sign) ② 사인(sin)

싸일런스 → 사일런스(silence)

싸일렌 → 사이렌(siren/syren)

싸질르다 → 싸지르다

싸커 → 사커(soccer)

싸파리 → 사파리(safari)

싹독싹독 → 싹둑싹둑

싹뚝 → 싹둑

싹뚝싹뚝 → 싹둑싹둑

싹삭하다 → 싹싹하다

싹스핀 → 샤스핀(shark's fin)

싹쓰리 → 싹쓸이

싹티우다 → 싹틔우다

싼레모 → 산레모(San Remo)

싼타 루치아 → 산타 루치아(Santa Lucia)

싼타모 → 산타모(SATAMO)

싼타크로스 → 산타클로스(Santa Claus)

싼타클로스 → 산타클로스(Santa Claus)

싼타페(Santa Fe) → ① 산타페(에) ② 샌
  타페이(영)

쌀궤(-櫃) → 뒤주

쌀되박 → 쌀됫박

쌀뜬물 → 쌀뜨물

쌀람 → 살람(salam)

쌀롱 → 살롱(salon)

쌀쌀이 → 쌀쌀히

쌀전(-廛) → 싸전

쌀푸대 → 쌀부대(-負袋)

쌈바 → 삼바(samba)

쌈지돈 → 쌈짓돈

쌉사레하다 → 쌉싸래하다

쌉살하다 → 쌉쌀하다

쌉소름하다 → 쌉싸름하다

쌉스름하다 → 쌉싸름하다

쌉싸래하다 ― 쌉싸름하다[복]

쌉싸레하다 → 쌉싸래하다

쌉쏘름하다 → 쌉싸름하다

쌉쓰름하다 → 쌉싸름하다

쌍갈래길(雙-) → 쌍갈랫길

쌍거풀(雙-) → 쌍꺼풀

쌍기억(雙-)(ㄲ) → 쌍기역

쌍까풀(雙-) ― 쌍꺼풀[복]

쌍끄리(雙-) → 쌍글이

쌍능(雙陵) → 쌍릉

쌍동배(雙胴-) ― 쌍동선(雙胴船)[복]

쌍동이(雙-) → 쌍둥이

쌍둥딸 → 쌍동딸(雙童－)
쌍둥밤 → 쌍동밤(雙童－)
쌍둥배 → 쌍동배(雙胴－)
쌍둥선 → 쌍동선(雙胴船)
쌍둥아들 → 쌍동아들(雙童－)
쌍둥 형제(－兄弟) → 쌍동 형제(雙童－)
쌍디읃(雙－)(ㄸ) → 쌍디귿
쌍룡문(雙龍紋) → 쌍룡무늬
쌍바침(雙－) → 쌍받침
쌍방(雙方) → 양쪽(兩－)㊅
쌍시읏(雙－)(ㅆ) → 쌍시옷
쌍용(雙龍) → 쌍룡
쌍용문(雙龍紋) → 쌍룡문
쌍육판(雙六板) → 쌍륙판
쌍지팽이(雙－) → 쌍지팡이
쌍태머리(雙－) → 가랑머리
쌍투스 → 상투스(Sanctus)
쌍판대기(相－) → 상판대기
쌍판데기(相－) → 상판대기
쌍판때기(相－) → 상판대기
쌍판떼기(相－) → 상판대기
쌓여져 있다 → 쌓여 있다
쌓여졌다 → 쌓였다
쌓여지는 → 쌓이는
쌓여지다 → 쌓이다
쌓여지지 → 쌓이지
쌓여진 → 쌓인
쌔디스트 → 사디스트(sadist)
쌔디즘 → 사디즘(sadism)
쌔비지 → 새비지(savage)
쌔이다 → 쌓이다
쌔하다 → 싸하다
쌕 → 색(sack)
쌕새기 → 쌕쌕이
쌕색 → 쌕쌕
쌕소폰 → 색소폰(saxophone)
쌕스폰 → 색소폰(saxophone)
쌕쌔기[제트기] → 쌕쌕이
쌘드백 → 샌드백(sandbag)
쌘드위치 → 샌드위치(sandwich)
쌤소나이트 → 샘소나이트(Samsonite)
쌤플 → 샘플(sample)
쌩긋히 → 쌩긋이
쌩떽쥐베리, 앙투안 드 → 생텍쥐페리, 앙투안 드(Saint-Exupéry, Antoine de)
쌩뚱맞다 → 생뚱맞다
쌩시몽, 클로드앙리 드 루브루아 드 → 생시몽, 클로드앙리 드 루브루아 드(Saint-Simon, Claude-Henri de Rouvroy de)
쌩큐 → 생큐(thank you)
써니 → 서니(sunny)
써드 베이스 → 서드 베이스(third base)
써든데스 → 서든데스(sudden death)
써머 → 서머(summer)
써머리 → 서머리(summary)
써머빌 → 서머빌(Summerville)
써머셋 → 서머싯(Somerset)
써머스비 → 서머스비(sommersby)
써머스빌 → 서머즈빌(Summersville)
써머스쿨 → 서머스쿨(summer school)
써머즈빌 → 서머즈빌(Summersville)
써머타운 → 서머타운(Summertown)
써머타임 → 서머타임(summer time)

써모스탯 → 서모스탯(thermostat)

써밋 → 서밋(summit)

써바이벌 → 서바이벌(survival)

써베이어 → 서베이어(surveyor)

써브 → 서브(serve)

써비스 → 서비스(service)

써빙 → 서빙(serving)

써스펙트 → 서스펙트(suspect)

써스펜디드 → 서스펜디드(suspended)

써스펜스 → 서스펜스(suspense)

써어비스 → 서비스(service)

써치 → 서치(search)

써치라이트 → 서치라이트(search-light)

써커스 → 서커스(circus)

써큘러 → 서큘러(circular)

써크라인 → 서클라인(circline)

써클 → 서클(circle)

써클라인 → 서클라인(circline)

써키트 → 서킷(circuit)

써킷 → 서킷(circuit)

써튼 → 서턴(Sutton)

써티 → 서티(thirty)

써틴 → 서틴(thirteen)

써포터즈 → 서포터스(supporters)

써포트 → 서포트(support)

써프라이즈 → 서프라이즈(surprise)

써핑 → 서핑(surfing)

썩세스 → 석세스(success)

썩은 니[齒] → 썩은 이

썪다 → 썩다

썬(sun) → 선

썬그라스 → 선글라스(sunglass)

썬글라스 → 선글라스(sunglass)

썬더볼트 → 선더볼트(thunderbolt)

썬데이 → 선데이(Sunday)

썬라이즈 → 선라이즈(sunrise)

썬루프 → 선루프(sunroof)

썬샤인 → 선샤인(sunshine)

썬셋 → 선셋(sunset)

썬업 → 선업(sunup)

썬크림 → 선크림(sun cream)

썬키스트 → 선키스트(Sunkist)

썬탠 → 선탠(suntan)

썬텐 → 선탠(suntan)

썬팅 → 선팅(sunting)

썬플라워 → 선플라워(sunflower)

썰매길 → 썰맷길

썰은[銤] → 썬

썸머 → 서머(summer)

썸머빌 → 서머빌(Summerville)

썸머스쿨 → 서머스쿨(summer school)

썸머즈빌 → 서머즈빌(Summersville)

썸머타운 → 서머타운(Summertown)

썸머타임 → 서머타임(summer time)

썸바디 → 섬바디(somebody)

썸벅썸벅 → 씀벅씀벅

* 썸벅썸벅: 크고 연한 물건이 잘 드는 칼에 쉽게 자꾸 베어지는 소리. 또는 그 모양. '섬벅섬벅'보다 센 느낌을 준다.

* 씀벅씀벅: ① 눈꺼풀을 움직이며 눈을 자꾸 감았다 떴다 하는 모양. '슴벅슴벅'보다 센 느낌을 준다. ② 눈이나 살 속이 찌르듯이 자꾸 시근시근한 모양. '슴벅슴벅'보다 센 느낌을 준다.

썸싱 → 섬싱(something)

쎄고비아 → 세고비아(Segovia)

쎄고 쎈 → 쌔고 쌘

쎄고 쎘다 → 쌔고 쌨다

쎄그먼트 → 세그먼트(segment)

쎄느강(-江) → 센강(Seine-)

쎄다[强] → 세다

쎄라믹 → 세라믹(ceramic)

쎄라비 → 세라비(c'est la vie)

쎄루모타(セルモーター) → 셀모터(cell motor), 스타터 모터(starter-), 시동 모터(始動-)

쎄르반테스, 미겔 데 → 세르반테스, 미겔 데(Cervantes, Miguel de)

쎄리프 → 세리프(serif)

쎄메다인 → 세메다인(Cemedine)

쎄멘 → 시멘트(cement)

쎄멘트 → 시멘트(cement)

쎄무(セーム) → 스웨이드(suede)[순]

쎄미 → 세미(semi)

쎄미나 → 세미나(seminar)

쎄븐 → 세븐(seven)

쎄사미 → 세서미(sesame)

쎄스나 → 세스나(Cessna)

쎄시봉 → 세시봉(C'est si bon)

쎄실 → 세실(Cecil)

쎄쎄쎄(せっせっせ) → 짝짝짝

쎄이브 → 세이브(save)

쎄이프 → 세이프(safe)

쎄이프티 → 세이프티(safety)

쎄인트 → 세인트(saint)

쎄일 → 세일(sale)

쎄일즈 → 세일즈(sales)

쎄일즈맨 → 세일즈맨(salesman)

쎄입 → 세이프(safe)

쎄컨드 → 세컨드(second)

쎄하다 → 싸하다

쎅 → 색(sack)

쎅션 → 섹션(section)

쎅소폰 → 색소폰(saxophone)

쎅스폰 → 색소폰(saxophone)

쎅터 → 섹터(sector)

쎈[强] → 센

쎈강(-江) → 센강(Seine-)

쎈서 → 센서(① censor ② sensor)

쎈서스 → 센서스(census)

쎈세이션 → 센세이션(sensation)

쎈스 → 센스(sense)

쎈타 → 센터(center)

쎈터 → 센터(centre)

쎈트 → 센트(cent)

쎌로판 → 셀로판(cellophane)

쎌틱 → 셀틱(Celtic)

쎌프 → 셀프(self)

쏘근거리다 → 쏘곤거리다

쏘근쏘근 → 쏘곤쏘곤

쏘나 → 소나(sonar)

쏘나타 → 소나타(sonata)

쏘네트 → 소네트(sonnet)

쏘니(ソニー, Sony) → 소니

쏘드 → 소드(sword)

쏘렌토 → 소렌토(Sorrento)

쏘리 → 소리(sorry)

쏘비에트 → 소비에트(Soviet)

쏘사이어티 → 소사이어티(society)

쏘세지 → 소시지(sausage)

쏘스 → 소스(① sauce ② source)

쏘아부치다 → 쏘아붙이다

쏘울 → 솔(soul)

쏘이다 — 쐬다(원칙 – 허용)[복]

　* 쏘이다: ① 얼굴이나 몸에 바람이나 연기, 햇빛 따위를 직접 받다. =쐬다. ② 벌레의 침과 같은 것으로 살이 찔리다. '쏘다'의 피동사. ③ 말이나 시선으로 상대편에게 매섭게 공격당하다. '쏘다'의 피동사.

　* 쐬다: ① 얼굴이나 몸에 바람이나 연기, 햇빛 따위를 직접 받다. 늑쏘이다. ② 자기 물건을 평가받기 위하여 남에게 보이다. ③ '쏘이다'의 준말.

쏘주 → 소주(燒酒)

쏘크라테스 → 소크라테스(Socrates)

쏘트 → 소트(sort)

쏘파 → 소파(sofa)

쏘프트 → 소프트(soft)

쏘프트웨어 → 소프트웨어(software)

쏘피스트 → 소피스트(sophist)

쏘피아 → 소피아(Sophia)

쏙딱쏙딱 → 쏙닥쏙닥

쏜살로 → 쏜살같이

쏟아붇다 → 쏟아붓다

쏠 → 솔(sole)

쏠라 → 솔라(solar)

쏠로 → 솔로(solo)

쏠리드 → 솔리드(solid)

쏠리스트 → 솔리스트(soliste)

쏠벤트 → 솔벤트(solvent)

쏭 → 송(song)

쏴부치다 → 쏴붙이다

쐬기 → 쐐기

쐬여 → 쐬어

쐬였다 → 쐬었다

쐬이다 → 쐬다

쐬주 → 소주(燒酒)

쑈 → 쇼(show)

쑈룸 → 쇼룸(showroom)

쑈맨십 → 쇼맨십(showmanship)

쑈킹 → 쇼킹(shocking)

쑈파 → 소파(sofa)

쑤근거리다 → 쑤군거리다

쑤근쑤근 → 쑤군쑤군

쑤꾹새 → 뻐꾸기

쑤세미 → 수세미

쑥갓 → 쑥갓

쑥갖 → 쑥갓

쑥꾹새 → 뻐꾸기

쑥대불 → 쑥댓불

쑥맥 → 숙맥(菽麥)

쑥수그래하다 → 쑥수그레하다

쑥스그래하다 → 쑥수그레하다

쑥스그레하다 → 쑥수그레하다

쑥쓰럽다 → 쑥스럽다

쓰겁다 → 쓰다

쓰끼다시(つきだし) → 곁들이 안주(-按酒), 곁들이찬(-饌)

쓰끼야끼(すきやき) → 왜전골(倭-), 일본 전골(日本-), 일본 전골 찌개

쓰나미(つなみ) → 지진 해일(地震海溢)[순]

쓰레기량(-量) → 쓰레기양

쓰레기 하치장(-荷置場) → 쓰레기 처리장(-處理場)[순]

쓰레받이 → 쓰레받기

쓰레빠(スリッパ) → 슬리퍼(slipper), 실

내화(室內靴)㊀

쓰루패스 → 스루패스(through pass)

쓰르래미 → 쓰르라미

쓰리(3) → 스리(three)

쓰리(すり) → 소매치기㊀

쓰리꾼(すり-) → 소매치기

쓰리디(3D) → 스리디

쓰리빠(スリッパ) → 슬리퍼(slipper)

쓰리쎄븐 → 스리세븐(three-seven)

쓰리피스 → 스리피스(three-piece)

쓰릴러 → 스릴러(thriller)

쓰메끼리(つめきり) → 손톱깎이

쓰메키리(つめきり) → 손톱깎이㊀

쓰봉(ズボン) → 바지, 양복바지(洋服-)

쓰부다이아몬드(つぶdiamond) → 알갱

이 다이아몬드㊀

쓰여지다 → 써지다, 쓰이다

쓰여진 → 써진, 쓰인

쓰여질 → 쓰일

쓰였구나(귀신, 콩깍지) → 씌었구나

쓰였다(귀신, 콩깍지) → 씌었다

쓰이다(귀신, 콩깍지) → 씌다

쓰인(귀신, 콩깍지) → 씐

쓰잘대기 없다 → 쓰잘머리 없다

쓰잘데기 없다 → 쓰잘머리 없다

쓰잘때기 없다 → 쓰잘머리 없다

쓰잘떼기 없다 → 쓰잘머리 없다

쓰키다시(つきだし) → 곁들이찬(-饌)㊀,

곁들이 안주(-按酒)

쓱삭쓱삭 → 쓱싹쓱싹

쓸개물[膽汁] → 쓸갯물

쓸대없다 → 쓸데없다

쓸쓸이 → 쓸쓸히

쓸어지다 → 쓰러지다

씀바구 → 씀바귀

씁스래하다 → 씁쓰레하다

씁스레하다 → 씁쓰레하다

씁스름하다 → 씁쓰름하다

씁슬하다 → 씁쓸하다

씁쓰래하다 → 씁쓰레하다

씁쓰레하다 — 씁쓰름하다[복]

씌어져 → 씌어

씌어지다 → 써지다

씌여 → 씌어

씌였구나(귀신, 콩깍지) → 씌었구나

씌였나(귀신, 콩깍지) → 씌었나

씌였다(귀신, 콩깍지) → 씌었다

씌우게 → 씌우개

씌우다(귀신, 콩깍지) → 씌다

씌운(귀신, 콩깍지) → 씐

씌워진(귀신, 콩깍지) → 씐

씌웠다(귀신, 콩깍지) → 씌었다

씌이니(귀신, 콩깍지) → 씌니

씌이다(귀신, 콩깍지) → 씌다

씌이면(귀신, 콩깍지) → 씌면

씌인(귀신, 콩깍지) → 씐

씨(C, c) → 시

씨(sea) → 시

씨가 → 시가(cigar)

씨가레트 → 시가레트(cigarette)

씨그날 → 시그널(signal)

씨그널 → 시그널(signal)

씨그마 → 시그마(sigma)

씨나락 → 씻나락

씨나리오 → 시나리오(scenario)

씨네 → 시네(cine)

씨바지 → 씨받이

씨네마 → 시네마(cinema)

씨스터 → 시스터(sister)

씨스터즈 → 시스터스(sisters)

씨스템 → 시스템(system)

씨암돼지[種牡豚] → 씨암퇘지

씨애틀 → 시애틀(Seattle)

씨어터 → 시어터(theatre)

씨에로 → 시엘로(CIELO)

씨에스타 → 시에스타(siesta)

씨에프랑스 → 시에프랑스(CIE FRANCE)

씨엠송 → 시엠송(CM song)

씨월드 → 시월드(sea world)

씨즌 → 시즌(season)

씨퀀스 → 시퀀스(sequence)

씨크리트 → 시크릿(secret)

씨크릿 → 시크릿(secret)

씨큰벌떡 → 씨근벌떡

씨트 → 시트(① seat ② sheet)

씨티 → 시티(city)

씨티뱅크 → 시티뱅크(Citybank)

씨티은행(-銀行) → 시티은행(City-)

씨티즌 → 시티즌(citizen)

씨푸드 → 시푸드(seafood)

씨니어 → 시니어(senior)

씨디롬 → 시디롬(CD-ROM)

씨래기 → 시래기

씨르레기 → 찌르레기

씨름군 → 씨름꾼

씨리얼 → 시리얼(serial)

씨리즈 → 시리즈(series)

씨멘스 → 시멘스(SIEMENS)

씨명(氏名) → 성명(姓名), 이름㊞

씨뮬레이션 → 시뮬레이션(simulation)

씨수돼지[種牡豚] → 씨수퇘지

씩껍 → 식겁(食怯)

씩식[吡] → 씩씩

씬 → 신(scene)

씬나락 → 씻나락

씬시내티 → 신시내티(Cincinnati)

씰 → 실(seal)

씰론 → 실론(Ceylon)

씰리 → 실리(Sealy)

씰리콘 → 실리콘(silicon)

씰린더 → 실린더(cylinder)

씰링 → 실링(ceiling)

씰버 → 실버(silver)

씰크 → 실크(silk)

씸리스 → 심리스(seamless)

씹어뺀다 → 씹어뱉다

씻겨져 → 씻겨

씻겨졌다 → 씻겼다

씻겨지는 → 씻기는

씻겨진 → 씻긴

씻겨진다 → 씻긴다

씻기우다 → 씻기다

씻기운 → 씻긴

씻나락 → 볍씨

씻다 → 씻다

씽글 → 싱글(single)

씽끗히 → 씽끗이

씽크대(-臺) → 싱크대(sink-)

씽크로나이즈 → 싱크로나이즈
  (synchronize)

씽크탱크 → 싱크탱크(think tank)

씽킹 → 싱킹(thinking)

ㅇ

아교(阿膠) → 갖풀㈜

아구[鮟] → 아귀

아구다툼 → 아귀다툼

아구아구 → 아귀아귀

아구찜 → 아귀찜

아구탕(−湯) → 아귀탕

아군(我軍) → 우리 군, 우리 군대(−軍
隊)㈜

아궁지 → 아궁이

아귀세다 — 아귀차다㈐

아귀쎄다 → 아귀세다

아그리빠 → 아그리파(Agrippa)

아기비방울 → 아기빗방울

아까시아 → 아카시아(acacia)

아까와 → 아까워

아까지(あかじ) → 결손(缺損), 적자(赤字)

아까징끼(あかチンキ) → 빨간약(−藥),
포비돈아이오딘/포비돈요오드
(povidone-iodine)

아깟번에(−番−) → 아까 번에

아나고(あなご) → 붕장어(−長魚)㈜

아나로그 → 아날로그(analog)

아놀드 → 아널드(Arnold)

아늑이 → 아늑히

아니구 → 아니고

아니꼬와 → 아니꼬워

아니며는 → 아니면은

아니여요 → 아니에요

아니예요 → 아니에요

아니잚아 → 아니잖아

아니지 않느냐 → 아니지 않으냐

아닌 게야 → 아닌 거야

아닌 게지 → 아닌 거지

아닐 게다 → 아닐 거다

아다라시(あたらしい) → 새것, 생생한,
싱싱한, 신선한(新鮮−), 처음

아다리(あたり) → 단수(單手)(바둑), 들
어맞음, 명중(命中), 적중(的中)

아다마(あたま) → 머리

아다마다 → 알다마다

아다시피 → 알다시피

아담스 → 애덤스(Adams)

아답타 → 어댑터(adapter)

아답터 → 어댑터(adapter)

아더왕(−王) → 아서왕(Arthur−)

아동 학대(兒童虐待) → 어린이 학대㈜

아둥바둥 → 아등바등

아듀(adieu) → 안녕(安寧)㈜

아득이 → 아득히

아들님 → 아드님

아들래미 → 아들내미
아들레미 → 아들내미
아쁘리에 → 아틀리에(atelier)
아뜰리에 → 아틀리에(atelier)
아라사(俄羅斯) → 러시아(Russia)
아람드리 → 아름드리
아람들이 → 아름드리
아람차다 → 아름차다
아랍에미리에이트 → 아랍에미리트(Arab
  Emirates)
아랑곳 않다 → 아랑곳하지 않다
아랑 드롱 → 알랭 들롱(Alain Delon)
아래 가지 → 아랫가지
아래간(-間) → 아랫간
아래것 → 아랫것
아래골 → 아랫골
아래구멍 → 아랫구멍
아래글 → 아랫글
아래급(-級) → 아랫급
아래길 → 아랫길
아래나루 → 아랫나루
아래너비 → 아랫너비
아래녘 → 아랫녘
아래녘 → 아랫녘
아래놈 → 아랫놈
아래누이 → 아랫누이
아래눈꺼풀 → 아랫눈꺼풀
아래눈시울 → 아랫눈시울
아래눈썹 → 아랫눈썹
아래니[齒] → 아랫니
아래다리 → 아랫다리
아래단 → 아랫단

아래당줄 → 아랫당줄
아래대(-代) → 아랫대
아래덧줄 → 아랫덧줄
아래도리 → 아랫도리
아래돌 → 아랫돌
아래동네(-洞-) → 아랫동네
아래동아리 → 아랫동아리
아래마기 → 아랫마기
아래마당 → 아랫마당
아래마디 → 아랫마디
아래마을 → 아랫마을
아래막이 → 아랫막이
아래말 → 아랫말
아래머리 → 아랫머리
아래면(-面) → 아랫면
아래목 → 아랫목
아래몸 → 아랫몸
아래물 → 아랫물
아래바닥 → 아랫바닥
아래바람 → 아랫바람
아래바지 → 아랫바지
아래반(-班) → 아랫반
아래방(-房) → 아랫방
아래배 → 아랫배
아래벌 → 아랫벌 ['아랫벌' 주 참조]
아래변(-邊) → 아랫변
아래볼 → 아랫볼
아래 부분(-部分) → 아랫부분
아래사람 → 아랫사람
아래사랑(-舍廊) → 아랫사랑
아래선(-線) → 아랫선
아래세장 → 아랫세장

아래소리[下聲] → 아랫소리
아래수(-手) → 아랫수
아래수염(-鬚髥) → 아랫수염
아래여(-輿) → 아랫여
아래옷 — 아랫도리옷 — 하의(下衣)[복]
아래우 → 아래위
아래위 — 위아래[복]
아래위간(-間) → 아래윗간
아래위마을 → 아래윗마을
아래위막이 → 아래윗막이
아래위방(-房) → 아래윗방
아래위벌 → 아래윗벌
아래위이[齒] → 아래윗니
아래위집 → 아래윗집
아래윗막이 — 위아랫막이[복]
아래윗이[齒] → 아래윗니
아래윗층(-層) → 아래위층
아래윗턱 → 아래위턱
아래입술 → 아랫입술
아래잇몸 → 아랫잇몸
아래자리 → 아랫자리
아래주(-註) → 아랫주
아래줄 → 아랫줄
아래중방(-中枋) → 아랫중방
아래집 → 아랫집
아래쪽 — 아래편(-便) — 하측(下側)[복]
아래턱 — 하악(下顎)[복]
아랫골 → 아랫목
아랫나루 → 아랫수염(-鬚髥)
아랫녁 → 아랫녘
아랫누이 → 누이동생
아랫대(-代) — 후대(後代) — 후세대(後
世代)[복]
아랫뜸 → 아래뜸
아랫면(-面) — 하면(下面)[복]
아랫묵 → 아랫목
아랫반(-班) — 하급반(下級班)[복]
아랫배 — 소복(小腹) — 하복(下腹)[복]
아랫벌 → 아래뻘
  * 아랫벌: 한 벌로 된 옷에서 아랫도리에
    입는 옷.
  * 아래뻘: 나이나 항렬 따위가 자기보다 아
    래이거나 낮은 관계에 있음을 이르는 말.
    = 손아래뻘.
아랫뻘 → 아래뻘
아랫알 → 아래알
아랫옷 → 아래옷
아랫이[齒] → 아랫니
아랫입술 — 하순(下脣)[복]
아랫잇몸 — 하치은(下齒齦)[복]
아랫짝 → 아래짝
아랫쪽 → 아래쪽
아랫채 → 아래채
아랫청(-廳) → 아래청
아랫층(-層) → 아래층
아랫치마 → 아래치마
아랫턱 → 아래턱
아랫통 → 아래통
아랫편(-便) → 아래편
아랫힘 → 아랫심
아련이 → 아련히
아렴풋히 → 아렴풋이
아르(R, r) — 알[복]
아르누보(art nouveau) → 신예술(新藝
術)[순]

아르앤디(R&D, research and development) → 연구 개발(研究開發)[순]

아르젠틴 → 아르헨티나(Argentina)

아르키다 → ① 가르치다 ② 가리키다 ['가르키다' 주 참조]

아름다와 → 아름다워

아름답고 싶다 → 아름다워지고 싶다

아름들이 → 아름드리

아름아름으로 → 알음알음으로

* 아름아름: ① 말이나 행동을 분명히 하지 못하고 우물쭈물하는 모양. ② 일을 적당히 하고 눈을 속여 넘기는 모양.
* 알음알음: ① 서로 아는 관계. ② 서로 가진 친분.

아리까리하다 → ① 알쏭달쏭하다 ② 아리송하다

아리바이 → 알리바이(alibi)

아리송하다 — 알쏭하다[복]

아리조나 → 애리조나(Arizona)

아릿다운 → 아리따운

아마게돈 → 아마겟돈(Armageddon/Harmagedon)

아마추어(amateur) → 비전문가(非專門家)[순]

아마츄어 → 아마추어(amateur)

아마튜어 → 아마추어(amateur)

아먼드 → 아몬드(almond)

아메에바 → 아메바(amoeba)

아무러튼 → 아무렇든

아무려면 어때 → 아무러면 어때

아무튼 — 어떻든 — 어쨌든 — 여하튼(如何—) — 하여튼(何如—)[복]

아문젠, 로알 → 아문센, 로알(Amundsen, Roald)

아물음 → 아묾

아뭏든 → 아무튼

아미 룩(army look) → 군복풍(軍服風), 육군복풍(陸軍服風)[순]

아바타(avatar) → 가상 분신(假像分身), 분신[순]

아반떼 → 아반테(avante)

아방가르드(avant-garde) → 전위(前衛)[순]

아버지란(—欄) → 아버지난

아베크족(avec族) → 남녀 동반(男女同伴), 동반, 연인(戀人)[순]

아비귀환 → 아비규환(阿鼻叫喚)

아비규한 → 아비규환(阿鼻叫喚)

아뿔사 → 아뿔싸

아사라 → 아서라

아사무사하다 → ① 어사무사하다(於思無思—) ② 의사무사하다(擬似無似—)

아사자(餓死者) → 굶어 죽은 사람[순]

아샘 → 아삼(Assam)

아세아(亞細亞) → 아시아(Asia)

아세안(ASEAN, Association of Southeast Asian Nations) → 동남아 국가 연합(東南亞國家聯合)[순]

아세티렌 → 아세틸렌(acetylene)

아쉬웁다 → 아쉽다

아스라히 → 아스라이

아스름하다 → 아슴푸레하다

아스터 → 애스터(aster)

아스텍족(—族) → 아즈텍족(Aztec—)

아스트라칸 → 아스트라한(astrakhan)

아스파라가스 → 아스파라거스(asparagus)
아슴츠레 → 아슴푸레
아슴프레 → 아슴푸레
아시바(あしば) → 작업 발판(作業-板)[순], 발판, 비계(飛階)
아싸리(あっさり) → 간단히(簡單-), 개운하게, 깨끗이, 산뜻하게, 시원하게, 아예, 차라리
아아치 → 아치(arch)
아아크 → 아크(arc)
아연[鐵] → 아이언(iron)
아연질색 → 아연실색(啞然失色)
~아오 → ~사오
~아오니 → ~사오니
~아오이다 → ~사오이다
~아옵 → ~사옵
~아옵니까 → ~사옵니까
~아옵니다 → ~사옵니다
~아옵디까 → ~사옵디까
~아옵디다 → ~사옵디다
아옹다옹 — 아웅다웅[별]
* 아옹다옹: 대수롭지 아니한 일로 서로 자꾸 다투는 모양.
* 아웅다웅: 대수롭지 아니한 일로 서로 자꾸 다투는 모양. '아옹다옹'보다 큰 느낌을 준다.
아우라(aura) → 기품(氣稟)[순]
아우성 소리(-聲-) → 아우성
아우어 → 아워(hour)
아우트 → 아웃(out)
아우트라인(outline) → 윤곽(輪郭), 윤곽선(輪郭線), 테두리[순]
아우트리치(outreach) → 거리 상담(-相談), 현장 원조 활동(現場援助活動), 현장 지원 활동(-支援-)[순]
아울렛 → 아웃렛(outlet)
아울르다 → 아우르다
아웃(out) → 선 밖(線-), 줄 밖[순]
아웃라인 → 아우트라인(outline)
아웃리치 → 아우트리치(outreach)
아웃복서(out boxer) → 떨어져 싸우는 선수(-選手)[순]
아웃사이더(outsider) → 겉돌이, 국외자(局外者), 베돌이, 주변인(周邊人)[순]
아웃사이즈(outsize) → 특대형(特大型)[순]
아웃소싱(outsourcing) → 외부 용역(外部用役), 외부 조달(-調達), 외주(外注), 위탁(委託)[순]
아웃웨어(out wear) → 야외복(野外服)[순]
아웃커브(outcurve) → 바깥 커브[순]
아웃코스(out course) → 전반 코스(前半-)[순]
아웃풋(output) → 출력(出力)[순]
아웅산 수지 → 아웅 산 수 치(Aung San Suu Kyi)
아웅산 수찌 → 아웅 산 수 치(Aung San Suu Kyi)
아웅산 수치 → 아웅 산 수 치(Aung San Suu Kyi)
아이구 → 아이고
아이구머니 → 아이고머니
아이노꼬(あいのこ) → ① 잡종(雜種) ② 혼혈아(混血兒)
아이노코(あいのこ) → 혼혈아(混血兒)[순], 잡종(雜種)

아이덴티티(identity) → 정체성(正體性)㊲

아이디(ID, identification) → 식별(識別), 식별자(識別者)㊲

아이디어(idea) → 고안(考案), 생각, 착상(着想), 착안(着眼)㊲

아이란드 → 아일랜드(Ireland)

아이러니(irony) → 모순(矛盾), 역설(逆說), 이율배반(二律背反)㊲

아이러니칼 → 아이로니컬(ironical)

아이러니컬 → 아이로니컬(ironical)

아이로니 → 아이러니(irony)

아이로니칼 → 아이로니컬(ironical)

아이로니컬하다(ironical-) → 모순적이다(矛盾的-), 역설적이다(逆說的-)㊲

아이론(アイロン) → 다리미, 머리 인두㊲, 고데기(こて機), 아이론(iron)

아이롱(アイロン) → 고데기(こて機), 다리미, 머리 인두, 아이론(iron)

아이리쉬 → 아이리시(Irish)

아이보리색(ivory色) → 상아색(象牙色)㊲

아이비아르디(IBRD, International Bank for Reconstruction andDevelopment) → 세계 은행(世界銀行)㊲

아이새도우 → 아이섀도(eye shadow)

아이샤도우 → 아이섀도(eye shadow)

아이섀도우 → 아이섀도(eye shadow)

아이쉐도우 → 아이섀도(eye shadow)

아이스란드 → 아이슬란드(Iceland)

아이스랜드 → 아이슬란드(Iceland)

아이스링크(ice rink) → 빙상 경기장(氷上競技場), 얼음 경기장㊲

아이스박스(icebox) → 얼음 상자(-箱子)㊲

아이스 브레이킹(ice breaking) → 서먹함 깨기, 서먹함 풀기, 어색함 풀기㊲

아이스케이크(ice cake) → 얼음과자(-菓子)㊲

아이스케키 → 아이스케이크(ice cake)

아이슬랜드 → 아이슬란드(Iceland)

아이시(IC, integrated circuit) → 집적회로(集積回路)㊲

아이시(IC, interchange) → 나들목㊲

아이시티(ICT, information and communications technology) → 정보통신 기술(情報通信技術)

아이아르(IR, investor relations) → 기업 상담회(企業商談會), 기업 설명회(-說明會)

아이에스오(ISO, International Organization for Standardization) → 국제 표준 기구(國際標準機構)㊲

아이엠에프(IMF, International Monetary Fund) → 국제 통화 기금(國際通貨基金)㊲

아이오아주(-州) → 아이오와주(Iowa-)

아이오티(IoT, internet of things) → 사물 인터넷(事物-)㊲

아이즈 → 아이스(eyes)

아이콘(icon) → ① 그림 단추 ② 상징(象徵), 상징물(象徵物)㊲

아이쿠 → 아이코

아이큐(IQ, intelligence quotient) → 지능 지수(知能指數)㊲

아이템(item) → ① 소재(素材) ② 종목

(種目), 품목(品目), 항목(項目)[순]
아이티(IT, information technology) → 정보 기술(情報技術)[순]
아인쉬타인, 알베르트 → 아인슈타인, 알베르트(Einstein, Albert)
아인시타인, 알베르트 → 아인슈타인, 알베르트(Einstein, Albert)
아일란드 → 아일랜드(Ireland)
아일리쉬 → 아이리시(Irish)
아일리시 → 아이리시(Irish)
아작나다 → 작살나다
아젠다 → 어젠다(agenda)
아주(亞洲) → 아시아(Asia), 아시아 지역(－地域)[순]
아주(亞州) → 아주(亞洲)
아즈테카 문명(－文明) → 아스테카 문명(Azteca－)
아즈테크 문명(－文明) → 아스테카 문명(Azteca－)
아지(あじ) → 매가리, 전갱이[순]
아지껏 → 아직껏
아지랭이 → 아지랑이
아지트(agitpunkt) → 거점(據點), 소굴(巢窟)[순]
아직것 → 아직껏
아직 미정(－未定) → 미정
아집(我執) → 제 고집(－固執)[순]
아침 녁 → 아침 녘
아카데미프랑세스 → 아카데미프랑세즈(Académie Française)
아카데믹하다(academic－) → 학구적이다(學究的－)[순]
아카시나무 → 아까시나무
아카시아(acacia) → 아까시나무
아카이브(archive) → 기록 보관(記錄保管), 자료 보관소(資料保管所), 자료 저장소(－貯藏所), 자료 전산화(－電算化)[순]
아카지(あかじ) → ① 결손(缺損), 손해(損害), 적자(赤字) ② 교정지(校正紙)[순]
아케이드(arcade) → 연립 상가(聯立商街), 연쇄 상가(連鎖－)[순]
아케이트 → 아케이드(arcade)
아쿠아마린 → 아콰마린(aquamarine)
아크(arc) → 불꽃 방전(－放電)[순]
아크릴 물감(acrylic－) → 합성 수지 물감(合成樹脂－)[순]
아키나스, 토마스 → 아퀴나스, 토마스(Aquinas, Thomas)
아키텍처(architecture) → 설계(設計), 시스템 구성(system構成)[순]
아키텍쳐 → 아키텍처(architecture)
아킬레스건(achilles腱) → 치명적 약점(致命的弱點)[순]
아타라시(あたらしい) → 새것[순]
아타리(あたり) → 수(數), 적중(的中)[순]
아타마(あたま) → 머리[순]
아트(art) → 예술(藝術)[순]
아트라스 → 아틀라스(Atlas)
아트란타 → 애틀랜타(Atlanta)
아트 시어터(art theatre) → 예술 극장(藝術劇場)[순]
아트 페스티벌(art festival) → 예술 축전(藝術祝典), 예술 축제(－祝祭)[순]

아트 페어(art fair) → 미술 전람회(美術 展覽會)㊐

아틀란타 → 애틀랜타(Atlanta)

아틀리에(atelier) → 작업실(作業室), 제 작실(製作室)㊐

아티스트(artist) → 예술가(藝術家)㊐

아파아트 → 아파트(apart)

아팟치 → 아파치(Apache)

아퍼 → 아파

아퍼서 → 아파서

아펐다 → 아팠다

아펜셀러, 헨리 거하드 → 아펜젤러, 헨 리 거하드(Appenzeller, Henry Gerhard)

아편장이(阿片 −) → 아편쟁이

아프카니스탄 → 아프가니스탄 (Afghanistan)

아프칸 → 아프간(Afghan)

아프터서비스 → 애프터서비스(after service)

아후강 → 아프간(afghan)

아흐레날 → 아흐렛날

악마구리 끓듯 → 악머구리 끓듯

악발이 → 악바리

악빠리 → 악바리

악사(樂士) → 연주자(演奏者)㊐

악성 루머(惡性rumour) → 나쁜 뜬소문 (−所聞), 나쁜 소문, 질 나쁜 뜬소문 (質−), 질 나쁜 소문㊐

악세레다 → 액셀러레이터(accelerator)

악세레타 → 액셀러레이터(accelerator)

악세사리 → 액세서리(accessory)

악세서리 → 액세서리(accessory)

악센트(accent) → 강세(强勢)㊐

악셀러레이터 → 액셀러레이터(accelerator)

악셀레이터 → 액셀러레이터(accelerator)

악셀레타 → 액셀러레이터(accelerator)

악션 → 액션(action)

악숀 → 액션(action)

악용(惡龍) → 악룡

악율(① 惡律 ② 樂律) → 악률

악착배기(齷齪−) → 악착빼기

악천우 → 악천후(惡天候)

악천후(惡天候) → 거친 날씨㊐

안개길 → 안갯길

안개속 → 안갯속

안겨져 → 안겨

안겨졌다 → 안겼다

안겨지는 → 안기는

안겨진 → 안긴

안겨진다 → 안긴다

안경잡이(眼鏡−) — 안경쟁이㊎

안경잽이(眼鏡−) → 안경잡이

안경태(眼鏡−) → 안경테

안깐힘 → 안간힘

안나 카레리나 → 안나 카레니나(Anna Karenina)

안낚시 → 안걸이

안내 데스크(案內desk) → 안내대(案內 臺), 접수대(接受臺)㊐

안녕이(安寧−) → 안녕히

안다미시키다 → 안다미씌우다

안델센, 한스 크리스티안 → 안데르센, 한스 크리스티안(Andersen, Hans Christian)

안돼다 → 안되다/안 되다
안돼죠 → 안되죠/안 되죠
안돼지 → 안되지/안 되지
안돼지요 → 안되지요/안 되지요
안됀다 → 안된다/안 된다
안되 → 안돼/안 돼
안됬다 → 안됐다/안 됐다
안됬어 → 안됐어/안 됐어
안됬어요 → 안됐어요/안 됐어요
안됬지 → 안됐지/안 됐지

* 안되다: '안되다'는 '안'+'되다'의 파생어로, 한 단어이므로 띄어 쓰지 않는다. 동사로 쓸 때는 '① 일, 현상, 물건 따위가 좋게 이루어지지 않다. ② 사람이 훌륭하게 되지 못하다. ③ 일정한 수준이나 정도에 이르지 못하다.'의 뜻이며, 반대말은 '잘되다'이다. 형용사로 쓸 때는 '① 섭섭하거나 가엾어 마음이 언짢다. ② 근심이나 병 따위로 얼굴이 많이 상하다.'의 뜻이다.
* 안 되다: 부정이나 반대의 뜻을 나타내는 부사 '안'을 동사 '되다'(23가지) 앞에 쓸 때는 띄어 쓴다.

안들어냄표(-標) → 안드러냄표(○○, ××, □, ……)
안료(顔料) → 물감[순]
안면(顔面) → 얼굴[순]
안면치래(顔面-) → 안면치레
안면치례(顔面-) → 안면치레
안밖 → 안팎
안배(按排) → 알맞게 배치함(-配置-)[순]
안분하다(按分-) → 적절히 나누다(適切-)[순]
안사둔 → 안사돈(-查頓)
안사람 → 배우자(配偶者)
안서럽다 → 안쓰럽다
안섭 → 안섶
안성마춤(安城-) → 안성맞춤
안소니(Anthony) → ① 안토니(플랑) ② 앙토니(프) ③ 앤서니(영)
안스럽다 → 안쓰럽다
안슬프다 → 안쓰럽다
안심 스크린(安心screen) → 안심 가림판(-板)[순]
안쓰러와 → 안쓰러워
안에것 → 안엣것
안위를 지키다(安危-) → 안전을 지키다(安全-)
안장다리 → 안짱다리
안전벨트(安全belt) → 안전띠[순]
안전 펜스(安全fence) → 안전 울타리
안절부절이다 → 안절부절못하다
안절부절하다 → 안절부절못하다
안주감(按酒-) → 안줏감
안주값(按酒-) → 안줏값
안주거리(按酒-) → 안줏거리
안주꺼리(按酒-) → 안줏거리
안주빨(按酒-) → 안줏발
안주 일절(按酒一切) → 안주 일체
안줏꺼리(按酒-) → 안줏거리
안줏빨(按酒-) → 안줏발
안출(案出) → 생각해 냄[순]
안치대(安置臺) → 보관대(保管臺)[순]
안카 → 앵커(anchor)
안커 → 앵커(anchor)
안타까와 → 안타까워
안티로망 → 앙티로망(anti-roman)

안티 사이트(anti site) → 반대 사이트(反對－)[순]
안티에이징(anti-aging) → 노화 방지(老化防止)[순]
안해 → 아내
안행(雁行) → 안항
앉은뱅이의자(－椅子) → 낮은 의자
앉은뱅이저울 → 대칭(臺秤)
앉은저울 → 앉은뱅이저울
앉음새－앉음앉음－앉음앉이[복]
앉히다(떡, 밥, 찌개) → 안치다
* 앉히다: '앉다'의 사동사로서 '앉게 하다'라는 뜻을 나타낸다.
* 안치다: 밥, 떡, 찌개 따위를 만들기 위하여 그 재료를 솥이나 냄비 따위에 넣고 불 위에 올리다.
않슴 → 않음
않찮아요 → 않잖아요
알겡이 → 알갱이
알곤 → 아르곤(argon)
알과녁 → 알과녁
알깍장이 → 알깍쟁이
알깍정이 → 알깍쟁이
알낙달낙 → 알락달락
알남미 → 안남미(安南米)
알뜰이 → 알뜰히
알라바마 → 앨라배마(Alabama)
알라스카 → 알래스카(Alaska)
알랑하다 → 알량하다
알러지 → 알레르기 [Allergie(독), allergy(영)]
알레고리(allegory) → 우의(寓意)[순]
알레르기(Allergie) → 거부 반응(拒否反應), 과민 반응(過敏－)[순]
알렸다(네 죄를 네가 ~) → 알렷다
알로 → 아래로
알류미늄 → 알루미늄(aluminium)
알류산 열도(－列島) → 알류샨 열도(Aleutian－)
알류우샨 열도(－列島) → 알류샨 열도(Aleutian－)
알리미 → 알림이
알리바이(alibi) → 부재 증명(不在證明), 현장 부재 증명(現場－)[순]
알리워지다 → 알리어지다
알맞는 → 알맞은
알멩이 → 알맹이
알몬드 → 아몬드(almond)
알무 → 총각무(總角－)
알미늄 → 알루미늄(aluminium)
알바기 → 알배기
알바이트 → 아르바이트(Arbeit)
알바트로스 → 앨버트로스(albatross)
알박이 → 알배기
알백이 → 알배기
알보다 → 깔보다
알비노(albino) → 백색증(白色症), 백화개체(白化個體)[순]
알사하다 → 알싸하다
알송달송 → 알쏭달쏭
알아마추다 → 알아맞히다
알아마춰 → 알아맞혀
알아맞추다 → 알아맞히다
알아맞춰 → 알아맞혀
알알히 → 알알이

알어 → 알아

알은척 — 알은체⟮복⟯

알음 → 앎

  * 알음: ① 사람끼리 서로 아는 일. ② 지식
    이나 지혜가 있음. ③ 신의 보호나 신이
    보호하여 준 보람. ④ 어떤 사정이나 수고
    에 대하여 알아주는 것.

  * 앎: 아는 일.

알자스 → 알사스(Alsace)

알젠티나 → 아르헨티나(Argentina)

알진거리다 → 알찐거리다

알짜백이 → 알짜배기

알카리 → 알칼리(alkali)

알칼리량(alkali量) → 알칼리양

알코홀 → 알코올(alcohol)

알콜 → 알코올(alcohol)

알콜램프 → 알코올램프(alcohol lamp)

알콜버너 → 알코올버너(alcohol burner)

알쿵달쿵 → 알콩달콩

알타리김치 → 총각김치(總角 −)

알타리무 → 총각무(總角 −)

알토랑 → 알토란(−土卵)

알파베트 → 알파벳(alphabet)

알파인(alpine) → 산악 경기(山岳/山嶽
  競技)⟮순⟯

알펜 스키(alpen ski) → 산오름 스키
  (山 −)⟮순⟯

알프레드 대왕(−大王) → 앨프레드 대
  왕(Alfred −)

알함브라 궁전(−宮殿) → 알람브라 궁
  전(Alhambra −)

앍작배기 → 앍작빼기

암[粥] → 암죽(−粥)

암강아지 → 암캉아지

암개[犬] → 암캐

암것 → 암컷

암기와[瓦] → 암키와

암녹색(暗綠色) — 암록⟮복⟯

암닭[鷄] → 암탉

암당나귀(−唐−)[驢] → 암탕나귀

암돌쩌귀 → 암톨쩌귀

암돼지[豚] → 암퇘지

암록색(暗綠色) → 암녹색, 암록

암룡(−龍) → 암용

암모니움 → 암모늄(ammonium)

암병아리 → 암평아리

암숫거리 → 암수거리(暗數−)

암스텔담 → 암스테르담(Amsterdam)

암캥이[瓦] → 암키와

암케[蟹] → 암게

암코양이[猫/貓] → 암고양이

암쿵[雉] → 암꿩

암클 → 암글

암팍지다 → 암팡지다

암팍하다 → 암팍하다(暗愎−)

암펄[蜂] → 암벌

암펌[虎] → 암범

암페아 → 암페어(ampere, A)

압날하다(押捺−) → 도장을 찍다(圖章
  −), 찍다⟮순⟯

압둘 → 압두르(Abdur)

압맥(壓麥) → 납작보리⟮순⟯

압삔(押ピン) → 압핀(押pin)

압사(壓死) → 깔려 죽음⟮순⟯

압송(押送) → 호송(護送)⟮순⟯

압수(押收) → 거둬 감[순]

압승하다(壓勝－) → 가볍게 이기다[순]

압입(壓入) → 밀어 넣기[순]

압정(押釘) → 누름못[순]

압착(押着) → ① 눌러 붙임 ② 눌러 짜냄[순]

압축하다(壓縮－) → ① 줄이다 ② 요약하다(要約－)[순]

앗다(감탄사) → 아따

앗뿔사 → 아뿔싸

앗사리(あっさり) → 깔끔히, 깨끗이, 산뜻이[순], 간단히(簡單－), 개운하게, 산뜻하게, 시원하게, 아예, 차라리

앗샘 → 아삼(Assam)

앗시리아 → 아시리아(Assyria)

앗싸리(あっさり) → 간단히(簡單－), 개운하게, 깔끔히, 깨끗이, 산뜻이, 산뜻하게, 시원하게, 아예, 차라리

앗아(감탄사) → 아서

앗아라 → 아서라

앗차 → 아차

앗아 가다 → 앗아 가다

앙가지망 → 앙가주망(engagement)

앙결재(仰決裁) → 결재 바람[순]

앙고라 → 앙골라(Angola)

* 앙골라(Angola): 아프리카 서남부에 있는 인민 공화국. 1975년에 포르투갈에서 독립하였다. 커피·고무·야자유 따위의 농산물과 다이아몬드·구리·석탄 따위의 지하자원이 많이 난다. 주민은 반투계(Bantu系) 흑인이고, 주요 언어는 포르투갈어이다. 수도는 루안다(Luanda), 면적은 124만 6699㎢.

앙골라 → 앙고라(Angora)

* 앙고라(Angora): ① '앙카라'의 옛 이름. ② 염소의 한 품종. 몸에는 윤이 나는 흰색의 긴 털이 나 있으며, 털은 고급 직물의 원료로 쓴다. 튀르키예의 앙카라 지방이 원산지이다. =앙고라염소. ③ 토끼의 한 품종. 털은 대개 흰색이나 갈색, 회색, 검은색도 있으며 귀는 짧다. 털은 명주실과 같이 품질이 좋아 고급 직물의 원료로 쓴다. 튀르키예의 앙카라 지방이 원산지이다. =앙고라토끼. ④ 앙고라염소나 앙고라토끼의 털로 짠 직물. 광택이 있고 보온성이 크다.

앙금이 가라앉다 → 앙금이 생기다

앙꼬(あんこ) → 팥소[순]

앙꼬모찌(あんこもち) → 팥소떡[순]

앙꼬빵(あんこ－) → 팥빵[순]

앙등하다(昂騰－) → 뛰어오르다, 오르다[순]

앙띠로망 → 앙티로망(anti-roman)

앙망하다(仰望－) → 바랍니다[순]

앙부일귀(仰釜日晷) → 앙부일구

앙살거리다 → 앙알거리다

앙양하다(昂揚－) → 높이다[순]

앙징맞다 → 앙증맞다

앙징스럽다 → 앙증스럽다

앙축하나이다(仰祝－) → 축하합니다(祝賀－)[순]

앙카 → 앵커(anchor)

앙케이트 → 앙케트(enquête)

앙케트(enquête) → 설문 조사(設問調査)[순]

앙코르(encore) → 재청(再請)[순]

앙코르 송(encore song) → 재청곡(再請曲)[순]

앙코르왓 → 앙코르와트(Angkor Wat)

앙코르왓트 → 앙코르와트(Angkor Wat)

앙콜 → 앙코르(encore)

앙티크 → 앤티크(antique)

앙팡지다 → 암팡지다

앙포르멜 → 앵포르멜(informel)

앞가름마 → 앞가르마

앞내물 → 앞냇물

앞녁 → 앞녘

앞뒤면(-面) → 앞뒷면

앞·뒤면(-面) → 앞뒷면

앞뒤문(-門) → 앞뒷문

앞·뒤문(-門) → 앞뒷문

앞뒤 불구하고 → 앞뒤 불고하고(-不顧-)

앞뒤일 → 앞뒷일

앞·뒤일 → 앞뒷일

앞뒤집 → 앞뒷집

앞·뒤집 → 앞뒷집

앞·뒷면(-面) → 앞뒷면

앞·뒷문(-門) → 앞뒷문

앞무릅 → 앞무릎

앞서갈려면 → 앞서가려면

앞서거니 뒷서거니 → 앞서거니 뒤서거니

앞소릿군 → 앞소리꾼

앞앞히 → 앞앞이

앞에것 → 앞엣것

앞에자리 → 앞엣자리

앞이[齒] → 앞니

앞잽이 → 앞잡이

앞정 → 압정(押釘)

앞질르다 → 앞지르다

앞치래 → 앞치레

앞치례 → 앞치레

애갈이 — 애벌갈이 — 초경(初耕) — 초벌갈이(初-)[복]

애개 → 애걔

애개개 → 애걔걔

애교덩어리(愛嬌-) → 애굣덩어리

애교살(愛嬌-) → 애굣살

애구 → 애고

애구머니 → 애고머니

애그리컬쳐 → 애그리컬처(agriculture)

애급(埃及) → 이집트(Egypt)

애기 → 아기

애기씨 → 아기씨

애꾸장이 → 애꾸눈이

애꾸쟁이 → 애꾸눈이

애꽃다 → 애꿎다

애끓은 → 애끓는

애끓다 → 애끊다

 * 애끓다: 몹시 답답하거나 안타까워 속이 끓는 듯하다.
 * 애끊다: 몹시 슬퍼서 창자가 끊어질 듯하다.

애끓은 → 애끓는

애끼다 → 아끼다

애널리스트(analyst) → 분석가(分析家), 증시 분석가(證市-)[순]

애널리시스트(analysist) → 애널리스트(analyst)

애니메이션(animation) → 만화 영화(漫畫映畫)[순]

애닮다 → 애달프다

애닯아서 → 애달파서

애닯으니 → 애달프니

애닯은 → 애달픈

애닯프다 → 애달프다

애닯다 → 애달프다

애덤즈 → 애덤스(Adams)

애동호박 → 애호박

애두르다 → 에두르다

애둘러 → 에둘러

애드(ad) → 광고(廣告)⒮

애드리브(ad lib) → ① 즉흥 대사(卽興臺詞) ② 즉흥 연기(-演技) ③ 즉흥 연주(-演奏)⒮

애드립 → 애드리브(ad lib)

애드발룬 → 애드벌룬(ad balloon)

애드밸룬 → 애드벌룬(ad balloon)

애드버룬 → 애드벌룬(ad ballon)

애드벌룬(ad balloon) → ① 광고 풍선(廣告風船) ② 광고 기구(-氣球)⒮

애들아 → 얘들아

애며 → 앳되어, 앳돼

애뜻하다 → 애틋하다

애띄다 → 앳되다

애띄어 → 앳되어, 앳돼

애띠다 → 앳되다

애띠어 → 앳되어, 앳돼

애띤 → 앳된

애로(隘路) → 곤란(困難), 어려움⒮

애로우 → 애로(arrow)

애리다 → 아리다

애만(사람, 일, 짓) → 애먼

애매모호하다(曖昧模糊-) → 확실하지 않다(確實-)⒮, 모호하다

애문(사람, 일, 짓) → 애먼

애미 → 어미

애버뉴 → 애비뉴(avenue)

애버리지(average) → 평균(平均)⒮

애벌 — 초벌(初-)⒝

애비 → 아비

애비다 → 야위다

애사(哀事) → 궂은일⒮

애숭이 → 애송이

애스완 댐 → 아스완 댐(Aswan Dam)

애스터리스크(asterisk) → 별표(-標, *)

애시당초(-當初) → 애당초

애운하다 → 섭섭하다

애워싸다 → 에워싸다

애자(碍子) → 뚱딴지⒮

애자일 조직(agile組織) → 탄력 조직(彈力-)⒮

애저녁 → ① 애초(-初) ② 초저녁(初-)

애처럽게 → 애처롭게

애처럽다 → 애처롭다

애처로와 → 애처로워

애처로히 → 애처로이

애틀란티스 → 아틀란티스(Atlantis)

애틋히 → 애틋이

애팔라치아 → 애팔래치아(Appalachia)

애프터서비스(after service) → 뒤 관리(-管理), 뒤 봉사(-奉仕), 뒤 수리(-修理), 뒷손질, 사후 관리(事後-), 사후 봉사⒮

애플리케이션(application) → 응용(應用)⒮

애필로그 → 에필로그(epilogue)

애환을 달래다(哀歡-) → 슬픔을 달래
  다, 아픔을 달래다, 한을 달래다(恨-)

액막이(厄-) ― 액풀이[볼]

액매기(厄-) → 액막이

액세사리 → 액세서리(accessory)

액세스(access) → ① 접근(接近) ② 접
  속(接續)[순]

액센트 → 악센트(accent)

액셀 → 액셀러레이터(accelerator)

액셀레이타 → 액셀러레이터(accelerator)

액셀레이터 → 액셀러레이터(accelerator)

액셀레타 → 액셀러레이터(accelerator)

액셀레터 → 액셀러레이터(accelerator)

액션(action) → 동작(動作), 연기 동작
  (演技-)[순]

액션드라마(action drama) → 활극(活
  劇)[순]

액션 미팅(action meeting) → 활성화 모
  임(活性化-)[순]

액션 플랜(action plan) → 세부 계획(細
  部計劃), 실행 계획(實行-)[순]

액숀 → 액션(action)

액추에이터(actuator) → 작동기(作動器)[순]

액츄얼리 → 액추얼리(actually)

액투에이터 → 액추에이터(actuator)

액튜에이터 → 액추에이터(actuator)

앤드류 → 앤드루(Andrew)

앤드류스 → 앤드루스(Andrews)

앤드마크(and mark) → 밑표(-標, &),
  앤드표[순]

앤소니(Anthony) → ① 앙토니(프) ② 앤

서니(영)

앤솔로지 → 앤솔러지(anthology)

앤티크(antique) → 고풍스러운(古風-)[순]

앤티크풍(antique風) → 고풍(古風)[순]

앤틱 → 앤티크(antique)

앨러지 → 알레르기[Allergie(독),
  allergy(영)]

앨범(album) → ① 사진첩(寫眞帖)
  ② 음반(音盤), 음악 음반(音樂-)[순]

앨토 → 알토(alto)

앰버서더 → 앰배서더(ambassador)

앰뷸런스(ambulance) → 구급차(救急
  車)[순]

앰브란스 → 앰뷸런스(ambulance)

앰브런스 → 앰뷸런스(ambulance)

앰블란스 → 앰뷸런스(ambulance)

앰블런스 → 앰뷸런스(ambulance)

앰블럼 → 엠블럼(emblem)

앰프(amp) → 확성기(擴聲器)[순]

앰플 → 앰풀(ampoule)

앱 마켓(app market) → 앱 장터(-場-)[순]

앱 스토어(app store) → 앱 장터(-場-)[순]

앳뎌 → 앳되어, 앳돼

앳띠다 → 앳되다

앳띠어 → 앳되어, 앳돼

앳띠다 → 앳되다

앳띠어 → 앳되어, 앳돼

앳띤 → 앳된

앵간하다 → 엔간하다

앵글(angle) → ① 시각(視覺) ② 촬영 각
  도(撮影角度)[순]

앵도나무(櫻桃/鶯桃/罌桃-) → 앵두나무

앵도라지다 → 앵돌아지다

앵두빛 → 앵둣빛

앵속(罌粟) → 양귀비(楊貴妃)㊞

앵카 → 앵커(anchor)

앵커(anchor) → 뉴스 진행자(news進行
者)㊞

앵콜 → 앙코르(encore)

앵클부츠(ankle boots) → 발목부츠㊞

야경군(夜警-) → 야경꾼

야곰야곰 → 야금야금

야구르트 → 요구르트(yogurt)

야기시키다(惹起-) → 야기하다

야기하다(惹起-) → 생기다, 일으키다
㊞, 불러일으키다

야끼니꾸(やきにく) → 불고기

야끼만두(やきまんじゅう) → 군만두(-
饅頭)

야단법썩 → 야단법석(① 野壇法席 ② 惹
端-)

 * 야단법석(野壇法席): 야외에서 크게 베푸
   는 설법의 자리.
 * 야단법석(惹端-): 많은 사람이 모여들어
   떠들썩하고 부산스러운 상태.

야리꾸리하다(やりくり-) → 꾸며 대다,
둘러대다, 모호(模糊)하다, 애매(曖昧)
하다, 야릇하다

야리다 → 째려보다

야리쿠리(やりくり) → 꾸며대기, 둘러
대기㊞, 모호(模糊)하다, 애매(曖昧)
하다, 야릇하다

야마(やま) → ① 중간막이(中間-) ② 두
둑, 무더기, 산(山) ③ 나사 등(螺絲-)
④ 날끈, 톱날 끝㊞

야마시(やまし) → 사기(詐欺), 속임수(-
數)㊞

야맹증(夜盲症) → 밤소경, 밤소경병(-
病)㊞

야메(やみ) → 뒷거래(-去來), 암거래(暗
去來)

야멸차다 — 야멸치다㊛

 * 야멸차다: ① 자기만 생각하고 남의 사정
   을 돌볼 마음이 거의 없다. ② 태도가 차
   고 야무지다.
 * 야멸치다: ① 자기만 생각하고 남의 사정
   을 돌볼 마음이 없다. ② 태도가 차고 여
   무지다.

야물지다 → 야무지다

야미(やみ) → 뒷거래(-去來)㊞, 암거래
(暗去來)

야바위속 → 야바윗속

야바윗군 → 야바위꾼

야발장이 → 야발쟁이

야밤도주 → 야반도주(夜半逃走)

야살이 — 야살쟁이㊱

야살장이 → 야살쟁이

야살 피다 → 야살 피우다

야생 조수(野生鳥獸) → 들짐승㊞

야스리(やすり) → 줄㊞

야식(夜食) → 밤참㊞

야워 → 야위어

야웠다 → 야위었다

야웠어 → 야위었어

야자수나무(椰子樹-) → 야자나무, 야자수

야즈러지다 → 야지러지다

야지(やじ) → 야유(揶揄)㊞, 놀림, 조롱
(嘲弄)

야채값(野菜 -) → 야챗값

야채스프(野菜 -) → 야채수프(-soup)

야쿠르트 → 요구르트(yogurt)

야키(やき) → ① 구이 ② 담금질[순]

야키니쿠(やきにく) → 불고기

야키만두(やきまんじゅう) → 군만두(-饅頭)[순]

야트마하다 → 야트막하다

야트막히 → 야트막이

약바르다 → 약빠르다

약빨(藥 -) → 약발

약빨르다 → 약빠르다

약삭바르다 → 약삭빠르다

약삭빨르다 → 약삭빠르다

약손가락(藥 -) → 넷째 손가락[순]

약숫가락(藥 -) → 약순가락

약숫터(藥水 -) → 약수터

약싹바르다 → 약삭빠르다

약싹빠르다 → 약삭빠르다

약싹빨르다 → 약삭빠르다

약 ~여 년쯤(約 -餘年 -) → ~년쯤, 약 ~년, ~여 년

약정(約定) → 정함[순]

약지(藥指) → 넷째 손가락[순]

약취하다(掠取 -) → 빼앗다, 앗아 데려 가다[순]

약코죽다 → 야코죽다

약화시키다(弱化 -) → 약화하다

얄궂다 → 얄궂다

얄다란 → 얄따란

얄다랗게 → 얄따랗게

얄다랗다 → 얄따랗다

얄브리하다 → 얄브스름하다

얄쌍스럽다 → 얄상스럽다

얄쌍하다 → 얄팍하다

얄잘없다 → 얄짤없다

얇다란 → 얄따란

얇다랗게 → 얄따랗게

얇다랗다 → 얄따랗다

얇따란 → 얄따란

얇따랗게 → 얄따랗게

얇따랗다 → 얄따랗다

얇은(다리, 팔, 허리, 허벅지) → 가는

얇직하다 → 얄찍하다

얇팍하다 → 얄팍하다

얌냠 → 냠냠

얌냠거리다 → 냠냠거리다

얌냠이 → 냠냠이

얌냠하다 → 냠냠하다

얌마 → 얀마

얌생잇군 → 얌생이꾼

얌전이 → 얌전히

얌전 피다 → 얌전 피우다

양가집(① 良家 - ② 養家 -) → 양갓집

양각(陽刻) → 돋을새김[순]

양갓집 → 양가(① 良家 ② 養家)

양갱(羊羹) → 단팥묵[순]

양껏(量 -) → 양껏

양계(養鷄) → 닭치기[순]

양난(洋蘭) → 양란

양념감 — 양념거리[복]

양념꺼리 → 양념거리

양념딸 → 고명딸

양념젓깔 → 양념젓갈

양념젖갈 → 양념젓갈

양노원(養老院) → 양로원

양단(兩端) → 양 끝[순]

양도하다(讓渡-) → 넘겨주다[순]

양도 양수(讓渡讓受) → 주고받음[순], 넘
 겨주고 넘겨받음

양모(羊毛) → 양털[순]

양복장이(洋服-) → 양복쟁이

 * 양복장이(洋服-): 양복을 만드는 일을 직
 업으로 하는 사람.

 * 양복쟁이: 양복 입은 사람을 낮잡아 이르
 는 말.

양복지(洋服地) → 양복감[순]

양산(量産) → 대량 생산(大量生産)[순]

양상치(洋-) → 양상추

양생(養生) → 굳히기[순]

양성화(陽性化) → 합법화(合法化)[순]

양손잽이(兩-) → 양손잡이

양수(兩手) → 두 손, 두 팔[순]

양수겹장 → 양수겸장(兩手兼將)

양수잽이(兩手-) → 양수잡이

양수접장 → 양수겸장(兩手兼將)

양수하다(讓受-) → 넘겨받다[순]

양식꺼리(糧食-) → 양식거리

양심껏(良心-) → 양심껏

양안(兩岸) → 양쪽 언덕[순]

양여하다(讓與-) → 넘겨주다[순]

양요리집(洋料理-) → 양요릿집

양자(陽子) → 양성자(陽性子)[순]

양재물(洋-) → 양잿물

양젓(羊-) → 양젖

양주값(洋酒-) → 양줏값

양주집(洋酒-) → 양줏집

양줏병 → 양주병(洋酒瓶)

양줏잔 → 양주잔(洋酒盞)

양즈강(揚子江) → 양쯔강

양지 녘(陽地-) → 양지 녘

양지바지(陽地-) → 양지받이

양지하다(諒知-) → 그리 알다, 살피다,
 이해하다(理解-)[순]

양짓머리 → 양지머리

양쭝[兩重] → 냥쭝

양찰하다(諒察-) → 그리 알다, 살피다[순]

양체(兩替) → 돈 바꾸기, 외국돈 바꾸기
 (外國-), 환전(換錢)[순]

양측(兩側) → 양쪽[순]

양치대(養齒-) → 양칫대

양치대야(養齒-) → 양칫대야

양치물(養齒-) → 양칫물

양치소금(養齒-) → 양칫소금

양치식물(羊齒植物) → 고사리 식물[순]

양코바기(洋-) → 양코배기

양코박이(洋-) → 양코배기

양코백이(洋-) → 양코배기

양태(樣態) → 모습, 상태(狀態), 양상(樣
 相)[순]

양파 껍데기(洋-) → 양파 껍질

양편(兩便) → 두 편[순]

양해를 드립니다(諒解-) → 양해를 구
 합니다(-求-), 양해를 바랍니다

양해하기 바랍니다(諒解-) → 그리 아
 시기 바랍니다[순]

양형(量刑) → 형량 결정(刑量決定)[순]

얕으막하다 → 야트막하다

얄트막하다 → 야트막하다

얘기거리 → 얘깃거리

얘기꺼리 → 얘깃거리

얘기장이 → 얘기쟁이

얘기주머니 → 얘깃주머니

얘깃꺼리 → 얘깃거리

얘깃꾼 → 얘기꾼

어거지 → 억지

어구(漁具) → 고기잡이 연모㉿

어구어구 → 어귀어귀

어군(魚群) → 고기 떼㉿

어귀(語句) → 어구

어그머니 → 어구머니

어금니소리[牙音] → 어금닛소리

어금버금하다 — 어금지금하다㉱

어금이[齒] → 어금니

어긋맏다 → 어긋맞다

어긋장 → 어깃장

어긋짱 → 어깃장

어기어차 → 어기여차

어기여차 — 어기영차 — 어여차㉱

어기짱 → 어깃장

어깃어깃 → 어깆어깆

어깃짱 → 어깃장

어깨너머글 → 어깨너멋글

어깨넓이 → 어깨너비

어깨넘어 → 어깨너머

어깨등 → 어깻등

어깨를 피다 → 어깨를 펴다

어깨매치기 → 어깨메치기

어깨바람 → 어깻바람

어깨숨 → 어깻숨

어깨죽지 → 어깻죽지

어깨짓 → 어깻짓

어깨쭉지 → 어깻죽지

어깨쭉찌 → 어깻죽지

어나운서 → 아나운서(announcer)

어느듯 → 어느덧

어느 때 없이 → 여느 때 없이

어댑터(adapter/adaptor) → 접합기(接合器)㉿

어덜트(adult) → 성인(成人), 성인 패션 시장(-fashion市場)㉿

어두침침하다 — 어둠침침하다㉱

어둑침침하다 → 어두침침하다

어둑컴컴하다 → 어두컴컴하다

어둥둥 — 어허둥둥 — 어화둥둥㉱

어드바이스(advice) → 도움말, 조언(助言), 충고(忠告)㉿

어드밴티지(advantage) → 선취점(先取點)㉿

어드벤처(adventure) → 모험(冒險)㉿

어드벤쳐 → 어드벤처(adventure)

어디서던지 → 어디서든지

어따 놓으면 → 얻다 놓으면

어따 대고 → 얻다 대고

어따 쓰려고 → 얻다 쓰려고

어땠어 → 어땠어

어떠냐 — 어떻냐㉱

어떠네 — 어떻네㉱

어떠니 — 어떻니㉱

어떠케 → ① 어떡해 ② 어떻게

* 어떡해: '어떡하다'의 활용형. '어떡하다'는 '어떠하게 하다'의 줄임말. '어떻게 해'

의 뜻으로 서술어로 쓴다.

  * 어떻게: '어떠하다'의 활용형. 준말 '어떻다'에 '~게'가 붙어 부사어로 쓴다.

어떠튼 → 어떻든

어떨결에 → 얼떨결에

어떨떨하다 → 얼떨떨하다

어떻튼 → 어떻든

어떻하든 → 어떡하든

어떻하라고 → 어떡하라고

어떻하면 → 어떡하면

어떻해 → 어떡해

어란(魚卵) → 생선알(生鮮-)[순]

어랍쇼 → 어럽쇼

어렌지 → 어레인지(arrange)

어려와하다 → 어려워하다

어려운 난관(-難關) → 난관

어려웁다 → 어렵다

어련이 → 어련히

어렴풋히 → 어렴풋이

어렵쇼 → 어럽쇼

어렵싸리 → 어렵사리

어렵찮고 → 어렵잖고

어로(漁撈) → 고기잡이[순]

어룰어기 → 어루러기

어름[氷] → 얼음

  * 어름: ① 두 사물의 끝이 맞닿은 자리. ② 물건과 물건 사이의 한가운데. ③ 구역과 구역의 경계점. ④ 시간이나 장소나 사건 따위의 일정한 테두리 안. 또는 그 가까이. ⑤ 남사당놀이의 넷째 놀이. 줄타기 재주이다. 늑무환, 새미놀이. ⑥ 御廩: 고려 시대에, 나라의 큰 제사에 쓸 기장과 피를 보관하던 창고.

  * 얼음: ① 물이 얼어서 굳어진 물질. 늑능시. ② 몸의 한 부분이 얼어서 신경이 마비된 것.

어름장 → 으름장

어름짱 → 으름장

어리광대 → 어릿광대

어리광 피다 → 어리광 피우다

어리굴젖 → 어리굴젓

어리버리하다 → 어리바리하다

어리수굿하다 → 어수룩하다

어리숙하다 — 어수룩하다[별]

  * 어리숙하다: ① 겉모습이나 언행이 치밀하지 못하여 순진하고 어리석은 데가 있다. ② 제도나 규율에 의한 통제가 제대로 되지 않아 느슨하다.

  * 어수룩하다: ① 겉모습이나 언행이 치밀하지 못하여 순진하고 어설픈 데가 있다. ② 제도나 규율에 의한 통제가 제대로 되지 않아 매우 느슨하다.

어린벌레 → 애벌레

어린애 → 어린애

어린이란(-欄) → 어린이난

어림잡다 — 어림치다[복]

어만(사람, 일, 짓) → 애먼

어머니란(-欄) → 어머니난

어먼(사람, 일, 짓) → 애먼

어물적 → 어물쩍

어물정 → 어물쩍

어물쩡 → 어물쩍

어벤져스 → 어벤저스(avengers)

어분(魚粉) → 물고기 가루, 생선 가루(生鮮-)[순]

어셈블리(assembly) → 뭉치, 조립체(組

立體)[순]

어수룩히 → 어수룩이

어스럼 → 어스름

어스름 녁 → 어스름 녘

어스름달 → 으스름달

어스름이 → 어스름히

어스름푸레하다 → 어슴푸레하다

어스무레하다 → 어슴푸레하다

어스푸레하다 → 어슴푸레하다

어슬녁 → 어슬녘

어슴츠레 → 어슴푸레

어슴푸러하다 → 어슴푸레하다

어슴프레 → 어슴푸레

어시스트(assist) → 도움[순]

어시장(魚市場) → 수산물 시장(水産物
－)[순]

어쎔블리 → 어셈블리(assembly)

어언(於焉) － 어언간(於焉間) － 어언지
간(於焉之間)[복]

어여 → 어서

어연간 → 어언간(於焉間)

어염집 → 여염집(閭閻－)

어영구영 → 어영부영

어울어지다 → 어우러지다

어워드(award) → 상(賞)[순]

어의없다 → 어이없다

어이고 → 어이구

어이고머니 → 어이구머니

어이없다 － 어처구니없다[복]

어저께 － 어제 － 작일(昨日)[복]

어정정 → 어정쩡

어정쩡 － 어정쩡히[복]

어정쩡이 → 어정쩡히

어제밤 → 어젯밤

어젠다(agenda) → 의제(議題)[순]

어젠더 → 어젠다(agenda)

어줍잖다 → 어쭙잖다

어줍잖은 → 어쭙잖은

어줍짢다 → 어쭙잖다

어줍찮다 → 어쭙잖다

어줍챦다 → 어쭙잖다

어지간이 → 어지간히

어지러 → ① 어질러[亂] ② 어질어[仁]

어지러지다 → ① 어질러지다[亂] ② 어
질어지다[仁]

어지러히 → 어지러이

어지럼쯩 → 어지럼증(－症)

어지렀다 → ① 어질렀다[亂] ② 어질었
다[仁]

어지중간(於之中間) → 어중간

어질르다 → ① 어지르다[亂] ② 어질다
[仁]

어질머리 → 어질병(－病)

어질으니 → ① 어지니[仁] ② 어지르니
[亂]

어질은 → ① 어지른[亂] ② 어진[仁]

어짜피 → 어차피(於此彼)

어째튼 → 어쨌든

어쨋든 → 어쨌든

어쩌구저쩌구 → 어쩌고저쩌고

어쩔려고 → 어쩌려고

어쭙게 → 어줍게

어쭙다 → 어줍다

어쭙어 → 어줍어

어쭙은 → 어줍은

어쭙잖은 → 어쭙잖은

어쭙찮다 → 어쭙잖다

어쭙챦다 → 어쭙잖다

어찌 돼든 → 어찌 되든

어찌 됬든 → 어찌 됐든

어찌할고 → 어찌할꼬

어케 → 어떻게

어패 있는 말 → 어폐 있는 말(語弊-)

어패럴(apparel) → 의류(衣類), 의복(衣服)㊍

어패럴 메이커(apparel maker) → 의류업체(衣類業體), 의복 제조업(衣服製造業)㊍

어퍼지다 → 엎어지다

어퍼컷(upper cut) → 올려 치기㊍

어펜스(offense) → 공격(攻擊)㊍

어폐(語弊) → 잘못㊍

어포스트로피 → 아포스트로피 (apostrophe, ')

어플 → 앱(app)

어플리케이션 → 애플리케이션(application)

어피니언 → 오피니언(opinion)

어획고(漁獲高) → 어획량(漁獲量)㊍

어획양(漁獲量) → 어획량

억눌르다 → 억누르다

억류(抑留) → 가둠, 잡아 둠㊍

억매다 → 얽매다

억매여 → 얽매어

억배기 → ① 얼룩빼기 ② 얽빼기

* 얼룩빼기: 겉이 얼룩얼룩한 동물이나 물건.
* 얽빼기: 얼굴에 얽은 자국이 많은 사람을

낮잡아 이르는 말.

억세스 → 액세스(access)

억세풀 → 억새풀

억쎄다 → 억세다

억장이 터지다(億丈-) → 억장이 무너지다

억짱 → 억장(億丈)

억척배기 → 억척빼기

억척백이 → 억척빼기

언더그라운드(underground) → 장외(場外), 지하(地下)㊍

언더라인(underline) → 밑줄㊍

언더블라우스(under blouse) → 속블라우스㊍

언더셔츠(under shirt) → 속셔츠, 속옷㊍

언더스커트(under skirt) → 속치마㊍

언덕바기 → 언덕바지, 언덕배기

언덕바지 ─ 언덕배기㊐

언덕받이 → 언덕바지

언덕빼기 → 언덕배기

언도(言渡) → 선고(宣告)㊍

언뜻 ─ 얼핏㊐

언론 플레이(言論play) → 여론몰이(輿論-)㊍

언바란스(アンバランス) → 언밸런스 (unbalance)

언박싱(unboxing) → 개봉(開封), 개봉기(開封器)㊍

언발란스 → 언밸런스(unbalance)

언밸런스(unbalance) → 부조화(不調和), 불균형(不均衡)㊍

언변(言辯) → 말솜씨, 말재주㊍

언사(言辭) → 말, 말씨[순]
언어도단(言語道斷) → 말이 안 됨[순]
언절이 → 언저리
언제던지 → 언제든지
언젯적 → 언제 적
언지를 주다 → 언질을 주다(言質－)
언짢다 → 언짢다
언챙이 → 언청이
언쳐살다 → 얹혀살다
언택트(untact) → 비대면(非對面)[순]
언팩(unpack) → 신제품 공개(新製品公開)
언필칭(言必稱) → 말할 때마다[순]
얹쳐살다 → 얹혀살다
얻따(감탄사) → 어따
얻따가 → 얻다가
얻따 놓으면 → 얻다 놓으면
얻따 대고 → 얻다 대고
얻따 쓰려고 → 얻다 쓰려고
얼결 ― 얼떨결[복]
얼금벵이 → 얼금뱅이
얼껼에 → 얼결에
얼낌에 → 얼김에
얼덜결에 → 얼떨결에
얼떨김에 → 얼떨결에
얼러맞히다 → 얼러맞추다
얼렁뚱땅 ― 엄벙뗑[복]
얼레리꼴레리 → 알나리깔나리
얼레발 → ① 설레발 ② 엉너리
얼레발치다 → 설레발치다
얼렛머리 → 얼레 머리
얼렛빗 → 얼레빗
얼룩무니 → 얼룩무늬
얼룩바기 → 얼룩빼기
얼룩반점(－斑點) → 반점
얼룩배기 → 얼룩빼기
얼룩백이 → 얼룩빼기
얼룩이 → 얼루기
얼르다 → 어르다
얼릉 → 얼른
얼릉얼릉 → 얼른얼른
얼리 어답터(early adopter) → 앞선 사용자(－使用者)[순]
얼마던지 → 얼마든지
얼마에요 → 얼마예요
얼만큼 → 얼마큼, 얼마만큼
얼사안다 → 얼싸안다
얼시구 → 얼씨구
얼신거리다 → 얼씬거리다
얼싸덜싸 → 얼싸절싸
얼씬하면 → 걸핏하면
얼은[凍] → 언
얼음빙벽(－氷壁) → 빙벽
얼음짱 → 얼음장(－張)
얼음치[魚] → 어름치
얼죽얼죽하다 → 얽죽얽죽하다
얼쩍얼쩍하다 → 얽적얽적하다
얼쭉얼쭉하다 → 얽죽얽죽하다
얼차레 → 얼차려
얼차례 → 얼차려
얼키고설키다 → 얽히고설키다
얼핏하면 → 걸핏하면
얽둑박이 → 얽둑빼기
얽둑배기 → 얽둑빼기

얽둑백이 → 얽둑빼기

얽매다 — 얽어매다圓

얽배기 → 얽빼기

얽음뱅이 → 얼금뱅이

얽적박이 → 얽적빼기

얽적배기 → 얽적빼기

얽적백이 → 얽적빼기

얽키설키 → 얼키설키

얽혀져 → 얽혀

얽혀졌다 → 얽혔다

얽혀지는 → 얽히는

얽혀진 → 얽힌

얽혀진다 → 얽힌다

얽히설키 → 얼키설키

엄[矩券] → 어음

엄격이(嚴格 -) → 엄격히

엄금(嚴禁) → 하지 말 것順

엄단하다(嚴斷 -) → 엄하게 다스리다順

엄동(嚴冬) → 한겨울順

엄밀이(嚴密 -) → 엄밀히

엄벌에 처하다(嚴罰 - 處 -) → 벌하다,
  엄하게 다스리다順

엄벙땡 → 엄벙떙

엄살꾸래기 → 엄살꾸러기

엄살꾸레기 → 엄살꾸러기

엄살 피다 → 엄살 피우다

엄선(嚴選) → 가려 뽑음順

엄수하다(嚴守 -) → 꼭 지키다, 반드시
  지키다順

엄숙이(嚴肅 -) → 엄숙히

엄연이(嚴然 -) → 엄연히

엄이(嚴 -) → 엄히

엄정(嚴正) → 엄격하고 바름(嚴格 -)順

엄중 문책하다(嚴重問責 -) → 엄중히 책
  임을 묻다(-責任 -), 책임을 묻다順

엄중이(嚴重 -) → 엄중히

엄파 → 움파

엄폐하다(掩蔽 -) → 가리다, 덮다, 숨기
  다順

엄한(사람, 일, 짓) → 애먼

업그레이드(upgrade) → ① 상향(上向),
  상향 조정(-調整) ② 향상(向上)順

업데이트(update) → 갱신(更新)順

업동이 → 업둥이

업드리다 → 엎드리다

업로드(upload) → 올려 주기順

업무양(業務量) → 업무량

업사이드 → 오프사이드(offside)

업소바 → 업소버(absorber)

업수이보다 → 업신여기다

업수이여기다 → 업신여기다

업씬여기다 → 업신여기다

업저버 → 옵서버(observer)

업지르다 → 엎지르다

업치락뒤치락 → 엎치락뒤치락

업치락뒷치락 → 엎치락뒤치락

업 투 데이트(up to date) → 최신(最新)順

없슴 → 없음

없읍니다 → 없습니다

없잖아 → 없잖아

엇그저께 → 엊그저께

엇그제 → 엊그제

엇다 놓으면 → 얻다 놓으면

엇다 대고 → 얻다 대고

엇다 쓰려고 → 얻다 쓰려고
엇돌려 → 에둘러
엇따 놓으면 → 얻다 놓으면
엇따 대고 → 얻다 대고
엇따 쓰려고 → 얻다 쓰려고
엇저녁 → 엊저녁
~었오 → ~었소
~었읍니다 → ~었습니다
엉거줏춤 → 엉거주춤
엉겁껼 → 엉겁결
엉겹결 → 엉겁결
엉덩이바람 → 엉덩잇바람
엉덩이짓 → 엉덩잇짓
엉성궂다 → 엉성 궂다
엉치 → 엉덩이
엉크러지다 → 엉클어지다
엊갈리다 → 엇갈리다
엊그저께― 엊그제图
엊나가다 → 엇나가다
엊마추다 → 엇맞다
엊맞다 → 빗맞다, 헛맞다
엊맞추다 → 엇맞다
엊물려 → 엇물려
엊바꾸다 → 엇바꾸다
엊비슷하다 → 엇비슷하다
엊시조(-時調) → 엇시조
엎눌르다 → 엎누르다
엎들이다 → 엎드리다
엎지러 → 엎질러
엎지러져 → 엎질러져
엎지러졌다 → 엎질러졌다
엎지러지다 → 엎질러지다

엎지러진 → 엎질러진
엎지렀다 → 엎질렀다
엎질르다 → 엎지르다
엎질르지 → 엎지르지
엎질른 → 엎지른
엎치락뒷치락 → 엎치락뒤치락
엎친 데 덥치다 → 엎친 데 덮치다
에개 → 에계
에게게 → 에계계
에그머니 → 에구머니
에끼 → 예끼
에너지량(energy量) → 에너지양
에노구(えのぐ) → 그림물감图
~에는―~엘랑图
에니메이션 → 애니메이션(animation)
에니미즘 → 애니미즘(animism)
~에 다름 아니다 → ~과(와) 다름이
　없다
~에도 불고하고 → ~에도 불구하고(不
　拘-)
에듀테인먼트(edutainment) → 놀이식
　교육(-式敎育), 놀이 학습(-學習)图
에듀테크(edu tech) → 교육 정보 기술
　(敎育情報技術)图
에드버룬 → 애드벌룬(ad ballon)
에디오피아 → 에티오피아(Ethiopia)
에디터(editor) → 편집기(編輯機), 편집
　자(編輯者)图
에뛰드 → 에튀드(étude)
에라 → 에러(error)
에러(error) → ① 실수(失手), 실책(失策),
　잘못 ② 오류(誤謬)图

에레베스트산(-山) → 에베레스트산
(Everest-)

에레베이터 → 엘리베이터(elevator)

에레베타 → 엘리베이터(elevator)

에로(erotic) → 선정(煽情), 선정적(煽情
的)[순]

에로틱하다(erotic-) → 선정적이다(煽
情的-)[순]

에리(えり) → 깃, 옷깃, 칼라(collar)

에리어 → 에어리어(area)

에리트 → 엘리트(elite)

에마뉴엘(Emmanuel) → ① 에마뉘엘(프)
② 이매뉴얼(영)

에머랄드 → 에메랄드(emerald)

에머럴드 → 에메랄드(emerald)

에멀전 → 에멀션(emulsion)

에멀젼 → 에멀션(emulsion)

에메럴드 → 에메랄드(emerald)

에메럴듯빛 → 에메랄드빛(emerald-)

에멘(일, 짓) → 애먼

에면데면하다 → 데면데면하다

에문(사람, 일, 짓) → 애먼

에미 → 어미

에반스 → 에번스(Evans)

에비뉴 → 애비뉴(avenue)

~에서는- ~에설랑[복]

에세이(essay) → 논문(論文), 수필(隨筆)[순]

에스빠냐 → 에스파냐(España)

에스엔에스(SNS, social network service)
→ 누리 소통망(-疏通網), 누리 소통
망 서비스, 사회 관계망(社會關係網),
사회 관계망 서비스[순]

에스엠에스(SMS, short message service)
→ 문자 메시지(文字-)

에스오시(SOC, social overhead capital)
→ 사회 간접 자본(社會間接資本), 사
회 기반 시설(-基盤施設)[순]

에스오에스(SOS, save our ship/save
our souls) → 구조 요청(救助要請), 조
난 신호(遭難信號)[순]

에스칼레이터 → 에스컬레이터(escalator)

에스컬레이터(escalator) → 자동계단(自
動階段)[순]

에스코트(escort) → 호위(護衛)[순]

에스콰이아 → 에스콰이어(esquire)

에스파니아 → 에스파냐(España)

에쎄이 → 에세이(essay)

에쓰(S, s) → 에스

에어리어(area) → 지역(地域)[순]

에어브러쉬 → 에어브러시(airbrush)

에어샤워(air shower) → 바람 세척(-洗
滌)[순]

에어 서큘레이터(air circulator) → 공기
순환기(空氣循環器)[순]

에어 캡(air cap) → 뽁뽁이[순]

에어컨(air conditioner) → 공기 조절기
(空氣調節器), 냉난방기(冷煖房器)[순]

에어콘(エアコン) → 에어컨(air
conditioner)

에어콤푸레샤 → 에어컴프레서(air
compressor)

에어콤프레샤 → 에어컴프레서(air
compressor)

에어콤프레서 → 에어컴프레서(air

compressor)

에어콤프레셔 → 에어컴프레서(air compressor)

에어 크리너 → 에어 클리너(air cleaner)

에어 클리너(air cleaner) → 공기 거르개(空氣 -), 공기 청정기(-淸淨器)🔾

에어펌프(air pump) → 공기 펌프(空氣 -)🔾

에워쌓다 → 에워싸다

에워쌓여 → 에워싸여

에워쌓이다 → 에워싸이다

에워쌓인 → 에워싸인

～에 의하여(-依-) → ～에 따라🔾

에이급(A級) → ① 1급, 1등급(一等級) ② 상급(上級)🔾

에이다 → 에다

에이 매치(A match) → 국가 간 경주(國家間競走)🔾

에이비씨 → 에이비시(ABC)

에이아르(AR, augmented reality) → 증강 현실(增强現實)🔾

에이아르에스(ARS, automatic response system) → 자동 응답 시스템(自動應答-)🔾

에이아이(AI, artificial intelligence) → 인공 지능(人工知能)🔾

에이아이(AI, avian influenza) → 조류 독감(鳥類毒感), 조류 인플루엔자

에이에스(AS, after service) → 뒤 관리(-管理), 뒤 봉사(-奉仕), 뒤 수리(-修理), 뒷손질, 사후 관리(事後-), 사후 봉사🔾

에이전시(agency) → 대행사(代行社)🔾

에이전트(agent) → ① 대리상(代理商), 대리점(代理店) ② 대리인(代理人), 대행인(代行人)🔾

에이취(H, h) → 에이치

에이치아르디(HRD, human resource development) → 인적 자원 개발(人的資源開發)🔾

에이티엠(ATM, automated teller machine) → 현금 자동 입출금기(現金自動入出金機)

에이프런(apron) → ① 앞치마 ② 그린 둘레🔾

에인절피쉬 → 에인절피시(angelfish)

～에 임하여(-臨-) → ～에 이르러🔾

～에 입각하여(-立脚-) → ～에 근거하여(-根據-), ～에 따라서🔾

～에 있어 → ～에

～에 있어서 → ～에서

에지(edge) → 그린 가장자리(green-), 모서리, 스케이트 날 끝 부분(skate-部分)🔾

에지간하다 → 어지간하다

에집트 → 이집트(Egypt)

에치(H, h) → 에이치

에치켓 → 에티켓(etiquette)

에칠알콜 → 에틸알코올(ethyl alcohol)

에칭(etching) → 식각(蝕刻), 식각법(蝕刻法)🔾

에카테리나 → 예카테리나(Ekaterina)

에코 그린 투어리즘(eco green tourism) → 친환경 여행(親環境旅行)🔾

에코백(eco-bag) → 친환경 가방(親環境
　-)㊦

에코우 → 에코(echo)

에코힐링(eco-healing) → 자연 치유(自
　然治癒)㊦

에쿠아도르 → 에콰도르(Ecuador)

에쿠우스 → 에쿠스(Equus)

에텔 → 에테르(ether)

에티켓(tiquette) → ① 예의(禮儀), 예절
　(禮節) ② 품위(品位)㊦

에티켙 → 에티켓(etiquette)

에틸알콜 → 에틸알코올(ethyl alcohol)

에프디에이(FDA, Food and Drug
　dministration) → 미국식품의약품청
　(美國食品醫藥品廳)㊦

에프롱(エプロン) → 에이프런(apron)

에프롱(apron) → ① 앞치마 ② 뜰, 부두
　뜰(埠頭-)㊦

에프 사이즈(F size) → 에프 치수(F-
　數), 자유 치수(自由-)㊦

에프티에이(FTA, free trade agreement)
　→ 자유 무역 협정(自由貿易協定)㊦

에피소드(episode) → 일화(逸話)㊦

에피쏘드 → 에피소드(episode)

에필로그(epilogue) → 끝말, 후기(後
　記)㊦

엑기스(エキス) → 농축액(濃縮液), 진액
　(津液)㊦

엑세레이터 → 액셀러레이터(accelerator)

엑세서리(accessory) → 노리개, 장식물
　(裝飾物), 치렛감㊦

엑센트 → 악센트(accent)

엑셀(accel) → 액셀러레이터(accelerator)

엑셀레이타 → 액셀러레이터(accelerator)

엑셀레이터 → 액셀러레이터(accelerator)

엑셀레타 → 액셀러레이터(accelerator)

엑셀레터 → 액셀러레이터(accelerator)

엑소더스(exodus) → ① 탈출(脫出)
　② 대이동(大移動)㊦

X레이 → 엑스레이(X-ray)

엑스 반도(Xバンド) → 군용 멜빵(軍用-),
　엑스자 밴드(X字band), 엑스자 벨트
　(-belt)

엑스 사이즈(X size) → 엑스 치수(X-
　數)㊦

X선(-線) → 엑스선

엑스더스 → 엑소더스(exodus)

엑스큐즈 → 엑스큐스(excuse)

엑스타시 → 엑스터시(ecstasy)

엑스트라(extra) → 보조 연기자(補助演
　技者), 보조 출연자(-出演者)㊦

엑스포(expo) → 박람회(博覽會)㊦

엑스표(-標) → 가새표, 가위표(×)

엑시트(exit) → 출구(出口)

엑쓰(X, x) → 엑스

엔고(円高) → 엔화 강세(-貨强勢), 엔화
　상승(-上昇)㊦

엔데믹(endemic) → 감염병 일상적 유행
　(感染病日常的流行), 감염병 주기적 유
　행(-週期的-), 감염병 토착 유행(-
　土着-)㊦

엔돌핀 → 엔도르핀(endorphine)

엔드라인(end line) → 끝줄, 뒷줄㊦

엔딩 크레디트(ending credit) → 끝자막

(-字幕), 맺음자막[순]

엔젤피시 → 에인절피시(angelfish)

엔조이하다(enjoy-) → 즐기다[순]

엔지(NG, no good) → ① 잘못 찍음, 잘못 촬영됨(-撮影-) ② 다시[순]

엔지니어(engineer) → 기사(技士), 기술자(技術者)[순]

엔지니어링(engineering) → 공학(工學)[순]

엔지오(NGO, non-governmental organization) → 비정부 조직(非政府組織), 시민 단체(市民團體)[순]

엔진(engine) → 기관(機關)[순]

엔차 감염(n次感染) → 연속 감염(連續-), 연쇄 감염(連鎖-)[순]

엔코(えんこ) → 떨어짐, 바닥, 바닥남[순]

엔크린 → 엔클린(Enclean)

엔터테인먼트(entertainment) → ① 연예(演藝) ② 오락(娛樂)[순]

엔트리(entry) → ① 참가자 명단(參加者名單) ② 선수 명단(選手-), 출전 선수명단(出戰-)[순]

엘레강스(élégance) → 고상(高尙), 우아(優雅)[순]

엘레베이터 → 엘리베이터(elevator)

엘렉트로 → 일렉트로(electro)

엘렉트로닉스 → 일렉트로닉스(electronics)

엘리건트(elegant) → 고상한(高尙-), 우아한(優雅-)[순]

엘리베이타 → 엘리베이터(elevator)

엘리베이터(elevator) → 승강기(昇降機)[순]

엘리아 → 엘리야(Elijah)

엘리옷 → 엘리엇(Eliot)

엘리자베드(Elizabeth) → ① 엘리사베트(에) ② 엘리자베스(영)

엘리자벳 → 엘리자베스(Elizabeth)

엘리트(elite) → ① 우수(優秀) ② 정예(精銳)[순]

엘보우 → 엘보(elbow)

엘 사이즈(L size) → 대형 치수(大型-數), 엘 치수(L-)[순]

엘엘 사이즈(LL size) → 초대형 치수(超大型-數)[순]

엘이디(LED, light emitting diode) → 발광 다이오드(發光-)[순]

엘파소 → 엘패소(El Paso)

엠디(MD, merchandiser) → 상품 기획가(商品企劃家)[순]

엠마뉴엘(Emmanuel) → ① 에마뉘엘(프) ② 이매뉴얼(영)

엠병 → 염병(染病)

엠보싱(embossing) → 요철(凹凸)[순]

엠블런스 → 앰뷸런스(ambulance)

엠블럼(emblem) → 상징(象徵), 상징표(象徵表)[순]

엠블렘 → 엠블럼(emblem)

엠 사이즈(M size) → 엠 치수(M-數), 중치수(中-)[순]

엠앤에이(M&A, merge and acquisition, merges and acquisitions) → 기업 인수 합병(企業引受合倂), 인수 합병[순]

엠오유(MOU, memorandum of understanding) → 양해 각서(諒解覺書), 업무 협약(業務協約), 업무 협정(-協定)[순]

엠티(MT, membership training) → 수련
　모임(修練 -)㉜

엠티비(MTB, mountain bicycle) → 산악
　자전거(山岳/山嶽自轉車)㉜

엠피쓰리(MP3) → 엠피스리

엣세이 → 에세이(essay)

엣센스 → 에센스(essence)

엣지 → 에지(edge)

엣칭 → 에칭(etching)

옜네 → 옜네

엤다 → 옜다

엤소 → 옜소

엤습니다 → 옜습니다

엥간하다 → 엔간하다

엥꼬나다(えんこ-) → 기름이 떨어지다,
　바닥나다

여가 시간(餘暇時間) → 여가

여간나기(如干-) → 여간내기

여과지(濾過紙) → 거름종이㉜

여과하다(濾過-) → 거르다, 걸러 내다㉜

여나믄 → 여남은

여늬 → 여느

여닐곱 → 예닐곱

여다지 → 여닫이

여드래 → 여드레

여드레날 → 여드렛날

여라믄 → 여남은

여라믄 → 여남은

여로(旅路) → 여행길(旅行-)㉜

여름철 — 하시(夏時) — 하절(夏節)㉵

여만저만하다 → 이만저만하다

여망(輿望) → 기대(期待/企待), 바람㉜

여명(黎明) → 새벽㉜

여물다 — 영글다㉰

　* 여물다: ① 과실이나 곡식 따위가 알이 들
　어 딴딴하게 잘 익다. ≒영글다. ② 빛이나
　자연 현상이 짙어지거나 왕성해져서 제
　특성을 다 드러낸다. ≒영글다. ③ 일이나
　말 따위를 매듭지어 끝마치다. ④ 일 처리
　나 언행이 옹골차고 여무지다. ⑤ 사람됨
　이나 씀씀이 따위가 매우 옹골차고 헤프
　지 않다.

　* 영글다: ① 과실이나 곡식 따위가 알이 들
　어 딴딴하게 잘 익다. =여물다. ② 빛이나
　자연 현상이 짙어지거나 왕성해져서 제
　특성을 다 드러낸다. =여물다.

여물은 → 여문

여물음 → 여묾

여물지다 → 여무지다

여민낙(與民樂) → 여민락

여민악(與民樂) → 여민락

여보란듯이 → 여봐란듯이

여부(與否) → 그런지 아닌지㉜

여비(旅費) → 노자(路資)㉜

여생(餘生) → 남은 생애(-生涯)㉜

여실이(如實-) → 여실히

여왕벌(女王-) — 장수벌(將帥-)㉵

여읜 딸[出嫁子女] → 여읜 딸

여유돈(餘裕-) → 여윳돈

여유로와지다(餘裕-) → 여유로워지다

여의찮다(如意-) → 여의찮다

여이치 않다 → 여의치 않다(如意-)

여입 결의(戾入決意) → 회수 결정(回收
　決定)

여적난(餘滴欄) → 여적란

여전이(如前-) → 여전히

여죄(餘罪) → 그 밖의 죄순

여지껏 → 여태껏

여직 → 여태

여직껏 → 여태껏

여쭈다 ― 여쭙다복

여쭙어 → 여쭤워

여차저차하다(如此-此-) ― 이러저러
   하다복

여차직하다(如此-) → 여차하다

여차하다(如此-) ― 이렇다복

여치과(-科) → 여칫과

여타(餘他) → 그 나머지, 그 밖의, 다른순

여태 ― 입때복

여태껏 → 여태껏

여태껏 ― 이제껏 ― 입때껏복

여튼 → 여하튼(如何-)

여하간(如何間) → 어쨌든순

여하히(如何-) → 어떻게

여히(如-) → ~같이순

역겨웁다(逆-) → 역겹다

역량껏(力量-) → 역량껏

역력이(歷歷-) → 역력히

역맛살 → 역마살(驛馬煞)

역성들다 ― 역성하다복

역스럽다(逆-) → 역겹다

역어 내다 → 엮어 내다

역역하다(歷歷-) → 역력하다

역율(力率) → 역률

역은이 → 엮은이

역임(歷任) → 거침, 지냄순

역임하다(歷任-) → 거치다, 맡다,
   지내다

역전 앞(驛前-) → 역 앞, 역전

역활 → 역할(役割)

엮어지는 → 엮이는

엮여져 → 엮여

엮여졌다 → 엮였다

엮여진 → 엮인

엮여진다 → 엮인다

연감(軟-) ― 연시감(軟枾-) ― 홍시(紅
   枾)복

연거퍼(連-) → 연거푸

연골(軟骨) → 물렁뼈순

연관지워(聯關-) → 연관지어

연구도록(研究-) → 연구토록

연귀(聯句) → 연구

연근(蓮根) → 연뿌리순

연기(煙氣-) 피다 → 연기 피우다

연꽃무니(蓮-) → 연꽃무늬

연노하다(年老-) → 연로하다

연달다(連-) ― 잇달다복

연대 채무(連帶債務) → 함께 갚을 채
   무순

연도(沿道) → 길가, 길 옆순

연도(煙道) → 연소 가스 통로(燃燒gas通
   路)순

연돌(煙突) → 굴뚝순

연두빛(軟豆-) → 연둣빛

연련불망(戀戀不忘) → 연연불망

연록색(軟綠色) → 연녹색

연루(連累) → 관련(關聯)순

연륜(年輪) → 나이테순

연몌 → 연메(連袂/聯袂)

연면적(延面積) → 총면적(總面積)순

연방(連方) ― 연신圓

　＊ 연방(連方): 연속해서 자꾸.

　＊ 연신: 잇따라 자꾸.

연보돈(捐補－) → 연봇돈

연산홍 → 영산홍(映山紅)

연선하다(延線－) → 전선을 펴다(電線
　－)[순]

연소화(年少化) → 나이가 어려짐, 어려
　짐[순]

연쇄(連鎖) → ① 사슬, 쇠사슬 ② 잇단[순]

연연생(年年生) → 연년생

연연세세(年年世世) → 연년세세

연연이(① 娟娟－ ② 涓涓－ ③ 軟娟－
　④ 軟軟－ ⑤ 蜒然－ ⑥ 戀戀－ ⑦ 連延
　－) → 연연히

연연이(年年－) → 연년이

연연익수(年年益壽) → 연년익수

연연하다(戀戀－) → 미련을 두다(未練
　－)[순]

연예난(演藝欄) → 연예란

연와(煉瓦) → 벽돌(甓－)[순]

연와조(煉瓦造) → 벽돌 구조(甓－構造)[순]

연육교(連陸橋) → 연륙교

연이여(連－) → 연이어

연인원(延人員) → 총인원(總人員)[순]

연일(連日) → 날마다[순]

연장(延長) → 선로 전선 총 길이(線路全
　線總－), 전선 총 길이[순]

연접(連接) → 이웃 연결(－連結)[순]

연주황(軟朱黃) → 살구색(－色)

연지방아 → 연자방아(研子－)

연착(延着) → 늦도착(－到着)[순]

연체 이자(延滯利子) → 기한 넘긴 이자
　(期限－)[순]

연초(煙草) → 담배[순]

연패하다(連敗－) → 내리 지다

연패하다(連覇－) → 내리 이기다[순]

연포국(軟泡－) → 연폿국

연폿탕 → 연포탕(軟泡湯)

연필깍개(鉛筆－) → 연필깎이

연필깍기(鉛筆－) → 연필깎이

연필깍이(鉛筆－) → 연필깎이

연필깎개(鉛筆－) → 연필깎이

연필깎기(鉛筆－)(도구) → 연필깎이

연필깍지(鉛筆－) → 연필깎지

연필꽂이(鉛筆－) → 연필꽂이

연하 장애(嚥下障礙) → 삼킴 곤란(－困
　難), 삼킴 장애

연할인률(年割引率) → 연할인율

연호(連呼) → 구호를 연이어 외침(口號
　－連－), 연이어 외침[순]

연화 무니(蓮花－) → 연화무늬

연화문(蓮花紋) → 연화무늬

연후에(然後－) → 그런 뒤에, ～한 뒤
　에[순]

열나흘날 → 열나흘날

열네째 → 열넷째

열닫이 → 여닫이

열띤(熱－) → 열띤

열람하다(閱覽－) → 훑어보다[순]

열려져 → 열려

열려졌다 → 열렸다

열려지는 → 열리는

열려진 → 열린

열려진다 → 열린다

열렬이(熱烈/烈烈 -) → 열렬히

열바가지 → 바가지

열박 → 바가지

열사흘날 → 열사흗날

열성것(熱誠 -) → 열성껏

열세째 → 열셋째

열쇄 → 열쇠

열심으로(熱心 -) → 열심히

열심이(熱心 -) → 열심히

열아문 → 여남은

열어부치다 → 열어붙이다

열어재끼다 → 열어젖히다

열어재치다 → 열어젖히다

열어젓뜨리다 → 열어젖뜨리다

열어젓히다 → 열어젖히다

열어제끼다 → 열어젖히다

열어제치다 → 열어젖히다

열열이(熱烈/烈烈 -) → 열렬히

열열하다(熱烈/烈烈 -) → 열렬하다

열열히(熱烈/烈烈 -) → 열렬히

열엿새날 → 열엿샛날

열으면 → 열면

열의 아홉 → 열에 아홉

열이레날 → 열이렛날

열적다 → 열없다

열전도률(熱傳導率) → 열전도율

열째놈 → 열쨋놈

열쩍다 → 열없다

열차 다이아(-diagram) → 열차 운행 도표(-運行圖表)[순]

열통적다 → 열퉁적다

열통쩍다 → 열퉁적다

열하루채 → 열하루째

열한(烈寒) — 호한(冱寒) — 혹한(酷寒)[복]

염가(廉價) → 싼값, 헐값[순]

염두하다(念頭 -) → 염두에 두다

염두해 두다(念頭 -) → 염두에 두다

염료(染料) → 물감[순]

염소띠 → 양띠(羊 -)

염소젓 → 염소젖

염염불망(念念不忘) → 염념불망

염원(念願) → 바람, 소원(所願)[순]

염장(鹽藏) → 소금 저장(-貯藏), 소금 절임[순]

염장질르다(鹽醬 -) → 염장 지르다

염쟁이(殮 -) → 염장이

염치 불구 → 염치 불고(廉恥不顧)

염포국(殮布 -) → 염폿국

엽기적(獵奇的) → 괴기적(怪奇的)[순]

엽댕이 → 옆댕이

엽록소(葉綠素) — 잎파랑이 — 클로로필 (chlorophyll)[복]

엽연초(葉煙草) → 잎담배[순]

엿가락 — 엿가래[복]

엿기름 — 엿길금[복]

엿반대기 — 엿자박[복]

엿새날 → 엿샛날

엿새채 → 엿새째

~였읍니다 → ~였습니다

영감장이(令監 -) → 영감쟁이

영감택이(令監 -) → 영감태기

영광되다(榮光 -) → 영광스럽다

영구이(永久 -) → 영구히

영글으니 → 영그니

영글은 → 영근

영낙없다(零落-) → 영락없다

영능(① 英陵 ② 永陵 ③ 寧陵) → 영릉

영달(榮達) → 출세(出世)[순]

영림(營林) → 산림 경영(山林經營)[순]

영산제 → 영산재(靈山齋)

영선(營繕) → 수리(修理)[순]

영세민(零細民) → 저소득 주민(低所得住民)[순]

영아(嬰兒) → 갓난아기, 젖먹이[순]

영어(囹圄) → 감옥(監獄)[순]

영원이(永遠-) → 영원히

영위(營爲) → 하는[순]

영일(寧日) → 편한 날(便-), 편할 날[순]

영입(迎入) → 맞아들임[순]

영장(令狀) → 명령서(命令書)[순]

영접하다(迎接-) → 맞다, 맞음, 맞이, 맞이하다, 맞이함[순]

영조물(營造物) → ① 건축물(建築物) ② 공공 시설물(公共施設物), 시설물[순]

영치금(領置金) → 맡긴 돈, 맡은 돈[순]

영치하다(領置-) → 잡아 두다[순]

영판 → 아주

옂보다 → 엿보다

옆눈 → 곁눈

옆눈질 → 곁눈질

옆대기 → 옆댕이

옆무릅 → 옆무릎

옆사리미 → 비켜덩이

옆에자리 → 옆엣자리

옆옆히 → 옆옆이

옆질르기 → 옆지르기

옆탱이 → 옆구리

예가(預價) → 예정 가격(豫定價格)[순]

예기치 못하다(豫期-) → 예상하지 못하다(豫想-)[순]

예납하다(豫納-) → 미리 납부하다(-納付/納附-), 미리 내다[순]

예년값(例年-) → 평년값(平年-)[순]

예돌다 → 에돌다

예두르다 → 에두르다

예둘러 → 에둘러

예쁘고 싶다 → 예뻐지고 싶다

예쁘다 ― 이쁘다[복]

예사날(例事-) → 예삿날

예사로히(例事-) → 예사로이

예사롭잖다(例事-) → 예사롭잖다

예사일(例事-) → 예삿일

예산 지변 과목(豫算支辨科目) → 예산 과목

예삿내기 → 예사내기(例事-)

예삿놈 → 예사 놈(例事-)

예삿말 → 예사말(例事-)

예삿소리 → 예사소리(例事-)

예선(曳船) → 끌배[순]

예속되다(隸屬-) → 딸리다, 매이다[순]

예수군 → 예수꾼

예스런 → 예스러운

예, 아니오 → 예, 아니요

예에 의한다(例-依-) → 보기에 따른다[순]

예의검토(銳意檢討) → 세밀한 검토(細密-), 자세한 검토(仔細-)[순]

예의밝다(禮儀-) → 예의바르다

예의주시(銳意注視) → 잘 살핌[순]
예이레 → 에니레
예인하다(曳引－) → 끌다, 끌어당기다[순]
예찰(豫察) → 미리 살피기
예초(刈草) → 풀베기[순]
예치(預置) → 맡김, 예금(預金)[순]
예치금(預置金) → 맡긴 돈, 맡은 돈[순]
예컨데(例－) → 예컨대
예터 → 옛터
예편네 → 여편네(女便－)
예프투센코, 예브게니 알렉산드로비치 → 옙투셴코, 예브게니 알렉산드로비치(Evtushenko, Yevgeny Aleksandrovich)
예프투셴코, 예브게니 알렉산드로비치 → 옙투셴코, 예브게니 알렉산드로비치(Evtushenko, Yevgeny Aleksandrovich)
예하 기관(隷下機關) → 소속 기관(所屬－)[순]
예후(豫後) → 경과(經過)
옐로우 → 옐로(yellow)
옐로우북 → 옐로북(Yellow Book)
옐로우스톤 → 옐로스톤(Yellowstone)
옐로우칩 → 옐로칩(yellow chip)
옐로우카드 → 옐로카드(yellow card)
옐로우페이퍼 → 옐로페이퍼(yellow paper)
옐로카드(yellow card) → 경고 쪽지(警告－)[순]
옛끼 → 예끼
옛날이야기 — 옛이야기[복]
옛네 → 옜네
옛다 → 옜다
옛부터 → 예부터
옛소 → 옜소
옛스런 → 예스러운
옛스럽다 → 예스럽다
옛습니다 → 옜습니다
오가피(五加皮) — 오갈피[복]
오곡백화(五穀百花) → 오곡백과(五穀百果)
오골거리다 → 오글거리다
오골오골 → 오글오글
오구라들다 → 오그라들다
오구라붙다 → 오그라붙다
오구라지다 → 오그라지다
오구리다 → 오그리다
오굴거리다 → 오글거리다
오금을 피다 → 오금을 펴다
오금탱이 → 오금팽이
오금팡이 → 오금팽이
오기 정정(誤記訂正) → 바르게 고침[순]
오기하다(誤記－) → 잘못 쓰다, 잘못 적다[순]
오까네(おかね) → 돈
오꼬시(おこし) → 밥풀과자(－菓子), 쌀강정, 쌀과자
오끼나와 → 오키나와(おきなわ, 沖繩)
오나 → 오너(owner)
오나니즘 → 오나니슴(Onanisme)
오너(owner) → 소유주(所有主)[순]
오너드라이버(owner driver) → 손수 운전자(－運轉者)[순]
오너쉽 → 오너십(ownership)
오능(五陵) → 오릉
오니(汚泥) → 오염 침전물(汚染沈澱物)[순]

오다(オーダー) → 오더(order)

오더(order) → 주문(注文), 지시(指示), 차례(次例), 청구(請求)㊙

오더메이드(order made) → 주문복(注文服)㊙

오델로 → 오셀로(Othello)

오뎃사 → 오데사(Odessa)

오뎅(おでん) → 꼬치, 꼬치안주(-按酒)㊙, 어묵(魚-)

오도리(おどり) → 날새우, 생새우(生-)

오도마니 → 오도카니

오도방정 → 오두방정

오도커니 → 오도카니

오도하다(誤導-) → 잘못 이끌다㊙

오독(誤讀) → 잘못 읽기㊙

오독하니 → 오도카니

오독히 → 오독이

오돌도돌 → 오톨도톨

오돌도돌하다 → 오돌오돌하다

오돌뼈 → 오도독뼈

오돌오돌 떨다 → 오들오들 떨다

오두마니 → 오도카니

오두머니 → 오도카니

오두커니 → 오도카니

오디션(audition) → 검사(檢査), 선발 심사(選拔審査), 실연 검사(實演-), 실연 심사, 심사㊙

오디언스(audience) → 시청자(視聽者), 청중(聽衆), 청취자(聽取者)㊙

오디에이(ODA, official development assistance) → 공적 개발 원조(公的開發援助), 정부 개발 원조(政府-)

오디오(audio) → 가청(可聽), 가청 음역(-音域), 들림, 들림띠㊙

오디오 북(audio book) → 듣는 책(-冊), 소리책㊙

오딧세이 → 오디세이(Odyssey)

오똑 → 오뚝

오똑이 → 오뚝이

오똑하다 → 오뚝하다

오뚜기 → 오뚝이

오라이(オーライ) → 괜찮아, 좀 더, 좋아

오라줄 → 오랏줄

오랄 → 오럴(oral)

오랑우탕 → 오랑우탄(orangutan)

오랑캐꽃 — 제비꽃㊗

오래기 → 오라기

오래동안 → 오랫동안

오래비 → 오라비

오래였다 → 오래었다

오래이고 → 오래고

오래이다 → 오래다

오래토록 → 오래도록

오랜동안 → 오랫동안

오랫만에 → 오랜만에

오레곤주(-州) → 오리건주(Oregon-)

오렌지색(orange色) → 주홍색(朱紅色)㊙

오렌지 쥬스 → 오렌지 주스(orange juice)

오롯히 → 오롯이

오류(誤謬) → 잘못㊙

오류 정정(誤謬訂正) → 고침, 틀린 것 고침㊙

오륙월(五六月) → 오뉴월

오르가즘 → 오르가슴(orgasme)

오르간(organ) → 풍금(風琴)🆂

오르갠 → 오르간(organ)

오른무릅 → 오른무릎

오른손잽이 → 오른손잡이

오른쪽 — 오른편(-便)🅱

오리곤주(-州) → 오리건주(Oregon-)

오리과(-科) → 오릿과

오리 보고 십리 간다(五里-十里-)
　→ 오리 보고 십리 간다(五厘-)

오리엔탈리즘(orientalism) → 동양주의
　(東洋主義)🆂

오리엔털 → 오리엔탈(oriental)

오리엔테이션(orientation) → 안내(案
　內), 안내 교육(-敎育), 예비 교육(豫
　備-)🆂

오리지날 → 오리지널(original)

오리지널(original) → ① 독창적(獨創的)
　② 진품(眞品)🆂

오리지널 데이터(original data) → 근원
　자료(根源資料)🆂

오리지널 콘텐츠(original contents)
　→ 자체 제작물(自體製作物)🆂

오린지 → 오렌지(orange)

오림피아 → 올림피아(Olympia)

오림픽 → 올림픽(Olympic)

오마카세(おまかせ) → 주방 특선(廚房特
　選)🆂

오막사리(-幕-) → 오막살이

오막집(-幕-) → 오두막집

오무라들다 → 오므라들다

오무라이스(オムライス) → 오므라이스
　(omelet rice)

오무라지다 → 오므라지다

오무러들다 → 오므라들다

오무러지다 → 오므라지다

오무리다 → 오므리다

오물(汚物) → 더러운 물건(-物件), 쓰
　레기🆂

오물렛 → 오믈렛(omelet)

오므렛 → 오믈렛(omelet)

오믈라이스(オムライス) → 오므라이스
　(omelet rice)

오미자국(五味子-) → 오미잣국

오바(オーバー) → 외투(外套)🆂, 오버
　(over), 오버코트(overcoat)

오바로꾸(オーバーロック) → 오버로크
　(overlock)

오바홀 → 오버홀(overhaul)

오방떡(おおばん-) → 왕풀빵(王-)🆂

오방지다 → 옹골지다

오버(over) → ① 과장(誇張)🆂 ② 외투
　(外套), 오버코트(overcoat)

오버랩(overlap) → 겹침🆂

오버랲 → 오버랩(overlap)

오버로크(overlock) → 푸서 박기, 푸서
　박음, 휘갑, 휘갑치기🆂

오버센스(over sense) → 지나친 생각🆂

오버코트(overcoat) → 외투(外套)🆂

오버 타임(over time) → 공격 시간 초과
　(攻擊時間超過), 시간 초과🆂

오버 페이스하다(over pace-) → 무리
　하다(無理-)🆂

오버헤드킥(overhead kick) → 뒤넘겨차
　기🆂

오버홀(overhaul) → 완전 분해(完全分解), 재생 수리(再生修理), 전면 분해(全面－)[순]

오본(おぼん) → 쟁반(錚盤)[순]

오봉(おぼん) → 쟁반(錚盤)

오붓히 → 오붓이

오브제(objet) → 대상(對象), 물체(物體)[순]

오브젝트(object) → 객체(客體), 목적(目的)[순]

오사까 → 오사카(おおさか, 大阪)

오사리잡놈(－雜－) — 오색잡놈(五色雜－)[복]

오서독스(orthodox) → 전통적(傳統的), 정통적(正統的)[순]

오션 뷰(ocean view) → 바다 전망(－展望)[순]

오손(汚損) → 더럽힘, 망가짐[순]

오손도손 — 오순도순[별]

* 오손도손: 정답게 이야기하거나 의좋게 지내는 모양.
* 오순도순: 정답게 이야기하거나 의좋게 지내는 모양. '오손도손'보다 큰 느낌을 준다.

오수(汚水) → 구정물, 더러운 물[순]

오수(午睡) → 낮잠[순]

오스번(Osborn, Osbourne) → 오즈번

오스본(Osborn, Osbourne) → 오즈번

오스트렐리아 → 오스트레일리아(Australia)

오시삔(おしピン) → 누름핀(－pin), 압정(押釘)

오시아르(OCR, optical character reader) → 광학 문자 판독(光學文字判讀)[순]

오시핀(おしピン) → 누름핀(－pin), 압정(押釘)[순]

오실오실 → 오슬오슬

오야(おや) → ① 두목(頭目), 우두머리 ② 계주(契主)[순]

오야봉(おやぶん) → 두목(頭目), 우두머리, 책임자(責任者)

오야분(おやぶん) → 두목(頭目), 우두머리, 책임자(責任者)[순]

오야붕(おやぶん) → 두목(頭目), 우두머리, 책임자(責任者)

오야지(おやじ) → 공두(工頭), 우두머리, 책임자(責任者)[순]

오얏 → 자두

오얏나무 → 자두나무

오에스(OS, operating system) → 운영체계(運營體系), 운영 체제(－體制)[순]

오에스티(OST, original sound track) → 삽입 음반(揷入音盤), 삽입 음악(－音樂)[순]

오에이(OA, office automation) → 사무자동화(事務自動化)[순]

오엠아르 카드(OMR card, optical mark reader－) → 광학 표시 판독 카드(光學表示判讀－)[순]

오염시키다(汚染－) → 오염하다

오오사까 → 오사카(おおさか, 大阪)

오오사카 → 오사카(おおさか, 大阪)

오오토바이 → 오토바이(autobike)

오욕하다(汚辱－) → 더럽히고 욕되게 하다[순]

오유월(五六月) → 오뉴월

오육도(五六島) → 오륙도

오육 명(五六名) → 오륙 명

오육백(五六百) → 오륙백

오육십(五六十) → 오륙십

오육월(五六月) → 오뉴월

오이소바기 → 오이소박이

오이소배기 → 오이소박이

오이소백이 → 오이소박이

오이시디(OECD, Organization for Economic Cooperation and Development) → 경제 협력 개발 기구(經濟協力開發機構)[순]

오이씨디 → 오이시디(OECD)

오이엠(OEM, original equipment manufacturing) → 주문자 상표 부착(注文者商標附着/付着), 주문자 상표 부착 생산(-生産)[순]

오인하다(誤認-) → 잘못 알다[순]

오일(oil) → 기름, 석유(石油)[순]

오일쇼크(oil shock) → 석유 파동(石油波動)[순], 유류 파동(油類-)

오일쇽크 → 오일쇼크(oil shock)

오일펜스(oil fence) → 기름막이, 기름 차단막(-遮斷幕)[순]

오입장이(誤入-) → 오입쟁이

오자미(おてだま) → 놀이주머니[순]

오재미 → 오자미(おてだま)

오줌빨 → 오줌발

오줌싸게 → 오줌싸개

오지(奧地) → 두메, 두메산골(-山-)[순]

오지랍 → 오지랖

오지리(墺地利) → 오스트리아(Australia)

오직하면 → 오죽하면

오징어젓깔 → 오징어젓갈

오징어젓 → 오징어젓

오징어젓갈 → 오징어젓갈

오차(おちゃ) → 차[茶][순]

오찬(午餐) → 점심(點心), 점심 모임[순]

오카네(おかね) → 돈[순]

오케 → 오케이(OK)

오코시(おこし) → 밥풀과자(-菓子)[순], 쌀강정, 쌀과자

오크벨리 → 오크밸리(Oak Valley)

오텔로 → 오셀로(Othello)

오토(auto) → 자동(自動)[순]

오토메이션(automation) → ① 자동(自動) ② 자동화(自動化)[순]

오토캠핑(auto camping) → 자동차 야영(自動車野營)[순]

오토 프로그램(auto program) → 자동 프로그램(自動-)[순]

오톨오톨하다 → 오톨도톨하다

오톨토돌 → 오돌토돌

오투오(O2O, online to offline) → 온오프라인 연계(on off line連繫), 온오프라인 연계 마케팅(-marketing), 온오프라인 연계 사업(-事業)

오파 → 오퍼(offer)

오파상(-商) → 오퍼상(offer-)

오퍼(offer) → 공급(供給), 제공(提供)[순]

오퍼레이터(operator) → 연산자(演算子), 운영자(運營者)[순]

오퍼상(offer商) → 판매 알선업자(販賣斡旋業者), 판매 확약업자(-確約-)[순]

오펙(OPEC, Organization of Petroleum

Exporting Countries) → 석유 수출국 기구(石油輸出國機構)[순]

오표(-標) → 공표(空標, ○), 동그라미 표, 영표(零標)

오프(off) → 끄기[순]

오프너(opener) → 병따개(瓶-)[순]

오프닝(opening) → 개관(開館), 개막(開幕), 개막 공연(-公演), 개통(開通)[순]

오프더레코드(off the record) → 비보도(非報道), 비보도 기자 회견(-記者會見)[순]

오프라인(off-line) → 현실 공간(現實空間)[순]

오프사이드(offside) → 진입 반칙(進入反則)[순]

오픈 런(open run) → ① 개장 질주(開場疾走), 개점 질주(開店-) ② 상시 공연(常時公演)[순]

오픈뱅킹(open banking) → 공동망 금융 거래(共同網金融去來)

오픈 소스(open source) → 공개 소스(公開-), 공개 자료(-資料)[순]

오픈스페이스(open space) → 열린 공간(-空間), 열린 쉼터

오픈 캠퍼스(open campus) → 기관-대학 협력 교육(機關-大學協力教育)[순]

오픈하다(open-) → ① 열다 ② 개장하다(開場-) ③ 개업하다(開業-) ④ 개관하다(開館-) ⑤ 개막하다(開幕-)[순]

오피니언 리더(opinion leader) → 여론 주도자(輿論主導者), 여론 주도층(-層)[순]

오피스 레이디(office lady) → 직장 여성

(職場女性)[순]

오피스 빌딩(office building) → 사무용 건물(事務用建物)[순]

오한(惡寒) → 춥고 떨림[순]

오한마(おおハンマー) → 대형 해머(大型hammer), 슬레지해머(sledge hammer), 큰 망치

오함마(おおハンマー) → 대형 해머(大型hammer), 슬레지해머(sledge hammer), 큰 망치

오합잡놈(烏合雜-) → 오사리잡놈

옥고(獄苦) → 옥살이[순]

옥니바기 → 옥니박이

옥니배기 → 옥니박이

옥니백이 → 옥니박이

옥도정기(沃度丁幾) → 요오드팅크 [Jodtinktur(독), iodine tincture(영)][순]

옥도징끼(ヨードチンキ) → 요오드팅크 [Jodtinktur(독), iodine tincture(영)]

옥매다 → 옭매다

옥사(獄死) → 재소 중 사망(在所中死亡)[순]

옥상 위에(屋上-) → 옥상에

옥석구분(玉石區分) → 옥석구분(玉石俱焚)

옥수수 가루 → 옥수숫가루

옥수수대 → 옥수숫대

옥수숫자루 → 옥수수자루

옥스포드 → 옥스퍼드(Oxford)

옥외(屋外) → 바깥[순]

옥의 티(玉-) → 옥에 티

옥죄다 → 옥죄다

옥죄 → 옥죄

옥타부 → 옥타브(octave)

옥타아브 → 옥타브(octave)

옥토(沃土) → 건땅, 기름진 땅㊍

온가지 → 온갖

온갓 → 온갖

온냉(溫冷) → 온랭

온당잖다(穩當-) → 온당찮다

온당챦다(穩當-) → 온당찮다

온당지 않다(穩當-) → 온당치 않다

온당챦다(穩當-) → 온당찮다

온더락 → 온더록스(on the rocks)

온수(溫水) → 더운 물, 뜨거운 물㊍

온·오프 → 온오프(on off)

온전이(穩全-) → 온전히

온태리어호(-湖)
  → 온타리오호(Ontario-)

온택트(ontact) → 영상 대면(映像對面),
  화상 대면(畵像-)㊍, 온라인(on-line)

온테리어호(-湖) → 온타리오호(Ontario-)

온통 — 전통(全統)㊂

올개미 → 올가미

올갠 → 오르간(organ)

올갱이 → 다슬기

올곳다 → 올곧다

올나잇 → 올 나이트(all night)

올드 패션(old fashion) → 구식(舊式)㊍

올라운드 플레이어(all round player)
  → ① 만능선수(萬能選手) ② 만능인
  (萬能人)㊍

올란도 → 올랜도(Orlando)

올래졸래 → 울레줄레

올런지 → 올는지

올려부치다 → 올려붙이다

올르다 → 오르다

올림프스산(-山) → 올림푸스산
  (Olympus-)

올바라야 → 올발라야

올발르니 → 올바르니

올발르다 → 올바르다

올백(all back) → 막 넘김㊍

올뻬미과(-科) → 올빼밋과

올스톱(all stop) → 전면 중단(全面中斷)㊍

~올습니다 → ~올시다

올실 → 외올실

~올씨다 → ~올시다

올인(all-in) → ① 다 걸기 ② 집중(集中)㊍

올인원(all-in-one) → 일체형(一體形)㊍

올창이 → 올챙이

올커니 → 옳거니

올 코트 프레싱(all court pressing)
  → 전면 강압 수비(全面强壓守備)㊍

올킬(all kill) → 싹쓸이㊍

올훼스 → 오르페우스(Orpheus)

옭죄다 → 옥죄다

옳다꾸나 → 옳다구나

옳바로 → 올바로

옳바르다 → 올바르다

옳으네 → 옳네

옳치 → 옳지

옳커니 → 옳거니

옳타구나 → 옳다구나

옳타꾸나 → 옳다구나

옳타쿠나 → 옳다구나

옴니버스(omnibus) → 모음, 모음집(-

集)[순]

옴니채널(omni-channel) → 통합 유통망(統合流通網)[순]

옴막집(-幕-) → 오두막집

옴므파탈 → 옴파탈(homme fatal)

옴부스만 → 옴부즈맨(ombudsman)

옴부스맨 → 옴부즈맨(ombudsman)

옴부즈만 → 옴부즈맨(ombudsman)

옴부즈맨(ombudsman) → 민원 도우미(民願-)[순]

옴싹달싹 → 옴짝달싹

옴 올르다 → 옴 오르다

옴쭉달싹 → ① 꼼짝달싹 ② 옴짝달싹

* 꼼짝달싹: (주로 '못 하다', '않다', '말다' 따위의 부정어와 함께 쓰여) 몸이 아주 조금 움직이거나 들리는 모양.

* 옴짝달싹: (주로 '못 하다', '않다', '말다' 따위의 부정어와 함께 쓰여) 몸을 아주 조금 움직이는 모양.

옴추러들다 → 옴츠러들다

옴추리다 → 옴츠리다

옴콤 → 옴큼

옴큼 → 움큼

옴팍지다 → 옴팡지다

옵사이드 → 오프사이드(offside)

옵서버(observer) → 참관인(參觀人)[순]

옵셋 → 오프셋(offset)

옵셋트 → 오프셋(offset)

옵셑 → 오프셋(offset)

옵션(option) → 선택(選擇), 선택 사항(-事項)[순]

옵아트(op art) → 광학 미술(光學美術)[순]

옵저버 → 옵서버(observer)

옵티칼 → 옵티컬(optical)

웃닭 → 웇닭

웃매무시 → 웃매무새

웃맵씨 → 웃맵시

웃백숙(-白熟) → 웇백숙

웃삔(-ピン) → 웃핀(-pin)

웃섭 → 웃섶

웃오르다 → 웇오르다

웃오리 → 웇오리

웃채 → 웃째

웃치래 → 웃치레

웃치례 → 웃치레

웃칠(-漆) → 웇칠

옹고집장이(壅固執-) → 옹고집쟁이

옹그스트롬 → 옹스트롬(angstrom, Å)

옹기쟁이(甕器-) → 옹기장이

옹니 → 옥니

옹니바기 → 옥니박이

옹니박이 → 옥니박이

옹니배기 → 옥니박이

옹니백이 → 옥니박이

옹두릿뼈 → 옹두리뼈

옹송거리다 → 옹송그리다

옹심이(-心-) → 새알심(-心)

옹쿰 → 옴큼

옹큼 → 옴큼

옹해야 → 옹헤야

옻올르다 → 옻오르다

옾셋 → 오프셋(offset)

와구와구 → 아귀아귀

와글바글 → ① 와글와글 ② 바글바글

와꾸(わく) → 틀

와니스(ワニス) → 바니시(varnish)

와루바시(わるばし) → 나무젓가락

와르르르 → 와르르

와리깡(わりかん) → 각자 내기(各自 -),
나누어 내기, 추렴

와리바시(わりばし) → 나무젓가락[순]

와리칸(わりかん) → 나누어 내기, 추렴
[순], 각자 내기(各自 -)

와사등(瓦斯燈) → 가스등(gas燈)

와사비(わさび) → 고추냉이[순], 산규
(山葵)

와셀린 → 바셀린(vaseline)

와용(臥龍) → 와룡

와우(wow) → 우아, 와

〜와의 → 〜와

와이로(わいろ) → 뇌물(賂物)[순]

와이샤쓰(ワイシャツ) → 와이셔츠(white
shirt)

와이샤츠(ワイシャツ) → 와이셔츠(white
shirt)

와이어(wire) → 유선(有線), 줄[순]

와이즈만, 차임 아즈리엘 → 바이츠만, 차
임 아즈리엘(Weizmann, Chaim Azriel)

와이프(wife) → 부인(夫人), 아내, 처(妻)[순]

와인(wine) → 포도주(葡萄酒)[순]

와일드카드(wild card) → 예외 규정(例
外規定)[순]

와일드 피칭(wild pitching) → 악투구
(惡投球)[순]

와일드하다(wild) → 거칠다[순]

와전되다(訛傳 -) → 잘못 전해지다[순]

와쿠(わく) → 틀

와트 w → W

와튼 스쿨 → 휘턴 스쿨(Wharton School)

와해(瓦解) → 무너짐[순]

왁새 → 왜가리

왁싱(waxing) → 왁스 입히기[순]

왁자그르 → 왁자그르르

왁자지걸 → 왁자지껄

왁작지껄 → 왁자지껄

왁진 → 왁친(Vakzin)

왁짜그르 → 왁자그르르

왁짜그르르 → 왁자그르르

왁짜지껄 → 왁자지껄

왁짜하다 → 왁자하다

왁짝지껄 → 왁자지껄

왁찐 → 왁친(Vakzin)

완강기(緩降機) → 하강기(下降機)

완강이(頑强 -) → 완강히

완성시키다(完成 -) → 완성하다

완숙(完熟) → 다 익음, 무르익음[순]

완연이(宛然 -) → 완연히

완완이(① 婉婉 - ② 緩緩 -) → 완완히

완전이(完全 -) → 완전히

완제하다(完濟 -) → 모두 갚다, 모두 다
갚다[순]

완철(腕鐵) → 어깨쇠[순]

완충물(緩衝物) → 충격막이(衝擊 -)[순]

완화시키다(緩和 -) → 완화하다

왈쓰 → 왈츠(waltz)

왈자자식(-子息) → 왈짜자식

왈자타령 → 왈짜타령

왈짜 — 왈패(-牌)[복]

왈쯔 → 왈츠(waltz)

왓치 → 워치(watch)

왓치맨 → 워치맨(watchman)

왓트(W) → 와트(watt, W)

왔다리갔다리하다(-たり-) → 왔다갔다하다

왔읍니다 → 왔습니다

왕골기직 - 왕골자리[복]

왕능(王陵) → 왕릉

왕대포집(王-) → 왕대폿집

왕림하여(枉臨-) → 오셔, 오셔서[순]

왕비감(王妃-) → 왕빗감

왕세자비(王世子妃) → 왕세자빈(-嬪)

왕왕(往往) → 가끔, 때때로, 이따금

왜건(wagon) → 유아 수레(乳兒-)[순]

왜곤 → 왜건(wagon)

왜긋다 → 뻣뻣하다

왜무우(倭-) → 왜무

왠 → 웬

왠간하다 → 엔간하다

왠갖 → 온갖

왠걸 → 웬걸

왠만치 → 웬만치

왠만큼 → 웬만큼

왠만하면 → 웬만하면

왠만한 → 웬만한

왠말 → 웬말

왠 소리 → 웬 소리

왠수 → 원수(怨讐)

왠일 → 웬일

왠종일(-終日) → 온종일

왱그랑뎅그랑 → 왱그랑댕그랑

왱그렁거리다 → 왱그랑거리다

외가리 → 왜가리

외가집(外家-) → 외갓집

외갓댁 → 외가댁(外家宅)

외갓집 → 외가(外家)

외겹실 - 외올실 - 홑실[복]

외경(畏敬) → 깊은 존경(-尊敬)[순]

외경(外徑) → 바깥지름

외곡 → 왜곡(歪曲)

외골 → 외곬

외골쑤 → 외골수(-骨髓)

외곬수 → 외골수(-骨髓)

외교 파우치(外交pouch) → 외교 행낭(-行囊)[순]

외기(外氣) → 바깥 공기(-空氣)[순]

외까풀 - 외꺼풀[복]

외눈바기 → 외눈박이

외눈배기 → 외눈박이

외눈백이 → 외눈박이

외눈퉁이 → 외눈박이

외다 - 외우다[복]

외대박이[眇目] → 외눈박이

외동무늬(윷판) → 외동무니

외동이 → 외둥이

외디푸스 → 오이디푸스(Oedipus)

외따로히 → 외따로이

외따른 → 외딴

외따른길 → 외딴길

외람되다(猥濫-) → 분에 넘치다(分-)[순]

외람이(猥濫-) → 외람히

외래종(外來種) → 도입종(導入種)[순]

외레 → 외려

외로와 → 외로워

외로히 → 외로이

외롭잖다 → 외롭잖다

외면치래(外面 -) → 외면치레

외면치례(外面 -) → 외면치레

외사춘 → 외사촌(外四寸)

외삼춘 → 외삼촌(外三寸)

외상(外傷) → 겉상처(-傷處)㊤

외손잡이 — 한손잡이㊗

외손잽이 → 외손잡이

외양(外樣) → 겉모양(-模樣), 겉보기㊤

외양치래(外樣 -) → 면치레(面 -)

외양치레(外樣 -) → 면치레(面 -)

외양치례(外樣 -) → 면치레(面 -)

외입쟁이 → 오입쟁이(誤入 -)

외조(外助) → 도움, 배우자의 도움(配偶者 -)㊤

외조카 → 외종질(外從姪)

외채집 → 외챗집

외측(外側) → 바깥쪽

외토리 → 외톨이

외톨도리 → 외돌토리

외톨백이 → 외톨박이

외통배기 → 애꾸눈이

외투감(外套 -) → 외툿감

외피(外皮) → 겉껍질㊤

외해 양식(外海養殖) → 난바다 양식㊤

외형율(外形律) → 외형률

왼갖 → 온갖

왼녘 → 왼녘

왼녘 — 왼짝 — 왼편짝(-便 -)㊗

왼달 → 온달

왼무릅 → 왼무릎

왼손잽이 → 왼손잡이

왼재기 → 왼손잡이

왼종일(-終日) → 온종일

왼쪽 — 왼편(-便)㊗

왼통 → 온통

요거트 → 요구르트(yogurt)

요까지 → 요까짓

요까지 것 → 요까짓 것

요까지 놈 → 요까짓 놈

요깡(ようかん) → 단묵㊤, 단팥묵, 양갱(羊羹)

요녕성(遼寧省) → 요령성

요는(要 -) → 요점은(要點 -), 중요한 것은(重要 -)㊤

요다지 — 요리도㊗

요대(腰帶) → 허리띠㊤

요동(搖動) → 흔들림㊤

요드 → 요오드(Jod)

요드팅크 → 요오드팅크(Jodtinktur)

요람(要覽) → 안내(案內)㊤

요래 뵈도 → 요래 봬도

요러니저러니 → 요러니조러니

요렇니저렇니 → 요러니조러니

요렇니조렇니 → 요러니조러니

요령것(要領 -) → 요령껏

요로에(要路 -) → 기관에(機關 -)㊤

요리집(料理 -) → 요릿집

요마만큼 → 요만큼

요마만하다 → 요마마하다

요마만한 → 요마마한

요마큼 → 요만큼

요만때 → 요맘때

요만치 — 요만큼[복]

요망(要望) → 바람[순]

요맨큼 → 요만큼

요비린(よびりん) → 초인종(超人鐘)[순]

요비링(よびりん) → 초인종(超人鐘)

요상스럽다(-常-) → 이상스럽다(異常-)

요상하다(-常-) → 이상하다(異常-)

요새말 → 요샛말

요세 → 요새

요술장이(妖術-) → 요술쟁이

요식(要式) → 격식(格式)[순]

요실금(尿失禁) → 오줌흘리기[순]

요약건데(要約-) → 요약건대

요우커[遊客] → 유커

요원(遼遠) → 까마득, 까마득함, 멂[순]

요이땅(よういどん) → 시작(始作), 준비
(準備)

요잇[褥] → 욧잇

요주의(要注意) → 주의하시오, 주의하
십시오[순]

요즘 → 요즈음

요지(ようじ) → 이쑤시개[순]

요지(要旨) → 주요 내용(主要內容)[순]

요지부동(搖之不動) → 꿋꿋한, 움직이
지 않는, 흔들리지 않는[순]

요지음 → 요즈음

요철(凹凸) → 오목볼록[순]

요추(腰椎) → 허리등뼈[순]

요컨데(要-) → 요컨대

요쿠르트 → 요구르트(yogurt)

요판(凹版) → 오목판[순]

요하다(要-) → ~하기 바랍니다, ~하

시기 바랍니다[순]

요행이(僥倖-) → 요행히

욕심껏(欲心-) → 욕심껏

욕심꾸래기(欲心-) → 욕심꾸러기

욕심꾸러기(欲心-) — 욕심쟁이[복]

욕심꾸레기(欲心-) → 욕심꾸러기

욕심장이(欲心-) → 욕심쟁이

욕심 피다(欲心-) → 욕심 피우다

욕지걸이(辱-) → 욕지거리

욕지꺼리(辱-) → 욕지거리

욕짓거리(辱-) → 욕지거리

욕짓꺼리(辱-) → 욕지거리

욕찌거리(辱-) → 욕지거리

욕찌꺼리(辱-) → 욕지거리

욧점 → 요점(要點)

용감이(勇敢-) → 용감히

용기(容器) → 그릇[순]

용달(用達) → 심부름[순]

용두골(龍頭-) → 용둣골

용선(傭船) → 선박 임차(船舶賃借)[순]

용설난(龍舌蘭) → 용설란

용수로(用水路) → 물 대는 길[순]

용의(容儀) → 몸가짐[순]

용의(容疑) → 의심 감(疑心-)[순]

용의주도하다(用意周到-) → 마음 준비
가 빈틈없다(-準備-), 빈틈없다[순]

용이하다(容易-) → 쉽다

용적율(容積率) → 용적률

용접공(鎔接工) → 용접 기사(-技士)[순]

용제(溶劑) → 녹는 약(-藥)[순]

용출(湧出) → 물이 솟아 나오다, 솟아
나오다[순]

우거지국 → 우거짓국

우겨넣다 → 욱여넣다

우끼(うき) → 띄우개, 찌, 튜브(tube)

우담바라[優曇婆羅] → 우담발라(優曇鉢羅)

우동(うどん) → 가락국수[순]

우두머니 → 우두커니

우둘우둘 떨다 → 우들우들 떨다

우들두들 → 우둘투둘

우라(うら) → 안, 안감[순]

우라까이(うらがえし) → ① 뒤바꿈, 뒤집기(패션) ② 베껴쓰기(언론)

우량목(優良木) → 좋은 나무[순]

우럴르다 → 우러르다

우렁 → 우렁이

우렁셍이 → 우렁쉥이

우렁솅이 → 우렁쉥이

우렁이속 → 우렁잇속

우레 ― 천둥[복]

우레소리 → 우렛소리

우렛소리 ― 천둥소리[복]

우렝이 → 우렁이

우롱(愚弄) → 놀림[순]

우뢰 → 우레

우룃소리 → 우렛소리

우루구아이 → 우루과이(Uruguay)

우루루 → 우르르

우르르르 → 우르르

우를 범하다(愚-犯-) → 어리석은 짓을 하다

우리 부인(夫人) → 나의 아내, 제 아내

우먼파워(womanpower) → 여성세(女性勢), 여성 세력(-勢力)[순]

우무가사리 → 우뭇가사리

우무리다 → 우므리다

우물라우트 → 움라우트(Umlaut, ¨)

우뭉하다 → 의뭉하다

우미다 → 매만지다

우발(偶發) → 우연 발생(偶然發生)[순]

우범 지대(虞犯地帶) → 범죄 우려 지대(犯罪憂慮-)[순]

우사(牛舍) → 소 우리, 외양간(-間)[순]

우사스럽다 → 우세스럽다

우사시럽다 → 우세스럽다

우산꽂이(雨傘-) → 우산꽂이

우산을 피다(雨傘-) → 우산을 펴다

우선(于先) → 먼저[순]

우세거리 → 우셋거리

우세꺼리 → 우셋거리

우세시럽다 → 우세스럽다

우셋꺼리 → 우셋거리

우송하다(郵送-) → 우편으로 부치다(郵便-)[순]

우수(雨水) → 빗물[순]

우수(右手) → 오른손

우수 관로(雨水管路) → 빗물관[순]

우수꽝스럽다 → 우스꽝스럽다

우스개말 → 우스갯말

우스개소리 → 우스갯소리

우스개짓 → 우스갯짓

우스갯말 ― 우스갯소리[복]

우스웁다 → 우습다

우습꽝스럽다 → 우스꽝스럽다

우연이(偶然-) → 우연히

우연찮다(偶然 -) → 우연찮다
우와(감탄사) → 우아, 와
우와기(うわぎ) → 상의(上衣), 양복저고
　리(洋服 -), 윗도리, 저고리㊥, 겉옷,
　웃옷
우유값(牛乳 -) → 우윳값
우유곽(牛乳 -) → 우유갑(-匣)
우유빛(牛乳 -) → 우윳빛
우육(牛肉) → 소고기, 쇠고기
우윳갑 → 우유갑(牛乳匣)
우윳빛깔(牛乳 -) → 우유 빛깔
우의(雨衣) → 비옷㊥
우지 - 울보㊟
우지(牛脂) → 쇠기름㊥
우직근 → 우지끈
우짓다 → 우짖다
우천시(雨天時) → 비 올 때㊥, 비가 오면
우체통(郵遞筒) → 우체함(郵遞函), 우편
　함(郵便函)㊥
우측(右側) → 오른쪽
우측 상단(右側上端) → 오른쪽 위, 오른
　쪽 위 끝㊥
우키(うき) → 띄우개, 찌, 튜브(tube)㊥
우툴투툴 → 우툴두툴
우편 배달부(郵便配達夫) → 집배원(集配
　員)㊥
우편(右便) → 오른쪽
우편낭(郵便囊) → 우편 자루㊥
우표값(郵票 -) → 우푯값
우풍(-風) → 웃풍
우현(右舷) → 오른쪽 뱃전㊥
욱박지르다 → 윽박지르다

욱씬거리다 → 욱신거리다
욱씬욱씬 → 욱신욱신
욱어지다 → 우거지다
운동양(運動量) → 운동량
운률(韻律) → 운율
운명을 달리하다(運命 -) → 유명을 달리
　하다(幽明 -)
운무(雲霧) → 구름과 안개㊥
운영의 묘(運營 - 妙) → 운용의 묘(運用 -)
운요오호 → 운요호(うんようごう, 雲揚號)
운용(雲龍) → 운룡
운용(運用) → 이용(利用), 활용(活用)㊥
운위하다(云謂 -) → 말하다, 이르다㊥
운전수(運轉手) → 운전기사(-技士), 운
　전사(運轉士)㊥
운집(雲集) → 떼지어 모임, 많이 모임㊥
운짱(うんちゃん) → 운전기사(運轉技士),
　운전사(運轉士)㊥
운휴 차량(運休車輛) → 쉬는 차㊥
운휴하다(運休 -) → 운행을 쉬다(運行
　 -)㊥
운휴할 때(運休 -) → 차가 쉴 때(車 -)㊥
울긋불긋 → 울긋불긋
울궈내다 → 우려내다
울궈먹다 → 우려먹다
울그다 → 우리다
울그락불그락 → 붉으락푸르락
울그락붉그락 → 붉으락푸르락
울그락붉으락 → 붉으락푸르락
울래야 울 수도 없다 → 울려야 울 수도
　없다
울래줄래 → 울레줄레

울마크(wool mark) → 모 표시(毛表示)[순]

울망줄망 → 올망졸망

울머기다 → 울먹이다

울부짓다 → 울부짖다

울섭 → 울섶

울쌍 → 울상(-相)

울어나다 → 우러나다

울어 재끼다 → 울어 젖히다

울어 재치다 → 울어 젖히다

울어 젓히다 → 울어 젖히다

울어 제끼다 → 울어 젖히다

울어 제치다 → 울어 젖히다

울을까 → 울까

울장 → 울짱

울짖다 → 우짖다

울쩍하다 → 울적하다(① 鬱寂- ② 鬱積-)

울트라머린 → 울트라마린(ultramarine)

울화병(鬱火病) — 울화증(鬱火症) — 화병(火病)[복]

울화술(鬱火-) → 울홧술

움지기다 → 움직이다

움질 → 움찔

움쭐 → 움찔

움추러들다 → 움츠러들다

움추러지다 → 움츠러지다

움추리다 → 움츠리다

움츠러들다 — 움츠러지다[복]

* 움츠러들다: ① 몸이나 몸의 일부가 몹시 오그라져 들어가거나 작아지다. ② 겁을 먹거나 위압감 때문에 기를 펴지 못하고 몹시 주눅이 들다.

* 움츠러지다: ① 몸이 몹시 오그라지거나 작아지다. ② 내었던 마음이나 하려던 행동 따위를 하지 못할 만큼 몹시 기가 꺾이거나 풀이 죽게 되다.

움치고 뛸 수 없다 → 옴치고 뛸 수 없다

움치르다 → 움츠리다

움크리다 → 웅크리다

웃가지 → 윗가지

웃간(-間) → 윗간

웃글 → 윗글

웃길 → 윗길

웃넓이 → 윗넓이

웃녘 → 윗녘

웃녘 → 윗녘

웃누이 → 윗누이

웃눈시울 → 윗눈시울

웃눈썹 → 윗눈썹

웃니[上齒] → 윗니

웃당줄 → 윗당줄

웃대(-代) → 윗대

웃덧방(-枋) → 윗덧방

웃덧줄 → 윗덧줄

웃도리 → 윗도리

웃동 → 윗동

웃동네(-洞-) → 윗동네

웃동아리 → 윗동아리

웃마을 → 윗마을

웃막이 → 윗막이

웃말 → 윗말

웃머리 → 윗머리

웃면(-面) → 윗면

웃목 → 윗목

웃몸 → 윗몸

웃몸운동(-運動) → 윗몸운동

웃묵 → 윗목

웃문자(-文字) → 윗문자

웃물 → 윗물

웃바람 → 윗바람

　* 웃바람: 겨울에, 방 안의 천장이나 벽 사
　　이로 스며들어 오는 찬 기운. ≒웃풍.

　* 윗바람: ① 물의 상류 쪽에서 불어오는 바
　　람. ≒상풍. ② 연을 날릴 때 '서풍'을 이
　　르는 말.

웃바람－웃풍(-風)[복]

웃반(-班) → 윗반

웃방(-房) → 윗방

웃배[大腹] → 윗배

웃벌 → 윗벌

웃변(-邊) → 윗변

웃볼 → 윗볼

웃부분(-部分) → 윗부분

웃분 → 윗분

웃사람 → 윗사람

웃사랑(-舍廊) → 윗사랑

웃세장 → 윗세장

웃수(-手) → 윗수

웃수염(-鬚髥) → 윗수염

웃알 → 윗알

웃어 재끼다 → 웃어 젖히다

웃어 재치다 → 웃어 젖히다

웃어 젓히다 → 웃어 젖히다

웃어 제끼다 → 웃어 젖히다

웃어 제치다 → 웃어 젖히다

웃옷 → 윗옷

　* 웃옷: 맨 겉에 입는 옷.

　* 윗옷: 위에 입는 옷. ≒상복, 상의, 웃통,
　　윗도리.

웃을까 울을까 → 웃을까 울까

웃을래야 → 웃으려야

웃을려고 → 웃으려고

웃을려야 → 웃으려야

웃음꺼리 → 웃음거리

웃음꽃 피다 → 웃음꽃 피우다

웃음 띠다 → 웃음 띠다

웃읍다 → 우습다

웃이[上齒] → 윗니

웃입술 → 윗입술

웃잇몸 → 윗잇몸

웃자리 → 윗자리

웃줄 → 윗줄

웃중방(-中枋) → 윗중방

웃집 → 윗집

웃짝 → 위짝

웃쪽 → 위쪽

웃채 → 위채

웃청(-廳) → 위청

웃층(-層) → 위층

웃치마 → 위치마

웃턱 → 위턱

웃팔 → 위팔

웅뎅이 → 웅덩이

웅변한다(雄辯-) → 잘 말해 준다[순]

웅숭거리다 → 웅숭그리다

웅지(雄志) → 큰 뜻[순]

웅켜잡다 → 움켜잡다

웅켜쥐다 → 움켜쥐다

웅쿰 → 움큼

웅크러들다 → 움츠러들다

웅큼 → 움큼

워드프로세서(word processor) → 문서 편집기(文書編輯機)[순]

워라말 → 얼룩말

워라밸(work life balance, WLB) → 일과 삶의 균형(-均衡), 일삶균형[순]

워밍업(warming up) → 준비(準備), 준비 운동(-運動)[순]

워셔 → 와셔(washer)

워즈워드, 윌리엄 → 워즈워스, 윌리엄(Wordsworth, William)

워카 → 워커(walker)

워커(walker) → 군화(軍靴)[순]

워크샵 → 워크숍(workshop)

워크숍(workshop) → 공동 수련(共同修練), 공동 연수(-研修)[순]

워크아웃(work out) → 군살빼기, 기업 개선 작업(企業改善作業)[순]

워크홀릭(workholic) → 일벌레, 일 중독자(-中毒者)[순]

워키토키(walkie-talkie) → 휴대용 무전기(携帶用無電機)[순]

워킹 그룹(working group) → 실무단(實務團)[순]

워킹 대디(working daddy) → 일하는 아빠, 직장인 아빠(職場人-)[순]

워킹맘(working mom) → 일하는 엄마, 직장인 엄마(職場人-)[순]

워킹머신(walking machine) → 달리기 틀[순]

워킹 스루(walking through) → 도보 이동형(徒步移動型), 도보형[순]

워킹투어(walking tour) → 걷기 여행(-旅行), 도보 여행(徒步-)

워킹홀리데이(working holiday) → 관광 취업(觀光就業)[순]

워터루 → 워털루(Waterloo)

워터파크(water park) → 물놀이 공원(-公園)[순]

원거리(遠距離) → 먼 거리[순]

원것(願-) → 원껏

원그라프(圓-) → 원그래프(-graph)

원금(元金) → 본밑(本-), 본전(本錢)[순]

원나잇 → 원 나이트(one night)

원단(元旦) → 새해 아침, 설날[순], 설날 아침

원룸(one room) → 통방집(-房-), 통집, 튼방집[순]

원만이(圓滿-) → 원만히

원망(願望) → 바람, 소원(所願)[순]

원맨쇼(one-man show) → 독무대(獨舞臺)[순]

원 사이드 게임(one side game) → 일방 경기(一方競技)[순]

원상(原狀) → 본디 상태(-狀態), 원래 상태(元來-)[순]

원상 복구(原狀復舊) → 원상 복귀(-復歸)
  * 복구(復舊): ① 손실 이전의 상태로 회복함. 늑복고. ② 시스템이 정상적으로 작동하지 아니할 때, 문제가 생기기 바로 앞의 상태로 회복시켜 프로그램의 처리를 계속할 수 있게 함.
  * 복귀(復歸): 본디의 자리나 상태로 되돌아감.

원수덩어리(怨讐-) → 원숫덩어리

원스톱(one-stop) → 일괄(一括), 통합

(統合), 한자리〔순〕

원 스트라이크아웃제(one strike out制)
→ 즉시 퇴출제(卽時退出制)〔순〕, 즉시
처벌제(-處罰制)

원아(園兒) → 유치원 아동(幼稚園兒童)〔순〕

원유값(原乳-) → 원윳값

원자재값(原資材-) → 원자잿값

원재료값(原材料-) → 원재룟값

원정(遠程) → 먼 길〔순〕

원족(遠足) → 소풍(逍風/消風)〔순〕

원주(圓柱) → 원기둥〔순〕

원채 → 원체(元體)

원천(源泉) → 근원지(根源地), 샘, 샘물〔순〕

원최 → 원체(元體)

원추(圓錐) → 원뿔

원추형(圓錐形) → 원뿔꼴〔순〕

원쳬 → 원체(元體)

원컨데(願-) → 원컨대

원 포인트 레슨(one point lesson) → 요
점 교습(要點敎習)〔순〕

원 포인트 회의(one point會議) → 단건
회의(單件-), 단건 집중 회의(-集中
-)〔순〕

원 플러스 원(one plus one) → 하나에
하나 더〔순〕

원할 → 원활(圓滑)

원화값(-貨-) → 원홧값

원활이(圓滑-) → 원활히

월경(越境) → 경계 넘기(境界-), 국경
넘기(國境-)〔순〕

월권(越權) → 권한 침범(權限侵犯)〔순〕

월급장이(月給-) → 월급쟁이

월남(越南) → 베트남(Vietnam)

~월달(月-) → ~월

월등이(越等-) → 월등히

월부(月賦) → 달 붓기〔순〕

월세값(月貰-) → 월셋값

월세집(月貰-) → 월셋집

월셋방 → 월세방(月貰房)

월수돈(月收-) → 월숫돈

월톤 → 월턴(Walton)

월튼 → 월턴(Walton)

월할인률(月割引率) → 월할인율

웜업하다(warm-up-) → 예열하다(豫熱
-)〔순〕

윗시 → 워시(wash)

웨건 → 왜건(wagon)

웨곤 → 왜건(wagon)

웨딩(wedding) → 결혼(結婚)〔순〕

웨딩드레스(wedding dress) → 신부 예
복(新婦禮服), 혼례복(婚禮服)〔순〕

웨딩 마치(wedding march) → 결혼 행
진곡(結婚行進曲)〔순〕

웨딩 마치를 올리다(wedding march-)
→ 웨딩 마치를 올리다

웨딩 플래너(wedding planner) → 결혼
설계사(結婚設計士)〔순〕

웨어(wear) → 복(服), 옷〔순〕

웨어러블(wearable) → 착용 가능(着用可
能), 착용 가능한〔순〕

웨이브(wave) → 놀, 물결주름, 주름,
파(波), 파도(波濤)〔순〕

웨이스트(waist) → ① 셔츠 웨이스트
(shirts waist) ② 허리〔순〕

웨이스트 라인(waist line) → 허리둘레 선(-線)囹

웨이추레스 → 웨이트리스(waitress)

웨이추리스 → 웨이트리스(waitress)

웨이타 → 웨이터(waiter)

웨이트트레이닝(weight training) → 근력 강화 훈련(筋力強化訓練), 근력 훈련囹

웨일즈 → 웨일스(Wales)

웨타 → 웨이터(waiter)

웨하스(ウェハース) → 웨이퍼(wafer)

웬간하면 → ① 엔간하면 ② 웬만하면

웬갓 → 온갖

웬만치 — 웬만큼囻

웬수 → 원수(怨讐)

웬종일(-終日) → 온종일

웬지 → 왠지

웰니스 제품(wellness製品) → 건강 관리 제품(健康管理-)囹

웰다잉(well-dying) → 품위사(品位死)囹

웰빙(well-being) → 참살이囹

웰빙 타운(wellbeing-town) → 참살이 마을囹

웹마스터(webmaster) → 누리지기囹

웹 브라우저(web browser) → 웹 탐색기 (-探索機)囹

웹 서핑(web surfing) → 누리 검색(-檢索), 웹 검색, 인터넷 검색(internet-)囹

웹진(webzine) → 누리잡지(-雜誌)囹

윙그렁댕그렁 → 웽그렁뎅그렁

위가지 → 윗가지

위간(-間) → 윗간

위거름 → 웃거름

위격다짐 → 우격다짐

위계(僞計) → 속임수(-數)囹

위계 질서(位階秩序) → 상하 질서(上下 -)囹

위고명 → 웃고명

위고, 빅톨 → 위고, 빅토르(Hugo, Victor)

위국[湯] → 웃국

위글 → 윗글

위기떡 → 웃기떡

위길 → 윗길

위너(winner) → 승자(勝者)囹

위넓이 → 윗넓이

위녘 → 윗녘

위누이 → 윗누이

위눈꺼풀 → 윗눈꺼풀

위눈시울 → 윗눈시울

위눈썹 → 윗눈썹

위니[上齒] → 윗니

위당줄 → 윗당줄

위대(-代) → 윗대

위덧방(-枋) → 윗덧방

위덧줄 → 윗덧줄

위도리 → 윗도리

위돈 → 웃돈

위동 → 윗동

위동네(-洞-) → 윗동네

위동아리 → 윗동아리

위드 코로나(with corona) → 일상 회복 (日常回復)

위드 코로나 시대(with corona時代) → 코로나 일상(-日常)囹

위력성당(威力成黨) → 울력성당

위마기 → 윗마기

위마을 → 윗마을

위막이 → 윗막이

위말 → 윗말

위머리 → 윗머리

위면(-面) → 윗면

위목 → 윗목

위몸 → 윗몸

위몸운동(-運動) → 윗몸운동

위문자(-文字) → 윗문자

위물 → 윗물

위미닫이틀 → 윗미닫이틀

위바람 → 윗바람

위반(-班) → 윗반

위방(-房) → 윗방

위배[大腹] → 윗배

위벌 → 윗벌

위변(-邊) → 윗변

위·변조(僞變造) → 위변조

위볼 → 윗볼

위부분(-部分) → 윗부분

위사람 → 윗사람

위사랑(-舍廊) → 윗사랑

위사랑방(-舍廊房) → 윗사랑방

위세장 → 윗세장

위수(-手) → 윗수

위수염(-鬚髥) → 윗수염

위시하다(爲始-) → 비롯하다(순)

위아래물 → 위아랫물

위알 → 윗알

위어른 → 웃어른

위엔(元, yuan) → 위안

위옷 → 윗옷

위이[上齒] → 윗니

위입술 → 윗입술

위잇몸 → 윗잇몸

위자리 → 윗자리

위줄 → 윗줄

위중방(-中枋) → 윗중방

위집 → 윗집

위크(week) → 주(週), 주간(週間)(순)

위태로와(危殆-) → 위태로워

위통 → 웃통

* 위통: 물건의 위가 되는 부분.
* 웃통: ① 몸에서 허리 위의 부분. ② 위에
  입는 옷. =윗옷.

위트(wit) → 기지(機智), 재치(才致)(순)

위풍(-風) → 웃풍

위플래쉬 → 위플래시(Whiplash)

위해(危害) → 위태롭고 해로움(危殆-
　　害-)(순)

윈도(window) → 창(窓)(순)

윈도 스루 검진(window through檢診)
　　→ 투명창 검진(透明窓-)(순)

윈도우 → 윈도(window)

윈도우쇼핑 → 윈도쇼핑(window-
　　shopping)

윈드브러쉬 → 윈드브러시(window brush)

윈드써핑 → 윈드서핑(windsurfing)

윈드 재킷(wind jacket) → 바람막이옷,
　　바람막이 재킷, 방풍 재킷(防風-)(순)

윈드점퍼(wind jumper) → 바람막이 점
　　퍼, 방풍 점퍼(防風-)(순)

윈스톤 → 윈스턴(Winston)
윈슬로 → 윈즐로(Winslow)
윈윈(win-win) → 상생(相生)[순]
윈터 코트(winter coat) → 겨울 외투(-外套), 겨울 코트[순]
윌리암 → 윌리엄(William)
윔블든 → 윔블던(Wimbledon)
윗거름 → 웃거름
윗고명 → 웃고명
윗국[湯] → 웃국
윗기 → 웃기
윗기떡 → 웃기떡
윗돈 → 웃돈
윗돌다 → 웃돌다
윗뜸 → 위뜸
윗바람 → 웃바람 ['웃바람' 주 참조]
윗비 → 웃비
윗어른 → 웃어른
윗이[上齒] → 윗니
윗자라다 → 웃자라다
윗전(-殿) → 웃전
윗짐 → 웃짐
윗짝 → 위짝
윗쪽 → 위쪽
윗채 → 위채
윗청(-廳) → 위청
윗층(-層) → 위층
윗치마 → 위치마
윗칸 → 윗간(-間)
윗턱 → 위턱
윗턱구름 → 위턱구름
윗통 → 웃통
윗트 → 위트(wit)
윗판(-板) → 위판
윗팔 → 위팔
윗풍(-風) → 웃풍
윙(wing) → 날개[순]
윙백(wing back) → 측면 수비수(側面守備手)[순]
윙 칼라(wing collar) → 날갯깃[순]
윙크(wink) → 눈짓[순]
유가(油價) → 기름값[순]
유고 시(有故時) → 사고가 있을 때(事故-)[순]
유기쟁이(鍮器-) → 유기장이
유기하다(遺棄-) → 내버리다[순]
유난이 → 유난히
유년(幼年) → 어린 시절(-時節)[순]
유념하다(留念-) → 마음에 두다[순]
유니버살 → 유니버설(universal)
유니버샬 → 유니버설(universal)
유니버셜 → 유니버설(universal)
유니섹스(unisex) → 남녀 겸용(男女兼用)[순]
유니온 → 유니언(union)
유니온잭 → 유니언잭(Union Jack)
유니콘 기업(unicorn企業) → 거대 신생 기업(巨大新生-)[순]
유니트 → 유닛(unit)
유니폼(uniform) → 제복(制服)[순]
유대인(Judea人) — 유태인(猶太人) — 이스라엘인(Israel人)[복]
유도리(ゆとり) → 늘품, 여유(餘裕), 여유분(餘裕分), 융통(融通)[순], 융통성

(融通性), 이해심(理解心)

유도 심문(誘導審問) → 유도 신문(-訊問)

유도하다(誘導-) → 이끌다㊛

유독히(唯獨/惟獨-) → 유독

유두날(流頭-) → 유둣날

유두리 → 늘품, 여유(餘裕), 여유분(餘裕分), 융통(融通)㊛, 융통성(融通性), 이해심(理解心)

유러비젼 → 유러비전(Eurovision)

유러피안 → 유러피언(European)

유로비젼 → 유러비전(Eurovision)

유로비전 → 유러비전(Eurovision)

유류값(油類-) → 유룻값

유류상종(類類相從) → 유유상종

유리씨스 → 율리시스(Ulysses)

유리씨즈 → 율리시스(Ulysses)

유린하다(蹂躪-) → 짓밟다㊛

유릿가루 → 유리 가루(琉璃-)

유릿잔 → 유리잔(琉璃盞)

유머 센스(humour sense) → 유머 감각(-感覺), 익살기(-氣)㊛

유명세(有名勢) → 유명세(有名稅)

유모 → 유머(humor/humour)

유모레스크 → 유머레스크(humoresque)

유모아 → 유머(humor/humour)

유모어 → 유머(humor/humour)

유모차(乳母車) → 아기차, 유아차(乳兒車)㊛

유발시키다(誘發-) → 유발하다

유병율(有病率) → 유병률

유복여(遺腹女) → 유복녀

유비쿼터스(ubiquitous) → 두루누리, 유

비쿼터스㊛

유빙(流氷) → 떠다니는 얼음덩어리, 성엣장(-張)㊛

유수 탱크(溜水tank) → 물받이 탱크㊛

유수한(有數-) → 두드러진㊛

유실물(遺失物) → 잃어버린 물건(-物件)㊛

유심이(有心-) → 유심히

유아(幼兒) → 어린아이㊛

유아(乳兒) → 젖먹이㊛

유아르엘URL(uniform resource locator) → 인터넷 주소(internet住所)㊛

유압(油壓) → 기름 압력(-壓力)㊛

유약(釉藥) → 잿물㊛

유어 행위(遊漁行爲) → 낚시㊛

유언비어(流言蜚語) → 뜬소문(-所聞), 헛소문㊛

유연이(① 油然- ② 幽然- ③ 柔軟- ④ 流涎- ⑤ 悠然-) → 유연히

유예하다(猶豫-) → 미루다㊛

유용하다(流用-) → 돌려쓰다㊛

유우(U, u) → 유

유유이(① 幽幽- ② 悠悠-) → 유유히

유일무일 → 유일무이(有一無二)

유입율(流入率) → 유입률

유입하다(流入-) → 흘러들다㊛

유자망(流刺網) → 흘림걸그물㊛

유저(user) → 사용자(使用者)㊛

유종(油種) → 기름 종류(-種類)㊛

유즙(乳汁) → 액체(液體), 젖, 즙㊛

유증(遺贈) → 유언 증여(遺言贈與)㊛

유지(油紙) → 기름종이㊛

유지(遺志) → 남긴 뜻[순]
유출율(流出率) → 유출률
유충(幼蟲) → 애벌레[순]
유치(誘致) → 보관(保管), 붙들어 둠[순]
유커[遊客] → 중국 관광객(中國觀光客), 중국인 관광객(中國人 -)[순]
유크리드 → 유클리드(Euclid)
유클리트 → 유클리드(Euclid)
유턴(U-turn) → ① 되돌기, 되돌리기 ② 선회(旋回)[순]
유토피아(Utopia) → 이상향(理想鄕)[순]
유틸리티(utility) → 공익(公益), 공익 사업(-事業)[순]
유포하다(流布-) → 퍼뜨리다[순]
유해하다(有害-) → 해롭다[순]
유효값(有效-) → 유횻값
유효적으로(有效的-) → 효과 있게(效果-)[순]
유휴 노동력(遊休勞動力) → 노는 일손[순]
유휴 시간(遊休時間) → 쉬는 시간[순]
유휴지(遊休地) → 노는 땅[순]
육계장(肉-醬) → 육개장
육곳간(肉庫間) → 정육점(精肉店)
육륙삼십륙(六六三十六) → 육육삼십육
육림(育林) → 나무 가꾸기, 수풀 가꾸기[순]
육묘(育苗) → 모기르기[순]
육안으로(肉眼-) → 눈으로[순], 맨눈으로
육용(六龍) → 육룡
육우(肉牛) → 고기소[순]
육월(六月) → 유월
육자백이(六字-) → 육자배기
육젓(六-) → 육젓
육짜배기 → 육자배기(六字-)
윤번(輪番) → 차례 돌림(次例-)[순]
윤작(輪作) → 돌려짓기[순]
윤중제(輪中堤) → 둘렛둑, 섬둑[순]
윤할유 → 윤활유(潤滑油)
윤허(允許) → 허가(許可), 허락(許諾)[순]
윤화(輪禍) → 교통사고(交通事故)[순]
윤활류(潤滑油) → 윤활유
율리시즈 → 율리시스(Ulysses)
윳가락 → 윷가락
윳놀이 → 윷놀이
윳말 → 윷말
윳판(-板) → 윷판
융기 부분(隆起部分) → 솟은 부분[순]
융·복합(融複合) → 융복합
융푸라우산(-山) → 융프라우산(Jungfrau-)
융푸라우요흐 → 융프라우요흐(Jungfraujoch)
으랏차차 → 으라차차
으레것 → 으레껏
으레히 → 으레
~으려므나 → ~으려무나
~으렸다 → ~으렷다
으례 → 으레
으례껏 → 으레껏
으례이 → 으레
으례히 → 으레
으름짱 → 으름장
~으세요 ─ ~으셔요[복]

으스럼 → 으스름

으시대다 → 으스대다

으시시하다 → 으스스하다

~으시앞 → ~으시압

으실으실하다 → 으슬으슬하다

으악새 → 억새

으이구 → 어이구

으젓하다 → 의젓하다

으지가지없다 → 의지가지없다(依支-)

윽박질르다 → 윽박지르다

은근이(慇懃-) → 은근히

은근자(慇懃-) → 은근짜

은닉하다(隱匿-) → 감추다, 숨기다㈜

은목거리(銀-) → 은목걸이

은밀이(隱密-) → 은밀히

은방맹이(銀-) → 은방망이

은부치(銀-) → 은붙이

은연이(隱然-) → 은연히

은은이(① 殷殷- ② 隱隱-) → 은은히

은이(銀-)[齒] → 은니

은익(隱匿) → 은닉

은폐하다(隱蔽-) → 감추다, 숨기다㈜

~을가 → ~을까

~을갑쇼? → ~을깝쇼?

~을고 → ~을꼬

~을꺼나 → ~을거나

~을 꺼야 → ~을 거야

~을껄 → ~을걸

~을께 → ~을게

~을라고 → ~으라고

~을랴고 → ~으려고

을러대다 — 을러메다㈜

을러매다 → 을러메다

~을런지 → ~을는지

~을려거든 → ~으려거든

~을려고 → ~으려고

~을려기에 → ~으려기에

~을려나 → ~으려나

~을려네 → ~으려네

~을려느냐 → ~으려느냐

~을려는 → ~으려는

~을려는가 → ~으려는가

~을려는고 → ~으려는고

~을려는데 → ~으려는데

~을려는지 → ~으려는지

~을려니 → ~으려니

~을려니와 → ~으려니와

~을려다 → ~으려다

~을려다가 → ~으려다가

~을려더니 → ~으려더니

~을려던 → ~으려던

~을려도 → ~으려도

~을려마 → ~으려마

~을려면 → ~으려면

~을려면야 → ~으려면야

~을려무나 → ~으려무나

~을려서는 → ~으려서는

~을려서야 → ~으려서야

~을려야 → ~으려야

~을려오 → ~으려오

~을련만 → ~으련만

~을렵니까 → ~으렵니까

~을렷다 → ~으렷다

을르다 → 으르다

~을른지 → ~을는지
을사 보호 조약(乙巳保護條約) → 을사늑약(－勒約)
~을사하다 → ~을싸하다
~을소냐 → ~을쏘냐
~을손가 → ~을쏜가
~을쌔 → ~을새
~을쎄 → ~을세
~을쎄라 → ~을세라
~을쑤록 → ~을수록
~을씨 → ~을시
~을씨고 → ~을시고
을씨년하다 → 을씨년스럽다
~을찌 → ~을지
~을찌니라 → ~을지니라
~을찌라도 → ~을지라도
~을찌어다 → ~을지어다
~을찌언정 → ~을지언정
~을찐대 → ~을진대
~을찐저 → ~을진저
~을 필요로 하다(－必要－) → ~이 필요하다
읇조리다 → 읊조리다
읊졸이다 → 읊조리다
음각(陰刻) → 오목새김[순]
음달(陰－) → 응달
음료값(飮料－) → 음룟값
음수기(飮水機) → 식수대(食水臺)[순]
음영(陰影) → 그늘, 그림자[순]
음용수(飮用水) → 마시는 물, 먹는 물[순]
음용하다(飮用－) → 마시다[순]
음율(音律) → 음률
음행(淫行) → 음란한 짓(淫亂－)[순]
~읍니다 → ~습니다
응결(凝結) → 엉김[순]
응당(應當) → 마땅히[순]
응동(應動) → 동작(動作)[순]
응분(應分) → 알맞음[순]
응소(應召) → 소집에 응함(召集－應－)[순]
응신(應信) → 회답(回答)[순]
응집(凝集) → 엉김[순]
응큼하다 → 엉큼하다
응헤야 → 옹헤야
읖조리다 → 읊조리다
의거하다(依據－) → ~에 따르다[순]
의견난(意見欄) → 의견란
의관(衣冠) → 옷차림[순]
의구심(疑懼心) → 의심(疑心)[순]
의녕(宜寧) → 의령
의논(議論) — 의론[별]
* 의논(議論): 어떤 일에 대하여 서로 의견을 주고받음.
* 의론(議論): 어떤 사안에 대하여 각자의 의견을 제기함. 또는 그런 의견.
의당(宜當) → 마땅히[순]
의레껏 → 으레껏
의레이 → 으레
의레히 → 으레
의례[當然] → 으레
의례껏 → 으레껏
의례이 → 으레
의례히 → 으레
의로와(義－) → 의로워
의롭쟎다(義－) → 의롭잖다

의료 수가(醫療酬價) → 진료비(診療費), 치료비(治療費)[순]
의법 조치(依法措置) → 법에 따라 처리(法-處理)[순]
의부남매(-男妹) → 의붓남매
의부누나 → 의붓누나
의부누이 → 의붓누이
의부동생 → 의붓동생
의부딸 → 의붓딸
의부아들 → 의붓아들
의부아버지 → 의붓아버지
의부아범 → 의붓아범
의부아비 → 의붓아비
의부아빠 → 의붓아빠
의부어머니 → 의붓어머니
의부어멈 → 의붓어멈
의부어미 → 의붓어미
의부언니 → 의붓언니
의부엄마 → 의붓엄마
의부오빠 → 의붓오빠
의부자매(-姉妹) → 의붓자매
의부자식(-子息) → 의붓자식
의부형(-兄) → 의붓형
의부형제(-兄弟) → 의붓형제
의붓아범 — 의붓아비[복]
의붓애비 → 의붓아비
의붓어멈 — 의붓어미[복]
의사 환자(擬似患者) → 의심 환자(疑心-)[순]
의심스럽다(疑心-) — 의심쩍다[복]
의심적다(疑心-) → 의심쩍다
의아한(疑訝-) → 의심스러운(疑心-)[순]
의연이(依然-) → 의연히
의젓잖다 → 의젓잖다
의젓찮다 → 의젓잖다
의젓히 → 의젓이
의젔이 → 의젓이
의중(意中) → 마음 속, 속마음[순]
의하여(依-) → 따라[순]
이거에요 → 이거예요
이격(離隔) → 벌림, 어긋남[순], 떨어짐, 벌어짐
이격 거리(離隔距離) → 떨어진 거리[순]
이견(異見) → 다른 견해(-見解), 다른 의견(-意見)[순]
이견을 좁히다(異見-) → 견해차를 좁히다(見解差-), 의견차를 좁히다(意見差-)
이과수 폭포(-瀑布) → 이구아수 폭포(Iguaçú-)
이관하다(移管-) → 넘기다[순]
이그러지다 → 일그러지다
이그루 → 이글루(igloo)
이그조틱(exotic) → 이국풍(異國風)[순]
이기하다(移記-) → 옮겨 적다[순]
이길래야 → 이기려야
이길려고 → 이기려고
이길려야 → 이기려야
이까지 → 이까짓
이까지 것 → 이까짓 것
이까지 놈 → 이까짓 놈
이끌음 → 이끎
이내에(以內-) → 안에[순]
이너 서클(inner circle) → 내부 핵심 집

단(內部核心集團)[순]

이노베이션(innovation) → 기술 혁신
(技術革新), 혁신[순]

이노베이터(innovatior) → 혁신자(革新
者)[순]

이니샬 → 이니셜(initial)

이니셔티브(initiative) → ① 구상(構想)
② 발의(發議), 발의권(發議權) ③ 선
제권(先制權), 주도권(主導權)[순]

이니셜(initial) → 머리글자(-字)[순]

이닝(inning) → 회(回)[순]

이다지 — 이리도[복]

이대도록 → 이다지

이동(移動) → 옮김[순]

이등 간(二等間) → 이등 칸

이디오피아 → 에티오피아(Ethiopia)

이따 — 이따가[복]

이따라 → ① 잇달아 ② 잇따라

 * 잇달다: ① 어떤 물체가 다른 물체의 뒤를
   이어 따르다. 또는 다른 물체에 이어지다.
   =잇따르다. ② 어떤 사건이나 행동 따위
   가 이어 발생하다. =잇따르다. ③ 일정한
   모양이 있는 사물을 다른 사물에 이어서
   달다.
 * 잇따르다: ① 어떤 물체가 다른 물체의 뒤
   를 이어 따르다. 또는 다른 물체에 이어지
   다. 늑연달다, 잇달다. ② 어떤 사건이나
   행동 따위가 이어 발생하다. 늑뒤닫다, 연
   달다, 이음달다, 잇달다.

이따마하다 → 이만하다

이따만치 → 이만큼

이따만큼 → 이만큼

이따맣다 → 이만하다

이때것 → 이때껏

이래 뵈도 → 이래 봬도

이랫든 → 이랬든

이러구저러구 → 이러고저러고

이럴려고 → 이러려고

이럴려니 → 이러려니

이럴려면 → 이러려면

이럴찐대 → 이럴진대

이렇니 → 이러니

이렇니저렇니 → 이러니저러니

이렇쿵저렇쿵 → 이러쿵저러쿵

이레날 → 이렛날

이로와(利 -) → 이로워

이루워지다 → 이루어지다

이른(70) → 일흔

이름란(-欄) → 이름난

이마만큼 → 이만큼

이마만하다 → 이마마하다

이마만한 → 이마마한

이마배기 → 이마빼기

이마빡 → 이마빼기

이마살 → 이맛살

이마큼 → 이만큼

이만때 → 이맘때

이만썩 → 이만큼

이만저만챦은 → 이만저만찮은

이만치 — 이만큼[복]

이맛배기 → 이마빼기

이맛빼기 → 이마빼기

이맨큼 → 이만큼

이메일(e-mail) → 전자 우편(電子郵便)[순]

이메일 뱅킹(e-mail banking) → 전자 우
편 금융 거래(電子郵便金融去來)[순]

이메지 → 이미지(image)
이면(裏面) → 뒤쪽, 속, 안[순]
이면 도로(裏面道路) → 뒷길[순]
이면수 → 임연수어(林延壽魚)
이모작(二毛作) → 두그루짓기[순]
이모티콘(emoticon) → 그림말[순]
이몸[齒莖] → 잇몸
이미지(image) → 심상(心象), 영상(映像), 인상(印象)[순]
이미지 메이킹(image making) → 이미지 만들기[순]
이미테이션(imitation) → 모방(模倣), 모조(模造), 흉내[순]
이발장이(理髮－) → 이발쟁이
이벤트(event) → 기획 행사(企劃行事), 행사[순]
이부자리를 피다 → 이부자리를 펴다
이북(e-book) → 전자책(電子冊)[순]
이불떼기 → 이불때기
이불을 피다 → 이불을 펴다
이불자리 → 이부자리
이브닝드레스(evening dress) → 야회복(夜會服)[순]
이브닝코트(evening coat) → 야회 코트(夜會－)[순]
이브이(EV, electric vehicle) → 전기 자동차(電氣自動車), 전기차[순]
이빠이(いっぱい) → 가득, 많이
이사짐(移徙－) → 이삿짐
이사코프스키, 미하일 바실리예비치 → 이사콥스키, 미하일 바실리예비치(Isakovskii, Mikhail Vasilyevich)
이삿날(移徙－) → 이사 날
이상이(異常－) → 이상히
이새[齒間] → 잇새
이생(－生) → 이승
이서(移書) → 옮겨 씀[순]
이석하다(離席－) → 자리 뜨다[순]
이소리[齒音] → 잇소리
이소하다(離巢－) → 둥지를 떠나다[순]
이속(利－) → 잇속
이송하다(移送－) → 보내다[순]
이슈(issue) → 논쟁거리(論爭－), 논점(論點), 쟁점(爭點)[순]
이스트(yeast) → 효모(酵母)[순]
이슥이 → 이슥히
이식하다(移植－) → 옮겨 심다[순]
이쌀[稻米] → 입쌀
이쑤시게 → 이쑤시개
이씨 조선(李氏朝鮮) → 조선
이아르피(ERP, enterprise resource planning) → 전사적 자원 관리(全社的資源管理)[순]
이앙기(移秧期) → 모내기 때, 모내기 철[순]
이야기거리 → 이야깃거리
이야기꺼리 → 이야깃거리
이야기소리 → 이야깃소리
이야기장이 → 이야기쟁이
이야기주머니 → 이야깃주머니
이야깃군 → 이야기꾼
이야깃꺼리 → 이야깃거리
이야차 → 이여차
이양하다(移讓－) → ～에게 넘기다[순]
이어링(earring) → 귀고리[순]

~이어요 ― ~이에요ㅤ복

이어줄 → 용총줄

이어차 → 이여차

이엉차 → 이영차

이에 ― 자에(兹 -)ㅤ복

이에 반해(反 -) → 이와 달리, 이와 반
　대로(-反對 -)ㅤ순

~이여야 → ~이어야

이여차 ― 이영차ㅤ복

이영[蓋草] → 이엉

~이예요 → ~이에요, ~이어요

이완되다(弛緩 -) → 느즈러지다, 늘어
　지다, 풀어지다ㅤ순

이 외에(-外 -) → 이 밖에

이용양(利用量) → 이용량

이용율(利用率) → 이용률

이웃사춘 → 이웃사촌(-四寸)

이월하다(移越 -) → 넘기다, 넘어가다ㅤ순

이유(離乳) → 젖떼기ㅤ순

이유(EU, European Union) → 유럽 연
　합(Europe聯合)ㅤ순

이유기(離乳期) → 젖뗄 때ㅤ순

이유식(離乳食) → 젖떼기 음식(-飲食)ㅤ순

이유 여하를 막론하고(理由如何 -莫論 -)
　→ 까닭이 어떠하든ㅤ순

이윤률(利潤率) → 이윤율

이윽이 → 이윽히

이윽하다 → 이슥하다

이음새가 풀리다 → 이음매가 풀리다

이음세 → 이음새

이응차 → 이영차

이이솝 우화(-寓話) → 이솝 우화

(Aesop -)

이이젤 → 이젤(easel)

이임 시(離任時) → 떠날 때ㅤ순

이자국 → 잇자국

이자돈(利子 -) → 이잣돈

이자률(利子率) → 이자율

이자카야(いざかや) → 대폿집, 선술집,
　일본식 선술집(日本式 -), 일본식 주
　점(-酒店)

이적(利敵) → 적을 이롭게 함(敵 -利 -)ㅤ순

이제것 → 이제껏

이제사 → 이제야

이제서 → 이제야

이제서야 → 이제야

이젤(easel) → 삼각대(三脚臺)ㅤ순

이조(李朝) → 조선(朝鮮)

이조 백자(李朝白磁) → 조선 백자(朝鮮 -)

이종사춘 → 이종사촌(姨從四寸)

이즈러지다 → 이지러지다

이지메(いじめ) → 괴롭힘, 집단 괴롭힘
　(集團 -)ㅤ순, 왕따, 집단 따돌림

이직율(移職率) → 이직률

이짝 → 이쪽

이찌부(いちぶ) → 한 푼

이찹쌀 → 찹쌀

이채로와(異彩 -) → 이채로워

이첩하다(移牒 -) → 넘기다ㅤ순

이츰 → 이쯤

이치부(いちぶ) → 한 푼ㅤ순

이코노미스트(economist) → 경제 전문
　가(經濟專門家)ㅤ순

이크 ― 이키ㅤ별

* 이크: ①당황하거나 놀랐을 때 내는 소리.
'이키'보다 큰 느낌을 준다. ②남을 슬쩍
추어주면서 비웃을 때 내는 소리.

* 이키: ①당황하거나 놀랐을 때 내는 소리.
'이끼'보다 거센 느낌을 준다. ②남을 슬쩍
추어주면서 비웃을 때 가볍게 내는 소리.

이타리아 → 이탈리아(Italia)

이탈리안 → 이탤리언(Italian)

이태리(伊太利) → 이탈리아(Italia)

이태릭 → 이탤릭(Italic)

이톤 스쿨 → 이튼 스쿨(Eton School)

이튼날 → 이튿날

이틀꺼리 → 이틀거리

이틀날 → 이튿날

이하 동문(以下同文) → 다음은 위와 같
음, 위와 같음[순]

이하 생략(以下省略) → 아래 줄임, 이하
줄임[순]

이하 여백(以下餘白) → 빈 칸, 아래 빈
칸[순]

이합집산(離合集散) → 뭉치고 흩어짐[순]

이행율(履行率) → 이행률

이혼률(離婚率) → 이혼율

익년(翌年) → 다음 해, 이듬해[순]

익능(翼陵) → 익릉

익더구[土鵑] → 익더귀

익살군 → 익살꾼

익살장이 → 익살쟁이

익숙이 → 익숙히

익숙찮다 → 익숙잖다

익숙챦다 → 익숙잖다

익숙치 않다 → 익숙지 않다

익스큐스 → 엑스큐스(excuse)

익쌀 → 익살

익용(翼龍) → 익룡

익월(翌月) → 다음 달[순]

익이 → 익히

익일(翌日) → 다음 날, 이튿날[순]

익충(益蟲) → 이로운 벌레[순]

인(in) → 안쪽[순]

인(印) → 도장(圖章)[순]

인가하다(印加-) → 걸다[순]

~인 것이다 → ~이다

인계하다(引繼-) → 넘겨주다

인근 마을(隣近-) → 이웃 마을[순]

인기척 소리(人-) → 인기척

인끼척(人-) → 인기척

인노센트 → 이노센트(Innocent)

인니(印尼) → 인도네시아(Indonesia)

인덕탄스 → 인덕턴스(inductance)

인덱스(index) → 찾아보기[순]

인도하다(引渡-) → 넘겨주다[순]

인동무니(忍冬-) → 인동무늬

인동문(忍冬文) → 인동무늬[순]

인두껍(人-) → 인두겁

인디아나 → 인디애나(Indiana)

인디안 → 인디언(Idian)

인디 영화(indie映畫) → 독립 영화(獨立
-), 저예산 독립 영화(低豫算-)[순]

인디케이터(indicator) → 지시계(指示計),
지시기(指示器)[순]

인력거군(人力車-) → 인력거꾼

인력 시장(人力市場) → 일자리 마당[순]

인력풀(人力pool) → 인력 은행(-銀行),
인력 자원(-資源)[순]

인류(引留) → 잡아당김, 한쪽 끝에서 잡아당김㉞

인멸하다(湮滅-) → 없애다, 없애 버리다㉞

인바운드(inbound) → 국내(國內)㉞

인보이스(invoice) → 보냄표(-票), 송장(送狀)㉞

인볼류트 → 인벌류트(involute)

인사난(人事欄) → 인사란

인사들이다(人事-) → 인사드리다

인사이드킥(inside kick) → 발 안쪽 차기㉞

인사치래(人事-) → 인사치레

인사치레(人事-) → 인사치레

인삿말 → 인사말(人事-)

인삿장 → 인사장(人事狀)

인상율(引上率) → 인상률

인상을 피다(人相-) → 인상을 펴다

인서트(insert) → 끼우기, 끼움㉞

인센티브(incentive) → 성과급(成果給), 유인책(誘引策), 특전(特典)㉞

인수(引受) → 넘겨받음㉞

인수증(引受證) → 받음표(-票)㉞

인수하다(引受-) → 넘겨받다

인슈린 → 인슐린(insulin)

인스탄트 → 인스턴트(instant)

인스턴트(instant) → 즉석(卽席), 즉석식품(-食品)㉞

인스턴트 식품(instant食品) → 즉석 먹거리(卽席-), 즉석 먹을거리, 즉석 식품㉞

인식 불능하게(認識不能-) → 알 수 없게, 알아볼 수 없게㉞

인신 구속(人身拘束) → 사람 가둠㉞

인용귀(引用句) → 인용구

인용예(引用例) → 인용례

인장(印章) → 도장(圖章)㉞

인저리 타임(injury time) → 추가 시간(追加時間)㉞

인주(印朱) → 도장밥(圖章-)㉞

인준(認准) → 승인(承認)㉞

인증(認證) → 인정 증명(認定證明)㉞

인지(認知) → 그리 여김, 앎, 인정하여 앎(認定-)㉞

인지하는 바(認知-) → 아는 바㉞

인출하다(引出-) → 찾다, 찾아가다㉞

인 코너(in corner) → 안쪽, 타자 쪽(打者-)㉞

인큐베이터(incubator) → 배양기(培養器), 보육기(保育器)㉞

인큐베이팅(incubating) → 보육(保育), 육성(育成)㉞

인타발 → 인터벌(interval)

인터내셔날 → 인터내셔널(international)

인터내셔널(international) → 국제(國際), 국제적(國際的)㉞

인터내쇼날 → 인터내셔널(international)

인터네셔널 → 인터내셔널(international)

인터네트 → 인터넷(internet)

인터넷(internet) → 누리망(-網)㉞

인터랙티브(interactive) → 대화형(對話型), 쌍방향(雙方向), 양방향(兩方向)㉞

인터벌(interval) → 휴식 시간(休息時間)㉞

인터뷰(interview) → ① 회견(會見) ② 면접(面接)[순]
인터셉트(intercept) → 가로채기[순]
인터체인지(interchange, IC) → 나들목[순]
인터첸지 → 인터체인지(interchange)
인터컨티넨탈 → 인터콘티넨털(intercontinental)
인터페이스(interface) → 접속 장치(接續裝置)[순]
인터폰(interphone) → 구내전화(構內電話), 내부 전화(內部－)[순]
인턴(intern) → 실습(實習), 실습 사원(－社員)[순]
인턴쉽 → 인턴십(internship)
인테리 → 인텔리(intelligentsia)
인테리어(interior) → 실내 장식(室內裝飾)[순]
인텔리(intelligentsia) → 지식인(知識人), 지식층(知識層)[순]
인텔리겐차 → 인텔리겐치아(intelligentsia)
인텔리젼트 → 인텔리전트(intelligent)
인트라넷(intranet) → 내부 전산망(內部電算網)[순]
인파이터(infighter) → 파고들기 선수(－選手)[순]
인포그래픽(infographics) → 정보 그림(情報－)[순]
인포말 → 인포멀(informal)
인포메이션(information) → ① 정보(情報) ② 안내(案內)[순]
인포테인먼트(infotainment) → 정보 오락 프로그램(情報娛樂program)[순]
인푸트 → 인풋(input)
인풋(input) → 입력(入力)[순]
인풋－아웃풋(input-output) → 입출력(入出力)[순]
인프라(infrastructure) → 기반 시설(基盤施設)
인프레이션 → 인플레이션(inflation)
인프렌자 → 인플루엔자(influenza)
인프루엔자 → 인플루엔자(influenza)
인 플레이(in paly) → 경기 진행(競技進行)[순]
인플레이션(inflation) → 물가 오름세(物價－勢)[순]
인플루언서(influencer) → 영향력자(影響力者)[순]
인플루엔자(influenza) → 돌림 감기(－感氣), 유행성 감기(流行性－)[순]
인필드(infield) → 내야(內野)[순]
인필드 플레이(infield fly) → 내야 뜬 공(內野－)[순]
인하(引下) → 값 내림, 내림[순]
인허(認許) → 인정하여 허락함(認定－許諾－)[순]
인·허가(認許可) → 인허가
인허증(認許證) → 허가증(許可證)[순]
인화문(印花紋) → 도장무늬(圖章－)[순]
인후(咽喉) → 목구멍[순]
일가집(一家－) → 일갓집
일갓집 → 일가(一家)
일걸이 → 일거리
일것 → 일껏

일과성(一過性) → 일시적(一時的)㊞

일관 작업(一貫作業) → 연결 작업(連結 -)㊞

일괄 체결(一括締結) → 한몫 묶음㊞

일군 → 일꾼

일꺼리 → 일거리

일남일여(一男一女) → 일남일녀

일년생(一年生) → 한해살이㊞

일다[垈] → 일구다

일단 정지(一旦停止) → 우선멈춤(于 先-)㊞

1도 없다 → 하나도 없다

일동(一同) → 모두㊞

일등 간(一等間) → 일등 칸

일량(-量) → 일양

일러받치다 → 일러바치다

일러스트레이션(illustration) → 도안(圖 案), 삽화(揷畫)㊞

일러스트레이터(illustrater) → 도해자 (圖解者), 삽화가(揷畫家)㊞

~일런지 → ~일는지

일렉트라 → 엘렉트라(Electra)

일렉트로닉(electronic) → 전자(電子)㊞

일련 번호(一連番號) → 줄 번호㊞

일루[此邊] → 이리

일르다 → 이르다

일말(一抹) → 한 가닥㊞

일몰(日沒) → 해넘이

일몰 시(日沒時) → 해 질 때㊞

일몰 전(日沒前) → 해 지기 전㊞

일몰 후(日沒後) → 해 진 뒤㊞

일방이(一方-) → 한쪽이㊞

일변도(一邊倒) → 한쪽 쏠림㊞

일변하다(一變-) → 싹 변하다㊞

일부(日賦) → 날 붓기㊞

일부(日附) → 날짜㊞

일부로 → 일부러

일부인(日附印) → 날짜 도장(-圖章)㊞

일사분란 → 일사불란(一絲不亂)

일사불난(一絲不亂) → 일사불란

일석 점호(日夕點呼) → 저녁 점호㊞

일선 수협(一線水協) → 단위 수협(單位 -)㊞

일소하다(一掃-) → 없애다㊞

일수(日數) → 날수㊞

일수돈(日收-) → 일숫돈

일수장이(日收-) → 일수쟁이

일시 정지(一時停止) → 우선멈춤(于先 -), 잠깐 섬㊞

일신상(一身上) → 본인 형편(本人形便)㊞

일신하다(一新-) → 말끔히 하다, 새롭 게 하다㊞

일실치 않도록(逸失-) → 놓치지 않도 록, 잃지 않도록㊞

일약(一躍) → 단번에(單番-), 대번에㊞

일언지하에(一言之下-) → 한마디로㊞

일열(一列) → 일렬

일예(一例) → 일례

일용 잡급(日傭雜給) → 일용직(日傭職)㊞

일원화(一元化) → 하나 됨㊞

일응(一應) → 우선(于先), 일단(一旦), 한 번(-番)㊞

일익(日益) → 날로 더욱, 더욱㊞

일일이(一一-) — 하나하나㊟

— 일일히 328 입빠이

일일히(一一-) → 일일이

일자(日子/日字) → 날짜㊧

일자집(一字-) → 일잣집

일전(日前) → 며칠 전㊧

일절 무료(一切無料) → 일체 무료

일정양(一定量) → 일정량

일제이(一齊-) → 일제히

일제 조사(一齊調查) → 한꺼번에 알아
　보기㊧

일제히(一齊-) → 한꺼번에

일조(一助) → 도움㊧

일조 점호(日朝點呼) → 아침 점호㊧

일족(一足) → 한 켤레㊧

일찌가니 → 일찌거니

일찌감치 — 일찌거니㊹

일찌기 → 일찍이

일찍암치 → 일찌감치

일찍히 → 일찍이

일체 금지(一切禁止) → 일절 금지

일체 사절(一切謝絕) → 일절 사절

일출(日出) → 해돋이

일출 시(日出時) → 해 뜰 때㊧

일출 전(日出前) → 해 뜨기 전㊧

일할 계산(日割計算) → 날수 계산(-數
　-), 날짜 계산㊧

일환으로(一環-) → ~의 하나로, ~의
　한 가지로㊧

일후(日後) → 앞으로㊧

읽을꺼리 → 읽을거리

읽혀져 → 읽혀

읽혀졌다 → 읽혔다

읽혀지는 → 읽히는

읽혀지다 → 읽히다

읽혀진 → 읽힌

임검(臨檢) → 현장 검사(現場檢查)㊧

임계각(臨界角) → 한계각(限界角)㊧

임금 피크제(賃金peak制) → 임금 정점
　제(-頂點制), 최고 임금제(最高-)㊧

임마 → 인마

임박(臨迫) → 다가옴, 닥침㊧

임석(臨席) → 현장 참석(現場參席)㊧,
　참석

임연수 → 임연수어(林延壽魚)

임율(賃率) → 임률

임전무태 → 임전무퇴(臨戰無退)

임지(任地) → 근무지(勤務地)㊧

임차(賃借) → 세 냄(貰-)㊧

임파선(淋巴腺) → 림프선(lymph-)

임팩트(impact) → 충격(衝擊), 충돌(衝
　突)㊧

임페리얼 → 임피리얼(imperial)

임플란트(implant) → 인공 치아(人工齒
　牙), 인공 치아 이식(-移植)㊧

입간판(立看板) → 세움 간판㊧

입대것 → 입때껏

입도(粒度) → 입자 크기(粒子-)㊧

입도선매(立稻先賣) → 베기 전 팔기(-
　前-), 벼 베기 전 팔기㊧

입동(入冬) → 입동(立冬)

입때것 → 입때껏

입마춤 → 입맞춤

입방(立方) → 세제곱

입빠른 소리 → 입바른 소리

입빠이(いっぱい) → 가득

입생로랑 → 이브 생로랑(Yves Saint-Laurent)
입석(立石) → 선돌[순]
입소(入所) → 들어감, 들어옴[순]
입시 컨설팅(入試consulting) → 입시 상담(-相談)[순]
입식(入殖) → 종자 넣기(種子-)[순]
입씸 → 입심
입안하다(立案-) → 안을 꾸미다(案-), 안을 만들다, 안을 세우다[순]
입적하다(入籍-) → 호적에 넣다(戶籍-), 호적에 올리다[순]
입차 금지(入車禁止) → 차 못 들어옴(車-)[순]
입찬말 — 입찬소리[복]
입천정 → 입천장(-天障)
입체(立替) → 꿔어 줌[순]
입체하다(立替-) → 대신 내다(代身-)[순], 꿔어주다
입추(入秋) → 입추(立秋)
입추의 여지없이(立錐-餘地-) → 빈자리 없이, 빈틈없이[순]
입춘(入春) → 입춘(立春)
입·출금(入出金) → 입출금
입·출력(入出力) → 입출력
입치다거리 → 입치다꺼리
입치닥거리 → 입치다꺼리
입치닥꺼리 → 입치다꺼리
입치래 → 입치레
입치례 → 입치레
입하(入夏) → 입하(立夏)
입하하다(入荷-) → 들여오다[순]

입학율(入學率) → 입학률
입회(立會) → 참관(參觀), 참여(參與)[순]
입회인(立會人) → 가입자(加入者), 참여인(參與人)[순]
입회하다(入會-) → 가입하다(加入-)[순]
입힘 → 입심
잇끝 → 이끗(利-)
잇다가 → 이따가
잇다르다 → 잇따르다
잇다른 → 잇따른
잇달았다 → 잇따랐다
잇달은(사고) → 잇단, 잇따른
['이따라' 주 참조]
잇딴(사고) → 잇단, 잇따른
['이따라' 주 참조]
잇빠이(いっぱい) → 가득
잇솔 → 칫솔(齒-)
잇슈 → 이슈(issue)
잇점 → 이점(利點)
잇파이(いっぱい) → 가득, 가득들이, 많이, 한껏[순]
있달아 → 잇달아, 잇따라 ['이따라' 주 참조]
있데요 → 있대요
있따라 → 잇달아, 잇따라 ['이따라' 주 참조]
있슴 → 있음
있읍니다 → 있습니다
있쟎아 → 있잖아
잉고트 → 잉곳(ingot)
잉그리쉬 → 잉글리시(English)
잉글란드 → 잉글랜드(England)
잉글리쉬 → 잉글리시(English)
잉꼬(いんこ) → 앵무새(鸚鵡-)

* 잉꼬(いんこ): ① 앵무과의 앵무속 이외의 대부분의 새를 통틀어 이르는 말. 우관이 없고 몸빛은 붉은색, 초록색, 노란색 따위이다. ② 앵무과의 새. 몸의 길이는 21~26cm이다. 머리 위는 노란빛, 뺨에는 푸른빛의 굵고 짧은 점이 한 쌍 있으며, 그 사이에 둥근 점이 두 쌍 있다. 허리·가슴·배는 진한 초록색이고, 꽁지는 가운데의 두 깃은 남색이며, 그 외는 노란색이다. ≒사랑앵무.

* 앵무새(鸚鵡-): 앵무과의 새를 통틀어 이르는 말. ≒앵가, 앵무, 팔가, 팔팔아.

잉꼬부부(いんこ夫婦) → 원앙 부부(鴛鴦-)⑥

잉어과(-科) → 잉엇과

잉어국 → 잉엇국

잉여금(剩餘金) → 남은 금액(-金額), 남은 돈⑥

잉태(孕胎) → 임신(妊娠)⑥

잊어져 → 잊혀

잊어졌다 → 잊혔다

잊어지는 → 잊히는

잊어지다 → 잊히다

잊어진 → 잊힌

잊혀져 → 잊혀

잊혀졌다 → 잊혔다

잊혀지는 → 잊히는

잊혀지다 → 잊히다

잊혀진 → 잊힌

잎사구 → 잎사귀

잎사귀 — 잎새[별]

　* 잎사귀: 낱낱의 잎. 주로 넓적한 잎을 이른다.

　* 잎새: 나무의 잎사귀. 주로 문학적 표현에 쓰인다.

잎초(-草) → 잎담배

잎파리 → 이파리

ㅈ

자(者) → 사람[순]
자개돌 → 자갯돌
자갯바람 → 자개바람
자고로(自古－) → 예로부터[순]
자괴심(自愧心) → 부끄러움[순]
~자구 → ~자고
~자구나 → ~자꾸나
자귀(字句) → 자구
자그마큼 → 자그마치
자그만치 → 자그마치
자그만하다 → 자그마하다
자금(資金) → 돈[순]
자꾸(チャック) → 지퍼(zipper)
자끄(チャック) → 지퍼(zipper)
자다랗다 → 잗다랗다
자대[基準] → 잣대
자도나무 → 자두나무
자동 제세동기(自動除細動器) → 심장 충격기(心臟衝擊器), 자동 심장 충격기[순]
자동차길(自動車－) → 자동찻길
자라과(－科) → 자랏과
자랑꺼리 → 자랑거리
자랑 석이다 → 자랑 섞이다
자랑스런 → 자랑스러운
자력(自力) → 제 힘[순]
자료값(資料－) → 자룟값
자르게 → 자르개
자리값 → 자릿값
자리날 → 자릿날
자리내 → 자릿내
자리를 빌어 → 자리를 빌려
자리를 피다 → 자리를 펴다
자리바지 → 자릿바지
자리보존 → 자리보전(－保全)
자리삯 → 자릿삯
자리상(－床) → 자릿상
자리세(－貰) → 자릿세
자리수(－數) → 자릿수
자리에 착석하다(－着席－) → 자리에 앉다
자리옷 — 잠옷[복]
자리장(－欌) → 자릿장
자리저고리 → 자릿저고리
자리점(－點) → 자릿점
자리조반(－朝飯) → 자릿조반
자릿기 → 자리끼
자릿삯 — 자릿세(－貰) — 좌료(座料)[복]
자마이카 → 자메이카(Jamaica)
자명하다(自明－) → 뻔하다[순]
자모회(姉母會) → 어머니회[순]

자몽(ザボン) → 그레이프푸르트
  (grapefruit)㊂

자문을 구하다(諮問-求-) → 자문하다

자문을 받다(諮問-) → 자문하다

자문을 얻다(諮問-) → 자문하다

자문을 주다(諮問-) → 자문하다

자문하다(自問-) → 스스로 묻다㊂

자물쇄 → 자물쇠

자물쇠 ― 자물통(-筒)㊅

자바라(じゃばら) → 주름관(-管), 주름
  상자(-箱子)㊂, 접이식 블라인드(-
  式-blind), 접이식 출입문(-出入門),
  주름문(-門), 주름물통(-桶)

자박자박(끓이다, 조리다) → 자작자작

자백이 → 자배기

자봉틀 → 재봉틀(裁縫-)

자부(子婦) → 며느리㊂

자부돈(ざぶとん) → 방석(方席)㊂

자부동(ざぶとん) → 방석(方席)

자비로와(慈悲-) → 자비로워

자상(刺傷) → 찔린 상처(-傷處)㊂

자생난(自生蘭) → 자생란

자서하다(自書-) → 스스로 쓰다, 스스
  로 적다, 직접 쓰다(直接-), 직접 적
  다㊂

자선남비(慈善-) → 자선냄비

자성하다(自省-) → 반성하다(反省-),
  스스로 반성하다㊂

자세이(仔細-) → 자세히

자수률(字數率) → 자수율

자숙하다(自肅-) → 스스로 삼가다㊂

자스민 → 재스민(jasmine)

자승(自乘) → 제곱

자양물(滋養物) → 영양물(營養物)㊂

자에(玆-) → 이에㊂

자연스런(自然-) → 자연스러운

자연이(自然-) → 자연히

자영(自營) → 스스로 경영함(-經營-),
  직접 경영(直接-)㊂

자옥히 → 자옥이

자욱 → 자국

자욱히 → 자욱이

자웅(雌雄) → 암수㊂

자위(自衛) → 스스로 지킴㊂

자유로와(自由-) → 자유로워

자유로와지다(自由-) → 자유로워지다

자유로히(自由-) → 자유로이

자유롭고 싶다(自由-) → 자유로워지고
  싶다

자유분망 → 자유분방(自由奔放)

자유케 하리라(自由-) → 자유롭게 하
  리라

자의로(恣意-) → 마음대로, 제멋대로㊂

자의로(自意-) → 스스로, 자기 스스로
  (自己-)㊂

자이안트 → 자이언트(giant)

자인(自認) → 스스로 인정(-認定), 자
  기가 시인(自己-是認)㊂

자잘구래하다 → 자질구레하다

자잘구레하다 → 자질구레하다

자잘못 → 잘잘못

자장면 ― 짜장면[炸醬麵]㊅

자전차(自轉車) → 자전거

자정 녘(子正-) → 자정 녘

자주빛(紫朱 -) → 자줏빛

자중지난(自中之亂) → 자중지란

자~지~(自~至~) → ~부터 ~까지[순]

자지라지다 → 자지러지다

자진몰이 → 자진모리

자질구래하다 → 자질구레하다

자체(字體) → 글자체[순]

자�하면 → 자칫하면

자켓 → 재킷(jacket)

자코방 → 자코뱅(Jacobin)

자콥(Jacob) → ① 야곱(성서) ② 야코프
(독, 스위, 이스, 플랑) ③ 자코브(프)
④ 제이컵(영)

자쿠(チャック) → 지퍼(zipper)

자크(チャック) → 지퍼(zipper)

자토펙 → 자토페크(Zátopek)

자행하다(恣行 -) → 거리낌 없이 하다,
저지르다[순]

작금(昨今) → 어제오늘, 요사이, 요즈음[순]

작꾸(チャック) → 지퍼(zipper)

작달만하다 → 작달막하다

작달이 → 작다리

작때기 → 작대기

작성예(作成例) → 작성례

작성하다(作成 -) → 만들다[순]

작약실(灼藥室) → 작약실(炸藥室)

작업양(作業量) → 작업량

작열(炸裂) → 작렬

 * 작열(灼熱): ① 불 따위가 이글이글 뜨겁
게 타오름. ② 몹시 흥분하거나 하여 이글
거리듯 들끓음을 비유적으로 이르는 말.
③ 물체를 700~1,000℃까지의 높은 온도
로 가열하는 일. 또는 그런 조작.

 * 작렬(炸裂): ① 포탄 따위가 터져서 쫙 퍼
짐. ② 박수 소리나 운동 경기에서의 공격
따위가 포탄이 터지듯 극렬하게 터져 나
오는 것을 비유적으로 이르는 말.

작은애기 → 작은아기

작이 → 작히

작이나 → 작히나

작일(昨日) → 어제[순]

작전 타임(作戰time) → 작전 시간(-時
間)[순]

작크(チャック) → 지퍼(zipper)

작태(作態) → 짓[순]

작품을 출품하다(出品 -) → 작품을 내다

작황(作況) → 농작 상황(農作狀況)[순]

잔고(殘高) → ① 잔액(殘額) ② 잔량(殘
量)[순]

잔나비 → 원숭이

잔득 → 잔뜩

잔등 → 등

잔듸 → 잔디

잔무니 → 잔무늬

잔바침(盞 -) → 잔받침

잔반(殘飯) → 남은 밥, 음식 찌꺼기(飲
食 -)[순], 남은 음식

잔반통(殘飯桶) → 음식 찌꺼기통(飲食
-桶)[순]

잔밥(殘 -) → 남은 밥[순]

잔병치래(-病 -) → 잔병치레

잔병치례(-病 -) → 잔병치레

잔비 → 가랑비

잔소릿군 → 잔소리꾼

잔액(殘額) → 남은 돈[순]

잔액난(殘額欄) → 잔액란

잔업(殘業) → 시간 외 일(時間外-)㊟

잔임 기간(殘任期間) → 남은 임기(-任期)㊟

잔잔이(① 屛屛- ② 潺潺-) → 잔잔히

잔재(殘在) → 남아 있는㊟

잔전(-錢) → 잔돈

잔전푼(-錢-) → 잔돈푼

잔존 기간(殘存期間) → 남은 기간㊟

잔존하다(殘存-) → 남아 있다㊟

잔치날 → 잔칫날

잔치방(-房) → 잔칫방

잔치상(-床) → 잔칫상

잔치집 → 잔칫집

잔품(殘品) → 남은 물품(-物品)㊟

잘다듬다 → 잗다듬다

잘다란 → 잗다란

잘다랗게 → 잗다랗게

잘다랗다 → 잗다랗다

잘되면 제 탓, 못되면 조상 탓(-祖上-) → 잘되면 제 복, 못 되면 조상 탓(-福-)

잘디잔 → 자디잔

잘디잘게 → 자디잘게

잘디잘다 → 자디잘다

잘따란 → 잗다란

잘따랗게 → 잗다랗게

잘려져 → 잘려

잘려졌다 → 잘렸다

잘려지는 → 잘리는

잘려지다 → 잘리다

잘려진 → 잘린

잘룩이 → 잘록이

잘룩하다 → 잘록하다

잘르다 → 자르다

잘름뱅이 → 잘름발이

잘리우다 → 잘리다

잘리운 → 잘린

잘잘하다 → 자잘하다

잘주름 → 잗주름

잠간만(暫間-) → 잠깐만

잠구고 → 잠그고

잠구니 → 잠그니

잠구다 → 잠그다

잠군 → 잠근

잠궈 놓다 → 잠가 놓다

잠궈서 → 잠가서

잠궈야 → 잠가야

잠궈지다 → 잠가지다

잠궜다 → 잠갔다

잠껼 → 잠결

잠꾸래기 → 잠꾸러기

잠꾸레기 → 잠꾸러기

잠들으니 → 잠드니

잠들은 → 잠든

잠바(ジャンパー) — 점퍼(jumper)㊐

잠뱅이 → 잠방이

잠벵이 → 잠방이

잠용(潛龍) → 잠룡

잠입(潛入) → 숨어들다㊟

잠재 노동력(潛在勞動力) → 잠재 경제 활동 인구(-經濟活動人口)㊟

잠적하다(潛跡-) → 자취를 감추다㊟

잠주정 → 잠투정

잠투세 → 잠투정

잡동산이(雜－) → 잡동사니
잡무(雜務) → 갖가지 일, 허드렛일[순]
잡석(雜石) → 막돌[순]
잡솨 → 잡숴
잡아다니다 → 잡아당기다
잡아드리다 → 잡아들이다
잡아오렸다 → 잡아오렷다
잡아 재끼다 → 잡아 젖히다
잡아 재치다 → 잡아 젖히다
잡아 젓히다 → 잡아 젖히다
잡아 제끼다 → 잡아 젖히다
잡아 제치다 → 잡아 젖히다
잡어[握] → 잡아
잡을래야 → 잡으려야
잡을려고 → 잡으려고
잡을려야 → 잡으려야
잡치기 → 잡채기
잡 카페(job café) → 취업 상담소(就業相談所), 취업 카페[순]
잡 페스티벌(job festival) → 일자리 한마당, 취업 박람회(就業博覽會)[순]
잡혀져 → 잡혀
잡혀지다 → 잡히다
잣다듬다 → 잗다듬다
잣수 → 자수(字數)
잣쿠(チャック) → 지퍼(zipper)[순]
장(場) → 자리[순]
장가가다－장가들다[복]
장고벌레 → 장구벌레
장고잡이(杖鼓－) → 장구재비
장광(醬－) → 장독대(醬－臺)
장구아비 → ① 장구벌레 ② 장구애비
장구잡이 → 장구재비
장군(場－) → 장꾼
장기간(長期間) → 오랫동안[순]
장기곳 → 장기곶(長鬐串)
장끼 → 수꿩[순]
장난군 → 장난꾼
장난꾸래기 → 장난꾸러기
장난꾸레기 → 장난꾸러기
장남(長男) → 맏아들
장남감 → 장난감
장녀(長女) → 맏딸[순]
장농(欌籠) → 장롱
장능(① 長陵 ② 章陵 ③ 莊陵 ④ 張陵) → 장릉
장다리무우 → 장다리무
장·단기(長短期) → 장단기
장·단점(長短點) → 장단점
장단지 → 장딴지
장때(長－) → 장대
장려하다(奬勵－) → 권하다(勸－)[순]
장력쎄다(壯力－) → 장력세다
장렬이(壯烈－) → 장렬히
장르(genre) → 갈래, 분야(分野)[순]
장리벼(長利－) → 장릿벼
장마날 → 장맛날
장마비[霖] → 장맛비
장마 전선(－前線) → 장마선[순]
장물애비(贓物－) → 장물아비
장미빛(薔薇－) → 장밋빛
장발(長髮) → 긴 머리[순]
장방형(長方形) → 긴네모꼴, 긴사각형(－四角形), 직사각형(直四角形)[순]

장벽(墻壁) → 담과 벽[순]

장부구멍 → 장붓구멍

장사길 → 장삿길

장사날(葬事−) → 장삿날

장사목 → 장삿목

장사배 → 장삿배

장사속 → 장삿속

장사아치 → 장사치

장사집 → 장삿집

장산곶 → 장산곶(長山串)

장삿군 → 장사꾼

장성세다 → 장력세다(壯力−)

장소(場所) → 곳, 자리[순]

장수(張數) → 매수(枚數)[순]

장수성(江蘇省) → 장쑤성

장승바기 → 장승박이

장승배기 → 장승박이

  * 장승배기: 서울특별시 동작구 상도동과
    노량진동 지역의 옛 이름. 장승이 서 있는
    곳이라 하여 이름이 붙여졌다.
  * 장승박이: 장승감으로 박아서 세워 두는
    물건. 또는 그것이 세워져 있는 곳.

장승백이 → 장승박이

장식 무니(裝飾−) → 장식 무늬

장신의(長身−) → 큰 키의, 키 큰[순]

장아치 → 장아찌

장애물(障碍物) → 걸림돌[순]

장애우(障礙友) → 장애인(障礙人)[순]

장여 놓다 → 쟁여 놓다

장여 두다 → 쟁여 두다

장여 먹다 → 쟁여 먹다

장이(壯−) → 장히

장작개피(長斫−) → 장작개비

장제스 → 장제스(蔣介石)

장족의(長足−) → 빠른, 크나큰, 큰[순]

장졸임(醬−) → 장조림 ['조리다' 주 참조]

장짓문(−門) → 장지문

장차(將次) → 앞으로[순]

장타령군(場−) → 장타령꾼

장화발(長靴−) → 장횃발

잦가게 → 잣가게

잦나무 → 잣나무

잦은몰이 → 자진모리

잦은휘몰이 → 자진휘모리

재간(−間) → 잿간

재간동이(才幹−)→ 재간둥이

재개하다(再開−) → 다시 열다[순]

재고 떠리(在庫−) → 재고 떨이

재길[嶺路] → 잿길

재까려 → 재갈여

재까리니 → 재갈이니

재까리다 → 재갈이다

재꺼덕 → 제꺼덕

재날(齋−) → 잿날

재더미 → 잿더미

재독 → 잿독

재돈(齋−) → 잿돈

재들 → 쟤들

재또리 → 재떨이

재량껏(裁量−) → 재량껏

재롱동이(才弄−) → 재롱둥이

재롱떨다(才弄−)−재롱부리다[복]

재롱 피다(才弄−) → 재롱 피우다

재료값(材料−) → 재룟값

재리다 → 저리다

재무성(財務省) → 재무부(財務部)

재물[釉藥/泑藥] → 잿물

재미지다 → 재미있다

재밋다 → 재밌다

재박[灰匏] → 잿박

재발율(再發率) → 재발률

재밥(齋-) → 잿밥

재분활 → 재분할(再分割)

재불 → 잿불

재빛 → 잿빛

재빨르다 → 재빠르다

재빨른 → 재빠른

재삼(再三) → 거듭, 여러 번(-番)[순]

재심(再審) → 다시 심사(-審査), 다시
심의(-審議)[순]

재여(꿀, 소금물, 양념) → 재어

재였다(꿀, 소금물, 양념) → 재었다

재이다(꿀, 소금물, 양념) → 재다

재인(꿀, 소금물, 양념) → 잰

재임(꿀, 소금물, 양념) → 잼

재주 피다 → 재주 피우다

재주것 → 재주껏

재줏군 → 재주꾼

재중(在中) → 안에 있음[순]

재차(再次) → 거듭, 다시, 두 번째(-番
-)[순]

재치다 → 젖히다, 제치다 ['저끼다' 주 참조]

재칼 → 자칼(jackal)

재크나이프 → 잭나이프(jackknife)

재크와 콩나무 → 잭과 콩나무(Jack-)

재킷(jacket) → 상의(上衣), 윗옷[순]

재태크(財-) → 재테크(-tech)

재털이 → 재떨이

재테크(財tech) → ① 재산 관리(財産管
理) ② 이재(理財)[순]

재판소(裁判所) → 법원(法院)[순]

재판예(裁判例) → 재판례

재현(再現) → 다시 나타남, 다시 냄[순]

재활용율(再活用率) → 재활용률

잭(jack) → 연결받이(連結-)[순]

잰나비 → 원숭이

잰체하다 → 젠체하다

잼잼 → 죔죔

잽(jab) → 툭툭, 툭툭 치기[순]

잿골 ― 잿독[복]

쟁겨 놓다 → 쟁여 놓다

쟁겨 두다 → 쟁여 두다

쟁겨 먹다 → 쟁여 먹다

쟁기다 → 쟁이다

쟁송(爭訟) → 소송(訴訟)[순]

쟁의(爭議) → 다툼, 의견으로 다툼(意
見-)[순]

쟈니 → 조니(Johnny)

쟈칼 → 자칼(jackal)

쟈켓 → 재킷(jacket)

쟈콥(Jacob) → ① 야곱(성서) ② 야코프
(독, 스위, 이스, 플랑) ③ 자코브(프)
④ 제이컵(영)

쟈크(チャック) → 지퍼(zipper)

쟌피엘 → 장피에르(Jean-Pierre)

~쟎니 → ~잖니

~쟎다 → ~잖다

~쟎소 → ~잖소

~쟎아 → ~잖아

쟘쟘 → 쬠쬠

쟝(Jean) → ① 장(프) ② 진(영)

쟝글 → 정글(jungle)

쟝르 → 장르(genre)

쟝발쟝 → 장 발장(Jean Valjean)

쟝제스(蔣介石) → 장제스

저가(低價) → 낮은 가격(-價格)[순]

저간(這間) → 요즈음, 이즈음[순]

저감(低減) → ① 낮춤 ② 줄임[순]

저감시키다(低減-) → 저감하다

저거에요 → 저거예요

저고릿바람 → 저고리 바람

저까지 → 저까짓

저까지 것 → 저까짓 것

저까지 놈 → 저까짓 놈

저까치 → 젓가락

저깔 → 젓가락

저깟치 → 젓가락

저끼다 → ① 젖히다 ② 제치다

  * 젖히다: ① 뒤로 기울게 하다. '젖다'의 사동사. ② 안쪽이 겉으로 나오게 하다. ③ (동사 뒤에서 '-어 젖히다' 구성으로 쓰여) 앞말이 뜻하는 행동을 막힌 데 없이 해치움을 나타내는 말.

  * 제치다: ① 거치적거리지 않게 처리하다. ② 일정한 대상이나 범위에서 빼다. ③ 경쟁 상대보다 우위에 서다. ④ 일을 미루다.

저널(journal) → 시보(時報), 언론(言論)[순]

저널리스트(journalist) → 언론인(言論人)[순]

저널리즘(journalism) → 언론(言論)[순]

저녁녁 → 저녁녘

저녁녘 — 저녁때[복]

저녁노을 — 저녁놀[복]

저녘 → 저녁

저능아(低能兒) → 지적 장애인(知的障礙人)

저다지 — 저리도[복]

저때 → 접때

저래 뵈도 → 저래 봬도

저랫든 → 저랬든

저럴려고 → 저러려고

저럴려니 → 저러려니

저럴려면 → 저러려면

저럴찐대 → 저럴진대

저렇니 → 저러니

저렴하다(低廉-) → 값이 싸다, 싸다

저리(低利) → 싼 변(-邊)[순]

저리다(배추, 생선, 푸성귀) → 절이다

  * 저리다: ① 뼈마디나 몸의 일부가 오래 눌려서 피가 잘 통하지 못하여 감각이 둔하고 아리다. ② 뼈마디나 몸의 일부가 쑥쑥 쑤시듯이 아프다. ③ 가슴이나 마음 따위가 못 견딜 정도로 아프다. ④ 뼈마디나 몸의 일부가 오래 눌려서 피가 잘 통하지 못하다. ⑤ 뼈마디나 몸의 일부가 쑥쑥 쑤시다. ⑥ 가슴이나 마음 따위가 못 견딜 정도로 아픈 느낌이 들다.

  * 절이다: 푸성귀나 생선 따위를 소금기나 식초, 설탕 따위에 담가 간이 배어들게 하다. '절다'의 사동사.

저린 고기 → 절인 고기

저림 배추 → 절임 배추

저마만큼 → 저만큼

저마큼 → 저만큼

저만때 → 저맘때

저만치 — 저만큼[복]

저물녁 → 저물녘
저물은 → 저문
저생(-生) → 저승
저소득층(低所得層) → 낮은 소득층㉖
저소리(箸-) → 젓소리
저으기 → 적이
저의(底意) → 속뜻, 속마음, 속셈㉖
저인망(底引網) → 쓰레그물㉖
저임금(低賃金) → 낮은 임금㉖
저자거리 → 저잣거리
저자꺼리 → 저잣거리
저잣꺼리 → 저잣거리
저장양(貯藏量) → 저장량
저즈막 → 접때
저즘 → 접때
저즘께 → 접때
저지난달 → 지지난달
저지난밤 → 지지난밤
저지난번(-番) → 지지난번
저지난해 → 지지난해
저지대(低地帶) → 낮은 지역(-地域)㉖
저지하다(沮止-) → 막다, 막아 내다㉖
저질(低質) → 질 낮은㉖
저질르다 → 저지르다
저짝 → 저쪽
저촉되다(抵觸-) → 걸리다, 어긋나다㉖
저축율(貯蓄率) → 저축률
저하하다(低下-) → 낮아지다, 처우 따위가 낮아지다(處遇-)㉖
저해하다(沮害-) → 못하게 하는, 해치다(害-)㉖
저희 나라 → 우리나라

저희 민족(-民族) → 우리 민족
적기(適期) → 알맞은 시기(-時期), 제때, 제철㉖
적나나하다(赤裸裸-) → 적나라하다
적녹색(赤綠色) → 적록색
적당이(適當-) → 적당히
적령 아동(適齡兒童) → 나이 찬 어린이㉖
적립(積立) → 모아 쌓음, 모음㉖
적발하다(摘發-) → 들추어내다㉖
적부(適否) → 알맞기㉖
적설(積雪) → 눈 쌓임㉖
적설양(積雪量) → 적설량
적쇠가락(炙-) → 적쇳가락
적시(適時) → 제때㉖
적시하다(摘示-) → 지적하여 보이다(指摘-)㉖
적온(適溫) → 알맞은 온도(-溫度)㉖
적요난(摘要欄) → 적요란
적요란(摘要欄) → ① 비고란(備考欄)
　② 참고란(參考欄)㉖
적용예(適用例) → 적용례
적의 조치(適宜措置) → 적절한 조치(適切-)
적인(赤燐) → 적린
적자(赤字) → 결손(缺損)㉖
적잖히 → 적잖이
적재하다(積載-) → 싣다㉖
적쟎은 → 적잖은
적쟎이 → 적잖이
적절이(適切-) → 적절히
적절찮다(適切-) → 적절찮다
적절쟎다(適切-) → 적절찮다

적절지 않다(適切-) → 적절치 않다

적절찮다(適切-) → 적절찮다

적정을 기함(適正-期-) → 알맞고 바르게 함㊞

적조(赤潮) → 붉은 조류(-潮流)㊞

적중(的中) → 들어맞음㊞

적중율(的中率) → 적중률

적지(適地) → 알맞은 땅㊞

적출하다(摘出-) → 끄집어내다, 뽑아내다, 집어내다㊞

적출하다(積出-) → 실어 내다㊞

적치하다(積置-) → 쌓아 놓다, 쌓아 두다㊞

적하(積下) → 내리기㊞

적하(積荷) → 싣기, 쌓기, 짐 따위를 싣기, 짐 따위를 쌓기㊞

적합찮다(適合-) → 적합잖다

적합찮다(適合-) → 적합잖다

적합찮다(適合-) → 적합잖다

적합치 않다(適合-) → 적합지 않다

적혀져 → 적혀

적혀졌다 → 적혔다

적혀지는 → 적히는

적혀지다 → 적히다

적혀진 → 적힌

적히 → 적이

적히나 → 적이나

전(田) → 밭

전가하다(轉嫁-) → 넘기다, 떠넘기다, 미루다㊞

전개가 펼쳐지다(展開-) → 전개되다

전개도(展開圖) → 펼친그림㊞

전개하다(展開-) → 펼치다㊞

전과(前科) → 형 받은 일(刑-)㊞

전기(前記) → 앞에 적음㊞

전기가 누전되다(電氣-漏電-) → 누전되다

전기값(電氣-) → 전깃값

전기 다마(電氣たま) → 전구(電球)㊞

전기불(電氣-) → 전깃불

전기줄(電氣-) → 전깃줄

전깃불(電氣-) - 전등불(電燈-)㊞

전깃세 → 전기세(電氣稅)

전답(田畓) → 논밭㊞

전대미문의(前代未聞-) → 지금까지 들어 보지 못한(只今-)㊞

전도률(傳導率) → 전도율

전도시키다(顚倒-) → 넘어뜨리다, 뒤집다㊞

전도하다(顚倒-) → 뒤바꾸다, 뒤집다㊞

전량(全量) → 전부(全部)㊞

전력(前歷) → 지난 경력(-經歷)㊞

전력을 경주하다(全力-傾注-) → 온 힘을 기울이다㊞

전렬(① 全裂 ② 前列 ③ 前烈 ④ 戰列 ⑤ 譖劣) → 전열

전령(傳令) → 연락병(連絡兵)㊞

전률(戰慄) → 전율

전립선(前立腺) → 전립샘

전말(顚末) → 경위(經緯)㊞

전말서(顚末書) → 경위서(經緯書)㊞

전매(轉賣) → ① 되팔기 ② 전매도(轉賣渡)㊞

전매하다(轉賣-) → 다시 팔다, 되팔다㊞

전면(前面) → 앞, 앞쪽⬚

전방(前方) → 앞쪽

전번(前番) → 지난번⬚

전보(轉補) → 자리 옮김⬚

전보대(電報-) → 전봇대

전복(顚覆) → 뒤엎음, 뒤집힘⬚

전복 껍질 → 전복 껍데기

전부(全部) → 온통, 죄다⬚

전부에요(全部-) → 전부예요

전분(澱粉) → 녹말(綠末)⬚

전선대(電線-) → 전봇대(電報-)

전세값(傳貰-) → 전셋값

전세돈(傳貰-) → 전셋돈

전세률(傳貰率) → 전세율

전세배(專貰-) → 전셋배

전세집(傳貰-) → 전셋집

전셋가 → 전세가(傳貰價)

전셋방 → 전세방(傳貰房)

전소되다(全燒-) → 다 타다⬚

전수(全數) → 모두, 전체(全體)⬚

전수(傳受) → 이어받음⬚

전수 받다(傳受-) → 전수하다

전수하다(傳授-) → 넘겨주다, 전해 주
　다⬚

전수해 주다(傳授-) → 전수하다

전술한(前述-) → 앞에서 말한⬚

전시 부스(展示booth) → 전시칸⬚

전신(全身) → 온몸⬚

전업(轉業) → 업종을 바꿈(業種-)⬚

전연(全然) → 전혀⬚

전열(前列) → 앞줄⬚

전염병(傳染病) → 돌림병⬚

전용율(專用率) → 전용률

전원(全員) → 모두⬚

전원 믹스(電源mix) → 전원 구성(-構
　成)⬚

전월세집(傳月貰-) → 전월셋집

전일(前日) → 어제⬚

전임(專任) → 전담(專擔)⬚

전입하다(轉入-) → 옮겨 오다⬚

전자렌지(電子-) → 전자레인지(-range)

전작물(田作物) → 밭작물⬚

전장(全長) → 전체 길이(全體-)⬚

전장(戰場) — 전쟁장(戰爭場) — 전쟁터
　(戰爭-) — 전지(戰地)⬚

전장터(戰場-) → 전쟁터(戰爭-)

전재하다(轉載-) → 옮겨 싣다⬚

전전(戰前) → 전쟁 전(戰爭前)⬚

전전율율(戰戰慄慄) → 전전율률

전전하다(轉轉-) → 떠돌다⬚

전정(剪定) → 가지치기⬚

전지(剪枝) → 가지다듬기⬚

전지불(電池-) → 전짓불

전지 작업(剪枝作業) → 가지치기⬚

전차길(電車-) → 전찻길

전철을 밟지 않도록(前轍-) → 잘못을
　되풀이 않도록, 잘못을 되풀이하지 않
　도록⬚

전출하다(轉出-) → 옮겨 가다⬚

전통(箭筒/箭箇) → 전동

전파하다(傳播-) → 퍼뜨리다⬚

전항(前項) → 앞 조항(-條項)⬚

전향적(前向的) → 앞서감, 적극적(積極
　的), 진취적(進取的)⬚, 긍정적(肯定的),

발전적(發展的)

전형(銓衡) → 선발(選拔)㈜

전화(戰禍) → 전쟁 피해(戰爭被害)㈜

전화줄(電話-) → 전홧줄

전환률(轉換率) → 전환율

전환시키다(轉換-) → 전환하다

전횡(專橫) → 독선적 행위(獨善的行爲),
　마음대로 함㈜

전후(戰後) → 전쟁 후(戰爭後)

전·후(前後) → 전후

전·후기(前後期) → 전후기

전·후면(前後面) → 전후면

전·후반(前後半) → 전후반

전·후방(前後方) → 전후방

전·후부(前後部) → 전후부

전후 불구하고(前後-) → 앞뒤 불고하
　고(-不顧-)

젇가락 → 젓가락

절(節) → 마디㈜

절감율(節減率) → 절감률

절개지(切開地) → 잘린 땅㈜

절개하다(切開-) → 가르다, 째다㈜

절구공이 → 절굿공이

절귀(絕句) → 절구

절규(絕叫) → 부르짖음㈜

절단나다 → 결딴나다

절대값(絕對-) → 절댓값

절대절명 → 절체절명(絕體絕命)

절대치(絕對値) → 절댓값㈜

절도(竊盜) → 도둑, 좀도둑㈜

절둑거리다 → 절뚝거리다

절딴나다 → 결딴나다

절뚝바리 → 절뚝발이

절래절래 → 절레절레

절름바리 → 절름발이

절름뱅이 → 절름발이

절반하다(折半-) → 반씩 나누다, 반으
　로 가르다㈜

절사하다(切捨-) → 끊어 버리다, 버리
　다, 잘라 버리다㈜

절삭(切削) → 끊어 냄㈜

절상하다(切上-) → ① 값 높임, 값 올
　림 ② 올리다㈜

절손되다(切損-) → 끊어져 손상되다
　(-損傷-), 부러지다, 손상되다㈜

절수하다(節水-) → 물 아끼다㈜, 물을
　절약하다(-節約-)

절실이(切實-) → 절실히

절약하다(節約-) → 아껴 쓰다㈜

절은(땀에) → 전

절은 내 → 전 내

절이김치 → 겉절이

절이다(가슴, 다리, 마음, 발) → 저리다
　['저리다' 주 참조]

절전 규제(節電規制) → 전기 사용 규제
　(電氣使用-)㈜

절절이(① 切切- ② 截截-) → 절절히

절절히(節節-) → 절절이

절제절명 → 절체절명(絕體絕命)

절찬리에(絕讚裡-) → 절찬 속에㈜

절체(切替) → 전환(轉換)㈜

절취(切取) → 자르기, 자름㈜

절취선(截取線) → 자르는 선㈜

절하하다(切下-) → 내리다㈜

절호의(絕好-) → 매우 좋은, 좋은[순]
젊으네 → 젊네
젊으네요 → 젊네요
젊잔 부리다 → 점잔 부리다
젊잔 빼다 → 점잔 빼다
젊잔 피우다 → 점잔 피우다
젊잔하다 → 점잖다
젊잔히 → 점잖이
젊잖다 → 점잖다
젊잖하다 → 점잖다
점등되다(點燈-) → 불 켜지다[순]
점멸 표시등(點滅表示燈) → 깜빡이등[순]
점바기(點-) → 점박이
점방(店房) → 가게, 상점(商店)[순]
점배기(點-) → 점박이
점백이(點-) → 점박이
점성율(粘性率) → 점성률
점심 녁(點心-) → 점심 녘
점용하다(占用-) → 차지하여 쓰다[순]
점유하다(占有-) → 차지하다[순]
점잔 피다 → 점잔 피우다
점잔하다 → 점잖다
점잖잖다 → 점잖잖다
점잖찮다 → 점잖잖다
점잖챦다 → 점잖잖다
점잖치 않다 → 점잖지 않다
점잖하다 → 점잖다
점장이(占-) → 점쟁이
점쟎다 → 점잖다
점증(漸增) → 점점 늘어남(漸漸-)[순]
점차로(漸次-) → 점점(漸漸), 차차(次次), 차츰[순]
점철(點綴) → 얼룩짐, 이어짐[순]
점토(粘土) → 찰흙[순]
점포(店鋪) → 가게[순]
점프 슛(jump shoot) → 뛰어올라 쏘기[순]
점프하다(jump-) → 도약하다(跳躍-), 뛰다, 뛰어오르다[순]
점핑(jumping) → 뛰기[순]
점하다(占-) → 차지하다[순]
점화하다(點火-) → 불붙이다[순]
접객부(接客婦) → 종업원(從業員)[순]
접견(接見) → 만나 봄[순]
접견실(接見室) → 만나는 방(-房)[순]
접근(接近) → 가까이, 가까이 옴[순]
접대부(接待婦) → 접객원(接客員), 접대인(接待人)[순]
접목시키다(椄木/接木-) → 접목하다
접부치다(椄-) → 접붙이다
접속 도로(接續道路) → 연결 도로(連結-)[순]
접속되다(接續-) → 연결되다(連結-), 이어지다[순]
접수(接受) → 받음[순]
접수 받다(接受-) → 접수하다
접안하다(接岸-) → 배 대다[순]
접적 지역(接敵地域) → 휴전선 인근 지역(休戰線隣近-)[순]
접지(摺紙) → 접음, 종이를 접음[순]
접지르다 → 접질리다
접질르다 → 접질리다
접합(接合) → 이음[순]
접합율(接合率) → 접합률
접혀져 → 접혀

접혀졌다 → 접혔다
접혀지는 → 접히는
접혀지다 → 접히다
접혀진 → 접힌
젓가슴 → 젖가슴
젓갈묻침 → 젓갈무침
젓깔 → 젓갈
젓먹이 → 젖먹이
젓멍울 → 젖멍울
젓몸살 → 젖몸살
젓병(－甁) → 젖병
젓비린내 → 젖비린내
젓빛 → 젖빛
젓소 → 젖소
젓어미 → 젖어미
젓줄 → 젖줄
젓탱이 → 젖퉁이
정갈이 → 정갈히
정갱이 → 정강이
정겨와하다(情－) → 정겨워하다
정겨웁다(情－) → 정겹다
정결이(① 貞潔－ ② 淨潔－ ③ 精潔－) → 정결히
정구지 → 부추
정글짐(jungle gym) → 숨 틀[순]
정녕이(丁寧－) → 정녕히
정능(① 正陵 ② 定陵 ③ 貞陵 ④ 靖陵) → 정릉
정다와(情－) → 정다워
정다웁다(情－) → 정답다
정당 행위(正當行爲) → 떳떳한 행위[순]
정대이(正大－) → 정대히
정도(精度) → 정밀도(精密度), 정확성(正確性)[순]
정도것(程度－) → 정도껏
정들은(情－) → 정든
정량(定量) → 일정한 양(一定－量)[순]
정렬(情熱) → 정열
정례적(定例的) → 관례적(慣例的)[순]
정류소(停留所) — 정류장(停留場)[복]
정리 해고(整理解雇) → 경영상 해고(經營上－), 구조 조정 해고(構造調整－)[순]
정립(定立) → 바로 세움[순]
정미소(精米所) → 방앗간(－間)[순]
정밀이(① 情密－ ② 精密－ ③ 靜謐－) → 정밀히
정방형(正方形) → 정사각형(正四角形)
정사하다(精査－) → 자세히 살피다
정상(情狀) → 사정(事情)[순]
정상인(正常人) → 비장애인(非障礙人)[순]
정성것(精誠－) → 정성껏
정성드려(精誠－) → 정성들여
정성드리다(精誠－) → 정성들이다
정성어린(精誠－) → 정성 깃든, 정성 담긴, 정성스러운[순]
정션(junction, JC/JCT) → 분기점(分岐點)
정수(正數) → 양수(陽數)
정수값(正數－) → 정숫값
정수 처분(停水處分) → 급수 정지 처분(給水停止－)[순]
정숙히(靜肅－) → 조용히[순]
정신병자(精神病者) → 정신 질환자(－疾患者)[순]
정실(情實) → 사사로운 정에 끌린(私私

−情−), 정에 끌린⬚순

정안수 → 정화수(井華水)

정연이(整然−) → 정연히

정열(整列) → 정렬

정열 부인(貞烈夫人) → 정렬 부인

정예(精銳) → 매우 뛰어남⬚순

정유장(停留場) → 정류장

정육(精肉) → 살코기⬚순

정육간(精肉間) → 정육점(精肉店)

정율(① 定率 ② 定律 ③ 正律) → 정률

정이(正−) → 정히

정장(正裝) → 정식 복장(正式服裝)⬚순

정정당당이(正正堂堂−) → 정정당당히

정정하다(訂正−) → 고치다, 바로잡다⬚순

정제(錠劑) → 알약(−藥)⬚순

정종(正宗) → 청주(淸酒)

정주(定住) → 거주(居住)⬚순

정줏간 → 정주간(鼎廚間)

정중이(鄭重−) → 정중히

정지(整枝) → 가지고르기⬚순

정지(整地) → 땅고르기⬚순

정착(定着) → 자리 잡음⬚순

정착된(定着−) → 붙어 있는, 있는, 자리 잡힌⬚순

정찰제(正札制) → 제값받기⬚순

정체되다(停滯−) → 막히다, 밀리다⬚순

정치난(政治欄) → 정치란

정칫군 → 정치꾼(政治−)

정크 푸드(junk food) → 부실 식품(不實食品), 부실 음식(−飮食)⬚순

정한수 → 정화수(井華水)

정합(整合) → 가지런히 맞춤, 꼭 맞음,

꼭 맞춤⬚순

정형율(定型律) → 정형률

정화하다(淨化−) → 깨끗이 하다⬚순

정확이(正確−) → 정확히

정황(情況) → 상황(狀況)⬚순

정히(正−) → 바로, 틀림없이⬚순

젖가락 → 젓가락

젖갈 → 젓갈

젖국 → 젓국

젖망울 → 젖멍울

젖몸 − 젖무덤⬚복

젖비릿내 → 젖비린내

젖이[齒] → 젖니

젖치다 → 젖히다, 제치다['저끼다' 주 참조]

젖탱이 → 젖퉁이

젖통 − 젖퉁이⬚복

젖퉁이 → 젖퉁이

젖혀 놓다 → 제쳐 놓다

젖혀 두다 → 제쳐 두다

젖혀져 → 젖혀

제(諸) → 모든, 여러⬚순

제가끔 − 제각기(−各其)⬚복

제각금 → 제가끔

제갈양(諸葛亮) → 제갈량

제·개정 → 제정·개정(制定·改正)

제거하다(除去−) → 없애다⬚순

제고하다(提高−) → 높이다⬚순

제공하다(提供−) → 내다, 바치다⬚순

제공해 주다(提供−) → 제공하다

제과(製菓) → 과자 만들기(菓子−)⬚순

제구(祭具) → 제기(祭器)⬚순

제국(諸國) → 여러 나라⬚순

제군(諸君) → 여러분[순]
제 규정(諸規程) → 각종 규정(各種-), 모든 규정, 여러 규정[순]
제기하다(提起-) → 내다, 안을 내다(案-)[순]
제길할 → 제기랄
제까닥 → 재까닥
제까지 → 제까짓
제까지 것 → 제까짓 것
제까지 놈 → 제까짓 놈
제끼다 → 젖히다, 제치다['저끼다' 주 참조]
제날(祭-) → 젯날
제너럴리스트(generalist) → 다방면 인재(多方面人材)[순]
제너레이터(generator) → 발전기(發電機)[순]
제네랄 → 제너럴(general)
제네레이션 → 제너레이션(generation)
제네레이터 → 제너레이터(generator)
제 단체(諸團體) → 여러 단체
제동 장치(制動裝置) → 멈춤 장치[순]
제로(zero) → 공(空), 없음, 영(零)[순]
제로 베이스(zero base) → 백지 상태(白紙狀態), 원점(原點)[순]
제로섬(zero-sum) → 합계 영(合計零)[순]
제로섬 게임(zero-sum game) → 죽기살기 게임[순]
제로화(zero化) → 뿌리 뽑기, 없애기, 원점화(原點化)
제록스(Xerox) → 복사(複寫), 복사기(複寫機/複寫器)[순]
제리 → 젤리(jelly)
제리다 → 지리다
제마다 → 저마다
제메(祭-) → 젯메
제 문제(諸問題) → 여러 문제
제물상(祭物床) — 제사상(祭祀床) — 제상(祭床)[복]
제반(諸般) → 모든, 여러, 여러 가지[순]
제밥(祭-) → 젯밥
제방(堤防) → 둑[순]
제본(製本) → 책 매기(冊-)[순]
제 부인(夫人) → 제 아내
제비란(-蘭) → 제비난
제 비용(諸費用) → 여러 비용
제비추리 → 제비초리
* 제비추리: 소의 안심에 붙은 고기.
* 제비초리: 뒤통수나 앞이마의 한가운데에 골을 따라 아래로 뾰족하게 내민 머리털.
제빗살 → 제비추리
제사감(祭祀-) → 제삿감
제사날(祭祀-) → 제삿날
제사밥(祭祀-) → 제삿밥
제사술(祭祀-) → 제삿술
제사집(祭祀-) → 제삿집
제 살 깍기 → 제 살 깎기
제 살 깍이 → 제 살 깎기
제삼자(第三者) → 남[순]
제삿날(祭祀-) — 제일(祭日) — 젯날(祭-)[복]
제삿밥(祭祀-) — 젯밥(祭-)[복]
제삿상 → 제사상(祭祀床)
제삿술(祭祀-) — 젯술(祭-) — 제주(祭

酒)[복]

제설 작업(除雪作業) → 눈 치우기[순]

제세 공과금(諸稅公課金) → 각종 공과금(各種 -)[순]

제세동기(除細動器) → 심장 충격기(心臟衝擊器)

제소(提訴) → 소송걸기(訴訟 -)[순]

제 수당(諸手當) → 각종 수당(各種 -), 모든 수당, 여러 수당[순]

제스쳐 → 제스처(gesture)

제스추어 → 제스처(gesture)

제스춰 → 제스처(gesture)

제스츄어 → 제스처(gesture)

제시하다(提示 -) → 내보이다[순]

제연 경계벽(除燃境界壁) → 연기 차단벽(煙氣遮斷壁)[순]

제외하다(除外 -) → 빼다[순]

제위(諸位) → 여러분[순]

제육(猪肉) → 돼지고기[순]

제육볶음(猪肉) → 돼지고기 볶음[순]

제2차 세계 대전(第二次世界大戰) → 2차 대전

제일란드 → 제일란트(Zeeland)

제일랜드 → 제일란트(Zeeland)

제일랜트 → 제일란트(Zeeland)

제1차 세계 대전(第一次世界大戰) → 1차 대전

제일 ~한 ~ 중 한 ~(第一 - -中 -) → 매우(아주) ~한 ~ 중 한 ~

제일화(第一話) → 첫 이야기, 첫째 이야기[순]

제자리넓이뛰기 → 제자리멀리뛰기

제 자신(-自身) → 저 자신

제작비(製作費) → 만드는 비용(-費用)[순]

제작하다(製作 -) → 만들다[순]

제절로 → 저절로

제조원(製造元) → 만든 곳[순]

제조하다(製造 -) → 만들다[순]

제 증명(諸證明) → 여러 증명[순]

제지하다(制止 -) → 막다, 말리다[순]

제처 놓다 → 제쳐 놓다

제척(除斥) → 뺌, 제외(除外)[순]

제쳐지다 → 젖혀지다

제초(除草) → 김매기, 풀 뽑기[순]

제키다 → 젖히다, 제치다 ['저끼다' 주 참조]

제하다(除 -) → 나누다, 빼다[순]

제호(題號) → 제목(題目)[순]

제 혼자 → 저 혼자

젠더(gender) → 성 인지(性認知), 성 평등(性平等)[순]

젠틀맨쉽 → 젠틀맨십(gentlemanship)

젤란트 → 제일란트(Zeeland)

젬젬 → 쬠쬠

젯돗 → 제석(祭席)

젯상 → 제상(祭床)

젯수 → 제수(除數)

젯트 → 제트(jet)

져버리다 → 저버리다

져지 → ① 저지(Jersey, jersey) ② 저지(judge)

조가리 → 쪼가리

조간 신문(朝刊新聞) → 아침 신문[순]

조개 가루 → 조갯가루

조개국 → 조갯국

조개껍데기 — 조개껍질⬚복

조개돌 → 조갯돌

조개비 → 조가비

조개살 → 조갯살

조개젖 → 조개젓

조개탕(-湯) — 조갯국⬚복

조갯더미 → 조개더미

조갯속 → 조갯살

조건부(條件附) → 조건으로⬚순

조견표(早見表) → 보기표, 일람표(一覽
表)⬚순

조고마치 → 조그만큼

조고마큼 → 조그만큼

조그마네 — 조그맣네⬚복

조그마치 → 조그만큼

조그마큼 → 조그만큼

조그만치 → 조그만큼

조그만하다 → 조그마하다

조그만한 → 조그마한

조급이(① 躁急 - ② 早急 -) → 조급히

조기(早期) → 빠른 시일(-時日)⬚순

조기국 → 조깃국

조기배 → 조깃배

조기젓 → 조기젓

조기 청소(早起淸掃) → 새벽 청소, 아침
청소⬚순

조깅(jogging) → 건강 달리기(健康 -)⬚순

조깅 웨어(jogging wear) → 조깅복(-
服)⬚순

조까지 → 조까짓

조까지 것 → 조까짓 것

조까지 놈 → 조까짓 놈

조 껍데기 → 조 껍질

조끼(チョッキ) → 잔(盞)⬚순

조다지 — 조리도⬚복

조달하다(調達 -) → 대다, 마련하다⬚순

조당죽(-粥) → 조당수

조도(照度) → 조명도(照明度)⬚순

조둥이 → 주둥이

조래 뵈도 → 조래 봬도

조랭이떡 → 조롱이떡

조련(操鍊) → 훈련(訓鍊/訓練)⬚순

조례(朝禮) → 아침 모임, 조회(朝會)⬚순

조로(じょうろ) → 물뿌리개⬚순

조로로 → 조르르

조로록 → 조르륵

조롱꺼리(嘲弄 -) → 조롱거리

조류(鳥類) → 날짐승⬚순

조류(潮流) → 흐름⬚순

조류 인플루엔자(鳥類influenza) → 조
류 독감(-毒感)⬚순

조름[睡] → 졸음

조리(Jolly) → 졸리

조리다(가슴을 -) → 졸이다

 * 조리다: ① 양념을 한 고기나 생선, 채소
따위를 국물에 넣고 바짝 끓여서 양념이
배어들게 하다. ② 식물의 열매나 뿌리,
줄기 따위를 꿀이나 설탕물 따위에 넣고
계속 끓여서 단맛이 배어들게 하다.
 * 졸이다: ① 찌개, 국, 한약 따위의 물을 증
발시켜 분량을 적어지게 하다. '졸다'의
사동사. ② (주로 '마음', '가슴' 따위와 함
께 쓰여) 속을 태우다시피 초조해하다.

조림(造林) → 나무 가꾸기, 나무 심기⬚순

조립하다(組立 -) → 짜맞추다⬚순

조만간(早晩間) → 머잖아㉠

조만때 → 조맘때

조만치 ― 조만큼㉵

조망(眺望) → 바라다봄㉠

조명빨(照明-) → 조명발

조무라기 → 조무래기

조무락거리다 → 조몰락거리다

조무락조무락 → 조몰락조몰락

조물락거리다 → 조몰락거리다

조물락조물락 → 조몰락조몰락

조미료(調味料) → 양념㉠

조밀(稠密) → 빽빽함㉠

조브(job) → 잡

조사(弔事) → 슬픈 일㉠

조상치래(祖上-) → 조상치레

조상치례(祖上-) → 조상치레

조서(調書) → 조사서(調査書)㉠

조선족(朝鮮族) → 중국 동포(中國同胞)㉠

조성하다(造成-) → 만들다㉠

조세률(租稅率) → 조세율

조섭(Joseph) → ① 요셉(성서) ② 요제프(독) ③ 조제프(프) ④ 조지프(영)

조속이(早速-) → 조속히

조숙(早熟) → 올익음㉠

조시(ちょうし) → ① 박음 상태(-狀態) ② 상태㉠ ③ 방법(方法), 요령(要領), 형편(形便)

조식(早食) → 아침밥, 아침 식사(-食事)㉠

조식(朝食) → 아침밥, 조반(朝飯)㉠

조심스런(操心-) → 조심스러운

조심이(操心-) → 조심히

조쌀 → 좁쌀

조언(助言) → 도움말㉠

조여들다 → 죄어들다

조용이 → 조용히

조우(遭遇) → 만남, 우연히 만남(偶然-)㉠

조우커 → 조커(joker)

조이다 ― 죄다(원칙 - 허용)㉵

조인트(joint) → ① 연합(聯合) ② 합동(合同)㉠

조인트벤처(joint venture) → 합작 투자(合作投資)㉠

조작하다(造作-) → 꾸미다, 만들어 내다㉠

조작하다(操作-) → 다루다㉠

조장하다(助長-) → 돋우다㉠

조정(漕艇) → 배젓기㉠

조제사(調劑師) → 약사(藥師)

조제하다(調劑-) → 약 짓다(藥-)㉠

조조(早朝) → 아침, 이른 아침㉠

조찬(朝餐) → 아침, 아침 모임, 아침 식사(-食事)㉠

조처(措處) → 조치(措置), 처리(處理)㉠

조촐이 → 조촐히

조치하다(措置-) → 잘 처리하다(-處理-), 처리하다㉠

조카(joker) → 조커

조크(joke) → 농담(弄談), 우스개㉠

조피 가루 → 조핏가루

조합하다(組合-) → 묶다㉠

조호바루 → 조호르바루(Johore Bharu)

조화속(造化-) → 조홧속

조황(釣況) → 낚이는 형편(-形便)㊍

조회하다(照會-) → 알아보다㊍

족가위 → 쪽가위

족도리 → 족두리

족이(足-) → 족히

족적(足跡) → 발자취㊍

족집개 → 족집게

족하다(足-) → 넉넉하다, 만족하다(滿足-)㊍

존(zone) → 구역(區域)㊍

존대말(尊待-) → 존댓말

존댓법 → 존대법(尊待法)

존 디펜스(zone defense) → 지역 방어(地域防禦)㊍

존속 기간(存續期間) → 남아 있는 기간㊍

존치하다(存置-) → 그대로 두다㊍

졸따구 → 졸때기

졸떼기 → 졸때기

졸라메다 → 졸라매다

졸레졸레 → 졸래졸래

졸려져 → 졸려

졸려졌다 → 졸렸다

졸려지는 → 졸리는

졸려지다 → 졸리다

졸려진 → 졸린

졸렵다 → 졸리다

졸르다 → 조르다

졸리, 안젤리나 → 졸리, 앤젤리나(Jolie, Angelina)

졸리우니 → 졸리니

졸리운 → 졸린

졸리워 → 졸려

졸리워서 → 졸려서

졸립고 → 졸리고

졸립네 → 졸리네

졸립다 → 졸리다

졸립지 → 졸리지

졸속(拙速) → 서두름㊍

졸연월일(卒年月日) → 졸년월일

졸연이(猝然/卒然-) → 졸연히

졸이개 → 조리개

졸이다(간장) → 조리다 ['조리다' 주 참조]

졸지에(猝地-) → 갑자기, 별안간(瞥眼間)㊍

좀처럼 - 좀체㊐

좀체로 → 좀체

좀팡이 → 좀팽이

좀해 → 좀체

좀해선 → 좀체

좁따란 → 좁다란

좁따랗게 → 좁다랗게

좁따랗다 → 좁다랗다

종가집(宗家-) → 종갓집

종갓집 → 종가(宗家)

종군 위안부(從軍慰安婦) → 일본군 성노예(日本軍性奴隷), 일본군 위안부

종다라끼 → 종다래끼

종다리[雲雀] - 종달새㊐

종다리[下腿] → 종아리

종따리 → 종아리

종래의(從來-) → 이제까지의, 지금까지의(只今-)㊍

종례(終禮) → 마침 모임㊍

종로(鍾路) → 종로(鐘路)

종료하다(終了-) → 끝나다, 마치다ⓢ, 끝마치다

종서(縱書) → 세로쓰기ⓢ

종식하다(終熄-) → 끝나다ⓢ, 끝내다

종신(終身) → 평생(平生)ⓢ

종신형(終身刑) → 무기형(無期刑)ⓢ

종양(腫瘍) → 혹ⓢ

종양제(從量制) → 종량제

종용하다(慫慂-) → 달래어 권하다(-勸-)ⓢ

종이를 피다 → 종이를 펴다

종이장(-張) → 종잇장

종이 조각 → 종잇조각

종이쪽 — 종잇조각ⓑ

종이 테잎 → 종이테이프(-tape)

종이 테프 → 종이테이프(-tape)

종자돈(種子-) → 종잣돈

종잣벼 → 종자벼(種子-)

종전(終戰) → 전쟁이 끝남(戰爭-)ⓢ

종종(種種) → 가끔ⓢ

종지굽 → 종짓굽

종지부(終止符) → 마침표(-標)(.)ⓢ

종지부를 찍다(終止符-) → 끝맺다ⓢ, 마침표를 찍다(-標-)

종지하다(終止-) → 끝내다ⓢ

종축(種畜) → 씨가축(-家畜)ⓢ

종횡(縱橫) → 가로세로ⓢ

좋으네 → 좋네

좋으네요 → 좋네요

좋히 → 좋이

좌수(左手) → 왼손

좌시(坐視) → 그냥 보고만 있음, 보고만 있음ⓢ

좌우간(左右間) → 아무튼ⓢ

좌철(左綴) → 왼쪽 매기ⓢ

좌초하다(座礁-) → 암초에 걸리다(暗礁-)ⓢ

좌측(左側) → 왼쪽ⓢ

좌편(左便) → 왼쪽ⓢ

좌표값(座標-) → 좌푯값

죄값(罪-) → 죗값

죄를 져(罪-) → 죄를 지어

죄를 졌다(罪-) → 죄를 지었다

죄여들다 → 죄어들다

죄이다 → 조이다, 죄다

죄지르다 → 줴지르다

죠니워커 → 조니워커(Johnnie Walker)

죠반니 → 조반니(Giovanni)

죠셉(Joseph) → ① 요셉(성서) ② 요제프(독) ③ 조제프(프) ④ 조지프(영)

죠스 → 조스(jaws)

죠이컴 → 조이컴(joycom)

죠인트 → 조인트(joint)

죠지 → 조지(George)

죠지아 → 조지아(Georgia)

죠지언 → 조지언(Georgian)

죤 → 존(John)

죤스 → 존스(Johns)

죤슨 → 존슨(Johnson)

주(株) → 그루, 포기ⓢ

주거지(住居址) → 집자리, 집터ⓢ

주걱상어 → 가래상어

주구장창 → 주야장천(晝夜長川)

주낙 → 줄낚시ⓢ

주낚시 → 주낙

주니어(junior) → 청소년(靑少年)[순]

주니어 보드(junior board) → 청년 중역
회의(靑年重役會議)[순]

주니어 웨어(junior wear) → 청소년복
(靑少年服)[순]

주댕이 → 주둥이

주도(主導) → 앞장섬[순]

주도면밀(周到綿密) → 빈틈없이[순]

주도적(主導的) → 앞장섬[순]

주라기(−紀) → 쥐라기(Jura−)

주력하다(主力−) → 힘 기울이다, 힘을
기울이다[순]

주루루 → 주르르

주루룩 → 주르륵

주류(酒類) → 술, 술 종류(−種類)[순]

주류 일절(酒類一切) → 주류 일체

주름을 피다 → 주름을 펴다

주리대 → 주릿대

주리엣 → 줄리엣(Juliet)

주머니감 → 주머닛감

주머니돈 → 주머닛돈

주먹을 피다 → 주먹을 펴다

주목(注目) → 눈여겨봄[순]

주무과(主務科) → 담당과(擔當課)[순]

주무락거리다 → 주물럭거리다

주무락주무락 → 주물럭주물럭

주무럭거리다 → 주물럭거리다

주무럭주무럭 → 주물럭주물럭

주물다 → 주무르다

주물락거리다 → 주물럭거리다

주물락주물락 → 주물럭주물럭

주물르다 → 주무르다

주물어 → 주물러

주물었다 → 주물렀다

주물은 → 주무른

주방(廚房) → 부엌[순]

주벽(酒癖) → 술버릇, 술 취한 버릇(−
醉−)[순]

주봉(主峰) → 주인봉(主人峰), 최고봉(最
高峰)[순]

주부(主婦) → 안주인(−主人)[순]

주브(チューブ) → 튜브(tube)[순]

주사니 → 명주붙이(明紬−)

주사바늘(注射−) → 주삿바늘

주산 단지(主産團地) → 주 생산지(主生
産地)[순]

주서(朱書) → 붉은 글씨, 붉은색 글씨
(−色−)[순]

주서기(−機) → 주서(juicer)

주선하다(周旋−) → 마련하다[순]

주시하다(注視−) → 눈여겨보다[순]

주야(晝夜) → 밤낮[순]

주·야(晝夜) → 주야

주·야간(晝夜間) → 주야간

주야장창 → 주야장천(晝夜長川)

주어듣다 → 주워듣다

주얼리(jewelry) → 귀금속(貴金屬)[순]

주엄주엄 → 주섬주섬

주엽나무 → 쥐엄나무

주위가 산만하다(周圍−散漫−) → 주의
가 산만하다(注意−)

주위를 끌다(周圍−) → 주의를 끌다(注
意−)

주위를 환기하다(周圍-喚起-) → 주의
를 환기하다(注意-)

주의요(注意要) → 조심하기 바람(操心
-)㊧

주인(主人) → 임자㊧

주재소(駐在所) → 관리소(管理所), 파견
분소(派遣分所), 파견소(派遣所)㊧

주저안다 → 주저앉다

주절이주절이 → 주저리주저리

주점부리 → 주전부리

주정(酒精) → 에탄올(ethanol), 에틸알
코올(ethyl alcohol)㊧

주정군(酒酲-) → 주정꾼

주·정차(駐停車) → 주정차

주지(周知) → 다 알다, 다 알리다, 두루
알다, 모두 알다, 모두에게 알리다㊧

주착(主着) → 주책

주착망나니(主着-) → 주책망나니

주착맞다(主着-) → 주책맞다

주착바가지(主着-) → 주책바가지

주착스럽다(主着-) → 주책스럽다

주책없다 — 주책이다㊙

주초(柱礎) → 주춧돌, 초석(礎石)㊧

주초돌(柱礎-) → 주춧돌

주촛돌(柱礎-) → 주춧돌

주추돌 → 주춧돌

주코프스키, 바실리 → 주콥스키, 바실
리(Zhukovskii, Vasily)

주토빛(朱土-) → 주톳빛

죽대기 → 죽데기

죽더기 → 죽데기

죽살 → 죽살이

죽상어 → 가래상어

죽은깨 → 주근깨

죽을동살동 → 죽을 둥 살 둥

죽정이 → 쭉정이

준동하다(蠢動-) → 날뛰다, 움직거리
다㊧

준설(浚渫) → 파내기㊧

준수할 것(遵守-) → 지켜 주시기 바랍
니다㊧

준용(準用) → 표준으로 적용함(標準-適
用-)㊧

준용 하천(準用河川) → 지방 관리 하천
(地方管理-)㊧

준치국 → 준칫국

줄곳 → 줄곧

줄군 → 줄꾼

줄께 → 줄게

줄꾼 — 줄잡이㊙

줄낙 → 줄낚

줄낚 — 줄낚시㊙

줄달이기 → 줄다리기

줄당기기 → 줄다리기

줄래줄래 → 줄레줄레

줄리메컵 → 쥘리메컵(Jules Rimet Cup)

줄리어드 → 쥘리아드(Juilliard)

줄리에트(Juliette) → ① 줄리엣[Juliet/
Juliette(영)] ② 쥘리에트(프)

줄무니 → 줄무늬

줄어들은 → 줄어든

줄어듬 → 줄어듦

줄으면 → 줄면

줄은 대로 → 준 대로

줄음 → 줆

줄장미(-薔薇) → 덩굴장미

줄잽이 → 줄잡이

줄줄히 → 줄줄이

줄지워 → 줄지어

줄창 → 줄곧

줄행낭(-行廊) → 줄행랑

줌줌히 → 줌줌이

줏다 → 줍다

~줏댁[고을, 마을] → ~주댁(~州宅)

줏때(主-) → 줏대

줏어 → 주워

줏어담다 → 주워 담다

줏어듣다 → 주워듣다

줏어먹다 → 주워 먹다

~줏집[고을, 마을] → ~주집(~州-)

중간(中間) → 가운데[순]

중간 예납(中間豫納) → 중간 납부(-納付/納附)[순]

중과세하다(重課稅-) → 세금을 많이 매기다(稅金-), 세금을 무겁게 매기다[순]

중과실(重過失) → 큰 잘못[순]

중구난방(衆口難防) → 마구 떠듦[순]

중구남방 → 중구난방(衆口難防)

중국난(中國蘭) → 중국란

중랑장(中郞將) → 중낭장

중력분(中力粉) → 밀가루, 보통 밀가루(普通-)[순]

중로인(中老人) → 중노인

중매(仲媒) — 중신[복]

중매인(仲買人) → 거간(居間), 거간꾼[순]

중매장이(仲媒-) → 중매쟁이

중모리 → 중모리장단

중몰이 → 중모리장단

중산능(中山陵) → 중산릉

중식(中食) → 점심(點心), 점심밥, 점심 식사(-食事)[순]

중신애비(中-) → 중신아비

중신에미(中-) → 중신어미

중요시 여기다(重要視-) → 중요시하다, 중요하게 여기다

중이(重-) → 중히

중자(中-) → 중짜

중절모자(中折帽子) → 우묵모자[순]

중중몰이 → 중중모리

중증(重症) → 심한 병세(甚-病勢)[순]

중지(中指) → 가운뎃손가락[순]

중차대하다(重且大-) → 매우 중요하다(-重要-)[순]

중책(重責) → 무거운 책임(-責任)[순]

중첩되다(重疊-) → 겹치다[순]

중태기 → 중고기

중풍장이(中風-) → 중풍쟁이

중한(重-) → 무거운[순]

중혼(重婚) → 이중 결혼(二重結婚)[순]

줴질르다 → 줴지르다

쥐(G, g) → 지

쥐과(-科) → 쥣과

쥐노래미과(-科) → 쥐노래밋과

쥐도둑 → 좀도둑

쥐똥같다 → 쥐뿔같다

쥐불놀이 — 쥐불놓이[복]

쥐불알같다 → 쥐뿔같다

쥐빛 → 쥣빛

쥐뿔같다 — 쥐좆같다閒

쥐어밖다 → 쥐어박다

쥐어살다 → 쥐여살다

쥐어 주다 → 쥐여 주다

쥐여박다 → 쥐어박다

쥬네브 → 주네브(Genève)

쥬노 → 주노(Juno)

쥬니어 → 주니어(junior)

쥬라기(-紀) → 쥐라기(Jura-)

쥬리아(Julia) → ① 율리아(독) ② 율리
야(러) ③ 줄리아(영, 포) ④ 쥘리아(프)

쥬리아스(Julius) → ① 율리우스(독)
② 율리위스(네) ③ 줄리어스(영)

쥬리히 → 취리히(Zürich)

쥬만지 → 주만지(Jumanji)

쥬브(チューブ) → 튜브(tube)

쥬스 → 주스(juice)

쥬시 → 주시(juicy)

쥬얼리 → 주얼리(jewelry)

쥬크박스 → 주크박스(jukebox)

쥬피터 → 주피터(Jupiter)

쥰 → 준(June)

쥴리아(Julia) → ① 율리아(독) ② 율리
야(러) ③ 줄리아(영, 포) ④ 쥘리아(프)

쥴리엣 → 줄리엣(Juliet)

즈려밟다 → 지르밟다

즈봉(ズボン) → 바지, 양복바지(洋服-)㉛

즉각(卽刻) → 곧, 바로㉛

즉납(卽納) → 즉시 납부(卽時納付/納附)㉛

즉방 → 직방(直放)

즉보(卽報) → 즉시 보고(卽時報告)㉛

즉빵 → 직방(直放)

즉사(卽死) → 현장 사망(現場死亡)㉛

즉시(卽時) → 곧, 바로㉛

즉응(卽應) → 바로 응함, 즉시 응함(卽
時-)㉛

즐거와 → 즐거워

즐거웁다 → 즐겁다

즐거히 → 즐거이

증가률(增加率) → 증가율

증감율(增減率) → 증감률

증대시키다(增大-) → 증대하다

증발(增發) → 출력 증가(出力增加)㉛

증발하다(蒸發-) → 사라지다, 사람이
사라지다㉛

증빙 서류(證憑書類) → 증거 서류(證據
-)㉛

증산양(增産量) → 증산량

증서(證書) → 증거 문서(證據文書)㉛

증식하다(增殖-) → 불리다, 불어나다㉛

증액시키다(增額-) → 증액하다

증정하다(贈呈-) → 드리다㉛

증진시키다(增進-) → 증진하다

증표(證票) → 증명서(證明書)㉛

지가(地價) → 땅값㉛

지개미 → 지게미

지게가지 → 지겟가지

지게군 → 지게꾼

지게다리 → 지겟다리

지게단 → 지겟단

지게작대기 → 지겟작대기

지겟군 → 지게꾼

지겟벌이 → 지게벌이

지겨웁다 → 지겹다

지구력(持久力) → 오래 견딤㉜

지그자그 → 지그재그(zigzag)

지극이(至極-) → 지극히

지금것(只今-) → 지금껏

지긋이 → 지그시

  * 지긋이: ① 나이가 비교적 많아 듬직하게.
    ② 참을성 있게 끈지게.
  * 지그시: ① 슬며시 힘을 주는 모양. ② 조
    용히 참고 견디는 모양.

지긋히 → 지긋이

지까지 → 제까짓

지까지 것 → 제까짓 것

지까지 놈 → 제까짓 놈

지꺼려 → 지껄여

지꺼렸다 → 지껄였다

지꺼리니 → 지껄이니

지꺼리다 → 지껄이다

지꺼리어 → 지껄이어, 지껄여

지꺼리여 → 지껄이어, 지껄여

지꾸땡 → 짓고땡

지난하다(至難-) → 매우 어렵다㉜

지놈 → 게놈(Genom)

지대(地代) → 땅값㉜

지대돌(址臺-) → 지댓돌

지둘르다 → 기다리다

지득하다(知得-) → 알게 되다, 알다㉜

지디피(GDP, gross domestic product)
  → 국내 총생산(國內總生産)㉜

지라시(ちらし) → 낱장 광고(-張廣告),
  선전지(宣傳紙)㉜, 전단(傳單)

지레대 → 지렛대

지레목 → 지렛목

지렝이 → 지렁이

지려밟다 → 지르밟다

지력(地力) → 땅힘㉜

지령(指令) → 명령(命令)㉜

지례짐작(-斟酌) → 지레짐작

지루박(ジルバ) → 지르박

지르박 — 지터버그(jitterbug)㉨

지리(チリ) → 맑은탕(-湯), 싱건탕

지리하다(支離-) → 지루하다

~지 마렴 → ~지 말렴

~지만서도 → ~지만

지면(知面) → 안면(顏面), 알음㉜

지분(持分) → 몫㉜

지불하다(支拂-) → 지급하다(支給-),
  치르다㉜

지브로올터 → 지브롤터(Gibraltar)

지상고(地上高) → 높이㉜

지새다 → 지새우다

지선(支線) → 지지선(支持線)㉜

지성것(至誠-) → 지성껏

지스라기 → 지스러기

지스래기 → 지스러기

지스럭이 → 지스러기

지스럭지 → 지스러기

지스레기 → 지스러기

지시 일변도(指示一變度) → 지시만 하는㉜

지아이에스(GIS, geographic information
  system) → 지리 정보 시스템(地理情報
  system), 지리 정보 체계(-體系)㉜

지애비 → 지아비

지양하다(止揚-) → 피하다(避-), 하지
  않다㉜

지어땡 → 짓고땡

지에 ― 지에밥㈜

지에미 → 지어미

지연되다(遲延-) → 늦어지다㈜

지우게 → 지우개

지울래야 → 지우려야

지울려야 → 지우려야

지원(支援) → 도움㈜

지원률(志願率) → 지원율

지은이란(-欄) → 지은이난

지음 → 즈음

지읏(ㅈ) → 지읒

지이산(智異山) → 지리산

지이십(G20, Group of 20) → 주요 20개 국(主要二十個國)

지인(知人) → 아는 사람㈜

지입제(持込制) → 몫들기㈜

지입차(持入車) → 개인 소유 회사차(個 人所有會社車)㈜

지입하다(持込-) → 가지고 들어가다, 가지고 들어오다㈜

지장(指章) → 손도장(-圖章)㈜

지저기다 → 지저귀다

지적(指摘) → 가리킴, 말함㈜

지적거리다 → 지저거리다

지적 사항(指摘事項) → 고쳐야 할 일㈜

지정하다(指定-) → 가리켜 정하다, 정 하다㈜

지주(支柱) → 받침대(-臺)㈜

지준률(支準率) → 지준율

지지목(支持木) → 버팀목㈜

지지미[煎] → 지짐이

지지미(ちぢみ) → 쫄쫄이㈜

지진아(遲進兒) → 뒤진 아이㈜

지짐 → ① 빈대떡 ② 저냐 ③ 튀김

지짐개 → 부침개

지짐개질 → 지짐질

지참하다(持參-) → 지니고 오다㈜

지척(咫尺) → 가까움, 아주 가까움㈜

지체(遲滯) → 늦어짐, 시간이 늦어짐(時 間-)㈜

지체 상금(遲滯償金) → 지연 배상금(遲 延賠償金)㈜

지출난(支出欄) → 지출란

지치라기 → 지스러기

지치래기 → 지스러기

지치럭이 → 지스러기

지치럭지 → 지스러기

지치레기 → 지스러기

지침(指針) → 길잡이㈜

지칭하다(指稱-) → 가리키다, 뜻하다, 말하다, 일컫다㈜

지키미 → 지킴이

지탄(指彈) → 손가락질㈜

지투지(G2G, government-to-government) → 정부 간 거래(政府間去來)

지티엑스(GTX, great train express) → 수도권 광역 급행 철도(首都圈廣域 急行鐵道)㈜

지팽이 → 지팡이

지표수(地表水) → 땅윗물㈜

지표 환자(指標患者) → 첫 확진자(-確 診者)㈜

지푸래기 → 지푸라기

지푸러기 → 지푸라기
지프라기 → 지푸라기
직결(直結) → 직접 연결(直接連結)[순]
직결되다(直結－) → 바로 연결되다(－連結－)[순]
직경(直徑) → 지름[순]
직고(直告) → 바른 대로 말함[순]
직권(職權) → 맡은 권한(－權限)[순]
직근(直近) → 가장 가까운[순]
직방(直方) → 곧바로
직방형(直方形) → 직사각형(直四角形)
직빵 → 직방(直放)
직소 퍼즐 → 지그소 퍼즐(jigsaw puzzle)
직송(直送) → 곧 보냄, 직접 부침(直接－)[순]
직시(直視) → 바로 봄[순]
직언(直言) → 곧은 말, 바른 말[순]
직장(直腸) → 곧은창자, 곧창자[순]
직전(直前) → 바로 앞, 바로 전[순]
직진하다(直進－) → 곧게 가다, 바로 가다[순]
직활시 → 직할시(直轄市)
직효(直效) → 즉효(卽效)
진갈색(津褐色) → 진한 갈색
진검승부(しんけんしょうぶ, 眞劍勝負) → 생사 겨루기(生死－), 정면 대결(正面對決), 최종 대결(最終－)[순]
진균(眞菌) → 곰팡이[순]
진녹색(津綠色) → 진한 초록색(－草綠色)
진달래빛 → 진달랫빛
진도개(珍島－) → 진돗개
진동(振動) → 울림, 흔들림[순]
진득이[蟲] → 진드기
진득히 → 진득이
～진들(陣－) → ～진
진디물 → 진딧물
진력(盡力) → 힘씀[순]
진렬(陳列) → 진열
진로(進路) → 나갈 길[순]
진록색(津綠色) → 진녹색
진리값(眞理－) → 진릿값
진면목(眞面目) → 참모습[순]
진무르다 → 짓무르다
진보라(津－) → 진한 보라
진부(陳腐) → 낡음[순]
진부(眞否) → 진짜와 가짜(眞－假－)[순]
진상(進相) → 앞선 위상(－位相)[순]
진술(陳述) → 말함[순]
진언하다(進言－) → 말씀드리다, 의견을 말씀드리다(意見－)[순]
진위 여부(眞僞與否) → 사실 여부(事實－)[순], 진위
진의(眞意) → 참뜻[순]
진입로(進入路) → 들어가는 길[순]
진작 — 진작에 — 진조(趁早) — 진즉(趁卽) — 진즉에[복]
진작하다(振作－) → 떨치다, 북돋다, 북돋우다[순]
진절이 → 진저리
진정코(眞正－) → 진정
진주빛(眞珠/珍珠－) → 진줏빛
진줏가루 → 진주 가루(眞珠/珍珠－)
진즈(jeans) → 청바지(靑－)[순]
진지 것 → 진짓 것

진지상(－床) → 진짓상
진짓 → 짐짓
진짜바기(眞－) → 진짜배기
진짜박이(眞－) → 진짜배기
진짜백이(眞－) → 진짜배기
진창만창 → 진탕만탕(－宕－宕)
진탕길 → 진창길
진탕물 → 진창물
진탕으로(－宕－) → 진탕
진퇴양란(進退兩難) → 진퇴양난
진품(眞品) → 진짜[순]
진학율(進學率) → 진학률
진화하다(鎭火－) → 불길을 잡다, 불 끄다[순]
진흥시키다(振興－) → 진흥하다
질곡(桎梏) → 굴레[순]
질레트 → 질렛(Gillet)
질르다 → 지르다
질머지다 → 짊어지다
질문(質問) → 물음[순]
질색 팔색 하다 → 칠색 팔색 하다(七色－)
질식하다(窒息－) → 숨 막히다, 숨이 막히다[순]
질쎄라 → 질세라
질의 응답(質疑應答) → 물음과 답[순]
질주하다(疾走－) → 달리다[순]
질책하다(叱責－) → 꾸짖다[순]
질타(叱咤) → 꾸지람, 크게 꾸짖음[순]
질팡갈팡 → 갈팡질팡
질환률(疾患率) → 질환율
짐군 → 짐꾼
짐 꾸레미 → 짐 꾸러미
짐머만 → 치머만(Zimmermann)
짐승이[蝨] → 짐승니
짐작컨대(斟酌－) → 짐작건대
짐찟 → 짐짓
집개[鋏] → 집게
집개다리 → 집게다리
집개벌레 → 집게벌레
집개손가락 → 집게손가락
집결지(集結地) → 모인 곳, 모일 곳[순]
집달관(執達官) → 집행관(執行官)
집달리(執達吏) → 집행관(執行官)
집더미 → 집채
집들이 가다 → 집알이 가다
* 집들이: ① 이사하여 새로운 집으로 옮겨 들어감. ② 이사한 후에 이웃과 친지를 불러 집을 구경시키고 음식을 대접하는 일.
* 집알이: 새로 집을 지었거나 이사한 집에 집 구경 겸 인사로 찾아보는 일.
집사람 → 배우자(配偶者)
집수정(集水井) → 물 저장고(－貯藏庫)[순]
집어치다 → 집어치우다
집에것 → 집엣것
집요하다(執拗－) → 끈덕지다[순]
집자리 → 집터
집중 시간(集中時間) → 도달 시간(到達－)[순]
집중율(集中率) → 집중률
집중 호우(集中豪雨) → 작달비, 장대비(長－)[순], 큰비
집진 시설(集塵施設) → 먼지 제거 시설(－除去－), 먼지 제거 장치(－裝置)[순]
집집히 → 집집이
집쩍거리다 → 찝쩍거리다

집찰구(集札口) → 표 내는 곳(票-)🔣

집치래 → 집치레

집치례 → 집치레

집표구(集票口) → 표 내는 곳(票-)🔣

집필(執筆) → 글씀🔣

집하(集荷) → 모음🔣

집합하다(集合-) → 모이다🔣

집회(集會) → 모임, 회합(會合)🔣

짓걸이 → 짓거리

짓고땡이 → 짓고땡

짓구땡 → 짓고땡

짓궂히 → 짓궂이

짓꺼려 → 지껄여

짓꺼리 → 짓거리

짓꺼리니 → 지껄이니

짓꺼리다 → 지껄이다

짓꺼리어 → 지껄이어, 지껄여

짓꺼리여 → 지껄이어, 지껄여

짓눌르다 → 짓누르다

짓물다 → 짓무르다

짓물르다 → 짓무르다

짓물어 → 짓물러

짓물었다 → 짓물렀다

짓물으다 → 짓무르다

짓물은 → 짓무른

짓밟인 → 짓밟힌

징구(徵求) → 거두기, 걷기, 청구(請求)🔣

징구하다(徵求-) → 받다, 요청하다(要請-)🔣

징그러 → 징그러워

징기스칸 → 칭기즈칸(Chingiz Khan)

징병 검사(徵兵檢査) → 병역 판정 검사

(兵役判定-)

징수하다(徵收-) → 거두다, 받다🔣

징조(徵兆) → 조짐🔣

징크스(jinx) → 불길한 일(不吉-), 액(厄), 재수 없는 일(財數-)🔣

징후(徵候) → 낌새🔣

짖궂히 → 짓궂이

짖궂다 → 짓궂다

짖밟다 → 짓밟다

짖이기다 → 짓이기다

짖찧다 → 짓찧다

짚단 — 짚뭇🔣

짚라인 → 집라인(zip-line)

짚북더기 → 짚북데기

짚북세기 → 짚북데기

짚세기 → 짚신

짚시 → 집시(Gipsy/Gypsy)

짚업 → 집업(zip-up)

짚와이어 → 집와이어(zip wire)

짚차(-車) → 지프차(jeep-)

짚트렉 → 집트렉(zip trek)

짚히다 → 짚이다

짜라투스트라 → 자라투스트라(Zarathustra)

짜르 → 차르(tzar)

짜르다 → ① 자르다 ② 짧다

짜른작 → 짧은작

짜마추다 → 짜맞추다

짜여져 → 짜여

짜여졌다 → 짜였다

짜여지는 → 짜이는

짜여지다 → 짜이다

짜여진 → 짜인

짜집기 → 짜깁기

짜투리 → 자투리

짝궁 → 짝꿍

짝달막하다 → 작달막하다

짝달이 → 작다리

짝대기 → 작대기

짝때기 → 작대기

짝자꿍 → 짝짜꿍

짝작꿍 → 짝짜꿍

짝지워 → 짝지어

짝짝꿍 → 짝짜꿍

짝째기 → 짝짝이

짠지국 → 짠짓국

짤다란 → 짤따란

짤다랗게 → 짤따랗게

짤다랗다 → 짤따랗다

짤룩하다 → 짤록하다

짤르다 → 자르다

짤리다 → 잘리다

짤쯔부르크 → 잘츠부르크(Salzburg)

짧다란 → 짤따란

짧다랗게 → 짤따랗게

짧다랗다 → 짤따랗다

짧따란 → 짤따란

짧따랗게 → 짤따랗게

짧따랗다 → 짤따랗다

짧막하다 → 짤막하다

짬매다 → 동이다, 잡아매다

짬뽕(ちゃんぽん) → ① 초마면(炒碼麵)복

　② 뒤섞기순

짬짬히 → 짬짬이

짭다 → ① 짜다 ② 짧다

짭자래하다 → 짭짜래하다

짭자레하다 → 짭짜래하다

짭자름하다 → 짭짜름하다

짭잘하다 → 짭짤하다

짭조롬하다 → 짭조름하다

짭짜래하다 — 짭짜름하다복

짭짜레하다 → 짭짜래하다

짭쪼롬하다 → 짭조름하다

짭쪼름하다 → 짭조름하다

짱께미뽀(じゃんけんぽん) → 가위바위보

짱껨뽀(じゃんけんぽん) → 가위바위보

짱아찌 → 장아찌

짱아치 → 장아찌

째꺼덕 → 쩨꺼덕

째여 → 째어

째였다 → 째었다

째이는 → 째는

째이다 → ① 짜이다 ② 째다

째인 → 짼

째임 → 쨈

째즈 → 재즈(jazz)

째째하다 → 쩨쩨하다

쨱 → 잭(jack)

쨀끔쨀끔 → 짤끔짤끔

쨈 → 잼(jam)

쨈쨈히 → 쨈쨈이

쨉 → 잽(jab)

쨤 → 잼(jam)

쩌 먹다 → 쪄 먹다

쩐 내 → 전 내

쩐주 → 전주(錢主)

쩔다 → 절다
쩨걱쩨걱 → 제꺽제꺽
쩨까닥 → 째까닥
쩨깍쩨깍 → 째깍째깍
쪼구리다 → 쪼그리다
쪼꾸미 → 쪼구미
쪼달리다 → 쪼들리다
쪼드니 → 쪼들리니
쪼들다 → 쪼들리다
쪼들리여 → 쪼들리어
쪼들어 → 쪼들려
쪼랑말 → 조랑말
쪼로로 → 쪼르르
쪼로록 → 쪼르륵
쪼르르르 → 쪼르르
쪼무라기 → 조무래기
쪼무래기 → 조무래기
쪼이다 ─ 쬐다(원칙 ─ 허용)[복]
쪼인트 → 조인트(joint)
쪼코렛 → 초콜릿(chocolate)
쪼코릿 → 초콜릿(chocolate)
쪼콜릿 → 초콜릿(chocolate)
쪽 ─ 편(便)[복]
쪽도리 → 족두리
쪽두리 → 족두리
쪽바리 → 쪽발이
쪽밤 → 쌍동밤(雙童 -)
쪽제비 → 족제비
쪽 지다 → 쪽 찌다
쪽 진 머리 → 쪽 찐 머리
쪽집개 → 족집게
쪽집게 → 족집게

쪽찝개 → 족집게
쪽찝게 → 족집게
쫀디기 → 쫀득이
쫄다 → 졸다
쫄때기 → 졸때기
쫄떼기 → 졸때기
쫄레쫄레 → 쫄래쫄래
쫄병 → 졸병(卒兵)
쫄아들다 → 졸아들다
쫌 → 좀
쫌팡이 → 좀팽이
쫌팽이 → 좀팽이
쫓겨 가다 → 쫓겨 가다
쫓아가다 → 쫓아가다
쬐금 → 쪼끔
쬐끔 → 쪼끔
쬐도 → 쫴도, 쬐어도
쬐라 → 쫴라, 쬐어라
쬐서 → 쫴서, 쬐어서
쬐야 → 쫴야, 쬐어야
쬐요 → 쫴요, 쬐어요
쬈다 → 쫬다, 쬐었다
쭈구러들다 → 쭈그러들다
쭈구러지다 → 쭈그러지다
쭈구리다 → 쭈그리다
쭈그러들다 ─ 쭈그러지다[복]
 * 쭈그러들다: ① 쭈그러져 작아지다. ② 살이 빠져서 주름이 쭈글쭈글 잡히다. ③ 일의 범위나 규모가 줄어들다.
 * 쭈그러지다: ① 눌리거나 우그러져서 부피가 몹시 작아지다. ② 살이 빠져서 살갗이 쭈글쭈글해지다.
쭈꾸미 → 주꾸미

쭈루룩 → 쭈르륵

쭈볏쭈볏 → 쭈뼛쭈뼛

쭈빗쭈빗 → 쭈뼛쭈뼛

쭈삣쭈삣 → 쭈뼛쭈뼛

쭉더기 → 쭉정이

쭉쟁이 → 쭉정이

쭉지 → 죽지

쭐래쭐래 → 쭐레쭐레

쮜리히 → 취리히(Zürich)

쯔끼다시(つきだし) → 곁들이 안주(-按酒), 곁들이찬(-饌)

쯔나미 → 쓰나미(つなみ)

쯔메끼리(つめきり) → 손톱깎이

쯔메키리(つめきり) → 손톱깎이

쯔봉(ズボン) → 바지, 양복바지(洋服-)

쯔빙글리, 울리히 → 츠빙글리, 울리히 (Zwingli, Ulrich)

찌게 → 찌개

찌꺼기 — 찌끼㉵

　* 찌꺼기: ① 액체가 다 빠진 뒤에 바닥에 남은 물건. ② 쓸 만하거나 값어치가 있는 것을 골라 낸 나머지. 늑여타, 재. ③ 깊이 새겨지거나 배어 있어 청산되지 않고 남아 있는 생각이나 감정 따위를 비유적으로 이르는 말.

　* 찌끼: '찌꺼기'의 준말.

찌꺽지 → 찌꺼기

찌끄러기 → 찌꺼기

찌드렸다 → 찌들었다

찌들려 → 찌들어

찌들렸다 → 찌들었다

찌들리다 → 찌들다

찌들린 → 찌든

찌들였다 → 찌들었다

찌들은 → 찌든

찌들음 → 찌듦

찌듬 → 찌듦

찌라시(ちらし) → 낱장 광고(-張廣告), 선전지(宣傳紙), 전단(傳單), 전단지, 지라시

찌렁내 → 지린내

찌르게 → 찌르개

찌린내 → 지린내

찌부둥하다 → 찌뿌둥하다

찌부드하다 → 찌뿌듯하다

찌부득하다 → 찌뿌듯하다

찌부듯하다 → 찌뿌듯하다

찌부둥하다 → 찌뿌둥하다

찌브러지다 → 찌부러지다

찌뿌둥하다 — 찌뿌듯하다㉵

　* 찌뿌둥하다: ① 몸살이나 감기 따위로 몸이 무겁고 거북하다. ② 표정이나 기분이 밝지 못하고 언짢다. ③ 비나 눈이 올 것같이 날씨가 궂거나 잔뜩 흐리다.

　* 찌뿌듯하다: ① 몸살이나 감기 따위로 몸이 조금 무겁고 거북하다. ② 표정이나 기분이 밝지 못하고 조금 언짢다. ③ 비나 눈이 올 것같이 날씨가 조금 흐리다.

찌뿌드하다 → ① 찌뿌드드하다 ② 찌뿌듯하다 ③ 찌뿌둥하다

찌뿌득하다 → 찌뿌듯하다

찌뿌등하다 → 찌뿌둥하다

찌뿌디하다 → 찌뿌둥하다

찌뿌리다 → 찌푸리다

찌질맞다 → 지질맞다

찌질이 → 지질이

찌질찌질 → 지질지질

찌질하다 → 지질하다

찌찌(ちち) → 젖[순]

찌푸둥하다 → 찌뿌둥하다

찌푸등하다 → 찌뿌둥하다

찌프리다 → 찌푸리다

찐드기 → 진드기

찐뜩찐뜩 → 찐득찐득

찐빠(ちんば) → 부조화(不調和), 불균형
(不均衡), 엔진 부조화(engine-), 절
름발이, 짝짝이

찐지라기 → 지스러기

찐지래기 → 지스러기

찐지럭이 → 지스러기

찐지럭지 → 지스러기

찐지레기 → 지스러기

찔레꽃 붉게 피는 → 찔레꽃 희게 피는

찔르다 → 찌르다

찔벅찔벅 → ① 집적집적 ② 질퍽질퍽
③ 절뚝절뚝

찜빠(ちんば) → 부조화(不調和), 불균형
(不均衡), 엔진 부조화(engine-), 절
름발이, 짝짝이

찝적거리다 → 찝쩍거리다

찝적찝적 → 찝쩍찝쩍

찝지레하다 → 찝찌레하다

찝지름하다 → 찝찌름하다

찝질하다 → 찝찔하다

찝찌래하다 → 찝찌레하다

찝찌레하다 — 찝찌름하다[복]

찝차(-車) → 지프차(jeep-)

찢겨져 → 찢겨

찢겨졌다 → 찢겼다

찢겨지는 → 찢기는

찢겨지다 → 찢기다

찢겨진 → 찢긴

찚차(-車) → 지프차(jeep-)

ㅊ

차가와하다 → 차가워하다

차가웁다 → 차갑다

차간(車間) → 찻간

차감하다(差減-) → 빼다[순]

차값(① [茶]- ② 車-) → 찻값

차거르개 → 찻거르개

차거운 → 차가운

차겁다 → 차갑다

차견차견 → 차근차근

차겸차겸 → 차곡차곡

차곡이 → 차곡히

차광(遮光) → 빛 가림[순]

차그릇 → 찻그릇

차근이 → 차근히

차기(次期) → 다음, 다음 번(-番)[순]

차길(車-) → 찻길

차년(此年) → 올해

차년도(次年度) → 다음 연도, 다음 해[순]

~차년도(次年度) → ~차 연도

차단률(遮斷率) → 차단율

차단스(-たんす) → 찻장(-欌)[순]

차돌바기 → 차돌박이

차돌배기 → 차돌박이

차돌백이 → 차돌박이

차라투스트라 → 자라투스트라(Zarathustra)

차레 → 차례

차력군(借力-) → 차력꾼

차렛상 → 차례상(-禮床)

차륜(車輪) → 바퀴[순]

차림세 → 차림새

차면 시설(遮面施設) → 가리개, 가림 시설[순]

차물[-水] → 찻물

차밍(charming) → 매력(魅力), 매력적(魅力的)[순]

차방(-房) → 찻방

차분이 → 차분히

차비(差備) → 채비

차비(車費) ― 차임(車賃) ― 찻삯[복]

차삯(車-) → 찻삯

차상(-床) → 찻상

차속(車-) → 찻속

차수(-水) ― 찻물[복]

차수수 → 찰수수

차순위(次順位) → 다음 순위, 다음 차례(-次例)[순]

차숟가락 → 찻숟가락

차숟갈 → 찻숟갈

차실(車室) ― 찻간(車間)[복]

차알스 → 찰스(Charles)

차압(差押) → 압류(押留), 잡아 둠純

차양(遮陽) ─ ① 챙複 ② 볕가리개純

차양구(遮陽具) → 그늘막, 햇빛 가리개純

차올르다 → 차오르다

차용하다(借用─) → 꾸다, 꾸어 쓰다,
　빌다, 빌려 쓰다純

차월(此月) → 이달

차이니즈 → 차이니스(Chinese)

차이코프스키, 표트르 일리치 → 차이
　콥스키, 표트르 일리치(Chaikovskii,
　Pyotr Il'ich)

차일(遮日) → 볕 가리개純

차일(此日) → 이날

차일드 웨어(child wear) → 아동복(兒童
　服)純

차임벨(chime bell) → 때알이, 때알이
　종(─鐘)純

차입(差入) → ① 넣어 줌 ② 옥바라지
　(獄─)純

차입금(借入金) → 꾼 돈純

차입하다(借入─) → 꾸다, 꾸어들이다純

차입하다(差入─) → 넣어 주다純

차잇점 → 차이점(差異點)

차잎 → 찻잎

차잔(─盞) → 찻잔

차장(─欌) → 찻장

차장(車掌) → 승무원(乘務員), 안내원(案
　內員)純

차제에(此際─) → 이 기회에(─機會─),
　이때에, 이번 기회에(─番─)純

차종(─鍾) → 찻종

차종지 → 찻종지

차주전자(─酒煎子) → 찻주전자

차지(charge) → 방해(妨害)純

차지다 ─ 찰지다複

차질(蹉跌) → 어김, 틀림純

차질을 가져오다(蹉跌─) → 빗나가다,
　어긋나다純

차집[茶室] → 찻집

차징(charging) → ① 몸 반칙(─反則)
　② 방해(妨害)純

차징 파울(charging foul) → 부딪기 반
　칙(─反則)純

차쯤 → 차츰

차차(次次) ─ 차츰複

차축(車軸) → 굴대純

차출하다(差出─) → 뽑아내다純, 뽑다

차치하다(且置─) → 그만두다, 제쳐 놓
　다純

차타레 부인(─夫人) → 채털리 부인
　(Chatterley─)

차트(chart) → 도표(圖表), 순위 도표(順
　位─)純

차폐(遮蔽) → 가림純

차회(次回) → 다음 번(─番)純

차후(此後) → 앞으로純

착근(着根) → 뿌리 내림純

착복식(着服式) → 새옷내기, 새옷턱내
　기純

착색(着色) → 색깔나기, 색깔내기, 색칠
　하기(色漆─)純

착석(着席) → 앉음純

착수하다(着手─) → 시작하다(始作─)純

착신자(着信者) → 받는 사람, 받는 이純

착실이(着實－) → 착실히
착오(錯誤) → 잘못[순]
착용율(着用率) → 착용률
착용하다(着用－) → 신다, 쓰다, 입다[순]
착유(搾油) → 기름짜기[순]
착유(搾乳) → 젖짜기[순]
착즙(搾汁) → 즙내기[순]
착탈(着脫) → 달고 떼기, 붙이고 떼기[순]
착화(着火) → 불붙이기, 점화(點火)[순]
찬꺼리(饌－) → 찬거리
찬넬 → 채널(channel)
찬땀 → 식은땀
찬란이(燦爛－) → 찬란히
찬반 여부(贊反與否) → 찬반
찬성율(贊成率) → 찬성률
찬스(chance) → 기회(機會)[순]
찬스 메이커(chance maker) → 득점 조력자(得點助力者)[순]
찬찬이 → 찬찬히
찰과상(擦過傷) → 긁힌 상처(－傷處)[순]
찰깍장이 → 찰깍쟁이
찰깍정이 → 찰깍쟁이
찰라(刹那) → 찰나
찰스 주르당 → 샤를 주르당(Charles Jourdan)
찰조 → 차조
찰톤 → 찰턴(Charlton)
찰흑 → 찰흙
참감자 → 고구마
참고난(參考欄) → 참고란
참깨과(－科) → 참깻과
참깨묵 → 참깻묵
참깨잎 → 참깻잎
참나무과(－科) → 참나뭇과
참느릅나무 → 참느릅나무
참다랑이 → 참다랑어
참다랭어 → 참다랑어
참다랭이 → 참다랑어
참대가지 → 참댓가지
참대개비 → 참댓개비
참새과(－科) → 참샛과
참을래야 → 참으려야
참을려고 → 참으려고
참을려야 → 참으려야
참참히 → 참참이
참피언 → 챔피언(champion)
참피언십 → 챔피언십(championship)
참피온 → 챔피언(champion)
참피온쉽 → 챔피언십(championship)
챕터 → 챕터(chapter)
찻멀미(車－) → 차멀미
찻반(－盤) → 차반
찻숫가락 → 찻숟가락
창난젓 → 창난젓
창내벌 → 창냇벌
창도(唱導) → 부름, 앞장서 부름, 앞장서 외침, 외침[순]
창란젓 → 창난젓
창란젖 → 창난젓
창령(昌寧) → 창녕
창살무니(窓－) → 창살무늬
창졸간(倉卒間) → 갑자기[순]
창출(創出) → 새로 만듦[순]
창폿물 → 창포물(菖蒲－)

창호가게(窓戶-) → 창홋가게

창황이(蒼黃/倉皇-) → 창황히

창흙빛 → 창흑빛(蒼黑-)

찾아뵀었는데 → 찾아뵈었는데, 찾아뵀
는데

찾아뵀는데 → 찾아뵀는데

찾아뵀다 → 찾아뵀다

찾을래야 → 찾으려야

찾을려야 → 찾으려야

찾다 → 찾다

찾아가다 → 찾아가다

채곡채곡 → 차곡차곡

채광(採光) → 볕듦, 볕 받아들임, 빛듦,
빛 받아들임[순]

채굴하다(採堀-) → 캐내다, 캐어 내
다[순]

채납하다(採納-) → 받다, 받아들이다

채널(channel) → 경로(經路), 통로(通
路)[순]

채리다 → 차리다

채마밭(菜麻-) → 채소밭(菜蔬-)[순]

채석(採石) → 돌 캐기[순]

채소값(菜蔬-) → 채솟값

채소꽃이(菜蔬-) → 채소꽂이

채송아 → 채송화(菜松花)

채숭아 → 채송화(菜松花)

채신사납다 — 처신사납다(處身-) — 치
신사납다[복]

채신없다 — 처신없다(處身-) — 치신없
다[복]

채양(-陽) → 차양(遮陽)

채여 → 차여, 채어

채였니 → 차였니, 채었니

채윤(蔡倫) → 채륜

채이다 → 차이다, 채다

채인 → 차인, 챈

채임 → 차임, 챔

채취(採取) → 캐내다[순]

채탄(採炭) → 탄 캐기[순]

채터리 부인(-夫人) → 채털리 부인
(Chatterley-)

채팅(chatting) → 대화(對話), 통신 대
화(通信-)[순]

채프린, 찰리 → 채플린, 찰리(Chaplin,
Charlie)

책가도(冊架圖) → 책거리그림[순]

책거리(冊-) — 책씻이[복]

책걸이(冊-) → 책거리

책꽃이(冊-) → 책꽂이

책 꾸레미(冊-) → 책 꾸러미

책바침(冊-) → 책받침

책을 피다(冊-) → 책을 펴다

책임양(責任量) → 책임량

챈널 → 채널(channel)

챈스 → 찬스(chance)

챌린지(challenge) → 도전 잇기(挑戰-),
참여 잇기(參與-)[순]

챔버 → 체임버(chamber)

챔벌린, 토머스 크라우더 → 체임벌린,
토머스 크라우더(Chamberlin, Thomas
Chrowder)

챔피언쉽 → 챔피언십(championship)

챔피온 → 챔피언(champion)

챔피온쉽 → 챔피언십(championship)

챗바퀴 → 쳇바퀴

챙쟁이 → 챙장이

챙피하다 → 창피하다(猖披 −)

챠밍 → 차밍(charming)

챠트 → 차트(chart)

챤스 → 찬스(chance)

~챦니 → ~찮니

~챦다 → ~찮다

~챦소 → ~찮소

~챦아 → ~찮아

챨리 → 찰리(Charlie)

처가집(妻家 −) → 처갓집

처갓계 → 처가 계(妻家契)

처갓댁 → 처가댁(妻家宅)

처갓집 → 처가(妻家)

처내다 → 쳐내다

처녀림(處女林) → 원시림(原始林)⁣순

처녀막(處女膜) → 질 입구 주름(膣入口 −)

처녀애(處女 −) → 처녀애

처녀작(處女作) → 첫 작품(−作品)

처 놓다 → 쳐 놓다

처다보다 → 쳐다보다

처단하다(處斷 −) → 처벌하다(處罰 −), 형을 과하다(刑 −科 −)⁣순

처들다 → 쳐들다

처들어가다 → 쳐들어가다

처들어오다 → 쳐들어오다

처량이(凄凉 −) → 처량히

처메다 → 처매다

처발르다 → 처바르다

처벌하다(處罰 −) → 벌주다⁣순

처부수다 → 쳐부수다

처부시다 → 쳐부수다

처사(處事) → 일 처리(−處理)⁣순

처삼춘 → 처삼촌(妻三寸)

처소(處所) → 있는 곳, 주소(住所)⁣순

처신(處身) → 몸가짐⁣순

처죽이다 → 쳐 죽이다

처질르다 → 처지르다

처참이(悽慘 −) → 처참히

처크 → 척(chuck)

처하다(處 −) → 물리다⁣순

척 — 체⁣복

척결하다(剔抉 −) → 도려 내다, 없애다⁣순

척박하다(瘠薄 −) → 몹시 메마르다

척사(擲柶) → 윷놀이⁣순

척수(脊髓) → 등골⁣순

천거하다(薦擧 −) → 추천하다(推薦 −)⁣순

천공(穿孔) → 구멍 뚫기, 뚫림⁣순

천덕꾸래기(賤 −) → 천덕꾸러기

천덕꾸레기(賤 −) → 천덕꾸러기

천도제 → 천도재(薦度齋)

천동소리(天動 −) → 천둥소리

천릿길 → 천 리 길(千里 −)

천만에 말씀(千萬 −) → 천만의 말씀

천명(喘鳴) → 쌕쌕거림

천상(天常) → 천생(天生)

천석군(千石 −) → 천석꾼

천수답(天水畓) → 하늘바라기⁣순

천양(天壤) → 하늘과 땅⁣순

천연덕스럽다(天然 −) — 천연스럽다⁣복

천연두(天然痘) → 마마(媽媽)⁣순

천엽(川獵) → 천렵

천용(天龍) → 천룡

천장부지 → 천정부지(天井不知)

천정(天井) → 천장(天障)[순]

천정부지(天井不知) → 하늘 높은 줄 모름[순]

천지(天地)(백두산) → 천지(天池)

천지연 폭포(天池淵瀑布) → 천지연 폭포(天地淵-)

천천이 → 천천히

천태만상(千態萬象) → 온갖[순]

철끈(綴-) → 맴끈[순]

철다구니 → 철따구니

철닥서니 → 철딱서니

철대기 → 철따구니

철들은 → 철든

철따구니 - 철딱서니 - 철딱지[복]

철딱선이 → 철딱서니

철때기 → 철따구니

철때기없다 → 철없다

철떼기 → 철따구니

철렵 → 천렵(川獵)

철로둑(鐵路-) → 철롯둑

철몰르고 → 철모르고

철썩같이 → 철석같이(鐵石-)

철저이(徹底-) → 철저히

철철히 → 철철이

철폐하다(撤廢-) → 없애다[순]

철하다(綴-) → 매다, 모아 꿰매다[순]

철회하다(撤回-) → 거두어들이다[순]

첨가하다(添加-) → 더 넣다, 더 보태다[순]

첨두시(尖頭時) → 가장 붐빌 때, 수요가 최고일 때(需要-最高-)

첨병(尖兵) → 선봉장(先鋒將), 앞장[순]

첨부 서류(添附書類) → 붙임 서류[순]

첨언하다(添言-) → 덧붙이다, 말을 덧붙이다[순]

첩경(捷徑) → 지름길[순]

첩부하다(貼付-) → 붙이다[순]

첩용하다(貼用-) → 붙이다[순]

첩첩히(疊疊-) → 첩첩이

첫돐 → 첫돌

첫쨋날 → 첫째 날

첫쨋번(-番) → 첫째 번

첫쨋집 → 첫째 집

청결이(淸潔-) → 청결히

청남색(靑藍色) → 청람색

청녹색(靑綠色) → 청록색

청동오리 → 청둥오리

청록(靑綠) - 청록색(靑綠色)[복]

청부(請負) → 도급(都給)[순]

청사진(靑寫眞) → 미래상(未來像)[순]

청산(淸算) → 씻어 냄, 정리함(整理-)[순]

청소부(淸掃夫) → 청소원(淸掃員)[순], 환경 미화원(環境美化員)

청솔모[靑鼠毛] → 청설모

청수골(淸水-) → 청숫골

청승꾸래기 → 청승꾸러기

청승꾸레기 → 청승꾸러기

청약율(請約率) → 청약률

청요리집(淸料理-) → 청요릿집

청용(靑龍) → 청룡

청자빛(靑瓷-) → 청잣빛

청정 채소(淸淨菜蔬) → 맑은 채소[순]

청직이(廳−) → 청지기

청취하다(聽取−) → 듣다⟨순⟩

청컨데(請−) → 청컨대

청탁(請託) → 부탁(付託)⟨순⟩

청허하다(請許−) → 바라다⟨순⟩

청허하다(聽許−) → 허락하다(許諾−)⟨순⟩

체감(體感) → 피부 느낌(皮膚−), 피부로 느낌⟨순⟩

체감율(體感率) → 체감률

체경(體鏡) → 몸거울⟨순⟩

체납하다(滯納−) → ① 제때에 못 내다, 제때에 안 내다 ② 밀리다⟨순⟩

체득하다(體得−) → 몸으로 익히다, 터득하다(攄得−)⟨순⟩

체류하다(滯留−) → 머무르다, 묵다⟨순⟩

체면 불구(體面−) → 체면 불고(−不顧)

체면치래(體面−) → 체면치레

체면치례(體面−) → 체면치레

체바퀴 → 쳇바퀴

체불 노임(滯拂勞賃) → 밀린 삯, 밀린 품삯⟨순⟩

체비지(替費地) → 환지 처분 제외 땅(換地處分除外−)⟨순⟩

체신머리사납다 → 채신머리사납다

체신머리없다 → 채신머리없다

체신사납다 → 채신사납다

체신없다 → 채신없다

체인(chain) → 가맹점(加盟店)⟨순⟩

체인벨트(chain belt) → 사슬허리띠, 쇠사슬허리띠⟨순⟩

체인지(change) → 교대(交代), 교체(交替), 교환(交換), 바꾸다, 변경(變更)⟨순⟩

체인지 멤버(change member) → 선수 교체(選手交替)⟨순⟩

체인지업(change-up) → ① 변화(變化), 변화구(變化球) ② 속도 변화(速度−), 투구 변화(投球−), 투구 변화공⟨순⟩

체임(滯賃) → 밀린 삯, 밀린 품삯⟨순⟩

체장암 → 췌장암(膵臟癌)

체재하다(滯在−) → 머무르다, 묵다⟨순⟩

체중(體重) → 몸무게

체크리스트(check list) → 점검표(點檢表)⟨순⟩

체크무니 → 체크무늬(check−)

체크포인트(check point) → 점검 사항(點檢事項)⟨순⟩

체크하다(check−) → 대조하다(對照−), 점검하다(點檢−)⟨순⟩

체홉, 안톤 파블로비치 → 체호프, 안톤 파블로비치(Chekhov, Anton Pavlovich)

체화되다(體化−) → 내재되다(內在−), 들어 있다⟨순⟩

첵크 → 체크(check)

첸지 → 체인지(change)

쳄버 → 체임버(chamber)

쳄벌린, 토머스 크라우더 → 체임벌린, 토머스 크라우더(Chamberlin, Thomas Chrowder)

쳇증 → 체증(滯症)

쳐넣다 → 처넣다

쳐담다 → 처담다

쳐매다 → 처매다

쳐먹다 → 처먹다

쳐바르다 → 처바르다

쳐박다 → 처박다

쳐박히다 → 처박히다

쳐벅쳐벅 → 처벅처벅

쳐부시다 → 쳐부수다

쳐져 있다 → 처져 있다

쳐진 어깨 → 처진 어깨

초국(醋-) → 촛국

초근(草根) → 풀뿌리㉦

초기값(初期-) → 초깃값

초나흘날(初-) → 초나흗날

초년(初年) → 첫해㉦

초농(-膿) → 촛농

초닷새날(初-) → 초닷샛날

초대(-臺) → 촛대

초대바위(-臺-) → 촛대바위

초댓장 → 초대장(招待狀)

초도(初度) → 처음, 첫 번(-番), 최초(最
    初)㉦

초도 순시(初度巡視) → 첫 둘러보기, 첫
    방문(-訪問)㉦, 첫 시찰(-視察)

초동(樵童) → 나무꾼, 땔나무 하는 아
    이㉦

초동 진화(初動鎮火) → 바로 불끄기㉦

초물[燭膿] → 촛물

초미의(焦尾-) → 매우 급한(-急-),
    매우 위급한(-危急-)㉦

초불[燭火] → 촛불

초사흘날(初-) → 초사흗날

초생달(初生-) → 초승달

초석(礎石) → 주춧돌㉦

초심자(初心者) → 처음 배우는 사람㉦

초아흐레날(初-) → 초아흐렛날

초여드레날(初-) → 초여드렛날

초엿새날(初-) → 초엿샛날

초오서, 제프리 → 초서, 제프리(Chaucer,
    Geoffrey)

초오크 → 초크(choke)

초유(初乳) → 첫젖㉦

초유의(初有-) → 처음 있는㉦

초이레날(初-) → 초이렛날

초이틀날(初-) → 초이튿날

초저림(醋-) → 초절임 ['저리다' 주 참조]

초조이(焦燥-) → 초조히

초죽음(初-) → 초주검

초치하다(招致-) → 불러오다, 청해 오
    다(請-)㉦

초컬렛 → 초콜릿(chocolate)

초컬릿 → 초콜릿(chocolate)

초코레트 → 초콜릿(chocolate)

초코렛 → 초콜릿(chocolate)

초코렛 → 초콜릿(chocolate)

초코릿 → 초콜릿(chocolate)

초콜렛 → 초콜릿(chocolate)

초콜렡 → 초콜릿(chocolate)

초크 → 촉(chock)

초팔일(初八日) → 초파일

초하루날(初-) → 초하룻날

초한지(楚漢誌) → 초한지(楚漢志)

촉각(觸角) → 더듬이㉦

촉농(燭膿) ― 촛농(-膿)㉫

촉성 재배(促成栽培) → 철 당겨 가꾸
    기㉦

촉수 엄금(觸手儼禁) → 손대지 마십시
    오㉦

촉지도(觸指圖) → 점자 안내도(點字案內
圖)[순]

촉촉히 → 촉촉이

촉탁하다(囑託-) → 맡기다[순]

촌각(寸刻) → 잠깐 동안[순]

촌노(村老) → 촌로

촌때기(村-) → 촌뜨기

촌떼기(村-) → 촌뜨기

촌법(寸法) → 치수(-數)[순]

촌수(寸數) → 치수(-數), 크기[순]

촌음(寸陰) → 짧은 시간(-時間)[순]

촌지(寸志) → 작은 뜻[순]

촐닥서니 → 철딱서니

촐딱서니 → 철딱서니

촐랭이 → 촐랑이

촘촘이 → 촘촘히

촛물 → 촛농(-膿)

촛점 → 초점(焦點)

총각무우(總角-) → 총각무

총각미역(總角-) → 꼭지미역

총괄하여(總括-) → 통틀어[순]

총댕이(銃-) → 포수(砲手)

총력(總力) → 온 힘[순]

총뿌리(銃-) → 총부리

총액난(總額欄) → 총액란

총의(總意) → 전체 뜻(全體)[순]

총장(總長) → 총길이(總-)[순]

총잽이(銃-) → 총잡이

총채 → 먼지떨이[순]

총체(總體) → 모두, 전부(全部), 전체(全
體)[순]

총총이(① 蔥蔥- ② 悤悤- ③ 叢叢-)
→ 총총히

최고(催告) → 독촉(督促)[순], 재촉

최고 갑부(最高甲富) → 갑부

최고값(最高-) → 최곳값

최고 ~한 ~ 중 한 ~(最高-中-)
→ 매우(아주) ~한 ~ 중 한 ~

최단의(最短-) → 가장 짧은[순]

최대값(最大-) → 최댓값

최소값(最小-) → 최솟값

최인(崔麟) → 최린

최저값(最低-) → 최젓값

최전열(最前列) → 맨 앞줄[순]

최종일(最終日) → 마지막 날[순]

쵸서, 제프리 → 초서, 제프리(Chaucer,
Geoffrey)

쵸이스 → 초이스(choice)

쵸코렛 → 초콜릿(chocolate)

쵸코렡 → 초콜릿(chocolate)

쵸코릿 → 초콜릿(chocolate)

쵸콜렛 → 초콜릿(chocolate)

쵸콜릿 → 초콜릿(chocolate)

쵸크 → 초크(chalk)

추(錐) → 송곳[순]

추가 갱정(追加更正) → 추가 경정

추가 경정(追加更正) → 덧고침[순]

추가적으로(追加的-) → 추가로

추계(秋季) → 가을, 가을철

추계 대회(秋季大會) → 가을 대회, 가을
철 대회[순]

추고(推敲) → 퇴고

추곡 수매가(秋穀收買價) → 벼 사들이
는 값[순]

추근거리다— 치근거리다별

* 추근거리다: 조금 성가실 정도로 은근히 자꾸 귀찮게 굴다. ≒추근대다.
* 치근거리다: 성가실 정도로 은근히 자꾸 귀찮게 굴다. '지근거리다'보다 거센 느낌을 준다.

추근덕거리다 → 치근덕거리다

추대(推戴) → 받듦순

추러블 → 트러블(trouble)

추레라(トレーラー) → 트레일러(trailer)

추렴하다 → 나누어 내다순

추록(追錄) → 추가 기록(追加記錄)순

추리[木] → 트리(tree)

추리닝(トレーニング) → 운동복(運動服)순, 연습복(練習服/鍊習服), 체육복(體育服)

추산하다(推算-) → 어림잡다순

추석비음(秋夕-) → 추석빔

추스러라 → 추슬러라

추스려 → 추슬러

추스렸다 → 추슬렀다

추스리다 → 추스르다

추스린 → 추스른

추슬다 → 추스르다

추슬려 → 추슬러

추슬렸다 → 추슬렀다

추슬르다 → 추스르다

추슬른 → 추스른

추슬리다 → 추스르다

추슬린 → 추스른

추슬어 → 추슬러

추슬었다 → 추슬렀다

추슬은 → 추스른

추심(推尋) → 결재 요구(決裁要求), 받아

냄, 챙겨 받음, 챙김순

추악(醜惡) → 보기 흉함(-凶-)순

추앙(推仰) → 우러러봄순

추어올리다— 추어주다복

* 추어올리다: ① 옷이나 물건, 신체 일부 따위를 위로 가뜬하게 올리다. ≒추켜올리다, 치켜올리다. ② 실제보다 과장되게 칭찬하다. ≒추어주다, 추켜올리다, 치켜올리다.
* 추어주다: 실제보다 과장되게 칭찬하다. =추어올리다.

추어올리다— 추켜올리다— 치켜올리다복

추억꺼리(追憶-) → 추억거리

추인(追認) → 추후 인정(追後認定)순

추임세 → 추임새

추접하다(醜-) → 추접스럽다

추종하다(追從-) → 따르다, 좇다순

추징(追徵) → 추가 징수(追加徵收)순

추첨(抽籤) → 제비뽑기순

추측컨대(推測-) → 추측건대

추켜세우다— 치켜세우다복

추코프스키, 코르네이 이바노비치 → 추콥스키, 코르네이 이바노비치 (Chukovskii, Kornei Ivanovich)

추후 통보(追後通報) → 다음에 알림순

축가다(縮-)— 축나다복

축냉식(蓄冷式) → 축랭식

축대돌(築臺-) → 축댓돌

축사(畜舍) → 가축 우리(家畜-)순

축재(蓄財) → 재산을 모음(財産-)순

축조(築造) → 쌓아 만듦, 쌓음순

축축히 → 축축이

축출하다(逐出-) → 내쫓다[순]

춘계(春季) → 봄, 봄철

춘계 대회(春季大會) → 봄 대회, 봄철 대회[순]

춘난(春蘭) → 춘란

출감(出監) → 출소(出所)[순]

출두(出頭) → 출석(出席)[순]

출두할 것(出頭-) → 나와 주시기 바람[순]

출렴(出斂) → 추렴

출산률(出產率) → 출산율

출산율(出產率) → 출생률(出生率)[순]

출생율(出生率) → 출생률

출세길(出世-) → 출셋길

출애급기(出埃及記) → 출애굽기

출어하다(出漁-) → 고기잡이를 떠나다[순]

출연(出捐) → 돈 냄[순]

출영(出迎) → 마중[순]

출원(出願) → 원서 제출(願書提出)[순]

출정(出廷) → 법정에 나옴(法廷-)[순]

출타(出他) → 외출(外出)[순]

출타지(出他地) → 나가 있는 곳[순]

출판년도(出版年度) → 출판 연도

출하(出荷) → 실어 내기[순]

출하기(出荷期) → 실어 내는 철, 제철[순]

춤[唾液] → 침

충격하다(衝激-) → 부딪치다, 서로 세게 부딪치다[순]

충농증 → 축농증(蓄膿症)

충분이(充分-) → 충분히

충실이(① 充實- ② 忠實-) → 충실히

충원률(充員率) → 충원율

충원 소집(充員召集) → 병력 동원 소집(兵力動員-)[순]

충전률(充塡率) → 충전율

충전재(充塡材) → 채움재[순]

충전제(充塡劑) → 틈 메움제[순]

충전하다(充塡-) → 채우다[순]

충족시키다(充足-) → 충족하다

췌장(膵腸) → 이자(胰子)[순]

취객(醉客) → 술 취한 사람, 취한 사람[순]

취락(聚落) → 촌락(村落)[순]

취명하다(吹鳴-) → 울리다

취발이 → 취바리

취부하다(取付-) → 부착하다(付着/附着-)[순]

취사(炊事) → 밥 짓기, 부엌일[순]

취사병(炊事兵) → 조리병(調理兵)[순]

취식(取食) → 먹기[순]

취약점(脆弱點) → 허술한 점[순]

취약지(脆弱地) → 약한 곳, 어렵고 외진 지역(-地域)[순]

취업 알선(就業斡旋) → 취업 지원(-支援)[순]

취업율(就業率) → 취업률

취입(吹入) → 녹음(錄音)[순], 리코딩(recording)

취직율(就職率) → 취직률

취체(取締) → 단속(團束)[순]

취침 시간(就寢時間) → 자는 시간[순]

취하(取下) → 무름, 철회(撤回), 취소(取消)[순]

취하다(取-)(절차 따위) → 밟다[순]

취학율(就學率) → 취학률

취합하다(聚合-) → 모으다㈜

츄러블 → 트러블(trouble)

츄러스 → 추로스(churros)

츄레라(トレーラー) → 트레일러(trailer)

츄로스 → 추로스(churros)

츄리 → 트리(tree)

츄리닝 → 추리닝(training)

츄잉 껌 → 추잉 껌(chewing gum)

츠메끼리(つめきり) → 손톱깎이

츠메키리(つめきり) → 손톱깎이

측면(側面)(쪽) → 옆면

측방(側方) → 옆쪽

측벽(側壁) → 옆벽㈜

측은이(惻隱-) → 측은히

측후(測候) → 기상 측정(氣象測定)㈜

층고(層高) → 층높이㈜

~층이 두텁다(層-) → ~층이 두껍다

층층히(層層-) → 층층이

치(値) → 값㈜

치고박고 → 치고받고

치다거리 → 치다꺼리

치닥거리 → 치다꺼리

치닥꺼리 → 치다꺼리

치떠보다 → 칩떠보다

치레감 → 치렛감

치레거리 → 치렛거리

치레깃 → 치렛깃

치레말 → 치렛말

치레장 → 치렛장(-欌)

치렬(① 齒列 ② 熾烈) → 치열

치렸다(매우 ~) → 치렷다

치레걸이 → 치렛거리

치료를 요하는(治療-要-) → 치료해야
할㈜

치루고 → 치르고

치루니 → 치르니

치루다 → 치르다

치루어지다 → 치러지다

치루워지다 → 치러지다

치룬 → 치른

치뤄서 → 치러서

치뤄야 → 치러야

치뤄지다 → 치러지다

치뤘다 → 치렀다

치마감 → 치맛감

치마단 → 치맛단

치마도리 → 치맛도리

치마말기 → 치맛말기

치마바람 → 치맛바람

치마자락 → 치맛자락

치마주름 → 치맛주름

치맛고름 → 치마끈

치맛꼬리 → 치마꼬리

치맛끈 → 치마끈

치맛저고리 → 치마저고리

치명율(致命率) → 치명률

치밀어올르다 → 치밀어오르다

치부(恥部) → 부끄러운 곳, 부끄러운 데㈜

치사(致辭/致詞) → 치하 말(致賀-), 치
하 말씀㈜

치사률(致死率) → 치사율

치사하다(致死-) → 숨지게 하다, 죽게
하다㈜

치솟다 → 치솟다

치솔(齒-) → 칫솔

치솟아올르다 → 치솟아오르다

치어(稚魚) → 새끼 고기⑥

치어 죽다 → 치여 죽다

치올르다 → 치오르다

치읏(ㅊ) → 치읓

치이타 → 치타(cheetah)

치차(齒車) → 톱니바퀴⑥

치킨(chicken) → 닭고기튀김⑥

치킨 게임(chicken game) → 끝장 승부 (-勝負)⑥

치킨까스(chicken カツ) → 닭고기튀김

치팅 데이(cheating day) → 먹요일(-曜日)⑥

치패(稚貝) → 새끼 조개⑥

치환(置換) → 바꿔 놓음⑥

칙천무후(則天武后) → 측천무후

친생 관계(親生關係) → 친자식 관계(親子息-)⑥

친수해 주다(親授-) → 친수하다

친이(親-) → 친히

친전(親展) → 친히 펴 봄⑥

친절이(親切-) → 친절히

친친 감다 — 칭칭 감다墨

친히(親-) → 몸소

칠부(七ぶ) 바지 → 칠푼 바지⑥

칠삭동이(七朔-) → 칠삭둥이

칠일재 → 칠일제(七日祭)

칠쟁이(漆-) → 칠장이

칠제 → 칠재(七齋)

칠칠맞다 → 칠칠찮다

칠칠맞은 사람 → 칠칠맞지 못한 사람

칠칠제 → 칠칠재(七七齋)

칠칠지제 → 칠칠지재(七七之齋)

칠칠찮다 → 칠칠찮다

칠흙 → 칠흑(漆黑)

칠흙빛 → 칠흑빛(漆黑-)

칡덩쿨 → 칡넝쿨, 칡덩굴

침낭을 피다(寢囊-) → 침낭을 펴다

침놓다(鍼-) — 침주다墨

침목(枕木) → 받침 나무⑥

침뱐다 → 침뱉다

침수(沈水) → 잠김⑥

침엽수(針葉樹) → 바늘잎나무⑥

침전물(沈澱物) → 앙금⑥

침출수(浸出水) → 잠긴 물⑥

침팬치 → 침팬지(chimpanzee)

침하(沈下) → 가라앉음, 내려앉음⑥

칫수(-數) → 치수

칫실 → 치실(齒-)

칭기스칸 → 칭기즈칸(Chingiz Khan)

칭따오 → 칭다오(靑島, Qīngdǎo)

칭량(秤量) → 무게달기⑥

칭량기(稱量機) → 저울⑥

칭하다(稱-) → 부르다, 일컫다⑥

칲샷 → 칩샷(chip shot)

ㅋ

카나다 → 캐나다(Canada)

카나리아색(canaria色) → 레몬색(lemon
　-)

카네이숀 → 카네이션(carnation)

카놋사 → 카노사(Canossa)

카다로그 → 카탈로그(catalog/catalogue)

카다록 → 카탈로그(catalog/catalogue)

카달로그 → 카탈로그(catalog/catalogue)

카도(かど) → 모퉁이

카돌릭 → 가톨릭(Catholic)

카드깡(card-) → 카드 할인(-割引)㊚

카드론(card loan) → 카드 대출(-貸出)㊚

카드리더(card reader) → 카드 판독기
　(-判讀機)㊚

카드세션 → 카드섹션(card section)

카라(カラー) → 깃, 옷깃, 칼라(collar)

카라멜(カラメル) → 캐러멜(caramel)

카라멜마끼아또(カラメルマキアト) →
　캐러멜마키아토(caramel macchiato)

카 레이싱(car racing) → 자동차 경주(自
　動車競走)㊚

카렌다(カレンダー) → 달력(-曆), 캘린
　더(calendar)㊚

카렌더 → 캘린더(calendar)

카렛 → 캐럿(carat)

카롯사 → 카로사(Carossa)

카리스마(charisma) → 권위(權威)㊚

카메라맨(cameraman) → 사진 기사(寫
　眞技師), 사진사(寫眞師)㊚

카메오(cameo) → 깜짝출연(-出演), 깜
　짝출연자(-出演者)㊚

카멜 → 캐멀(camel)

카무플라주(camouflage) → 거짓 꾸밈,
　위장(僞裝)㊚

카뮤, 알베르 → 카뮈, 알베르(Camus,
　Albert)

카미카제(かみかぜ) → 가미카제

카바 → 커버(cover)

카바이트 → 카바이드(carbide)

카본 블루(carbon blue) → 암청색(暗靑
　色)㊚

카부(カブ) → 굽은 길, 굽이㊚

카브 → 커브(curve)

카비지 → 캐비지(cabbage)

카사브랑카 → 카사블랑카(Casablanca)

카셋 → 카세트(cassette)

카셋트 → 카세트(cassette)

카쉬미르 → 카슈미르(Kashmir) ['카시미
　르' 주 참조]

카스텀 → 커스텀(custom)

카스테라 → 카스텔라(castella)

카시미론 → 캐시밀론(cashmilon)

카시미르 → ① 카슈미르(Kashmir)
　② 캐시미어(cashmere)

　* 카슈미르(Kashmir): 인도 북부 카라코람 산맥 남쪽에 있는 주(州). 정식 명칭은 잠무카슈미르(Jammu Kashmir)이다. 중국, 아프가니스탄, 파키스탄 따위의 나라와 접하여 지배권 다툼이 있는 지역이다. 주도(州都)는 스리나가르.

　* 캐시미어(cashmere): ① 인도 서북부의 카슈미르 지방에서 나는 산양의 털로 짠 고급 모직물. 부드럽고 윤기가 있으며, 보온성이 좋아 고급 양복감으로 쓴다. ② 산양 품종의 하나. 키는 60~70cm 정도이며 거칠고 긴 털 밑에 있는 부드러운 털은 봄이 되면 자연히 빠지므로 빠지기 직전에 빗어 모아 고급 직물의 원료로 쓴다. 암수 모두 뿔이 있고 털은 보통 흰색이나, 검은색 또는 갈색도 있다. 카슈미르 지방이 원산지이다.

카시오페아 → 카시오페이아(Cassiopeia)

카 시트(car seat) → 안전 의자(安全椅子)㉜

카아 → 카(car)

카아네기, 앤드루 → 카네기, 앤드루 (Carnegie, Andrew)

카아네기홀 → 카네기홀(Carnegie Hall)

카아드 → 카드(card)

카아바이드 → 카바이드(carbide)

카아본 → 카본(carbon)

카아본블랙 → 카본블랙(carbon black)

카아빈총(-銃) → 카빈총(carbine-)

카알라일 → 칼라일(Carlyle)

카오슝 → 가오슝(高雄, Gaoxiong)

카운셀러 → 카운슬러(counselor)

카운셀링 → 카운슬링(counseling)

카운슬러(counselor) → 교도 교사(教導教師), 상담자(相談者)㉜

카운슬링(counseling) → 상담(相談)㉜

카운타 → 카운터(counter)

카운터(counter) → 계산대(計算臺)㉜

카운터블로(counterblow) → 받아치기㉜

카운터파트(counterpart) → 상대방(相對方)㉜

카운터 펀치(counter punch) → 받아치기㉜

카운트(count) → 계수(係數)㉜

카운트다운(countdown) → 초읽기(秒-)㉜

카이자르, 가이우스 율리우스 → 카이사르, 가이우스 율리우스(Caesar, Gaius Julius)

카이져 → 카이저(Kaiser)

카자크 → 카자흐(Kazakh)

카자크스탄 → 카자흐스탄(Kazakhstan)

카제인 → 카세인(casein)

카추사 → 카투사(KATUSA)

카추샤 → 카투사(KATUSA)

카츄사 → 카투사(KATUSA)

카키색(khaki色) → 다갈색(茶褐色)㉜

카타르시스(catharsis) → 정화(淨化)㉜

카탈로그(catalog/catalogue) → ① 목록 (目錄) ② 상품 안내서(商品案內書) ③ 일람표(一覽表)㉜

카터[道具] → 커터(cutter)

카테고리(category) → 갈래, 범주(範疇)[순]

카텐 → 커튼(curtain)

카토릭 → 가톨릭(Catholic)

카톤 팩 → 카턴 팩(carton pack)

카톨릭 → 가톨릭(Catholic)

카툰(cartoon) → 밑그림[순]

카툰란(cartoon欄) → 카툰난

카트린느(Catherine) → ① 카트린(프)
　② 캐서린(영)

카트린 드느브 → 카트린 드뇌브
　(Catherine Deneuve)

카파라치(carparazzi) → 교통 신고꾼(交
　通申告-)[순]

카페라떼 → 카페라테(caffe latte)

카페트 → 카펫(carpet)

카펫(carpet) → 양탄자(洋-)[순]

카펫트 → 카펫(carpet)

카폰(car phone) → 차 전화(車電話)[순]

카풀(car pool) → 승용차 함께 타기(乘
　用車-)[순]

카프링 → 커플링(coupling)

카플 → 커플(couple)

카플링 → 커플링(coupling)

카피(copy) → 모사(模寫), 복사(複寫),
　사본(寫本)[순]

카피라이터(copywriter) → 광고 문안가
　(廣告文案家)[순]

카피라이트(copyright) → 저작권(著作
　權)[순]

카훼리 → 카페리(car ferry)

칵텔 → 칵테일(cocktail)

칸느 → 칸(Cannes)

칸데라(candela) → 칸델라

칸델라(kandelaar) → 칸델라르

칸스메(かんづめ) → 통조림(桶-)

칸쏘네 → 칸초네(canzone)

칸즈메(かんづめ) → 통조림(桶-)

칼국수집 → 칼국숫집

칼꽃이 → 칼꽂이

칼라(collar) → 깃, 옷깃[순]

칼라(color/colour) → 컬러

칼라 차트 → 컬러 차트(color chart)

칼라풀 → 컬러풀(colorful)

칼람 → 칼럼(column)

칼럼란(column欄) → 칼럼난

칼럼리스트 → 칼럼니스트(columnist)

칼로리(calorie) → 열량(熱量)[순]

칼로리량(calorie量) → 칼로리양

칼 마르크스 → 카를 마르크스(Karl Marx)

칼멘 → 카르멘(Carmen)

칼빈(Calvin) → ① 칼뱅(프) ② 캘빈(영)

칼빈(carbine) → 카빈

칼슘량(calcium量) → 칼슘양

칼싹둑이 → 칼싹두기

칼잽이 → 칼잡이

갈치 → 갈치

칼타고 → 카르타고(Carthago)

캄푸라지(カムフラージュ) → 거짓 꾸밈,
　기만(欺瞞), 속임수(-數), 위장(僞裝),
　은폐(隱蔽), 카무플라주(camouflage)

캄푸라치(カムフラージュ) → 거짓 꾸밈,
　기만(欺瞞), 속임수(-數), 위장(僞裝),
　은폐(隱蔽), 카무플라주(camouflage)

캄프라지(カムフラージュ) → 거짓 꾸밈,

기만(欺瞞), 속임수(-數), 위장(僞裝),
은폐(隱蔽), 카무플라주(camouflage)

캄프라치(カムフラージュ) → 거짓 꾸밈,
기만(欺瞞), 속임수(-數), 위장(僞裝),
은폐(隱蔽), 카무플라주(camouflage)

캄플라주(カムフラージュ) → 거짓 꾸밈,
기만(欺瞞), 속임수(-數), 위장(僞裝),
은폐(隱蔽), 카무플라주(camouflage)

캄플라치(カムフラージュ) → 거짓 꾸밈,
기만(欺瞞), 속임수(-數), 위장(僞裝),
은폐(隱蔽), 카무플라주(camouflage)

캅셀 → 캡슐(capsule)

캇(cut) → ① 커트[공구(工具), 구기(球
技), 미용(美容)] ② 컷[삽화(揷畫), 영상
(映像)]

캇터 → 커터(cutter)

캇트(カット) → ① 삽화(揷畫), 컷(cut)
② 커트(cut)[순], ③ 커트[공구(工具),
구기(球技), 미용(美容)] ④ 컷[삽화, 영
상(映像)]

캉가루 → 캥거루(kangaroo)

캐나디언 → 캐나디안(Canadian)

캐논 → 캐넌(cannon)

캐드(CAD, computer-aided design)
→ 전산 도움 설계(電算-設計), 전산
설계, 컴퓨터를 이용한 설계(-利用
-), 컴퓨터 설계[순]

캐디(caddie) → 경기 보조원(競技補助
員)[순]

캐디락 → 캐딜락(Cadillac)

캐러반 → 카라반(caravane)

캐러밴 → 카라반(caravane)

캐러트 → 캐럿(carat)

캐럴라이나(Carolina) → ① 카롤리나
(독, 브, 이탈, 포) ② 캐롤라이나(영)

캐럿트 → 캐럿(carat)

캐로틴 → 카로틴(carotene)

캐롤 → 캐럴(carol)

캐롤라인(Caroline) → ① 카롤린(프)
② 캐럴라인(영) ③ 캐롤라인(필)

캐롯 → 캐럿(carat)

캐리비안 → 캐리비언(Caribbean)

캐리어 우먼 → 커리어 우먼(career woman)

캐리어파일 → 커리어파일(career file)

캐리캐처 → 캐리커처(caricature)

캐리캐쳐 → 캐리커처(caricature)

캐리캐춰 → 캐리커처(caricature)

캐리커처(caricature) → 풍자화(諷刺
畫)[순]

캐리커쳐 → 캐리커처(caricature)

캐리커춰 → 캐리커처(caricature)

캐릭타 → 캐릭터(character)

캐릭터(character) → ① 등장인물(登場
人物), 인물 ② 특징물(特徵物) ③ 문자
(文字) ④ 개성(個性) ⑤ 특성(特性)[순]

캐미컬 → 케미컬(chemical)

캐비넷 → 캐비닛(cabinet)

캐비아(caviar) → 철갑상어알(鐵甲-)[순]

캐비야 → 캐비아(caviar)

캐비어 → 캐비아(caviar)

캐비지(cabbage) → 양배추(洋-)[순]

캐셔(cashier) → 계산원(計算員), 수납
원(收納員)[순]

캐소드(cathode) → 음극(陰極)[순]

캐쉬 → 캐시(cash)

캐쉬미르 → 카슈미르(Kashmir)
　['카시미르' 주 참조]

캐쉬백 → 캐시백(cashback)

캐스터(caster) → 진행자(進行者), 현장 진행자(現場－)⒮

캐스트(cast) → 배역(配役)⒮

캐스팅(casting) → 배역(配役)⒮

캐스팅보트(casting vote) → 결정권(決定權), 결정표(決定票)⒮

캐시미르 → 카슈미르(Kashmir)
　['카시미르' 주 참조]

캐시백(cash back) → 적립금(積立金), 적립금 환급(－還給)⒮

캐시 카드(cash card) → 현금 카드(現金－)⒮

캐시 카우(cash cow) → ① 돈줄 ② 금고(金庫)⒮

캐시플로(cash flow) → 현금 흐름(現金－)⒮

캐쏘드 → 캐소드(cathode)

캐주얼(casual) → 간편(簡便), 간편복(簡便服), 간편함, 평상(平常), 평상복(平常服)⒮

캐주얼웨어(casual wear) → 평상복(平常服), 캐주얼복(－服)⒮

캐주얼 → 캐주얼(casual)

캐찹 → 케첩(ketchup)

캐처(catcher) → 포수(捕手)⒮

캐쳐 → 캐처(catcher)

캐춰 → 캐처(catcher)

캐치(catch) → 공 잡기, 잡기⒮

캐치볼(catch ball) → 공 받기⒮

캐치프레이스 → 캐치프레이즈(catchphrase)

캐치프레이즈(catchphrase) → 구호(口號), 선전 구호(宣傳－)⒮

캐캐묵다 → 케케묵다

캐톨릭 → 가톨릭(Catholic)

캐트 → 캣(cat)

캐피탈 → 캐피털(capital)

캔디(candy) → 사탕(沙糖/砂糖)⒮

캔바스 → 캔버스(canvas)

캔버스(canvas) → 화포(畫布)⒮

캔사스 → 캔자스(Kansas)

캔슬(cancel) → 없앰⒮

캘리그래피(calligraphy) → 멋글씨, 멋글씨 예술(－藝術)⒮

캘린다 → 캘린더(calendar)

캘린더(calendar) → 달력(－曆)⒮

캠브리아기(－紀) → 캄브리아기(Cambria－)

캠브리지 → 케임브리지(Cambridge)

캠패인 → 캠페인(campaign)

캠퍼스 타운(campus town) → 대학 거점 도시(大學據點都市), 대학촌(大學村)⒮

캠페인(campaign) → 계몽 운동(啓蒙運動), 계몽 홍보(－弘報), 운동, 홍보⒮

캠프파이어(campfire) → 모닥불놀이⒮

캠프화이어 → 캠프파이어(campfire)

캡(cap) → 모자(帽子), 앞챙모(－帽)⒮

캡션(caption) → 짧은 설명문(－說明文)⒮

캡슐 → 캡슐(capsule)

캡처(capture) → 갈무리, 장면 갈무리(場面 −), 화면 담기(畫面 −)[순]

캡쳐 → 캡처(capture)

캡춰 → 캡처(capture)

캣찹 → 케첩(ketchup)

캣첩 → 케첩(ketchup)

캣쳐 → 캐처(catcher)

캣취 → 캐치(catch)

캣츠 → 캐츠(cats)

캣츠비 → 개츠비(Gatsby)

캥기다 → 켱기다

캪틴 → 캡틴(captain)

캬라멜(キャラメル) → 캐러멜(caramel)

캬라멜마끼아또(キャラメルマキアト)
→ 캐러멜마키아토(caramel macchiato)

캬바레 → 카바레(cabaret)

캬브레타(キャブレター) → 기화기(氣化器), 캬뷰레터(carburetor)[순]

커넥션(connection) → ① 결탁(結託) ② 연계(連繫)[순]

커넥터(connector) → 접속기(接續器)[순]

커닝(cunning) → 부정행위(不正行爲)[순]

커다라네 — 커다랗네[복]

커다맣다 → 커다랗다

커리어(career) → 경력(經歷)[순]

커리어 우먼(career woman) → 전문직 여성(專門職女性)[순]

커리캐처 → 캐리커처(caricature)

커리캐쳐 → 캐리커처(caricature)

커리캐춰 → 캐리커처(caricature)

커리커처 → 캐리커처(caricature)

커리커쳐 → 캐리커처(caricature)

커리커춰 → 캐리커처(caricature)

커리큐럼 → 커리큘럼(curriculum)

커리큘럼(curriculum) → 교과 과정(敎科課程)[순]

커먼로 → 코먼로(common law)

커먼 센스 → 코먼 센스(Common Sense)

커먼웰스 → 코먼웰스(Commonwealth)

커뮤니즘 → 코뮤니즘(communism)

커뮤니케이션(communication) → 소통(疏通)[순]

커뮤니티(community) → 공동체(共同體), 동아리[순]

커뮤니티 맵(community map) → 마을 지도(−地圖)[순]

커미션(commission) → 구전(口錢), 수수료(手數料)[순]

커버(cover) → ① 가리개, 덮개, 씌우개 ② 막기[순]

커버스토리(cover story) → 표지 기사(表紙記事)[순]

커버하다(cover −) → 감싸다, 감추다, 망라하다(網羅 −), 장악하다(掌握 −)[순]

커브(curve) → 곡선(曲線), 굽이, 방향 전환하다(方向轉換 −)[순]

커스터마이징(customizing) → 맞춤 디자인(−design), 맞춤 상품(−商品), 맞춤 서비스(−service), 맞춤 제작(−製作)[순]

커어브 → 커브(curve)

커터기(cutter機) → 자르개[순]

커텐 → 커튼(curtain)

커트(cut) → ① 가로채기, 깎아치기

② 자르기[순], ③ 커트[공구(工具), 구
기(球技), 미용(美容)] ④ 컷[삽화(揷畫),
영상(映像)]

커트되다(cut-) → ① 삭제되다(削除-)
② 잘리다[순]

커트라인(cut line) → ① 한계선(限界線)
② 합격선(合格線)[순]

커트오프(cutoff) → 컷오프(cutoff)

커튼(curtain) → 장막(帳幕), 휘장(揮帳)[순]

커틀라인 → 커트라인(cut line)

커패시터(capacitor) → 축전기(蓄電器)[순]

커패시티(capacity) → 용량(容量), 처리
물량(處理物量)[순]

커프스(cuffs) → 소맷부리 장식(-裝
飾)[순]

커프스 버튼(cuffs button) → 소맷부리
단추, 커프스 단추[순]

커플(couple) → ① 부부(夫婦) ② 쌍(雙)
③ 짝[순]

커플러(coupler) → 연결기(連結器)[순]

커플룩(couple look) → 짝 차림[순]

커플링(couple ring) → 짝 반지(-斑指)[순]

커플즈 → 커플스(couples)

커피샵 → 커피숍(coffee shop)

커피숖 → 커피숍(coffee shop)

컨넥터 → 커넥터(connector)

컨닝 → 커닝(cunning)

컨닥터 → 컨덕터(conductor)

컨덕터(conductor) → 지휘자(指揮者)[순]

~컨데 → ~컨대

컨덴서 → 콘덴서(condenser)

컨디션(condition) → ① 상태(狀態)

② 조건(條件)[순]

컨버전(conversion) → 변환(變換)[순]

컨버터(converter) → 변환기(變換機)[순]

컨버팅(converting) → 변환(變換)[순]

컨베어 → 컨베이어(conveyor)

컨베이어(conveyor) → 운반(運搬), 운반
기(運搬機)[순]

컨사이스 → 콘사이스(concise)

컨서트 → 콘서트(concert)

컨설탄트 → 컨설턴트(consultant)

컨설턴트(consultant) → 상담사(相談
士)[순]

컨센서스(concensus) → 의견 일치(意見
一致), 합의(合意)[순]

컨센트 → 콘센트(concentric plug)

컨셉 → 콘셉트(concept)

컨셉트 → 콘셉트(concept)

컨소시엄(consortium) → 연합체(聯合
體)[순]

컨소시움 → 컨소시엄(consortium)

컨추리 → 컨트리(country)

컨츄리 → 컨트리(country)

컨테스트 → 콘테스트(contest)

컨텍스트(context) → 맥락(脈絡), 문맥
(文脈)[순]

컨텐츠 → 콘텐츠(contents)

컨템포러리 → 컨템퍼러리(contemporary)

컨트롤 타워(control tower) → 사령탑
(司令塔), 지휘 본부(指揮本部), 통제탑
(統制塔)[순]

컨트롤하다(control-) → ① 조절하다
(調節-) ② 통제하다(統制-)[순]

컨트리 룩(country look) → 전원풍(田園風)[순]

컨트리클럽(country club) → 골프장(golf場)[순]

컨트리풍(country－) → 시골풍(－風), 전원풍(田園風)[순]

컨티넨탈 → 콘티넨털(continental)

컨티넨털 → 콘티넨털(continental)

컨퍼런스 → 콘퍼런스(conference)

컨펌(confirm) → 확인(確認), 확정(確定)[순]

컬래버레이션(collaboration) → 공동 작업(共同作業), 합작(合作), 협업(協業)[순]

컬러(collar) → 칼라

컬러(color/colour) → 빛깔, 색(色), 색상(色相), 색채(色彩)[순]

컬러링(coloring) → 색을 입히다(色－), 색칠하다(色漆－)[순]

컬러 매칭(color matching) → 색 배합(色配合)[순]

컬러풀하다(colorful－) → 다채롭다(多彩－)[순]

컬럼 → 칼럼(column)

컬럼니스트 → 칼럼니스트(columnist)

컬럼버스, 크리스토퍼 → 콜럼버스, 크리스토퍼(Columbus, Christopher)

컬레 → 결례

컬렉션(collection) → ① 발표회(發表會), 의상 발표회(衣裳－) ② 수집(收集)[순]

컬리지 → 칼리지(college)

컬리큘럼 → 커리큘럼(curriculum)

컬쳐 → 컬처(culture)

컬춰 → 컬처(culture)

컬트(cult) → 소수 취향(小數趣向)[순]

컴마 → 콤마(comma, ,)

컴바인 → 콤바인(combine)

컴백하다(comeback－) → ① 돌아오다 ② 복귀하다(復歸－)[순]

컴비 → 콤비(combination)

컴비네이션 → 콤비네이션(combination)

컴파스 → 컴퍼스(compass)

컴파운드 → 콤파운드(compound)

컴패니 → 컴퍼니(company)

컴팩트 → 콤팩트(compact)

컴포지션 → 콤퍼지션(composition)

컴퓨타 → 컴퓨터(computer)

컴퓨터 시아르티[computer CRT(cathode ray tube)] → 컴퓨터 단말기(－端末機)[순]

컴프레서(compresser) → 압착기(壓搾機), 압축기(壓縮機)[순]

컴프레셔 → 컴프레서(compresser)

컴플렉스 → 콤플렉스(complex)

컵바침(cup－) → 컵받침

컵 홀더(cup holder) → 컵걸이[순]

컷(cut) → ① 장면(場面) ② 삽화(挿畫)[순], ③ 커트[공구(工具), 구기(球技), 미용(美容)] ④ 컷[삽화, 영상(映像)]

컷오프(cutoff) → ① 공천 배제(公薦排除), 예비 경선(豫備競選) ② 탈락(脫落)[순]

컷트(cut) → ① 커트[공구(工具), 구기(球技), 미용(美容)] ② 컷[삽화(挿畫), 영상(映像)]

컷팅 → 커팅(cutting)

컽(cut) → ① 커트[공구(工具), 구기(球

技), 미용(美容)] ② 컷[삽화(揷畫), 영상 (映像)]

케미칼 → 케미컬(chemical)

케빈 → 캐빈(cabin)

케어(care) → 관리(管理), 돌봄순

케어 팜(care farm) → 치유 농장(治癒農場)순

케언즈 → 케언스(Cairns)

케이블티브이(cable TV) → 유선 티브이 (有線-)순

케이스(case) → ① 경우(境遇) ② 상자 (箱子)순

케이스 바이 케이스(case by case) → 사례별(事例別)순

케이스 스터디(case study) → 사례 연구(事例研究)순

케익 → 케이크(cake)

케인즈, 존 메이너드 → 케인스, 존 메이너드(Keynes, John Maynard)

케인즈학파(-學派) → 케인스학파 (Keynes-)

케잌 → 케이크(cake)

케주얼 → 캐주얼(casual)

케쥬얼 → 캐주얼(casual)

케찹 → 케첩(ketchup)

케챂 → 케첩(ketchup)

케토스 → 케토오스(ketose)

켈틱해(Celtic海) → 켈트해(Celtic Sea)

켐브리지 → 케임브리지(Cambridge)

켐페인 → 캠페인(campaign)

켓찹 → 케첩(ketchup)

켓첩 → 케첩(ketchup)

켜속 → 켯속

켜켜히 → 켜켜이

켠 → 쪽, 편(便)

켤래 → 켤레

켤레 → 켤레

켸켸묵다 → 케케묵다

코고리 → 코걸이

코구멍 → 콧구멍

코기름 → 콧기름

코김 → 콧김

코날 → 콧날

코납자기 → 코납작이

코너(corner) → ① 구석, 구역(區域), 모퉁이 ② 꼭지 ③ 쪽순

코너킥(corner kick) → 구석차기순

코노래 → 콧노래

코대 → 콧대

코드(code) → ① 부호(符號) ② 성향(性向)순

코드 인사(code人事) → 성향 인사(性向-), 편향 인사(偏向-)순

코등 → 콧등

코디(coordi) → 배합(配合), 조화(調和)순

코디네이션(coordination) → 배합(配合), 조화(調和)순

코디네이터(coordinator) → ① 관리자 (管理者), 조정자(調停者) ② 의상 연출 가(衣裳演出家)순

코라스 → 코러스(chorus)

코랄 → 코럴(coral)

코러스(chorus) → 합창(合唱)순

코레라 → 콜레라(cholera)

코로나 블루(corona blue) → 코로나 우
울(-憂鬱)[순]

코로나 쇼크(corona shock) → 코로나
충격(-衝擊)[순]

코르네이유 → 코르네유(Corneille)

코르사주(corsage) → 맵시꽃, 차림꽃[순]

코리타분하다 → 고리타분하다

코리탑탑하다 → 고리탑탑하다

코마루 → 콧마루

코망울 → 콧방울

코맨드 → 커맨드(command)

코맹녕이 → 코맹맹이

코머 → 콤마(comma, ,)

코메디 → 코미디(comedy)

코메디 프랑세스 → 코메디 프랑세즈
(Comédie Française)

코메디안 → 코미디언(comedian)

코메디언 → 코미디언(comedian)

코멘트(comment) → 논평(論評), 평(評)[순]

코멘트 자료(comment資料) → 설명 자
료(說明-)[순]

코맹멩이 → 코맹맹이

코물 → 콧물

코뮈니케(communiqué) → 성명(聲名),
성명서(聲名書)[순]

코뮤니케이션 → 커뮤니케이션
(communication)

코뮤니티 → 커뮤니티(community)

코미디(comedy) → 희극(喜劇)[순]

코미디안 → 코미디언(comedian)

코미디언(comedian) → 희극인(喜劇人)[순]

코미디 프랑세스 → 코메디 프랑세즈

(Comédie Française)

코미디 프랑세즈 → 코메디 프랑세즈
(Comédie Française)

코미션 → 커미션(commission)

코믹오페라(comic opera) → 희가극(喜
歌劇)[순]

코바람 → 콧바람

코방구 → 콧방귀

코방귀 → 콧방귀

코방울 → 콧방울

코배기 → 코빼기

코백이 → 코빼기

코병(-病) → 콧병

코보 → 코주부

코부리 → 콧부리

코빽이 → 코빼기

코사등이 → 콧사등이

코사배기 → 콧사배기

코사지 → 코르사주(corsage)

코삭 → 코사크(Cossack)

코살 → 콧살

코소리 → 콧소리

코속 → 콧속

코수(-數) → 콧수

코수염(-鬚髥) → 콧수염

코숨 → 콧숨

코스(course) → ① 경로(經路), 과정(過
程), ~길 ② 골프장(golf場)[순]

코스모폴리탄 → 코즈모폴리턴
(cosmopolitan)

코스모폴리터니즘 → 코즈모폴리터니즘
(cosmopolitanism)

코스모폴리턴 → 코즈모폴리턴
  (cosmopolitan)
코스트(cost) → 비용(費用)㊞
코스프레(コスプレ) → 분장놀이(扮裝
  -)㊞, 코스튬플레이(costume play)
코싸대기 → 콧사등이
코싸댕이 → 콧사등이
코싸배기 → 콧사배기
코싸인 → 코사인(cosine)
코싸지 → 코르사주(corsage)
코아 → 코어(core)
코안ー콧속㊟
코어(core) → 알맹이㊞
코어 종목(core種目) → 핵심 종목(核心
  -)㊞
코오드 → 코드(code)
코오디네이션 → 코디네이션
  (coordination)
코오디네이터 → 코디네이터(coordinator)
코오디네이트 → 코디네이트(coordinate)
코오딩 → 코딩(cording)
코오롱 → 콜롱(Kolon)
코오스 → 코스(course)
코올타르 → 콜타르(coal tar)
코우너 → 코너(corner)
코우킹 → 코킹(cocking)
코우트 → 코트(coat)
코워킹(coworking) → 공동 작업(共同作
  業), 협업(協業)㊞
코자크 → 코사크(Cossack)
코잔등 → 콧잔등
코장단 → 콧장단

~코저 → ~코자
~코져 → ~코자
코즈메틱(cosmetic) → 화장품(化粧品)㊞
코즈모폴리탄 → 코즈모폴리턴
  (cosmopolitan)
코즈모폴리턴(cosmopolitan) → 세계주
  의자(世界主義者)㊞
코집 → 콧집
코치(coach) → 지도자(指導者)㊞
코칭(coaching) → 지도(指導)㊞
코칭스태프(coaching staff) → 코치진
  (coach陣)㊞
코카사스 → 코카서스(Caucasus)
코캐인 → 코카인(cocaine)
코코낫 → 코코넛(coconut)
코코너트 → 코코넛(coconut)
코크 → 콕(cock)
코투리 → 꼬투리
코트(coat) → 외투(外套)㊞
코트(court) → 경기장(競技場), 운동장
  (運動場)㊞
코튼(cotton) → 면(綿), 면직물(綿織物),
  목화(木花), 솜㊞
코팅(coating) → 투명씌움(透明-)㊞
코퍼러티브 → 코오퍼러티브
  (cooperative)
코평수(-坪數) → 콧방울
코피 → ① 카피(copy) ② 커피(coffee)
코피라이터 → 카피라이터(copywriter)
코호트 격리(cohort隔離) → 동일 집단
  격리(同一集團-)㊞
코흘리게 → 코흘리개

콕크 → 콕(cock)

콕킹 → 코킹(cocking)

콘(cone) → ① 원뿔 타래(圓-) ② 잼추
(-錘)[순]

콘닥터 → 컨덕터(conductor)

콘덕터 → 컨덕터(conductor)

콘덴서(condencer) → 축전기(蓄電器),
축전지(蓄電池)[순]

콘돌(condor) → ① 콘도르(에) ② 콩도
르(프)

콘돌라 → 곤돌라(gondola)

콘드라티에프, 니콜라이 드미트리예비치
→ 콘드라티예프, 니콜라이 드미트리예
비치(Kondratiev, Nikolai Dmitrievich)

콘디션 → 컨디션(condition)

콘베어 → 컨베이어(conveyor)

콘베이어 → 컨베이어(conveyor)

콘벤션 → 컨벤션(convention)

콘사이스(concise) → 사전(辭典), 작은
사전[순]

콘사이즈 → 콘사이스(concise)

콘서트(concert) → 연주회(演奏會)[순]

콘설탄트 → 컨설턴트(consultant)

콘센서스 → 컨센서스(consensus)

콘셉션 → 컨셉션(concepcion)

콘소메 → 콩소메(consommé)

콘소시엄 → 컨소시엄(consortium)

콘소시움 → 컨소시엄(consortium)

콘솔 박스(console box) → 정리함(整理
函)[순]

콘써트 → 콘서트(concert)

콘쩨른 → 콘체른(Konzern)

콘첼토 → 콘체르토(concerto)

콘칲 → 콘칩(corn chip)

콘택 → 콘택트(contact)

콘택트 포인트(contact point) → 연락처
(連絡處)[순]

콘테 → 콩테(conté)

콘테스트(contest) → 경연 대회(競演大
會)[순]

콘테이너 → 컨테이너(container)

콘텍트 → 콘택트(contact)

콘텍트렌즈 → 콘택트렌즈(contact lens)

콘텐츠 리터러시(contents literacy) → 콘
텐츠 문해(-文解), 콘텐츠 문해력(-
文解力), 콘텐츠 이해(-理解), 콘텐츠
이해력(-理解力)[순]

콘템퍼러리 → 컨템퍼러리(contemporary)

콘트라스트(contrast) → 대비(對比)[순]

콘트라티예프, 니콜라이 드미트리예비치
→ 콘드라티예프, 니콜라이 드미트리예
비치(Kondratiev, Nikolai Dmitrievich)

콘트롤 → 컨트롤(control)

콘트롤 타워 → 컨트롤 타워(control
tower)

콘트롤러 → 컨트롤러(controller)

콘티(conti) → 촬영 대본(撮影臺本)[순]

콘티넨탈 → 콘티넨털(continental)

콘티넨털 스타일(continental style)
→ 대륙풍(大陸風)[순]

콘퍼런스(conference) → 학술 대회(學術
大會), 학술회의(-會議)[순]

콘프레이크 → 콘플레이크(cornflakes)

콘후레이크 → 콘플레이크(cornflakes)

콜드게임(called game) → 도중 결판(途中決判)[순]

콜드크림(cold cream) → 기름 크림[순]

콜라보(collabo) → 공동 작업(共同作業), 합작(合作), 협업(協業)

콜라보레이션 → 컬래버레이션 (collaboration)

콜라주(collage) → 붙이기[순]

콜라쥬 → 콜라주(collage)

콜라지 → 콜라주(collage)

콜랙션 → 컬렉션(collection)

콜럼비아 → ① 컬럼비아(Columbia) ② 콜롬비아(Colombia)

* 컬럼비아(Columbia): 미국 동남부에 있는 도시. 농산물 집산지이며, 면 공업 중심지이기도 하다. 사우스캐롤라이나주의 주도(州都)이다.
* 콜롬비아(Colombia): 남아메리카 대륙의 서북부에 있는 공화국. 1819년에 에스파냐에서 대(大)콜롬비아 공화국으로 독립하였고, 1830년 베네수엘라, 에콰도르가 다시 분리·독립하여 오늘에 이른다. 세계 제이의 커피 산지이며 옥수수, 담배, 석유 따위도 난다. 주민은 메스티소이고 주요 언어는 에스파냐어이다. 수도는 보고타, 면적은 113만 8914㎢.

콜렉션 → 컬렉션(collection)

콜렉숀 → 컬렉션(collection)

콜렉터 → 컬렉터(collector)

콜롬부스 → 콜럼버스, 크리스토퍼 (Columbus, Christopher)

콜롯세움 → 콜로세움(Colosseum)

콜룸부스 → 콜럼버스, 크리스토퍼 (Columbus, Christopher)

콜리지 → 칼리지(college)

콜 서비스(call service) → ① 호출 지원(呼出支援) ② 호출 서비스[순]

콜세트 → 코르셋(corset)

콜센터(call-center) → 전화 상담실(電話相談室)[순]

콜셋 → 코르셋(corset)

콜셋트 → 코르셋(corset)

콜시카 → 코르시카(Corsica)

콜크 → 코르크(cork)

콜탈 → 콜타르(coal-tar)

콤뮌 → 코뮌(commune)

콤보 → 캄보(combo)

콤비(コンビ) → 단짝(單-), 아래위가 다른 천으로 된 양복(-洋服), 조화(調和), 짝, 콤비네이션(combination)

콤비네이션(combination) → ① 짝 ② 호흡(呼吸), 호흡 맞추기[순]

콤비네이션 플레이(combination play) → 여럿이 주고받기[순]

콤비 플레이(combi play) → 호흡 맞추기(呼吸-)[순]

콤파스 → 컴퍼스(compass)

콤파일러 → 컴파일러(compiler)

콤패니언 → 컴패니언(companion)

콤팩트(compact) → 간편(簡便), 압축(壓縮)[순]

콤팩트 시티(compact city) → 기능 집약 도시(機能集約都市)[순]

콤퍼지션(composition) → 구성(構成)[순]

콤포넌트 → 컴포넌트(component)

콤포지션 → 콤퍼지션(composition)

콤푸레샤 → 컴프레서(compressor)

콤프레샤 → 컴프레서(compressor)

콤프레서 → 컴프레서(compressor)

콤프레션 → 컴프레션(compression)

콤프렉스 → 콤플렉스(complex)

콤플렉스(complex) → 강박 관념(強迫觀念), 열등감(劣等感), 욕구 불만(欲求不滿)[순]

콧날개 → 콧방울

콧망울 → 콧방울

콧밑 → 코밑

콧방구 → 콧방귀

콧방아 → 코방아

콧배기 → 코빼기

콧불 → 콧방울

콧빼기 → 코빼기

콧싸댕이 → 콧사등이

콧싸배기 → 콧사배기

콧잔등－콧잔등이[복]

콧털 → 코털

콩깎지 → 콩깍지

콩깨묵 → 콩깻묵

콩보숭이 → 콩고물

콩코드 광장(－廣場) → 콩코르드 광장(Concorde－)

콩쿠르(competition) → 경연 대회(競演大會)[순]

콩쿨 → 콩쿠르(concours)

콩크리트 → 콘크리트(concrete)

콸라룸푸르 → 쿠알라룸푸르(Kuala Lumpur)

쾌보(快報) → 기쁜 소식(－消息)[순]

쾌이(快－) → 쾌히

쾌쾌묵다 → 케케묵다

쾌쾌한 냄새 → 쾨쾨한 냄새

쾨쾨묵다 → 케케묵다

쿠마모토 → 구마모토(くまもと, 熊本)

쿠사리(くさり) → 꾸중, 꾸지람, 면박(面駁), 비웃음, 야단(惹端), 잔소리, 핀잔

쿠세(くせ) → 버릇, 습관(習慣)

쿠션(cushion) → 완충 작용(緩衝作用), 허리받이[순]

쿠숀(クッション) → 쿠션(cushion)

쿠알라룸푸 → 쿠알라룸푸르(Kuala Lumpur)

쿠알라룸프 → 쿠알라룸푸르(Kuala Lumpur)

쿠크 → 쿡(cook)

쿠키(cookie) → 과자(菓子)[순]

쿠킹 호일 → 쿠킹 포일(cooking foil)

쿠테타 → 쿠데타(coup d'État)

쿠텐베르크, 요하네스 → 구텐베르크, 요하네스(Gutenberg, Johannes)

쿡(cook) → 숙수(熟手), 조리사(調理師)[순]

쿡키 → 쿠키(cookie)

쿡킹 → 쿠킹(cooking)

쿨다운하다(cool-down－) → 냉각하다(冷却－)[순]

쿵덕쿵 → 쿵더쿵

쿵푸 → 쿵후(功夫, gongfu)

쿼바디스 → 쿠오바디스(Quo Vadis)

쿼타 → 쿼터(quota)

쿼터(quota) → 한도량(限度量), 할당량(割當量)

쿼터제(quota制) → 의무 배당제(配當制), 의무 할당제(-割當制), 할당제⟨순⟩

퀘백 → 퀘벡(Quebec)

퀘퀘묵다 → 케케묵다

퀘퀘한 냄새 → 퀴퀴한 냄새

퀸스란드 → 퀸즐랜드(Queensland)

퀸스랜드 → 퀸즐랜드(Queensland)

퀸슬란드 → 퀸즐랜드(Queensland)

퀸슬랜드 → 퀸즐랜드(Queensland)

퀸, 안소니 → 퀸, 앤서니(Quinn, Anthony)

퀸즈란드 → 퀸즐랜드(Queensland)

퀸즈랜드 → 퀸즐랜드(Queensland)

퀸즐란드 → 퀸즐랜드(Queensland)

퀼팅(quilting) → 누비⟨순⟩

큐레이터(curator) → 전시 기획자(展示企劃者)⟨순⟩

큐비즘(cubism) → 입체주의(立體主義), 입체파(立體派)⟨순⟩

큐슈 → 규슈(きゅうしゅう, 九州)

큐시(QC, quality control) → 품질 관리(品質管理)⟨순⟩

큐시 써클 → 큐시 서클(QC circle)

큐씨 써클 → 큐시 서클(QC circle)

큐아르 코드(QR code, quick response-) → 정보 무늬(情報-)⟨순⟩

큐앤에이(Q&A, question and answer) → 묻고 답하기(-答-)⟨순⟩

큐피트 → 큐피드(Cupid)

큐핏 → 큐피드(Cupid)

쿳대 → 큐대(cue-)

크놋소스 → 크노소스(Cnossos)

크다랗다 → 커다랗다

크라리닛 → 클라리넷(clarinet)

크라리넬 → 클라리넷(clarinet)

크라스 → 클래스(class)

크라식 → 클래식(classic)

크라우드 펀딩(crowd funding) → 대중 투자(大衆投資)⟨순⟩

크라이막스 → 클라이맥스(climax)

크라이밍 → 클라이밍(climbing)

크락숀(クラクション) → 경적(警笛), 클랙슨(klaxon)⟨순⟩, 경음기(警音機)

크래식 → 클래식(classic)

크래프트 → 크라프트(craft)

크랙(crack) → 갈라짐, 균열(龜裂)⟨순⟩

크랙커 → 크래커(cracker)

크랭크인(crank in) → 촬영 개시(撮影開始), 촬영 시작(-始作)⟨순⟩

크러치 → 클러치(clutch)

크럽 → 클럽(club)

크레디트 카드(credit card) → 신용 카드(信用-)⟨순⟩

크레딧 카드 → 크레디트 카드(credit card)

크레믈린 → 크렘린(Kremlin)

크레바스(crevasse) → 빙하 균열(氷河龜裂), 빙하 틈⟨순⟩

크레오파트라 → 클레오파트라(Cleopatra)

크레온 → 크레용(crayon)

크레이용 → 크레용(crayon)

크레인(crane) → 기중기(起重機)⟨순⟩

크레임 → 클레임(claim)

크로르칼크 → 클로르칼크(Chlorkalk)

크로바 → 클로버(clover)

크로스바(crossbar) → 가름새⟨순⟩

크로스오버(crossover) → 넘나들기㊊

크로스 컨트리(cross country) → 산야 경기(山野競技), 지구력 경기(持久力-)㊊

크로스 컨트리 레이스(cross country race) → 산악 경기(山岳/山嶽競技)㊊

크로스킥(cross kick) → 가로질러 차기㊊

크로스패스(cross pass) → 대각선 주기(對角線-)㊊

크로와상 → 크루아상(croissant)

크로즈업 → 클로즈업(close-up)

크로케트 → 크로켓(croquette)

크로키(croquis) → 속사화(速寫畫)㊊

크롬노란색(Chrome-色) → 바나나색(banana-)

크루져 → 크루저(cruiser)

크루즈 관광(cruise觀光) → 순항 관광(巡航-)㊊

크리너 → 클리너(cleaner)

크리닉 → 클리닉(clinic)

크리닝 → 클리닝(cleaning)

크리브란드 → 클리블랜드(Cleveland)

크리브랜드 → 클리블랜드(Cleveland)

크리블란드 → 클리블랜드(Cleveland)

크리블랜드 → 클리블랜드(Cleveland)

크리스마스트리(Christmas tree) → 성탄절 나무(聖誕節-)㊊

크리스머스 → 크리스마스(Christmas)

크리스찬(Christian) → ① 크리스천(영) ② 크리스티안(독) ③ 크리스티앙(프)

크리스찬 디올 → 크리스티앙 디오르(Christian Dior)

크리스챤 → 크리스천(Christian)

크리스탈 → 크리스털(crystal)

크리스털 컵(crystal cup) → 수정잔(水晶盞)㊊

크리어 → 클리어(clear)

크리에이터(creator) → ① 광고 창작자(廣告創作者) ② 제작자(製作者), 창작자㊊

크리임 → 크림(cream)

크리케트 → 크리켓(cricket)

크리토리스 → 클리토리스(clitoris)

크릭 → 클릭(cleek)

크린 → 클린(clean)

크린랲 → 클린랩(clean wrap)

크린룸 → 클린룸(clean room)

크린싱크림 → 클렌징크림(cleansing cream)

크린업 → 클린업(cleanup)

크린업트리오 → 클린업트리오(cleanup trio)

크린징크림 → 클렌징크림(cleansing cream)

크린치 → 클린치(clinch)

크린히트 → 클린히트(clean hit)

크림 스프 → 크림수프(cream soup)

크립 → 클립(clip)

큰대짜 → 큰대자(-大字)

큰애기 → 큰아기

클라리넬 → 클라리넷(clarinet)

클라스 → 클래스(class)

클라시컬 → 클래시컬(classical)

클라식 → 클래식(classic)

클라쓰 → 클래스(class)

클라우드 서비스(cloud service) → 인터넷 기반 정보 통신 자원 통합·공유 서비스(internet基盤情報通信資源統合共有－)㊛

클라우드 컴퓨팅(cloud computing) → 구름 컴퓨팅, 클라우드 컴퓨팅㊛

클라이막스 → 클라이맥스(climax)

클락 → 클록(clock)

클락숀 → 클랙슨(klaxon)

클래스(class) → ① 급(級), 등급(等級) ② 부류(部類) ③ 반(班)㊛

클래시즘 → 클래시시즘(classicism)

클래시칼 → 클래시컬(classical)

클래시컬하다(classical－) → 고전적이다(古典的－)㊛

클래식(classic) → 고전적(古典的), 고풍의(古風－)㊛

클래식 스타일(classic style) → 고전 양식(古典樣式), 고전적 양식(古典的－)㊛

클랙션 → 클랙슨(klaxon)

클랙숀 → 클랙슨(klaxon)

클랙슨(klaxon) → 경음기(警音機), 경적(警笛)㊛

클램프(clamp) → 죔틀㊛

클랭크 → 크랭크(crank)

클러스터(cluster) → 산학 협력 지구(産學協力地區), 연합 지구(聯合－), 협력 지구㊛

클러치 → 크러치(crutch)

클럽(club) → ① 골프채(golf－) ② 동아리, 모임㊛

클레인 → 크레인(crane)

클레임(claim) → ① 손해 배상 청구(損害賠償請求) ② 이의 제기(異議提起)㊛

클렌징크림(cleansing cream) → 세안 크림(洗眼－)㊛

클로르칼키 → 클로르칼크(Chlorkalk)

클로바 → 클로버(clover)

클로버(clover) → 토끼풀㊛

클로스드 → 클로즈드(closed)

클로져 → 클로저(closer)

클로즈업(close-up) → 시선 집중(視線集中)㊛

클로징(closing) → 마무리, 맺음㊛

클로징멘트(closingment) → 맺음말㊛

클리닉(clinic) → ① 진료소(診療所) ② 진료실(診療室)㊛

클리닝(cleaning) → 마른 빨래, 마른 세탁(－洗濯), 빨래, 세탁㊛

클리브랜드 → 클리블랜드(Cleveland)

클리브랜드 → 클리블랜드(Cleveland)

클리블란드 → 클리블랜드(Cleveland)

클리핑(clipping) → 오려 두기㊛

클린(clean) → 깨끗한, 투명한(透明－)㊛

클린 로드(clean road) → 도로 살수 장치(道路撒水裝置)㊛

클린 뷰티(clean beauty) → 친환경 화장품(親環境化粧品)㊛

클린 슛(clean shoot) → 깨끗한 슛㊛

클린싱크림 → 클렌징크림(cleansing cream)

클린업트리오(clean up trio) → 중심 타선(中心打線)㊛

클린 에너지(clean energy) → 청정 에너지(淸淨－)㊛

클린치(clinch) → 엉킴[순]
클린 카드(clean card) → 모범 카드(模範－)[순]
클린히트(clean hit) → 정통 치기(正統－)[순]
클립(clip) → 틀집게[순]
큼즈막하다 → 큼지막하다
큼직히 → 큼직이
큼짊하다 → 큼직하다
키(key) → ① 글쇠 ② 열쇠[순]
키값 → 킷값
키꺾다리 → 키꺽다리
키네틱아트(kinetic art) → 동작 예술(動作藝術), 동적 예술(動的－)[순]
키다(기지개, 박, 불, 쌍심지) → 켜다
키로그램 → 킬로그램(kilogram, kg)
키로미터 → 킬로미터(kilometer, km)
키로와트 → 킬로와트(kilowatt, kW)
키맨(key man) → 중추인물(中樞人物)[순]
키보드 보안(keyboard保安) → 자판 보안(字板－)[순]
키스 앤드 라이드(kiss and ride) → 환승 정차 구역(換乘停車區域)[순]
키에르케고르, 쇠렌 오뷔에 → 키르케고르, 쇠렌 오뷔에(Kierkegaard, Søren Aabye)
키에르케골, 쇠렌 오뷔에 → 키르케고르, 쇠렌 오뷔에(Kierkegaard, Søren Aabye)
키에프 → 키예프(Kiev)
키오스크(kiosk) → ① 무인 단말기(無人端末機), 무인 안내기(－案內機) ② 간이 매장(簡易賣場), 간이 판매대(－販賣臺)[순]
키워드(key word) → 핵심어(核心語)[순]
키읏(ㅋ) → 키읔
키이퍼 → 키퍼(keeper)
키즈 카페(kids cafe) → 어린이 놀이방(－房)[순]
키친타올 → 키친타월(kitchen towel)
키친타월(kitchen towel) → 종이 행주[순]
키커(kicker) → 차는 선수(－選手)[순]
키타 → 기타(guitar)
키트(kit) → 꾸러미[순]
키파 → 키퍼(keeper)
키패드(key pad) → ① 자판(字板) ② 숫자판(數字板)[순]
키펀처(keypuncher) → 입력원(入力員), 자료 입력원(資料－)[순]
키포인트(key point) → 요점(要點), 핵심(核心)[순]
키폰(key phone) → 연결 전화(連結電話)[순]
키프링, 조지프 러디어드 → 키플링, 조지프 러디어드(Kipling, Joseph Rudyard)
키 플레이어(key player) → 핵심 인물(核心人物), 핵심 인사(－人士)[순]
키핑(keeping) → 공 지키기[순]
킥(kick) → 차기, 차기 반칙(－反則), 튀기[순]
킥오프(kick off) → 먼저 차기[순]
킥오프 회의(kick-off會議) → 첫 기획 회의(－企劃－), 첫 회의[순]
킨사사 → 킨샤사(Kinshasa)

킬라 → 킬러(killer)

킬라만자로 → 킬리만자로(Kilimanjaro)

킬러(killer) → ① 천적(天敵) ② 살인 청부업자(殺人請負業者) ③ 살인광(殺人狂)[순]

킬로그램 KG, Kg → kg

킬로미터 KM, Km → km

킬로와트 KW, Kw, kw → kW

킷트 → 키트(kit)

킹, 마틴 루터 → 킹, 마틴 루서(King, Martin Luther)

킹메이커(kingmaker) → 대권 인도자(大權引導者), 핵심 조력자(核心助力者)[순]

킹슬리 → 킹즐리(Kingsley)

킹즈 → 킹스(kings)

킹즈맨 → 킹스맨(King's Man)

ㅌ

타(他) → 다른

타게트 → 타깃(target)

타게팅 → 타기팅(targeting)

타겟 → 타깃(target)

타겟팅 → 타기팅(targeting)

타골, 라빈드라나트 → 타고르, 라빈드
   라나트(Tagore, Rabīndranāth)

타과(他課) → 다른 과순

타교(他校) → 남의 학교, 다른 학교

타국(他國) → 남의 나라, 다른 나라

타국(他局) → 다른 국순

타깃 마케팅(target marketing) → 주요
   판촉(主要販促), 중점 판촉(重點－)순

타깃(target) → 과녁, 목표(目標), 표적
   (標的)순

타깃팅 → 타기팅(targeting)

타르코프스키, 안드레이 아르세니예비치
   → 타르콥스키, 안드레이 아르세니예
   비치(Tarkovskii, Andrei Arsenyevich)

타미르족(－族) → 타밀족(Tamil－)

타부(タブ) → 터부(taboo)

타부서(他部署) → 다른 부서순

타사(他社) → 딴 회사(－會社)순, 다른
   회사

타설(打設) → ① 때려박기 ② 치기순

타설하다(打設－) → 치다순

타성(惰性) → 굳은 버릇순

타성받이(他姓－) → 타성바지

타쉬켄트 → 타슈켄트(Tashkent)

타스(ダース) → 12개(－個/箇/介), 타(打)

타시켄트 → 타슈켄트(Tashkent)

타액(唾液) → 침순

타액선(唾液腺) → 침샘

타에 우선하여(他－于先－) → 다른 것
   보다 먼저, 다른 것보다 앞서, 무엇보
   다 먼저, 무엇보다 앞서순

타올 → 타월(towel)

타올르다 → 타오르다

타우어 → 타워(tower)

타운(town) → 구역(區域)순

타운 웨어(town wear) → 나들이옷, 외
   출복(外出服)순

타운 하우스(town house) → 공동 전원
   주택(共同田園住宅)순

타운홀 미팅(town hall meeting) → 주
   민 회의(住民會議)순

타워(tower) → 탑(塔)순

타월(towel) → 수건(手巾)순

타의 추종을 불허하다(他－追從－不許－)
   → 남들보다 월등히 뛰어나다(－越等－)

타이(tie) → ① 동일(同一) ② 동점(同點) ③ 무승부(無勝負)[순]
타이거즈 → 타이거스(tigers)
타이루 → 타일(tile)
타이머(timer) → 시간 기록(時間記錄), 시간 기록기(-記錄器), 시간 조절(-調節), 시간 조절기(-調節器), 시계(時計)[순]
타이밍(timing) → 때, 때 맞추기, 시간 조절(時間調節)[순]
타이브레이크(tie break) → 동점 끝내기(同點-)[순]
타이뻬이 → 타이베이(臺北, Taibei/Taipei)
타이스 → 타이츠(tights)
타이즈 → 타이츠(tights)[순]
타이타닉호(-號) → 타이태닉호(Titanic-)
타이트(tight) → 빡빡한, 팽팽한[순]
타이트하다(tight-) → 밀도 있다(密度-), 빠듯하다, 팽팽하다[순]
타이틀(title) → 제목(題目), 표제(標題)[순]
타이틀곡(title曲) → 주제곡(主題曲)[순]
타이틀 롤(title role) → 주역(主役), 주연(主演)[순]
타이틀매치(title match) → 선수권전(選手權戰)[순]
타이틀전(title戰) → 선수권전(選手權戰)[순]
타이페이 → 타이베이(臺北, Taibei/Taipei)
타이프[類型] → 타입(type)
타이프라이터(typewriter) → 타자기(打字機)[순]
타이프 문서(type文書) → 타자 문서(打字-)[순]
타이피스트(typist) → 타자원(打字員)[순]
타이핑(typing) → 타자(打字)[순]
타인(他人) → 남, 다른 사람
타일르고 → 타이르고
타일르다 → 타이르다
타일르면 → 타이르면
타일른다 → 타이른다
타임(time) → 때, 시간(時間)[순]
타임머신(time machine) → 초시간 여행선(超時間旅行船)[순]
타임 서비스(time service) → 반짝 할인(-割引)[순]
타임스퀘어 → 타임스스퀘어(Times Square)
타임아웃(time-out) → 작전 시간(作戰時間)[순]
타임즈 → 타임스(Times)
타임캡슐(time capsule) → 기억상자(記憶箱子)[순]
타임 테이블(timetable) → 시간표(時間表)[순]
타입(type) → ① 모양(模樣) ② 유형(類型)[순]
타잎 → 타입(type)
타전하다(打電-) → 전보 치다(電報-)[순]
타점권(他店券) → 다른 은행 수표(-銀行手票)[순]
타진(打診) → 두드림 진단(-診斷)[순]
타처(他處) → 다른 곳[순]
타치(タッチ) → 자극, 접촉(接觸), 터치(touch)[순]
타케팅 → 타기팅(targeting)

타켓 → 타깃(target)

타켓팅 → 타기팅(targeting)

타코야끼(たこやき) → 다코야키

타파하다(打破-) → 없애다㈜

타피스리(tapisserie) — 태피스트리 (tapestry)㈐

타피스트리 → 태피스트리(tapestry)

타합(打合) → 협의(協議)㈜

탁견(卓見) → 뛰어난 의견(-意見)㈜

탁도(濁度) → 혼탁도(混濁度)㈜

탁배기(濁-) → 막걸리

탁송(託送) → 맡겨 보내기, 맡겨 보냄㈜

탁송 전보(託送電報) → 전화 전보(電話 -)㈜

탁송품(託送品) → 부친 짐㈜

탄닌 → 타닌(tannin)

탄성율(彈性率) → 탄성률

탄창(彈倉) → 탄알집㈜

탄탄이 → 탄탄히

탈각하다(脫殼-) → 껍질 벗기다㈜

탈곡(脫穀) → 낟알떨기, 타작(打作)㈜

탈군 → 탈꾼

탈꼴찌(脫-) → 꼴찌 벗어나기㈜

탈랜트 → 탤런트(talent)

탈렌트 → 탤런트(talent)

탈루(脫漏) → 빠짐, 샘㈜

탈루가 없도록(脫漏-) → 빠지지 않도록㈜

탈모(脫帽) → 모자를 벗으시오(帽子-)㈜

탈모(脫毛) → 털 빠짐㈜

탈박아지 → 탈바가지

탈옥폰(脫獄phone) → 해제폰(解除-)㈜

탈자(脫字) → 빠진 글자, 빠진 자㈜

탈장(脫腸) → 창자 빠짐㈜

탈지면(脫脂綿) → 약솜

탈지유(脫脂乳) → 기름 뺀 젖㈜

탈취(奪取) → 빼앗음㈜

탈취제(脫臭劑) → 냄새 제거약(-除去 藥)㈜

탈피하다(脫皮-)(상태, 상황, 처지) → 벗 어나다

탈회(脫會) → 탈퇴(脫退)㈜

탐닉(耽溺) → 즐겨 빠짐㈜

탐스러와 → 탐스러워

탐익(耽溺) → 탐닉

탐탁이 → 탐탁히

탐탁잖다 → 탐탁잖다

탐탁찮다 → 탐탁잖다

탐탁챦다 → 탐탁잖다

탐탁치 않다 → 탐탁지 않다

탑(top) → 톱

탑본(搨本) → 뜨기, 본뜨기(本-), 비문 뜨기(碑文-)㈜

탑재양(搭載量) → 탑재량

탑클래스 → 톱클래스(top class)

탕감(蕩減) → 덜어 줌, 아주 덜어 줌㈜

탕비실(湯沸室) → 준비실(準備室)㈜

탕탕이(蕩蕩-) → 탕탕히

태고적(太古-) → 태곳적

태국(泰國) → 타이(Thailand)

태그(tag) → 꼬리표(-票)㈜

태견 — 택견㈐

태능(泰陵) → 태릉

태만하다(怠慢-) → 게으르다㈜

태부족(太不足) → 상당히 모자람(相當 −),
　턱없이 모자람

태스크 포스팀(task force team) → 전담
　조직(專擔組織), 전담팀, 특별 전담 조
　직(特別 −), 특별팀⟮순⟯

태양(態樣) → 모습, 형태(形態)⟮순⟯

태연이(泰然 −) → 태연히

태줄(胎 −) → 탯줄

태클(tackle) → 막기⟮순⟯

태피터(taffeta) — 호박단(琥珀緞)⟮복⟯

태환이식(太環耳飾) → 굵은귀걸이⟮순⟯

택(tag) → 태그

택견 → 태껸, 택견

택도 없다 → 턱없다

택배(宅配) → 문 앞 배달(門 −配達), 집
　배달⟮순⟯

택클 → 태클(tackle)

탤랜트 → 탤런트(talent)

탬벌린 → 탬버린(tambourine)

탯갈 → 태깔(態 −)

탱크(tank) → 통(桶)⟮순⟯

탱크로리(tank lorry) → 용기 적재차(容
　器積載車)⟮순⟯

탱크롤리 → 탱크로리(tank lorry)

탱화(幀畫) → 걸개그림⟮순⟯

터논 → 텃논

터닝슛(turning shoot) → 돌며 쏘기⟮순⟯

터닝 포인트(turning point) → 전환점(轉
　換點)⟮순⟯

터리개 → 먼지떨이

터마당 → 텃마당

터미날 → 터미널(terminal)

터밭 → 텃밭

터부(taboo) → 금기(禁忌)⟮순⟯

터새[留鳥] → 텃새

터세(① −貫 ② −勢) → 텃세

터어빈 → 터빈(turbine)

터어키 → 터키(Turkey)

터키(Turkey) → 튀르키예(Türkiye)

터주대감(−主大監) → 터줏대감

터치(touch) → ① 닿기 ② 붓자국, 자국
　③ 기법(技法), 솜씨⟮순⟯

터치감(touch感) → 감촉(感觸), 촉감(觸
　感)⟮순⟯

터치다 → 터뜨리다

터치라인(touch line) → 옆줄⟮순⟯

터치아웃(touch out) → 닿고 나감⟮순⟯

터틀넥(turtleneck) → 자라목깃⟮순⟯, 자
　라목니트(−knit), 자라목셔츠(−shirt)

터프하다(tough −) → 거칠다⟮순⟯

턱거리 → 턱걸이

　* 턱거리: 풍열(風熱)로 인하여 턱 아래에
　　생기는 종기.

　* 턱걸이: ① 철봉을 손으로 잡고 몸을 올려 턱
　　이 철봉 위까지 올라가게 하는 운동. ② 씨
　　름에서, 손으로 상대편 턱을 걸어서 밀어
　　넘어뜨리는 기술. ③ 어떤 기준에 겨우 미
　　침을 비유적으로 이르는 말. ④ 남에게 의
　　지하여 지냄을 비유적으로 이르는 말.

턱도 없다 → 턱없다

턱받기 → 턱받이

턱수바리 → 턱주가리

턱조가리 → 턱주가리

턱쪼가리 → 턱주가리

턴(turn) → 돌기㊞

턴널 → 터널(tunnel)

턴넬 → 터널(tunnel)

턴키(turnkey) → 일괄(一括)㊞

턴키 공사(turnkey工事) → 일괄 공사(一括－)㊞

턴키시스템(turnkey system) → 일괄 공급 체계(一括供給體系)㊞

털보숭이 → 털북숭이

털복송이 → 털북숭이

털복숭이 → 털북숭이

털부숭이 → 털북숭이

털석 → 털썩

털이개 → 먼지떨이

텀블러(tumbler) → 통컵(桶cup)㊞

텃치 → 터치(touch)

텅그스텐 → 텅스텐(tungsten)

테니스 엘보(tennis elbow) → 팔꿈치 통증(－痛症)㊞

테니스 웨어(tennis wear) → 테니스복(－服)㊞

테라(テーラー) → ① 양복점(洋服店), ② 테일러(tailor), 테일러옷㊞

테라피(therapy) → 치료(治療), 치유(治癒)㊞

테러(terror) → 폭력(暴力), 폭행(暴行)㊞

테레비(テレビ) → 텔레비전(television)

테레비전 → 텔레비전(television)

테레빈유(terebene油) → 솔기름㊞

테렉스 → 텔렉스(telex)

테마(Thema/theme) → 주제(主題)㊞

테마 브리핑(theme briefing) → 주제 보고(主題報告)㊞

테마 송(thema song) → 주제가(主題歌), 주제곡(主題曲)㊞

테마주(thema株) → 화제주(話題株)㊞

테마 파크(theme park) → 주제 공간(主題空間), 주제 공원(－公園)㊞

테무진 → 테무친(鐵木眞, Temuchin)

테스크(task) → 작업(作業)㊞

테스트(test) → ① 검사(檢査) ② 시험(試驗)㊞

테스트 베드(test bed) → 가늠터, 시험대(試驗臺), 시험 무대(－舞臺), 시험장(試驗場)

테스트하다(test－) → 시험하다(試驗－)㊞

테에베 → 테베(Thebae)

테이블(table) → ① 상(床), 식탁(食卓), 책상(冊床), 탁자(卓子) ② 표(表)㊞

테이블 다이어리(table diary) → 탁상 일기(卓上日記)㊞

테이블 매너(table manner) → 식사 예절(食事禮節)㊞

테이블 세팅(table setting) → 상차림(床－)㊞

테이블클로스(table cloth) → 식탁보(食卓褓)㊞

테이크 아웃(takeout) → 사 가기, 포장 구매(包裝購買), 포장 판매(－販賣)㊞

테이프(tape) → 띠㊞

테이프 커팅(tape cutting) → 색줄 자르기(色－)㊞

테이핑(taping) → 테이프 감기(tape－)㊞

테임스강(-江) → 템스강(Thames-)
테임즈강(-江) → 템스강(Thames-)
테입 → 테이프(tape)
테잎 → 테이프(tape)
테퀼라 → 테킬라(tequila)
테크노폴리스(technopolis) → 첨단 산업 연구 도시(尖端産業硏究都市)[순]
테크놀러지 → 테크놀로지(technology)
테크놀로지(technology) → 과학 기술(科學技術)[순]
테크니션(technician) → 기교파(技巧派)[순]
테크니칼 → 테크니컬(technical)
테크니컬파울(technical foul) → ① 고의 반칙(故意反則) ② 진행 벌칙(進行罰則)[순]
테크닉(technique) → 기교(技巧), 기술(技術), 솜씨[순]
테프 → 테이프(tape)
테프론 → 테플론(Teflon)
텍스타일(textile) → 섬유(纖維), 실, 직물(織物)[순]
텍스트 파일(text file) → 문서 파일(文書-), 문자 파일(文字-)[순]
텐진 → 톈진(天津, Tianjin)
텔레그라피(telegraph) → 전신(電信)[순]
텔레마케팅(telemarketing) → 전화 판매(電話販賣), 통신 판매(通信-)[순]
텔레뱅킹(telebanking) → 전화 금융(電話金融), 전화 금융 거래(-去來)[순]
텔레비 → 텔레비전(television)
텔레비젼 → 텔레비전(television)
텔레파시(telepathy) → 영감(靈感), 정신 감응(精神感應)[순]
템즈강(-江) → 템스강(Thames-)
템포(tempo) → 박자(拍子), 속도(速度)[순]
템플릿(template) → 서식(書式)
템플 스테이(temple stay) → 사찰 체험(寺刹體驗), 절 체험[순]
토공(土工) → 흙일[순]
토괴(土塊) → 흙덩이[순]
토기(土器) → 질그릇[순]
토끼과(-科) → 토끼과
토나멘트 → 토너먼트(tournament)
토너먼트(tournament) → 승자 진출전(勝者進出戰)[순]
토담(土-) — 흙담[복]
토대(土臺) → 바탕
토론꺼리(討論-) → 토론거리
토르마린 → 투르말린(tourmaline)
토르소 라인(torso line) → 몸통선(-線)[순]
토바기말(土-) → 토박이말
토배기(土-) → 토박이
토백이(土-) → 토박이
토사(土砂) → 흙모래[순]
토석(土石) → 흙과 돌[순]
토스(toss) → 동전 던지기(銅錢-), 선택하기(選擇-)[순]
토스타 → 토스터(toaster)
토압(土壓) → 흙 압력(-壓力)[순]
토양(土壤) → 흙[순]
토오쿄오 → 도쿄(とうきょう, 東京)
토옥(土屋) → 토담집, 흙담집[순]
토요타 → 도요타(とよた, 豊田)

토우(土偶) → 흙인형(-人形)[순]

토우스트 → 토스트(toast)

토일렛(トイレット) → 토일릿(toilet)

토출(吐出) → 속 말함, 속을 말함, 토로 (吐露)[순]

토치(torch) → 불대[순]

토쿄 → 도쿄(とうきょう, 東京)

토크(torque) → 회전력(回轉力)[순]

토크쇼(talk show) → 이야기 쇼[순]

토크 콘서트(talk concert) → 이야기 공 연(-公演)[순]

토크 프로(talk pro) → 이야기 프로[순]

토탈 → 토털(total)

토태미즘 → 토테미즘(totemism)

토털(total) → 총(總), 총계(總計), 합 (合), 합계(合計)[순]

토털 서비스(total service) → 종합 서비 스(綜合-)[순]

토털시스템(total system) → 종합 체계 (綜合體系)[순]

토털 패션(total fashion) → 모듬 맵시, 종합 패션(綜合-)[순]

토픽란(topic欄) → 토픽난

토하젓(土蝦-) → 토하젓

토호(土豪) → 지방 세력가(地方勢力家), 토박이[순]

톡톡이 → 톡톡히

톤(tone) → ① 말씨, 어조(語調) ② 색조 (色調) ③ 음조(音調)[순]

톨게이트(tollgate, TG) → 요금소(料金 所)[순]

톨비(toll費) → 통행료(通行料)

톰 소오여의 모험(-冒險) → 톰 소여의 모험(Tom Sawyer-)

톱 가수(top歌手) → 유명 가수(有名-), 인기 가수(人氣-)[순]

톱기사(top記事) → 머리기사[순]

톱다운(top-down) → 하향식(下向式)[순]

톱스타(top star) → 인기 연예인(人氣演 藝人)[순]

톱아보다 → 톺아보다

톱이[齒] → 톱니

톱클라스 → 톱클래스(top class)

톱클래스(top class) → 정상급(頂上級)[순]

통감하다(痛感-) → 뼈저리게 느끼다[순]

통고(通告) → 알려 드림[순]

통과률(通過率) → 통과율

통기(通氣) → 통풍(通風)[순]

통기공(通氣孔) → 공기구멍(空氣-)[순]

통꼭지(桶-) —통젖[복]

통로암거(通路暗渠) → 도로 밑 통로(道 路-通路), 지하 통로(地下-)[순]

통리하다(統理-) → 총괄하다(總括-)[순]

통보하다(通報-) → 알리다[순]

통산하다(通算-) → 통틀어 계산하다 (-計算-), 합산하다(合算-), 합하다 (合-)[순]

통상(通常) → 보통(普通)[순]

통원 가료(通院加療) → 통원 치료(-治 療)[순]

통장 기장(通帳記帳) → 통장 정리(-整 理)[순]

통젓(桶-) → 통젖

통졸임(桶-) → 통조림 ['조리다' 주 참조]

통지 의무(通知義務) → 계약 후 알릴 의무(契約後-), 알릴 의무㊲

통채로 → 통째로

통첩하다(通牒-) → 알리다, 알림㊲

통치다 → 한통치다

통털어 → 통틀어

통화양(① 通貨量 ② 通話量) → 통화량

돼돼 → 뛔뛔

퇴간(退間) → 툇간

퇴거(退去) → ① 물러감 ② 옮김㊲

퇴돌 → 툇돌

퇴마루(退-) → 툇마루

퇴맞다(退-) → 퇴박맞다

퇴비(堆肥) → 두엄㊲

퇴식구(退食口) → 식기 반납하는 곳(食器返納-)㊲

퇴식대(退食臺) → 식기 반납하는 곳(食器返納-)㊲

퇴자(退字) → 퇴짜

퇴적토(堆積土) → 쌓인 흙㊲

퇴줏잔 → 퇴주잔(退酒盞)

퇴청(退廳) → 퇴근(退勤)㊲

퇴치하다(退治-) → 물리치다, 없애다㊲

퇴퇴 → 뛔뛔

퇴행 운전(退行運轉) → 후진 운전(後進-)㊲

툇자(退字) → 퇴짜

툇짜 → 퇴짜

투고난(投稿欄) → 투고란

투기(投棄) → 버리기, 버림㊲

투기군(投機-) → 투기꾼

투기장(投棄場) → 버리는 곳㊲

투기하다(投棄-) → 내버리다, 버리다㊲

투닥거리다 → 옥신각신하다

투 런 홈런(two run home run) → 두 점 홈런(-點-)㊲

투롱 → 툴롱(Toulon)

투르마린 → 투르말린(tourmaline)

투망(投網) → 던짐 그물, 쟁이㊲

투매(投賣) → 막팔기㊲

투모로우 → 투모로(tomorrow)

투바 → 튜바(tuba)

투수성(透水性) → 물스밈성㊲

투숙하다(投宿-) → 묵다㊲

투신하다(投身-) → 뛰어들다, 몸담다㊲

투어(tour) → 관광(觀光), 여행(旅行)㊲

투어 콘서트(tour concert) → 순회공연(巡廻公演)㊲

투원반(投圓盤) → 원반던지기㊲

투웨이(two-way) → 이원적(二元的)㊲

투입 공수(投入工數) → 참여 인원(參與人員), 투입 인원㊲

투입구(投入口) → 넣는 곳㊲

투자선(投資先) → 투자 기관(-機關), 투자자(投資者)㊲

투잡(two job) → 겹벌이, 겸업(兼業)㊲

투전군(鬪牋-) → 투전꾼

투척식 소화기(投擲式消火器) → 던지는 소화기㊲

투척하다(投擲-) → 던지다㊲

투털거리다 → 투덜거리다

투 톱(two top) → 두 주 공격수(-主攻擊手)㊲

투 톱 체제(two top體制) → ① 2인 체제

(二人-) ② 쌍두 체제(雙頭-)[순]

투트랙(two-track) → 두 갈래, 양면(兩面)

투트랙 전략(two-track戰略) → 양면 전
략(兩面-)[순]

툴(tool) → 연장[순]

툴바(toolbar) → 도구 막대(道具-)[순]

퉁퉁 불은 → 퉁퉁 분

튀김덥밥 → 튀김덮밥

튀어올르다 → 튀어 오르다

튜니지 → 튀니지(Tunisie)

튜닝(tuning) → ① 조율(調律) ② 개조
(改造), 부분 개조(部分-)[순]

튜닝차(tuning車) → 개조차(改造車)[순]

튜울립 → 튤립(tulip)

트기[駔騎] → 튀기

트라블 → 트러블(trouble)

트라우마(trauma) → 사고 후유 장애(事
故後遺障礙), 사고 후유 정신 장애(-
精神-)[순]

트래지디(tragedy) → 비극(悲劇)[순]

트래킹 → 트레킹(trekking)

트래핑(trapping) → ① 사다리 놓기
② 공 다루기[순]

트랙(track) → ① 갈래, 분야(分野) ② 경
주로(競走路) ③ 저장테(貯藏-), 테[순]

트랙타 → 트랙터(tractor)

트랜디드라마 → 트렌디드라마(trendy
drama)

트랜스(transformer) → 변압기(變壓器)[순]

트랜스젠더(transgender) → 성 전환자
(性轉換者)[순]

트랜지스타 → 트랜지스터(transistor)

트랜짓 → 트랜싯(transit)

트러디셔널(traditional) → 전통적(傳統
的)[순]

트러블(trouble) → 고장(故障), 말썽, 문
제점(問題點), 불화(不和), 충돌(衝突)[순]

트러지다 → 틀어지다

트럼본 → 트롬본(trombone)

트럼팻→ 트럼펫(trumpet)

트럼펱 → 트럼펫(trumpet)

트렁크(trunks) → 사각팬티(四角panty)[순]

트레닝 → 트레이닝(training)

트레디아코프스키, 바실리 키릴로비치
→ 트레디아콥스키, 바실리 키릴로비
치(Trediakovskii, Vasily Kirillovich)

트레이닝(training) → 연습(練習/鍊習),
훈련(訓練/訓鍊)[순]

트레이닝복(training服) → 운동복(運動
服)[순]

트레이드(trade) → 선수 교환(選手交換)[순]

트레이드마크(trademark) → 등록 상표
(登錄商標), 상표[순]

트레이드 머니(trade money) → 이적료
(移籍料)[순]

트레이싱페이퍼(tracing paper) → 투사
지(透寫紙)[순]

트레일(trail) → 탐방로(探訪路)[순]

트레져 → 트레저(treasure)

트레킹(trekking) → 도보 여행(徒步旅
行)[순]

트렌드(trend) → 경향(傾向), 유행(流行)[순]

트렌드 컬러(trend color) → 경향색(傾
向色), 유행색(流行色), 패션 경향색

(fashion－)[순]
트렌디(trendy) → 최신 유행의(最新流行－)
트로이카(troika) → 삼두마차(三頭馬車)[순]
트롯 → 트로트(trot)
트롯트 → 트로트(trot)
트름 → 트림
트리(3) → 스리(three)
트리밍(trimming) → 장식(裝飾)[순]
트리트먼트(treatment) → 머릿결 영양제(－營養劑)[순]
트릭(trick) → 속임수(－數)[순]
트릭아트(trickart) → 눈속임 그림, 눈속임 예술(－藝術), 착시 그림(錯視－), 착시 예술[순]
트미하다 → 투미하다
트바르도프스키, 알렉산드르 트리포노비치 → 트바르돕스키, 알렉산드르 트리포노비치(Tvardovskii, Aleksandr Trifonovich)
트여져 → 트여
트여졌다 → 트였다
트여지는 → 트이는
트여지다 → 트이다
트여진 → 트인
트집장이 → 트집쟁이
특근(特勤) → 특별 근무(特別勤務)[순]
특단(特段) → 특별한(特別－)[순]
특별이(特別－) → 특별히
특약(特約) → 특별 계약(特別契約)[순]
특유값(特有－) → 특윳값
특이(特－) → 특히
튼튼이 → 튼튼히
틀린 그림 찾기 → 다른 그림 찾기
틀이[齒] → 틀니
틈바기 → 틈바귀
틈사리 → 틈서리
틈틈히 → 틈틈이
티각 → 튀각
티각태각하다 → 티격태격하다
티격태격하다 → 티격태격하다
티귿(ㅌ) → 티읕
티긋(ㅌ) → 티읕
티미하다 → 투미하다
티벳 → 티베트(Tibet)
티브이(TV, television) → 텔레비전
티샤츠(ティーシャツ) → 티셔츠(T-shirts)
티 샷(tee shot) → 첫 타 치기(－打－)[순]
티슈(tissue) → 화장지(化粧紙)[순]
티에프팀(TF team, task force －) → 전담 조직(專擔組織), 전담 팀, 특별 전담 조직(特別－) 특별 팀[순]
티오(T/O, table of organization) → 정원(定員)[순]
티읏(ㅌ) → 티읕
티임 → 팀(team)
티쳐 → 티처(teacher)
티케팅(ticketing) → ① 표 사고팔기(票－), 표 사기, 표 팔기 ② 검표(檢票), 표 검사(票檢査)[순]
티켓(ticket) → 표(票)[순]
티켓팅 → 티케팅(ticketing)
티타임(teatime) → 휴식 시간(休息時間)[순]
티 테이블(tea table) → 차 탁자(－卓子)[순]

티파니 → 티퍼니(Tiffany)

틱틱거리다 → ① 톡톡거리다 ② 툭툭거
리다

틴에이저(teenager) → 십대(十代), 청소
년(靑少年)㊐

틴에이져 → 틴에이저(teenager)

팀(team) → 조(組), 편(便)㊐

팀 닥터(team doctor) → 전담 의사(專擔
醫師), 전속 의사(專屬-), 팀 전담 의
사, 팀 전속 의사, 팀 주치의(-主治
醫)㊐

팀빌딩(team building) → 팀 단합(-團
合)㊐

팀스피리트 → 팀스피릿(Team Spirit)

팀워크(teamwork) → 결속(結束), 결속
력(結束力)㊐

팀웍 → 팀워크(teamwork)

팀웍크 → 팀워크(teamwork)

팀 컬러(team color) → 팀 색깔(-色-),
팀 성향(-性向), 팀 특징(-特徵)㊐

팁(tip) → ① 도움말 ② 봉사료(奉仕料)㊐

ㅍ

파고(波高) → 파도 높이(波濤-)[순]

파고라(pergola) → 그늘막, 볕가리개[순]

파고트 → 파곳(fagott)

파국[蔥湯] → 팟국

파급되다(波及-) → 미치다[순]

파기하다(破棄-) → 깨 버리다, 없애 버리다[순]

파나비젼 → 파나비전(panavision)

파다닥 → 파드닥

파다하다(播多-) → 널리 퍼지다[순]

파라구아이 → 파라과이(Paraguay)

파라그래프 → 패러그래프(paragraph)

파라글라이딩 → 패러글라이딩
  (paragliding)

파라냐 — 파랗냐[복]

파라네 — 파랗네[복]

파라니 — 파랗니[복]

파라다임 → 패러다임(paradigm)

파라데이, 마이클 → 패러데이, 마이클
  (Faraday, Michael)

파라독스 → 패러독스(paradox)

파라마운트 → 패러마운트(Paramount)

파라문교(婆羅門敎) → 바라문교

파라미타 → 파라미터(parameter)

파라미터(parameter) → 매개 변수(媒介

變數)[순]

파라서 → 파래서

파라솔(parasol) → 양산(陽傘)[순]

파라슈트 → 패러슈트(parachute)

파랍니다 → 파랗습니다

파랑(波浪) → 물결[순]

파랑 경보(波浪警報) → 물결 경보[순]

파랑새과(-科) → 파랑샛과

파랑색(-色) → 파란색, 파랑

파랑 주의보(波浪注意報) → 물결 주의
  보[순]

파래국 → 파랫국

파레요 → 파래요

파레지다 → 파래지다

파레트 → ① 팔레트(palette) ② 팰릿
  (pallet)

  * 팔레트(palette): 수채화나 유화를 그릴
    때에, 그림물감을 짜내어 섞기 위한 판.
    늑갤판, 물감판, 조색판.

  * 팰릿(pallet): 화물을 쌓는 틀이나 대(臺).
    지게차로 하역 작업을 할 때에 쓴다.

파렛트 → ① 팔레트(palette) ② 팰릿
  (pallet) ['파레트' 주 참조]

파르뎅뎅하다 → 파르댕댕하다

파르딩딩하다 → 파르댕댕하다

파르르르 → 파르르

파리장 → 파리지앵(Parisien)

파리지앙 → 파리지앵(Parisien)

파리콤뮌 → 파리코뮌(Paris Commune)

파마, 아널드 대니얼 → 파머, 아널드 대니얼(Palmer, Arnold Daniel)

파밍(pharming) → 사이트 금융 사기(site金融詐欺)㊛

파발군(擺撥-) → 파발꾼

파브릭 → 패브릭(fabric)

파빌리온(pavilion) → 가설 건물(假設建物), 전시관(展示館)㊛

파상적으로(波狀的-) → 물결치듯, 파도치듯(波濤-)㊛

파서블 → 포시블(possible)

파세리 → 파슬리(parsley)

파셀리 → 파슬리(parsley)

파쇄(破碎) → 깨뜨려 부숨, 깨어져 부서짐㊛

파수군(把守-) → 파수꾼

파숫군 → 파수꾼(把守-)

파스너(fastener) → 지퍼(zipper)㊛

파씨스트 → 파시스트(Fascist)

파아브르, 장 앙리 → 파브르, 장 앙리(Fabre, Jean Henri)

파여져 → 파여

파여졌다 → 파였다

파여지는 → 파이는

파여지다 → 파이다

파여진 → 파인

파열(破裂) → 터짐㊛

파염치(破廉恥) → 파렴치

파우다 → 파우더(powder)

파우더(powder) → 분(粉)㊛

파우더 룸(powder room) → 화장방(化粧房)㊛

파우어 → 파워(power)

파우치(pouch) → 외교 문서 자루(外交文書-)㊛

파울(foul) → 반칙(反則)㊛

파울볼(foul ball) → 빗나간 공㊛

파울플라이(foul fly) → 빗뜬공㊛

파워(power) → ① 전원(電源) ② 승(乘), 제곱 ③ 권력(權力), 힘㊛

파워 게임(power game) → 권력 다툼(權力-), 세력 다툼(勢力-)㊛

파워블로거(power-bloger) → 유명 블로거(有名-)㊛

파워풀하다(powerful-) → 힘있다㊛

파이날 → 파이널(final)

파이널 게임(final game) → 마지막 경기(-競技)㊛

파이롯 → 파일럿(pilot)

파이버(fiber) → ① 섬유(纖維) ② 안전모(安全帽)㊛, 헬멧(helmet)

파이어니어(pioneer) → ① 개척자(開拓者) ② 선구자(先驅者)㊛

파이오니아 → 파이어니어(pioneer)

파이욜, 앙리 → 파욜, 앙리(Fayol, Henri)

파이잘 빈 압둘아지즈 알 사우드 → 파이살 빈 압둘아지즈 알 사우드(Faisal bin Abdulaziz Al Saud)

파이트머니(fight money) → 대전료(對戰料)㊛

파이팅(fighting) → 아자, 힘내자㊛

파인쥬스 → 파인주스(pine juice)

파인플레이(fine play) → 깨끗한 경기 (-競技), 멋진 경기㉻

파일러트 → 파일럿(pilot)

파일럿(pilot) → 뱃길잡이, 조종사(操縱士)㉻

파일럿 룩(pilot look) → 조종사풍(操縱士風)㉻

파일럿트 → 파일럿(pilot)

파일럿 프로그램(pilot program) → 맛보기 프로그램, 시험 프로그램(試驗-)㉻

파일로트 → 파일럿(pilot)

파일롯 → 파일럿(pilot)

파일롯트 → 파일럿(pilot)

파일 박스(file box) → 서류함(書類函)㉻

파자마(pajamas) → 자리옷㉻

파자마 스타일(pajama style) → 파자마형(-形)㉻

파자장이(破字-) → 파자쟁이

파자쟁이(破字-) ― 해자쟁이(解字-)㉵

파종상(播種床) → 모판(-板)㉻

파죽의(破竹-) → 거침없는㉻

파초(芭蕉) → 바나나(banana)㉻

파출(派出) → 출장(出張)㉻

파카(Parker) → 파커

파커(parka) → 파카

파킹(parking) → 둠, 주차(駐車), 주차장(駐車場)㉻

파킹 에어리어(parking area, PA) → 졸음쉼터, 주차 구역(駐車區域), 주차장(駐車場)

파토 → 파투(破鬪)

파토스(pathos) → 애상(哀傷), 애수(哀愁), 정한(情恨)㉻

파트(part) → 부분(部分), 일부(一部)㉻

파트너(partner) → ① 동반자(同伴者) ② 상대(相對), 상대방(相對方)㉻

파트너사(partner社) → 협력사(協力社)㉻

파트너쉽 → 파트너십(partnership)

파트너십(partnership) → 동반 관계(同伴關係)㉻

파트롱 → 패트런(patron)

파트타임(part time) → 시간제 근무(時間制勤務)㉻

파트타임머 → 파트타이머(part-timer)

파티(party) → 모임, 연회(宴會), 잔치㉻

파티 드레스(party dress) → 파티복(-服)㉻

파티션(partition) → 가르기㉻

파티셰 → 파티시에(pâtissier)

파티쉐 → 파티시에(pâtissier)

파티시엘 → 파티시에르(pâtissière)

파티 웨어(party wear) → 연회복(宴會服), 파티복(-服)㉻

파티장(party場) → 연회장(宴會場)㉻

파해치다 → 파헤치다

파행(跛行) → 불균형(不均衡)㉻

판갈음 → 판가름

판결예(判決例) → 판결례

판금(販禁) → 판매 금지(販賣禁止)㉻

판넬 → 패널(panel)

판달르다 → 판다르다

판대기(板-) → 판때기

판떼기(板-) → 판때기

판매고(販賣高) → 매출액(賣出額), 판매
　액(販賣額)[순]

판매선(販賣先) → 판매처(販賣處)

판명되다(判明−) → 드러나다, 명백히
　드러나다(明白−), 명백히 밝혀지다,
　밝혀지다[순]

판이하게 다르다(判異−) → 판이하다

판이하다(判異−) → 다르다, 매우 다르
　다[순]

판자대기(板子−) → 판자때기

판자데기(板子−) → 판자때기

판자떼기(板子−) → 판자때기

판자집(板子−) → 판잣집

판잣대기 → 판자때기(板子−)

판잣데기 → 판자때기(板子−)

판잣때기 → 판자때기(板子−)

판잣떼기 → 판자때기(板子−)

판촉 캠페인(販促campaign) → 판매 촉
　진 운동(販賣促進運動)[순]

판타롱 → 판탈롱(pantalon)

판타스틱하다(fantastic−) → ① 환상적
　이다(幻想的−) ② 공상적이다(空想的
　−)[순]

판타지(fantasy) → 환상(幻想)[순]

판토마임 → 팬터마임(pantomime)

팔굼치 → 팔꿈치

팔굽 → 팔꿈치

팔깍지 끼다 → 팔깍지 끼다

팔꼽 → 팔꿈치

팔대기 → 팔때기

팔둑 → 팔뚝

팔뒤꿈치 → 팔꿈치

팔떼기 → 팔때기

팔뚝시계(−時計) → 손목시계

팔레트(palette) → ① 갤판(−板)[순]
　② 팰릿(pallet) ['파레트' 주 참조]

팔렛 → ① 팔레트(palette) ② 팰릿(pallet)
　['파레트' 주 참조]

팔렛트 → ① 팔레트(palette) ② 팰릿
　(pallet) ['파레트' 주 참조]

팔로어 → 폴로어(follower)

팔로우 → 폴로(follow)

팔로워 → 폴로어(follower)

팔로잉 → 폴로잉(following)

팔목시계(−時計) → 손목시계

팔배개 → 팔베개

팔배게 → 팔베개

팔베게 → 팔베개

팔삭동이(八朔−) → 팔삭둥이

팔으면 → 팔면

팔장 → 팔짱

팔짜 좋다 → 팔자 좋다(八字−)

팔프 → 펄프(pulp)

팔힘 → 팔심

팜므 파탈 → 팜파탈(femme fatale)

팜스쿨(farm school) → 농어촌 체험 학
　교(農漁村體驗學校)[순]

팜프렛 → 팸플릿(pamphlet)

팜플레트 → 팸플릿(pamphlet)

팜플렛 → 팸플릿(pamphlet)

팝송(pop song) → 대중가요(大衆歌謠),
　외국 대중가요(外國−)[순]

팝 아트(pop art) → 대중 미술(大衆美術)[순]

팝업 광고(pop-up廣告) → 불쑥 광고[순]

팝업 스토어(pop-up store) → 반짝 매장(－賣場)[순]
팝업 윈도(pop-up window) → 알림창(－窓)[순]
팝업 창(pop-up窓) → 알림창[순]
팟죽(－粥) → 팥죽
팡파레 → 팡파르(fanfare)
팡파르(fanfare) → ① 개막(開幕), 개막곡(開幕曲) ② 축하곡(祝賀曲)[순]
팥시룻떡 → 팥시루떡
팝콘 → 팝콘(popcorn)
패각(貝殼) → 조가비[순]
패감(覇－) → 팻감
패걸이(牌－) → 패거리
패널(panel) → 토론자(討論者)[순]
패널티 → 페널티(penalty)
패닉 바잉(panic buying) → 공황 구매(恐慌購買)[순], 사재기
패닉 상태(panic狀態) → 공황 상태(恐慌－)[순]
패돈(覇－) → 팻돈
패드(pad) → 느리개, 받침, 채우개[순]
패디큐어 → 페디큐어(pedicure)
패러다임(paradigm) → 체계(體系), 틀[순]
패러독스(paradox) → 역설(逆說)[순]
패러미터 → 파라미터(parameter)
패러수트 → 패러슈트(parachute)
패러슈트(parachute) → 낙하산(落下傘)[순]
패류(貝類) → 조개류[순]
패말(牌－) → 팻말
패미리 → 패밀리(family)
패밀리 레스토랑(family restaurant) → 가족 식당(家族食堂)[순]
패밀리 브랜드(family brand) → 통합 상표(統合商標)[순]
패브릭(fabric) → ① 직물(織物) ② 천[순]
패셔너블하다(fashionable－) → 감각적이다(感覺的－), 멋지다[순]
패셔니스타(fashionista) → 맵시꾼[순]
패션 리더(fashion leader) → 유행 선도자(流行先導者)[순]
패션 북(fashion book) → 패션 서적(－書籍), 패션 책(－冊)[순]
패션 비즈니스(fashion business) → 패션 사업(－事業)[순]
패션 사이클(fashion cycle) → 유행 주기(流行週期), 패션 주기[순]
패션 어드바이저(fashion adviser) → 패션 조언자(－助言者)[순]
패션 컨설턴트(fashion consultant) → 패션 상담원(－相談員)[순]
패션 컬러(fashion color) → 유행색(流行色)[순]
패션 코디네이터(fashion coordinator) → 패션 연출가(－演出家)[순]
패숀 → 패션(fashion)
패스(pass) → ① 통과(通過) ② 합격(合格)[순]
패스 미스(pass miss) → 잘못 주기, 잘못 주다[순]
패스워드(password) → 비밀 번호(祕密番號), 암호(暗號)[순]
패스트푸드(fast food) → 즉석 음식(卽

席飲食)[순]

패스트후드 → 패스트푸드(fast food)

패스포드 → 패스포트(passport)

패스하다(pass-) → 건네다, 연계하다
(連繫-), 전하다(傳-), 지나다, 통과
하다(通過-), 합격하다(合格-)[순]

패시브 하우스(passive house) → 초단
열 주택(超斷熱住宅)[순]

패신져 → 패신저(passenger)

패여져 → 패어

패여졌다 → 패었다

패여지는 → 패는

패여진 → 팬

패연이(沛然-) → 패연히

패용하다(佩用-) → 달다, 차다[순]

패인[掘] → 팬

패자(覇者) → 승자(勝者), 우승자(優勝者)[순]

패치(patch) → 덧댐 조각, 붙임 딱지, 수
정 프로그램(修正programme), 천 조
각[순]

패치코트 → 페티코트(petticoat)

패키지(package) → ① 꾸러미 ② 묶음,
한 묶음[순]

패키지 상품(package商品) → ① 꾸러미
상품, ② 기획 상품(企劃-)[순]

패키지 투어(package tour) → 한 묶음
여행(-旅行)[순]

패턴(pattern) → ① 무늬, 유형(類型)
② 옷본(-本)[순]

패턴 북(pattern book) → 옷본 서적(-
本書籍), 옷본 책(-本冊)[순]

패트롤(patrol) → 안전 요원(安全要員)[순]

패트롤카(patrol car) → 순찰차(巡察
車)[순]

패트리어트 → 패트리엇(Patriot)

패티코우트 → 페티코트(petticoat)

패티큐어 → 페디큐어(pedicure)

팩(pack) → 압축(壓縮)[순]

팩시미리 → 팩시밀리(facsimile)

팩케이지 → 패키지(package)

팩키지 → 패키지(package)

팩킹 → 패킹(packing)

팩타 → 팩터(factor)

팩터(factor) → 인수(因數)[순]

팩토리(factory) → 공방(工房)[순]

팩토링 → 팩터링(factoring)

팩트 체크(fact check) → 사실 확인(事
實確認)[순]

팬(fan) → ① 부채 ② 애호가(愛好家)[순]

팬다 → 판다(panda)

팬더 → 판다(panda)

팬던트 → 펜던트(pendant)

팬덤(fandom) → 열성 조직(熱誠組織),
열성 팬(-fan)[순]

팬데믹(pandemic) → 감염병 세계적 유행
(感染病世界的流行)[순], 세계적 대유행
(-大流行)

팬레터(fan letter) → 애호가 편지(愛好
家便紙)[순]

팬션 → 펜션(pension)

팬시점(fancy店) → 선물 가게(膳物-)[순]

팬케익 → 팬케이크(pancake)

팬터마임(pantomime) → 무언극(無言
劇)[순]

팬터지 → 판타지(fantasy)

팬톰 → 팬텀(Phantom)

팬트 → 팬츠(pants)

팬티 호즈(panty hose) → 팬티스타킹 (panty stocking)[순]

팰릿(pallet) → 운반대(運搬臺), 운반함 (運搬函)[순]

팸투어(familiarization tour) → 사전 답 사 여행(事前踏查旅行), 초청 홍보 여 행(招請弘報-), 홍보 여행

팸플렛 → 팸플릿(pamphlet)

팸플릿(pamphlet) → 소책자(小冊子), 작은 책자[순]

팻 → 패트(fat)

팻션 → 패션(fashion)

팻숀 → 패션(fashion)

팠다[掘] → 패었다

팽게치다 → 팽개치다

팽기치다 → 팽개치다

팽배하다(彭湃-) → 맹렬히 일어나다(猛 烈-)[순]

팽창율(膨脹率) → 팽창률

팽팽이(膨膨-) → 팽팽히

팽화(膨化) → 부풀기[순]

퍼니쳐 → 퍼니처(furniture)

퍼니춰 → 퍼니처(furniture)

퍼더기다 → 퍼덕이다

퍼들러지다 → 퍼드러지다

퍼들어지다 → 퍼드러지다

퍼뜻 → 퍼뜩

퍼래 → 퍼레

퍼래요 → 퍼레요

퍼래지다 → 퍼레지다

퍼러네 ─ 퍼렇네[복]

퍼러죽죽하다 → 푸르죽죽하다

퍼럽니다 → 퍼렇습니다

퍼렁색(-色) → 퍼런색, 퍼렁

퍼레이드(parade) → 행렬(行列), 행진(行 進)[순]

퍼르죽죽하다 → 푸르죽죽하다

퍼머 → 파마(permanent)

퍼붇다 → 퍼붓다

퍼브릭 → 퍼블릭(public)

퍼블리시티(publicity) → 광고(廣告), 대중성(大衆性)[순]

퍼블릭 도메인(public domain) → 자유 이용 저작물(自由利用著作物)[순]

퍼블릭 시어터(public theatre) → 공공 극장(公共劇場)[순]

퍼블릭 아트(public art) → 공공 예술(公 共藝術)[순]

퍼블릭코스(public course) → 대중 골프 장(大衆golf場)[순]

퍼센티지(percentage) → 백분율(百分率)[순]

퍼스날 → 퍼스널(personal)

퍼스날리티 → 퍼스낼리티(personality)

퍼스낼리티(personality) → 개성(個性)[순]

퍼스널리티 → 퍼스낼리티(personality)

퍼스널 컴퓨터(personal computer) → 개 인용 컴퓨터(個人用-)[순]

퍼스컴(personal computer) → 개인용 컴퓨터(個人用-)[순]

퍼스트 무버(first mover) → 선도자(先 導者)[순]

퍼스트 베이스(first base) → 1루(一壘)순

퍼실리테이터(facilitator) → 도우미순

퍼쎈트 → 퍼센트(percent)

퍼즐(puzzle) → 알아맞히기, 짜맞추기순

퍼질르다 → 퍼지르다

퍼 코트(fur coat) → 모피 코트(毛皮-)순

퍼팩트 → 퍼펙트(perfect)

퍼펙트게임(perfect game) → 완전 경기
  (完全競技)순

퍼포먼스(performance) → ① 속공연(-
  公演) ② 설정극(設定劇)순

퍼포먼스 예술(performance藝術) → 행
  위 예술(行爲-)순

퍽으나 → 퍽

퍽이나 → 퍽

펀더멘탈 → 펀더멘털(fundamental)

펀더멘털(fundamental) → 경제 기초 여
  건(經濟基礎與件), 기초 여건순

펀드(fund) → 기금(基金), 자금(資金)순

펀드매니저(fund manager) → 투자 관
  리자(投資管理者), 투자금 관리자(投資
  金-)순

펀뜻 → 언뜻

펀잡 → 펀자브(Punjab)

펀치(punch) → 주먹순

펀칭하다(punching-) → 쳐내다순

펄(pearl) → 진주(眞珠/珍珠), 진주색(-
  色)순

펑션(function) → 기능(機能), 함수(函
  數)순

펑크 나다(puncture-) → ① 구멍 나다
  ② 무산되다(霧散-) ③ 어기다순

펑크락 → 펑크록(punk rock)

펑크션 → 펑션(function)

페날티 → 페널티(penalty)

페넌트레이스(pennant race) → ① 정규
  경기(正規競技) ② 정규 레이스순

페널티에어리어(penalty area) → 벌칙
  구역(罰則區域)순

페널티킥(penalty kick) → 벌칙차기(罰
  則-)순

페더레이션 컵(federation cup) → 세계 여
  자 국가 대항전(世界女子國家對抗戰)순

페더레이숀 → 페더레이션(federation)

페르샤 → 페르시아(Persia)

페백 → 폐백(幣帛)

페병 → 폐병(肺病)

페비언 → 페이비언(Fabian)

페사리 → 페서리(pessary)

페스탈로찌, 요한 하인리히 → 페스탈로
  치, 요한 하인리히(Pestalozzi, Johann
  Heinrich)

페스트(pest) → 흑사병(黑死病)순

페스티발 → 페스티벌(festival)

페스티벌(festival) → 축전(祝典), 축제
  (祝祭)순

페어(fair) → 깨끗한, 정당한(正當-)순

페어(pair) → 짝순

페어볼(fair ball) → 산 공순

페어플레이(fair play) → 정당한 대결
  (正當-對決)순

페욜, 앙리 → 파욜, 앙리(Fayol, Henri)

페이(pay) → 급료(給料), 보수(報酬), 봉
  급(俸給)순

페이소스(pathos) → 애상(哀傷), 애수(哀愁), 정한(情恨)[순]
페이스 메이커(pace maker) → 도움 선수(-選手)[순]
페이욜, 앙리 → 파욜, 앙리(Fayol, Henri)
페이지 넘버(page number) → 쪽 번호(-番號)[순]
페이크(fake) → 속임 동작(-動作), 속임수(-數)[순]
페이퍼 컴퍼니(paper company) → 서류상 회사(書類上會社), 유령 회사(幽靈-)[순]
페인트 모션(feint motion) → 속임 동작(-動作)[순]
페인팅(feinting) → 속임 동작(-動作)[순]
페인팅(painting) → 그림, 색칠(色漆), 회화(繪畫)[순]
페추니아 → 피튜니아(petunia)
페츄니아 → 피튜니아(petunia)
페치카(pechka) → 벽난로(壁煖爐)[순]
페치코트 → 페티코트(petticoat)
페튜니아 → 피튜니아(petunia)
페티코우트 → 페티코트(petticoat)
페파(pêpâ) → 사포(沙布/砂布)
페파민트 → 페퍼민트(peppermint)
페품 → 폐품(廢品)
펜네임(pen name) → 필명(筆名)[순]
펜맨쉽 → 펜맨십(penmanship)
펜션(pension) → 고급 민박(高級民泊), 고급 민박집[순]
펜스(fence) → 장애물(障碍物)[순], 울타리
펜실베니아 → 펜실베이니아(Pennsylvania)
펜트하우스(penthouse) → 하늘채[순]
펠렛 → 펠릿(pellet)
펠로쉽 → 펠로십(fellowship)
펠로십(fellowship) → 연구 지원금(研究支援金)[순]
펠로우 → 펠로(fellow)
펠로우십 → 펠로십(fellowship)
펠리칸 → 펠리컨(pelican)
펠릿(pellet) → 먹이덩이, 비료덩이(肥料-), 연료덩이(燃料-)[순]
펠릿 보일러(pellet boiler) → 압축 연료 보일러(壓縮燃料-)[순]
펠릿 사료(pellet飼料) → 덩이먹이, 압축 사료(壓縮-)[순]
펫코노미(petconomy) → 반려 동물 산업(伴侶動物產業)[순]
펫팸족(petfam族) → 반려 동물 돌봄족(伴侶動物-)[순]
펴락쥐락 → 쥐락펴락
편갈르다(便-) → 편 가르다
편갈음(便-) → 편 가름
편도(片道) → 한쪽 길[순]
편린(片鱗) → 일면(一面), 조각, 한 단면(斷面)[순]
편모(偏母) → 홀어머니[순]
편무 계약(片務契約) → 일방 채무 계약(一方債務-)[순]
편물(編物) → 뜨갯것[순]
편법(便法) → 편리한 방법(便利-方法)[순]
편부(偏父) → 홀아버지
편승하다(便乘-) → 붙여 타다, 얻어 타다[순]

편안이(便安－) → 편안히
편애(偏愛) → 치우친 사랑[순]
편역들다(便－) → 역성들다
편이(便－) → 편히
편재(偏在) → 치우쳐 있음[순]
편지꽂이(便紙－) → 편지꽂이
편지투(便紙套) — 편지틀[복]
편차값(偏差－) → 편찻값
편찮다(便－) → 편찮다
편철하다(編綴－) → 매다, 묶다[순]
편취하다(騙取－) → 속여 뺏다[순]
편편한 들판 → 편평한 들판(扁平－)
* 편편하다(便便－): ① 아무 불편 없이 편안하다. ② 물건의 배가 부르지 않고 번듯하다.
* 편평하다(扁平－): 넓고 평평하다.
편편한 바닥 → 평편한 바닥(平便－)
* 평편하다(平便－): 바닥이 고르고 넓다.
편평율(扁平率) → 편평률
편평족(扁平足) → 편발(扁－), 편평발, 평발(平－)[순]
폄훼(貶毁) → 헐뜯고 깎아내리기[순]
평균률(① 平均律 ② 平均率) → 평균율
평량갓(平凉－) → 평량갓
평방(平方) → 제곱[순]
평방근(平方根) → 제곱근
평방미터(平方meter) → 제곱미터(㎡)
평방킬로미터(平方kilometer) → 제곱킬로미터(㎢)
평방형(平方形) → 정사각형(正四角形)
평생도록(平生－) → 평생토록
평안이(平安－) → 평안히
평양 감사(平壤監司) → 평안 감사(平安－)
평잔(平殘) → 평균 잔액(平均殘額)[순]
평직(平直) → 수평(水平)[순]
평평이(平平－) → 평평히
평풍 → 병풍(屛風)
평화로와(平和－) → 평화로워
폐가망신 → 패가망신(敗家亡身)
폐기물양(廢棄物量) → 폐기물량
폐로(閉路) → 닫힌회로(－回路)[순]
폐륜아 → 패륜아(悖倫兒)
폐사(弊社) → 우리 회사(－會社), 저희 회사[순]
폐색(閉塞) → 막힘[순]
폐쇄 공포증(閉鎖恐怖症) → 폐소 공포증(閉所－)
폐쇠 → 폐쇄(閉鎖)
폐수종(肺水腫) → 폐부종(肺浮腫)[순]
폐염(肺炎) → 폐렴
폐일언(蔽一言) → 한마디로[순]
폐질(廢疾) → 몹쓸병(－病)[순]
폐표(廢票) → 무효표(無效票), 버림표[순]
폣병 → 폐병(肺病)
포근이 → 포근히
포도 덩쿨(葡萄－) → 포도 넝쿨, 포도 덩굴
포도빛(葡萄－) → 포돗빛
포란(抱卵) → 알품기[순]
포럼(forum) → 공개 토론회(公開討論會)[순]
포루투칼 → 포르투갈(Portugal)
포르노(porno) → ① 외설물(猥褻物) ② 도색물(桃色物)[순]

포르노그라피 → 포르노그래피 (pornography)

포르노그래피(pornography) → 성애물(性愛物)[순]

포르세 → 포르셰(FORSHE)

포르쉐 → 포르셰(Porsche)

포르투칼 → 포르투갈(Portugal)

포름 → ① 포럼(forum) ② 포름(forme)

포름(forme) → 꼴, 형태(形態)[순]

포리스 → 폴리스(police)

포말(formal) → ① 포르말 ② 포멀

포말(泡沫) → 거품, 물거품[순]

포말 농도(formal濃度) → 포르말 농도

포말 소화기(泡沫消火器) → 거품 소화기[순]

포매트 → 포맷(format)

포맷(format) → 서식(書式), 양식(樣式), 형식(形式)[순]

포메이션(formation) → 대형(隊形), 대형 갖추기, 진형(陣形), 진형 갖추기[순]

포멧 → 포맷(format)

포복졸도 → 포복절도(抱腹絶倒)

포비슴(fauvisme) → 야수주의(野獸主義), 야수파(野獸派)[순]

포비즘 → 포비슴(fauvisme)

포빼기 → 포배기

포상하다(褒賞－) → 상 주다[순]

포설하다(鋪設－) → 깔다[순]

포소리(砲－) → 포소리

포스타 → 포스터(poster)

포스트(post) → ① 직위(職位) ② 부서(部署)[순]

포스트 ~(post ~) → ~ 이후(以後)[순]

포스트잇(post-it) → 붙임쪽지(－紙)[순]

포스트잍 → 포스트잇(post-it)

포스트 코로나(post Corona) → 코로나 이후(－以後)

포스팅(posting) → 올리기[순]

포승(捕繩) → 묶는 끈[순]

포시(布施) → 보시

* 포시(布施): 자비심으로 남에게 재물이나 불법을 베풂.

* 보시: 자비심으로 남에게 재물이나 불법을 베풂. ≒단나, 단바라밀, 단시, 보시바라밀, 정시, 포시.

포시티브 → 포지티브(positive)

포아송(－分布) → 푸아송 분포(Poisson－)

포아송, 시메옹 드니 → 푸아송, 시메옹 드니(Poisson, Siméon Denis)

포앵카레, 쥘 앙리 → 푸앵카레, 쥘 앙리(Poincaré, Jules Henri)

포어맨(foreman) → 교대 반장(交代班長), 반장[순]

포오즈 → 포즈(pose)

포오크 → 포크(fork)

포옴 → 폼(form)

포우, 에드거 앨런 → 포, 에드거 앨런 (Poe, Edgar Allan)

포워드(forward) → 앞 수비(－守備), 앞 수비 지역(－地域), 전위(前衛), 전위 공격수(－攻擊手)[순]

포인트(point) → ① 강조(强調), 강조점(强調點) ② 득점(得點)[순]

포인트제(point制) → 점수제(點數制)[순]

포자(胞子) → 홀씨[순]

포장율(鋪裝率) → 포장률

포즈(pose) → 자세(姿勢)㊞

포지(圃地) → 밭㊞

포지션(position) → ① 위치(位置) ② 자리㊞

포지하다(包持-) → 품다㊞

포추란 → 포트란(FORTRAN)

포춘 → 포천(Fortune)

포춘 → 포천(Fortune)

포카 → 포커(poker)

포카스 → 포커스(focus)

포커스(focus) → 초점(焦點)㊞

포커페이스(poker face) → 무표정(無表情)㊞

포케또(ポケット) → 주머니, 호주머니(胡-)㊞

포켓(pocket) → 주머니, 호주머니(胡-)㊞

포켓 가이드북(pocket guide book) → 휴대용 안내서(携帶用案內書)㊞

포켓트 → 포켓(pocket)

포켙 → 포켓(pocket)

포크레인 → 포클레인(Poclain)

포크리프트(forklift) → 지게차(-車)㊞

포클레인(Poclain) → 굴착기(掘鑿機)

포탈 → 포털(potal)

포탈(逋脫) → ① 빠져나감 ② 세금 안 냄(稅金-)㊞

포태(胞胎) → 새끼배기, 임신(妊娠)㊞

포터블(portable) → 휴대용(携帶用)㊞

포테이토(potato) → 감자튀김, 튀긴 감자㊞

포텐샤 → 포텐셔(Potentia)

포텐셜 → 퍼텐셜(potential)

포토 라인(photo line) → 사진 선(寫眞線)㊞

포토세션(photo session) → 사진 촬영(寫眞撮影), 사진 촬영 시간(-時間)㊞

포토저널리스트(photojournalist) → 사진작가(寫眞作家)㊞

포토존(photo zone) → 사진 찍는 곳(寫眞-), 사진 촬영 구역(-撮影區域), 촬영 구역㊞

포토 타임(photo time) → 사진 촬영 시간(寫眞撮影時間), 촬영 시간㊞

포트 홀(pot hole) → 노면 구멍(路面-), 노면 홈, 도로 파임(道路-)㊞

포트(pot) → 모종(-種) 그릇, 주전자(酒煎子)㊞

포트만, 나탈리 → 포트먼, 내털리(Portman, Natalie)

포트폴리오(portfolio) → 분산 투자(分散投資), 실적 자료집(實績資料集), 운용 자산 구성(運用資産構成), 유가 증권 일람표(有價證券一覽表), 자산 선택(資産選擇)㊞

포푸라 → 포플러(poplar)

포퓔리슴(populism) → 대중 영합주의(大衆迎合主義), 대중주의㊞

포퓰러 음악(-音樂) → 파퓰러 음악(popular-)

포퓰리즘 → 포퓔리슴(populism)

포플라 → 포플러(poplar)

포핸드 → 포어핸드(forehand)

포획하다(捕獲-) → 사로잡다㉥

폭스바겐 → 폴크스바겐(Volkswagen)

폭원(幅員) → 너비, 땅 넓이㉥

폭주하다(輻輳-) → 밀려들다, 밀리다,
　쌓이다㉥

폭팔 → 폭발(爆發)

폭폭히(幅幅-) → 폭폭이

폰트(font) → 글자체(-字體)㉥

폰티악 → 폰티액(Pontiac)

폴(pole) → ① 기둥 ② 극(極) ③ 지팡이㉥

폴라 티(polo neck T) → 자라목니트(-
　knit)㉥, 자라목셔츠(-shirt), 터틀넥
　(turtleneck)

폴랜드 → 폴란드(Poland)

폴로네이즈 → 폴로네즈(polonaise)

폴로어(follower) → 딸림벗㉥

폴로우 → 폴로(follow)

폴로잉(following) → 따름벗㉥

폴리스 라인(police line) → 통제선(統制
　線)㉥

폴리페서(polifessor) → 정치 철새 교수
　(政治-敎授)㉥

폴투갈 → 포르투갈(Portugal)

폴트(fault) → 메김 실패(-失敗), 반칙
　(反則), 실패㉥

폼(form) → ① 모양(模樣), 자태(姿態)
　② 자세(姿勢) ③ 형(形), 형식(形式)㉥

푀엔 → 푄(föhn)

표값(票-) → 푯값

표대(標-) → 푯대

표돌(標-) → 푯돌

표류물(漂流物) → 물 위에 떠다니는 물

건(-物件)㉥

표리(表裏) → 겉과 속, 안팎㉥

표말(標-) → 푯말

표면(表面) → 겉면㉥

표방하다(標榜-) → 내걸다, 내세우다,
　주장하다(主張-)㉥

표상(表象) → 본보기(本-)㉥

표석(標石) → 푯돌㉥

표시표(標示票) → 알림표㉥

표식(標識) → 표지

표식판(標識板) → 표지판

표연이(飄然-) → 표연히

표준 프로세스(標準process) → 표준 과
　정(-過程), 표준 절차(-節次)㉥

표지(表紙) → 겉장(-張)㉥

표지(標識) → 푯말㉥

표찰(標札) → ① 이름표 ② 표지판(標識
　板)㉥

표토(表土) → 표층토(表層土)㉥

표판(表板) → 겉판㉥

표표이(① 表表- ② 漂漂- ③ 飄飄-)
　→ 표표히

표피(表皮) → 겉껍질㉥

표하다(表-) → 나타내다

푸근이 → 푸근히

푸다꺼리 → 푸닥거리

푸닥꺼리 → 푸닥거리

푸대 → 부대(負袋)

푸드닥 → ① 푸드득 ② 푸드덕

푸드득 날다 → 푸드덕 날다

푸드 마켓(food market) → 먹거리 나눔
　가게㉥

푸드뱅크(food bank) → 먹거리 나눔터㉜

푸드 트럭(food truck) → 먹거리 트럭, 음식 판매 트럭(飮食販賣-)㉜

푸뜩 → 퍼뜩

푸라스 → 플러스(plus)

푸라스틱 → 플라스틱(plastic)

푸렁색(-色) → 푸른색, 푸렁

푸로 → 프로(pro)

　* 프로(pro): ① ← procent. 백분율을 나타내는 단위. 기호는 %. =퍼센트. ② ← production. 영화를 제작하는 회사. =프로덕션. ③ ← professional. 어떤 일을 전문으로 하거나 그런 지식이나 기술을 가진 사람. 또는 직업 선수. ≒프로페셔널. ④ ← program. ㉠ 진행 계획이나 순서. =프로그램. ㉡ 연극이나 방송 따위의 진행 차례나 진행 목록. =프로그램. ㉢ 어떤 문제를 해결하기 위하여 그 처리 방법과 순서를 기술하여 컴퓨터에 주어지는 일련의 명령문 집합체. =프로그램. ⑤ ← prolétariat. 자본주의 사회에서, 노동력 이외에는 생산 수단을 가지지 못한 노동자. =프롤레타리아.

푸로페셔날 → 프로페셔널(professional)

푸로페쇼날 → 프로페셔널(professional)

푸로펫쇼날 → 프로페셔널(professional)

푸르다 — 푸르르다 ㊹

　* 푸르다: ① 맑은 가을 하늘이나 깊은 바다, 풀의 빛깔과 같이 밝고 선명하다. ② 곡식이나 열매 따위가 아직 덜 익은 상태에 있다. ③ 세력이 당당하다. ④ (비유적으로) 젊음과 생기가 왕성하다. ⑤ (비유적으로) 희망이나 포부 따위가 크고 아름답다. ⑥ 공기 따위가 맑고 신선하다. ⑦ 서늘한 느낌이 있다.

　* 푸르르다: '푸르다'를 강조하여 이르는 말.

푸르댕댕하다 → 푸르뎅뎅하다

푸르딩딩하다 → 푸르뎅뎅하다

푸르락불그락 → 붉으락푸르락

푸르락붉그락 → 붉으락푸르락

푸르락붉으락 → 붉으락푸르락

푸르므레하다 → 푸르무레하다

푸르어 → 푸르러

푸르어서 → 푸르러서

푸르었다 → 푸르렀다

푸른곰팽이 → 푸른곰팡이

푸른콩 → 청대콩(靑-)

푸마 → 퓨마(puma)

푸서기 → 푸석이

푸성내 → 풋내

푸쉬 → 푸시(push)

푸쉬킨, 알렉산드르 세르게예비치 → 푸시킨, 알렉산드르 세르게예비치 (Pushkin, Alexander Sergeyevich)

푸슈킨, 알렉산드르 세르게예비치 → 푸시킨, 알렉산드르 세르게예비치 (Pushkin, Alexander Sergeyevich)

푸스스하다 → 푸시시하다

푸시(push) → 밀기㉜

푸시맨(push man) → 탑승 도우미(搭乘-)㉜

푸시 버튼(push button) → 누름단추㉜

푸실푸실 → 푸슬푸슬

푸싱(pushing) → 떠밀기, 떠밀다㉜

푸싱 파울(pushing foul) → 밀기 반칙(-反則)㉜

푸울 → 풀(① full ② pool)

푸주간(-間) → 푸줏간

푸줏관(-館) → 푸줏간(-間)

푸짐이 → 푸짐히

푸켓 → 푸껫(Phuket)

푸트 워크 → 풋 워크(foot work)

푼수대기 → 푼수데기

푼수때기 → 푼수데기

푼수떼기 → 푼수데기

푼전(-錢) → 푼돈

푼침 → 분침(分針)

푼푼히 → 푼푼이

　* 푼푼히: 모자람이 없이 넉넉하게. 늑푼히.

　* 푼푼이: 한 푼씩 한 푼씩.

푼솜 → 풀솜

풀(full) → ① 전부(全部) ② 모두[순]

풀(pool) → 수영장(水泳場)[순]

~풀(pool) → ~군(群), ~명단(名單),
　~후보군(候補群)

풀때기 → 풀떼기

풀려져 → 풀려

풀려졌다 → 풀렸다

풀려지는 → 풀리는

풀려진 → 풀린

풀 리그(full league) → 연맹전(聯盟戰)[순]

풀무간(-間) → 풀뭇간

풀뭇간(-間) → 대장간

풀백(full back) → 후면(後面), 후면 자세
　(-姿勢)[순]

풀 베이스(full base) → 만루(滿壘)[순]

풀서비스(full service) → 완전 봉사(完
　全奉仕)[순]

풀석 → 풀썩

풀섭 → 풀숲

풀섶 → 풀숲

풀세트(full set) → 채 한 벌[순]

풀소 → 푿소

풀스윙(full swing) → 모두 휘두르기[순]

풀어파일러 → 프로파일러(profiler)

풀 옵션(full option) → 모두 갖춤[순]

풀코스(full course) → 온 구간(-區間),
　전 구간(全-)[순]

풀 코트 프레싱(full court pressing)
　→ 전면 압박 수비(全面壓迫守備)[순]

풀타임(full time) → 온 시간(-時間), 전
　시간(全-)[순]

풀푸르프 → 풀프루프(fool proof)

품값 ― 품삯[복]

품귀(品貴) → 달림[순]

품삭 → 품삯

품새 ― 품세[복]

품신하다(稟申-) → 건의하다(建議-)[순]

품위서 → 품의서(稟議書)

품의(稟議) → 건의(建議)[순]

품절(品切) → 물건 없음(物件-), 없음[순]

품질 관리 서클(品質管理circle) → 품질
　관리반(-管理班)[순]

품팔잇군 → 품팔이꾼

품행(品行) → 행실(行實)[순]

품행이 방정하다(品行-方正-) → 행실
　이 바르다(行實-)[순]

풋(foot) → 푸트

풋고추졸임 → 풋고추조림 ['조리다' 주
　참조]

풋나기 → 풋내기

풋노트(footnote) → 각주(脚註)[순]

풋머슴 → 선머슴

풋소 → 푿소

풋 워크(foot work) → 발놀림, 발 움직임㈜

풋치니, 자코모 → 푸치니, 자코모 (Puccini, Giacomo)

풍난(風蘭) → 풍란

풍댕이 → 풍뎅이

풍도(風道) → 공기 통로(空氣通路)㈜

풍로불(風爐-) → 풍롯불

풍부이(豐富-) → 풍부히

풍비박살 → 풍비박산(風飛雹散)

풍설(風雪) → 눈보라㈜

풍성이(豐盛-) → 풍성히

풍수장이(風水-) → 풍수쟁이

풍압(風壓) → 바람 압력(-壓力)㈜

풍요로와(豐饒-) → 풍요로워

풍요로와지다(豐饒-) → 풍요로워지다

풍지박산 → 풍비박산(風飛雹散)

풍지박살 → 풍비박산(風飛雹散)

풍지풍파 → 평지풍파(平地風波)

풍치림(風致林) → 경관림(景觀林)㈜

풍해(風害) → 바람 피해(-被害)㈜

풍향(風向) → 바람 방향(-方向)㈜

퓨전(fusion) → ① 융합(融合) ② 혼합(混合) ③ 뒤섞기㈜

퓨젼 → 퓨전(fusion)

퓨쳐 → 퓨처(future)

퓰룻 → 플루트(flute)

퓰리쳐상(-賞) → 퓰리처상(Pulitzer-)

프라그 → ① 플라크(plaque) ② 플러그(plug)

* 플라크(plaque): 이에 끼는 젤라틴 모양의 퇴적(堆積). 세균, 침, 점액물 따위로 이루어진다. =치태.

* 플라그(plug): ① 전기 회로를 쉽게 접속하거나 절단하는 데 사용하기 위하여 코드 끝에 부착하는 접속 기구. ② 내연 기관에서, 실린더 안의 연료를 전기 불꽃으로 점화하는 장치. =점화 플러그.

프라멩고 → ① 플라멩코(flamenco) ② 플라밍고(flamingo)

* 플라멩코(flamenco): 에스파냐 남부의 안달루시아 지방에서 예부터 전하여 오는 민요와 춤. 기타와 캐스터네츠 소리에 맞추어 손뼉을 치거나 발을 구르거나 하는 격렬한 리듬과 동작이 특색이다.

* 플라밍고(flamingo): 홍학과의 미국큰홍학, 갈라파고스홍학, 큰홍학, 칠레홍학, 쇠홍학 따위를 통틀어 이르는 말. 몸의 길이는 90~120cm이며, 목과 다리가 길고 발에 물갈퀴가 있다. 몸빛은 푸른 백색에서 분홍색까지 변화가 있으며 날개 끝은 검고 부리와 다리는 붉다. 여러 마리가 떼를 이루어 물가에 사는데 남유럽, 중앙아시아, 아메리카 열대 지방, 아프리카 등지에 분포한다. ≒홍학.

프라밍고 → ① 플라멩코(flamenco) ② 플라밍고(flamingo) ['프라멩고' 주 참조]

프라스 → 플러스(plus)

프라스크 → 플라스크(flask)

프라스틱 → 플라스틱(plastic)

프라이(fly) → 플라이

프라이(fry) → 튀김㈜, 부침

프라이드(pride) → 긍지(矜持), 자부심(自負心)㈜

프라이드치킨(fried chicken) → 닭고기 튀김㈜

프라이버시(privacy) → 사생활(私生活)㈜

프라이비트 → 프라이빗(private)

프라이빗브랜드(private brand, PB) → 자체 상표(自體商標)㈜

프라이팬(frypan) → 지짐판(-板), 튀김판㈜

프라이휠 → 플라이휠(flywheel)

프라임레이트(prime rate) → 우대 금리(優待金利)㈜

프라임 시간대(prime時間帶) → 주시청 시간대(主視聽-), 황금 시간대(黃金-)㈜

프라임타임(prime time) → 황금 시간(黃金時間)㈜

프라자 → 플라자(plaza)

프라즈마 → 플라스마(plasma)

프라타나스 → 플라타너스(platanus)

프라톤 → 플라톤(Platon)

프락치(fraktsiya) → ① 첩자(諜者) ② 끄나풀㈜

프란넬 → 플란넬(flannel)

프란다스 → 플랜더스(Flanders)

프랑카드 → 플래카드(placard)

프랑켄쉬타인 → 프랑켄슈타인(Frankenstein)

프랑켄시타인 → 프랑켄슈타인(Frankenstein)

프랑크톤 → 플랑크톤(plankton)

프랑크프루트 → 프랑크푸르트(Frankfurt)

프래시 → 플래시(flash)

프래시블 → 플렉시블(flexible)

프랜 → 플랜(plan)

프랜드 → 프렌드(friend)

프랜지 → 플랜지(flange)

프랜차이스 → 프랜차이즈(franchise)

프랜차이저(franchiser) → 상품 제휴 본점(商品提携本店)㈜

프랜차이즈(franchise) → ① 연쇄점(連鎖店) ② 지역 할당(地域割當) ③ 가맹점(加盟店)㈜

프랜테이션 → 플랜테이션(plantation)

프랜트 → 플랜트(plant)

프랭카드 → 플래카드(placard)

프랭크린 → 프랭클린(Franklin)

프러그 → 플러그(plug)

프러스 → 플러스(plus)

프러시 → 플러시(flush)

프러시안블루(prussian blue) → 청색(靑色)㈜

프러포즈(propose) → ① 제안(提案) ② 청혼(請婚)㈜

프런트 데스크(front desk) → 현관 접수(玄關接受)㈜

프런티어(frontier) → 개척자(開拓者)㈜

프레데릭 대왕(-大王) → 프리드리히 대왕(Friedrich-)

프레미엄 → 프리미엄(premium)

프레밍 → 플레밍(Fleming)

프레스(press) → 압박(壓迫)㈜

프레시하다(fresh-) → 싱싱하다㈜

프레싱(pressing) → 밀착 방어(密着防禦)㈜

프레임(flame) → 플레임

프레임(frame) → ① 채 둘레, 채 틀, 테 두리, 틀 ② 차체(車體)[순]

프레젠터(presenter) → 발표자(發表者)[순]

프레젠테이션(presentation) → 시청각 설명(視聽覺說明)[순]

프레젠트(present) → 선물(膳物)[순]

프레콘서트(pre-concert) → ① 사전 공연(事前公演), ② 사전 연주회(-演奏會)[순]

프레행사(pre行事) → 사전 행사(事前-)[순]

프렌드쉽 → 프렌드십(friendship)

프렌차이즈 → 프랜차이즈(franchise)

프로(pro) → 전문가(專門家)[순] ['푸로' 주 참조]

프로덕션(production) → 제작소(製作所)[순]

프로듀사 → 프로듀서(producer)

프로레타리아 → 프롤레타리아 [proletarian(영), prolétariat(프), Proletarier(독)]
* 프롤레타리아: 자본주의 사회에서, 노동력 이외에는 생산 수단을 가지지 못한 노동자. 늑프로.

프로레타리아트 → 프롤레타리아트 [proletariat(영), prolétariat(프), Proletariat(독)]
* 프롤레타리아트: 자본주의 사회에서, 생산 수단을 소유하지 않고 노동력을 판매하여 생활하는 계급. =무산 계급.

프로렌스 → 플로렌스(Florence)

프로리다 → 플로리다(Florida)

프로모션(promotion) → 판촉(販促), 홍보(弘報), 흥행(興行), 흥행사(興行師)[순]

프로모터(promoter) → 행사 기획사(行事企劃社), 행사 기획자(-企劃者)[순]

프로베르, 귀스타브 → 플로베르, 귀스타브(Flaubert, Gustave)

프로세서(processor) → 처리기(處理器)[순]

프로세스(process) → 공정(工程)[순]

프로슈머(prosumer) → 참여형 소비자(參與型消費者)[순]

프로이드, 지크문트 → 프로이트, 지크문트(Freud, Sigmund)

프로젝트(project) → ① 계획(計劃), 기획(企劃) ② 과제(課題), 사업(事業), 연구 과제(研究-), 일감[순]

프로터 → 플로터(floater)

프로텍터(protector) → 보호구(保護具), 보호대(保護帶)[순]

프로토콜(protocol) → 통신 규약(通信規約)[순]

프로토타이프 → 프로토타입(prototype)

프로토타입(prototype) → 원형(原型)[순]

프로파간다(propaganda) → ① 선전(宣傳) ② 선동(煽動)[순]

프로파일링(pprofiling) → 범죄 분석(犯罪分析)[순]

프로페셔날 → 프로페셔널(professional)

프로페쇼날 → 프로페셔널(professional)

프로펠라 → 프로펠러(propeller)

프로포즈 → 프러포즈(propose)

프로피 → 플로피(floppy)

프로필(profile) → ① 약력(略歷), 인물 소개(人物紹介)[순] ② 옆얼굴 모습

프론트 → 프런트(front)

프론티어 → 프런티어(frontier)

프롤레타리아(Proletarier) → 무산 계급(無産階級)[순]

프롤로그(prologue) → 머리말[순]

프루트 → 플루트(flute)

프리돔, 쉴리 → 프뤼돔, 쉴리(Prudhomme, Sully)

프리드로우 → 프리스로(free throw)

프리 라인(free line) → 자유선(自由線)[순]

프리랜서(free-lancer) → ① 비전속(非專屬), 비전속인(非專屬人) ② 자유 계약자(自由契約者), 자유 기고가(-寄稿家), 자유 활동가(-活動家)[순]

프리미엄(premium) → 기득권(旣得權), 웃돈, 할증금(割增金)[순]

프리뷰(preview) → 미리 보기, 시사회(試寫會)[순]

프리스란드 → 프리슬란트(Friesland)

프리스란트 → 프리슬란트(Friesland)

프리슬란드 → 프리슬란트(Friesland)

프리슬랜드 → 프리슬란트(Friesland)

프리슬랜트 → 프리슬란트(Friesland)

프리젠테이션 → 프레젠테이션(presentation)

프리젠트 → 프레젠트(present)

프리지아 → 프리지어(freesia)

프리캐스팅(precasting) → 사전 배역(事前配役)[순]

프리킥(free kick) → 자유축(自由蹴)[순]

프리퍼레이션 → 프레퍼레이션(preparation)

프린스톤 → 프린스턴(Princeton)

프린시플 → 프린시펄(principal)

플라그 → 플러그(plug)

플라넬 → 플란넬(flannel)

플라맹고 → ① 플라멩코(flamenco) ② 플라밍고(flamingo) ['프라멩고' 주 참조]

플라맹고 → ① 플라멩코(flamenco) ② 플라밍고(flamingo) ['프라멩고' 주 참조]

플라스코 → 플라스크(flask)

플라스틱 아트(plastic art) → 조형 미술(造形美術)[순]

플라시보 → 플라세보(placebo)

플라우어 → 플라워(flower)

플라워 숍(flower shop) → 꽃집[순]

플라이 볼(fly ball) → 뜬 공[순]

플라자(plaza) → ① 광장(廣場) ② 상가(商街)[순]

플라즈마 → 플라스마(plasma)

플라타나스 → 플라타너스(platanus)

플란다스 → 플랜더스(Flanders)

플란더스 → 플랜더스(Flanders)

플랑카드 → 플래카드(placard)

플래그쉽 → 플래그십(flagship)

플래너(planner) → 기획자(企劃者), 설계자(設計者)[순]

플래쉬 → 플래시(flash)

플래스크 → 플라스크(flask)

플래스틱 → 플라스틱(plastic)

플래시(flash) → ① 주목(注目), 주시(注視) ② 손전등(-電燈)㊐

플래카드(placard) → 펼침막(-幕), 현수막(懸垂幕)㊐

플래트 → 플랫(flat)

플래트폼 → 플랫폼(platform)

플랙 → 플래그(flag)

플랙시블 → 플렉시블(flexible)

플랜(plan) → 계획(計劃)㊐

플랜더즈 → 플랜더스(Flanders)

플랜카드 → 플래카드(placard)

플랜트(plant) → 설비(設備), 시설(施設)㊐

플랫폼(platform) → ① 기반(基盤), 장(場) ② 승강장(昇降場) ③ 덧마루 ④ (온라인) 거래터(去來-)㊐

플랭카드 → 플래카드(placard)

플랭크톤 → 플랑크톤(plankton)

플랭클린 → 프랭클린(Franklin)

플러쉬 → 플러시(flush)

플러스(plus) → 더하기㊐

플레레 → 플뢰레(fleuret)

플레어스커트(flared skirt) → 플레어치마㊐

플레이(play) → 경기(競技), 놀이㊐

플레이 메이커(playmaker) → 주도 선수(主導選手)㊐

플레이볼(play ball) → 경기 시작(競技始作), 시작㊐

플레이스보 → 플라세보(placebo)

플레이 오프(play off) → 연장전(延長戰)㊐

플레이팅(plating) → 담음새㊐

플레잉 코치(playing coach) → 선수 겸 코치(選手兼-)㊐

플레쳐 → 플레처(Fletcher)

플렉서블 → 플렉시블(flexible)

플렛폼 → 플랫폼(platform)

플려지다 → 풀리다

플로 → 플로어(floor)

플로리스트(florist) → 화초 전문가(花草專門家)㊐

플로어(floor) → 마루, 마룻바닥㊐

플로어리스트 → 플로리스트(florist)

플로어링(flooring) → 마루판자(-板子)㊐

플로우 → 플로(flow)

플로우차트 → 플로차트(flow chart)

플로차트(flow chart) → 흐름도(-圖)㊐

플로챠트 → 플로차트(flow chart)

플로트 → 플롯(plot)

플로팅 광고(floating廣告) → 떠돌이 광고㊐

플롯(plot) → 구성(構成)㊐

플루우트 → 플루트(flute)

플루트 → ① 프루트(fruit) ② 플루트(flute)

플룻 → 플루트(flute)

플룻 → 플루트(flute)

플립 러닝(flipped learning) → 거꾸로 수업(-授業), 역진행 수업(逆進行-)㊐

피(皮) → 가죽㊐

피검되다(被檢-) → 붙잡히다㊐

피겨죽(-粥) → 핏겨죽

피기(-氣) → 핏기

피납되다(被拉-) → 납치되다(拉致-)㊐

피니쉬 → 피니시(finish)
피니시(finish) → 끝[순]
피니시 라인(finish line) → 결승선(決勝線)[순]
피니싱(finishing) → 마무리[순]
피대[火] → 핏대
피대줄(皮帶－) → 피댓줄
피덩어리 → 핏덩어리
피덩이 → 핏덩이
피드백(feedback) → 되먹임[순]
피라밋 → 피라미드(pyramid)
피라칸다 → 피라칸타(pyracantha)
피라칸사 → 피라칸타(pyracantha)
피란선(避難船) → 피난선
피란소(避難所) → 피난소
피란항(避難港) → 피난항
피래미 → 피라미
피로 회복(疲勞回復/恢復) → 피로 해소(－解消)
피리어드(period) → 온점(－點, .)[순]
피마자(蓖麻子) → 아주까리[순]
피맥(皮麥) → 겉보리[순]
피무니 → 피무늬
피물[血] → 핏물
피발[充血] → 핏발
피방울 → 핏방울
피복하다(被覆－) → 덮어씌우다
피부치 → 피붙이
피브이씨 → 피브이시(PVC)
피비 상품(PB商品, private brand) → 자체 상표 상품(自體商標－)[순]
피비릿내 → 피비린내
피빛 → 핏빛
피사체(被寫體) → 찍히는 것[순]
피상적(皮相的) → 겉핥기의[순]
피선(被選) → 뽑힘[순]
피속[血中] → 핏속
피쉬 → 피시(fish)
피슁 → 피싱(phishing)
피스(vis) → 나사못(螺絲－), 작은 나사못[순]
피스턴 → 피스톤(piston)
피시(PC, personal computer) → 개인용 컴퓨터(個人用－)[순]
피실피실 → 피식피식
피싱(phishing) → 전자 금융 사기(電子金融詐欺)[순]
피싱 재킷(fishing jacket) → 낚시 재킷[순]
피씨 → 피시(PC)
피아(彼我) → 그와 나, 그쪽과 이쪽[순]
피아르(PR, public relation) → 홍보(弘報)[순]
피어올르다 → 피어오르다
피에르 가르뎅 → 피에르 카르댕(Pierre Cardin)
피에르 까르댕 → 피에르 카르댕(Pierre Cardin)
피엑스(PX, post exchange) → 군매점(軍賣店), 매점[순]
피엘 상품(PL商品, private label products) → 자체 기획 상품(自體企劃－)[순]
피여 → 피어
피였다 → 피었다
피였습니다 → 피었습니다

피오르드 → 피오르(fiord/fjord)

피오에스(POS, point-of-sale) → 판매
시점(販賣時點)

피오트르 대제(-大帝) → 표트르 대제
(Pyotr-)

피오피(POP, point of purchase advertising)
→ 매장 광고(賣場廣告)[순]

피요르드 → 피오르(fiord/fjord)

피읖(ㅍ) → 피읖

피이드백 → 피드백(feedback)

피이터(Peter) → ① 페터(독) ② 페테르
(네, 벨) ③ 페테르(덴, 스웨, 체, 폴)
④ 피터(영)

피이트 → 피트(feet)

피자국 → 핏자국

피자리 → 핏자리

피잣집 → 피자집(pizza-)

피젯수 → 피제수(被除數)

피존 → 피전(pigeon)

피죽 → 죽데기

피줄[血管] → 핏줄

피줄기 → 핏줄기

피처(pitcher) → 투수(投手)[순]

피처 플레이트(pitcher's plate) → 투수
판(投手板)[순]

피쳐 → 피처(pitcher)

피추니아 → 피튜니아(petunia)

피츄니아 → 피튜니아(petunia)

피츠버어그 → 피츠버그(Pittsburgh)

피치(pitch) → 음 높이(音-)[순]

피 칠겁 → 피 칠갑(-漆甲)

피칭머신(pitching machine) → 타격 연

습기(打擊練習機)[순]

피카디리 → 피커딜리(Piccadilly)

피카쮸(ピカチュウ) → 피카추

피케이전(PK戰) → 승부차기(勝負-)

피켓(picket) → 손팻말(-牌-), 팻말[순]

피켓팅 → 피케팅(picketing)

피코크 → 피콕(peacock)

피크(peak) → ① 절정(絕頂), 절정기(絕
頂期) ② 최고조(最高潮)[순]

피크닉(picnic) → 소풍(逍風/消風)[순]

피크 타임(peak time) → ① 절정기(絕頂
期) ② 한창, 한창때[순]

피투니아 → 피튜니아(petunia)

피투피(P2P, peer to peer) → 개인 간(個
人間), 개인 간 공유(-共有)[순]

피튜니야 → 피튜니아(petunia)

피트니스(fitness) → ① 체력 단련(體力
鍛鍊) ② 체력 단련복(-鍛鍊服)[순]

피트니스센터(fitness center) → 체력 단
련 센터(體力鍛鍊-), 체력 단련장(-
鍛鍊場)[순]

피팅(fitting) → ① 가봉(假縫) ② 입어
보기[순]

피폐(疲弊) → 황폐(荒廢)[순]

피피엘 광고(PPL廣告, product placement)
→ 간접 광고(間接-)[순]

피항지(避港地) → 대피항(待避港)[순]

피해를 입다(被害-) → 피해를 보다

픽사리(ピッサリ) → 실수(失手), 음 이탈
(音離脫), 헛발질, 헛치기(당구)

픽션(fiction) → 허구(虛構)[순]

픽업(pickup) → 가려냄, 뽑아냄[순]

픽업되다(pick up-) → 발탁되다(拔擢
　-)[순]

픽처(picture) → 그림[순]

픽쳐 → 픽처(picture)

픽춰 → 픽처(picture)

픽케팅 → 피케팅(picketing)

픽켈 → 피켈(pickel)

픽크 → 피크(peak)

픽토그램(pictogram) → 그림 문자(-文
　字)[순]

핀랜드 → 핀란드(Finland)

핀세트 → 핀셋(pincette)

핀셋(pincette) → 약집게(藥-), 집게[순]

핀치 히터(pinch hitter) → 대타(代打),
　대타자(代打者)[순]

핀테크(fintech) → 금융 기술(金融技術),
　금융 기술 서비스(-service)[순]

핀트(pint) → 초점(焦點)[순]

필(筆) → 붓, 연필(鉛筆), 펜(pen)[순]

필경(畢竟) → 마침내[순]

필두(筆頭) → 맨 처음[순]

필드(field) → ① 현장(現場) ② 경기장
　(競技場)[순]

필로우 → 필로(pillow)

필리버스터(filibuster) → 무제한 토론
　(無制限討論), 합법적 의사 진행 저지
　(合法的意思進行沮止)[순]

필림 → 필름(film)

필모그래피(filmography) → 영화 목록
　(映畫目錄), 작품 목록(作品-)[순]

필사즉생 필생즉사(必死卽生必生卽死)
　→ 필사즉생 필생즉사(必死則生必生
　則死)

필이(必-) → 필히

필증(畢證) → ① 증명서(證明書) ② 확
　인증(確認證)[순]

필착토록(必着-) → 반드시 닿도록[순]

필타 → 필터(filter)

필터(filter) → 거르개, 여과기(濾過器),
　여과지(濾過紙)[순]

필하다(畢-) → 끝내다, 마치다[순]

필한 자(畢-者) → 마친 사람[순]

필히(必-) → 꼭, 반드시

핏자 → 피자(pizza)

핑개 → 핑계

핑게 → 핑계

핑계거리 → 핑곗거리

핑그르 → 핑그르르

핑글 → 핑그르르

핑큿빛 → 핑크빛

핑퐁(ping-pong) → 탁구(卓球)[순]

하건데 → 하건대

하계(夏季) → 여름, 여름철

하고많다 — 하고하다[복]

하고저 → 하고자

하고져 → 하고자

하고픈 → 하고 싶은

하교길(下校-) → 하굣길

하교하다(下敎-) → 가르치다[순]

하구둑(河口-) → 하굿둑

하구료 → 하구려

하구많은 → 하고많은

하구언(河口堰) → 강어귀의 둑(江-),
강어귓둑[순], 하굿둑

하구언(河口堰) — 하굿둑[복]

하구한 날 → 하고한 날

하기(下記) → 다음, 아래[순]

하기(夏期) → 여름, 여름철[순]

하기사 → 하기는, 하기야

하기와 여히(下記-如-) → 다음과 같
이, 아래와 같이[순]

하기자(下記者) → 아래 사람, 아래 적은
사람[순]

하기하다(下記-) → 아래 쓰다, 아래에
쓰다, 아래에 적다, 아래 적다[순]

하꼬(はこ) → 궤짝(櫃-), 상자(箱子)

하꼬방(はこ房) → 판잣집(板子-)

하노바 → 하노버(Hannover)

하눌타리 — 하늘타리[복]

하늘 녁 → 하늘 녘

하늘님 → 하느님

하늘에 별 따기 → 하늘의 별 따기

하니바람[西風] → 하늬바람

하니발 → 한니발(Hannibal)

하단(下端) → 아래쪽 끝

하달하다(下達-) → 알리다[순]

하대어(下待語) → 낮춤말[순]

하드락 → 하드록(hard rock)

하드 트레이닝(hard training) → 강훈련
(强訓鍊/訓練), 맹훈련(猛訓鍊/訓練)[순]

하드 파워(hard power) → 물리적 영향
력(物理的影響力)[순]

하등(何等) → 아무런[순]

하락세로 치닫다(下落勢-) → 하락세로
내닫다

하락하다(下落-) → 떨어지다

하례회(賀禮會) → 축하 모임(祝賀-)[순]

하롱베이 → 할롱베이(Hạ Long Bay)

하루강아지 → 하룻강아지

하루것 → 하룻것

하루길 → 하룻길

하루나절 → 하룻나절

하루날 → 하룻날

하루낮 → 하룻낮

하루망아지 → 하룻망아지

하루밤 → 하룻밤

하루볕 → 하룻볕

하루비둘기 → 하룻비둘기

하루살이과(-科) → 하루살잇과

하루저녁 → 하룻저녁

하룻거리 → 하루거리

하룻동안 → 하루 동안

하룻만에 → 하루 만에

하룻새 → 하루 새

하룻일 → 하루 일

하룻장(-葬) → 하루장

하룻전(-前) → 하루 전

하룻쯤 → 하루쯤

하룻치 → 하루치

하르빈 → 하얼빈[Harbin, 哈爾濱]

하마터라면 → 하마터면

하마트면 → 하마터면

하마평(下馬評) → 물망(物望)㊀

하머니 → 하모니(harmony)

하모니(harmony) → ① 조화(調和) ② 화
성(和聲), 화음(和音)㊀

하므로써 → 함으로써

하바(はば) → 나비, 너비, 폭(幅)㊀

하바드 → 하버드(Harvard)

하바로프스크 → 하바롭스크(Khabarovsk)

하빠리(下-) → 하바리

하상(河床) → 강바닥(江-), 냇바닥㊀

하시라도(何時-) → 어느 때든지, 언제

든지, 언제라도㊀

하시요 → 하시오

하실려면 → 하시려면

하아드웨어 → 하드웨어(hardware)

하아트 → 하트(heart)

하안(河岸) → 강기슭(江-)㊀

하애서 → 하얘서

하애지다 → 하얘지다

하야(下野) → 관에서 물러남(官-)㊀

하야네 — 하얗네㊺

하얍니다 → 하얗습니다

하양색(-色) → 하얀색, 하양

하얗니 → 하야니

하얼삔 → 하얼빈[Harbin, 哈爾濱]

~하에(下-) → ~ 아래

하여간(何如間) → 어쨌든, 어쨌든지, 하
여튼㊀

하역(荷役) → 짐 다루기, 짐 부리기, 짐
일㊀

하옇든 → 하여튼

하예지다 → 하얘지다

하와이언 → 하와이안(Hawaiian)

하우스 드레스(house dress) → 가정복
(家庭服), 집안옷㊀

하우스 웨딩(house wedding) → 정원 결
혼식(庭園結婚式)㊀

하우스 웨어(house wear) → 가정복(家
庭服), 집안옷㊀

하우스 키퍼(house keeper) → 객실 담당
(客室擔當), 객실 담당원(-擔當員)㊀

하우스키핑(housekeeping) → 정리 작
업(整理作業)㊀

하우스푸어(house poor) → 내 집 빈곤
층(-貧困層)[순]

하우징 페어(housing fair) → 주택 박람
회(住宅博覽會), 주택 산업 박람회(-
産業-)[순]

하이덱거, 마르틴 → 하이데거, 마르틴
(Heidegger, Martin)

하이라이트(highlight) → ① 백미(白眉)
② 압권(壓卷)[순]

하이란드 → 하일랜드(Highland)

하이랜드 → 하일랜드(Highland)

하이레벨(high-level) → 고급 수준(高級
水準)[순]

하이바(ファイバー) → 안전모(安全帽),
파이버(fiber), 헬멧(helmet)

하이브리드(hybrid) → 혼합형(混合型)[순]

하이웨이(highway) → 고속 도로(高速道
路)[순]

하이칼라(high collar) → 높은 칼라[순]

하이 캐주얼(high casual) → 고급 평상
복(高級平常服)[순]

하이크라스 → 하이클래스(high-class)

하이클라스 → 하이클래스(high-class)

하이킹(hiking) → 도보 여행(徒步旅行),
소풍(消風/逍風)[순]

하이테크(hightech) → 첨단 기술(尖端
技術)[순]

하이텍 → 하이테크(hightech)

하이틴(high teen) → 십대(十代), 청소
년(青少年)[순]

하이파이브(high five) → 손뼉맞장구[순]

하이패션(high fashion) → 고급 패션(高
級-), 고급풍(高級風)[순]

하이 패스(high pass) → 고속 도로 주행
카드(高速道路走行card), 주행 카드[순]

하이픈(hyphen) → 붙임표(-標)(-)[순]

하이힐(high heel) → 뾰족구두[순]

하일라이트 → 하이라이트(highlight)

하일란드 → 하일랜드(Highland)

하자(瑕疵) → 잘못, 흠(欠)[순]

하자 보증 기간(瑕疵保證期間) → 성능
보증 기간(性能-)[순]

하절기(夏節期) → 여름철[순]

하주(荷主) → 화물주(貨物主), 화주(貨
主)[순]

하중(荷重) → 부담(負擔), 짐 무게[순]

하지(下肢) → 다리와 발[순]

하지날(夏至-) → 하짓날

하차장(下車場) → 내리는 곳, 차 내리는
곳[순]

하찮다 → 하찮다

하청 업체(下請業體) → 협력사(協力社),
협력 업체

하트(hot) → 핫

하프라인(half line) → 중앙선(中央線)[순]

하프타임(half time) → 중간 휴식(中間休
息), 중간 휴식 시간(-時間)[순]

하필(何必) ─ 해필(奚必)[복]

하회하다(下廻-) → 밑돌다[순]

학령(學齡) → 학교 갈 나이(學校-)[순]

학부형(學父兄) → 학부모(學父母)[순]

학자(學資金) → 학비(學費)

한(限) → 까지[순]

한가닥 하다 → 한가락 하다

한가로히(閑暇-) → 한가로이

한가맛밥 — 한솥밥 — 한솥엣밥(목)

한가위날 → 한가윗날

한갓 → 한갓

한갓되이 → 한갓되이

한같 → 한갓

한 건(件) → 한 가지 일(순)

한것 → 한껏

한계값(限界-) → 한곗값

한 끝 차이(-差異) → 한 끗 차이

한나산(漢拏山) → 한라산

한난(寒蘭) → 한란

한난계(寒暖計) → 한란계

한날 → 한낱

한낫 → 한낱

한냉(寒冷) → 한랭

한데바람 → 한뎃바람

한데부엌 → 한뎃부엌

한데잠 → 한뎃잠

한도것(限度-) → 한도껏

한량없다(限量-) → 그지없다(순)

한류(限流) → 전류 제한(電流制限)(순)

한목보다 → 한몫보다

한발(旱魃) → 가뭄(순)

한선(汗腺) → 땀샘

한소데(はんそで) → 반소매(半-)(순)

한손잽이 → 한손잡이

한심스런(寒心-) → 한심스러운

한참나이 → 한창나이

한참때 → 한창때

한참에 → 한꺼번에

한창 동안 → 한참 동안

한천(かんてん) → 우무, 우뭇가사리(순)

한컨으로 → 한편(-便-)

한턱내다 — 한턱하다(목)

한해(旱害) → 가뭄 피해(-被害)(순)

한해(寒害) → 추위 피해(-被害)(순)

~할 것 → ~기 바람, ~하시기 바랍니다(순)

할까 말을까 → 할까 말까

할꺼리 → 할거리

할닥거리다 → 할딱거리다

할당 요금(割當料金) → 배당 요금(配當-)(순)

할당하다(割當-) → 배정하다(配定-)(순)

할똥말똥 → 할 둥 말 둥

할런지 → 할는지

할레루야 → 할렐루야(Hallelujah)

할려고 → 하려고

할려야 → 하려야

할로우 → 할로(hallo)

할로윈 → 핼러윈(Halloween)

할른지 → 할는지

할리데이 → 홀리데이(holiday)

할리우드 액션(Hollywood action) → 눈속임짓(순)

할배 → 할아버지

할쉬타인 → 할슈타인(Hallstein)

할애하다(割愛-) → 나누다, 쪼개다(순)

할양(割讓) → 나누어 받음(순)

할인(割引) → 덜이(순)

할인률(割引率) → 할인율

할일없이 → 하릴없이

할작거리다 → 할짝거리다

할증료(割增料) → 웃돈, 추가금(追加金)[순]

할켜 → 할퀴어

할켜서 → 할퀴어서

할켜야 → 할퀴어야

할켰구나 → 할퀴었구나

할켰다 → 할퀴었다

할켰어요 → 할퀴었어요

할키니 → 할퀴니

할키다 → 할퀴다

핥짝거리다 → 할짝거리다

함께 공멸하다(-共滅-) → 공멸하다

함께 공생하다(-共生-) → 공생하다

함께 공유하다(-共有-) → 공유하다

함께 공존하다(-共存-) → 공존하다

함께 대동하다(-帶同-) → 대동하다

함께 더불어 → 함께

함께 동고동락하다(-同苦同樂-) → 동고동락하다

함께 동반하다(-同伴-) → 동반하다

함께 동승하다(-同乘-) → 동승하다

함께 동참하다(-同參-) → 동참하다

함께 동행하다(-同行-) → 동행하다

함께 병과하다(-併科-) → 병과하다

함께 병기하다(-連帶-) → 병기하다

함께 연대하다(-連帶-) → 연대하다

함께 합승하다(-合乘-) → 합승하다

함마(ハンマー) → 해머(hammer)

함바(はんば) → 현장 식당(現場食堂)[순], 공사장(工事場) 밥집

함바집(はんば-) → 공사장(工事場) 밥집, 현장 식당(現場食堂)

함박(부사) → 함빡

함박스테이크 → 햄버그스테이크(hamburg steak)

함박스텍 → 햄버그스테이크(hamburg steak)

함부러 → 함부로

함부루 → 함부로

함빠(はんば) → 공사장(工事場) 밥집, 현장 식당(現場食堂)

함성 소리(喊聲-) → 함성

함수(鹹水) → 짠물[순]

함수값(函數-) → 함숫값

~함에 있어 → ~하는데

함으로서 → 함으로써

~함을 요한다(-要-) → ~하기 바랍니다, ~하시기 바랍니다[순]

함진아비(函-) — 혼수아비(婚需-)[복]

함진애비(函-) → 함진아비

합격율(合格率) → 합격률

합계난(合計欄) → 합계란

합바리 → 하바리(下-)

합승(合乘) → 함께 타기[순]

합의금(合議金) → 합의금(合意金)

합의 기관(合意機關) → 합의 기관(合議-)

합의서(合議書) → 합의서(合意書)

합의제(合意制) → 합의제(合議制)

합의체(合意體) → 합의체(合議體)

합철(合綴) → 한데매기, 한데묶기[순]

합치하다(合致-) → 맞다, 일치하다(一致-)[순]

핫독 → 핫도그(hotdog)

핫라인(hotline) → ① 비상 직통 전화(非

常直通電話), 직통 전화 ② 직통 회선
(-回線)㊕

핫머니(hot money) → 단기 투기성 자금
(短期投機性資金), 투기성 단기 자금㊕

핫바리 → 하바리(下-)

핫스폿(hot spot) → 고위험 지역(高危險
地域), 화재 고위험 지역(火災-)㊕

핫이슈(hot issue) → 주요 쟁점(主要爭
點)㊕

핫 토픽(hot topic) → 관심 주제(關心主
題), 인기 화제(人氣話題)㊕

핫 플레이스(hot place) → 뜨는 곳, 인
기 명소(人氣名所)㊕

항로(航路) → 뱃길㊕

핱옷 → 핫옷

해(海) → 바다㊕

해감[水綿] → 해캄

해감시키다(海-) → 해감하다

해거름 녁 → 해거름 녘

해걸음 → 해거름

해걸이 → 해거리

해괴망칙 → 해괴망측(駭怪罔測)

해까닥 → 회까닥

해깔리다 → 헷갈리다

해꼬지하다(害-) → 해코지하다

해끄므레하다 → 해끄무레하다

해답난(解答欄) → 해답란

해당난(該當欄) → 해당란

해도지 → 해돋이

해득(解得) → 깨우쳐 앎㊕

해 뜰 녁 → 해 뜰 녘

해로와(害-) → 해로워

해롤드 → 해럴드(Harold)

해망적다 → 해망쩍다

해먹(hammock) → 그물침대(-寢臺)㊕

해멀끔하다 → 희멀쑥하다

해멀쑥하다 → 희멀쑥하다

해면질(海綿質) → 갯솜질㊕

해무리 → 햇무리

해묶다 → 해묵다

해밀톤 → 해밀턴(Hamilton)

해발[日脚] → 햇발

해방동이(解放-) → 해방둥이

해볕 → 햇볕

해빛 → 햇빛

해사(海砂) → 바닷모래㊕

해살[日光] → 햇살

해솜 → 햇솜

해수(-數) → 햇수

해수(海水) → 바닷물㊕

해슥하다 → 해쓱하다

해시태그(hashtag) → 핵심어 표시(核心
語表示)㊕

해식(海蝕) → 해안 침식(海岸浸蝕)㊕

해식다 → 헤식다

해쌀 → 햅쌀

해썹(HACCP, hazard analysis critical
control point) → 식품 안전 관리 인
증 기준(食品安全管理認證基準)㊕

해쑥하다 → 해쓱하다

해약(解約) → 계약 해제(契約解除)㊕

해오라비 → 해오라기

해외 인턴십(海外internship) → 해외 직
무 실습(-職務實習)㊕, 국외 직무 실

습(國外-)

해용(海龍) → 해룡

해우값 → 해웃값

해우돈 → 해웃돈

해우차 → 해웃값

해웃값 - 해웃돈[복]

해자장이(解字-) → 해자쟁이

해저드(hazard) → ① 위해 요소(危害要所) ② 장애물(障碍物)[순]

해적이다 → 헤적이다

해조류(藻類) → 바닷말류[순]

해죽히 → 해죽이

해 질 녘 → 해 질 녘

해촉(解囑) → 맡김을 끝냄, 위촉을 끝냄(委囑-), 위촉 해제(-解除)[순]

해치 커버(hatch cover) → 짐칸 덮개[순]

해태하다(懈怠-) → 게을리하다, 제때하지 않다[순]

해토(解土) → 땅 풀림[순]

해트(hat) → 모자(帽子)[순]

해트트릭(hat trick) → 혼자 삼 득점(-三得點)[순]

해포(解包) → 포장풀기(包裝-)[순]

해프닝(happening) → ① 웃음거리 ② 우발 사건(偶發事件) ③ 촌극(寸劇)[순]

해프다 → 헤프다

해하호소(海河湖沼) → 바다·하천(河川)·호수(湖水)·늪[순]

해후하다(邂逅-) → 만나다, 우연히 만나다(偶然-)[순]

핵킹 → 해킹(hacking)

핸드레일(handrail) → 안전 손잡이(安

全-)[순]

핸드링 → 핸들링(handling)

핸드메이드(handmade) → 수제(手製), 수제품(手製品)[순]

핸드북(handbook) → 편람(便覽)[순]

핸드브레이크(hand brake) → 손 제동 장치(-制動裝置), 수동 멈춤 장치(受動-)[순]

핸드백 → 핸드백(handback)

핸드쉐이크 → 핸드셰이크(handshake)

핸드폰(handphone) → 휴대 전화(携帶電話)[순]

핸드프리 → 핸즈프리(hands free)

핸드프린팅(hand printing) → 기념손찍기(記念-)[순]

핸들링(handling) → 손닿기, 손대기[순]

핸디캡(handicap) → ① 단점(短點) ② 불리한 조건(不利-條件) ③ 약점(弱點) ④ 흠(欠)[순]

핸섬하다(handsome-) → 말쑥하다, 멋있다[순]

핸썸하다 → 핸섬하다(handsome-)

핼슥하다 → 핼쑥하다

핼쓱하다 → 핼쑥하다

햄리트 → 햄릿(Hamlet)

햄머 → 해머(hammer)

햄버거 스테이크(hamburger steak) → 햄버그스테이크(hamburg-)

햄버그 → 햄버거(hamburger)

햄벅스테이크 → 햄버그스테이크(hamburg steak)

햄벅스텍 → 햄버그스테이크(hamburg

steak)

햄스트링(hamstring) → ① 허벅지뒷근
육(-筋肉) ② 허벅지뒤힘줄[순]

햄족(-族) → 함족(Ham-)

햅감자 → 햇감자

햅것 → 햇것

햅고구마 → 햇고구마

햅고사리 → 햇고사리

햅곡(-穀) → 햇곡

햅곡식(-穀食) → 햇곡식

햅과일 → 햇과일

햅김 → 햇김

햅나물 → 햇나물

햅마늘 → 햇마늘

햅밤 → 햇밤

햅병아리 → 햇병아리

햅사과 → 햇사과

햅쑥 → 해쑥

햅콩 → 해콩

햅팥 → 해팥

햇[帽] → 해트(hat)

햇갈리다 → 헷갈리다

햇까닥 → 회까닥

햇깔리다 → 헷갈리다

햇님 → 해님

햇슥하다 → 해쓱하다

햇쌀 → ① 햅쌀[新米] ② 햇살[日光]

햇쑥 → 해쑥

햇치 → 해치(hatch)

햇콩 → 해콩

햇팥 → 해팥

행가래 → 헹가래

행가레 → 헹가래

행거 → 행어(hanger)

행그라이더 → 행글라이더(hang glider)

행길 → 한길

행낭(行囊) → 우편 자루(郵便-)[순]

행내기 → 보통내기(普通-)

행동 수칙(行動守則) → 지킬 일[순]

행락철(行樂-) → 나들이철[순]

행랑붙이(行廊-) → 행랑것

행려 병자(行旅病者) → 떠돌이 병자, 무
연고 병자(無緣故-)[순]

행려 사망(行旅死亡) → 떠돌이 죽음[순]

행렬자(行列字) → 항렬자

행망적다 → 행망쩍다

행복하고 싶다(幸福-) → 행복해지고
싶다

행선지(行先地) → 가는 곳[순], 목적지
(目的地)

행어(hanger) → ① 걸개 ② 걸고리[순]

행열(行列) → 행렬

행인(杏仁) → 살구씨, 살구 속[순]

행정(行程) → ① 노정(路程) ② 작동 거
리(作動距離)[순]

행주감 → 행줏감

행커치프(handkerchief) → 손수건(-手
巾)[순]

행 태그(hang tag) → 꼬리표(-票)[순]

향기로와(香氣-) → 향기로워

향도꾼 → 상두꾼(喪-)

향발하다(向發-) → ~으로 떠나다[순]

향상시키다(向上-) → 향상하다

향수하다(享受-) → 누리다, 받다[순]

향신료(香辛料) → 양념, 양념감㉮

향유하다(享有-) → 누리다㉮

향응(饗應) → 대접(待接), 융숭한 대접
  (隆崇-), 음식 대접(飲食-)㉮

향일성(向日性) → 빛따름성㉮

향 피다(香-) → 향 피우다

향항(香港) → 홍콩(Hong Kong)

향후(向後) → 앞으로㉮, 이다음

허걱 → 헉

허겁대다(虛怯-) → 허겁지겁하다

허고한 날 → 허구한 날(許久-)

허구많다 → 하고많다

허구헌 날(許久-) → 허구한 날

허깔리다 → 헷갈리다

허나(그러나) → 하나

허니(그러니) → 하니

허니문(honeymoon) → 신혼(新婚), 신혼
  여행(-旅行)㉮

허다하다(許多-) → 많다, 매우 많다㉮

허더기다 → 허덕이다

허드래 → 허드레

허드래옷 → 허드레옷

허드랫물 → 허드렛물

허드랫일 → 허드렛일

허드레말 → 허드렛말

허드레물 → 허드렛물

허드레방(-房) → 허드렛방

허드레소리 → 허드렛소리

허드레손님 → 허드렛손님

허드레일 → 허드렛일

허드렛꾼 → 허드레꾼

허락치 않다(許諾-) → 허락지 않다

허리꺽기 → 허리꺾기

허리단 → 허릿단

허리를 피다 → 허리를 펴다

허리말기 → 허릿말기

허리물 → 허릿물

허리살 → 허릿살

허리심 → 허릿심

허리우드 → 할리우드(Hollywood)

허리치기 → 허리채기

허리힘 → 허릿심

허릿띠 → 허리띠

허릿뼈 → 허리뼈

허면(그러면) → 하면

허물은 → 허문

허벌나다 → 굉장하다(宏壯-)

허브(hub) → 중심(中心), 중심지(中心
  地)㉮

허섭스레기 — 허접쓰레기㉰

허섭쓰레기 → 허섭스레기

허송세월을 보내다(虛送歲月-) → 허송
  세월하다

허수룩하다 → ① 허룩하다 ② 헙수룩
  하다

허수애비 → 허수아비

허수이 → 허수히

허술챦다 → 허술찮다

허쉬 → 허시(Hershey)

허스키(husky) → 쉰 목소리㉮

허애지다 → 허예지다

허얘지다 → 허예지다

허언을 농하다(虛言-弄-) → 거짓말을
  늘어놓다㉮

허에지다 → 허예지다
허여(許與) → 허락(許諾)[순]
허영색(−色) → 허연색, 허영
허위대 → 허우대
허위로(虛僞−) → 거짓으로[순]
허위적허위적 → 허우적허우적
허절구레하다 → 후줄근하다
허접스럽다 — 허접하다[별]
* 허접스럽다: 허름하고 잡스러운 느낌이 있다.
* 허접하다: 허름하고 잡스럽다.
허접스레기 → 허접쓰레기
허크러지다 → 헝클어지다
허투로 → 허투루
허트로 → 허투루
허팟줄 → 허파 줄
허풍장이(虛風−) → 허풍쟁이
헌능(獻陵) → 헌릉
헌데(그런데) → 한데
헌인능(獻仁陵) → 헌인릉
헌출하다 → 헌칠하다
헌팅 재킷(hunting jacket) → 사냥 재킷[순]
헌팅캡(hunting cap) → 사냥모(−帽), 사냥 모자(−帽子)[순]
헐거벗다 → 헐벗다
헐거벗은 → 헐벗은
헐떠기다 → 헐떡이다
헐랭이 → 헐렁이
헐렝이 → 헐렁이
헐려져 → 헐려
헐려졌다 → 헐렸다
헐려지는 → 헐리는
헐려지다 → 헐리다
헐려진 → 헐린
헐리우드 → 할리우드(Hollywood)
헐리웃 → 할리우드(Hollywood)
헐은 옷 → 헌 옷
험상굳다(險狀−) → 험상궂다
험집 → 흠집(欠−)
헙수룩이 → 헙수룩히
헛갈리다 — 헷갈리다[복]
헛개비 → 허깨비
헛나오다 → 헛나가다
헛되히 → 헛되이
헛딛어 → 헛디뎌
헛딛여 → 헛디뎌
헛말 → 빈말
헛물키다 → 헛물켜다
헛점 → 허점(虛點)
헛증 → ① 허증(虛症) ② 헛헛증(−症)
헛탕 → 허탕
헛투루 → 허투루
헛튼타령 → 허튼타령
헛힘 → 헛심
헝겁 조각 → 헝겊 조각
헝그리 정신(hungry精神) → 맨주먹 정신[순]
헝크러지다 → 헝클어지다
헤게모니(hegemonie) → 주도권(主導權)[순]
헤까닥 → 회까닥
헤깔리다 → 헷갈리다
헤다[算] → 세다

헤드(head) → ① 머리, 채머리 ② 머리 부분(-部分), 앞부분[순]

헤드라이너(headliner) → 대표 출연자(代表出演者)

헤드라인(headline) → ① 제목(題目), 표제(標題) ② 머리기사(-記事)[순]

헤드랜턴(head lantern) → 이마등(-燈)[순]

헤드세트 → 헤드셋(headset)

헤드쿼터(headquarters) → 본부(本部), 지역 본부(地域-)[순]

헤드테이블(head table) → 주빈석(主賓席)[순]

헤드헌터(headhunter) → 인재 중개인(人材仲介人), 취업 관리자(就業管理者)[순]

헤드 헌팅(head hunting) → ① 인력 중개(人力仲介), ② 인력 중개인(-仲介人)[순]

헤들라이트 → 헤드라이트(headlight)

헤들라인 → 헤드라인(headline)

헤딩슛(heading shoot) → 머리받아 넣기[순]

헤라(へら) → 구둣주걱, 주걱

헤라크레스 → 헤라클레스(Heracles)

헤로인(heroine) → 히로인

헤롱헤롱 → 해롱해롱

헤룽헤룽 → 희룽희룽

헤르쓰 → 헤르츠(Hertz, Hz)

헤르쯔 → 헤르츠(Hertz, Hz)

헤르쿠레스(Hercules) → ① 허큘리스 ② 헤르쿨레스

헤리콥타 → 헬리콥터(helicopter)

헤매여 → 헤매어

헤매였다 → 헤매었다, 헤맸다

헤매이는 → 헤매는

헤매이니 → 헤매니

헤매이다 → 헤매다

헤매이던 → 헤매던

헤매인 → 헤맨

헤매일 → 헤맬

헤매임 → 헤맴

헤멀끔하다 → 희멀쑥하다

헤멀쑥하다 → 희멀쑥하다

헤메다 → 헤매다

헤모구로빈 → 헤모글로빈(hemoglobin)

헤물르다 → 헤무르다

헤베(へいべい) → 제곱미터(-meter, m^2)[순]

헤살군 → 헤살꾼

헤스톤, 찰톤 → 헤스턴, 찰턴(Heston, Charlton)

헤쑥하다 → 해쓱하다

헤쓱하다 → 해쓱하다

헤어드라이어(hair drier) → 머리말리개[순]

헤어롤(hair roll) → 머리말개[순]

헤어 밴드(hair band) → 머리띠[순]

헤어브러쉬 → 헤어브러시(hairbrush)

헤어스타일(hair style) → 머리 모양(-模樣), 머리 형(-型)[순]

헤진 옷 → 해진 옷

헤택 → 혜택(惠澤)

헤트라이트 → 헤드라이트(headlight)

헬로우 → 헬로(hello)

헬리곱타 → 헬리콥터(helicopter)

헬리움 → 헬륨(helirm)

헬리콥타 → 헬리콥터(helicopter)

헬맷 → 헬멧(helmet)

헬멧(helmet) → 안전모(安全帽)㊞

헬스(health) → 기구 운동(器具運動), 운동㊞

헬스케어(health care) → 건강 관리(健康管理)㊞

헬쓱하다 → 핼쑥하다

헬쓰 → 헤르츠(Hertz, Hz)

헬츠 → 헤르츠(Hertz, Hz)

헬퍼(helper) → 도우미

헵토스 → 헵토오스(heptose)

헷까닥 → 회까닥

헷깔리다 → 헷갈리다

헷세, 헤르만 → 헤세, 헤르만(Hesse, Hermann)

헷징 → 헤징(hedging)

헹가레 → 헹가래

혀바늘 → 혓바늘

혀바닥 → 혓바닥

혀소리[舌音] → 혓소리

혀속 → 혓속

혀아래소리 → 혀아랫소리

혀줄기 → 혓줄기

혀짜래기 — 혀짤배기㊋

혀짜래기소리 — 혀짤배기소리㊋

혀짜른소리 → 혀짤배기소리

혀짤바기 → 혀짤배기

혀짤박이 → 혀짤배기

혀짤백이 → 혀짤배기

혁대(革帶) → 가죽띠, 허리띠㊞

혁띠(革 -) → 혁대(革帶)

혁포(革布) → 가죽 부대(- 負袋), 가죽 자루㊞

현금(現今) → 오늘날, 지금(只今)㊞

현금 행낭(現金行囊) → 현금 우편 자루(- 郵便 -)㊞

현능(顯陵) → 현릉

현생 인류(現生人類) → 호모 사피엔스 사피엔스(Homo sapiens Sapiens)㊞

현싯점 → 현시점(現時點)

현용(現用) → 지금 쓰는(只今 -)㊞

현저이(顯著 -) → 현저히

현출(顯出) → 두드러짐㊞

현하(現下) → 오늘날, 지금(只今)㊞

현화식물(顯花植物) → 꽃식물, 꽃 피는 식물㊞

혈구(血球) → 피톨㊞

혈당양(血糖量) → 혈당량

혈액양(血液量) → 혈액량

혈전(血栓) → 핏줄 막힘㊞

혈흔(血痕) → 핏자국㊞

협잡(狹雜) → 속임㊞

협잡군(挾雜 -) → 협잡꾼

협조전(協助箋) → 협조문(協助文)㊞

협착(挾着) → ① 끼워 붙이기 ② 끼임, 좁음㊞

형(型) → 거푸집㊞

형기(衡器) → 저울㊞

형적(刑跡) → 남은 흔적(- 痕迹)㊞

형틀(型 -) → 거푸집㊞

형해화되다(形骸化 -) → 유명무실해지다(有名無實 -)㊞

호가하다(呼價-) → 값 부르다, 값을 부르다[순]

호각(互角) → 엇비슷함[순]

호객(呼客) → 손님 부르기[순]

호국용(護國龍) → 호국룡

호기(好機) → 좋은 기회(-機會)[순]

호꾸(ホック) → 걸단추, 호크(hock)[순]

호나우두(포르투갈) → 호날두(Ronaldo)

호날두(브라질) → 호나우두(Ronaldo)

호노자식(胡奴子息) ― 호래아들 ― 호래자식[복]

호놀루루 → 호놀룰루(Honolulu)

호도(糊塗) → 얼버무림[순]

호도(胡桃) → 호두[순]

호도과자(胡桃菓子) → 호두과자

호돈, 너새니얼 → 호손, 너새니얼 (Hawthorne, Nathaniel)

호두 껍질 → 호두 껍데기

호라비 → 홀아비

호락호락치 않다 → 호락호락지 않다

호래비 → 홀아비

호랭이 → 호랑이(虎狼-)

호러(horror) → 공포(恐怖), 공포물(恐怖物)[순]

호러 무비(horror movie) → 공포 영화(恐怖映畵)[순]

호로(ほろ) → 방수포(防水布), 천막(天幕)

호로자식 → 호노자식(胡奴子息)

호루(ほろ) → 방수포(防水布), 천막(天幕)

호루루기 → 호루라기

호르라기 → 호루라기

호리꾼(ほり-) → 도굴꾼(盜掘-)[순], 도굴범(盜掘犯)

호마이카 → 포마이카(Formica)

호맥(胡麥) → 호밀[순]

호명하다(呼名-) → 이름 부르다[순]

호밋자루 → 호미 자루

호박 껍데기 → 호박 껍질

호반(湖畔) ― 호숫가(湖水-)[복]

호선(互先) → 맞바둑[순]

호선(互選) → 서로 뽑음[순]

호소(湖沼) → 호수와 늪(湖水-)[순]

호수가(湖水-) → 호숫가

호수물(湖水-) → 호숫물

호수변(湖水邊) → 호숫가

호숫길(湖水-) → 호수 길

호스(hose) → 고무관(-管), 관[순]

호스테스 → 호스티스(hostess)

호스트 컴퓨터(host computer) → 주컴퓨터(主-)[순]

호스피탈 → 호스피텔(hospital)

호스피탤리티(hospitality) → 손님맞이[순]

호악(好惡) → 호오

호안(護岸) → 기슭 보호(-保護), 둑 보호, 하안 보호둑(河岸-), 해안 보호둑(海岸-)[순]

호야(ほや) → 등피(燈皮)[순]

호열자(虎列刺) → 괴질(怪疾), 콜레라(cholera)[순]

호오류우사 → 호류사(ほうりゅうじ, 法隆寺)

호오스 → 호스(hose)

호우(豪雨) → 작달비, 장대비, 큰비

호이스트(hoist) → 이동용 장치(移動用 裝置)ⓢ

호일 → 포일(foil)

호재(好材) → 좋은 재료(-材料)ⓢ

호전(好轉) → 나아짐ⓢ

호접난(胡蝶蘭) → 호접란

호젓히 → 호젓이

호조(好調) → 순조(順調)ⓢ

호주(濠洲) → 오스트레일리아(Australia)

호청 → 홑청

호출하다(呼出-) → 부르다

호치민 → 호찌민(Ho Chi Minh, 胡志明)

호치케스(ホチキス) → 호치키스(Hotchkiss)

호치키스(Hotchkiss) → 종이찍개, 찍개

호칭하다(呼稱-) → 부르다ⓢ

호카이도 → 홋카이도(ほっかいどう, 北海道)

호크(haak) → 걸단추ⓢ

호텔리어(hotelier) → ① 호텔 경영자(-經營者) ② 호텔 종사자(-從事者)ⓢ

호혜의 원칙(互惠-原則) → 상호 혜택의 원칙(相互惠澤-)ⓢ

호환하다(互換-) → 바꾸다, 서로 바꾸다ⓢ

혹까이도 → 홋카이도(ほっかいどう, 北海道)

혹뿌리 → 혹부리

혹뿌리 영감(-令監) → 혹부리 영감

혹서(酷署) → 무더위ⓢ

혹서기(酷暑期) → 무더위 때ⓢ

혹성(惑星) → 행성(行星)ⓢ

혹은(或-) → 또는

혹카이도 → 홋카이도(ほっかいどう, 北海道)

혹크(haak) → 걸단추

혹한(酷寒) → 된추위ⓢ

혹한의 추위(酷寒-) → 혹한

혼구멍나다(魂-) → 혼꾸멍나다

혼꾸녕나다(魂-) → 혼꾸멍나다

혼내키다(魂-) → 혼내 주다

혼마구로(ほんまぐろ) → 참다랑어

혼모노(ほんもの) → 실물(實物), 진짜(眞-), 진짜 물건(-物件)ⓢ, 진품(眞品)

혼사길(婚事-) → 혼삿길

혼사날(婚事-) → 혼삿날

혼사말(婚事-) → 혼삿말

혼사집(婚事-) → 혼삿집

혼수감(婚需-) → 혼숫감

혼스피커(horn loud speaker) → 나팔 스피커(喇叭-)ⓢ

혼식(混植) → 섞어심기ⓢ

혼용율(混用率) → 혼용률

혼인률(婚姻率) → 혼인율

혼인치래(婚姻-) → 혼인치레

혼인치례(婚姻-) → 혼인치레

혼입(混入) → 섞어 넣음ⓢ

혼입물(混入物) → 섞임ⓢ

혼자되다 — 홀로되다ⓑ

혼자말 → 혼잣말

혼자소리 → 혼잣소리

혼자속 → 혼잣속

혼자손 → 혼잣손

혼작(混作) → 섞갈이, 섞어심기ⓢ

혼잣몸 → 홀몸

혼재하다(混載-) → 섞어 싣다⒮

혼적하다(混積-) → 섞어 싣다⒮

혼줄(魂-) → 혼쭐

혼줄내다(魂-) → 혼쭐내다

혼탁(混濁) → 어지러움, 흐림⒮

혼화(混和) → 섞음⒮

혼효(混淆) → 뒤섞음⒮

홀가분이 → 홀가분히

홀겹 → 홑겹

홀껍데기 → 홑껍데기

홀더(holder) → 서류 끼우개(書類-), 서류 묶음⒮

홀딩(holding) → 머물기, 잡다⒮

홀딩파울(holding foul) → 잡기 반칙(-反則)⒮

홀란드(Holland) → ① 네덜란드 ② 홀랜드(영) ③ 홀란트(네, 폴)

홀로그래피(holography) → 입체 영상(立體映像)⒮

홀몬 → 호르몬(hormone)

홀몸(임산부) → 홑몸
  * 홀몸: 배우자나 형제가 없는 사람. ≒단신, 척신.
  * 홑몸: ① 딸린 사람이 없는 혼자의 몸. ② 아이를 배지 아니한 몸.

홀바지 → 홑바지

홀벌이 → 홑벌이

홀시타인 → 홀슈타인(Holstein)

홀애비 → 홀아비

홀에미 → 홀어미

홀연이(忽然-) → 홀연히

홀옷 → 홑옷

홀인(hole in) → 넣기, 홀 넣기⒮

홀인원(hole in one) → 단번 넣기(單番-)⒮

홀쪽이 → 홀쭉이

홀쪽하다 → 홀쭉하다

홀쭈기 → 홀쭉이

홀홀단신 → 혈혈단신(孑孑單身)

홈(home) → ① 첫 화면(-畫面) ② 본루(本壘)⒮

홈닥터(home doctor) → 가정 주치의(家庭主治醫)

홈런(home run) → 본루타(本壘打)⒮

홈런 더비(home run derby) → 홈런 경쟁(-競爭)⒮

홈쇼핑(home shopping) → 안방 구매(-房購買)⒮

홈스쿨(homeschool) → 가정 학교(家庭學校)⒮

홈스쿨링(home-schooling) → 재택 교육(在宅敎育)⒮

홈스테이(homestay) → 가정집 묵기(家庭-), 가정 체험(-體驗)⒮

홈 스틸(home steal) → 본루 뺏기(本壘-)⒮

홈스판(ホームスパン) → 홈스펀(homespun)⒮

홈시어터(home theater) → 안방 극장(-房劇場)⒮

홈 앤드 어웨이(home and away) → 교환 경기(交歡競技)⒮

홈 어드밴티지(home advantage) → 개최지 이점(開催地利點)⒮

홈 웨어(home wear) → 가정복(家庭服),

집안옷⟨순⟩

홈인(home in) → 득점(得點)⟨순⟩

홈즈 → 홈스(Holmes)

홈커밍데이(home-coming day) → 모교
방문일(母校訪問日)⟨순⟩

홈페이지(homepage) → 누리집⟨순⟩

홈 플레이트(home plate) → 본루판(本
壘板)⟨순⟩

홉즈, 토머스 → 홉스, 토머스(Hobbes,
Thomas)

홋까이도 → 홋카이도(ほっかいどう, 北
海道)

홋수 → 호수(號數)

홋이불 → 홑이불

홋청 → 홑청

훗훗히 → 훗훗이

홍경래란(洪景來亂) → 홍경래난

홍능(洪陵) → 홍릉

홍보 이벤트(弘報event) → 홍보 행사(−
行事)⟨순⟩

홍예교(虹霓橋) → 무지개다리⟨순⟩

홑겹실 → 외겹실, 외올실, 홑실

홑몸(고아) → 홀몸 ['홑몸(임산부)' 주 참조]

홑벌 → 단벌(單−)

홑홑하다 → 훗훗하다

화급하다(火急−) → 급하다, 다급하다
(多急−), 몹시 급하다⟨순⟩

화기(火氣) → 불⟨순⟩

화기 주의(火氣注意) → 불조심(−操心)⟨순⟩

화김(火−) → 홧김

화냥끼 → 화냥기(−氣)

화농(化膿) → 곪음⟨순⟩

화담배(火−) → 홧담배

화락하게(和樂−) → 즐겁게⟨순⟩

화로가(火爐−) → 화롯가

화로불(火爐−) → 화롯불

화로전(火爐−) → 화롯전

화면빨(畫面−) → 화면발

화목(火木) → 땔나무⟨순⟩

화물 적하(貨物積下) → 짐 내리기, 짐
부림⟨순⟩

화분(花粉) → 꽃가루⟨순⟩

화분바침(花盆−) → 화분받침

화살을 쏘다 → 활을 쏘다

화세(火勢) → 불기운⟨순⟩

화술(火−) → 홧술

화스너(fastener) → 파스너(fastener)

~화시키다(化−) → ~화하다

화신(花信) → 꽃소식(−消息)⟨순⟩

화염(火焰) → 불꽃⟨순⟩

화운데이션 → 파운데이션(foundation)

화운틴 → 파운틴(fountain)

화이날 → 파이널(final)

화이널 → 파이널(final)

화이바(ファイバー) → 안전모(安全帽),
파이버(fiber), 헬멧(helmet)

화이버 → 파이버(fiber)

화이브 → 파이브(five)

화이어 → 파이어(fire)

화이자 → 파이저(Pfizer)

화이트 리스트(white list) → 수출 심사
우대국(輸出審査優待國)⟨순⟩

화이트보드(white board) → 백판(白板),
흰칠판(−漆板)⟨순⟩

화이트 와인(white wine) → 백포도주
(白葡萄酒)㊞

화이팅 → 파이팅(fighting)

화인(fine) → 파인

화인(火因) → 불난 원인(-原因), 화재
원인(火災-)㊞

화일 → 파일(file)

화일링 → 파일링(filing)

화장빨(化粧-) → 화장발

화전(火田) → 부대기㊞

화접도(花蝶圖) → 나비 그림㊞

화젓가락(火-) → 부젓가락

화제거리(話題-) → 화젯거리

화조화(花鳥畫) → 새 그림㊞

화토 → 화투(花鬪)

화토불 → 화톳불

화투군(花鬪-) → 화투꾼

화판(花瓣) → 꽃잎㊞

화푸리(火-) → 화풀이

화학 비료(化學肥料) → 화학 거름㊞

화해술(和解-) → 화햇술

화훼(花卉) → 꽃㊞

화훼 단지(花卉團地) → 꽃 재배지(-栽
培地)㊞

확고이(確固-) → 확고히

확대시키다(擴大-) → 확대하다

확산(擴散) → 퍼짐㊞

확실이(確實-) → 확실히

확연이(① 廓然- ② 確然-) → 확연히

확율(確率) → 확률

확인인(確認印) → 확인 도장(-圖章)㊞

확폭(擴幅) → 폭 넓히기㊞

환가(換價) → 가치 환산(價値換算), 값어
치, 환산 가액(-價額), 환산 값어치㊞

환경직이(環境-) → 환경지기

환골탈퇴 → 환골탈태(換骨奪胎)

환금 작물(換金作物) → 돈벌이 작물, 수
익 작물(收益-)㊞

환급율(還給率) → 환급률

환급하다(還給-) → 돌려주다, 되돌려
주다, 지급하다(支給-)㊞

환기공(換氣孔) → 공기구멍(空氣-)㊞

환기하다(喚起-) → 불러일으키다㊞

환란(患難) → 환난

환률(換率) → 환율

환리스크(換risk) → 환차 손실(換差損
失)㊞

환매하다(還買-) → 되사다, 되팔다㊞

환부(還付) → 되돌려줌㊞

환부(患部) → 아픈 곳㊞

환부금(還付金) → 반환금(返還金)㊞

환부율(還付率) → 반송률(返送率)㊞

환불하다(換拂-) → 돈을 되돌려주다,
돌려주다, 되돌려주다, 바꿔 주다㊞

환산하다(換算-) → 바꾸어 계산하다
(-計算-)㊞

환송하다(還送-) → 돌려보내다, 되돌
려 보내다㊞

환수하다(還收-) → 거두어들이다, 도
로 거두어들이다, 되거두다㊞

환언하다(換言-) → 바꾸어 말하다㊞

환원하다(還元-) → 되돌려주다, 되돌
리다, 되돌아가다

환위험(換危險) → 환율 변동 위험(換率

　　變動-)囹

환이 → 환히

환입(換入) → 바꿔 넣기囹

환장이 → 환쟁이

환적(換積) → 옮겨싣기囹

환지(換地) → 교환 토지(交換土地)囹

환차손(換差損) → 외국환 평가손(外國換
　評價損), 외국환 평가 손해(-損害)囹

환타스틱 → 판타스틱(fantastic)

환타지 → 판타지(fantasy)

환타지아 → 판타지아(fantasia)

활개를 피다 → 활개를 펴다

활개짓 → 활갯짓

활발이(活潑-) → 활발히

활부 → 할부(割賦)

활살 → 화살

활성화값(活性化-) → 활성홧값

활용예(活用例) → 활용례

활용율(活用率) → 활용률

활인 → 할인(割引)

활잽이 → 활잡이

활주(滑走) → 미끄럼囹

활착(活着) → 뿌리내림囹

홧병 → 화병(火病)

홧증 → 화증(火症)

황금율(黃金律) → 황금률

황급이(遑急-) → 황급히

황기(黃芪) → 단너삼, 단너삼 뿌리囹

황녹색(黃綠色) → 황록색

황다랑이(黃-) → 황다랑어

황당무개하다 → 황당무계하다(荒唐無
　稽-)

황률(黃栗) — 황밤囼

황망이(① 荒亡- ② 慌忙- ③ 惶忙-
　④ 遑忙-) → 황망히

황새과(-科) → 황샛과

황새기젓 → 황석어젓(黃石魚-)

황세기젓 → 황석어젓(黃石魚-)

황용(黃龍) → 황룡

황율(黃栗) → 황률

황인(黃燐) → 황린

황지(荒地) → 거친 땅, 황폐한 땅(荒
　廢-)囹

황천(荒天) → 거친 날씨, 거친 바다囹

황토길(黃土-) → 황톳길

황토빛(黃土-) → 황톳빛

황톳물 → 황토물(黃土-)

황톳방 → 황토방(黃土房)

황톳집 → 황토 집(黃土-)

황파(黃-) → 움파

황피(黃皮) → 노랑 껍질囹

황혼 녁(黃昏-) → 황혼 녘

황홀이(恍惚-) → 황홀히

홰대 → 횃대

홰대줄 → 횃댓줄

홰밀리 → 패밀리(family)

홰불 → 횃불

홰줄 → 횃줄

홴 → 팬(fan)

홴시 → 팬시(fancy)

횃대줄 → 횃댓줄

회가루(灰-) → 횟가루

회감(膾-) → 횟감

회계년도(會計年度) → 회계 연도

회귀(回歸) → 돌아옴[순]

회녕(會寧) → 회령

회덥밥(膾-) → 회덮밥

회돌(灰-) → 횟돌

회동(會同) → 모임[순]

회람(回覽) → 돌려보기[순]

회물(灰-) → 횟물

회방아(灰-) → 횟방아

회배(蛔-) → 횟배

회부(回附) → 돌려보내기[순]

회분(灰粉) → 재[순]

회사돈(會社-) → 회삿돈

회수(回數) → 횟수

회전률(回轉率) → 회전율

회중 전등(懷中電燈) → 손전등[순]

회집(膾-) → 횟집

회 처 놓다(膾-) → 회 쳐 놓다

회합(會合) → 모임[순]

회항시키다(回航-) → 배를 돌리다[순]

횟칠 → 회칠(灰漆)

횡(橫) → 가로[순]

횡경막 → 횡격막(橫隔膜/橫膈膜)

횡단 도로(橫斷道路) → 건널목[순]

횡단로(橫斷路) → 건널목[순]

횡단 방향(橫斷方向) → 가로 방향[순]

횡단보도(橫斷步道) → 건널목

횡단하다(橫斷-) → 가로 건너다, 가로
　　지르다

횡대(橫隊) → 가로서기[순]

횡령하다(橫領-) → 가로채다[순]

횡서(橫書) → 가로쓰기[순]

횡선(橫線) → 가로줄[순]

횡하다 → 휑하다

횡허케 → 휭허케

효시(嚆矢) → 시초(始初)[순]

효용(效用) → 쓰임, 효과(效果)[순]

효자 상품(孝子商品) → 인기 상품(人氣-)

후골(喉骨) → 울대뼈

후국(後-) → 홋국

후까시(ふかし) → 헛과시(-誇示)

후날(後-) → 홋날

후단(後端) → 뒤끝[순]

후달(後-) → 홋달

후달리다 → ① 달리다(기술, 실력, 양, 재
　　물, 힘) ② 떨리다 ③ 휘달리다

후덕(厚德) → 도타운 덕[순]

후동이(後-) → 후둥이

후두둑거리다 → 후드득거리다

후두득후두득 → 후드득후드득

후둘거리다 → 후들거리다

후둘후둘 → 후들후들

후드(food) → 푸드

후드(hood) → 걸치개, 덮개[순]

후뚜루마뚜루 → 휘뚜루마뚜루

후라멩고 → ① 플라멩코(flamenco)
　　② 플라밍고(flamingo) ['프라멩고' 주
　　참조]

후라밍고 → ① 플라멩코(flamenco)
　　② 플라밍고(flamingo) ['프라밍고' 주
　　참조]

후라시 → 플래시(flash)

후라이(fry) → 프라이

후라이(フライ) → ① 부침, 튀김 ② 거
　　짓말[순]

후라이드치킨 → 프라이드치킨(fried chicken)

후라이팬 → 프라이팬(frypan)

후랏쉬 → 플래시(flash)

후래자식(-子息) → 후레자식

후런트 → 프런트(front)

후레갈기다 → 후려갈기다

후레쉬 → ① 프레시(fresh) ② 플래시(flash)
* 프레시(fresh): 신선한, 갓 딴, 새로 생긴, 생생한, 새로운
* 플래시(flash): ① 가지고 다닐 수 있는 작은 전등. 전지를 넣으면 불이 들어오게 되어 있다. =손전등. ② 야간 촬영을 위한 섬광 전구. =플래시램프. ③ 사람들의 주목을 비유적으로 이르는 말. ④ 통신사 따위에서 보내는 짧은 지급 전보.

후레쉬맨 → 프레시맨(freshman)

후레시 → ① 프레시(fresh) ② 플래시(flash) ['후레쉬' 주 참조]

후레시맨 → 프레시맨(freshman)

후레이크 → 플레이크(flake)

후레임 → 프레임(frame)

후렌드 → 프렌드(friend)

후렌치 → 프렌치(French)

후렴귀(後斂句) → 후렴구

후로꾸(ふろく, fluke) → 엉터리

후루꾸(ふろく, fluke) → 엉터리

후루륵 → 후루룩

후루츠 → 프루츠(fruits)

후르룩 → 후루룩

후르륵 → 후루룩

후리 → 프리(free)

후리그물 → 후릿그물

후리덤 → 프리덤(freedom)

후리랜서 → 프리랜서(freelancer)

후리지아 → 프리지어(freesia)

후면(後面) → 뒤, 뒤쪽[순]

후문(後聞) → 뒷얘기[순]

후미(後尾) → 뒤끝[순]

후방(後方) → 뒤쪽[순]

후배앓이(後-) → 훗배앓이

후불(後拂) → 후지급(後支給)[순]

후사람(後-) → 훗사람

후앙(ファン) → 송풍기(送風機), 팬(fan), 환풍기(換風機)

후여 후여 → 우여 우여

후이(厚-) → 후히

후일(後日) → 훗일(後-)
* 후일(後日): 시간이 지나 뒤에 올 날. =뒷날.
* 훗일(後-): 어떤 일이 있은 뒤에 생기거나 일어날 일. =뒷일.

후입맛(後-) → 훗입맛

후줄그레하다 → 후줄근하다

후줄근이 → 후줄근히

후추 가루 → 후춧가루

후카시(ふかし) → 헛과시(-誇示)

후쿠오까 → 후쿠오카(ふくおか, 福岡)

후크 → 훅(hook)

후키(ふき) → 돌개 사포, 돌개 속새, 분무기(噴霧器), 뿜질[순]

후터분이 → 후터분히

후투새 → 굴뚝새

훅(hook) → ① 고리, 갈고리 ② 걸고리, 걸단추 ③ 고리 바늘 ④ 왼쪽 휨[순]

훅크 → 훅(hook)

훈시(訓示) → 말씀[순]

훈증(燻蒸) → 증기 찜(蒸氣-), 찜[순]

훌라멩고 → ① 플라멩코(flamenco)
② 플라밍고(flamingo) ['프라멩고' 주
참조]

훌라밍고 → ① 플라멩코(flamenco)
② 플라밍고(flamingo) ['프라멩고' 주
참조]

훌라워 → 플라워(flower)

훌륭이 → 훌륭히

홀쭉이 → ① 홀쭉히 ② 홀쭉이

* 홀쭉히: ① 길이에 비하여 몸통이 아주 가
늘고 길게. ② 속이 비어서 안으로 우므러
져 있는 상태로. ③ 앓거나 지쳐서 몸이
여윈 상태로. ④ 끝이 뾰죽하고 길게.

* 홀쭉이: 몸이 가냘프거나 볼에 살이 없이
여윈 사람.

훗구(フック) → 갈고리, 고리[순]

훗길(後-) → 뒷길

훗뚜루마뚜루 → 휘뚜루마뚜루

훗뚜루맛뚜루 → 휘뚜루마뚜루

훗뚜루맞뚜루 → 휘뚜루마뚜루

훗훗히 → 훗훗이

훠르테 → 포르테(forte)

훠스트 → 퍼스트(first)

훤이 → 훤히

훤출하다 → 훤칠하다

훤훤장부 → 헌헌장부(軒軒丈夫)

훨신 → 훨씬

훵하다 → 휑하다

훼괴(毀壞) → 파괴(破壞), 훼손(毀損)[순]

훼까닥 → 회까닥

훼르난도 → 페르난도(Fernando)

훼르미 → 페르미(Fermi)

훼리 → 페리(ferri)

훼미니스트 → 페미니스트(feminist)

훼미리 → 패밀리(family)

훼밀리 → 패밀리(family)

훼방군(毀謗-) → 훼방꾼

훼스탈 → 페스틸(festal)

훼스티벌 → 페스티벌(festival)

훼어 → 페어(fair)

훼이스 → 페이스(face)

휀 → 팬(fan)

휀스 → 펜스(fence)

휀시 → 팬시(fancy)

휏 → 패트(fat)

휑뎅그래하다 → 휑뎅그렁하다

휑뎅그레하다 → 휑뎅그렁하다

휑뎅그래하다 → 휑뎅그렁하다

휑뎅그레하다 → 휑뎅그렁하다

휑뎅그렝하다 → 휑뎅그렁하다

휘가로 → 피가로(Figaro)

휘겨 → 피겨(figure)

휘겨스케이팅 → 피겨스케이팅(figure
skating)

휘날레 → 피날레(finale)

휘니쉬 → 피니시(finish)

휘니시 → 피니시(finish)

휘닉스 → 피닉스(Phoenix)

휘돌은 → 휘돈

휘둔 → 휘두른

휘둘고 → 휘두르고

휘둘다 → 휘두르다

휘둘려져 → 휘둘려

휘둘려졌다 → 휘둘렸다

휘둘려지는 → 휘둘리는

휘둘려지다 → 휘둘리다

휘둘려진 → 휘둘린

휘둘르다 → 휘두르다

휘둘어 → 휘둘러

휘둘었다 → 휘둘렀다

휘둥그래져 → 휘둥그레져

휘둥그래지다 → 휘둥그레지다

휘메일 → 피메일(female)

휘몰이장단 → 휘모리장단

휘발류(揮發油) → 휘발유

휘발유값(揮發油-) → 휘발웃값

휘슬(whistle) → 호각(號角), 호루라기㊞

휘시 → 피시(fish)

휘앙세 → 피앙세(fiancé)

휘양찬란 → 휘황찬란(輝煌燦爛)

휘엉청 → 휘영청

휘여잡다 → 휘어잡다

휘여지다 → 휘어지다

휘영청 — 휘영청이㊐

휘젓으니 → 휘저으니

휘젓다 → 휘젓다

휘겨어 → 휘저어

휘트니스 → 피트니스(fitness)

휠드 → 필드(field)

휠라멘트 → 필라멘트(filament)

휠름 → 필름(film)

휠링 → 필링(feeling)

휠타 → 필터(filter)

휠터 → 필터(filter)

힙쌓여 → 힙싸여

힙쌓이다 → 힙싸이다

힙쌓인 → 힙싸인

힙쓸은 → 힙쓴

힙쓸음 → 힙씖

횟두루맛두루 → 휘뚜루마뚜루

횟두루맞두루 → 휘뚜루마뚜루

횡거 → 핑거(finger)

횡하니 — 횡허케㊐

　* 횡하니: 중도에서 지체하지 아니하고 곧
　　장 빠르게 가는 모양.

　* 횡허케: '횡하니'를 예스럽게 이르는 말.

횡하다 → 횡하다

휴(畦) → 이랑㊞

휴가길(休假-) → 휴갓길

휴거(携擧) → 데려감㊞

휴게 시간(休憩時間) → 휴식 시간(休息.
　-)㊞

휴경지(休耕地) → 묵힌 땅㊞

휴계소 → 휴게소(休憩所)

휴계실 → 휴게실(休憩室)

휴대폰(携帶phone) → 휴대 전화(-電
　話)㊞

휴머니즘(humanism) → 인본주의(人本
　主義)㊞

휴머니티(humanity) → 인간성(人間性),
　인간애(人間愛), 인성(人性)㊞

휴먼 드라마(human drama) → 인간 드
　라마(人間-)㊞

휴스톤 → 휴스턴(Huston)

휴유증 → 후유증(後遺症)

휴즈(ヒユーズ) → 퓨즈(fuse)㊞

휴즈, 하워드 → 휴스, 하워드(Hughes, Howard)
휴지중(休止中) → 쉬고 있음[순]
휴지하다(休止-) → 그만두다, 머물다, 쉬다[순]
휴짓조각 → 휴지 조각(休紙-)
휴테크(休tech) → 여가 활용 기술(餘暇活用技術), 여가 활용 방법(-方法)[순]
휴한지(休閑地) → 노는 땅, 쉬는 땅[순]
흉가집(凶家-) → 흉갓집
흉갓집 → 흉가(凶家)
흉고(胸高) → 가슴높이[순]
흉골(胸骨) → 앞가슴뼈[순]
흉부(胸部) → 가슴 부분(-部分)[순]
흉악망칙 → 흉악망측(凶惡罔測)
흉없다(凶-) → 흉업다
흉위(胸圍) → 가슴둘레[순]
흉칙하다 → 흉측하다(凶測/兇測-)
흉헙다(凶-) → 흉업다
흐들어지다 → 흐드러지다
흐들어진 → 흐드러진
흐루시초프, 니키타 세르게예비치 → 흐루쇼프, 니키타 세르게예비치(Khrushchyov, Nikita Sergeevich)
흐루시쵸프, 니키타 세르게예비치 → 흐루쇼프, 니키타 세르게예비치(Khrushchyov, Nikita Sergeevich)
흐리멍텅하다 → 흐리멍덩하다
흐뭇하다 → 흐뭇하다
흐지브지하다 → 흐지부지하다
흐터지다 → 흩어지다
흐트리다 → 흩트리다
흐틀어지다 → 흐트러지다
흑두(黑豆) → 검정팥[순]
흑빛 → 흙빛
흑수병(黑穗病) → 깜부깃병[순]
흑염소집(黑-) → 흑염솟집
흑용(黑龍) → 흑룡
흑인(黑燐) → 흑린
흑태(黑太) → 검정콩[순]
흔들은 → 흔든
흔들음 → 흔듦
흔듬 → 흔듦
흔연이(欣然-) → 흔연히
흔이 → 흔히
흔치 않는 → 흔치 않은
흔쾌이(欣快-) → 흔쾌히
흗날리다 → 흩날리다
흘르다 → 흐르다
흘수선(吃水線) → 잠김선[순]
흠가다(欠-)—흠나다—흠지다[복]
흠결(欠缺) → 모자람, 부족(不足), 흠(欠)[순]
흠짓 → 흠칫
흠짓(欠-) → 흠집
흠찟 → 흠칫
흡뜨다 → 홉뜨다
흡연율(吸煙率) → 흡연률
흥겨웁다(興-) → 흥겹다
흥망성세 → 흥망성쇠(興亡盛衰)
흥망성쇄 → 흥망성쇠(興亡盛衰)
흥미거리(興味-) → 흥밋거리
흥미로와(興味-) → 흥미로워
흥보(興甫) → 흥부(興夫)

흥보가(興甫歌) → 흥부가(興夫歌)

흥부가(興夫歌) - 흥부타령[북]

흥정군 → 흥정꾼

흝트러지다 → 흐트러지다

희끄무래하다 → 희끄무레하다

희노애락(喜老哀樂) → 희로애락

희랍(希臘) → 그리스(Greece)

희롱지걸이(戱弄-) → 희롱지거리

희롱지꺼리(戱弄-) → 희롱지거리

희롱짓거리(戱弄-) → 희롱지거리

희롱짓꺼리(戱弄-) → 희롱지거리

희롱찌거리(戱弄-) → 희롱지거리

희롱찌꺼리(戱弄-) → 희롱지거리

희물그레하다 → 희묽다

희묽그레하다 → 희묽다

희번득거리다 → 희번덕거리다

희뿌애지다 → 시뿌예지다

희뿌얘지다 → 시뿌예지다

희뿌예지다 → 시뿌예지다

희안하다 → 희한하다(稀罕-)

희죽거리다 → 헤죽거리다

희죽희죽 → 헤죽헤죽

희희낙낙(喜喜樂樂) → 희희낙락

희희덕거리다 → 시시덕거리다

흰가루병(-病) → 흰가룻병

흰동이 → 흰둥이

흰자 - 흰자위[북]

히까리(ひっかり) → 번들거림, 빛[순]

히끗히끗 → 희끗희끗

히든 챔피언(hidden champion) → 강소
　기업(强小企業)[순]

히든카드(hidden card) → 비책(祕策),

숨긴 패(-牌)[순]

히로뽕(ヒロポン) → 필로폰(Philophon)

히로인(heroine) → 여주인공(女主人公),
　주인공[순]

히로인 중독(-中毒) → 헤로인 중독
　(heroin-)

히마리 → 힘

히번덕거리다 → 희번덕거리다

히야까시(ひやかし) → 놀림, 조롱(嘲弄),
　희롱(戱弄)

히야시(ひやし) → ① 겁먹음(怯-) ② 시
　원하게 함, 식힌 것, 차게 함, 찬 것

히야카시(ひやかし) → 희롱(戱弄)[순], 놀
　림, 조롱(嘲弄)

히어로즈 → 히어로스(heroes)

히읏(ㅎ) → 히읗

히죽히 → 히죽이

히쭉히 → 히쭉이

히치코크, 앨프리드 조지프 → 히치콕,
　앨프리드 조지프(Hitchcock, Alfred
　Joseph)

히키(ひき) → 호객꾼(呼客-)

히타 → 히터(heater)

히터선(heater線) → 열선(熱線)

히트(hit) → ① 안타(安打) ② 치기[순]

히트 상품(hit商品) → 인기몰이 상품(人
　氣-), 인기 상품[순]

히트앤드런(hit and run) → 치고 달리
　기[순]

히트하다(hit-) → 들어맞다, 적중하다
　(的中-)[순]

히히닥거리다 → 시시닥거리다

히히덕거리다 → 시시덕거리다

힐링(healing) → 치유(治癒)🔄

힐링 뮤직(healing music) → 치유 음악 (治癒音樂)🔄

힐쭉힐쭉 → 히쭉히쭉

힐책(詰責) → 꾸짖음🔄

힐튼 → 힐턴(Hilton)

힘것 → 힘껏

힘겨와 → 힘겨워

힘겨웁다 → 힘겹다

힘드는 → 힘든

힘드리다 → 힘들이다

힘드므로 → 힘들므로

힘들은 → 힘든

힘들음 → 힘듦

힘듧니다 → 힘듭니다

힘듬 → 힘듦

힘량(-量) → 힘양

힘쌀 → 힘살

힘쎄다 → 힘세다

힙 → 히프(hip)

힛트 → 히트(hit)

힛트송 → 히트송(hit song)

엮은이 **원 영 섭**

박영사(편집부), 견지사(편집부), 한국표준협회(출판부) 근무

[개정판]

틀린 말 바른 말

2024년 11월 8일 초판 1쇄 펴냄

엮은이 원영섭
펴낸이 김흥국
펴낸곳 보고사

책임편집 이순민
표지디자인 김규범
주소 경기도 파주시 회동길 337-15 보고사
전화 031-955-9797(대표)
팩스 02-922-6990
메일 bogosabooks@naver.com
http://www.bogosabooks.co.kr

ISBN 979-11-6587-765-1 03710
ⓒ 원영섭, 2024

정가 20,000원